EUROPEAN COURT OF HUMAN RIGHTS
COUR EUROPÉENNE DES DROITS DE L'HOMME

REPORTS OF JUDGMENTS AND DECISIONS

RECUEIL DES ARRÊTS ET DÉCISIONS

2012-III

EUROPEAN COURT OF HUMAN RIGHTS
COUR EUROPÉENNE DES DROITS DE L'HOMME

COUNCIL OF EUROPE
CONSEIL DE L'EUROPE

WOLF LEGAL PUBLISHERS

Reports of Judgments and Decisions/Recueil des arrêts et décisions
Volume 2012-III

Published by/Publié par

Wolf Legal Publishers (WLP)
P.O. Box 313
5061 KA Oisterwijk
The Netherlands/Pays-Bas
info@wolfpublishers.nl
www.wolfpublishers.com/RJD

Printed on demand by CPI Wöhrmann Print Service (Zutphen, the Netherlands) on FSC paper (www.fsc.org)
Imprimé sur demande par CPI Wöhrmann Print Service (Zutphen, Pays-Bas) sur papier FSC (www.fsc.org)

ISBN: 978-9-462-40048-1

The *Reports of Judgments and Decisions* is an official publication of the European Court of Human Rights containing a selection of key judgments and decisions of the Court with summaries prepared by the Registry. For the years 2007 and onwards the selection has been made by the Bureau[1] of the Court following a proposal by the Jurisconsult[2].

With the exception of decisions by single judges, all the Court's judgments and decisions, including those not published in this series, can be consulted online in the HUDOC database at http://hudoc.echr.coe.int.

Note on citation

The form of citation for judgments and decisions published in this series from 1 November 1998 follows the pattern: name of case (in italics), application number, paragraph number (for judgments), abbreviation of the European Court of Human Rights (ECHR), year and (for the years 1999 to 2007 inclusive) number of volume.

In the absence of any indication to the contrary the cited text is a judgment on the merits delivered by a Chamber of the Court. Any variation from that is added in brackets after the name of the case: "(dec.)" for a decision on admissibility, "(preliminary objections)" for a judgment concerning only preliminary objections, "(just satisfaction)" for a judgment concerning only just satisfaction, "(revision)" for a judgment concerning revision, "(interpretation)" for a judgment concerning interpretation, "(striking out)" for a judgment striking the case out, "(friendly settlement)" for a judgment concerning a friendly settlement. If the judgment or decision has been given by the Grand Chamber of the Court, "[GC]" is added after the name of the case or after the case description that appears in brackets.

Examples

Judgment on the merits delivered by a Chamber
Campbell v. Ireland, no. 45678/98, § 24, ECHR 1999-II

Judgment on the merits delivered by the Grand Chamber
Campbell v. Ireland [GC], no. 45678/98, § 24, ECHR 1999-II

Decision on admissibility delivered by a Chamber
Campbell v. Ireland (dec.), no. 45678/98, ECHR 1999-II

Decision on admissibility delivered by the Grand Chamber
Campbell v. Ireland (dec.) [GC], no. 45678/98, ECHR 1999-II

Judgment striking the case out delivered by a Chamber
Campbell v. Ireland (striking out), no. 45678/98, § 24, ECHR 1999-II

Judgment on a friendly settlement delivered by a Chamber
Campbell v. Ireland (friendly settlement), no. 45678/98, § 24, ECHR 1999-II

For further information on the Court's mode of citation, which is regularly updated, please see the "Note on citation" published on the Court's website (www.echr.coe.int).

1. The Bureau is composed of the President and Vice-Presidents of the Court and of the Section Presidents.
2. The Jurisconsult is responsible for case-law monitoring and plays a key role in preventing case-law conflicts.

Le *Recueil des arrêts et décisions* est la collection officielle de la Cour européenne des droits de l'homme renfermant une sélection des arrêts et décisions les plus importants ainsi que des sommaires rédigés par le greffe. Depuis 2007, la sélection est faite par le Bureau[1] à la suite de la proposition du jurisconsulte[2].

A l'exception des décisions prises par les juges uniques, tous les arrêts et décisions de la Cour, y compris ceux et celles non publiés dans la présente série, peuvent être consultés dans la base de données HUDOC (http://hudoc.echr.coe.int).

Note concernant la citation des arrêts et décisions

Les arrêts et décisions publiés dans la présente série à compter du 1er novembre 1998 sont cités de la manière suivante : nom de l'affaire (en italique), numéro de la requête, numéro du paragraphe (pour les arrêts), sigle de la Cour européenne des droits de l'homme (CEDH), année et (pour les années 1999 à 2007 incluse) numéro du recueil.

Sauf mention particulière, le texte cité est celui d'un arrêt sur le fond rendu par une chambre de la Cour. L'on ajoute après le nom de l'affaire « (déc.) » pour une décision sur la recevabilité, « (exceptions préliminaires) » pour un arrêt ne portant que sur des exceptions préliminaires, « (satisfaction équitable) » pour un arrêt ne portant que sur la satisfaction équitable, « (révision) » pour un arrêt de révision, « (interprétation) » pour un arrêt d'interprétation, « (radiation) » pour un arrêt rayant l'affaire du rôle, « (règlement amiable ») pour un arrêt sur un règlement amiable. Si l'arrêt ou la décision ont été rendus par la Grande Chambre de la Cour, « [GC] » est ajouté après le nom de l'affaire ou après la description de l'affaire qui apparaît entre parenthèses.

Exemples

Arrêt rendu par une chambre sur le fond
Dupont c. France, n° 45678/98, § 24, CEDH 1999-II

Arrêt rendu par la Grande Chambre sur le fond
Dupont c. France [GC], n° 45678/98, § 24, CEDH 1999-II

Décision rendue par une chambre sur la recevabilité
Dupont c. France (déc.), n° 45678/98, CEDH 1999-II

Décision rendue par la Grande Chambre sur la recevabilité
Dupont c. France (déc.) [GC], n° 45678/98, CEDH 1999-II

Arrêt rendu par une chambre rayant l'affaire du rôle
Dupont c. France (radiation), n° 45678/98, § 15, CEDH 1999-II

Arrêt rendu par une chambre sur un règlement amiable
Dupont c. France (règlement amiable), n° 45678/98, § 15, CEDH 1999-II

Pour plus d'information sur le mode de citation des arrêts et décisions, lequel est régulièrement mis à jour, veuillez consulter la « Note concernant la citation des arrêts et décisions » sur le site Internet de la Cour (www.echr.coe.int).

---

1. Le bureau est composé du président et des vice-présidents de la Cour et des présidents de section.
2. Le jurisconsulte est chargé d'une veille jurisprudentielle et joue un rôle-clé pour la prévention des conflits de jurisprudence.

Contents/Table des matières

Page

Subject matter/Objet des affaires VII

Konstantin Markin c. Russie [GC], nº 30078/06, arrêt du 22 mars 2012 (extraits) 1
Konstantin Markin v. Russia [GC], no. 30078/06, judgment of 22 March 2012 (extracts) 77

Francesco Sessa c. Italie, nº 28790/08, arrêt du 3 avril 2012 (extraits). 149
Francesco Sessa v. Italy, no. 28790/08, judgment of 3 April 2012 (extracts) 165

Sašo Gorgiev v. "the former Yugoslav Republic of Macedonia", no. 49382/06, judgment of 19 April 2012 (extracts) 181
Sašo Gorgiev c. « l'ex-République yougoslave de Macédoine », nº 49382/06, arrêt du 19 avril 2012 (extraits) 199

Özgürlük ve Dayanışma Partisi (ÖDP) c. Turquie, nº 7819/03, arrêt du 10 mai 2012 217
Özgürlük ve Dayanışma Partisi (ÖDP) v. Turkey, no. 7819/03, judgment of 10 May 2012 239

Centro Europa 7 S.r.l. et Di Stefano c. Italie [GC], nº 38433/09, arrêt du 7 juin 2012 261
Centro Europa 7 S.r.l. and Di Stefano v. Italy [GC], no. 38433/09, judgment of 7 June 2012 339

Segame SA c. France, nº 4837/06, arrêt du 7 juin 2012 (extraits) 415
Segame SA v. France, no. 4837/06, judgment of 7 June 2012 (extracts) 437

Eğitim ve Bilim Emekçileri Sendikası c. Turquie, nº 20641/05, arrêt du 25 septembre 2012 (extraits) 457
Eğitim ve Bilim Emekçileri Sendikası v. Turkey, no. 20641/05, judgment of 25 September 2012 (extracts) 483

Poghosyan and Baghdasaryan v. Armenia, no. 22999/06, judgment of 12 June 2012 509
Poghosyan et Baghdasaryan c. Arménie, nº 22999/06, arrêt du 12 juin 2012 529

Subject matter/Objet des affaires

Article 2

Non-fatal shooting of a waiter by police officer on unauthorised leave of absence

Sašo Gorgiev v. "the former Yugoslav Republic of Macedonia", p. 181

Coup de feu non mortel tiré sur un serveur par un agent de police qui avait quitté son poste sans autorisation

Sašo Gorgiev c. « l'ex-République yougoslave de Macédoine », p. 199

Article 6

Article 6 § 1

Inability of courts to vary statutory fixed-rate fine

Segame SA v. France, p. 437

Impossibilité pour les tribunaux de moduler une amende à taux unique fixé par la loi

Segame SA c. France, p. 415

Article 9

Refusal to adjourn a hearing coinciding with a Jewish religious holiday

Francesco Sessa v. Italy, p. 165

Refus de reporter une audience tombant le jour d'une fête juive

Francesco Sessa c. Italie, p. 149

Article 10

Inability of a television company to broadcast after being awarded a licence but not allocated frequencies

Centro Europa 7 S.r.l. and Di Stefano v. Italy [GC], p. 339

Impossibilité d'émettre pour une société de télévision titulaire d'une concession en l'absence d'attribution de radiofréquences

Centro Europa 7 S.r.l. et Di Stefano c. Italie [GC], p. 261

Article 11

Union threatened with dissolution for defending the right to education in a mother tongue other than the official national language

Eğitim ve Bilim Emekçileri Sendikası v. Turkey, p. 483

Syndicat menacé de dissolution du fait qu'il défendait le droit à un enseignement dans une langue maternelle autre que la langue nationale
Eğitim ve Bilim Emekçileri Sendikası c. Turquie, p. 459

Article 13

Inability to claim compensation in respect of non-pecuniary damage sustained as a result of ill-treatment by the police
Poghosyan and Baghdasaryan v. Armenia, p. 511
Impossibilité de demander réparation d'un préjudice moral causé par des mauvais traitements infligés par des policiers
Poghosyan et Baghdasaryan c. Arménie, p. 531

Article 14 in conjunction with Article 8/ Article 14 combiné avec l'article 8

Difference in treatment between male and female military personnel regarding rights to parental leave
Konstantin Markin v. Russia [GC], p. 79
Différence de traitement entre hommes et femmes dans l'armée concernant le droit au congé parental
Konstantin Markin c. Russie [GC], p. 1

Article 14 of the Convention in conjunction with Article 3 of Protocol No. 1/Article 14 de la Convention combiné avec l'article 3 du Protocole nº 1

Refusal of State funding to a political party that did not obtain the statutory 7% minimum share of the vote
Özgürlük ve Dayanışma Partisi (ÖDP) v. Turkey, p. 241
Refus de l'Etat d'accorder une aide financière à un parti n'ayant pas atteint le seuil de représentativité de 7 % requis par la loi
Özgürlük ve Dayanışma Partisi (ÖDP) c. Turquie, p. 219

Article 34

Unsolicited visit by prosecutor to applicant's home while application to European Court pending
Konstantin Markin v. Russia [GC], p. 79
Visite d'un procureur au domicile du requérant alors que sa requête à la Cour était pendante
Konstantin Markin c. Russie [GC], p. 1

Article 3 of Protocol No. 7/Article 3 du Protocole nº 7

Inability of victim of miscarriage of justice to claim compensation in respect of non-pecuniary damage

Poghosyan and Baghdasaryan v. Armenia, p. 509

Impossibilité pour une victime d'erreur judiciaire de demander réparation d'un préjudice moral

Poghosyan et Baghdasaryan c. Arménie, p. 529

KONSTANTIN MARKIN c. RUSSIE

(Requête nº 30078/06)

GRANDE CHAMBRE

ARRÊT DU 22 MARS 2012[1]

1. Arrêt rendu par la Grande Chambre à la suite du renvoi de l'affaire en application de l'article 43 de la Convention. Extraits.

SOMMAIRE[1]

Différence de traitement entre hommes et femmes dans l'armée concernant le droit au congé parental

Article 14 de la Convention combiné avec l'article 8

Discrimination – Vie familiale – Différence de traitement entre hommes et femmes dans l'armée concernant le droit au congé parental – Différence de traitement fondée sur le sexe – Justification objective et raisonnable – Evolution en Europe vers un partage plus égalitaire des responsabilités parentales – Impact sur l'efficacité opérationnelle des forces armées – Circonstances dans lesquelles des restrictions au droit au congé parental peuvent se justifier – Restriction générale et automatique

Article 34

Entrave à l'exercice du droit de recours – Visite d'un procureur au domicile du requérant alors que sa requête à la Cour était pendante – Absence de preuve d'une tentative destinée à pousser le requérant à retirer sa requête

*

* *

En droit interne, les pères et les mères travaillant dans le secteur civil ont droit à un congé parental de trois ans pour s'occuper de leurs enfants mineurs et à une allocation mensuelle pendant une partie de cette période. Ce droit est également accordé expressément aux militaires de sexe féminin, mais non aux militaires de sexe masculin. Le requérant, un homme divorcé travaillant dans l'armée comme opérateur radio dans le domaine du renseignement, demanda un congé parental de trois ans pour élever les trois enfants issus de son mariage, mais cela lui fut refusé au motif que la loi ne permettait pas de lui accorder un tel congé. Par la suite, ses supérieurs lui octroyèrent un congé parental de deux ans environ ainsi qu'une aide financière en raison de ses difficultés familiales. Il saisit néanmoins la Cour constitutionnelle d'un recours où il alléguait que la législation en vigueur était incompatible avec le principe d'égalité énoncé dans la Constitution. La Cour constitutionnelle débouta le requérant, jugeant que l'interdiction faite aux militaires de sexe masculin de prendre un congé parental découlait du statut juridique spécial des militaires et de la nécessité d'éviter qu'un trop grand nombre de militaires ne

1. Rédigé par le greffe, il ne lie pas la Cour.

soient dans l'impossibilité d'exercer leurs fonctions. Elle observa que les militaires assumaient délibérément les obligations liées à leur statut de militaire et avaient droit à un départ anticipé s'ils décidaient de s'occuper eux-mêmes de leurs enfants. Elle précisa que le droit au congé parental avait été accordé à titre exceptionnel aux militaires de sexe féminin en tenant compte de la faible représentation des femmes au sein de l'armée et du rôle social spécial dévolu aux femmes en liaison avec la maternité.

1. Article 14 de la Convention combiné avec l'article 8 : le congé parental et l'allocation correspondante entrent dans le champ d'application de l'article 8 car ils favorisent la vie familiale et ont nécessairement une incidence sur l'organisation de celle-ci. Il s'ensuit que l'article 14, combiné avec l'article 8, trouve à s'appliquer. Les hommes se trouvent dans une situation analogue à celle des femmes pour ce qui est du congé parental et de l'allocation de congé parental (mais non pour ce qui est du congé de maternité). Il en découle que, aux fins du congé parental, le requérant, militaire de sexe masculin, se trouvait dans une situation analogue à celle des militaires de sexe féminin. Il reste à déterminer si cette différence de traitement entre les militaires des deux sexes reposait sur une justification objective et raisonnable.

A cet égard, la Cour rappelle que la progression vers l'égalité des sexes est aujourd'hui un but important des Etats membres du Conseil de l'Europe et que seules des considérations très fortes peuvent amener à estimer compatible avec la Convention une différence de traitement fondée sur le sexe. En particulier, des références aux traditions, présupposés d'ordre général ou attitudes sociales majoritaires ayant cours dans un pays donné ne suffisent pas à justifier une telle différence de traitement.

La Cour n'admet pas que, comme le Gouvernement le soutient, pareille différence de traitement puisse se justifier par le rôle social particulier que joueraient les femmes dans l'éducation des enfants. Les sociétés européennes contemporaines ont évolué vers un partage plus égalitaire entre les hommes et les femmes des responsabilités en matière d'éducation des enfants, et le rôle des pères auprès des jeunes enfants est mieux reconnu. Dans la majorité des Etats européens, dont la Russie, la législation prévoit désormais, dans le secteur civil, que les hommes comme les femmes peuvent prendre un congé parental, et dans un nombre important d'Etats membres, tant les militaires de sexe masculin que les militaires de sexe féminin ont aussi droit au congé parental. La différence de traitement en cause ne saurait être comprise comme une mesure de discrimination positive en faveur des femmes car elle n'a manifestement pas pour but de corriger le désavantage dont souffriraient les femmes dans la société mais a pour effet de perpétuer les stéréotypes liés au sexe et constitue un désavantage tant pour la carrière des femmes que pour la vie familiale des hommes. En bref, la répartition traditionnelle des rôles entre les sexes dans la société ne peut servir à justifier l'exclusion des hommes, y compris ceux travaillant dans l'armée, du droit au congé parental.

La Cour n'est pas non plus convaincue par l'argument du Gouvernement consistant à dire que l'extension du droit au congé parental aux militaires de sexe masculin nuirait à la puissance de combat et à l'efficacité opérationnelle des forces armées. Les autorités russes n'ont jamais procédé à des expertises ni à des études pour évaluer le nombre de militaires de sexe masculin susceptibles de prendre un congé parental de trois ans et désireux de le faire, et pour analyser les conséquences que pareilles prises de congés pourraient avoir. Les statistiques fournies par le Gouvernement ne permettent pas de tirer de conclusion à cet égard. Le simple fait que tous les militaires de sexe masculin soient en âge de procréer ne suffit pas à justifier la différence de traitement litigieuse entre hommes et femmes dans l'armée. Cela étant, la Cour admet que, eu égard à l'importance de l'armée pour la protection de la sécurité nationale, certaines restrictions au droit au congé parental peuvent se justifier, à condition qu'elles ne soient pas discriminatoires. Il peut par exemple se justifier d'exclure du droit au congé parental tout militaire, homme ou femme, qui, en raison de facteurs tels que sa position hiérarchique, la rareté de ses qualifications techniques ou sa participation à des opérations militaires sur le terrain, ne peut pas être facilement remplacé dans ses fonctions. Or, en Russie, l'exclusion du droit au congé parental s'applique automatiquement à tous les militaires de sexe masculin, indépendamment de leur position dans l'armée, de la disponibilité d'un remplaçant ou de leur situation personnelle. Pour la Cour, une telle restriction générale et automatique, appliquée à un groupe de personnes en fonction de leur sexe, doit être considérée comme sortant du cadre d'une marge d'appréciation acceptable pour l'Etat.

Le requérant, qui était opérateur radio dans le domaine du renseignement, pouvait être remplacé par des militaires de sexe masculin comme par des militaires de sexe féminin. Il est à cet égard significatif que, dans son unité, des postes équivalents au sien étaient souvent occupés par des femmes qui, contrairement à lui, avaient un droit inconditionnel à un congé parental de trois ans. Le requérant a donc subi une discrimination fondée sur le sexe, et ce sans justification objective ou raisonnable. Eu égard à l'importance fondamentale que revêt la prohibition de la discrimination fondée sur le sexe, l'on ne saurait admettre que, parce qu'il s'est engagé dans l'armée, le requérant a renoncé à son droit à ne pas faire l'objet de discrimination.

Conclusion: violation (seize voix contre une).

2. Article 34: le requérant se plaint que, alors que sa requête était pendante devant la Cour, il a reçu chez lui la visite d'un procureur qui lui a posé des questions au sujet de son affaire. La Cour souligne qu'il n'est en principe guère approprié que les autorités d'un Etat défendeur entrent en contact direct avec un requérant au sujet de l'affaire dont celui-ci l'a saisie. En l'espèce, toutefois, rien n'indique que la visite du procureur au domicile du requérant dans le but d'obtenir des informations à jour sur sa situation familiale ait été destinée à pousser l'intéressé à retirer ou modifier sa requête, ou qu'elle ait en réalité eu un tel effet. Les autorités ne peuvent

ainsi passer pour avoir entravé le requérant dans l'exercice de son droit de recours individuel.

Conclusion: pas de manquement à l'article 34 (quatorze voix contre trois).

Article 41 : la Cour alloue certaines sommes pour dommage moral et pour frais et dépens.

Jurisprudence citée par la Cour

Engel et autres c. Pays-Bas, 8 juin 1976, série A n° 22
Rasmussen c. Danemark, 28 novembre 1984, série A n° 87
Inze c. Autriche, 28 octobre 1987, série A n° 126
Hadjianastassiou c. Grèce, 16 décembre 1992, série A n° 252
Schuler-Zgraggen c. Suisse, 24 juin 1993, série A n° 263
Burghartz c. Suisse, 22 février 1994, série A n° 280-B
Vereinigung demokratischer Soldaten Österreichs et Gubi c. Autriche, 19 décembre 1994, série A n° 302
Akdivar et autres c. Turquie, 16 septembre 1996, *Recueil des arrêts et décisions* 1996-IV
Gaygusuz c. Autriche, 16 septembre 1996, *Recueil* 1996-IV
Aksoy c. Turquie, 18 décembre 1996, *Recueil* 1996-VI
Kalaç c. Turquie, 1er juillet 1997, *Recueil* 1997-IV
Grigoriades c. Grèce, 25 novembre 1997, *Recueil* 1997-VII
Larissis et autres c. Grèce, 24 février 1998, *Recueil* 1998-I
Petrovic c. Autriche, 27 mars 1998, *Recueil* 1998-II
Kurt c. Turquie, 25 mai 1998, *Recueil* 1998-III
Ergi c. Turquie, 28 juillet 1998, *Recueil* 1998-IV
Assenov et autres c. Bulgarie, 28 octobre 1998, *Recueil* 1998-VIII
Tanrıkulu c. Turquie [GC], n° 23763/94, CEDH 1999-IV
Lustig-Prean et Beckett c. Royaume-Uni, nos 31417/96 et 32377/96, 27 septembre 1999
Smith et Grady c. Royaume-Uni, nos 33985/96 et 33986/96, CEDH 1999-VI
Thlimmenos c. Grèce [GC], n° 34369/97, CEDH 2000-IV
Akdeniz et autres c. Turquie, n° 23954/94, 31 mai 2001
Horvat c. Croatie, n° 51585/99, CEDH 2001-VIII
Matyar c. Turquie, n° 23423/94, 21 février 2002
Fretté c. France, n° 36515/97, CEDH 2002-I
Stafford c. Royaume-Uni [GC], n° 46295/99, CEDH 2002-IV
Manoussos c. République tchèque et Allemagne (déc.), n° 46468/99, 9 juillet 2002
Ünal Tekeli c. Turquie, n° 29865/96, CEDH 2004-X
Stec et autres c. Royaume-Uni [GC], nos 65731/01 et 65900/01, CEDH 2006-VI
Fedotova c. Russie, n° 73225/01, 13 avril 2006
Syssoyeva et autres c. Lettonie (radiation) [GC], n° 60654/00, CEDH 2007-I
D.H. et autres c. République tchèque [GC], n° 57325/00, CEDH 2007-IV
E.B. c. France [GC], n° 43546/02, 22 janvier 2008
Riabov c. Russie, n° 3896/04, 31 janvier 2008

Demir et Baykara c. Turquie [GC], n° 34503/97, CEDH 2008
Weller c. Hongrie, n° 44399/05, 31 mars 2009
Pasko c. Russie, n° 69519/01, 22 octobre 2009
Kozhokar c. Russie, n° 33099/08, 16 décembre 2010
Yevgeniy Alekseyenko c. Russie, n° 41833/04, 27 janvier 2011

En l'affaire Konstantin Markin c. Russie,

La Cour européenne des droits de l'homme, siégeant en une Grande Chambre composée de:

Nicolas Bratza, *président*,
Jean-Paul Costa,
Françoise Tulkens,
Josep Casadevall,
Ján Šikuta,
Dragoljub Popović,
Päivi Hirvelä,
Nona Tsotsoria,
Ann Power-Forde,
Zdravka Kalaydjieva,
Işıl Karakaş,
Mihai Poalelungi,
Kristina Pardalos,
Guido Raimondi,
Angelika Nußberger,
Paulo Pinto de Albuquerque, *juges*,
Olga Fedorova, *juge* ad hoc,

et de Johan Callewaert, *greffier adjoint de la Grande Chambre*,

Après en avoir délibéré en chambre du conseil le 8 juin 2011 et le 1er février 2012,

Rend l'arrêt que voici, adopté à cette dernière date:

PROCÉDURE

1. A l'origine de l'affaire se trouve une requête (no 30078/06) dirigée contre la Fédération de Russie et dont un ressortissant de cet Etat, M. Konstantin Aleksandrovich Markin («le requérant»), a saisi la Cour le 21 mai 2006 en vertu de l'article 34 de la Convention de sauvegarde des droits de l'homme et des libertés fondamentales («la Convention»).

2. Le requérant, qui a été admis au bénéfice de l'assistance judiciaire, a été représenté par Me K. Moskalenko et Me I. Gerasimova, avocates à Moscou, et Me N. Lisman, avocate à Boston (Etats-Unis d'Amérique). Le gouvernement russe («le Gouvernement») a été représenté par son agent, M. G. Matyushkin, représentant de la Fédération de Russie auprès de la Cour européenne des droits de l'homme, et par Mme O. Sirotkina, conseil.

3. Le requérant se plaignait du refus des autorités nationales de lui accorder un congé parental en raison de son appartenance au sexe masculin.

4. La requête a été attribuée à la première section de la Cour (article 52 § 1 du règlement de la Cour). Le 7 octobre 2010, une chambre de cette section composée de Christos Rozakis, Nina Vajić, Anatoly Kovler, Elisabeth Steiner, Khanlar Hajiyev, Dean Spielmann et Sverre Erik Jebens, juges, ainsi que de Søren Nielsen, greffier de section, a examiné la recevabilité et le fond de l'affaire (article 29 § 1 de la Convention). Elle a déclaré la requête en partie recevable et conclu, par six voix contre une, à la violation de l'article 14 de la Convention combiné avec l'article 8.

5. Le 21 février 2011, le collège de cinq juges de la Grande Chambre a décidé d'accueillir la demande de renvoi de l'affaire devant la Grande Chambre formulée par le Gouvernement (articles 43 de la Convention et 73 du règlement).

6. La composition de la Grande Chambre a été arrêtée conformément aux dispositions des articles 26 §§ 4 et 5 de la Convention et 24 du règlement.

7. Tant le requérant que le Gouvernement ont déposé des observations écrites sur le fond de l'affaire (article 59 § 1 du règlement). En outre, des tierces observations ont été reçues du centre des droits de l'homme de l'université de Gand (Belgique) (articles 36 § 1 de la Convention et 44 § 1 b) du règlement).

8. Une audience s'est déroulée en public au Palais des droits de l'homme, à Strasbourg, le 8 juin 2011 (article 59 § 3 du règlement).

Ont comparu :

– *pour le Gouvernement*

M. G. Matyushkin, représentant de la Fédération de Russie auprès de la Cour européenne des droits de l'homme, *agent*,
Mmes O. Sirotkina, *conseil*,
I. Korieva,
M. A. Shemet, *conseillers* ;

– *pour le requérant*

Mmes K. Moskalenko,
N. Lisman,
I. Gerasimova, *conseils*.

La Cour a entendu en leurs déclarations Mme Sirotkina, Mme Moskalenko, Mme Gerasimova et Mme Lisman.

EN FAIT

I. LES CIRCONSTANCES DE L'ESPÈCE

9. Le requérant est né en 1976 et réside à Veliky Novgorod.

10. Le 27 mars 2004, il signa avec l'armée un contrat, établi sur un formulaire standard de deux pages, par lequel, entre autres, il « s'engage[ait] à servir dans les conditions prévues par la loi ».

11. A l'époque des faits, le requérant était opérateur radio dans le domaine du renseignement (*оперативный дежурный группы боевого управления в составе оперативной группы радиоэлектронной разведки*) dans l'unité militaire n° 41480. Des femmes occupaient des postes équivalents dans son unité, et il était souvent remplacé dans ses fonctions par des militaires de sexe féminin.

A. La procédure relative au congé parental

12. Le 30 septembre 2005, l'épouse du requérant, Mme Z., donna naissance à leur troisième enfant. Le même jour, un tribunal fit droit à une demande de divorce qu'elle lui avait soumise.

13. Le 6 octobre 2005, le requérant et Mme Z. conclurent devant notaire un accord prévoyant que leurs trois enfants vivraient avec leur père et que la mère verserait une pension alimentaire pour eux.

14. D'après le requérant, Mme Z. partit pour Saint-Pétersbourg quelques jours plus tard.

15. Le 11 octobre 2005, le requérant demanda un congé parental de trois ans au chef de son unité militaire. Le 12 octobre 2005, celui-ci rejeta sa requête au motif qu'un tel congé ne pouvait être accordé qu'au personnel militaire de sexe féminin. L'intéressé fut autorisé à prendre un congé de trois mois mais, le 23 novembre 2005, il fut rappelé sous les drapeaux.

16. Le requérant attaqua la décision du 23 novembre 2005 en justice. Le 9 mars 2006, le tribunal militaire de la garnison de Pouchkine annula cette décision et confirma que le requérant avait droit aux trente-neuf jours ouvrables qui restaient de son congé de trois mois. Le 17 avril 2006, le tribunal militaire de la région militaire de Leningrad annula ce jugement et débouta le requérant.

17. Entre-temps, le 30 novembre 2005, le requérant avait engagé une procédure contre son unité militaire afin d'obtenir un congé parental de trois ans au motif qu'il élevait seul ses trois enfants. Il invoquait en particulier l'article 10 § 9 de la loi sur le statut des militaires (paragraphe 47 ci-dessous).

18. Lors de l'audience devant le tribunal militaire de la garnison de Pouchkine, les représentants de l'unité militaire soutinrent que le requérant

n'avait pas démontré qu'il élevait seul ses enfants. Selon eux, il était impossible que l'intéressé s'occupât seul de ses enfants alors qu'il avait un emploi dans l'armée, étudiait à l'université et était partie à plusieurs procédures judiciaires, et des éléments prouvaient que Mme Z. et d'autres personnes le secondaient dans cette tâche, de sorte que les enfants n'étaient pas privés de soins maternels. Les représentants de l'unité militaire signalèrent également au tribunal certaines incohérences dans les observations du requérant et les documents produits par lui : par exemple, l'adresse des enfants figurant sur l'accord passé devant notaire était incorrecte, le contrat de travail de Mme Z. n'était pas enregistré comme l'exigeait la loi, le passeport de Mme Z. ne portait pas de tampon de divorce, et le requérant n'avait pas sollicité d'allocation pour enfant ni attaqué Mme Z. en justice pour manquement à son obligation alimentaire. D'après eux, le requérant avait simulé un divorce afin de se soustraire à son travail dans l'armée et de toucher des prestations supplémentaires de son unité militaire.

19. Le tribunal examina la demande de divorce formulée par Mme Z., où celle-ci déclarait qu'elle était séparée du requérant depuis septembre 2005 et estimait toute poursuite de la vie conjugale impossible. Il prit aussi en compte le jugement de divorce, l'accord notarié aux termes duquel les enfants devaient vivre avec le requérant ainsi que le contrat de travail de Mme Z. signé à Saint-Pétersbourg. Enfin, il se pencha sur le compte rendu d'une audience tenue le 27 février 2006 dans une affaire civile sans rapport avec l'espèce d'où il ressortait que Mme Z. y avait représenté le requérant.

20. Le requérant déclara qu'il vivait avec ses enfants chez les parents de Mme Z. à Novgorod. Il précisa que, si Mme Z. l'aidait occasionnellement (elle avait par exemple gardé le plus jeune de leurs enfants le 31 janvier 2006 pendant qu'il se rendait à une audience), c'était lui qui s'occupait des enfants au quotidien. Mme Z. ne lui versait pas de pension alimentaire car ses revenus étaient trop faibles. Elle l'avait effectivement représenté à l'audience du 27 février 2006, qui concernait une demande introduite conjointement par le couple avant leur divorce, et avait accepté de continuer à le représenter jusqu'à la fin de la procédure.

21. Mme Z. déclara qu'elle habitait à Saint-Pétersbourg tandis que les enfants vivaient à Novgorod avec le requérant, qu'elle ne s'occupait pas d'eux et qu'elle ne versait pas de pension car son salaire était trop faible.

22. Le père de Mme Z. indiqua qu'après le divorce sa fille était partie à Saint-Pétersbourg, alors que le requérant et les enfants étaient restés vivre avec lui et sa femme dans l'appartement qui leur appartenait à tous deux. Il ajouta que, bien que sa fille eût à l'occasion parlé aux enfants au téléphone, elle ne participait pas à leur éducation, et que le requérant les élevait seul : il

les conduisait à l'école et chez le médecin, préparait leurs repas, les emmenait en promenade et supervisait leur éducation.

23. La personne qui employait Mme Z. déclara que celle-ci travaillait pour elle à Saint-Pétersbourg. Cette dame indiqua que, sachant que les contrats de travail devaient être enregistrés, elle avait cherché à faire enregistrer celui de Mme Z. auprès de l'administration fiscale, mais que celle-ci avait refusé, l'informant que cette démarche devait être accomplie auprès des services municipaux. Or ces services lui avaient indiqué que les contrats de travail devaient être enregistrés auprès de l'administration fiscale. Se trouvant prise dans un cercle vicieux, elle avait renoncé à faire enregistrer le contrat de Mme Z. Elle précisa que celle-ci avait repris son travail deux semaines après l'accouchement. Elle savait que les enfants de l'intéressée vivaient avec leur père à Novgorod mais ne connaissait rien de plus au sujet des relations de Mme Z. avec son ex-mari ou ses enfants. Elle avait entendu Mme Z. parler à son aîné quelquefois au téléphone.

24. L'institutrice du fils cadet du requérant déclara qu'au cours du mois de septembre 2005 l'enfant avait été conduit à l'école par son père et sa mère. Toutefois, depuis la naissance du troisième enfant et le divorce des parents, c'était toujours le requérant qui accompagnait l'enfant à l'école le matin et allait le chercher le soir. C'était également le requérant qui se rendait aux fêtes de l'école. Lorsque l'institutrice avait interrogé l'enfant au sujet de sa mère, il avait répondu que celle-ci était partie à Saint-Pétersbourg, où elle travaillait. Elle pensait que le requérant était un bon père et avait constaté que, à l'évidence, l'enfant l'adorait. En revanche, ce dernier ne parlait jamais de sa mère.

25. Le médecin des enfants déclara que, le 6 octobre 2005, Mme Z. s'était rendue avec le dernier-né à son cabinet pour le faire examiner. A partir du 1er novembre 2005, c'était toujours le requérant qui lui avait amené les enfants. Ceux-ci étaient en bonne santé et on s'occupait bien d'eux.

26. Le 14 mars 2006, le tribunal militaire de la garnison de Pouchkine rejeta la demande de congé parental de trois ans formée par le requérant au motif qu'elle était dépourvue de fondement en droit interne. Il estima que seul le personnel militaire de sexe féminin pouvait prétendre à un congé parental de trois ans, les militaires de sexe masculin n'ayant pas droit à un tel congé même lorsque leurs enfants étaient privés de soins maternels. En revanche, les militaires de sexe masculin dont les enfants se trouvaient dans ce cas avaient droit soit à un départ anticipé pour raisons familiales soit à un congé de trois mois. Pour sa part, le requérant avait choisi cette deuxième option.

27. Le tribunal ajouta que, de toute façon, le requérant n'avait pas démontré qu'il élevait seul ses enfants et que leur mère ne s'en occupait

pas. Suivant son analyse, il ressortait des éléments de preuve examinés à l'audience que le requérant et Mme Z. avaient poursuivi leur vie conjugale même après leur divorce. Ils vivaient ensemble, s'occupaient tous deux des enfants et défendaient ensemble les intérêts de la famille. Les allégations du requérant allant en sens contraire étaient donc fausses et visaient à induire le tribunal en erreur. Le point crucial était que Mme Z. n'avait pas été déchue de l'autorité parentale. Elle n'était en aucune autre manière empêchée de s'occuper de ses enfants et il importait peu que ceux-ci vécussent avec elle ou non.

28. Le requérant interjeta appel, soutenant que le refus de lui accorder un congé parental de trois ans emportait violation du principe d'égalité entre hommes et femmes garanti par la Constitution. Il estimait aussi que les constatations de fait émises par le tribunal de première instance étaient incompatibles avec les éléments de preuve examinés à l'audience.

29. Le 27 avril 2006, le tribunal militaire de la région militaire de Leningrad confirma en appel le jugement entrepris. Il n'examina pas l'allégation du requérant selon laquelle les constatations factuelles du tribunal de première instance étaient incorrectes. En revanche, il releva qu'en droit interne «le personnel militaire de sexe masculin n'était en aucun cas autorisé à bénéficier d'un congé parental», ajoutant que les «considérations [du requérant] sur l'égalité entre hommes et femmes (...) ne [pouvaient] justifier l'annulation du jugement de première instance, lequel [était] en substance correct».

30. Alors que la procédure judiciaire était pendante, le requérant fut frappé à plusieurs reprises de sanctions disciplinaires pour absences systématiques de son lieu de travail.

31. Par une décision du 24 octobre 2006, le chef de l'unité militaire n° 41480 accorda au requérant un congé parental jusqu'au 30 septembre 2008, date à laquelle son plus jeune fils aurait trois ans. Le 25 octobre 2006, le requérant perçut une aide financière de 200 000 roubles (RUB), soit environ 5 900 euros (EUR). Dans une lettre du 9 novembre 2006, le chef de l'unité militaire n° 41480 informa le requérant que cette aide financière lui était accordée «en raison de [ses] difficultés familiales, de la nécessité d'élever trois enfants mineurs et de l'absence d'autre source de revenu».

32. Le 8 décembre 2006, le tribunal militaire de la garnison de Pouchkine rendit une décision dans laquelle il critiquait le chef de l'unité militaire n° 41480 pour avoir accordé au requérant un congé parental de trois ans au mépris du jugement du 27 avril 2006 concluant au défaut de droit du requérant à cet égard. Le tribunal attira l'attention du chef de l'unité militaire sur l'irrégularité de sa décision.

B. L'arrêt de la Cour constitutionnelle

33. Le 11 août 2008, le requérant saisit la Cour constitutionnelle, soutenant que les dispositions de la loi sur le statut des militaires régissant le congé parental de trois ans étaient incompatibles avec le principe d'égalité énoncé dans la Constitution.

34. Le 15 janvier 2009, la Cour constitutionnelle débouta le requérant. Les parties pertinentes de sa décision se lisent ainsi :

> « 2.1. (...) le service dans les forces armées constitue un type particulier de service public destiné à assurer la défense du pays et la sécurité de l'Etat ; partant, il est accompli dans l'intérêt public. Les militaires exercent d'importantes fonctions constitutionnelles et sont donc soumis à un statut juridique spécial reposant sur la nécessité, pour un citoyen de la Fédération de Russie, d'assumer ses devoirs et obligations dans le but de protéger la patrie.
>
> Lorsqu'il définit un statut juridique spécial pour le personnel militaire, le législateur fédéral est habilité, dans le cadre de son pouvoir discrétionnaire, à imposer des restrictions aux droits et libertés civils des membres de ce personnel et à leur assigner des devoirs particuliers (...)
>
> (...) en s'engageant dans l'armée, un citoyen (...) choisit délibérément une activité professionnelle qui implique, d'abord, des restrictions à ses droits et libertés civils inhérentes à ce type de service public et, ensuite, l'exercice de tâches visant à assurer la défense du pays et la sécurité de l'Etat. En conséquence, les militaires acceptent de se plier aux exigences légales limitant leurs droits et libertés et leur imposant des obligations publiques particulières.
>
> (...) en choisissant de leur plein gré d'embrasser ce service, les citoyens souscrivent aux conditions et aux restrictions inhérentes au statut juridique qui leur devient applicable. Dès lors, l'imposition, par le législateur fédéral, de restrictions à leurs droits et libertés n'est pas en soi contraire à [la Constitution] et est conforme à la Convention n° 111 concernant la discrimination (emploi et profession) de l'OIT du 25 juin 1958 selon laquelle les distinctions, exclusions ou préférences fondées sur les qualifications exigées pour un emploi déterminé ne sont pas considérées comme des discriminations (article 1 § 2).
>
> 2.2. Aux termes de l'article 11 § 13 de [la loi sur le statut des militaires], le congé parental est accordé au personnel militaire de sexe féminin selon les modalités fixées par les lois et règlements fédéraux de la Fédération de Russie. Le règlement sur le statut des militaires comporte en son article 32 § 5 une disposition similaire prévoyant également que, durant son congé parental, une femme militaire conserve son poste et son grade dans l'armée.
>
> Un militaire de carrière de sexe masculin a droit à un congé de trois mois au plus si son épouse meurt en couches ou s'il élève un ou plusieurs enfants de moins de quatorze ans (âge repoussé à seize ans pour les enfants handicapés) dont la mère ne s'occupe pas (en cas de décès de celle-ci, de déchéance de l'autorité parentale, de longue maladie ou de toute autre situation dans laquelle les enfants sont privés de soins maternels). Ce

congé vise à donner au militaire concerné une possibilité raisonnable de prendre des dispositions pour faire garder l'enfant et, le cas échéant, de décider de poursuivre ou non sa carrière dans l'armée. Si le militaire décide de s'occuper lui-même de son enfant, il a droit à un départ anticipé pour raisons familiales (...)

La législation en vigueur ne reconnaît pas aux militaires de sexe masculin le droit à un congé parental de trois ans. Dès lors, les militaires de carrière de sexe masculin n'ont pas le droit de combiner l'exercice de leur activité militaire avec un congé parental. Cette interdiction repose, en premier lieu, sur le statut juridique particulier du personnel militaire et, en second lieu, sur les objectifs essentiels du point de vue constitutionnel qui autorisent la limitation des droits de l'homme et des libertés dans le souci de créer les conditions propres à permettre aux militaires d'exercer efficacement leur mission, qui est de défendre la patrie.

Les exigences inhérentes à la fonction militaire commandent que l'on exclue toute possibilité d'autoriser, sur une grande échelle, des militaires à ne pas exercer leurs tâches, ce en raison des conséquences négatives qui pourraient en résulter pour les intérêts publics protégés par la loi. On ne saurait donc voir dans le refus d'octroyer un droit au congé parental aux militaires de sexe masculin une atteinte à leurs droits et libertés constitutionnels, dont le droit de s'occuper de leurs enfants et de les éduquer garanti par l'article 38 § 2 de la Constitution russe. Cette restriction se justifie par ailleurs par le caractère volontaire de l'engagement dans l'armée.

L'octroi à titre exceptionnel, par le législateur, du droit au congé parental aux seuls militaires de sexe féminin tient compte, d'une part, de la faible représentation des femmes au sein de l'armée et, de l'autre, du rôle social spécial dévolu aux femmes en liaison avec la maternité. [Ces considérations] vont dans le sens de l'article 38 § 1 de la Constitution russe. Dès lors, la décision prise par le pouvoir législatif ne saurait passer pour porter atteinte aux principes d'égalité des droits et des libertés de l'homme et du citoyen et d'égalité de droits entre hommes et femmes, tels que les garantit l'article 19 §§ 2 et 3 de la Constitution russe.

Il résulte de ce qui précède que l'article 11 § 13 [de la loi sur le statut des militaires], qui reconnaît au seul personnel militaire de sexe féminin le droit à un congé parental, n'emporte pas violation des droits constitutionnels du requérant (...)

2.4. Dès lors que les militaires de sexe masculin ayant des enfants mineurs n'ont pas droit à un congé parental, ils n'ont pas davantage droit à l'allocation mensuelle due aux personnes qui s'occupent d'enfants âgés de moins de 18 mois (...) »

La Cour constitutionnelle conclut que les dispositions de loi attaquées par le requérant étaient conformes à la Constitution.

C. La visite du procureur du 31 mars 2011

35. En mars 2011 (la date précise n'a pas été communiquée), le représentant de la Fédération de Russie auprès de la Cour européenne des droits de l'homme pria le parquet militaire local d'enquêter sur la situation familiale du requérant. Il demanda notamment au procureur de trouver

l'adresse à laquelle vivaient désormais le requérant, Mme Z. et leurs enfants, et de déterminer si cette dernière versait une pension alimentaire.

36. D'après le Gouvernement, le requérant fut convoqué devant le parquet pour le 30 ou le 31 mars 2011. Le requérant déclare n'avoir reçu aucune convocation.

37. Le requérant ne s'étant pas présenté au parquet à la date fixée, le procureur décida de lui rendre visite à son domicile. Selon le requérant, le procureur arriva à son appartement le 31 mars 2011 à 22 heures, ce qui réveilla ses enfants et les effraya. D'après le Gouvernement, le procureur se présenta chez l'intéressé à 21 heures et y resta une heure.

38. Le procureur informa le requérant qu'il menait une enquête à la demande du représentant de la Fédération de Russie auprès de la Cour européenne des droits de l'homme. Il prit note des personnes habitant dans l'appartement. Il demanda ensuite à l'intéressé de produire une décision de justice relative à la pension alimentaire pour son dernier-né. Le requérant lui ayant expliqué que la pension alimentaire avait été fixée par un accord passé devant notaire, le procureur sollicita une copie de ce document, tout en avertissant le requérant qu'il interrogerait ses voisins s'il ne l'obtenait pas.

39. Le requérant téléphona à l'avocate le représentant devant la Cour et, sur son conseil, refusa d'obtempérer aux ordres du procureur et de répondre à toute autre question de sa part. Il rédigea une déclaration en ce sens qu'il signa. Le procureur quitta les lieux sur-le-champ.

40. Le procureur interrogea aussi les voisins du requérant, qui déclarèrent que celui-ci et Mme Z. vivaient ensemble.

41. D'après le Gouvernement, cette enquête a permis d'établir que le requérant et Mme Z. s'étaient remariés le 1er avril 2008 et avaient eu un quatrième enfant le 5 août 2010. En décembre 2008, le requérant aurait mis fin à ses fonctions dans l'armée pour raisons de santé. Le couple vivrait actuellement avec ses quatre enfants chez les parents de Mme Z.

II. LE DROIT INTERNE PERTINENT

42. La Constitution russe garantit à tous l'égalité des droits et des libertés indépendamment, notamment, du sexe, du statut social ou de la situation professionnelle. L'homme et la femme ont des droits égaux, des libertés égales et des chances égales (article 19 §§ 2 et 3).

43. La Constitution assure également la protection par l'Etat de la maternité et de la famille. S'occuper des enfants et les éduquer constitue un droit et une obligation reposant à charge égale sur les parents (article 38 §§ 1 et 2).

44. Le code du travail du 30 décembre 2001 reconnaît aux femmes le droit à un « congé de grossesse et d'accouchement » (congé de maternité) de

soixante-dix jours avant et soixante-dix jours après la naissance de l'enfant (article 255). Par ailleurs, les femmes ont droit à un « congé pour soins aux enfants » (congé parental) de trois ans. Ce congé parental peut également être pris, en tout ou en partie, par le père, la grand-mère, le grand-père, un tuteur ou le proche de l'enfant qui s'occupe effectivement de lui. Le bénéficiaire du congé parental garde son emploi. La durée du congé parental est prise en compte pour le calcul de l'ancienneté (article 256).

45. La loi fédérale relative aux congés de maladie et de maternité pour les personnes affiliées à l'assurance maladie obligatoire (n° 255-FZ du 29 décembre 2006) dispose que, pendant son congé de maternité, la femme reçoit une allocation de maternité versée par le Fonds de l'assurance sociale publique, dont le montant correspond à 100 % du salaire (article 11). Durant les dix-huit premiers mois du congé parental, la personne qui s'occupe de l'enfant reçoit du Fonds de l'assurance sociale publique des allocations pour garde d'enfant qui s'élèvent à 40 % du salaire et ne peuvent être inférieures à 1 500 RUB (environ 37,50 EUR) pour le premier enfant et 3 000 RUB (environ 75 EUR) pour chacun des enfants suivants (article 11 § 2). Durant les dix-huit mois suivants du congé parental, aucune prestation ou allocation sociale n'est versée.

46. En vertu de la loi fédérale sur le statut des militaires (n° 76-FZ du 27 mai 1998 – « la loi sur le statut des militaires »), les militaires de sexe féminin ont droit à un congé de maternité et à un congé parental dans les conditions prévues par le code du travail (article 11 § 13). Il n'existe pas de disposition équivalente pour le personnel militaire de sexe masculin.

47. Cette loi énonce aussi que le personnel militaire de sexe féminin, de même que les militaires des deux sexes élevant leurs enfants privés de soins maternels/paternels, peuvent bénéficier des prestations sociales prévues par les lois fédérales et autres dispositions de loi relatives à la protection de la famille, de la maternité et de l'enfance (article 10 § 9).

48. Le règlement sur le statut des militaires promulgué par le décret présidentiel n° 1237 du 16 septembre 1999 reconnaît à une femme militaire le droit à un congé de maternité, à un congé parental de trois ans et à toutes les prestations sociales et allocations qui s'y rattachent. Un militaire de carrière de sexe masculin a droit à un congé de trois mois dans les cas suivants : a) son épouse est morte en couches, ou b) il élève un ou des enfants de moins de quatorze ans (de moins de seize ans si l'enfant est handicapé) dont la mère ne s'occupe pas (décès de celle-ci, retrait de l'autorité parentale, longue maladie ou autre situation privant l'enfant de soins maternels) (article 32).

III. TEXTES INTERNATIONAUX ET ÉLÉMENTS DE DROIT COMPARÉ PERTINENTS

A. Documents des Nations unies

1. La Convention sur l'élimination de toutes les formes de discrimination à l'égard des femmes

49. La Convention sur l'élimination de toutes les formes de discrimination à l'égard des femmes a été adoptée par l'Assemblée générale des Nations unies en 1979 et ratifiée par la Russie en 1981. Son article 5 dispose:

> «Les Etats parties prennent toutes les mesures appropriées pour:
>
> a) Modifier les schémas et modèles de comportement socioculturel de l'homme et de la femme en vue de parvenir à l'élimination des préjugés et des pratiques coutumières, ou de tout autre type, qui sont fondés sur l'idée de l'infériorité ou de la supériorité de l'un ou l'autre sexe ou d'un rôle stéréotypé des hommes et des femmes;
>
> b) Faire en sorte que l'éducation familiale contribue à faire bien comprendre que la maternité est une fonction sociale et à faire reconnaître la responsabilité commune de l'homme et de la femme dans le soin d'élever leurs enfants et d'assurer leur développement, étant entendu que l'intérêt des enfants est la condition primordiale dans tous les cas.»

50. L'article 16 § 1 de cette convention énonce, en ses passages pertinents:

> «Les Etats parties prennent toutes les mesures nécessaires pour éliminer la discrimination à l'égard des femmes dans toutes les questions découlant du mariage et dans les rapports familiaux et, en particulier, assurer, sur la base de l'égalité de l'homme et de la femme:
>
> (...)
>
> d) Les mêmes droits et les mêmes responsabilités en tant que parents, quel que soit leur état matrimonial, pour les questions se rapportant à leurs enfants; dans tous les cas, l'intérêt des enfants sera la considération primordiale; (...)»

51. Dans ses observations finales du 30 juillet 2010 sur les rapports périodiques soumis par la Fédération de Russie, le Comité pour l'élimination de la discrimination à l'égard des femmes a notamment déclaré ce qui suit:

> «20. Le Comité constate de nouveau avec inquiétude la persistance de pratiques, traditions et attitudes patriarcales et de stéréotypes profondément ancrés concernant le rôle, les responsabilités et l'identité des femmes et des hommes dans toutes les sphères de l'existence. Il observe à cet égard avec regret la mise en avant répétée, par l'Etat partie, du rôle des femmes en tant que mères et pourvoyeuses de soins. Il [déplore] que (...) à ce jour, l'Etat partie n'a pas pris de mesure effective et systématique pour

faire évoluer ou éliminer les stéréotypes et les valeurs et pratiques traditionnelles dommageables.

21. Le Comité engage vivement l'Etat à mettre en place sans attendre une stratégie globale prévoyant notamment l'examen et la rédaction de textes législatifs et la définition d'objectifs et de calendriers précis, de manière à faire évoluer ou disparaître les pratiques traditionnelles et les stéréotypes discriminatoires à l'égard des femmes (...) Le Comité constate que le changement de perspective sur les femmes, considérées non plus tant dans leur rôle de mères et épouses que comme des individus et des acteurs à part entière de la société, à égalité avec les hommes, est nécessaire pour l'application intégrale de la Convention et l'instauration de l'égalité des sexes. (...) »

2. *Documents de l'Organisation internationale du travail*

52. L'article 1 de la Convention C111 concernant la discrimination en matière d'emploi et de profession de l'Organisation internationale du travail (OIT), adoptée en 1958 et ratifiée par la Fédération de Russie en 1961, se lit comme suit :

« 1. Aux fins de la présente convention, le terme *discrimination* comprend :

a) toute distinction, exclusion ou préférence fondée sur la race, la couleur, le sexe, la religion, l'opinion politique, l'ascendance nationale ou l'origine sociale, qui a pour effet de détruire ou d'altérer l'égalité de chances ou de traitement en matière d'emploi ou de profession ;

b) toute autre distinction, exclusion ou préférence ayant pour effet de détruire ou d'altérer l'égalité de chances ou de traitement en matière d'emploi ou de profession, qui pourra être spécifiée par le Membre intéressé après consultation des organisations représentatives d'employeurs et de travailleurs, s'il en existe, et d'autres organismes appropriés.

2. Les distinctions, exclusions ou préférences fondées sur les qualifications exigées pour un emploi déterminé ne sont pas considérées comme des discriminations.

(...) »

53. L'article 3 § 1 de la Convention n° 156 de l'OIT concernant l'égalité de chances et de traitement pour les travailleurs des deux sexes : travailleurs ayant des responsabilités familiales, adoptée en 1981 et ratifiée par la Fédération de Russie en 1998, se lit ainsi :

« En vue d'instaurer l'égalité effective de chances et de traitement pour les travailleurs des deux sexes, chaque Membre doit, parmi ses objectifs de politique nationale, viser à permettre aux personnes ayant des responsabilités familiales qui occupent ou désirent occuper un emploi d'exercer leur droit de l'occuper ou de l'obtenir sans faire l'objet de discrimination et, dans la mesure du possible, sans conflit entre leurs responsabilités professionnelles et familiales. »

54. L'article 22 de la recommandation n° 165 complétant cette convention dispose :

« 1) La mère ou le père devrait, au cours d'une période suivant immédiatement le congé de maternité, pouvoir obtenir un congé (congé parental) sans perdre son emploi, les droits afférents à celui-ci étant préservés.

2) La durée de la période suivant le congé de maternité et celle du congé auquel se réfère le sous-paragraphe 1) ci-dessus ainsi que les conditions afférentes à ce congé devraient être fixées dans chaque pays par l'un des moyens visés au paragraphe 3 de la (...) recommandation.

3) Le congé visé au sous-paragraphe 1) ci-dessus pourra être introduit de manière progressive. »

B. Documents du Conseil de l'Europe

1. La Charte sociale européenne

55. La Charte sociale européenne révisée a été ratifiée par la Fédération de Russie en 2009. Cet Etat s'est déclaré lié notamment par l'article 27 de ce texte, qui énonce :

« En vue d'assurer l'exercice effectif du droit à l'égalité des chances et de traitement entre les travailleurs des deux sexes ayant des responsabilités familiales et entre ces travailleurs et les autres travailleurs, les Parties s'engagent :

(...)

2. à prévoir la possibilité pour chaque parent, au cours d'une période après le congé de maternité, d'obtenir un congé parental pour s'occuper d'un enfant, dont la durée et les conditions seront fixées par la législation nationale, les conventions collectives ou la pratique ;

(...) »

2. Résolutions et recommandations de l'Assemblée parlementaire

56. Dans sa Résolution 1274 (2002) sur le congé parental, l'Assemblée parlementaire a déclaré ce qui suit :

« 1. En Europe, le congé parental a commencé à être introduit il y a plus d'un siècle en tant qu'élément essentiel des politiques sociales et d'emploi en faveur des femmes qui travaillaient au moment de la naissance de leur enfant, afin de protéger leur santé et de leur permettre de s'occuper de cet enfant.

2. Depuis, le congé parental a évolué afin de s'adapter aux besoins non seulement des femmes mais aussi des hommes qui veulent concilier la vie professionnelle et la vie familiale tout en préservant également le bien-être des enfants.

3. Le congé parental est intimement lié au rôle des hommes dans la vie familiale, car il permet d'instaurer un véritable partenariat dans le partage des responsabilités entre les hommes et les femmes dans les sphères privée et publique.

(...) »

57. Dans cette résolution, l'Assemblée parlementaire, constatant que le congé parental était appliqué de manière inégale au sein des Etats membres, a demandé instamment aux Etats membres :

> « i. de prendre les mesures nécessaires, s'ils ne l'ont pas encore fait, pour assurer que leur législation reconnaisse les différents types de structure familiale et, en conséquence, pour introduire le principe du congé parental rémunéré, y compris le congé en cas d'adoption ;
>
> ii. de mettre en place les structures adéquates pour la mise en œuvre du congé parental, y compris le congé en cas d'adoption ;
>
> (...) »

58. Dans sa Recommandation 1769 (2006) sur la nécessaire conciliation de la vie professionnelle et de la vie familiale, l'Assemblée parlementaire a constaté que, dans de nombreux Etats membres du Conseil de l'Europe, la conciliation de la vie professionnelle et de la vie familiale était loin d'être atteinte et que cette situation pénalisait en premier lieu les femmes, qui continuaient à assumer une grande partie des tâches domestiques et l'éducation des enfants en bas âge ainsi que, très souvent, la charge de leurs parents dépendants ou d'autres personnes âgées dépendantes. Elle a donc invité le Comité des Ministres à adresser aux Etats membres une recommandation leur demandant en particulier :

> « 8.3. de prendre des dispositions facilitant la conciliation de la vie professionnelle et de la vie familiale qui ciblent les femmes et les hommes, y compris :
>
> (...)
>
> 8.3.5. d'assurer une rémunération/indemnisation suffisante durant le congé maternité ;
>
> 8.3.6. de mettre en place, s'ils ne l'ont pas encore fait, un congé paternité rémunéré et d'encourager les hommes à y avoir recours ;
>
> (...)
>
> 8.3.8. d'instaurer le congé parental rémunéré, couvert socialement et qui puisse être utilisé de manière souple par le père et la mère, en veillant en particulier à s'assurer que les hommes puissent effectivement avoir recours à ce dispositif ;
>
> (...) »

3. *Recommandations du Comité des Ministres*

59. Dans sa Recommandation n° R (96) 5 sur la conciliation de la vie professionnelle et de la vie familiale, le Comité des Ministres, reconnaissant que des innovations étaient nécessaires pour mieux concilier la vie professionnelle et la vie familiale, a recommandé que les Etats membres :

« I. Interviennent, dans le cadre d'une politique générale d'encouragement de l'égalité des chances et de traitement, pour permettre aux hommes et aux femmes, sans discrimination, de mieux concilier leur vie professionnelle et leur vie familiale ;

II. Adoptent et mettent en œuvre les mesures et principes généraux décrits dans l'annexe à cette recommandation de la manière qu'ils jugent la plus appropriée pour réaliser cet objectif à la lumière des situations et des préférences nationales. »

60. S'agissant des congés de maternité, de paternité et parental, l'annexe à la recommandation précitée explique ce qui suit :

« 12. En cas de maternité, les femmes devraient bénéficier d'une protection juridique, et notamment d'un arrêt de travail d'une durée adéquate, d'un salaire ou d'une allocation adéquats au titre de cet arrêt, et d'une protection de l'emploi.

13. Les pères de nouveau-nés devraient également bénéficier d'une courte période de congé pour être auprès de leur famille. Par ailleurs, le père et la mère devraient avoir droit à un congé parental au cours d'une période à définir par les autorités nationales, sans perdre leur emploi ou les droits afférents à cet emploi, prévus dans la réglementation du travail ou les systèmes de protection sociale. Ce congé parental devrait pouvoir être pris à temps partiel et être partagé entre les parents.

14. Les personnes qui adoptent un enfant devraient bénéficier, *mutatis mutandis*, des mesures décrites au paragraphe 13.

15. La réinsertion professionnelle, à l'issue du congé parental, devrait être facilitée par des services tels que l'orientation et la formation professionnelles. »

61. Quant à la Recommandation CM/Rec(2007)17 du Comité des Ministres aux Etats membres sur les normes et mécanismes d'égalité entre les femmes et les hommes, elle recommande en particulier que :

« (...) les gouvernements des Etats membres prennent ou renforcent les mesures nécessaires pour mettre en œuvre l'égalité entre les femmes et les hommes en prenant pleinement en compte les principes et normes suivants :

(...)

B. Normes dans des domaines spécifiques

(...)

5. Conciliation de la vie privée/familiale et de la vie professionnelle/publique

34. Les stéréotypes et la division marquée des rôles selon le genre influencent les modèles sociaux qui tendent à attribuer aux femmes la responsabilité principale de la vie familiale et privée (domaines de travail non rémunéré) et aux hommes celle de la sphère publique et du travail professionnel (domaines de travail rémunéré). Cette division conduit à perpétuer le partage inégal des responsabilités familiales et domestiques, qui est l'une des raisons majeures de la discrimination à l'égard des femmes sur le marché du travail et de leur participation sociale et politique limitée.

35. La participation équilibrée des femmes et des hommes à la vie professionnelle/publique et à la vie privée/familiale est donc un domaine clé pour l'égalité entre les femmes et les hommes et une condition essentielle pour le développement de la société. Par ailleurs, la conciliation de la vie professionnelle et publique avec la vie familiale et privée, qui favorise l'épanouissement de l'individu dans la vie publique, professionnelle, sociale et familiale, est indispensable à la réalisation d'une qualité de vie satisfaisante pour tous, femmes et hommes, filles et garçons, et à la pleine jouissance des droits de la personne humaine dans les sphères politique, économique, culturelle et sociale.

36. Les éléments indiquant la volonté politique des Etats et leur engagement en faveur de l'égalité entre les femmes et les hommes à cet égard sont notamment les suivants :

(...)

iii. l'adoption/l'existence et l'application d'une législation sur la protection de la maternité et de la paternité, comprenant des dispositions sur le congé de maternité payé, le congé parental payé, également accessible aux deux parents, et le congé de paternité payé non transférable ainsi que de mesures spécifiques également destinées aux femmes et aux hommes actifs, pour leur permettre d'assumer les responsabilités familiales, y compris les soins et l'assistance aux enfants malades ou handicapés ou aux personnes à charge;

(...) »

62. Enfin, dans sa Recommandation CM/Rec(2010)4 sur les droits de l'homme des membres des forces armées, le Comité des Ministres a notamment recommandé aux gouvernements des Etats membres de « garantir le respect des principes énoncés dans l'annexe à la présente recommandation dans la législation et les pratiques nationales relatives aux membres des forces armées ». Le principe 39 énoncé à l'annexe à cette recommandation se lit ainsi : « Les membres des forces armées qui ont de jeunes enfants devraient bénéficier d'un congé de maternité ou de paternité, d'allocations appropriées pour enfant à charge, d'un accès à des écoles maternelles et d'un système adéquat de santé et d'enseignement pour les enfants. »

C. Documents de l'Union européenne

1. *Directives du Conseil*

63. La Directive 96/34/CE du Conseil du 3 juin 1996 concernant l'accord-cadre sur le congé parental conclu par l'UNICE (Union des confédérations de l'industrie et des employeurs d'Europe), le CEEP (Centre européen des entreprises à participation publique et des entreprises d'intérêt économique général) et la CES (Confédération européenne des syndicats)

met en œuvre cet accord, qui a été conclu le 14 décembre 1995 par ces organisations interprofessionnelles et dispose notamment:

«Clause 2: Congé parental

1. En vertu du présent accord, sous réserve de la clause 2.2, un droit individuel à un congé parental est accordé aux travailleurs, hommes et femmes, en raison de la naissance ou de l'adoption d'un enfant, pour pouvoir s'occuper de cet enfant pendant au moins trois mois jusqu'à un âge déterminé pouvant aller jusqu'à huit ans, à définir par les Etats membres et/ou les partenaires sociaux.

2. Pour promouvoir l'égalité de chances et de traitement entre les hommes et les femmes, les parties signataires du présent accord considèrent que le droit au congé parental prévu à la clause 2.1 devrait, en principe, être accordé de manière non transférable.

(...)»

64. La Directive 2010/18/UE du Conseil du 8 mars 2010 portant application de l'accord-cadre révisé sur le congé parental conclu par BUSINESSEUROPE, l'UEAPME, le CEEP et la CES a abrogé la directive 96/34/CE. L'accord-cadre révisé dispose:

«Clause 2: Congé parental

1. En vertu du présent accord, un droit individuel à un congé parental est accordé aux travailleurs, hommes ou femmes, en raison de la naissance ou de l'adoption d'un enfant, de manière à leur permettre de prendre soin de cet enfant jusqu'à ce qu'il atteigne un âge déterminé pouvant aller jusqu'à huit ans, à définir par les Etats membres et/ou les partenaires sociaux.

2. Le congé est accordé pour une période d'au moins quatre mois et, pour promouvoir l'égalité de chances et de traitement entre les hommes et les femmes, il ne devrait pas, en principe, pouvoir être transféré. Pour favoriser l'égalité entre les deux parents en matière de congé parental, au moins un des quatre mois de congé ne peut être transféré. Les modalités d'application de la période non transférable sont arrêtées au niveau national par voie législative et/ou par des conventions collectives, en fonction des dispositions en matière de congé en vigueur dans les Etats membres.»

2. *Jurisprudence de la Cour de justice*

65. L'affaire Joseph Griesmar c. Ministre de l'Economie, des Finances et de l'Industrie et Ministre de la Fonction publique, de la Réforme de l'Etat et de la Décentralisation traitait du fait que la bonification d'ancienneté pour le calcul de la pension de retraite des fonctionnaires ayant eu des enfants était réservée aux femmes fonctionnaires dans le cadre du régime français de retraite civile et militaire. Dans son arrêt du 29 novembre 2001, la Cour de justice des Communautés européennes (CJCE) a observé que l'octroi de cette bonification était lié non pas au congé de maternité ou aux

désavantages que subirait un fonctionnaire féminin dans sa carrière du fait de son éloignement du service pendant la période qui suit l'accouchement mais à une autre période, à savoir celle consacrée à l'éducation des enfants. A cet égard, la CJCE a constaté que les situations d'un fonctionnaire masculin et d'un fonctionnaire féminin étaient comparables relativement à l'éducation des enfants. Elle a en particulier relevé que la circonstance que les fonctionnaires féminins étaient plus touchés par les désavantages professionnels résultant de l'éducation des enfants parce que c'étaient en général les femmes qui assumaient cette éducation n'était pas de nature à exclure la comparabilité de leur situation avec celle d'un fonctionnaire masculin ayant assumé l'éducation de ses enfants et été, de ce fait, exposé aux mêmes désavantages de carrière.

66. La CJCE a de plus constaté que la législation française consacrait une différence de traitement fondée sur le sexe à l'égard des fonctionnaires masculins ayant effectivement assumé l'éducation de leurs enfants. Elle a jugé cette mesure injustifiée, considérant qu'elle n'était pas de nature à compenser les désavantages auxquels étaient exposées les carrières des fonctionnaires féminins en aidant ces femmes à mener leur vie professionnelle sur un pied d'égalité avec les hommes mais se bornait, au contraire, à accorder aux fonctionnaires féminins ayant la qualité de mère une bonification d'ancienneté au moment de leur départ à la retraite, sans porter remède aux problèmes qu'elles pouvaient rencontrer durant leur carrière professionnelle. La CJCE a ainsi conclu que la législation française méconnaissait le principe de l'égalité des rémunérations en ce qu'elle excluait du bénéfice de la bonification les fonctionnaires masculins à même de prouver qu'ils avaient assumé l'éducation de leurs enfants.

67. L'arrêt adopté par la Cour de justice de l'Union européenne (CJUE) le 30 septembre 2010 en l'affaire Pedro Manuel Roca Álvarez c. Sesa Start España ETT SA était relatif à la question de savoir si le refus d'accorder aux pères salariés un congé « d'allaitement » (sous la forme d'une réduction d'une demi-heure de la journée de travail), alors que les mères salariées avaient droit à ce congé, constituait une discrimination fondée sur le sexe. La CJUE a constaté que les situations d'un travailleur masculin et d'un travailleur féminin, respectivement père et mère d'enfants en bas âge, étaient comparables au regard de la nécessité dans laquelle ceux-ci pouvaient se trouver d'avoir à réduire leur temps de travail journalier afin de s'occuper de cet enfant. Elle a ainsi conclu que la législation espagnole établissait une différence de traitement fondée sur le sexe entre les mères ayant le statut de travailleur salarié et les pères ayant ce même statut.

68. En ce qui concerne la justification d'une telle différence de traitement, la CJUE a considéré, premièrement, que le congé en cause

avait été détaché du fait biologique de l'allaitement, puisqu'il pouvait être octroyé même en cas d'allaitement artificiel, et pouvait donc être considéré comme un simple temps d'attention à l'enfant et comme une mesure de conciliation de la vie familiale et de la vie professionnelle à l'issue du congé de maternité. L'alimentation et le temps d'attention à l'enfant pouvaient être assurés aussi bien par le père que par la mère. Ce congé semblait ainsi être accordé aux travailleurs en leur qualité de parents de l'enfant. Il ne pouvait donc être considéré comme permettant d'assurer la protection de la condition biologique de la femme à la suite de sa grossesse ou la protection des rapports particuliers entre la mère et son enfant.

69. Elle a estimé, deuxièmement, que la mesure à l'étude ne constituait pas un avantage autorisé octroyé aux femmes dans le but d'améliorer leur capacité de concourir sur le marché du travail et de mener une carrière sur un pied d'égalité avec les hommes mais que, tout au contraire, le fait de considérer que seule une femme ayant le statut de travailleur salarié pouvait bénéficier du congé en cause alors qu'un homme ayant le même statut ne le pouvait pas était plutôt de nature à perpétuer une répartition traditionnelle des rôles entre hommes et femmes en maintenant les hommes dans un rôle subsidiaire à celui des femmes en ce qui concerne l'exercice de leur fonction parentale. Le fait de refuser le bénéfice du congé en cause aux pères ayant le statut de travailleur salarié au seul motif que la mère de l'enfant ne disposait pas de ce statut pouvait avoir pour effet que la mère, en l'occurrence une travailleuse indépendante, se voie contrainte de limiter son activité professionnelle et de supporter seule la charge résultant de la naissance de son enfant, sans pouvoir recevoir une aide du père. En conséquence, pour la CJUE, la mesure en cause ne s'analysait ni en une mesure ayant pour effet d'éliminer ou de réduire les inégalités pouvant exister dans la société, ni en une mesure visant à déboucher sur une égalité substantielle et non formelle en réduisant les inégalités de fait pouvant survenir dans la vie sociale et, ainsi, destinée à prévenir ou à compenser des désavantages dans la carrière professionnelle des personnes concernées.

70. La CJUE a donc conclu que les dispositions en cause de la législation espagnole étaient contraires à la législation européenne.

D. Eléments de droit comparé

71. La Cour a comparé la législation de trente-trois Etats membres du Conseil de l'Europe : Albanie, Allemagne, Arménie, Autriche, Azerbaïdjan, Belgique, Bosnie-Herzégovine, Bulgarie, Chypre, Croatie, Espagne, Estonie, Finlande, France, Géorgie, Grèce, Italie, Lettonie, « ex-République yougoslave de Macédoine », Lituanie, Luxembourg, Malte, République de

Moldova, Pays-Bas, Pologne, Portugal, République tchèque, Roumanie, Royaume-Uni, Serbie, Suède, Suisse et Turquie.

72. Cette étude comparative suggère, pour ce qui est du secteur civil, que deux Etats (Arménie et Suisse) limitent le droit au congé parental aux femmes, que dans un Etat (Turquie), les hommes travaillant dans le privé n'ont pas droit au congé parental alors que ceux travaillant dans la fonction publique y ont droit, que dans un Etat (Bosnie-Herzégovine), les hommes peuvent prendre un congé parental dans certaines conditions seulement (par exemple lorsque l'enfant est privé de soins maternels) et que dans un Etat (Albanie), la loi ne prévoit pas le congé parental. Dans les vingt-huit autres Etats, les hommes et les femmes travaillant dans le secteur civil ont droit au congé parental sur un pied d'égalité.

73. Dans certains pays, le congé parental est un droit accordé à la famille que les parents peuvent répartir entre eux comme ils le souhaitent (Azerbaïdjan, Géorgie et Roumanie par exemple). Dans d'autres pays, il s'agit d'un droit individuel, chacun des parents ayant droit à une proportion du congé parental (Belgique, Croatie, Italie, Luxembourg et République tchèque par exemple). En Suède, ce droit est en partie familial et en partie individuel : soixante jours sont réservés à chacun des parents et le reste est réparti entre eux à leur convenance. Dans certains pays, le congé parental est non rémunéré (Autriche, Belgique, Chypre, Espagne, Malte, Pays-Bas et Royaume-Uni par exemple). Dans d'autres, le congé parental est payé soit partiellement soit totalement (Azerbaïdjan, Luxembourg, Portugal, République tchèque et Serbie par exemple). La durée du congé parental est elle aussi variable, pouvant aller de trois mois (Belgique) à trois ans (Espagne).

74. S'agissant du secteur militaire, il apparaît qu'un Etat (Albanie) n'accorde pas expressément aux militaires le droit à un congé parental. Dans six Etats (Arménie, Azerbaïdjan, Géorgie, République de Moldova, Suisse et Turquie), ce droit n'est reconnu qu'aux militaires de sexe féminin. Dans trois Etats (Bosnie-Herzégovine, Bulgarie et Serbie), les militaires de sexe féminin ont droit à un congé parental quelle que soit leur situation, tandis que les militaires de sexe masculin n'y ont droit que dans des circonstances exceptionnelles, par exemple si la mère est décédée, a abandonné l'enfant, est gravement malade ou se trouve dans l'impossibilité de s'occuper de l'enfant pour toute autre raison justifiée. Dans les vingt-trois autres Etats, le personnel militaire de sexe masculin et celui de sexe féminin ont droit au congé parental sur un pied d'égalité.

75. Dans certains pays (Autriche, Chypre, Croatie, Estonie, Finlande, Italie, Luxembourg, Malte, Pologne, Portugal et Suède par exemple), le congé parental prévu pour les militaires semble régi par les mêmes dispositions

générales que celles applicables aux civils. Dans d'autres pays (France, Grèce, Lettonie, Lituanie, République tchèque et Roumanie par exemple), le congé parental est défini par des dispositions spécifiques qui ne présentent toutefois pas de grande différence avec les règles valant pour les civils. Dans cinq pays (Allemagne, Belgique, Espagne, Pays-Bas et Royaume-Uni), les dispositions spécifiques régissant le congé parental pour les militaires sont différentes de celles applicables aux civils ou plus restrictives que ces dernières. Par exemple, la législation néerlandaise dispose que le congé parental peut être repoussé lorsque des « intérêts importants du service » l'imposent. En Allemagne, la loi accorde aux militaires les mêmes droits en matière de congé parental qu'aux civils. Toutefois, le ministre allemand de la Défense peut s'opposer à l'octroi d'un congé parental à un membre du personnel militaire, homme ou femme, ou rappeler sous les drapeaux un membre du personnel militaire en congé parental si les impératifs de la défense nationale l'exigent. De même, au Royaume-Uni, les militaires, qui ont en principe les mêmes droits au congé parental que les civils, peuvent ne pas être autorisés à prendre ce congé quand ils le souhaitent si leur absence est jugée nuire à l'efficacité des forces armées au combat.

EN DROIT

I. SUR LA VIOLATION ALLÉGUÉE DE L'ARTICLE 14 DE LA CONVENTION COMBINÉ AVEC L'ARTICLE 8

76. Le requérant voit dans le refus de lui octroyer un congé parental une discrimination fondée sur le sexe. Il invoque l'article 14 de la Convention combiné avec l'article 8, dispositions qui se lisent comme suit :

Article 8

« 1. Toute personne a droit au respect de sa vie privée et familiale, de son domicile et de sa correspondance.

2. Il ne peut y avoir ingérence d'une autorité publique dans l'exercice de ce droit que pour autant que cette ingérence est prévue par la loi et qu'elle constitue une mesure qui, dans une société démocratique, est nécessaire à la sécurité nationale, à la sûreté publique, au bien-être économique du pays, à la défense de l'ordre et à la prévention des infractions pénales, à la protection de la santé ou de la morale, ou à la protection des droits et libertés d'autrui. »

Article 14

« La jouissance des droits et libertés reconnus dans la (...)Convention doit être assurée, sans distinction aucune, fondée notamment sur le sexe, la race, la couleur, la langue, la religion, les opinions politiques ou toutes autres opinions, l'origine nationale ou sociale, l'appartenance à une minorité nationale, la fortune, la naissance ou toute autre situation. »

(...)

B. Observation de l'article 14 combiné avec l'article 8

1. *L'arrêt de la chambre*

98. S'appuyant sur l'arrêt *Petrovic c. Autriche* (27 mars 1998, §§ 26-29, *Recueil* [*des arrêts et décisions*] 1998-II), la chambre a estimé que le requérant était fondé à invoquer l'article 14 de la Convention. Elle a constaté que, en tant que militaire de sexe masculin, il avait été traité différemment des civils des deux sexes et des militaires de sexe féminin – toutes catégories qui ont droit au congé parental – et que le refus d'accorder un tel congé à l'intéressé reposait donc sur la combinaison de deux motifs : le statut de militaire et le sexe. Elle a également dit que, concernant leurs relations avec leurs enfants pendant la durée du congé parental, les hommes et les femmes se trouvaient dans des situations analogues.

99. La chambre a relevé que, dans l'affaire *Petrovic* (précitée), une différence de traitement fondée sur le sexe relativement à l'octroi d'une allocation de congé parental n'avait pas été jugée constitutive d'une violation de l'article 14 au motif qu'il n'existait pas à l'époque des faits de consensus européen dans ce domaine, la majorité des Etats contractants ne prévoyant pas pour les pères l'octroi d'un congé parental ou le versement d'une allocation de congé parental. Elle a également observé que, depuis l'adoption de l'arrêt *Petrovic*, la situation juridique au regard du droit au congé parental avait évolué dans les Etats contractants. En effet, dans la majorité des pays européens, la législation prévoyait désormais que le congé parental pouvait être pris aussi bien par le père que par la mère. La chambre a estimé que cela prouvait que la société avait progressé vers un partage plus égalitaire entre les hommes et les femmes des responsabilités en matière d'éducation des enfants, et que le rôle des pères auprès des jeunes enfants était mieux reconnu. Elle a conclu que le moment était venu de renverser la jurisprudence *Petrovic* et de considérer que la différence de traitement entre les hommes et les femmes relativement au droit au congé parental ne reposait sur aucune justification objective ou raisonnable. Elle a également condamné les stéréotypes liés au sexe dans le domaine de l'éducation des enfants.

100. Quant au contexte militaire spécifique à la présente affaire, la chambre a redit qu'un système de discipline militaire impliquait, par nature, la possibilité d'apporter à certains des droits et libertés des membres des forces armées des limitations ne pouvant être imposées aux civils et que

les Etats désireux d'imposer à l'égard des militaires des restrictions aux droits garantis par les articles 5, 9, 10 et 11 de la Convention jouissaient d'une large marge d'appréciation. La chambre a toutefois précisé que cette marge était plus étroite dans le domaine de la vie privée et familiale. Elle a ajouté que si les Etats pouvaient apporter certaines restrictions aux droits des militaires garantis par l'article 8 en cas de réelle menace pour l'efficacité opérationnelle des forces armées, les affirmations quant à l'existence d'une telle menace devaient être « étayées par des exemples concrets ».

101. La chambre a jugé non convaincant l'argument du Gouvernement selon lequel l'extension aux militaires de sexe masculin du droit au congé parental dont bénéficiaient déjà les militaires de sexe féminin nuirait à la puissance de combat et à l'efficacité opérationnelle des forces armées. Elle a relevé qu'il n'existait de fait aucune expertise ou étude statistique portant sur le nombre de militaires de sexe masculin susceptibles de prendre un congé parental de trois ans à un moment donné et désireux de le faire. De plus, elle a indiqué que le fait que les femmes fussent moins nombreuses que les hommes au sein des forces armées ne pouvait justifier le désavantage subi par ceux-ci au regard du congé parental. Enfin, elle a estimé que l'argument selon lequel un militaire pouvait toujours démissionner de l'armée s'il souhaitait s'occuper lui-même de ses enfants était particulièrement discutable eu égard à la difficulté à transposer directement dans le domaine civil des qualifications et une expérience essentiellement militaires. La chambre s'est déclarée préoccupée par le fait que ce raisonnement imposait aux militaires de sexe masculin de choisir entre la possibilité de s'occuper de leurs enfants nouveau-nés et celle de poursuivre leur carrière dans l'armée, choix difficile épargné aux militaires de sexe féminin. En conséquence, la chambre a conclu que les raisons avancées par le Gouvernement ne justifiaient pas de manière objective et raisonnable que l'on imposât des restrictions beaucoup plus fortes à la vie familiale des militaires de sexe masculin qu'à celle des militaires de sexe féminin.

2. Les arguments du requérant

102. Le requérant soutient que la position du Gouvernement selon laquelle il ne peut invoquer l'article 14 combiné avec l'article 8 n'est pas conforme à la jurisprudence constante de la Cour. Celle-ci aurait dit à maintes reprises que le congé parental, tout comme les allocations pour congé parental et pour enfant à charge, entre dans le champ d'application de l'article 8, et que l'article 14 combiné avec cette disposition trouve donc à s'appliquer (*Weller c. Hongrie*, n° 44399/05, § 29, 31 mars 2009, *Okpisz c. Allemagne*, n° 59140/00, § 32, 25 octobre 2005, *Niedzwiecki c. Allemagne*, n° 58453/00, § 31, 25 octobre 2005, et *Petrovic*, précité, § 29). Le requérant

arguë qu'il avait besoin d'un congé parental pour faciliter sa vie familiale et protéger les intérêts de ses enfants. Il explique que, son ex-femme n'ayant pas voulu s'occuper d'eux, il avait dû rester à la maison pour les garder, ce qui n'aurait pas été possible sans un tel congé.

103. Le requérant avance que, pour ce qui est de la nécessité de prendre un congé parental pour s'occuper de ses enfants, il se trouve dans une situation analogue à celle des autres parents, à savoir les militaires de sexe féminin, d'une part, et les hommes et les femmes travaillant dans le civil, d'autre part. Or, en tant que militaire de sexe masculin, il aurait été traité différemment de ces catégories de parents car il n'aurait pas eu le droit d'obtenir un congé parental. Les femmes travaillant dans l'armée, de même que les hommes et les femmes employés dans le civil, auraient tous droit sans condition à un congé parental de trois ans, tandis qu'un militaire de sexe masculin pourrait au plus bénéficier d'un congé de trois mois dans le cas où sa femme serait morte ou dans l'impossibilité de s'occuper de l'enfant pour une autre raison. Le requérant considère que s'il a en définitive obtenu un congé parental, il n'en a pas moins été traité différemment des autres parents. Son congé parental aurait effectivement été plus court que la normale et, selon les juridictions internes, irrégulier. Il aurait donc vécu pendant toute la durée de son congé dans la crainte de voir celui-ci annulé et de devoir reprendre son travail. Enfin, il aurait aussi été traité différemment des femmes militaires en ce que, contrairement à celles-ci, il aurait dû faire un choix difficile entre sa carrière dans l'armée et sa vie familiale.

104. Le requérant soutient que l'argument selon lequel les femmes ont un rôle social particulier à jouer dans l'éducation des enfants repose sur un stéréotype lié au sexe. Quant à la doctrine de la « discrimination positive », on ne pourrait y recourir pour justifier une différence de traitement entre les hommes et les femmes relativement au droit au congé parental. Les mesures de discrimination positive devraient être proportionnées au but consistant à corriger, compenser ou atténuer les effets continus de difficultés subies par un groupe de tout temps défavorisé, en l'occurrence les femmes (*Runkee et White c. Royaume-Uni*, n°s 42949/98 et 53134/99, §§ 37 et 40-43, 10 mai 2007, et *Stec et autres c. Royaume-Uni* [GC], n° 65731/01, §§ 61 et 66, CEDH 2006-VI). Or, loin de corriger un handicap dont souffriraient depuis toujours les femmes, une politique donnant seulement à celles-ci le droit de prendre un congé parental ne ferait que perpétuer les stéréotypes liés au sexe ainsi que les inégalités et difficultés découlant du rôle traditionnel des femmes consistant à rester au foyer pour s'occuper des enfants au lieu d'exercer une activité professionnelle rémunérée. En conséquence, pareille politique établirait une discrimination tant à l'égard des hommes (dans la vie familiale) qu'envers les femmes (au travail). Le requérant conclut que

la différence de traitement entre les hommes et les femmes pour ce qui est du droit au congé parental ne repose sur aucune justification raisonnable et objective.

105. En ce qui concerne les arguments relatifs à la capacité de combat de l'armée, le requérant soutient qu'en vertu de la jurisprudence de la Cour les affirmations quant à l'existence d'une menace pour l'efficacité opérationnelle de l'armée doivent être étayées par des éléments de preuve dont la Cour vérifierait soigneusement la validité et la pertinence (*Smith et Grady c. Royaume-Uni*, n°s 33985/96 et 33986/96, §§ 89-112, CEDH 1999-VI, et *Lustig-Prean et Beckett c. Royaume-Uni*, n°s 31417/96 et 32377/96, §§ 82 et 88-98, 27 septembre 1999). Il estime que le Gouvernement n'a fourni aucun élément de preuve indiquant qu'une extension du droit au congé parental aux militaires de sexe masculin créerait une menace pour la capacité de combat de l'armée. En particulier, les statistiques soumises par le Gouvernement ne seraient pas concluantes et ne seraient d'ailleurs corroborées par aucun document. Le nombre d'enfants de moins de trois ans indiqué par le Gouvernement engloberait apparemment aussi les enfants des militaires de sexe féminin et ceux du personnel administratif de l'armée. Il serait donc impossible d'établir le nombre de militaires de sexe masculin susceptibles de prendre un congé parental à un moment donné. Surtout, l'aveu du Gouvernement selon lequel il ne possède aucune statistique pertinente montrerait que les dispositions juridiques limitant le droit au congé parental aux militaires de sexe féminin ont été adoptées sans fondement factuel solide et n'ont jamais été soumises à une révision ou à une mise à jour s'appuyant sur des faits. D'après les estimations du requérant, le nombre de militaires de sexe masculin susceptibles de prendre un congé parental à un moment donné ne dépasserait pas 3,47 % des militaires de carrière de sexe masculin. De plus, à l'intérieur de ce pourcentage, tous les militaires concernés ne seraient pas désireux de prendre un tel congé. Le requérant soutient qu'en droit russe une proportion pouvant atteindre 30 % du personnel d'une unité militaire est autorisée à prendre un congé au même moment sans que cela soit considéré comme nuisant à la pleine efficacité opérationnelle de cette unité.

106. Le requérant déclare par ailleurs que, si les femmes sont effectivement peu nombreuses dans les forces armées, elles y exercent souvent les mêmes fonctions que les hommes. Il signale notamment qu'en 1999 son supérieur était une femme. Comme le montreraient les listes des militaires de service, le nombre de femmes de service dans son unité aurait certains jours atteint 60 % des effectifs présents. Ces femmes auraient le droit de prendre un congé parental mais cela n'aurait jamais été une source de préoccupations quant à l'efficacité opérationnelle de l'armée. Au lieu

d'adopter une approche purement quantitative, l'Etat aurait dû privilégier une méthode qualitative prenant en compte la nature des fonctions exercées par chaque personne. En conclusion, le Gouvernement n'aurait pas justifié de manière raisonnable et objective la différence de traitement existant dans l'armée entre les hommes et les femmes pour ce qui est du droit au congé parental.

107. De plus, en réponse à l'argument du Gouvernement selon lequel il aurait accepté une limitation de ses droits en s'engageant dans l'armée, le requérant arguë que la Convention s'applique aussi aux membres des forces armées et non pas seulement aux civils (*Engel et autres c. Pays-Bas*, 8 juin 1976, § 54, série A n° 22, et *Lustig-Prean et Beckett*, précité, § 82). Il ajoute que, s'il est possible de renoncer à des droits protégés par la Convention, pareille renonciation, pour être valide, doit satisfaire à certaines conditions. Invoquant respectivement l'arrêt *Hermi c. Italie* ([GC], n° 18114/02, § 73, CEDH 2006-XII) et l'arrêt *D.H. et autres c. République tchèque* ([GC], n° 57325/00, § 202, CEDH 2007-IV), il indique premièrement que la renonciation ne doit « se heurter à aucun intérêt public important » et deuxièmement qu'elle doit « se trouve[r] établie de manière non équivoque, [avoir] lieu en connaissance de cause, c'est-à-dire sur la base d'un consentement éclairé ». Or la renonciation évoquée par le Gouvernement en l'espèce ne satisferait pas à ces exigences. La Cour se serait exprimée comme suit dans le contexte de la discrimination fondée sur la race : « [r]appelant l'importance fondamentale de la prohibition de la discrimination raciale (...) l'on ne saurait admettre la possibilité de renoncer au droit de ne pas faire l'objet d'une telle discrimination. En effet, cette renonciation se heurterait à un intérêt public important » (*D.H. et autres*, précité, § 204). L'interdiction de la discrimination fondée sur le sexe revêtirait une importance tout aussi fondamentale (*Andrle c. République tchèque*, n° 6268/08, § 49, 17 février 2011, *Van Raalte c. Pays-Bas*, 21 février 1997, § 39, *Recueil* 1997-I, et *Abdulaziz, Cabales et Balkandali c. Royaume-Uni*, 28 mai 1985, § 78, série A n° 94), et le droit à ne pas subir de discrimination sexuelle ne pourrait donc lui non plus faire l'objet d'une renonciation. Dans le cas présent, la renonciation en cause ne pourrait pas être considérée comme non équivoque : le contrat signé par le requérant serait un formulaire standard d'une page qui n'informerait pas expressément le signataire qu'il s'engage à renoncer à son droit au congé parental.

108. Enfin, le requérant soutient que le droit russe ne permet nullement d'aborder de manière individualisée l'octroi d'un congé parental aux militaires, comme les circonstances de l'espèce le démontreraient amplement. De fait, les tribunaux internes auraient déclaré illégal le congé parental qui lui aurait été accordé en raison de ses difficultés familiales. Le

requérant estime qu'on pourrait accorder le congé parental en fonction de la position de la personne dans l'armée plutôt qu'en fonction de son sexe, ce qui offrirait un degré acceptable de personnalisation. Il faudrait à son avis notamment chercher à savoir si l'unité de la personne participe à des opérations militaires actives ou se prépare à de telles actions et considérer sa position au sein de son unité. Pour l'intéressé, il est illogique qu'une femme militaire ayant une fonction importante dans une unité bénéficie automatiquement du droit au congé parental alors qu'un militaire de sexe masculin occupant des fonctions relativement insignifiantes sur le plan militaire ne jouit pas d'un tel droit.

3. Les arguments du Gouvernement

109. Dans sa demande de renvoi, le Gouvernement soutient que le requérant ne peut invoquer l'article 14 de la Convention combiné avec l'article 8. Cette dernière disposition ne garantirait pas un droit à un congé parental ou à des allocations de congé parental. Il s'agirait là par nature de droits économiques et sociaux relevant de la Charte sociale européenne et non protégés par la Convention. Dès lors, l'article 14, qui n'aurait pas d'existence indépendante, ne s'appliquerait pas.

110. Le Gouvernement reconnaît que le requérant se trouve dans une situation analogue à celle de tous les autres parents – à savoir les militaires de sexe féminin et les femmes et les hommes travaillant dans le secteur civil. Il estime que l'intéressé n'a pas été traité différemment de ces autres catégories de parents étant donné qu'il a bénéficié d'un congé parental.

111. Le Gouvernement soutient par ailleurs que les militaires ont un statut particulier du fait qu'ils ont pour rôle d'assurer la défense du pays et la sécurité de l'Etat. Celui-ci pourrait donc fixer des limites à leurs droits et libertés civils et leur assigner des tâches spéciales. Invoquant l'arrêt *Kalaç c. Turquie* (1er juillet 1997, § 28, *Recueil* 1997-IV), le Gouvernement plaide que la décision d'embrasser la carrière militaire résulte d'un choix volontaire et que, en signant un contrat avec l'armée et en prêtant serment d'obéissance, les militaires acceptent un système de discipline militaire qui implique, par nature, la possibilité de subir des limitations ne pouvant être imposées aux civils. Il cite également à cet égard l'affaire *W., X., Y. et Z. c. Royaume-Uni* (nos 3435/67, 3436/67, 3437/67 et 3438/67, décision de la Commission du 19 juillet 1968, Annuaire 11, 1968, pp. 563, 599), où la Commission a dit: «on ne peut raisonnablement donner à l'expression «respect de la vie familiale» une interprétation si large qu'elle permette à une personne – même mineure – de se dégager des obligations résultant pour elle d'un engagement de longue durée librement conclu, mais impliquant une séparation d'avec sa famille en dehors des périodes de permission.»

112. Le Gouvernement arguë de plus que les Etats disposent d'une ample marge d'appréciation dans le domaine de la sécurité nationale, ainsi que pour la prise de mesures d'ordre général en matière de stratégie économique et sociale ; il renvoie à cet égard aux arrêts *James et autres c. Royaume-Uni* (21 février 1986, § 46, série A n° 98) et *National & Provincial Building Society, Leeds Permanent Building Society et Yorkshire Building Society c. Royaume-Uni* (23 octobre 1997, § 80, *Recueil* 1997-VII). Grâce à une connaissance directe de leur société et de ses besoins, les autorités nationales se trouveraient mieux placées que le juge international pour déterminer ce qui est « d'utilité publique ». La Cour devrait respecter les choix de politique opérés par le législateur national, sauf si le jugement de celui-ci se révèle « manifestement dépourvu de base raisonnable ».

113. Le Gouvernement se réfère à l'arrêt rendu par la Cour constitutionnelle en l'espèce. La haute juridiction y aurait dit que la spécificité des exigences du service dans les forces armées commande une continuité dans l'exercice des fonctions et que, en conséquence, la prise d'un congé parental par un grand nombre de militaires de sexe masculin nuirait à la puissance de combat et à l'efficacité opérationnelle des forces armées. Le Gouvernement considère que ce constat repose sur une justification objective et raisonnable pour les raisons suivantes. Premièrement, comme le gouvernement du Royaume-Uni l'aurait avancé dans l'affaire *W., X., Y. et Z. c. Royaume-Uni* (précitée, p. 575), « les autorités chargées de l'administration des forces armées (sur lesquelles repose la sécurité de l'Etat) doivent veiller à ce que ces forces soient toujours suffisamment pourvues en hommes pour pouvoir remplir leur mission ». Deuxièmement, à la date du 1er janvier 2011, le nombre total de militaires de carrière aurait été de 216 600, et 50 519 enfants de moins de trois ans auraient été à la charge de membres des forces armées, personnels militaire et administratif confondus. Le Gouvernement déclare ne pas être en mesure de fournir des chiffres plus précis. Il n'existerait notamment pas de statistiques sur le nombre de militaires de sexe masculin ayant des enfants de moins de trois ans. Cependant, comme tous ces militaires seraient en âge de procréer, ce chiffre pourrait être important.

114. Le Gouvernement reconnaît ne pas être en mesure de fournir le moindre document au sujet du débat parlementaire ayant porté sur le congé parental pour le personnel militaire. Il ajoute que la loi sur le statut des militaires a été adoptée il y a treize ans, avant la ratification de la Convention par la Russie, qu'à l'époque le Parlement russe n'était pas tenu au titre de la Convention de débattre de la justification de la différence de traitement en cause, et que la Cour n'a dès lors pas compétence *ratione temporis* pour

examiner les questions se rapportant au débat parlementaire ayant précédé l'adoption de cette loi.

115. En outre, le Gouvernement soutient que les militaires de sexe masculin n'ont pas droit au congé parental dans un certain nombre d'Etats du Conseil de l'Europe, dont la Bulgarie, la Pologne, la République tchèque, la Suisse et la Turquie. De plus, dans de nombreux pays, le congé parental serait beaucoup plus court qu'en Russie. Selon le Gouvernement, le congé parental ayant une durée de trois ans en Russie, une absence pendant une aussi longue période aurait un impact négatif sur les compétences professionnelles des militaires de sexe masculin, lesquelles supposeraient souvent l'emploi de matériel militaire de haute technologie et complexe, ce qui rendrait nécessaire de coûteux cours de remise à niveau à leur retour au travail. Dans ces conditions, il serait raisonnable que ce soient les femmes des militaires qui prennent le congé parental car l'interruption de l'activité professionnelle de celles-ci aurait des conséquences moins négatives pour la société. Le requérant, en particulier, aurait été opérateur radio dans une unité devant être en permanence prête au combat. Néanmoins, le Gouvernement reconnaît que le poste de l'intéressé pouvait être occupé par une femme, qui aurait eu droit à un congé parental.

116. A ce propos, le Gouvernement explique que le droit au congé parental a été accordé à titre exceptionnel aux militaires de sexe féminin eu égard aux considérations suivantes. Premièrement, la recherche scientifique moderne montrerait l'existence d'un lien biologique et psychologique spécial entre la mère et le nouveau-né. La présence de la mère auprès de l'enfant et les soins prodigués par elle seraient particulièrement importants au cours de la première année de la vie ; il serait donc dans l'intérêt de l'enfant que la mère prenne un congé parental. Deuxièmement, l'absence des femmes de leur travail aurait un impact moindre sur la capacité de combat puisqu'elles seraient peu nombreuses à être employées dans l'armée. De fait, il n'y aurait eu que 1 948 femmes dans l'armée russe au 1er janvier 2011. Dès lors, en 2011, les femmes n'auraient représenté que 0,8 % du personnel militaire (contre 10 % en 2008). De plus, la majorité d'entre elles auraient des fonctions ne supposant pas directement des tâches militaires mais occuperaient par exemple des postes dans les services médicaux, des finances ou des communications. Dans ces conditions, le cas d'espèce porterait sur une discrimination positive justifiée au bénéfice des femmes.

117. Le Gouvernement indique également que le droit russe prévoit des exceptions à la règle excluant les militaires de sexe masculin du droit au congé parental. En particulier, conformément à l'article 32 § 7 du règlement sur le statut des militaires (paragraphe 48 ci-dessus), un militaire de carrière de sexe masculin aurait droit à un tel congé lorsque a) son

épouse est morte en couches, ou b) qu'il élève un ou des enfants de moins de quatorze ans (de moins de seize ans si l'enfant est handicapé) dont la mère ne s'occupe pas (par suite du décès de celle-ci, d'un retrait de l'autorité parentale, d'une longue maladie ou d'une autre situation privant l'enfant de soins maternels). Cette liste d'exceptions ne serait pas exhaustive. Le Gouvernement mentionne également l'article 10 § 9 de la loi sur le statut des militaires (paragraphe 47 ci-dessus), aux termes duquel les militaires élevant des enfants privés de soins maternels/paternels pourraient bénéficier des prestations sociales prévues par les lois fédérales et autres dispositions de loi relatives à la protection de la famille, de la maternité et de l'enfance. Il a produit des documents fournissant les statistiques relatives aux congés parentaux accordés aux militaires et policiers de sexe masculin. Il en ressort que dans un cas seulement, en 2007, un militaire de sexe masculin a bénéficié d'un congé parental, d'une durée d'un an et demi, en raison d'une grave maladie de sa femme. En 2010, un autre militaire de sexe masculin se serait vu octroyer un congé spécial de trois mois au motif que son fils aurait été privé de soins maternels. Le Gouvernement mentionne aussi vingt et un cas où un congé parental de trois ans aurait été accordé à des policiers de sexe masculin. Selon lui, cela montre que le principal critère présidant à l'octroi d'un congé est que les enfants du militaire de sexe masculin concerné soient privés de soins maternels, circonstance qui nécessiterait toutefois d'être prouvée. C'est ainsi qu'on aurait refusé d'accorder au requérant un congé au motif qu'il n'aurait pas démontré que la mère ne s'occupait pas de ses enfants. En revanche, l'intéressé aurait fini par bénéficier d'un congé parental en raison de ses difficultés familiales.

118. Pour finir, le Gouvernement soutient que la chambre a outrepassé ses compétences en ordonnant, au titre de l'article 46 de la Convention, que les autorités russes modifient la législation pertinente. La présente espèce constituerait un cas isolé qui ne révélerait aucun problème systémique sous l'angle de la Convention. Il n'appartiendrait pas à la Cour d'examiner un problème abstrait de compatibilité de la législation nationale avec la Convention, et encore moins de supprimer, ou d'ordonner de supprimer, les dispositions législatives contestées par le requérant.

4. Les arguments du tiers intervenant

119. Le centre des droits de l'homme de l'université de Gand dénonce les dangers des stéréotypes liés au sexe. Ces stéréotypes limiteraient les choix que l'individu peut faire dans la vie et auraient pour effet de perpétuer les inégalités entre les sexes et la subordination d'un sexe à l'autre. Ils seraient à la fois la cause et la manifestation de la discrimination. Attribuer des rôles stéréotypés aux hommes et aux femmes et les enfermer dans les rôles traditionnellement

dévolus à leur sexe conduirait à ne pas soutenir les personnes – hommes et femmes – ne se conformant pas à ces rôles traditionnels. Pareille absence de soutien pourrait par exemple se manifester par un refus de leur accorder des prestations sociales. Ces stéréotypes seraient aussi souvent invoqués pour justifier une différence de traitement entre hommes et femmes. Or la Cour aurait dit à plusieurs reprises que des préjugés ou des stéréotypes ne peuvent suffire à justifier un traitement discriminatoire (*Zarb Adami c. Malte*, n° 17209/02, §§ 81-82, CEDH 2006-VIII, *L. et V. c. Autriche*, n°s 39392/98 et 39829/98, § 52, CEDH 2003-I, *Lustig-Prean et Beckett*, précité, § 90, et *Inze c. Autriche*, 28 octobre 1987, § 44, série A n° 126). Les deux stéréotypes sous-jacents à la présente affaire seraient, premièrement, l'idée traditionnelle selon laquelle ce seraient les femmes qui s'occuperaient de la maison et des enfants tandis que les hommes travailleraient à l'extérieur pour gagner de l'argent et, deuxièmement, la conception que les hommes seraient davantage que les femmes destinés à servir dans l'armée et combattre.

120. Le tiers intervenant mentionne également la Convention sur l'élimination de toutes les formes de discrimination à l'égard des femmes, et notamment l'article 5 de celle-ci (paragraphe 49 ci-dessus), qui met à la charge des Etats parties l'obligation de traiter les stéréotypes liés au genre en modifiant les schémas et modèles de comportement socioculturel de l'homme et de la femme en vue de parvenir à l'élimination des préjugés et des pratiques coutumières, ou de tout autre type, qui seraient fondés sur l'idée de l'infériorité ou de la supériorité de l'un ou l'autre sexe ou d'un rôle stéréotypé des hommes et des femmes. Le tiers intervenant plaide que, bien que la présente espèce concerne une discrimination envers un homme, la Convention précitée est pertinente en ce que le Comité pour l'élimination de la discrimination à l'égard des femmes l'aurait interprétée comme s'appliquant à « tous les êtres humains quel que soit leur sexe » et parce que les stéréotypes s'attachant aux hommes seraient néfastes non seulement pour eux mais aussi pour les femmes. Les stéréotypes liés au sexe enfermeraient les femmes au foyer et en excluraient les hommes, ce qui serait défavorable aux deux sexes. Ledit Comité aurait souligné l'importance de parvenir à une égalité qui ne soit pas que formelle et qui s'efforce de combattre les causes structurelles de la discrimination. Les stéréotypes liés au sexe, et notamment le préjugé profondément ancré consistant à considérer que les femmes s'occupent de la famille et que les hommes travaillent pour gagner de l'argent, feraient partie de ces causes.

121. Le tiers intervenant évoque aussi les observations finales sur les rapports périodiques soumis par la Fédération de Russie adoptées le 30 juillet 2010 par le Comité pour l'élimination de la discrimination à l'égard des femmes (paragraphe 51 ci-dessus). Celui-ci aurait notamment

déclaré constater avec inquiétude la « persistance de pratiques, traditions et attitudes patriarcales et de stéréotypes profondément ancrés concernant le rôle, les responsabilités et l'identité des femmes et des hommes dans toutes les sphères de l'existence (...) [et] (...) la mise en avant répétée, par l'Etat partie, du rôle des femmes en tant que mères et pourvoyeuses de soins ». Le Comité aurait estimé qu'un « changement de perspective sur les femmes, considérées non plus tant dans leur rôle de mères et épouses que comme des individus et des acteurs à part entière de la société, à égalité avec les hommes, [était] nécessaire pour l'application intégrale de la Convention et l'instauration de l'égalité des sexes ».

122. Enfin, le tiers intervenant explique que la présente affaire concerne une discrimination « croisée », c'est-à-dire fondée sur plusieurs motifs qui interagissent les uns avec les autres. Il lui paraît en effet que la différence de traitement dont le requérant se plaint ne peut se réduire soit au statut de militaire soit au sexe, mais résulte au contraire de la combinaison de ces deux motifs. Il estime que si l'on analysait séparément la discrimination fondée sur le sexe et la discrimination fondée sur le statut militaire, les stéréotypes concernant les militaires de sexe féminin passeraient à l'arrière-plan, et que si l'on comparait d'une part les hommes et les femmes en général et d'autre part les militaires et les civils, cela ne ferait en aucun cas apparaître directement les préoccupations des militaires de sexe masculin, et encore moins celles des militaires de sexe féminin.

123. Pour conclure, le tiers intervenant soutient qu'il est important de repérer les stéréotypes liés au sexe et de reconnaître leurs effets néfastes. Il faudrait selon lui demander aux Etats de rendre des comptes lorsqu'ils pratiquent des discriminations fondées sur le sexe et perpétuent des inégalités sexuelles découlant de stéréotypes liés au sexe.

5. *L'appréciation de la Cour*

a. Principes généraux

124. La Cour l'a toujours dit, l'article 14 complète les autres clauses normatives de la Convention et de ses Protocoles. Il n'a pas d'existence indépendante, puisqu'il vaut uniquement pour « la jouissance des droits et libertés » qu'elles garantissent. Certes, il peut entrer en jeu même sans un manquement à leurs exigences et, dans cette mesure, possède une portée autonome, mais il ne saurait trouver à s'appliquer si les faits du litige ne tombent pas sous l'empire de l'une au moins desdites clauses. L'interdiction de la discrimination que consacre l'article 14 dépasse donc la jouissance des droits et libertés que la Convention et ses Protocoles imposent à chaque Etat de garantir. Elle s'applique aussi aux droits additionnels, pour autant qu'ils

relèvent du champ d'application général de tout article de la Convention, que l'Etat a volontairement décidé de protéger. Ce principe est profondément ancré dans la jurisprudence de la Cour (voir, parmi beaucoup d'autres, *E.B. c. France* [GC], n° 43546/02, §§ 47-48, 22 janvier 2008).

125. La Cour a également dit que toute différence de traitement n'emporte pas automatiquement violation de l'article 14. Il faut établir que des personnes placées dans des situations analogues ou comparables en la matière jouissent d'un traitement préférentiel, et que cette distinction est discriminatoire (*Ünal Tekeli c. Turquie*, n° 29865/96, § 49, CEDH 2004-X). Une distinction est discriminatoire si elle ne repose pas sur une justification objective et raisonnable, c'est-à-dire si elle ne poursuit pas un but légitime ou s'il n'y a pas un rapport raisonnable de proportionnalité entre les moyens employés et le but visé (*Stec et autres*, précité, § 51).

126. Les Etats contractants jouissent d'une certaine marge d'appréciation pour déterminer si et dans quelle mesure des différences entre des situations à d'autres égards analogues justifient des distinctions de traitement (*Gaygusuz c. Autriche*, 16 septembre 1996, § 42, *Recueil* 1996-IV). L'étendue de la marge d'appréciation varie selon les circonstances, les domaines et le contexte (*Rasmussen c. Danemark*, 28 novembre 1984, § 40, série A n° 87, et *Inze*, précité, § 41), mais il appartient à la Cour de statuer en dernier ressort sur le respect des exigences de la Convention. Celle-ci étant avant tout un mécanisme de protection des droits de l'homme, la Cour doit cependant tenir compte de l'évolution de la situation dans les Etats contractants et réagir, par exemple, au consensus susceptible de se faire jour quant aux normes à atteindre (*Weller*, précité, § 28, *Stec et autres*, précité, §§ 63-64, *Ünal Tekeli*, précité, § 54, et, *mutatis mutandis*, *Stafford c. Royaume-Uni* [GC], n° 46295/99, § 68, CEDH 2002-IV).

127. La Cour rappelle en outre que la progression vers l'égalité des sexes est aujourd'hui un but important des Etats membres du Conseil de l'Europe et que seules des considérations très fortes peuvent amener à estimer compatible avec la Convention une telle différence de traitement (*Burghartz c. Suisse*, 22 février 1994, § 27, série A n° 280-B, et *Schuler-Zgraggen c. Suisse*, 24 juin 1993, § 67, série A n° 263). En particulier, des références aux traditions, présupposés d'ordre général ou attitudes sociales majoritaires ayant cours dans un pays donné ne suffisent pas à justifier une différence de traitement fondée sur le sexe. Par exemple, les Etats ne peuvent imposer des traditions qui trouvent leur origine dans l'idée que l'homme joue un rôle primordial et la femme un rôle secondaire dans la famille (*Ünal Tekeli*, précité, § 63).

128. Concernant le contexte spécifique des forces armées, la Cour note que, quand ils ont élaboré puis conclu la Convention, les Etats contractants

possédaient dans leur très grande majorité des forces de défense et, par conséquent, un système de discipline militaire impliquant, par nature, la possibilité d'apporter à certains des droits et libertés des membres de ces forces des limitations ne pouvant être imposées aux civils. L'existence de pareil système, qu'ils ont conservé depuis lors, ne se heurte pas en soi à leurs obligations au titre de la Convention (*Engel et autres*, précité, § 57). Il s'ensuit que chaque Etat a compétence pour organiser son système de discipline militaire et jouit en la matière d'une certaine marge d'appréciation. Le bon fonctionnement d'une armée ne se conçoit guère sans des règles juridiques destinées à empêcher le personnel militaire de lui porter préjudice. Les autorités nationales ne peuvent toutefois pas s'appuyer sur de telles règles pour faire obstacle à l'exercice par les membres des forces armées de leur droit au respect de leur vie privée, lequel s'applique aux militaires comme aux autres personnes se trouvant sous la juridiction de l'Etat (*Smith et Grady*, précité, § 89, et *Lustig-Prean et Beckett*, précité, § 82).

b. Application de ces principes au cas d'espèce

i. Sur l'applicabilité de l'article 14 combiné avec l'article 8

129. La Cour doit avant tout déterminer si les faits de la cause relèvent de l'article 8 et donc de l'article 14 de la Convention. Elle a dit à maintes reprises que l'article 14 de la Convention entre en jeu dès lors que « la matière sur laquelle porte le désavantage (...) compte parmi les modalités d'exercice d'un droit garanti », ou que les mesures critiquées « se rattache[nt] (...) à l'exercice d'un droit garanti ». Pour que l'article 14 trouve à s'appliquer, il suffit que les faits du litige tombent sous l'empire de l'une au moins des dispositions de la Convention (*Thlimmenos c. Grèce* [GC], n° 34369/97, § 40, CEDH 2000-IV, *E.B. c. France*, précité, §§ 47-48, et *Fretté c. France*, n° 36515/97, § 31, CEDH 2002-I, ainsi que les références citées).

130. Certes, l'article 8 ne comporte pas un droit au congé parental et n'impose pas non plus aux Etats l'obligation positive de prévoir une allocation de congé parental. Cependant, en permettant à l'un des parents de rester au foyer pour s'occuper des enfants, le congé parental et l'allocation y afférente favorisent la vie familiale et ont nécessairement une incidence sur l'organisation de celle-ci. Le congé parental et l'allocation correspondante entrent donc dans le champ d'application de l'article 8 de la Convention. Il s'ensuit que l'article 14, combiné avec l'article 8, trouve à s'appliquer. Partant, lorsqu'un Etat décide de créer un dispositif de congé parental, il doit le faire d'une manière compatible avec l'article 14 de la Convention (*Petrovic*, précité, §§ 26-29).

ii. Sur le point de savoir s'il y a eu violation de l'article 14 combiné avec l'article 8

131. La Cour observe que les militaires de sexe masculin, tel le requérant, ne bénéficient pas d'un droit légal à un congé parental de trois ans, contrairement aux militaires de sexe féminin. Elle doit donc tout d'abord rechercher si le requérant se trouvait à l'époque des faits dans une situation comparable à celle d'une femme travaillant dans l'armée.

132. La Cour a déjà dit que, pour ce qui est du congé parental et de l'allocation de congé parental, les hommes se trouvent dans une situation analogue à celle des femmes. De fait, contrairement au congé de maternité, qui vise à permettre à la mère de se remettre de l'accouchement et d'allaiter son bébé si elle le souhaite, le congé parental et l'allocation de congé parental se rapportent à la période qui suit et ont pour but de permettre au bénéficiaire de rester au foyer pour s'occuper en personne du nouveau-né (*Petrovic*, précité, § 36). La Cour n'est donc pas convaincue par l'argument du Gouvernement relatif au lien biologique et psychologique particulier qui existe entre la mère et le nouveau-né après la naissance, ce que confirmeraient les recherches scientifiques modernes (paragraphe 116 ci-dessus). Sans ignorer les différences qui peuvent exister entre le père et la mère dans leur relation avec l'enfant, la Cour conclut que, pour ce qui est des soins à apporter à l'enfant pendant la période correspondant au congé parental, les hommes et les femmes sont placés dans des « situations analogues ».

133. Il découle de ce qui précède que, aux fins du congé parental, le requérant, militaire de sexe masculin, se trouvait dans une situation analogue à celle des militaires de sexe féminin. Il reste à déterminer si la différence de traitement entre les militaires des deux sexes reposait sur une justification objective et raisonnable au regard de l'article 14.

134. La Cour ne perd pas de vue que la présente espèce se situe dans un contexte particulier, celui des forces armées. Il s'agit en effet d'un domaine étroitement lié à la sécurité de la nation et donc fondamental pour les intérêts vitaux de l'Etat. Or les Etats jouissent d'une ample marge d'appréciation s'agissant de questions relatives à la sécurité nationale en général et aux forces armées en particulier (voir la jurisprudence citée au paragraphe 128 ci-dessus).

135. La Cour a reconnu à plusieurs occasions que les droits des militaires garantis par les articles 5, 9, 10 et 11 de la Convention pouvaient dans certains cas faire l'objet de restrictions plus importantes que celles autorisées pour les civils. Ainsi, sur le terrain de l'article 14 combiné avec l'article 5, elle a jugé que le fait que les militaires pussent être frappés d'une sanction disciplinaire de privation de liberté alors que les civils ne le pouvaient pas n'entraînait nulle discrimination incompatible avec la Convention, les conditions et

impératifs de la vie militaire différant par nature de ceux de la vie civile (*Engel et autres*, précité, § 73). Par ailleurs, sous l'angle de l'article 9, la Cour a fait observer que certaines restrictions au comportement et aux attitudes motivées par la religion, si elles ne pouvaient être imposées aux civils, étaient acceptables dans l'armée. En embrassant la carrière militaire, les membres des forces armées se plient de leur plein gré à un système de discipline militaire et aux limitations aux droits et libertés que ce système implique (*Kalaç*, précité, § 28, et *Larissis et autres c. Grèce*, 24 février 1998, §§ 50-51, *Recueil* 1998-I, au sujet du prosélytisme dans l'armée). De même, lorsqu'elle a examiné des affaires sur le terrain de l'article 10, la Cour a dit qu'il y avait lieu de prendre en compte les particularités de la vie militaire et les « devoirs » et « responsabilités » spécifiques des militaires, les membres des forces armées étant astreints à une obligation de réserve pour tout ce qui touche à l'exercice de leurs fonctions (*Hadjianastassiou c. Grèce*, 16 décembre 1992, §§ 39 et 46, série A n° 252, et *Pasko c. Russie*, n° 69519/01, § 86, 22 octobre 2009, deux affaires concernant la divulgation de secrets militaires par un membre des forces armées). La Cour a également jugé que des distinctions entre militaires et civils dans le domaine de la liberté d'expression se justifiaient sous l'angle de l'article 14 par les différences entre les conditions de la vie militaire et celles de la vie civile, et plus précisément par les « devoirs » et « responsabilités » propres aux membres des forces armées (*Engel et autres*, précité, § 103). Enfin, il faut noter que l'article 11 § 2 indique expressément qu'il est permis d'apporter des restrictions légitimes à l'exercice des libertés de réunion et d'association des membres des forces armées (*Demir et Baykara c. Turquie* [GC], n° 34503/97, § 119, CEDH 2008).

136. Parallèlement, la Cour a souligné que la Convention ne s'arrête pas aux portes des casernes et que les militaires, comme toutes les autres personnes relevant de la juridiction d'un Etat contractant, ont le droit de bénéficier de la protection de la Convention. Les autorités nationales ne peuvent donc invoquer le statut particulier des forces armées afin de priver les militaires de leurs droits. Pour être justifiée, une restriction à leur égard aux droits garantis par la Convention doit être nécessaire dans une société démocratique (voir, au sujet de l'article 10, *Grigoriades c. Grèce*, 25 novembre 1997, §§ 45-48, *Recueil* 1997-VII, et *Vereinigung demokratischer Soldaten Österreichs et Gubi c. Autriche*, 19 décembre 1994, §§ 36-40, série A n° 302).

137. En ce qui concerne les restrictions à la vie familiale et privée des militaires, notamment lorsque les restrictions dont il s'agit touchent « un aspect des plus intimes de la vie privée », il doit par ailleurs exister « des raisons particulièrement graves » pour que ces ingérences répondent aux exigences de l'article 8 § 2 de la Convention. En particulier, il faut un rapport raisonnable de proportionnalité entre les restrictions imposées et le

but légitime consistant à protéger la sécurité nationale. Pareilles restrictions ne sont acceptables que là où existe une menace réelle pour l'efficacité opérationnelle des forces armées. Les affirmations quant à l'existence d'un risque pour l'efficacité opérationnelle doivent être «étayées par des exemples concrets» (*Smith et Grady*, précité, § 89, et *Lustig-Prean et Beckett*, précité, § 82).

138. Pour en venir aux circonstances de la présente affaire, la Cour note que le Gouvernement a avancé plusieurs arguments pour justifier la différence de traitement entre les militaires de sexe masculin et les militaires de sexe féminin relativement au droit au congé parental. Elle examinera successivement chacun de ces arguments.

139. Tout d'abord, pour ce qui est de l'argument relatif au rôle social particulier que joueraient les femmes dans l'éducation des enfants, la Cour observe que, dans l'affaire *Petrovic* (précitée) déjà, elle avait pris note de l'évolution progressive de la société vers un partage plus égalitaire entre les hommes et les femmes des responsabilités en matière d'éducation des enfants. Elle n'avait pas jugé possible de conclure que la distinction fondée sur le sexe concernant l'allocation de congé parental qui existait en Autriche dans les années 1980 était constitutive d'une violation de l'article 14 combiné avec l'article 8. Elle avait tenu compte notamment de la grande disparité qui existait à l'époque dans les systèmes juridiques des Etats contractants en matière d'allocations parentales. Parallèlement, elle avait pris note avec satisfaction de ce que le législateur autrichien avait en 1990 étendu le bénéfice de l'allocation de congé parental aux pères. Il lui avait dès lors paru difficile de reprocher aux autorités autrichiennes d'avoir introduit de manière graduelle, à l'image de l'évolution de la société en la matière, une législation qui était à l'époque somme toute très progressiste en Europe (*Petrovic*, précité, §§ 39-43). Dans l'affaire *Weller*, plus récente, la Cour a constaté que le fait que les pères naturels n'avaient pas le droit de toucher des allocations parentales, alors que les mères, les parents adoptifs et les tuteurs pouvaient en bénéficier, entraînait une discrimination fondée sur le statut parental (*Weller*, précité, §§ 30-35).

140. Les textes internationaux et éléments de droit comparé pertinents (paragraphes 49 à 75 ci-dessus) montrent que l'évolution de la société – qui, comme la Cour l'a observé dans l'affaire *Petrovic*, a débuté dans les années 1980 – a beaucoup progressé depuis lors. Il s'en dégage que, dans une majorité d'Etats européens, dont la Russie, la législation prévoit désormais, dans le secteur civil, que les hommes comme les femmes peuvent prendre un congé parental, et que les pays où le droit au congé parental dans le civil est limité aux femmes forment une faible minorité (paragraphe 72 ci-dessus). Plus significatif encore pour la présente espèce est le fait que

dans un nombre important d'Etats membres, tant les militaires de sexe masculin que les militaires de sexe féminin ont droit au congé parental (paragraphe 74 ci-dessus). Cela signifie que les sociétés européennes contemporaines ont évolué vers un partage plus égalitaire entre les hommes et les femmes des responsabilités en matière d'éducation des enfants, et que le rôle des pères auprès des jeunes enfants est mieux reconnu. La Cour ne peut faire abstraction d'idées qui ne cessent de se répandre et d'évoluer, ni des changements juridiques qu'elles entraînent dans le droit interne des Etats contractants (voir, *mutatis mutandis*, *Smith et Grady*, précité, § 104).

141. La Cour considère par ailleurs que le Gouvernement invoque la notion de discrimination positive mal à propos. En effet, la différence de traitement entre les militaires de sexe masculin et les militaires de sexe féminin relativement au droit au congé parental n'a manifestement pas pour but de corriger le désavantage dont souffriraient les femmes dans la société ou des « inégalités factuelles » entre hommes et femmes (voir, *a contrario*, *Stec et autres*, précité, §§ 61 et 66). La Cour pense, à l'instar du requérant et du tiers intervenant, que cette différence a pour effet de perpétuer les stéréotypes liés au sexe et constitue un désavantage tant pour la carrière des femmes que pour la vie familiale des hommes.

142. De même, on ne saurait justifier la différence de traitement en cause en invoquant les traditions qui prévalent dans un pays donné. La Cour a déjà dit que les Etats ne peuvent imposer une répartition traditionnelle des rôles entre les sexes ni des stéréotypes liés au sexe (voir la jurisprudence citée au paragraphe 127 ci-dessus). De plus, étant donné qu'en droit russe tant les hommes que les femmes travaillant dans le civil ont droit au congé parental et que ce sont les parents qui choisissent lequel d'entre eux prend le congé pour s'occuper du nouveau-né, la Cour n'est pas convaincue par l'affirmation selon laquelle la société russe n'est pas prête à accepter une même égalité entre les hommes et les femmes servant dans les forces armées.

143. La Cour en conclut que la répartition traditionnelle des rôles entre les sexes dans la société ne peut servir à justifier l'exclusion des hommes, y compris ceux travaillant dans l'armée, du droit au congé parental. La Grande Chambre considère comme la chambre que les stéréotypes liés au sexe – telle l'idée que ce sont plutôt les femmes qui s'occupent des enfants et plutôt les hommes qui travaillent pour gagner de l'argent – ne peuvent en soi passer pour constituer une justification suffisante de la différence de traitement en cause, pas plus que ne le peuvent des stéréotypes du même ordre fondés sur la race, l'origine, la couleur ou l'orientation sexuelle.

144. La Cour n'est pas non plus convaincue par le second argument du Gouvernement, qui consiste à dire que l'extension du droit au congé parental aux militaires de sexe masculin nuirait à la puissance de combat et à

l'efficacité opérationnelle des forces armées, alors que l'octroi de ce droit aux militaires de sexe féminin n'emporte pas un tel risque car les femmes sont moins nombreuses que les hommes dans l'armée. Rien n'indique que les autorités russes aient jamais procédé à des expertises ou études statistiques pour évaluer le nombre de militaires de sexe masculin susceptibles de prendre un congé parental de trois ans à un moment donné et désireux de le faire, et pour analyser les conséquences que pareilles prises de congés pourraient avoir pour l'efficacité opérationnelle de l'armée. Pour la Cour, le simple fait que tous les militaires de sexe masculin soient en âge de procréer, comme l'indique le Gouvernement, ne suffit pas à justifier la différence de traitement litigieuse entre hommes et femmes dans l'armée. Les statistiques fournies par le Gouvernement à la demande de la Cour ne permettent pas de tirer de conclusion à cet égard (paragraphes 113 et 114 ci-dessus). Elles n'indiquent ni le nombre total de militaires (militaires de carrière et appelés) ni le nombre de militaires de sexe masculin ayant des enfants de moins de trois ans. Dès lors, elles ne permettent pas d'établir, ne serait-ce que de façon approximative, le pourcentage de militaires de sexe masculin qui pourraient bénéficier d'un congé parental à un moment donné. En l'absence d'étude sur les souhaits des militaires de sexe masculin en matière de congé parental ou de statistiques sur le pourcentage de la population civile prenant un tel congé, il est également impossible d'évaluer le nombre de militaires de sexe masculin qui se montreraient effectivement désireux de prendre un congé parental. L'affirmation du Gouvernement selon laquelle ils seraient nombreux dans ce cas contredit son argument voulant que l'espèce constitue un cas isolé qui ne révèle aucun problème systémique sous l'angle de la Convention (paragraphe 118 ci-dessus). Dans ces conditions, la Cour ne saurait accueillir l'affirmation du Gouvernement relative au risque qu'il y aurait pour l'efficacité opérationnelle de l'armée, parce que cette affirmation n'est pas « étayée par des exemples concrets » (voir la jurisprudence citée au paragraphe 137 ci-dessus).

145. La Cour note par ailleurs la rigidité des dispositions du droit russe sur le congé parental dans l'armée. Elle n'est pas convaincue par l'argument du Gouvernement selon lequel la législation russe autorise des exceptions à la règle excluant les militaires de sexe masculin du droit au congé parental. En effet, l'article 32 § 7 du règlement sur le statut des militaires (paragraphe 48 ci-dessus), invoqué par le Gouvernement, prévoit un congé spécial de trois mois, ce qui n'est manifestement pas la même chose qu'un congé parental de trois ans. Il ressort de l'arrêt rendu par la Cour constitutionnelle en l'espèce que ce congé spécial ne remplace pas le congé parental normal puisqu'il vise à donner au militaire de sexe masculin une possibilité raisonnable de prendre des dispositions pour faire garder l'enfant et, le cas échéant, de

décider de poursuivre ou non sa carrière dans l'armée (paragraphe 34 ci-dessus). Pour ce qui est de l'article 10 § 9 de la loi sur le statut des militaires, mentionné par le Gouvernement (paragraphe 47 ci-dessus), le requérant s'est appuyé sur cette disposition dans la procédure interne, mais les juridictions nationales ont jugé qu'elle ne pouvait servir de base à l'octroi d'un congé parental de trois ans à un militaire de sexe masculin (paragraphes 17 et 26 ci-dessus). Par ailleurs, il ressort clairement de l'arrêt adopté par la Cour constitutionnelle et des décisions rendues par les tribunaux internes en l'espèce que le droit russe n'accorde pas aux militaires de sexe masculin le droit de se voir accorder un congé parental de trois ans. A cet égard, la Cour note en particulier la décision de première instance selon laquelle les militaires de sexe masculin n'ont pas droit à un congé parental de trois ans même lorsque leurs enfants sont privés de soins maternels et la décision d'appel aux termes de laquelle « le personnel militaire de sexe masculin [n'est] en aucun cas autorisé à bénéficier d'un congé parental » (paragraphes 26 et 29 ci-dessus). La Cour relève aussi que le jugement du 8 décembre 2006 a conclu que la décision de l'unité militaire d'accorder au requérant un congé parental à titre exceptionnel était irrégulière (paragraphe 32 ci-dessus).

146. Quant aux exemples de cas où un congé parental aurait été octroyé à des militaires de sexe masculin, la Cour note que le Gouvernement en a fourni un seul (paragraphe 117 ci-dessus), ce qui ne suffit pas à ses yeux à prouver l'existence d'une pratique interne établie (voir, pour un raisonnement similaire, *Kozhokar c. Russie*, n° 33099/08, § 93, 16 décembre 2010, et *Horvat c. Croatie*, n° 51585/99, § 44, CEDH 2001-VIII). Les autres exemples cités par le Gouvernement concernent l'octroi d'un congé parental à des policiers et ne sont donc pas pertinents pour l'espèce. Dès lors, la Cour estime que le Gouvernement n'a pas soumis de preuves convaincantes démontrant que les exceptions indiquées par lui s'appliquent dans la réalité ou qu'une appréciation au cas par cas soit effectivement possible avec octroi d'un congé parental aux militaires de sexe masculin dont la situation l'exigerait.

147. Cela étant, la Cour admet que, eu égard à l'importance de l'armée pour la protection de la sécurité nationale, certaines restrictions au droit au congé parental peuvent se justifier, à condition qu'elles ne soient pas discriminatoires. Pour la Cour, il est possible d'atteindre le but légitime que constitue la protection de la sécurité nationale autrement qu'en limitant le droit au congé parental aux militaires de sexe féminin et en excluant tous les militaires de sexe masculin du bénéfice de ce droit. De fait, dans un nombre important d'Etats membres, les militaires des deux sexes ont droit au congé parental (paragraphe 74 ci-dessus). La Cour prend note avec un intérêt particulier des dispositions juridiques sur le congé parental qui sont

en vigueur dans des pays tels que les Pays-Bas, l'Allemagne et le Royaume-Uni (paragraphe 75 ci-dessus). Ces exemples montrent qu'il existe des moyens de tenir compte des préoccupations légitimes concernant l'efficacité opérationnelle de l'armée tout en assurant aux militaires des deux sexes une égalité de traitement dans le domaine du congé parental.

148. La Cour prend note de l'article 1 de la Convention C111 de l'OIT concernant la discrimination en matière d'emploi et de profession, aux termes duquel les distinctions, exclusions ou préférences fondées sur les qualifications exigées pour un emploi déterminé ne sont pas considérées comme des discriminations (paragraphe 52 ci-dessus). Or elle n'est pas convaincue que l'exclusion du bénéfice du droit au congé parental puisse en l'espèce passer pour être fondée sur une qualification exigée pour servir dans l'armée. D'ailleurs, les militaires de sexe féminin ont droit au congé parental, l'exclusion en cause ne touchant que les militaires de sexe masculin. Parallèlement, la Cour considère que, eu égard aux exigences particulières de la fonction militaire, il peut se justifier d'exclure du droit au congé parental tout militaire, homme ou femme, qui, en raison de facteurs tels que, par exemple, sa position hiérarchique, la rareté de ses qualifications techniques ou sa participation à des opérations militaires sur le terrain, ne peut pas être facilement remplacé dans ses fonctions. Or, en Russie, le droit au congé parental est entièrement fonction du sexe des militaires. En excluant les seuls militaires de sexe masculin du droit au congé parental, la disposition en cause impose une restriction globale qui s'applique automatiquement à tous les militaires de sexe masculin, indépendamment de leur position dans l'armée, de la disponibilité d'un remplaçant ou de leur situation personnelle. Une telle restriction générale et automatique, appliquée à un groupe de personnes en fonction de leur sexe, doit donc être considérée comme sortant du cadre d'une marge d'appréciation acceptable, aussi large soit-elle, et comme incompatible avec l'article 14.

149. La Cour observe que le requérant, qui était opérateur radio dans le domaine du renseignement, pouvait être remplacé par des militaires de sexe masculin comme par des militaires de sexe féminin. Il est à cet égard significatif que, dans l'unité de l'intéressé, des postes équivalents au sien étaient souvent occupés par des femmes et qu'il était lui-même souvent remplacé par des femmes (paragraphe 11 ci-dessus). Or ces militaires de sexe féminin avaient un droit inconditionnel à un congé parental de trois ans. Le requérant, en revanche, n'avait pas droit à un tel congé, ce uniquement à cause de son appartenance au sexe masculin. L'intéressé a donc subi une discrimination fondée sur le sexe.

150. Enfin, pour ce qui est de l'argument du Gouvernement selon lequel, en s'engageant dans l'armée, le requérant a renoncé à son droit à ne pas faire

l'objet de discrimination, la Cour considère que, eu égard à l'importance fondamentale que revêt la prohibition de la discrimination fondée sur le sexe, l'on ne saurait admettre la possibilité de renoncer au droit à ne pas faire l'objet d'une telle discrimination, car pareille renonciation se heurterait à un intérêt public important (voir, pour une approche comparable concernant la discrimination raciale, *D.H. et autres*, précité, § 204).

151. Eu égard à ce qui précède, la Cour estime que l'exclusion des militaires de sexe masculin du droit au congé parental, alors que les militaires de sexe féminin bénéficient de ce droit, ne peut passer pour reposer sur une justification raisonnable ou objective. La Cour conclut donc que cette différence de traitement, dont le requérant a été victime, constitue une discrimination fondée sur le sexe.

152. Partant, il y a eu violation de l'article 14 de la Convention combiné avec l'article 8.

II. SUR LA VIOLATION ALLÉGUÉE DE L'ARTICLE 34 DE LA CONVENTION

153. Le requérant allègue que la visite du procureur à son domicile peu avant la tenue de l'audience devant la Grande Chambre s'analyse en une entrave à l'exercice de son droit de recours individuel garanti par l'article 34 de la Convention. Cette disposition est ainsi libellée:

> «La Cour peut être saisie d'une requête par toute personne physique (...) qui se prétend victime d'une violation par l'une des Hautes Parties contractantes des droits reconnus dans la Convention ou ses Protocoles. Les Hautes Parties contractantes s'engagent à n'entraver par aucune mesure l'exercice efficace de ce droit.»

A. Arguments des parties

1. Le requérant

154. Le requérant soutient que le procureur n'avait aucune raison de se rendre chez lui. Tout d'abord, il n'aurait pas dissimulé aux autorités son remariage avec son ex-femme et la naissance de leur quatrième enfant. Au contraire, il aurait informé le chef de son unité militaire de ces événements. Il estime que, s'il avait fallu obtenir des renseignements complémentaires de sa part, on aurait pu le convoquer au parquet. Or cela n'aurait pas été le cas. L'affirmation du Gouvernement selon laquelle on lui aurait adressé des convocations ne serait étayée par aucun élément de preuve. De surcroît, la législation interne interdirait les visites de nuit. Pour le requérant, il ressort clairement de ce qui précède que la visite de nuit du procureur avait pour seul but de faire pression sur lui avant la tenue de l'audience devant la Grande

Chambre, chose prohibée par l'article 34 de la Convention (*Popov c. Russie*, n° 26853/04, § 249, 13 juillet 2006, *Fedotova c. Russie*, n° 73225/01, § 51, 13 avril 2006, *Kniazev c. Russie*, n° 25948/05, § 115, 8 novembre 2007, et *Riabov c. Russie*, n° 3896/04, § 59, 31 janvier 2008). De fait, le requérant et sa famille se seraient sentis intimidés et effrayés.

155. Pour ce qui est de l'argument du Gouvernement selon lequel il a déformé les faits relatifs à la visite du procureur (paragraphe 157 ci-dessous), le requérant confirme que la version anglaise de ses observations contient une erreur quant à l'âge de ses beaux-parents (la version russe étant correcte). Il insiste toutefois sur le fait que les autres informations communiquées par lui sont exactes. Il pense que le Gouvernement a cherché à le dénigrer afin d'affaiblir son argumentation.

2. Le Gouvernement

156. Le Gouvernement confirme qu'un procureur s'est effectivement rendu chez le requérant le 31 mars 2011 à 21 heures. Toutefois, cette visite n'aurait pas visé à intimider le requérant mais à obtenir des informations à jour sur sa situation, notamment concernant l'endroit où lui, sa femme et leurs enfants vivaient à cette date et le versement d'une pension alimentaire par la mère. Le procureur aurait convoqué le requérant devant le parquet pour le 30 ou le 31 mars 2011. L'intéressé ne s'étant pas présenté le jour dit, le procureur se serait rendu à son domicile. Le requérant aurait toutefois refusé de répondre aux questions du procureur et aurait ainsi manqué de respect envers les autorités. Le Gouvernement conclut que les autorités russes n'ont nullement entravé l'exercice par le requérant du droit de recours individuel.

157. Enfin, renvoyant aux arguments exposés par lui à propos de la question de l'abus du droit de recours, le Gouvernement impute au requérant une tendance à exagérer et à déformer les faits. C'est ainsi que la visite en cause aurait eu lieu à 21 heures, et non pas à 22 heures comme indiqué par l'intéressé. Ce dernier aurait en outre menti au sujet de l'âge de ses beaux-parents.

B. Appréciation de la Cour

158. La Cour rappelle que, pour que le mécanisme de recours individuel instauré à l'article 34 de la Convention soit efficace, il est de la plus haute importance que les requérants, déclarés ou potentiels, soient libres de communiquer avec la Cour, sans que les autorités les pressent en aucune manière de retirer ou modifier leurs griefs (voir, entre autres, *Akdivar et autres c. Turquie*, 16 septembre 1996, § 105, *Recueil* 1996-IV, et

Aksoy c. Turquie, 18 décembre 1996, § 105, *Recueil* 1996-VI). A cet égard, le terme «presse[r]» vise non seulement la coercition directe et les actes flagrants d'intimidation, mais aussi les actes ou contacts indirects et de mauvais aloi tendant à dissuader ou décourager les requérants de se prévaloir du recours qu'offre la Convention (*Kurt c. Turquie*, 25 mai 1998, § 159, *Recueil* 1998-III).

159. Pour déterminer si des contacts entre les autorités et un requérant constituent des pratiques inacceptables du point de vue de l'article 34, il faut tenir compte des circonstances particulières de la cause. A ce propos, il faut envisager la vulnérabilité du plaignant et le risque que les autorités ne l'influencent (*Akdivar et autres*, précité, § 105, et *Kurt*, précité, § 160). Même un «entretien» informel avec un requérant, sans parler d'un interrogatoire formel au sujet de la procédure de Strasbourg, peut passer pour une forme d'intimidation (voir, *a contrario*, *Syssoyeva et autres c. Lettonie* (radiation) [GC], n° 60654/00, §§ 107 et suiv., CEDH 2007-I).

160. La Cour a souligné à maintes reprises qu'il n'est en principe guère approprié que les autorités d'un Etat défendeur entrent en contact direct avec un requérant au sujet de l'affaire dont celui-ci l'a saisie (*Riabov*, précité, §§ 59-65, *Fedotova*, précité, § 51, *Akdeniz et autres c. Turquie*, n° 23954/94, §§ 118-121, 31 mai 2001, *Assenov et autres c. Bulgarie*, 28 octobre 1998, §§ 169-171, *Recueil* 1998-VIII, et *Ergi c. Turquie*, 28 juillet 1998, § 105, *Recueil* 1998-IV). En particulier, si un gouvernement a des raisons de croire que, dans une affaire donnée, il y a abus du droit de recours individuel, il doit en avertir la Cour et lui faire part de ses doutes. Un questionnement par les autorités locales peut très bien être interprété par le requérant comme une tentative d'intimidation (*Tanrıkulu c. Turquie* [GC], n° 23763/94, §§ 131-133, CEDH 1999-IV).

161. Parallèlement, la Cour réaffirme qu'il ne s'agit pas de considérer toute enquête de la part des autorités au sujet d'une requête pendante devant elle comme une mesure d'«intimidation». Par exemple, elle a jugé que les contacts organisés entre les autorités et un requérant en vue de parvenir à un règlement amiable ne constituaient pas une entrave à l'exercice du droit de recours, à condition que les mesures prises par l'Etat dans le cadre des négociations à cet égard ne comportent aucune forme de pression, d'intimidation ou de coercition (*Yevgeniy Alekseyenko c. Russie*, n° 41833/04, § 168-174, 27 janvier 2011). Dans d'autres affaires portant sur l'interrogatoire d'un requérant par les autorités locales au sujet des circonstances à l'origine de sa requête, la Cour, en l'absence d'éléments de preuve attestant de mesures de pression ou d'intimidation, n'a pas non plus jugé que le requérant avait été entravé dans l'exercice de son droit de recours individuel (*Manoussos c. République tchèque et Allemagne* (déc.),

n° 46468/99, 9 juillet 2002, et *Matyar c. Turquie*, n° 23423/94, §§ 158-159, 21 février 2002).

162. Quant aux circonstances de l'espèce, la Cour relève qu'un responsable du parquet militaire local s'est rendu chez le requérant dans la soirée du 31 mars 2011. Ce responsable a déclaré qu'il menait une enquête à la demande du représentant de la Fédération de Russie auprès de la Cour européenne des droits de l'homme. Il a posé au requérant des questions sur sa vie familiale et lui a demandé de produire des documents; il est resté dans l'appartement pendant une heure environ et n'est parti qu'après que le requérant eut rédigé et signé une déclaration indiquant qu'il ne répondrait plus à aucune question.

163. La Cour admet que le requérant et sa famille ont dû se sentir intimidés et effrayés par la visite du procureur à leur domicile. Toutefois, rien n'indique que cette visite – qui avait apparemment pour but d'obtenir des informations à jour sur la situation familiale du requérant en vue de la préparation des observations du Gouvernement à la Cour (paragraphes 41 et 156 ci-dessus) – ou les circonstances dans lesquelles elle s'est déroulée aient été destinées à pousser le requérant à retirer ou modifier sa requête ou à le gêner de toute autre manière dans l'exercice effectif du droit de recours individuel, ou qu'elles aient en réalité eu un tel effet. Les autorités de l'Etat défendeur ne peuvent ainsi passer pour avoir entravé le requérant dans l'exercice de son droit de recours individuel. Dès lors, l'Etat défendeur n'a pas manqué aux obligations qui lui incombaient au titre de l'article 34 de la Convention.

III. SUR L'APPLICATION DE L'ARTICLE 41 DE LA CONVENTION

164. Aux termes de l'article 41 de la Convention,

> « Si la Cour déclare qu'il y a eu violation de la Convention ou de ses Protocoles, et si le droit interne de la Haute Partie contractante ne permet d'effacer qu'imparfaitement les conséquences de cette violation, la Cour accorde à la partie lésée, s'il y a lieu, une satisfaction équitable. »

A. Dommage

165. Le requérant réclame 400 000 euros (EUR) pour dommage moral. Il sollicite 59 855,12 roubles (RUB) pour dommage matériel, somme censée correspondre aux primes qu'il aurait selon lui touchées s'il n'avait pas été frappé de sanctions disciplinaires pour ses absences lors de son congé parental.

166. Le Gouvernement estime que la demande du requérant pour dommage matériel n'est étayée par aucun document. Il affirme par ailleurs

que l'intéressé avait subi des sanctions disciplinaires dès avant la naissance de son enfant. Il ajoute que le requérant a perçu une aide financière d'un montant supérieur aux pertes invoquées par lui. Quant à la somme réclamée pour dommage moral, le Gouvernement la juge excessive. Ayant bénéficié d'un congé parental et touché une aide financière, le requérant n'aurait subi aucun désagrément en rapport avec la violation alléguée de la Convention.

167. La Cour observe que le requérant n'a soumis aucun document à l'appui de sa prétention pour dommage matériel. Partant, elle rejette la demande à cet égard.

168. Pour ce qui est du dommage moral, la Cour considère que le requérant a forcément dû éprouver des souffrances et frustrations à raison de la discrimination fondée sur le sexe dont il a fait l'objet. Statuant en équité, elle lui alloue 3 000 EUR de ce chef, plus tout montant pouvant être dû à titre d'impôt sur cette somme.

B. Frais et dépens

169. S'appuyant sur une convention d'honoraires, le requérant sollicite 5 000 EUR au titre des frais et dépens exposés par lui devant la Grande Chambre.

170. Le Gouvernement trouve cette somme excessive: l'intéressé aurait bénéficié de l'assistance judiciaire, et l'affaire, qui serait dénuée de complexité, n'aurait pas exigé beaucoup de travail de ses représentants. De plus, selon l'accord en question, le requérant devrait verser à ses représentants 160 000 RUB, soit environ 4 000 EUR.

171. Suivant la jurisprudence de la Cour, un requérant ne peut obtenir le remboursement de ses frais et dépens que s'il est établi qu'ils ont été réellement exposés, qu'ils correspondaient à une nécessité et qu'ils sont d'un montant raisonnable. En l'espèce, eu égard aux documents dont elle dispose et au fait que le requérant a perçu une somme au titre de l'assistance judiciaire, la Cour juge raisonnable d'allouer à l'intéressé 3 150 EUR, plus tout montant pouvant être dû à titre d'impôt par le requérant sur cette somme.

C. Intérêts moratoires

172. La Cour juge approprié de calquer le taux des intérêts moratoires sur le taux d'intérêt de la facilité de prêt marginal de la Banque centrale européenne majoré de trois points de pourcentage.

PAR CES MOTIFS, LA COUR

(...)

2. *Dit*, par seize voix contre une, qu'il y a eu violation de l'article 14 de la Convention combiné avec l'article 8 ;
3. *Dit*, par quatorze voix contre trois, que l'Etat défendeur n'a pas manqué aux obligations lui incombant au titre de l'article 34 de la Convention ;
4. *Dit*, par quatorze voix contre trois,
   a) que l'Etat défendeur doit verser au requérant, dans les trois mois, les sommes suivantes, à convertir en roubles au taux applicable à la date du règlement :
      i. 3 000 EUR (trois mille euros), plus tout montant pouvant être dû à titre d'impôt, pour dommage moral,
      ii. 3 150 EUR (trois mille cent cinquante euros), plus tout montant pouvant être dû à titre d'impôt par le requérant, pour frais et dépens ;
   b) qu'à compter de l'expiration dudit délai et jusqu'au versement, ces montants seront à majorer d'un intérêt simple à un taux égal à celui de la facilité de prêt marginal de la Banque centrale européenne applicable pendant cette période, augmenté de trois points de pourcentage ;
5. *Rejette*, à l'unanimité, la demande de satisfaction équitable pour le surplus.

Fait en français et en anglais, puis prononcé en audience publique au Palais des droits de l'homme, à Strasbourg, le 22 mars 2012.

Johan Callewaert
Greffier adjoint

Nicolas Bratza
Président

Au présent arrêt se trouve joint, conformément aux articles 45 § 2 de la Convention et 74 § 2 du règlement, l'exposé des opinions séparées suivantes :

– opinion en partie concordante et en partie dissidente du juge Pinto de Albuquerque ;

– opinion en partie dissidente de la juge Kalaydjieva ;

– opinion en partie dissidente de la juge Nußberger, à laquelle se rallie la juge Fedorova ;

– opinion dissidente du juge Popović.

N.B.
J.C.

OPINION EN PARTIE CONCORDANTE ET EN PARTIE DISSIDENTE DU JUGE PINTO DE ALBUQUERQUE

(Traduction)

L'affaire *Markin* porte sur la situation des parents aux premiers moments de la vie de leurs enfants et sur les raisons justifiant l'existence d'un statut parental spécial applicable aux militaires. Je souscris au constat de violation de l'article 8 combiné avec l'article 14 auquel la majorité est parvenue, bien que les motifs qui m'y conduisent diffèrent grandement de ceux qui sont exposés dans l'arrêt. Ces motifs tiennent à la nature du droit au congé parental, qui ne peut être correctement appréciée qu'au regard de l'évolution de la protection des droits sociaux par la Convention européenne des droits de l'homme («la Convention»). En outre, il me paraît important, pour des raisons tant pratiques que théoriques, d'analyser séparément la double discrimination subie par le requérant, d'abord en tant que militaire de sexe masculin par rapport à ses collègues de sexe féminin (la question de la discrimination sexuelle), ensuite en tant que militaire par rapport aux civils (la question de la discrimination professionnelle). Enfin, je ne puis souscrire au constat de non-violation de l'article 34.

Opinion dissidente

Le droit du requérant au respect de son domicile

Je marque mon désaccord avec les conclusions de la majorité en ce qui concerne le grief tiré de l'article 34. J'estime que l'ingérence opérée de nuit dans le droit du requérant au respect de son domicile est inacceptable. Quelle que soit l'heure exacte à laquelle la visite au domicile de l'intéressé a commencé, il n'est pas contesté que celle-ci a eu lieu pendant la nuit. La Cour s'est maintes fois déclarée opposée à tout contact des autorités nationales avec les requérants et leur famille tant que les requêtes sont pendantes devant elle. En l'espèce, deux éléments renforcent la gravité de l'ingérence. En premier lieu, celle-ci s'est produite de nuit au domicile du requérant, c'est-à-dire dans un endroit éminemment intime et à un moment où l'intéressé et sa famille étaient particulièrement vulnérables. En second lieu, l'agent enquêteur aurait pu obtenir ailleurs et autrement les informations qu'il recherchait. Les autorités n'ont pas employé la bonne méthode pour se procurer les renseignements qu'elles recherchaient. Même s'il n'y avait pas de volonté d'intimidation de leur part, il n'en reste pas moins que leur comportement était objectivement intimidant et qu'il a été ressenti comme tel par le requérant et sa famille, emportant ainsi violation de l'article 34.

Opinion concordante

La nature du droit au congé parental

Le congé parental se définit comme une période d'absence autorisée du travail immédiatement consécutive au congé de maternité, au cours de laquelle le contrat ou la relation de travail et les droits qui en découlent sont préservés. *Le droit au congé parental est garanti par la Convention.* Il ne relève pas simplement du champ d'application de la Convention en ce qu'il favorise la vie familiale et influe sur l'organisation de celle-ci, mais découle directement de l'article 8. Il est protégé par cette disposition parce qu'il représente une garantie essentielle pour le lien entre le parent concerné et son enfant à un moment où ce dernier est spécialement vulnérable et a des besoins particuliers. Les relations familiales ainsi protégées peuvent être fondées sur un lien biologique de maternité ou de paternité, ou sur un lien juridique résultant d'une adoption ou de toute autre relation juridiquement équivalente. Le droit au congé parental est un droit conventionnel primordial qui fait partie du noyau dur des droits fondamentaux de la famille.

Le droit au congé parental présente ainsi deux aspects complémentaires : d'une part, il est un droit social en ce qu'il préserve la situation professionnelle du travailleur concerné et, d'autre part, il est aussi un droit conventionnel protégeant le lien entre le parent et son enfant. Il n'est donc pas un droit conventionnel *ex novo*, mais l'un des aspects du droit au respect de la vie familiale que la Convention englobe en tant qu'instrument vivant. Des conséquences pratiques cruciales découlent de cette analyse : d'une part, les Etats ont l'obligation positive de créer un dispositif juridique de congé parental et, d'autre part, le droit au congé parental est protégé par l'article 8 indépendamment de toute discrimination contraire à l'article 14.

La Cour se montre de plus en plus encline à accorder une protection conventionnelle aux droits sociaux par le biais de l'article 14 de la Convention. Selon une jurisprudence bien établie, l'article 14 ne se limite pas à la jouissance des droits consacrés par la Convention, mais s'étend à ceux qui « relèvent du champ d'application » d'une disposition conventionnelle et qu'un Etat a décidé de garantir même si, ce faisant, celui-ci a dépassé les strictes exigences de la Convention[1]. S'appuyant sur cette méthode

1. Ce principe a été énoncé pour la première fois par la Cour dans l'*Affaire « relative à certains aspects du régime linguistique de l'enseignement en Belgique » c. Belgique* (fond), 23 juillet 1968, p. 33, § 9, série A n° 6. En d'autres termes, l'article 14 s'applique lorsque « (...) la matière sur laquelle porte le

d'interprétation, la Cour a censuré l'application discriminatoire de droits sociaux relevant du champ d'application de dispositions de la Convention[1]. *Mais des droits sociaux ont également été dégagés directement de dispositions conventionnelles sans qu'il soit fait référence à un traitement discriminatoire subi par un requérant*, tels que le droit des personnes se trouvant sous l'autorité de l'Etat à un traitement médical[2], le droit de chaque citoyen à un traitement médical[3], le droit à un environnement sain[4], le droit au logement[5], le droit

---

désavantage ( ) compte parmi les modalités d'exercice d'un droit garanti» (*Syndicat national de la police belge c. Belgique*, 27 octobre 1975, § 45, série A n° 19) ou lorsque les mesures litigieuses «se rattache[nt] (...) à l'exercice d'un droit garanti» par la Convention (*Schmidt et Dahlström c. Suède*, 6 février 1976, § 39, série A n° 21). Pour la Cour, la notion de discrimination au sens de l'article 14 englobe également les cas dans lesquels un individu ou un groupe se voit, sans justification adéquate, moins bien traité qu'un autre, même si la Convention ne requiert pas le traitement plus favorable (*Abdulaziz, Cabales et Balkandali c. Royaume-Uni*, 28 mai 1985, § 82, série A n° 94).

1. Par exemple, un traitement différencié entre résidents et non-résidents en matière d'exonération d'impôt (*Darby c. Suède*, 23 octobre 1990, §§ 33-34, série A n° 187), des règles d'attribution d'une allocation d'urgence distinctes pour les nationaux et les étrangers (*Gaygusuz c. Autriche*, 16 septembre 1996, § 50, *Recueil des arrêts et décisions* 1996-IV), des obligations contributives imposées aux hommes célibataires sans enfants âgés de 45 ans au moins différentes de celles pesant sur les femmes célibataires sans enfants du même âge (*Van Raalte c. Pays-Bas*, 21 février 1997, § 43, *Recueil* 1997-I), des droits à pension différents pour les femmes mariées et les hommes mariés (*Wessels-Bergervoet c. Pays-Bas*, n° 34462/97, § 54, CEDH 2002-IV), des droits à pension distincts pour les anciens militaires (*Bucheň c. République tchèque*, n° 36541/97, §§ 74-76, 26 novembre 2002), et des conditions d'octroi de pension différentes pour les nationaux et les étrangers (*Andrejeva c. Lettonie* [GC], n° 55707/00, §§ 88-91, CEDH 2009).

2. Ce droit a été dégagé de l'article 3 (*İlhan c. Turquie* [GC], n° 22277/93, § 87, CEDH 2000-VII, *Kudła c. Pologne* [GC], n° 30210/96, §§ 91-94, CEDH 2000-XI, *Mouisel c. France*, n° 67263/01, §§ 40-42, CEDH 2002-IX, *Paladi c. Moldova* [GC], n° 39806/05, § 71, 10 mars 2009, *V.D. c. Roumanie*, n° 7078/02, §§ 94-99, 16 février 2010, et *Slyusarev c. Russie*, n° 60333/00, § 43, 20 avril 2010).

3. Ce droit est fondé sur l'article 8 (*Glass c. Royaume-Uni*, n° 61827/00, §§ 74-83, CEDH 2004-II, *Tysiąc c. Pologne*, n° 5410/03, §§ 107-108, CEDH 2007-I, et *A, B et C c. Irlande* [GC], n° 25579/05, § 245, CEDH 2010) ou sur l'article 2 (*Oyal c. Turquie*, n° 4864/05, § 72, 23 mars 2010).

4. Ce droit trouve son origine dans l'article 8 (*López Ostra c. Espagne*, 9 décembre 1994, § 51, série A n° 303-C, *Guerra et autres c. Italie*, 19 février 1998, §§ 57-60, *Recueil* 1998-I, *Hatton et autres c. Royaume-Uni* [GC], n° 36022/97, §§ 96-99, CEDH 2003-VIII, et *Georgel et Georgeta Stoicescu c. Roumanie*, n° 9178/03, §§ 61-62, 26 juillet 2011) ou l'article 2 (*Öneryıldız c. Turquie* [GC], n° 48939/99, § 90, CEDH 2004-XII). Dans une affaire où était en cause un conflit de droits sociaux, la Cour a même jugé que l'obligation positive imposée à l'Etat de protéger l'environnement prévalait sur l'obligation de protéger le mode de vie d'une minorité dans le cadre réglementaire valable en matière d'aménagement (*Chapman c. Royaume-Uni* [GC], n° 27238/95, §§ 96, 113-115, CEDH 2001-I).

5. Les Etats peuvent se voir reprocher leur manquement à fournir un logement adéquat sur le terrain de l'article 3 (*Moldovan et autres c. Roumanie (n° 2)*, n°s 41138/98 et 64320/01, §§ 107 g) et 110, CEDH 2005-VII, et *M.S.S. c. Belgique et Grèce* [GC], n° 30696/09, §§ 263-264, CEDH 2011) ou de l'article 8 (*Marzari c. Italie* (déc.), n° 36448/97, 4 mai 1999, où le requérant était une «personne atteinte d'une maladie grave», et *Stanková c. Slovaquie*, n° 7205/02, §§ 60-62, 9 octobre 2007, où la Cour a jugé «convaincant» le raisonnement de la Cour constitutionnelle). La Cour est même disposée à évaluer les politiques des pouvoirs publics en matière de logement à l'aune de leurs effets sur les droits des propriétaires (*James et autres c. Royaume-Uni*, 21 février 1986, § 46, série A n° 98, *Mellacher et autres c. Autriche*, 19 décembre 1989, § 45, série A n° 169, *Spadea et Scalabrino c. Italie*, 28 septembre 1995, § 29, série A n° 315-B, et *Hutten-Czapska c. Pologne* [GC], n° 35014/97, §§ 224-225, CEDH 2006-VIII).

à une pension de retraite[1], le droit à la négociation collective et le droit de grève[2]. La Cour y a ajouté le droit de chacun à une procédure équitable en matière de détermination de ses droits sociaux[3].

La reconnaissance par la Cour de droits sociaux sur le terrain de la Convention se heurte à deux objections de principe. Arguant que l'intention des pères fondateurs de la Convention était de n'y faire figurer que des droits civils et politiques, certains ont reproché à la Cour d'outrepasser les limites de sa compétence et d'imposer aux Parties contractantes des obligations internationales non acceptées par elles[4]. Cet argument est erroné, pour deux raisons. D'une part, il méconnaît le but de la Convention en tant que traité qui prévoit le « développement » des droits de l'homme dans le contexte de la Déclaration universelle des droits de l'homme, laquelle prévoit des droits économiques et sociaux. Ce dessein, clairement exprimé dans le préambule de la Convention, est confirmé par les dispositions de cet instrument qui garantissent le droit d'adhérer à un syndicat et interdisent le travail forcé ainsi que par l'adoption ultérieure de protocoles portant sur le droit de propriété et le droit à l'instruction[5]. En outre, il n'existe pas de ligne de

1. La Cour a considéré qu'une pension d'un montant « totalement insuffisant » soulevait une question sur le terrain de l'article 3 (*Larioshina c. Russie* (déc.), n° 56869/00, 23 avril 2002, et *Budina c. Russie* (déc.), n° 45603/05, 18 juin 2009) ou de l'article 2 (*Kutepov et Anikeïenko c. Russie*, n° 68029/01, § 62, 25 octobre 2005, et *Huc c. Roumanie et Allemagne* (déc.), n° 7269/05, § 59, 1er décembre 2009).

2. La Cour a déduit du droit de fonder des syndicats protégé par l'article 11 de la Convention le droit à la négociation collective énoncé à l'article 6 de la Charte sociale européenne, alors pourtant que l'Etat défendeur n'avait pas ratifié cette disposition au moment de son adhésion à la charte en question (*Demir et Baykara c. Turquie* [GC], n° 34503/97, §§ 153 et 154, CEDH 2008). La Cour a suivi le même raisonnement dans l'affaire *Enerji Yapı-Yol Sen c. Turquie* (n° 68959/01, §§ 24 et 31-32, 21 avril 2009), où elle a reconnu le droit de grève sous l'angle de l'article 11 de la Convention.

3. Par exemple, en matière de procédure de détermination de prestations d'assurance maladie (*Feldbrugge c. Pays-Bas*, 29 mai 1986, § 40, série A n° 99), de prestations de sécurité sociale prévues par un régime d'assurance contre les accidents du travail (*Deumeland c. Allemagne*, 29 mai 1986, § 75, série A n° 100), ou de pensions de réversion (*Massa c. Italie*, 24 août 1993, § 26, série A 265-B). La Cour a déjà imposé aux Etats l'obligation d'établir un système judiciaire assurant une protection effective d'un droit social (*Danilenkov et autres c. Russie*, n° 67336/01, § 136, CEDH 2009).

4. Voir, par exemple, Renucci, *Traité de droit européen des droits de l'homme*, Paris, 2007, pp. 492-493. Une autre objection du même ordre consiste à dire que, puisqu'il n'existe pas de définition claire de la notion de droit « relevant du champ d'application » d'une disposition de la Convention, il n'existe pas non plus de critère de distinction entre les affaires ayant vocation à être examinées sous l'angle de l'article 14 de la Convention et celles justiciables de l'article 1 du Protocole n° 12, et que tout droit reconnu par l'ordre juridique interne pourrait donc être artificiellement considéré comme « relevant du champ d'application » de la Convention elle-même (voir, par exemple, Tomuschat, « *Social Rights under the European Charter on Human Rights* », *in* Breitenmoser (Hrsg.), *Human Rights, Democracy and the Rule of Law:* Liber Amicorum *Luzius Wildhaber*, Zürich, 2007, pp. 862-863 ; Sudre, « La protection des droits sociaux par la Cour européenne des droits de l'homme: un exercice de « jurisprudence fiction ? », *Revue trimestrielle des droits de l'homme*, 55, 2003, p. 770 ; et Lucas-Albertini, *Le Revirement de jurisprudence de la Cour européenne des droits de l'homme*, Bruxelles, 2008, p. 326).

5. Sur le contenu social de la Convention, voir, entre autres, Pellonpää, « *Economic, social and cultural rights* », MacDonald/Matscher/Petzold (eds.), *The European system for the protection of human rights*,

démarcation claire entre les droits sociaux et les droits civils, ces derniers ayant pour la plupart des implications sociales et économiques[1].

D'autre part, cet argument ne tient pas compte du fait que la Convention est un « instrument vivant », qui évolue et s'adapte aux situations concrètes que connaissent les peuples européens. S'il ressort des travaux préparatoires à la Convention que la protection des droits civils et politiques dans un continent alors dévasté par la guerre et les graves violations des droits de l'homme qui y furent commises étaient un sujet de préoccupation particulier pour les rédacteurs de cet instrument[2], tel n'est plus le cas pour les peuples de l'Europe actuelle. La pétrification de la Convention irait non seulement à l'encontre des règles ordinaires d'interprétation des traités, qui confèrent une fonction supplétive aux travaux préparatoires et un rôle prépondérant aux termes, à l'objet et au but des dispositions conventionnelles (article 31 § 1 de la Convention de Vienne sur le droit des traités), mais méconnaîtrait en définitive la véritable intention des pères fondateurs de la Convention, qui avaient pour ambition d'élaborer un instrument garantissant des droits concrets et effectifs plutôt que formels et illusoires.

Il a également été avancé que les droits sociaux ne sont pas justiciables en raison de leur caractère vague et technique. Selon cette thèse, ces droits se borneraient à énoncer des objectifs politiques à atteindre ou des programmes d'action destinés aux organes politiques et administratifs de l'Etat et ne se prêteraient pas à un contrôle juridictionnel. Cette thèse méconnaît le principe selon lequel les droits fondamentaux possèdent un contenu obligatoire minimum[3]. Comme tous les autres droits fondamentaux, les droits sociaux

---

Dordrecht, 1993, pp. 859-866 ; Costa, « La Cour européenne des droits de l'homme et la protection des droits sociaux », *Revue trimestrielle des droits de l'homme*, 21, 2010, pp. 212-216 ; et Eichenhofer, « *Der sozialrechtliche Gehalt der EMRK-Menschenrechte* », *in* Hohmann-Dennhardt/Masuch/Villiger, *Festschrift für Renate Jaeger, Grundrechte und Solidarität, Durchsetzung und Verfahren,* 2011, pp. 628-635.

1. *Airey c. Irlande*, 9 octobre 1979, § 26, série A n° 32. La Cour ne s'interdit pas nécessairement d'examiner des affaires ayant des implications financières pour l'Etat, car la mise en œuvre des droits civils fondamentaux a des répercussions sur les finances publiques. La prise en charge, par l'Etat, de frais d'assistance juridique et d'interprétation en constitue un bon exemple. En réalité, les droits civils et les droits sociaux sont interdépendants et étroitement liés. Il n'existe pas de cloison étanche entre ces deux catégories de droits. En ce sens, voir, entre autres, le préambule de la Charte sociale européenne, le préambule du Protocole facultatif au Pacte international relatif aux droits économiques, sociaux et culturels, la Déclaration et le Programme d'action de Vienne élaborés par la Conférence mondiale sur les droits de l'homme (A/CONF.157/23, 12 juillet 1993, § 5), et la Recommandation 1415 de l'Assemblée parlementaire du Conseil de l'Europe en date du 23 juin 1999.

2. Voir Travaux préparatoires 1, p. 194.

3. Il convient de tenir compte de la notion d'obligation fondamentale minimum telle que la conçoit le Comité des droits économiques, sociaux et culturels des Nations unies. Dans son observation générale n° 3, cet organe a exprimé l'« avis que chaque Etat partie a l'obligation fondamentale minimum d'assurer, au moins, la satisfaction de l'essentiel de chacun des droits » (voir l'observation générale n° 3, UN doc. E/1991/23, § 10, avis confirmé dans l'observation générale n° 12, UN doc. E/2000/22, § 17, l'observation générale n° 13, E/C.12/1999/10, § 57, l'observation générale n° 14,

ont un contenu obligatoire minimum que les tribunaux peuvent et doivent définir et appliquer, tâche qui revêt une importance particulière en période de difficultés financières, où les droits sociaux sont les premiers à être négligés[1]. Si les Etats bénéficient d'une ample latitude pour adopter les mesures de politique sociale adéquates, il appartient à la Cour de déterminer si elles demeurent dans les limites du « raisonnable[2] ». Le caractère raisonnable de la

UN doc. E/C.12/2000/4, §§ 43-47, l'observation générale n° 15, UN doc. E/C.12/2002/11, §§ 37-40, l'observation générale n° 17, E/C.12/GC/17, § 39, l'observation générale n° 18, E/C.12/GC/18, § 31, l'observation générale n° 19, E/C.12/GC/19, § 59, et l'observation générale n° 21, E/C.12/GC/21, § 55). Les Principes de Limburg concernant l'application du PIDESC (UN doc. E/CN.4/1987/19) et les Directives de Maastricht relatives aux violations des droits économiques, sociaux et culturels (UN doc. E/C.12/2000/13) ont précisé les obligations pesant sur les Etats en matière de droits économiques et sociaux. Dans sa Résolution 1993/14, la Commission des droits de l'homme des Nations unies a invité les Etats à « envisager de mettre au point des repères nationaux spécifiques pour donner effet à l'obligation fondamentale minimum consistant à assurer la satisfaction de l'essentiel de chacun de ces droits [économiques, sociaux et culturels] ». Dans son rapport annuel 1994, la Commission interaméricaine des droits de l'homme a déclaré que « l'obligation faite aux Etats membres de respecter et de défendre les droits fondamentaux des personnes relevant de leur juridiction, tels qu'ils sont énoncés à la fois dans la Déclaration américaine et dans la Convention américaine, leur impose, quel que soit leur niveau de développement économique, de garantir un seuil minimum de respect de ces droits ». Le Comité des Ministres du Conseil de l'Europe – dans sa Recommandation R(2000)3 du 19 janvier 2000 – et le Comité européen des droits sociaux ont eux aussi plaidé pour la nécessité d'une protection juridique d'un seuil minimum de respect de certains droits sociaux (en ce qui concerne la position adoptée par le Comité, voir Mikkola, « *Social Human Rights in Europe* », Porvoo, 2010, pp. 316-317). Enfin, d'éminents spécialistes du droit international soutiennent cette démarche, notamment Alston, « *Out of the abyss: the challenges confronting the new U.N. Committee on Economic, Social and Cultural Rights* », in *Human Rights Quarterly*, 9, 1987, pp. 352-353 ; Craven, « *The International Covenant on Economic, Social and Cultural Rights: A perspective on its development* », Oxford, 1995, pp. 141-143 ; Liebenberg, « *Adjudicating social rights under a transformative Constitution* », Langford (ed.), « *Social rights jurisprudence, Emerging trends in international and comparative law* », Cambridge, 2008, pp. 89-91 ; Fredman, « *Human Rights Transformed, Positive rights and positive duties* », Oxford, 2008, pp. 84-87 ; Tushnet, « *Weak Courts, Strong Rights* », Princeton, 2009, pp. 242-247 ; et Kerdoun, « La place des droits économiques, sociaux et culturels dans le droit international des droits de l'homme », *Revue trimestrielle des droits de l'homme*, 22, 2011, p. 511.

1. Alexy insiste sur cette question dans « *A Theory of Constitutional Rights* », Oxford, 2002, p. 344 : « C'est précisément en période de crise qu'une protection constitutionnelle – même minimale – des droits sociaux paraît indispensable. » On retrouve la même idée chez Alston/Quinn, « *The nature and scope of States Parties' obligations under the International Covenant on Economic, Social and Cultural Rights* », in *Human Rights Quarterly*, 9, 1987, p. 164 : « Les efforts déployés pour garantir le respect des droits de l'homme doivent être poursuivis dans les périodes difficiles comme dans les périodes favorables. D'ailleurs, c'est dans les périodes d'extrêmes difficultés que les garanties des droits de l'homme – qu'ils soient d'ordre politique ou économique – s'avèrent les plus précieuses », ainsi que chez Dankwa/Flinterman/Leckie, « *Commentary to the Maastricht Guidelines on Violations of Economic, Social and Cultural Rights* », in *Human Rights Quarterly*, 20, 1998, p. 717 : « Tout Etat consentant à assumer des obligations juridiques (...) s'engage à maintenir les obligations minimales de base et les droits fondamentaux qui s'y rattachent quelles que soient les circonstances, et même dans les périodes de pénurie. »

2. Sur la question de l'appréciation du caractère « raisonnable » des choix politiques opérés en matière de droits sociaux, voir les affaires récentes *Valkov et autres c. Bulgarie* (n°s 2033/04, 19125/04, 19475/04, 19490/04, 19495/04, 19497/04, 24729/04, 171/05 et 2041/05, §§ 91-97, 25 octobre 2011), *Bah c. Royaume-Uni* (n° 56328/07, §§ 37 et 50, CEDH 2011), et *Schuitemaker c. Pays-Bas* ((déc.),

politique sociale de l'Etat s'apprécie en termes de proportionnalité en ce sens qu'elle ne doit pas seulement s'adresser équitablement à tous les groupes sociaux, mais aussi compenser les inégalités factuelles et prêter une attention particulière aux plus vulnérables d'entre eux[1]. Par exemple, une mesure de politique sociale sera « déraisonnable », c'est-à-dire disproportionnée, si elle ne prévoit rien pour les plus démunis. Il existe donc un point de convergence entre la mise en œuvre d'une politique sociale « raisonnable » et l'obligation de garantir le contenu minimal des droits sociaux[2]. Comme le juge William

n° 15906/08, 4 mai 2010) ainsi que les affaires concernant le droit au logement citées ci-dessus. Le principe de la justiciabilité des droits sociaux reconnu par le droit européen des droits de l'homme l'est également par le droit international des droits de l'homme (voir l'observation générale n° 3 du CDESC, précitée, §§ 4-5, l'observation générale n° 9, E/C.12/1998/24, § 10, les Principes de Limburg, précités, § 19, et les Directives de Maastricht, précitées, § 22), le droit interaméricain des droits de l'homme (Cour interaméricaine des droits de l'homme, affaire Acevedo Buendia et al. c. Peru, 1er juillet 2009, §§ 102-103, et Commission interaméricaine des droits de l'homme, *Report on Admissibility and Merits* n° 38/09, 27 mars 2009, §§ 140-147) et le droit africain des droits de l'homme (Commission africaine des droits de l'homme et des peuples, affaire *The Social and Economic Rights Action Center for Economic and Social Rights (SERAC) v. Nigeria*, Communication n° 155/96, 27 mai 2002, §§ 61, 62, 64 et 68, et l'affaire Purohit et Moore c. Gambie, Communication n° 241/2001, 29 mai 2003, §§ 81-83).

1. Voir l'*Affaire « relative à certains aspects du régime linguistique de l'enseignement en Belgique » c. Belgique* (fond), 23 juillet 1968, p. 34, § 10, série A n° 6 (« certaines inégalités de droit ne tendent d'ailleurs qu'à corriger des inégalités de fait »), *Stec et autres c. Royaume-Uni* [GC] (nos 65731/01 et 65900/01, §§ 51 et 66, CEDH 2006-VI), *D.H. et autres c. République tchèque* [GC] (n° 57325/00, §§ 175 et 181-182, CEDH 2007-IV), *Oršuš et autres c. Croatie* [GC], (n° 15766/03, §§ 147-148 et 182, CEDH 2010), *Andrle c. République tchèque* (n° 6268/08, § 48, 17 février 2011), *Oyal c. Turquie* (n° 4864/05, 23 mars 2010). Le Comité européen des droits sociaux a suivi le même raisonnement (Association internationale Autisme-Europe c. la France, réclamation n° 13/2002, décision du 4 novembre 2003, § 53) dans le sillage de certaines juridictions nationales, telles que la Cour constitutionnelle allemande (voir la décision novatrice rendue le 18 juin 1975 – BVerfGE 40, 133 – en ce qui concerne le droit constitutionnel à un « minimum vital » (*menschenwürdigen Existenzminimums*), le Tribunal fédéral suisse (voir l'arrêt de principe rendu le 9 juin 2006 dans l'affaire *V. v. Einwohnergemeinde X. und Regierungsrat des Kantons Bern* sur l'existence d'un droit constitutionnel implicite à des « conditions minimales d'existence ») et, dans le cadre d'une constitution transformatrice, la Cour constitutionnelle portugaise (voir les décisions nos 39/1984, 330/1989, 148/1994, 62/2002 et 509/2002 sur la garantie constitutionnelle d'un « revenu social » minimum et d'un « minimum social propre à assurer une vie décente » dans les domaines de la santé et de l'instruction publiques). Ces normes européennes correspondent à celles établies par le droit international des droits de l'homme (voir CDESC, observation générale n° 3, précitée, § 12, « Déclaration du Comité : Appréciation de l'obligation d'agir « au maximum de ses ressources disponibles » dans le contexte d'un protocole facultatif au Pacte », E/C.12/2007/1, 10 mai 2007, § 4 ; les Principes de Limburg, précités, § 39 ; les Directives de Maastricht, précitées, § 20) ainsi qu'aux critères employés par le doit interaméricain des droits de l'homme (*Pueblo Bello Massacre v. Colombia*, arrêt du 31 janvier 2006, §§ 111 et 123, *Comunidad Indígena Yakye Axa v. Paraguay*, arrêt du 17 juin 2005, §§ 68 et 167-168, et *Villagrán-Morales et al. v. Guatemala*, 19 novembre 1999, §§ 144 et 191).

2. Le CDESC a constaté cette convergence des critères dans sa « Déclaration » (précitée, § 8 f)), de même que la Cour constitutionnelle d'Afrique du Sud dans les affaires *Government of the Republic of South Africa and Others v. Grootboom and Others* (affaire CCT 11/00, 4 octobre 2000, §§ 33, 36 et 44), *Minister of Health and Others v. Treatment Action Campaign and Others* (affaire CCT 8/02, 5 juillet 2002, §§ 34 et 79), et *Mazibuko and Others v. City of Johannesburg and Others* (affaire CCT 39/09, 8 octobre 2009, § 67) et que la Commission mixte des droits de l'homme de la Chambre des Lords (« *Twenty-Ninth Report: Economic and social rights* », 10 août 2008, §§ 172 et 181). Il convient de relever

Brennan l'a souligné avec éloquence, « la protection sociale n'est donc pas de la simple charité, mais constitue un moyen de développer le bien-être général et d'assurer, à nous-mêmes et à notre postérité, les bienfaits de la liberté[1] ».

Les considérations qui précèdent mènent inévitablement à la conclusion suivante : *un droit social peut légitimement être tiré d'une disposition de la Convention, même s'il est prévu par la Charte sociale européenne et que la Partie contractante concernée n'est pas liée par la disposition pertinente de la Charte*[2]. Ainsi, le seul fait que l'article 27 § 2 de la Charte sociale européenne garantit le droit au congé parental n'empêche en rien celui-ci d'être reconnu comme un droit consacré par l'article 8 de la Convention, et ce même si la Partie contractante en cause n'a pas accepté l'article 27 § 2 de la Charte. En l'espèce, il convient de noter que l'Etat défendeur a accepté cet article, comme la plupart des autres Etats parties à la Convention, ce qui prouve bien le caractère incontesté dudit droit au regard du droit international. Des arguments scientifiques et juridiques peuvent être exposés en vue de démontrer l'évolution de ce droit à la lumière de la Convention.

Certaines études scientifiques mettent en avant des éléments prouvant l'importance primordiale de la relation physique et psychologique entre le parent et l'enfant à un stade très précoce de la vie de celui-ci. Ces études ont démontré les bénéfices manifestes du congé parental, notamment des taux moindres de mortalité infantile et des effets à long terme sur les performances cognitives et socio-émotionnelles de l'enfant. En d'autres termes, il existe une relation de cause à effet entre le congé parental et la santé et les résultats scolaires de l'enfant[3]. Un défaut de protection et de mise en oeuvre du droit au congé parental compromettrait de manière significative le bien-être général de l'enfant et fragiliserait considérablement le lien entre le parent et l'enfant. Le congé parental s'avère donc être un instrument essentiel de politique sociale pour garantir le bien-être général de l'enfant et le développement harmonieux des liens familiaux.

---

que les critères qui se dégagent de cette convergence ne se recoupent qu'imparfaitement car le critère du caractère « raisonnable » (ou de la proportionnalité) ne porte pas exclusivement sur les obligations minimales. Il peut arriver que les Etats satisfassent à leurs obligations minimales tout en manquant à leur devoir de prendre des mesures de politique sociale « raisonnables » (proportionnées).

1. *Goldberg v. Kelly*, 397 U.S. 254, 1970.

2. Des auteurs renommés ont précisément suggéré que les droits sociaux consacrés par la Charte sociale européenne soient protégés au regard de la Convention européenne des droits de l'homme (Sudre, précité, pp. 761-766, et Arandji-Kombé, « Quelles perspectives pour les 10 prochaines années ? », sous la coordination d'Olivier De Schutter, *La Charte sociale européenne : Une Constitution sociale pour l'Europe*, Bruxelles, 2010, p. 159).

3. Voir, parmi d'autres, Cools/Fiva/Kirkebøen, « *Causal effects of paternity leave on children and parents* », document de réflexion n° 657, Statistiques Norvège, 2011 ; Rege/Solli, « *The Impact of Paternity Leave on Long-term Father Involvement* », document de travail n° 3130, 2010 ; Lamb, « *The Role of Father in*

Outre les preuves scientifiques toujours plus nombreuses démontrant l'importance extrême du congé parental, la reconnaissance d'un droit au congé parental fait par ailleurs l'objet d'un consensus international établi. Sur trente-trois Etats membres du Conseil de l'Europe, un seul n'a instauré aucun congé parental, deux ouvrent cette possibilité uniquement aux femmes et tous les autres Etats accordent un congé parental aux hommes comme aux femmes. Les militaires des deux sexes bénéficient d'un régime juridique semblable ou similaire à celui des civils, sauf dans cinq pays où seules les militaires de sexe féminin ont droit à un tel congé. Les institutions politiques du Conseil de l'Europe ont inscrit ce consensus dans plusieurs résolutions et recommandations[1]. Au sein de l'Union européenne, la directive concernant l'accord-cadre sur le congé parental (directive 96/34/CE du Conseil du 3 juin 1996, modifiée par la directive du Conseil 2010/18/EU du 8 mars 2010) représente pour les Etats membres de l'Union la norme contraignante, selon laquelle le congé parental constitue en principe pour les deux parents un droit non transférable et individuel[2]. Ce consensus en

Child Development», Hoboken, 2010 ; Liu/Skans, « *The duration of paid parental leave and children's scholastic performance*», *B.E. Journal of Economic Analysis and Policy*, 2010, vol. 10 ; Han/Ruhm/Waldfogel, «*Parental leave policies and parents' employment and leave taking*», *Journal of Policy Analysis and Management*, 2009, vol. 28, n° 1 ; Gupta/Smith/Verner, «*Child Care and Parental Leave in the Nordic Countries: A Model to Aspire to?*», document de reflexion IZA n° 2014, 2006 ; Tanaka/Waldfogel, «*Effects of Parental Leave and Work Hours on Fathers' Involvement with their Babies*», *Community, Work and Family*, 10, 2007, n° 4 ; Tanaka, «*Parental Leave and Child Health Across OECD Countries*», *The Economic Journal*, 2005, 115, pp. 7-28 ; Ruhm, «*Parental Employment and Child Cognitive Development*», *Journal of Human Resources*, 2004, vol. 39, pp. 155-192 ; Jaumotte, «*Labour force participation of women: empirical evidence on the role of policy and others determinants in OECD countries*», Etudes économiques de l'OCDE, 2004 ; Tamis-Lemonda/Cabrera, «*Handbook of Father Involvement: Multidisciplinary Perspectives*», Mahwah, NJ, 2002 ; Ermisch/Francesconi, «*Family Structure and Mothers' Behaviour and Children's Achievements*», *Journal of Population Economics*, 2001, pp. 249-270. Le congé parental facilite également l'ascension sociale des enfants nés dans des familles à revenus modestes (Esping-Andersen, « *Untying the Gordian Knot of Social Inheritance*», *Research in Social Stratification and Mobility*, 21, 2004, pp. 115-39, et Waldfogel, «*Social Mobility, Life Chances and the Early Years*», document CASE 88, 2004).

1. Dans sa résolution 1274(2002) sur le congé parental, l'Assemblée parlementaire du Conseil de l'Europe demande instamment aux Etats membres de garantir le principe du congé parental rémunéré, y compris le congé en cas d'adoption. Elle envoie le même message dans sa recommandation 1769(2006) relative à la nécessaire conciliation de la vie professionnelle et de la vie familiale, dans laquelle elle souligne que le congé parental doit être mis à la disposition tant des hommes que des femmes, «en veillant en particulier à s'assurer que les hommes puissent effectivement avoir recours à ce dispositif». Dans la recommandation n° R(96) sur la conciliation entre la vie professionnelle et la vie familiale et la recommandation Rec(2007)17 sur les normes sur l'égalité des sexes, le Comité des Ministres a réaffirmé le même droit, en l'assortissant de la possibilité de prendre le congé à temps partiel et de le partager entre les parents. Enfin, la recommandation Rec(2010)4 sur les droits de l'homme des membres des forces armées énonce clairement le droit des militaires des deux sexes à bénéficier de congés maternité et paternité.

2. La Cour de Justice a déjà décidé que les dispositions de l'accord-cadre sur le congé parental annexé à la directive du Conseil peuvent être invoquées par des particuliers devant un tribunal national (affaire

droit européen des droits de l'homme se retrouve dans le droit international du travail, qui a reconnu de manière constante le droit au congé parental depuis les années 1980, comme cela ressort de plusieurs recommandations de l'Organisation internationale du Travail (OIT) : la Recommandation sur les travailleurs ayant des responsabilités familiales (R165), 1981, § 22 1)-3), la Recommandation sur le travail à temps partiel (R182), 1994, § 13 et la Recommandation sur la protection de la maternité (R191), 2000, § 10 3)-5). Enfin, le consensus susmentionné se reflète également dans le droit universel des droits de l'homme. Le Comité des droits économiques, sociaux et culturels (CDESC) a relevé que l'application de l'article 3 du Pacte international relatif aux droits économiques sociaux et culturels, lu en liaison avec l'article 9 du même instrument, exigeait entre autres que soient garantis un congé de maternité suffisant pour les femmes et un congé de paternité suffisant pour les hommes, et que les hommes comme les femmes aient droit à un congé parental[1].

Eu égard au large consensus international qui se dégage du droit européen et du droit universel des droits de l'homme, l'approche adoptée par la Cour dans l'affaire Petrovic *est manifestement dépassée.* L'argument fondamental présenté à cette époque, à savoir que la majorité des Etats membres du Conseil de l'Europe ne prévoyait pas de congé parental pour les hommes, ne correspond plus à la réalité aujourd'hui. Mais la cohérence exige que des conclusions soient tirées de ce nouveau consensus. *S'il y a lieu de conclure qu'il n'y a plus aucune raison d'établir une distinction fondée sur le sexe quant au congé parental, la conclusion selon laquelle le droit au congé parental lui-même est à présent considéré par presque tous les Etats membres du Conseil de l'Europe et par la communauté internationale en général comme une partie intégrante et un élément constitutif de la protection juridique de la famille et de la relation parent-enfant s'impose d'autant plus.* Dès lors, on peut en déduire que le coût du congé parental n'est pas de nature à grever de manière inutile et irréaliste les ressources de l'Etat. En d'autres termes, on ne peut plus prétendre que la protection des droits de l'homme dans ce domaine particulier ne relève pas des choix des représentants légitimes du peuple. Du socle commun entre les législations des Etats membres du Conseil de l'Europe et les normes juridiques internationales ressort une nouvelle facette du droit au respect de la vie familiale – une facette qui a gagné une ample légitimité démocratique.

En conséquence, l*es Parties contractantes à la Convention ont l'obligation positive de prévoir un dispositif juridique de congé parental*[2]. Les Etats sont

---

n° C-537/07, arrêt du 16 juillet 2009, Gomez Limon, et sur la nature de ce droit, Henion/Le Barbier-Le Bris/Del Sol, *Droit social européen et international*, Paris, 2010, pp. 326-327).

1. Observation générale n° 16 (2005), E/C.12/2005/4, 11 août 2005, § 26.

2. Depuis l'affaire *Marckx c. Belgique* (13 juin 1979, § 31, série A n° 31), la Cour a constamment

libres d'instaurer soit un système de droit partagé au congé parental entre les hommes et les femmes soit un droit individuel au congé parental qui ne peut être transféré à l'autre parent. Aux fins de la promotion de l'égalité des sexes, les Etats peuvent instaurer un quota paternel de congé parental qui ne peut être pris que par le père et est perdu si celui-ci ne l'utilise pas. Si les règles fixées par la directive sur le congé parental sont contraignantes pour les pays membres de l'Union européenne, la Convention n'impose pas la même norme juridique, eu égard au défaut de consensus européen quant à la forme, à la durée et aux conditions exactes du congé parental parmi l'ensemble des Etats membres du Conseil de l'Europe. Cependant, le régime du droit au congé parental, à l'instar des dispositifs qui régissent tous les autres droits sociaux, n'est pas entièrement laissé à la discrétion des majorités politiques. Certaines caractéristiques fondamentales de ce droit peuvent être établies à la lumière de la Convention et pareil régime est en conséquence soumis au contrôle de la Cour. Le talon d'Achille classique des droits sociaux étant leur effectivité et leur force exécutoire, une définition claire de la portée des compétences du pouvoir législatif et du pouvoir judiciaire dans la mise en œuvre des droits sociaux est de la plus haute importance.

Premièrement, *le droit au congé parental profite à tous les citoyens sans distinction fondée sur le sexe ou la situation professionnelle*. Les forces armées, la police et les fonctionnaires nationaux ne sont pas exclus du bénéfice de ce droit fondamental[1]. Cela vaut également pour les salariés à temps partiel, ceux en contrat à durée déterminée ou les intérimaires. La mise en œuvre du droit au congé parental dans le secteur privé de l'économie résulte de l'effet horizontal du système de protection des droits de l'homme[2].

---

reconnu dans sa jurisprudence l'existence d'obligations positives pour les Etats de promouvoir et garantir le respect effectif de la vie familiale. Cette obligation peut consister à offrir un cadre législatif adéquat favorisant sur le plan pratique et effectif le respect de la vie familiale, comme la Cour l'a affirmé pour la première fois dans l'affaire *X et Y c. Pays-Bas* (26 mars 1985, §§ 23 et 28-30, série A n° 91). Quant au lien entre l'enfant et ses parents, la Cour a même reconnu que « l'Etat doit agir de manière à permettre à ce lien de se développer et accorder une protection juridique rendant possible, dès la naissance ou dès que réalisable par la suite, l'intégration de l'enfant dans sa famille » (*Iglesias Gil et A.U.I. c. Espagne*, n° 56673/00, § 49, CEDH 2003-V). Plus précisément, la Cour interaméricaine des droits de l'homme a énoncé que les Etats avaient l'obligation d'adopter « les mesures requises pour que l'enfant puisse se développer dans des conditions décentes » (avis consultatif OC-17/2002 du 28 août 2002, § 80 et point 7 de l'avis).

1. Ce point a également fait l'objet d'une prise de position ferme du Comité européen des droits sociaux, telle qu'elle ressort des rapports sur la situation respective des Parties contractantes en ce qui concerne l'article 27 § 2 de la Charte.

2. La responsabilité internationale d'un Etat peut être engagée à raison de son inaction face à un comportement de particuliers contraire aux droits économiques et sociaux (par exemple, Commission africaine des droits de l'homme et des peuples, SERAC c. Nigéria, précité, Commission interaméricaine des droits de l'homme, Maya Indigenous Communities of the Toledo District c. Belize, rapport n° 40/04, affaire 12.053, et Comité sur l'élimination de la discrimination contre les femmes, A.T. c. Hongrie,

Deuxièmement, *le droit au congé parental a un contenu minimum.* Lorsqu'on établit la forme, la durée et les conditions du congé parental, il convient de garder à l'esprit les objectifs ultimes de la conciliation de la vie professionnelle et de la vie privée et familiale pour les parents qui travaillent, et de l'égalité des hommes et des femmes en matière de développement de carrière et de traitement au travail. A l'issue du congé parental, tout travailleur a le droit de retrouver son poste de travail ou, en cas d'impossibilité, un travail équivalent conforme à son contrat ou à sa relation de travail. Les droits acquis ou en cours d'acquisition par le travailleur à la date du début du congé parental sont maintenus dans leur état jusqu'à la fin du congé parental. Les travailleurs doivent être protégés contre un traitement moins favorable ou un licenciement motivé par la demande ou la prise de congé parental. Les Etats sont libres de décider si le congé parental est accordé à temps plein, à temps partiel, de manière fragmentée ou sous forme d'un crédit-temps, et de subordonner le droit au congé parental à une période de travail et/ou à une période d'ancienneté; toutefois, ils n'ont pas le droit, par exemple, d'exiger des périodes de travail ou d'ancienneté excessives. Les Etats sont également libres de définir les circonstances dans lesquelles un employeur est autorisé à reporter l'octroi du congé parental tant que le report est exclusivement justifié par des motifs extraordinaires liés au fonctionnement de l'entreprise.

Troisièmement, *la garantie du droit au congé parental constitue une obligation de résultat,* auquel l'Etat est tenu de parvenir dans un délai raisonnable au moyen des instruments législatifs adéquats[1]. Ce droit peut être

2/2003, et Comité des droits de l'homme, Länsmann c. Finlande n° 2, Communication n° 671/1995).

1. Les droits sociaux passent généralement pour correspondre à des obligations de moyen, l'Etat étant tenu de prendre toutes les mesures législatives et administratives raisonnables pour parvenir à la réalisation progressive des droits dans les limites des ressources disponibles et sans contraintes de temps. Mais on admet également qu'il existe des droits sociaux entraînant des obligations de résultat. Dans sa toute première décision, le Comité européen des droits sociaux a décidé que le respect de l'âge minimum de quinze ans pour travailler exigeait la suppression *de facto* et la sanction effective de toutes les pratiques contraires à cette norme (Commission internationale de Juristes c. Portugal, affaire n° 1/1998, § 32). Par la suite, il a estimé que le simple fait d'approuver des mesures législatives pour donner aux personnes handicapées une formation et une orientation professionnelle ne suffisait pas, les Etats devant s'assurer que ces mesures législatives avaient bien un effet concret et pratique. Lorsque la mise en œuvre d'un droit social était «exceptionnellement complexe et particulièrement onéreuse», une certaine souplesse était admise, mais le droit social devait être mis en œuvre «dans un délai raisonnable, avec une progression mesurable et dans une mesure correspondant à l'utilisation maximum des ressources disponibles» (Association internationale Autisme Europe c. la France, précitée, § 53, et Centre européen des droits des Roms c. la Bulgarie, affaire n° 31/2005, § 37). En particulier, un délai pour l'introduction de modifications législatives adéquates peut être approprié dans certains cas, ainsi que la Cour l'a dit dans l'affaire *Šekerović et Pašalić c. Bosnie-Herzégovine* (n°s 5920/04 et 67396/09, 8 mars 2011). Dans des cas extraordinaires, une obligation de résultat peut être imposée à l'Etat pour une durée indéterminée (*Oyal*, précité).

restreint ou même annulé dans des circonstances exceptionnelles[1], puisque l'Etat n'est pas limité par un principe rigide de non-régression des droits sociaux dès lors que les mesures régressives poursuivent des buts généraux de bien-être et sont mis en œuvre de manière progressive et proportionnée[2].

Discrimination à l'encontre des militaires de sexe masculin

Eu égard à la portée minimum du droit au congé parental garanti par la Convention tel que décrit ci-dessus, un régime juridique discriminatoire de congé parental ou l'application discriminatoire d'un régime de congé parental emporte violation de l'article 8, lu isolément ou combiné avec l'article 14. Tel est le cas en l'espèce. J'estime que le refus d'accorder un congé parental au requérant s'est fondé sur une combinaison de deux motifs discriminatoires différents : la fonction militaire et le sexe. La discrimination litigieuse a une double nature juridique : non seulement il existe une discrimination fondée sur le sexe entre les hommes et les femmes qui servent dans l'armée, eu égard au traitement préférentiel dont bénéficient les militaires de sexe féminin par rapport à leurs homologues masculins, mais il existe également une discrimination fondée sur la situation professionnelle puisque les civils de sexe masculin sont mieux traités que les militaires du même sexe. Je me propose d'examiner séparément ces deux sortes de traitement discriminatoire, aux fins de démontrer que le traitement moins favorable auquel sont soumis les militaires de sexe masculin manque dans tous les cas de justification. Outre l'importance théorique de séparer les différents motifs de discrimination, cela entraîne une conséquence pratique majeure aux fins de l'article 46.

---

1. Un droit social peut être annulé s'il avait été accordé de manière erronée (*Iwaszkiewicz c. Pologne*, n° 30614/06, § 55, 26 juillet 2011), sur une fausse déclaration du bénéficiaire (*Rasmussen c. Pologne*, n° 38886/05, § 71, 28 avril 2009) ou par un régime totalitaire pour le bénéfice personnel d'un membre du parti au pouvoir (voir, *mutatis mutandis*, *Tesař et autres c. République tchèque*, n° 37400/06, § 73, 9 juin 2011), sous réserve que l'annulation ne prive pas le bénéficiaire des moyens de vivre fondamentaux (*Moskal c. Pologne*, n° 10373/05, §§ 73-75, 15 septembre 2009).

2. Pour une appréciation d'une législation socialement régressive, voir *Valkov et autres*, précité, et pour une régression sociale résultant d'un accord collectif, voir *Aizpurua Ortiz et autres c. Espagne*, n° 42430/05, 2 février 2010. L'approche européenne est substantiellement proche de la norme des droits de l'homme universels (Cour internationale de Justice, *Conséquences juridiques de l'édification d'un mur dans le territoire palestinien occupé, avis consultatif*; C. I. J. Recueil 2004, § 136, CDESC, Observation générale n° 3, précitée, § 9, Observation générale n° 13, précitée, § 45, Observation générale n° 14, précitée, §§ 29 et 32, Observation générale n° 17, précitée, § 27, Observation générale n° 18, précitée, § 21, Observation générale n° 21, précité, §§ 46 et 65, « Déclaration du Comité » du 10 mai 2007, précitée, §§ 9-10, Comité sur l'Elimination de la discrimination raciale, Ms.L.R. et autres c. Slovaquie, Communication n° 31/2003, CERD/C/66/D/31/2003, § 10.7, et, parmi la doctrine, Craven, précité, pp. 129-134), ainsi que de celle du système interaméricain des droits de l'homme (Commission interaméricaine, rapport n° 27/09, affaire 12.249, fond, *Jorge Odir Miranda Cortez and al. v. El Salvador*, 20 mars 2009, § 106, et Cour interaméricaine, *Five Pensioners Case*, arrêt du 28 février 2003, § 147).

Discrimination fondée sur le sexe

Les militaires russes de sexe masculin n'ont pas de droit législatif au congé parental, alors que leurs homologues féminins en bénéficient. Cette différence entre les hommes et les femmes est établie par la loi, indépendamment de leur grade et de leurs fonctions au sein des forces armées. La nature globale et générale de la disposition juridique en question, qui n'autorise aucune solution modulée selon les fonctions des différentes catégories de personnel, démontre qu'une catégorie de citoyens (les militaires de sexe masculin) a fait l'objet d'un traitement différencié par le législateur uniquement en raison de son sexe. Ni la prépondérance des hommes dans les forces armées ni le « rôle spécial des mères dans l'éducation des enfants » ne peuvent être invoqués pour justifier une différence de traitement aussi radicale. En fait, seul un pourcentage minime de civils de sexe masculin prennent un congé parental en Russie, selon les statistiques. Ce pourcentage, appliqué aux forces armées, n'entraînerait aucun changement majeur dans le fonctionnement normal de celles-ci. De plus, la seule tradition ne suffit pas à justifier une quelconque discrimination[1]. Le caractère discriminatoire de ce régime ressort de manière évidente lorsqu'on prend en compte le fait que les civils, quel que soit leur sexe, ont tous droit aux mêmes avantages juridiques. Si le législateur est disposé à admettre l'égalité entre tous les civils, hommes ou femmes, qui bénéficient de la même période de congé parental, il est difficile de comprendre pourquoi pareille égalité n'est pas garantie pour les militaires des deux sexes.

Discrimination fondée sur la situation professionnelle

La nature discriminatoire du régime juridique du congé parental en Russie peut également être examinée sous une autre perspective. Une comparaison entre les militaires de sexe masculin et leurs homologues civils montre que les premiers sont traités avec moins de générosité par le droit national. La nature défensive des fonctions des hommes engagés dans les forces armées russes ne constitue pas un argument décisif. Premièrement, il n'a été produit aucune preuve factuelle qui démontrerait un quelconque risque concret pour l'effectivité opérationnelle des forces armées en raison des congés parentaux qui pourraient être pris par les militaires de sexe masculin. Deuxièmement, il existe d'autres solutions en matière d'organisation de l'armée, qui permettraient de remplacer les militaires de sexe masculin en congé parental sans dommage pour le fonctionnement normal de l'armée,

1. A cet égard, la déclaration et le plan d'action de Vienne adoptés par la Conférence mondiale sur les droits de l'homme à Vienne, le 25 juin 1993 présentent un intérêt particulier (précité, Part I, chap. III, § 18). Voir, dans la même veine, les lignes directrices de Maastricht, précitées, § 8.

et qui autoriseraient la suspension du congé parental en cas de circonstances exceptionnelles, telle que l'imminence d'une guerre.

Afin de respecter les obligations internationales en vertu de la Convention, une solution juridique doit être trouvée pour éviter la discrimination fondée à la fois sur le sexe et sur la situation professionnelle. Un nivellement par le bas de la situation parentale des militaires de sexe féminin, qui alignerait leur situation sur celle que connaissent actuellement leurs homologues masculins, non seulement diminuerait de façon abusive le degré de protection sociale conféré aux femmes qui servent dans l'armée mais mettrait également, de manière injustifiée, le personnel militaire dans une situation juridique moins favorable que les civils. Pareille solution ne résoudrait pas le problème de la discrimination fondée sur la situation professionnelle.

Eu égard à la nature du droit au congé parental, élément constitutif d'un niveau de vie digne, il convient de se rappeler la leçon de Montesquieu concernant l'obligation de l'Etat de fournir à chaque citoyen « un genre de vie qui ne soit point contraire à la santé »[1]. En assurant comme il convient la jouissance générale du droit au congé parental, l'Etat défendeur garantira en même temps le droit des enfants à un développement harmonieux et préservera un droit familial fondamental et une assurance de base concernant tous les travailleurs.

1. « Quelques aumônes que l'on fait à un homme nu dans les rues ne remplissent point les obligations de l'État, qui doit à tous les citoyens une subsistance assurée, la nourriture, un vêtement convenable, et un genre de vie qui ne soit point contraire à la santé », Montesquieu, *De l'Esprit des lois*, Livre XXIII, chap. XXIX, 1758.

OPINION EN PARTIE DISSIDENTE DE LA JUGE KALAYDJIEVA

(Traduction)

A l'instar de la majorité, j'estime qu'il n'y a pas de raison de mettre en doute l'affirmation du gouvernement défendeur selon laquelle la visite d'un responsable du parquet militaire au domicile de M. Markin dans la soirée du 31 mars 2011 était liée à la procédure introduite par celui-ci devant la Cour, et je considère, comme la majorité, que le requérant et sa famille ont dû se sentir intimidés et effrayés par cette visite.

En revanche, je ne puis rejeter le grief formulé par le requérant sous l'angle de l'article 34 comme l'a fait la majorité au motif que « *rien n'indique que cette visite (...) ou les circonstances dans lesquelles elle s'est déroulée aient été* destinées à pousser le requérant à retirer ou modifier sa requête *ou à le gêner de toute autre manière dans l'exercice effectif du droit de recours individuel*, ou qu'elles aient en réalité eu un tel effet ».

A mes yeux, ce raisonnement opère un renversement de la charge de la preuve dans le domaine des obligations négatives des Etats contractants en ce qu'il oblige les individus à « démontrer de manière indiscutable » que tel ou tel acte des autorités visait ou était « destiné » à empêcher le libre exercice du droit de recours individuel garanti par la Convention. En vertu de l'article 34, les Etats parties s'engagent à « n'entraver par aucune mesure l'exercice efficace » de ce droit, même s'il en est fait un usage abusif. En pareilles circonstances, les autorités devraient être tenues de fournir une explication plausible à chaque fois qu'elles prennent contact avec le requérant au sujet d'une procédure pendante devant la Cour et de prouver que leur comportement était licite et nécessaire à la poursuite d'un objectif légitime d'intérêt général. Les explications fournies par le gouvernement défendeur à cet égard ne me convainquent pas. Je ne vois pas non plus en quoi certains événements ultérieurs de la vie personnelle du requérant à savoir son remariage en 2008, le fait qu'il ait eu avec Mme Z. un quatrième enfant cette année-là et qu'il ait quitté l'armée en 2010 pour raisons de santé présenteraient un intérêt pour la procédure suivie devant la Cour. D'ailleurs, devant la Grande Chambre, le Gouvernement n'a invoqué aucune des conclusions du responsable du parquet. Dans ces conditions, la visite tardive et l'interrogatoire « au sujet de la procédure introduite devant la Cour » n'ont pas reçu de justification. Indépendamment de la question de savoir si les autorités avaient ou non l'intention de dissuader M. Markin de maintenir ses griefs devant la Cour, celui-ci savait que la visite concernait les griefs en question et celle-ci s'est déroulée d'une manière qui pouvait clairement être perçue comme menaçante, suscitant chez lui et sa famille des sentiments d'intimidation et de crainte. Cela suffit à imputer aux autorités la responsabilité d'un manquement à leur engagement de « n'entraver par aucune mesure l'exercice efficace » du droit de recours individuel garanti par l'article 34 de la Convention.

Je ne puis non plus souscrire à l'opinion de la majorité selon laquelle la non-obtention du retrait ou de la modification des griefs d'un requérant pourrait être considérée comme révélatrice de la mesure dans laquelle les autorités ont réussi ou échoué à respecter cet engagement. Pareil critère risquerait de subordonner l'exercice du droit de recours individuel au degré de résistance des requérants à une forme quelconque de pression. En d'autres termes, l'exercice du droit de recours individuel dépendrait de la question de savoir si les requérants ont les capacités ou le courage suffisants pour supporter une telle intimidation sans retirer ou modifier leurs griefs. Je ne suis pas convaincue que cette approche reflète fidèlement l'esprit de l'article 34 de la Convention.

OPINION PARTIELLEMENT DISSIDENTE DE LA JUGE NUßBERGER, À LAQUELLE SE RALLIE LA JUGE FEDOROVA

(Traduction)

Je soutiens sans réserve la décision prise par la majorité en l'espèce. Toutefois, je ne peux souscrire à la conclusion de la Cour sous l'angle de l'article 41. Vu le constat de violation de l'article 8 de la Convention combiné avec l'article 14, il est juste d'allouer au requérant une somme pour frais et dépens. En revanche, compte tenu des circonstances particulières de l'espèce, je suis opposée à l'octroi en sus d'une somme pour dommage moral.

L'affaire porte sur l'égalité entre hommes et femmes. Sans qu'il y ait de justification raisonnable à cela, le droit russe traite différemment les militaires de sexe masculin et les militaires de sexe féminin s'agissant du congé parental. Cette inégalité touchant à l'une des valeurs fondamentales consacrées par la Convention, la Cour doit donc par principe se prononcer à son sujet.

Toutefois, s'il est vrai qu'en l'espèce le requérant a subi un traitement *différent* de celui qui aurait été réservé à une femme, cela ne signifie pas qu'il a fait l'objet d'un traitement *plus mauvais* à tous égards. Au contraire, même s'il a dû attendre un an avant de bénéficier d'un congé parental et n'a perçu qu'une indemnité à titre gracieux au lieu de toucher un montant prévu par la loi, il est manifeste que l'aide financière qu'il a en fin de compte obtenue (5 900 euros [EUR]) est bien plus élevée que la somme qu'une femme militaire se trouvant dans la même situation aurait perçue (paragraphe 45 de l'arrêt : 40 % du salaire pendant un an et demi seulement, avec un minimum de 37,50 EUR par mois).

Dans une affaire portant sur la question de l'égalité, il est impossible de ne pas prendre en compte un élément aussi important. C'est pourquoi je trouve quelque peu paradoxal d'accorder 3 000 EUR pour dommage moral en plus de l'indemnité que le requérant a déjà perçue à titre gracieux. Même si l'intéressé a subi des souffrances et frustrations à cause de la discrimination fondée sur le sexe dont il a fait l'objet, cela a été largement compensé par cette indemnité à titre gracieux. Le « gain net » du requérant pourrait être interprété à tort comme une invitation à réclamer des prestations sociales à Strasbourg.

Voilà pourquoi je pense que l'approche retenue par la chambre était beaucoup plus sage. En l'espèce, le constat de violation aurait constitué en soi une satisfaction équitable suffisante.

OPINION DISSIDENTE DU JUGE POPOVIĆ

(Traduction)

A mon grand regret, je ne puis me rallier à la majorité dans cette affaire, non pas en raison des arguments développés par elle, mais principalement à cause de son appréciation des faits. Cela concerne deux aspects différents : le premier se rapporte à l'article 8 de la Convention combiné avec l'article 14, le second à l'article 34.

A. Article 8 de la Convention combiné avec l'article 14

1. Le requérant déclare avoir divorcé de sa femme par consentement mutuel le 6 octobre 2005. Il allègue qu'il a cessé la vie commune avec son ex-femme immédiatement après le divorce, ce qui l'a obligé à élever seul leurs trois enfants. Il a aussi soutenu devant la Cour que sa femme était partie dans une autre ville quelques jours après le divorce, qui s'est en fait produit six jours seulement après la naissance de leur troisième enfant. Sur la base de cette présentation des faits, la majorité a conclu que la communauté de vie entre les ex-époux avait effectivement cessé.

A ce point, je parviens à une conclusion opposée à celle de la majorité car il me semble que, bien que les ex-époux aient décidé d'un commun accord de divorcer, de nombreux aspects importants de la communauté de vie ont persisté :

a) l'ex-femme du requérant aurait signé un contrat de travail dans la ville où elle dit s'être installée ; or ce contrat n'a jamais été dûment enregistré auprès des autorités ; on ne sait pas clairement si ce contrat a produit des effets sous l'angle du droit du travail ;

b) l'ex-femme du requérant n'a jamais eu sur son passeport de tampon de divorce ;

c) bien que la convention de divorce conclue entre le requérant et son ex-femme ait indiqué que celle-ci devait verser au requérant une pension pour l'entretien des enfants, elle n'en a jamais rien fait ; le requérant n'a jamais eu aucune réaction à cette conduite de son ex-femme ; il ne lui a pas réclamé de paiement et n'a pas engagé d'action contre elle, comme la loi le lui permettait, en se fondant sur l'accord en question ;

d) le fait que l'ex-femme du requérant l'ait représenté devant les tribunaux dans une affaire sans rapport avec l'espèce montre la persistance de leur entente mutuelle, dont le requérant a nié l'existence uniquement dans le cadre des questions relatives à sa requête devant la Cour ;

e) le requérant a continué à vivre dans la ville où il avait résidé avec son ex-femme et n'a pas changé d'adresse après le divorce ; il est en effet resté dans l'appartement qu'il avait partagé avec les parents de son ex-femme, qui ont continué à vivre avec le requérant et ses enfants ;

f) il ne fait aucun doute que le requérant n'a jamais cessé d'habiter dans le même appartement que les parents de son ex-femme, facteur qui par beaucoup d'aspects importants a permis de conserver un environnement stable pour les enfants, même si leur mère était prétendument partie dans une autre ville ;

g) les événements relatifs au divorce du requérant ont démarré le 6 octobre 2005 et, le 1er avril 2008, le requérant s'est remarié avec son ex-femme ;

h) le requérant a eu un quatrième enfant en août 2010, la mère de l'enfant étant la femme dont il avait divorcé le 6 octobre 2005 et avec laquelle il s'était remarié le 1er avril 2008.

Sur la base des faits qui viennent d'être énumérés, je conclus que, bien qu'ils aient formellement divorcé, le requérant et la mère de ses quatre enfants n'ont jamais fondamentalement interrompu leur vie commune.

Or, et cela est regrettable, la majorité n'a pas élucidé ce point qui méritait pourtant son attention. En effet, il aurait fallu examiner si le comportement du requérant n'était pas guidé par l'idée d'agir *in fraudem legis domesticae*.

Les circonstances qui viennent d'être mentionnées, prises dans leur globalité, me conduisent donc à conclure que le requérant n'avait pas en l'espèce qualité de victime.

2. Même à supposer que la majorité ait eu raison de conclure que le requérant avait quand même qualité de victime, il aurait fallu considérer qu'il l'avait perdue pour les raisons suivantes :

a) le requérant a obtenu un congé d'une durée quasiment équivalente à celle qu'il avait demandée ;

b) en dehors du fait que le requérant a bien obtenu un congé, il a reçu des autorités à titre gracieux une somme considérable correspondant à plus de six mois de salaire.

Voilà pourquoi je pense que l'exception du Gouvernement selon laquelle le requérant n'avait pas qualité de victime au titre de l'article 8 de la Convention était justifiée et aurait dû être accueillie. Je considère en conséquence que le litige a été résolu au sens de l'article 37 § 1 b) de la Convention et qu'il aurait ainsi fallu rayer la requête du rôle pour autant qu'elle concerne l'article 8 de la Convention combiné avec l'article 14.

B. Article 34 de la Convention

3. Je suis en désaccord avec la majorité sur un deuxième point, à savoir son constat de non-violation de l'article 34 en l'espèce. Cette disposition

fait peser sur les Parties contractantes l'obligation de n'entraver par aucune mesure l'exercice efficace du droit de recours individuel devant la Cour.

Dans l'arrêt *Akdivar et autres c. Turquie* (16 septembre 1996, § 105, *Recueil des arrêts et décisions* 1996-IV), la Grande Chambre a dit que, en raison de leur vulnérabilité, les requérants ne doivent pas être exposés à une « attitude des autorités [qui] constitue dans le chef des intéressés une entrave contraire à l'article [34] ».

Je considère que l'attitude des autorités envers le requérant en l'espèce a emporté violation de l'article 34 de la Convention tel qu'interprété à la lumière de la règle énoncée dans l'arrêt *Akdivar et autres* que je viens de citer. Je fonde mon avis sur le fait que le requérant a reçu un soir la visite à son domicile, où il vivait avec sa famille, d'un fonctionnaire du parquet militaire. Le but de cette visite, d'après les observations soumises par le Gouvernement à la Cour, était d'éclaircir certains faits. Toutefois, l'ensemble des circonstances dans lesquelles s'est déroulée cette visite me conduit à conclure qu'il y a eu violation de l'article 34 de la Convention. Voici mes raisons :

a) la visite du fonctionnaire du parquet n'a pas été annoncée à l'avance ; son caractère abrupt a provoqué un effet de surprise et a fait peser une pression sur le requérant ;

b) le Gouvernement n'a fourni aucune preuve montrant que le requérant avait été convoqué pour faire une déclaration donnant des éclaircissements sur sa situation familiale, au lieu de devoir fournir des explications lors d'une visite effectuée par surprise à son domicile par un agent de l'Etat ;

c) la visite du fonctionnaire du parquet ne reposait sur aucun fondement dans le droit interne de l'Etat défendeur ; elle a eu lieu à l'initiative de l'agent du gouvernement défendeur, circonstance qui démontre clairement son lien avec la requête introduite devant la Cour, ce qui appelle la protection de l'article 34 de la Convention ;

d) lors de sa visite, le fonctionnaire susmentionné a prévenu le requérant que, s'il ne produisait pas certains documents, qu'il n'était d'ailleurs nullement tenu légalement de produire, l'enquête serait menée en interrogeant ses voisins.

Tels sont les éléments que je trouve suffisants pour prouver que le requérant a été entravé dans l'exercice de son droit de recours individuel garanti par l'article 34 de la Convention. Partant, je suis d'avis qu'il y a eu en l'espèce violation de cette disposition.

KONSTANTIN MARKIN v. RUSSIA
(Application no. 30078/06)

GRAND CHAMBER

JUDGMENT OF 22 MARCH 2012[1]

1. Judgment delivered by the Grand Chamber following referral of the case in accordance with Article 43 of the Convention. Extracts.

SUMMARY[1]

Difference in treatment between male and female military personnel regarding rights to parental leave

Article 14 in conjunction with Article 8

Discrimination – Family life – Difference in treatment between male and female military personnel regarding rights to parental leave – Difference in treatment on grounds of sex – Objective and reasonable justification – European trend towards more equal sharing of parental responsibility – Impact on operational effectiveness of armed forces – Circumstances in which restrictions on entitlement to parental leave might be justifiable – General and automatic restriction

Article 34

Hinder the exercise of the right of petition – Unsolicited visit by prosecutor to applicant's home while application to European Court pending – Absence of evidence of attempt to induce applicant to withdraw application

*

* *

Under domestic law civilian fathers and mothers were entitled to three years' parental leave, to take care of their minor children, and to a monthly allowance for part of that period. The right was expressly extended to female military personnel, but no such provision was made in respect of male personnel. The applicant, a divorced radio intelligence operator in the armed forces, applied for three years' parental leave to bring up the three children of the marriage, but this was refused on the ground that there was no basis for his claim in domestic law. He was subsequently granted approximately two years' parental leave plus financial aid by his superiors in view of his difficult personal circumstances. He nevertheless lodged a complaint with the Constitutional Court in which he submitted that the legislation was incompatible with the constitutional guarantee of equal rights. Dismissing that complaint, the Constitutional Court held that the prohibition on servicemen taking parental leave was based on the special legal status of the military and the

1. This summary by the Registry does not bind the Court.

need to avoid large numbers of military personnel becoming unavailable to perform their duties. It noted that servicemen assumed the obligations connected with their military status voluntarily and were entitled to early termination of service should they decide to take care of their children personally. The right for servicewomen to take parental leave had been granted on an exceptional basis and took into account the limited participation of women in the military and the special social role of women associated with motherhood.

Held

(1) Article 14 in conjunction with Article 8: Parental leave and parental allowances came within the scope of Article 8, as they promoted family life and necessarily affected the way it was organised. Article 14 was thus applicable (taken in conjunction with Article 8). Men were in an analogous situation to women with regard to parental leave (as opposed to maternity leave) and parental-leave allowances. Accordingly, as a serviceman, the applicant had been in an analogous situation to servicewomen. The Court therefore had to determine whether the difference in treatment between servicemen and servicewomen with respect to the right to parental leave was objectively and reasonably justified.

In that connection, it noted that the advancement of gender equality was now a major goal in the member States of the Council of Europe and very weighty reasons would have to be put forward before a difference of treatment on the grounds of sex could be regarded as compatible with the Convention. In particular, references to traditions, general assumptions or prevailing social attitudes in a particular country would be insufficient.

The Court did not accept that justification for the difference in treatment in the applicant's case could lie, as the Government had alleged, in the special social role of women in the raising of children. Contemporary European societies had moved towards a more equal sharing between men and women of responsibility for the upbringing of their children and men's caring role had gained recognition. The majority of European countries, including Russia, now allowed both civilian men and women to take parental leave and a significant number of countries also extended that right to both servicemen and servicewomen. The difference in treatment in the applicant's case could not be seen as positive discrimination in favour of women, as it was clearly not intended to correct the disadvantaged position of women in society. Instead, it had the effect of perpetuating gender stereotypes and was disadvantageous both to women's careers and to men's family life. In sum, the reference to the traditional distribution of gender roles in society could not justify the exclusion of men, including servicemen, from the entitlement to parental leave.

Neither was the Court persuaded by the Government's argument that extending parental leave to servicemen would have a negative effect on the fighting power and operational effectiveness of the armed forces. The Russian authorities had not carried out any expert study or research to evaluate the number of servicemen who would be able or willing to take three years' parental leave in order to assess how that might affect operational effectiveness. Such statistical information as they had submitted was inconclusive. The mere fact that all servicemen were of "childbearing age" was insufficient to justify the difference in treatment between servicemen and servicewomen. The Court nevertheless accepted that, given the importance of the army for the protection of national security, certain restrictions on the entitlement to parental leave could be justifiable provided they were not discriminatory. Thus, for instance, military personnel, whether male or female, could be excluded from parental-leave entitlement if they were not easily replaceable owing to their hierarchical position, rare technical qualifications, or involvement in active military actions. However, in Russia the exclusion from entitlement to parental leave applied automatically to all servicemen, irrespective of their position in the army, the availability of a replacement or their individual situation. In the Court's view, such a general and automatic restriction applied to a group of people on the basis of their sex fell outside any acceptable margin of appreciation of the State.

The applicant had served as a radio intelligence operator and could therefore have been replaced by either servicemen or servicewomen. Significantly, equivalent posts in his unit were often held by servicewomen, who, unlike him, had an unconditional entitlement to three years' parental leave. The applicant had therefore been subjected to discrimination on grounds of sex without reasonable or objective justification. In view of the fundamental importance of the prohibition of discrimination on grounds of sex, the fact that he had signed a military contract could not constitute a waiver of his right not to be discriminated against.

Conclusion: violation (sixteen votes to one).

(2) Article 34: The applicant had complained that, while his application before the European Court was pending, he had received an unsolicited visit at his home from a prosecutor requesting information relating to the applicant's case. The Court noted that it was, in principle, not appropriate for the authorities of a respondent State to enter into direct contact with an applicant in connection with his or her case before the Court. However, in the instant case, there was no evidence that the prosecutor's visit to the applicant's home to obtain up-to-date information about the family situation had been calculated to induce the applicant to withdraw or modify his complaint, or that it had had that effect. Accordingly, the authorities could not be held to have hindered the applicant in his exercise of his right to individual petition.

Conclusion: no failure to comply with Article 34 (fourteen votes to three).

Article 41: The Court made awards in respect of non-pecuniary damage and of costs and expenses.

Case-law cited by the Court

Engel and Others v. the Netherlands, 8 June 1976, Series A no. 22

Rasmussen v. Denmark, 28 November 1984, Series A no. 87

Inze v. Austria, 28 October 1987, Series A no. 126
Hadjianastassiou v. Greece, 16 December 1992, Series A no. 252
Schuler-Zgraggen v. Switzerland, 24 June 1993, Series A no. 263
Burghartz v. Switzerland, 22 February 1994, Series A no. 280-B
Vereinigung demokratischer Soldaten Österreichs and Gubi v. Austria, 19 December 1994, Series A no. 302
Akdivar and Others v. Turkey, 16 September 1996, *Reports of Judgments and Decisions* 1996-IV
Gaygusuz v. Austria, 16 September 1996, *Reports* 1996-IV
Aksoy v. Turkey, 18 December 1996, *Reports* 1996-VI
Kalaç v. Turkey, 1 July 1997, *Reports* 1997-IV
Grigoriades v. Greece, 25 November 1997, *Reports* 1997-VII
Larissis and Others v. Greece, 24 February 1998, *Reports* 1998-I
Petrovic v. Austria, 27 March 1998, *Reports* 1998-II
Kurt v. Turkey, 25 May 1998, *Reports* 1998-III
Ergi v. Turkey, 28 July 1998, *Reports* 1998-IV
Assenov and Others v. Bulgaria, 28 October 1998, *Reports* 1998-VIII
Tanrıkulu v. Turkey [GC], no. 23763/94, ECHR 1999-IV
Lustig-Prean and Beckett v. the United Kingdom, nos. 31417/96 and 32377/96, 27 September 1999
Smith and Grady v. the United Kingdom, nos. 33985/96 and 33986/96, ECHR 1999-VI
Thlimmenos v. Greece [GC], no. 34369/97, ECHR 2000-IV
Akdeniz and Others v. Turkey, no. 23954/94, 31 May 2001
Horvat v. Croatia, no. 51585/99, ECHR 2001-VIII
Matyar v. Turkey, no. 23423/94, 21 February 2002
Fretté v. France, no. 36515/97, ECHR 2002-I
Stafford v. the United Kingdom [GC], no. 46295/99, ECHR 2002-IV
Manoussos v. the Czech Republic and Germany (dec.), no. 46468/99, 9 July 2002
Ünal Tekeli v. Turkey, no. 29865/96, ECHR 2004-X
Stec and Others v. the United Kingdom [GC], nos. 65731/01 and 65900/01, ECHR 2006-VI
Fedotova v. Russia, no. 73225/01, 13 April 2006
Sisojeva and Others v. Latvia (striking out) [GC], no. 60654/00, ECHR 2007-I
D.H. and Others v. the Czech Republic [GC], no. 57325/00, ECHR 2007-IV
E.B. v. France [GC], no. 43546/02, 22 January 2008
Ryabov v. Russia, no. 3896/04, 31 January 2008
Demir and Baykara v. Turkey [GC], no. 34503/97, ECHR 2008
Weller v. Hungary, no. 44399/05, 31 March 2009
Pasko v. Russia, no. 69519/01, 22 October 2009
Kozhokar v. Russia, no. 33099/08, 16 December 2010
Yevgeniy Alekseyenko v. Russia, no. 41833/04, 27 January 2011

In the case of Konstantin Markin v. Russia,

The European Court of Human Rights, sitting as a Grand Chamber composed of:

Nicolas Bratza, *President*,
Jean-Paul Costa,
Françoise Tulkens,
Josep Casadevall,
Ján Šikuta,
Dragoljub Popović,
Päivi Hirvelä,
Nona Tsotsoria,
Ann Power-Forde,
Zdravka Kalaydjieva,
Işıl Karakaş,
Mihai Poalelungi,
Kristina Pardalos,
Guido Raimondi,
Angelika Nußberger,
Paulo Pinto de Albuquerque, *judges*,
Olga Fedorova, ad hoc *judge*,

and Johan Callewaert, *Deputy Grand Chamber Registrar*,

Having deliberated in private on 8 June 2011 and 1 February 2012,

Delivers the following judgment, which was adopted on the last-mentioned date:

PROCEDURE

1. The case originated in an application (no. 30078/06) against the Russian Federation lodged with the Court under Article 34 of the Convention for the Protection of Human Rights and Fundamental Freedoms ("the Convention") by a Russian national, Mr Konstantin Aleksandrovich Markin ("the applicant"), on 21 May 2006.

2. The applicant, who had been granted legal aid, was represented by Ms K. Moskalenko and Ms I. Gerasimova, lawyers practising in Moscow, and Ms N. Lisman, lawyer practising in Boston, United States of America. The Russian Government ("the Government") were represented by Mr G. Matyushkin, Representative of the Russian Federation at the European Court of Human Rights, and Ms O. Sirotkina, Counsel.

3. The applicant complained of the domestic authorities' refusal to grant him parental leave because he was male.

4. The application was allocated to the First Section of the Court (Rule 52 § 1 of the Rules of Court). On 7 October 2010 a Chamber of that Section composed of Christos Rozakis, Nina Vajić, Anatoly Kovler, Elisabeth Steiner, Khanlar Hajiyev, Dean Spielmann and Sverre Erik Jebens, judges, and Søren Nielsen, Section Registrar, examined the admissibility and merits of the case (Article 29 § 1 of the Convention). It declared the application partly admissible and found, by six votes to one, that there had been a violation of Article 14 of the Convention taken in conjunction with Article 8.

5. On 21 February 2011 a panel of five judges of the Grand Chamber decided to accept the Government's request that the case be referred to the Grand Chamber (Article 43 of the Convention and Rule 73).

6. The composition of the Grand Chamber was determined according to the provisions of Article 26 §§ 4 and 5 of the Convention and Rule 24.

7. The applicant and the Government each filed observations (Rule 59 § 1) on the merits. In addition, third-party comments were received from the Human Rights Centre of the University of Ghent (Article 36 § 1 of the Convention and Rule 44 § 1 (b)).

8. A hearing took place in public in the Human Rights Building, Strasbourg, on 8 June 2011 (Rule 59 § 3).

There appeared before the Court:

(a) *for the Government*

Mr G. Matyushkin, Representative of the Russian Federation at the European Court of Human Rights, *Agent*,
Ms O. Sirotkina, *Counsel*,
Ms I. Korieva,
Mr A. Shemet, *Advisers*;

(b) *for the applicant*

Ms K. Moskalenko,
Ms N. Lisman,
Ms I. Gerasimova, *Counsel*.

The Court heard addresses by Ms Sirotkina, Ms Moskalenko, Ms Gerasimova and Ms Lisman.

THE FACTS

I. THE CIRCUMSTANCES OF THE CASE

9. The applicant was born in 1976 and lives in Velikiy Novgorod.

10. On 27 March 2004 he signed a military-service contract. The contract signed by the applicant was a standard two-page form stating, in particular, that he "undertook to serve under the conditions provided for by law".

11. At the material time the applicant was serving as a radio intelligence operator (*оперативный дежурный группы боевого управления в составе оперативной группы радиоэлектронной разведки*) in military unit no. 41480. Equivalent posts in his unit were held by servicewomen and he was often replaced in his duties by female personnel.

A. Parental leave proceedings

12. On 30 September 2005 the applicant's wife, Ms Z., gave birth to their third child. On the same day a court granted her petition for divorce.

13. On 6 October 2005 the applicant and Ms Z. entered into an agreement under which their three children would live with the applicant and Ms Z. would pay maintenance for them. The agreement was certified by a notary.

14. According to the applicant, several days later Ms Z. left for St Petersburg.

15. On 11 October 2005 the applicant asked the head of his military unit for three years' parental leave. On 12 October 2005 the head of the military unit rejected his request because three years' parental leave could be granted only to female military personnel. The applicant was allowed to take three months' leave. However, on 23 November 2005 he was recalled to duty.

16. The applicant challenged the decision of 23 November 2005 before a court. On 9 March 2006 the Military Court of the Pushkin Garrison annulled the decision and upheld the applicant's right to the remaining thirty-nine working days of his three months' leave. On 17 April 2006 the Military Court of the Leningradskiy Command quashed the judgment and rejected the applicant's claims.

17. Meanwhile, on 30 November 2005, the applicant brought proceedings against his military unit claiming three years' parental leave. He submitted that he was the sole carer for his three children. He referred, in particular, to section 10(9) of the Military Service Act (see paragraph 47 below).

18. During the hearing before the Military Court of the Pushkin Garrison, the representatives of the military unit submitted that the applicant had not proved that he was the sole carer for his children. It was impossible for the applicant, who was serving in the army, studying at a university and participating in several sets of judicial proceedings, to take care of his children alone. There was evidence that Ms Z. and other people were helping him, therefore the children were not left without maternal care. The military unit's representatives also drew the court's attention to some inconsistencies in the applicant's submissions and the documents produced by him. For example, the children's address indicated in the notarised deed was incorrect, Ms Z.'s employment contract was not registered as required by law, there was no divorce stamp in Ms Z.'s passport, and the applicant had not applied for child allowances or sued Ms Z. for her failure to pay child maintenance. In their opinion, the applicant's divorce was a sham with the aim of evading military service and receiving additional benefits from his military unit.

19. The court examined Ms Z.'s petition for divorce in which she stated that she had been living separately from the applicant since September 2005 and that she considered any further marital relationship impossible. It also examined the judicial decision confirming the divorce, the notarised deed according to which the children were to live with the applicant and Ms Z.'s employment contract signed in St Petersburg. It also studied the record of a hearing held on 27 February 2006 in an unrelated civil case, from which it appeared that Ms Z. had represented the applicant.

20. The applicant stated that he and his children lived in Novgorod together with Ms Z.'s parents. Although Ms Z. helped him occasionally with the children (for example she had babysat for the youngest child on 31 January 2006 while he attended a hearing), it was he who took care of them day-to-day. Ms Z. did not pay child maintenance because her income was too low. Ms Z. had indeed represented him at the hearing of 27 February 2006, which concerned a claim lodged jointly by the couple before the divorce. Ms Z. had agreed to continue her assistance until the end of the proceedings.

21. Ms Z. testified that she lived in St Petersburg, while the children lived with the applicant in Novgorod. She did not participate in the care of the children. She did not pay child maintenance because her salary was minimal.

22. Ms Z.'s father stated that after the divorce his daughter had left for St Petersburg, while the applicant and the children continued to live together with him and his wife in the flat belonging to them. Although his daughter occasionally talked to the children over the phone, she did not

participate in their care. The applicant was the sole carer for the children. He took them to school and to the doctor's, cooked for them, took them for walks and supervised their education.

23. Ms Z.'s employer testified that Ms Z. worked for her in St Petersburg. She knew that employment contracts had to be registered. She had attempted to register Ms Z.'s employment contract with the Tax Authority. The Tax Authority had refused to register the contract, informing her that she had to register it with the Town Administration. However, at the Town Administration she had been told that it was the Tax Authority which was responsible for registering employment contracts. As she had found herself in a vicious circle, she had stopped her fruitless attempts to register the contract. Ms Z. had returned to work two weeks after giving birth. She knew that Ms Z.'s children lived with their father in Novgorod, but she did not know further details about Ms Z.'s relations with her ex-husband or her children. A couple of times she had heard Ms Z. talking to her eldest child over the phone.

24. The teacher of the applicant's second child stated that in September 2005 both the applicant and Ms Z. would take the child to school. However, after the birth of the third child and the divorce, it was always the applicant who had brought the child to school in the morning and picked him up in the evening. It was the applicant who had come to the school parties. In reply to her questions about his mother, the child had said that his mother had left for St Petersburg where she was working. She thought that the applicant was a good father; the child evidently loved him. At the same time, he never spoke about his mother.

25. The children's doctor testified that on 6 October 2005 Ms Z. had brought the youngest child for an examination. From 1 November 2005 onwards it was always the applicant who had taken the children to the doctor's. The children were healthy and good care was taken of them.

26. On 14 March 2006 the Military Court of the Pushkin Garrison dismissed the applicant's claim for three years' parental leave as having no basis in domestic law. The court held that only female military personnel were entitled to three years' parental leave, while male military personnel had no such entitlement, even in those cases where their children were left without maternal care. In such cases a serviceman was entitled either to an early termination of his service for family reasons, or to three months' leave. The applicant had made use of the second opportunity.

27. The court further held that, in any event, the applicant had failed to prove that he was the sole carer for his children and that they had been left without maternal care. It followed from the evidence examined at the hearing that even after the divorce the applicant and Ms Z. had continued their

marital relationship. They lived together, both took care of their children and defended the interests of their family. The applicant's allegations to the contrary were therefore false and aimed at misleading the court. It was essential that Ms Z. had not been deprived of parental authority. She was not in any other way prevented from taking care of her children and it was irrelevant whether they lived with her or not.

28. The applicant appealed, alleging that the refusal to grant him three years' parental leave had violated the principle of equality between men and women guaranteed by the Constitution. He further submitted that the factual findings made by the first-instance court were irreconcilable with the evidence examined at the hearing.

29. On 27 April 2006 the Military Court of the Leningradskiy Command upheld the judgment on appeal. It did not examine the applicant's allegation that the factual findings made by the first-instance court had been incorrect. Instead it held that under domestic law "male military personnel were not in any circumstances entitled to parental leave". It further added that the applicant's "reflections on equality between men and women ... [could] not serve as a basis for quashing the first-instance judgment, which [was] correct in substance".

30. While the court proceedings were pending the applicant was disciplined several times for systematic absences from his place of work.

31. By order of 24 October 2006, the head of military unit no. 41480 granted parental leave to the applicant until 30 September 2008, the third birthday of his youngest son. On 25 October 2006 the applicant received financial aid in the amount of 200,000 Russian roubles (RUB), equivalent to approximately 5,900 euros (EUR). In a letter of 9 November 2006, the head of military unit no. 41480 informed the applicant that the financial aid was granted to him "in view of [his] difficult family situation, the necessity of taking care of three minor children and the absence of other sources of income".

32. On 8 December 2006 the Military Court of the Pushkin Garrison issued a decision in which it criticised the head of military unit no. 41480 for granting the applicant three years' parental leave and thereby disregarding the judgment of 27 April 2006 in which it had been found that the applicant was not entitled to such leave. The court drew the attention of the head of the military unit to the unlawfulness of his order.

B. The Constitutional Court's judgment

33. On 11 August 2008 the applicant applied to the Constitutional Court, claiming that the provisions of the Military Service Act concerning

the three-year parental leave were incompatible with the equality clause in the Constitution.

34. On 15 January 2009 the Constitutional Court rejected his application. The relevant parts of its judgment read as follows.

> "2.1 ... [M]ilitary service is a special type of public service which ensures the defence of the country and the security of the State: it is therefore performed in the public interest. Persons engaged in military service exercise constitutionally important functions and therefore possess a special legal status which is based on the necessity for a citizen of the Russian Federation to perform his duty and obligation in order to protect the Fatherland.
>
> When establishing a special legal status for military personnel, the federal legislature is entitled, within its discretionary powers, to set up limitations on their civil rights and freedoms and to assign special duties ...
>
> ... [B]y signing a military-service contract a citizen ... voluntarily chooses a professional activity which entails, firstly, limitations on his civil rights and freedoms inherent in this type of public service and, secondly, performance of duties to ensure the defence of the country and the security of the State. Accordingly, military personnel undertake to abide by the statutory requirements limiting their rights and freedoms and imposing on them special public obligations.
>
> ... [B]y voluntarily choosing this type of service citizens agree to the conditions and limitations related to the acquired legal status. Therefore, the imposition by the federal legislature of limitations on the rights and freedoms of such citizens is not in itself incompatible with [the Constitution] and is in accordance with the Discrimination (Employment and Occupation) Convention of the ILO (no. 111 of 25 June 1958), which provides that any distinction, exclusion or preference in respect of a particular job based on the inherent requirements thereof shall not be deemed to be discrimination (Article 1 § 2).
>
> 2.2 Under section 11(13) of [the Military Service Act], parental leave is granted to female military personnel in accordance with the procedure specified in federal laws and regulations of the Russian Federation. A similar provision is contained in Article 32 § 5 of the Regulations on military service, which also provides that during parental leave a servicewoman retains her position and military rank.
>
> A serviceman under contract is entitled to leave of up to three months if his wife dies in delivery or if he is bringing up a child or children under 14 years of age (handicapped children under 16 years of age) left without maternal care (in the event of the mother's death, withdrawal of parental authority, lengthy illness or other situations where the children are left without maternal care). The purpose of such leave is to give the serviceman a reasonable opportunity to arrange for the care of his child and, depending on the outcome, to decide whether he wishes to continue the military service. If the serviceman decides to take care of his child himself, he is entitled to early termination of his service for family reasons ...

> The law in force does not give a serviceman the right to three years' parental leave. Accordingly, servicemen under contract are prohibited from combining the performance of their military duties with parental leave. This prohibition is based, firstly, on the special legal status of the military, and, secondly, on the constitutionally important aims justifying limitations on human rights and freedoms in connection with the necessity to create appropriate conditions for efficient professional activity of servicemen who are fulfilling their duty to defend the Fatherland.
>
> Owing to the specific demands of military service, non-performance of military duties by military personnel *en masse* must be excluded as it might be detrimental to the public interests protected by law. Therefore, the fact that servicemen under contract are not entitled to parental leave cannot be regarded as a breach of their constitutional rights or freedoms, including their right to take care of, and bring up, children guaranteed by Article 38 § 2 of the Constitution of the Russian Federation. Moreover, this limitation is justified by the voluntary nature of the military-service contract.
>
> By granting, on an exceptional basis, the right to parental leave to servicewomen only, the legislature took into account, firstly, the limited participation of women in military service and, secondly, the special social role of women associated with motherhood. [Those considerations] are compatible with Article 38 § 1 of the Constitution of the Russian Federation. Therefore, the legislature's decision cannot be regarded as breaching the principles of equality of human rights and freedoms or equality of rights of men and women, as guaranteed by Article 19 §§ 2 and 3 of the Constitution of the Russian Federation.
>
> It follows from the above that section 11(13) of [the Military Service Act], granting the right to parental leave to female military personnel only, does not breach the applicant's constitutional rights ...
>
> 2.4 As servicemen having minor children are not entitled to parental leave, they are also not entitled to receive monthly childcare allowances payable to those who take care of children under the age of a year and a half ..."

The Constitutional Court concluded that the provisions challenged by the applicant were compatible with the Constitution.

C. Prosecutor's visit on 31 March 2011

35. On an unspecified date in March 2011, the Representative of Russia at the European Court of Human Rights asked the local military prosecutor's office to conduct an inquiry into the applicant's family situation. In particular, he asked the prosecutor to find out where the applicant, Ms Z. and their children were currently living and whether Ms Z. paid child maintenance.

36. According to the Government, the applicant was summoned to the prosecutor's office on 30 or 31 March 2011. The applicant stated that he had not received any summons.

37. As the applicant had failed to be present at the appointed time, the prosecutor decided to visit him at home. According to the applicant, the prosecutor arrived at his flat at 10 p.m. on 31 March 2011, waking up and frightening his children. The Government submitted that the prosecutor had visited the applicant at 9 p.m. and had remained for an hour.

38. The prosecutor informed the applicant that he was conducting an inquiry at the request of the Representative of Russia at the European Court of Human Rights. He noted the residents of the flat. He then requested the applicant to produce a court judgment concerning child maintenance in respect of his youngest son. After the applicant had explained that the child maintenance had been fixed by notarised deed, the prosecutor requested a copy of that deed. He warned the applicant that if he refused to produce the requested documents, his neighbours would be questioned.

39. The applicant called his representative before the Court and, following her advice, refused to comply with the prosecutor's orders or answer his further questions. He signed a written statement to that effect. The prosecutor immediately left.

40. The prosecutor also questioned the applicant's neighbours, who testified that the applicant and Ms Z. were living together.

41. According to the Government, the inquiry established that the applicant and Ms Z. had remarried on 1 April 2008 and had had a fourth child on 5 August 2010. In December 2008 the applicant had terminated his military service for health reasons. The applicant and Ms Z. were currently living together with their four children and Ms Z.'s parents.

II. RELEVANT DOMESTIC LAW

42. The Russian Constitution guarantees equality of rights and freedoms of everyone regardless of, in particular, sex, social status or employment position. Men and women have equal rights and freedoms and equal opportunities (Article 19 §§ 2-3).

43. The Constitution also guarantees protection of motherhood and the family by the State. The care and upbringing of children is an equal right and obligation of both parents (Article 38 §§ 1 to 2).

44. The Labour Code of 30 December 2001 provides that women are entitled to a so-called "pregnancy and delivery leave" (maternity leave) of seventy days before childbirth and seventy days thereafter (Article 255).

Further, women are entitled to three years' "childcare leave" (parental leave). Parental leave may also be taken in full or in part by the father of the child, its grandmother, grandfather, a guardian or any relative who is actually taking care of the child. The individual on parental leave retains his/her employment position. The period of parental leave is counted for seniority purposes (Article 256).

45. The Federal Law on obligatory social insurance of sick leave or maternity leave (no. 255-FZ of 29 December 2006) provides that during maternity leave the woman receives a maternity allowance, payable by the State Social Insurance Fund, amounting to 100% of her salary (section 11). During the first year and a half of parental leave, the person who is taking care of the child receives a monthly childcare allowance, payable by the State Social Insurance Fund, amounting to 40% of the salary, but no less than RUB 1,500 (approximately EUR 37.50) for the first child and RUB 3,000 (approximately EUR 75) for each subsequent child (section 11(2)). During the second year and a half of parental leave, no social-insurance payments or allowances are available.

46. The Federal Law on the status of military personnel (no. 76-FZ of 27 May 1998 – "the Military Service Act") provides that female military personnel are entitled to maternity leave and to parental leave in accordance with the Labour Code (section 11(13)). There is no similar provision in respect of male personnel.

47. The Act also provides that female military personnel, as well as military personnel bringing up children left without maternal/paternal care, are entitled to social benefits in accordance with federal laws and other legislation aimed at protecting the family, motherhood and childhood (section 10(9)).

48. Under the Regulations on military service, enacted by Presidential Decree no. 1237 of 16 September 1999, a servicewoman is entitled to maternity leave, to three years' parental leave, and to all related social benefits and allowances. A serviceman under contract is entitled to three months' leave in either of the following cases: (a) his wife has died in childbirth; or (b) he is bringing up a child or children under 14 years of age (handicapped children under 16 years of age) left without maternal care (in the event of the mother's death, withdrawal of parental authority, lengthy illness or other situations where his children are left without maternal care) (Article 32).

III. RELEVANT INTERNATIONAL AND COMPARATIVE MATERIAL

A. United Nations documents

1. The Convention on the Elimination of All Forms of Discrimination against Women

49. Article 5 of the Convention on the Elimination of All Forms of Discrimination against Women, adopted in 1979 by the United Nations General Assembly and ratified by Russia in 1981, provides as follows:

> "States Parties shall take all appropriate measures:
>
> (a) To modify the social and cultural patterns of conduct of men and women, with a view to achieving the elimination of prejudices and customary and all other practices which are based on the idea of the inferiority or the superiority of either of the sexes or on stereotyped roles for men and women;
>
> (b) To ensure that family education includes a proper understanding of maternity as a social function and the recognition of the common responsibility of men and women in the upbringing and development of their children, it being understood that the interest of the children is the primordial consideration in all cases."

50. The relevant parts of its Article 16 § 1 provide as follows:

> "States Parties shall take all appropriate measures to eliminate discrimination against women in all matters relating to marriage and family relations and in particular shall ensure, on a basis of equality of men and women:
>
> ...
>
> (d) The same rights and responsibilities as parents, irrespective of their marital status, in matters relating to their children; in all cases the interests of the children shall be paramount;
>
> ..."

51. In its Concluding Observations on the periodic reports submitted by the Russian Federation, adopted on 30 July 2010, the Committee on the Elimination of Discrimination against Women (CEDAW) stated, in particular, as follows.

> "20. The Committee reiterates its concern at the persistence of practices, traditions, patriarchal attitudes and deep-rooted stereotypes regarding the roles, responsibilities and identities of women and men in all spheres of life. In this respect, the Committee is concerned at the State Party's repeated emphasis on the role of women as mothers and caregivers. The Committee is concerned ... that, thus far, the State Party has not taken effective and systematic action to modify or eliminate stereotypes and negative traditional values and practices.

21. The Committee urges the State Party to put in place without delay a comprehensive strategy, including the review and formulation of legislation and the establishment of goals and timetables, to modify or eliminate traditional practices and stereotypes that discriminate against women ... The Committee notes that a shift from a focus on women primarily as wives and mothers to individuals and actors equal to men in society is required for the full implementation of the Convention and the achievement of equality of women and men ..."

2. *International Labour Organisation documents*

52. Article 1 of the International Labour Organisation's (ILO) Convention concerning Discrimination in Respect of Employment and Occupation (No. 111), adopted in 1958 and ratified by the Russian Federation in 1961, reads as follows:

"1. For the purpose of this Convention the term *discrimination* includes –

(a) any distinction, exclusion or preference made on the basis of race, colour, sex, religion, political opinion, national extraction or social origin, which has the effect of nullifying or impairing equality of opportunity or treatment in employment or occupation;

(b) such other distinction, exclusion or preference which has the effect of nullifying or impairing equality of opportunity or treatment in employment or occupation as may be determined by the Member concerned after consultation with representative employers' and workers' organisations, where such exist, and with other appropriate bodies.

2. Any distinction, exclusion or preference in respect of a particular job based on the inherent requirements thereof shall not be deemed to be discrimination.

..."

53. Article 3 § 1 of the ILO's Convention concerning Equal Opportunities and Equal Treatment for Men and Women Workers: Workers with Family Responsibilities (No. 156), adopted in 1981 and ratified by the Russian Federation in 1998, reads as follows:

"With a view to creating effective equality of opportunity and treatment for men and women workers, each Member shall make it an aim of national policy to enable persons with family responsibilities who are engaged or wish to engage in employment to exercise their right to do so without being subject to discrimination and, to the extent possible, without conflict between their employment and family responsibilities."

54. Article 22 of Recommendation No. 165 supplementing that Convention provides as follows:

"(1) Either parent should have the possibility, within a period immediately following maternity leave, of obtaining leave of absence (parental leave), without relinquishing employment and with rights resulting from employment being safeguarded.

(2) The length of the period following maternity leave and the duration and conditions of the leave of absence referred to in subparagraph (1) of this Paragraph should be determined in each country by one of the means referred to in Paragraph 3 of this Recommendation.

(3) The leave of absence referred to in subparagraph (1) of this Paragraph may be introduced gradually."

B. Council of Europe documents

1. The European Social Charter

55. The revised European Social Charter was ratified by the Russian Federation in 2009. The Russian Federation declared that it considered itself bound, among others, by Article 27 which reads as follows:

"With a view to ensuring the exercise of the right to equality of opportunity and treatment for men and women workers with family responsibilities and between such workers and other workers, the Parties undertake:

...

2. to provide a possibility for either parent to obtain, during a period after maternity leave, parental leave to take care of a child, the duration and conditions of which should be determined by national legislation, collective agreements or practice;

..."

2. Resolutions and Recommendations of the Parliamentary Assembly

56. In its Resolution 1274 (2002) on Parental leave, the Parliamentary Assembly stated as follows.

"1. Parental leave was first introduced in Europe more than a century ago as a key element of social and employment policies for women in work at the time of childbirth. Its purpose was to protect the health of mothers and to enable them to look after their children.

2. Parental leave has since been adapted to meet the needs not only of women but also of men who wish to balance work and family life and ensure their children's well-being.

3. The issue of parental leave is closely linked to that of the role of men in family life, since it permits a genuine partnership in the sharing of responsibilities between women and men in both the private and public sphere.

..."

57. The Parliamentary Assembly further noted that parental leave was not applied equally in all member States. It therefore urged the member States, in particular:

> "i. to take the necessary steps to ensure that their legislation recognises different types of family structures, if they have not already done so, and, accordingly, to introduce the principle of paid parental leave including adoption leave;
>
> ii. to set up suitable structures for the implementation of parental leave, including adoption leave;
>
> ..."

58. In its Recommendation 1769 (2006) on the need to reconcile work and family life, the Parliamentary Assembly noted that the aim of reconciling work and family life was far from being achieved in many Council of Europe member States and that this situation primarily penalised women, since they still carried most of the responsibility for running the home, bringing up young children and very often looking after their dependent parents or other elderly dependants. It therefore invited the Committee of Ministers to address a recommendation to the member States asking them, in particular:

> "8.3. to take measures making it easier to reconcile work and family life which target women and men, including:
>
> ...
>
> 8.3.5. providing adequate remuneration/compensation during maternity leave;
>
> 8.3.6. introducing, if they have not yet done so, paid paternity leave and encouraging men to take it;
>
> ...
>
> 8.3.8. introducing paid, socially covered parental leave, which may be used flexibly by the father and mother, taking special care to ensure that men are actually able to use it ..."

3. *Recommendations by the Committee of Ministers*

59. In its Recommendation No. R (96) 5 on reconciling work and family life, the Committee of Ministers, acknowledging the need for innovative measures to reconcile working life and family life, recommended that member States:

> "I. Take action, within the framework of a general policy promoting equal opportunities and equal treatment, to enable women and men, without discrimination, to better reconcile their working and family lives;
>
> II. Adopt and implement the measures and general principles described in the appendix to this Recommendation in the manner they consider the most appropriate to achieve this goal in the light of national circumstances and preferences."

60. In respect of maternity, paternity and parental leave the appendix to the above-mentioned Recommendation explains as follows.

"12. Women should be entitled to legal protection in the event of pregnancy, and, in particular, an adequate period of maternity leave, adequate pay or allowance during this period and job protection.

13. The fathers of newly born children should also be allowed a short period of leave to be with their families. In addition, both the father and the mother should have the right to take parental leave during a period to be determined by the national authorities without losing either their employment or any related rights provided for in social protection or employment regulations. The possibility should exist for such parental leave to be taken part-time and to be shared between parents.

14. The measures described in paragraph 13 should apply equally for the benefit of persons adopting a child.

15. The return to work at the end of a period of parental leave should be facilitated by, for example, vocational guidance and training facilities."

61. Recommendation CM/Rec(2007)17 of the Committee of Ministers to member States on gender-equality standards and mechanisms recommended, in particular, that

"... the governments of member States take or reinforce necessary measures to implement gender equality in practice, taking fully into account the following principles and standards:

...

B. Standards in specific areas:

...

5. Reconciliation of private/family life and professional/public life

34. Gender stereotypes and a strong division of gender roles influence social models that tend to see women as mainly responsible for family and private life (in the area of unpaid work) and men in the public sphere and professional work (in the area of paid work). Such division leads to the persistence of unequally shared domestic and family responsibilities, being one of the major reasons for discrimination against women in the labour market and for their limited social and political participation.

35. The balanced participation of women and men in professional/public life and in private/family life is, therefore, a key area for gender equality and is essential for the development of society. On the other hand, reconciliation of work and public life with family and private life, promoting self-fulfilment in public, professional, social and family life, is a precondition for a meaningful quality of life for all, women and men, girls and boys, and for the full enjoyment of human rights in the political, economic, cultural and social spheres.

36. Elements indicating States' political will and commitment to gender equality in this regard include the following:

...

iii. adoption/existence and enforcement of legislation on maternity and paternity protection, including provisions on paid maternity leave, paid parental leave equally accessible to both parents, and paid non-transferable paternity leave, as well as specific measures addressed equally to women and men workers, to allow the fulfilment of family responsibilities, including care and assistance to sick or disabled children or dependants.

..."

62. Finally, in Recommendation CM/Rec(2010)4 on the human rights of members of the armed forces, the Committee of Ministers recommended that the governments of the member States should ensure, in particular, that "the principles set out in the appendix to this Recommendation [were] complied with in national legislation and practice relating to members of the armed forces". Principle 39 of the appendix to that Recommendation provides that "[m]embers of the armed forces who are parents of young children should enjoy maternity or paternity leave, appropriate childcare benefits, access to nursery schools and to adequate children's health and educational systems".

C. European Union documents

1. Council Directives

63. Council Directive 96/34/EC of 3 June 1996 on the Framework Agreement on parental leave concluded by UNICE (Union of Industrial and Employers' Confederations of Europe), CEEP (European Centre of Enterprises with Public Participation and of Enterprises of General Economic Interest) and the ETUC (European Trade Union Confederation) gave effect to that agreement, which had been entered into on 14 December 1995 between those cross-industry representative organisations and which provided, in particular, as follows.

"Clause 2: Parental leave

1. This agreement grants, subject to clause 2.2, men and women workers an individual right to parental leave on the grounds of the birth or adoption of a child to enable them to take care of that child, for at least three months, until a given age up to 8 years to be defined by Member States and/or management and labour.

2. To promote equal opportunities and equal treatment between men and women, the parties to this agreement consider that the right to parental leave provided for under clause 2.1 should, in principle, be granted on a non-transferable basis.

..."

64. Council Directive 2010/18/EU of 8 March 2010 on the application of the revised Framework Agreement on parental leave

between BUSINESSEUROPE, UEAPME, CEEP and ETUC replaced Directive 96/34/EC. The revised Framework Agreement provides as follows.

> "Clause 2: Parental leave
>
> 1. This agreement entitles men and women workers to an individual right to parental leave on the grounds of the birth or adoption of a child to take care of that child until a given age up to eight years to be defined by Member States and/or social partners.
>
> 2. The leave shall be granted for at least a period of four months and, to promote equal opportunities and equal treatment between men and women, should, in principle, be provided on a non-transferable basis. To encourage a more equal take-up of leave by both parents, at least one of the four months shall be provided on a non-transferable basis. The modalities of application of the non-transferable period shall be set down at national level through legislation and/or collective agreements taking into account existing leave arrangements in the Member States."

2. Case-law of the European Court of Justice

65. The case of *Joseph Griesmar v. Ministre de l'Economie, des Finances et de l'Industrie, Ministre de la Fonction publique, de la Réforme de l'Etat et de la Décentralisation* deals with the issue of service credit for children being awarded only to female civil servants in accordance with the French civil and military retirement pension scheme. In its judgment of 29 November 2001, the European Court of Justice (ECJ) observed that the grant of that credit was not linked to maternity leave or to the disadvantages which a female civil servant incurred in her career as a result of being absent from work during the period following the birth of a child. This credit was linked to a separate period, namely that devoted to bringing up the children. In this connection, the ECJ found that the situations of a male civil servant and a female civil servant were comparable as regards the bringing-up of children. In particular, the fact that female civil servants were more affected by the occupational disadvantages entailed in bringing up children, because this was a task generally carried out by women, did not prevent their situation from being comparable to that of a male civil servant who had assumed the task of bringing up his children and had thereby been exposed to the same career-related disadvantages.

66. Further, the ECJ noted that French legislation introduced a difference in treatment on grounds of sex in regard to male civil servants who had in fact assumed the task of bringing up their children. That measure was not justified because it was not of a nature such as to offset the disadvantages to which the careers of female civil servants were exposed by helping those women conduct their professional life on an equal footing with men. On the contrary, that measure was limited to granting female civil servants

who were mothers a service credit at the date of their retirement, without providing a remedy for the problems which they might encounter in the course of their professional career. The French legislation therefore infringed the principle of equal pay inasmuch as it excluded male civil servants who were able to prove that they had assumed the task of bringing up their children from entitlement to the credit.

67. The judgment adopted by the ECJ on 30 September 2010 in the case of *Roca Álvarez v. Sesa Start España ETT SA* deals with the question whether the denial of "breastfeeding leave" (a half-hour reduction in the working day for the purpose of feeding a baby) to employed fathers, while employed mothers were entitled to such leave, amounted to discrimination on grounds of sex. The ECJ found that the positions of a male and a female worker, father and mother of a young child, were comparable with regard to their possible need to reduce their daily working time in order to look after their child. The Spanish legislation established a difference on grounds of sex, as between mothers whose status was that of an employed person and fathers with the same status.

68. As concerns justification for such a difference in treatment, the ECJ considered, firstly, that the leave in issue had been detached from the biological fact of breastfeeding, entitlement to it being granted even in cases of bottle-feeding. It could therefore be considered as time purely devoted to the child and as a measure which reconciled family life and work following maternity leave. Feeding and devoting time to the child could be carried out just as well by the father as by the mother. Therefore that leave seemed to be accorded to workers in their capacity as parents of the child. It could not therefore be regarded as ensuring the protection of the biological condition of the woman following pregnancy or the protection of the special relationship between a mother and her child.

69. Secondly, the measure in issue did not constitute a permissible advantage given to women with a view to improving their ability to compete on the labour market and to pursue a career on an equal footing with men. On the contrary, the fact that only a woman whose status was that of an employed person could take that leave, whereas a man with the same status could not, was liable to perpetuate a traditional distribution of the roles of men and women by keeping men in a role subsidiary to that of women in relation to the exercise of their parental duties. To refuse entitlement to the leave in issue to fathers whose status was that of an employed person, on the sole ground that the child's mother did not have that status, could have as its effect that the mother would have to limit her self-employed activity and bear the burden resulting from the birth of her child alone, without the child's father being able to ease that burden. Consequently,

the measure in issue could not be considered to be a measure designed to eliminate or reduce existing inequalities in society, nor a measure that sought to achieve substantive as opposed to formal equality by reducing the real inequalities that could arise in society and thus to prevent or compensate for disadvantages in the professional careers of the relevant persons.

70. The ECJ concluded that the relevant provisions of Spanish law were incompatible with European Union law.

D. Comparative law material

71. The Court conducted a comparative study of the legislation of thirty-three member States of the Council of Europe (Albania, Armenia, Austria, Azerbaijan, Belgium, Bosnia and Herzegovina, Bulgaria, Croatia, Cyprus, the Czech Republic, Estonia, Finland, "the former Yugoslav Republic of Macedonia", France, Georgia, Germany, Greece, Italy, Latvia, Lithuania, Luxembourg, Malta, the Republic of Moldova, the Netherlands, Poland, Portugal, Romania, Serbia, Spain, Sweden, Switzerland, Turkey and the United Kingdom).

72. The comparative study suggests that, as far as civilians are concerned, in two States (Armenia and Switzerland) entitlement to parental leave is limited to women. In one State (Turkey) men working in the private sector are not entitled to parental leave, while male civil servants are entitled to such leave. In one State (Bosnia and Herzegovina) men may take parental leave under certain conditions only (for example, absence of maternal care of the child). In one State (Albania) no parental leave entitlement is provided by law. In the remaining twenty-eight States, both men and women are equally entitled to parental leave in civilian life.

73. In some countries parental leave is a family entitlement to be divided between parents as they choose (for example, in Azerbaijan, Georgia and Romania). In other countries it is an individual entitlement, with each parent entitled to a certain portion of parental leave (for example, in Belgium, Croatia, the Czech Republic, Luxembourg and Italy). In Sweden the entitlement is partly family, partly individual, with sixty days reserved for each parent and the rest divided between them as they choose. In some countries parental leave is unpaid (for example, Austria, Belgium, Cyprus, Malta, the Netherlands, Spain and the United Kingdom). In others parental leave is paid either in part or in full (for example, Azerbaijan, the Czech Republic, Luxembourg, Portugal and Serbia). There are also varied approaches to the length of parental leave, ranging from three months (Belgium) to three years (Spain).

74. As regards military personnel, it appears that in one State (Albania) military personnel are not expressly entitled to parental leave. In six States

(Armenia, Azerbaijan, Georgia, the Republic of Moldova, Switzerland and Turkey), only servicewomen are entitled to such leave. In three States (Bosnia and Herzegovina, Bulgaria and Serbia) all servicewomen are entitled to parental leave, while servicemen are entitled to such leave only in exceptional cases, for example if the mother has died, has abandoned the child, is seriously ill or is unable to take care of the child for any other justified reason. In the remaining twenty-three States both servicemen and servicewomen are equally entitled to parental leave.

75. In some countries (for example, Austria, Croatia, Cyprus, Estonia, Finland, Italy, Luxembourg, Malta, Poland, Portugal, Serbia and Sweden) parental leave for military personnel seems to be governed by the same general provisions as those applicable to civilians. In other countries (for example, the Czech Republic, France, Greece, Latvia, Lithuania and Romania) parental leave is regulated by specific provisions which do not, however, contain any significant differences as compared to the rules applicable to civilians. In five countries (Belgium, Germany, the Netherlands, Spain and the United Kingdom) the specific provisions governing parental leave for military personnel contain certain differences or restrictions not applicable to civilians. For example, legislation in the Netherlands provides that parental leave may be postponed where "important interests of the service" so require. In Germany military personnel benefit from the same statutory entitlements as civilians in terms of parental leave. However, the Ministry of Defence may oppose the attribution of parental leave to a serviceperson or recall a serviceperson on parental leave to duty on grounds of imperative needs of national defence. Similarly, in the United Kingdom, service personnel, who in principle have the same entitlement to parental leave as civilians, may not be able to take parental leave at their convenience if it is considered to affect the combat effectiveness of the armed forces.

THE LAW

I. ALLEGED VIOLATION OF ARTICLE 14 OF THE CONVENTION TAKEN IN CONJUNCTION WITH ARTICLE 8

76. The applicant complained that the refusal to grant him parental leave amounted to discrimination on grounds of sex. He relied on Article 14 of the Convention taken in conjunction with Article 8. The relevant provisions read as follows.

Article 8

"1. Everyone has the right to respect for his private and family life, his home and his correspondence.

2. There shall be no interference by a public authority with the exercise of this right except such as is in accordance with the law and is necessary in a democratic society in the interests of national security, public safety or the economic well-being of the country, for the prevention of disorder or crime, for the protection of health or morals, or for the protection of the rights and freedoms of others."

Article 14

"The enjoyment of the rights and freedoms set forth in [the] Convention shall be secured without discrimination on any ground such as sex, race, colour, language, religion, political or other opinion, national or social origin, association with a national minority, property, birth or other status."

...

B. Compliance with Article 14 taken in conjunction with Article 8

1. The Chamber judgment

98. Referring to the case of *Petrovic v. Austria* (27 March 1998, §§ 26-29, *Reports [of Judgments and* Decisions] 1998-II), the Chamber found that the applicant could rely on Article 14 of the Convention. It further found that, as a serviceman, the applicant had been treated differently from civilians, both men and women, as well as servicewomen, who were all entitled to parental leave. The denial of parental leave to the applicant had accordingly been based on a combination of two grounds: military status plus sex. It further found that in their relations with their children during the period of parental leave men and women were in an analogous situation.

99. The Chamber noted that, in the *Petrovic* case (cited above), a distinction on the basis of sex with respect to parental-leave allowances had been found not to be in violation of Article 14 because at the material time there was no European consensus in this field, as the majority of Contracting States did not provide for parental leave or related allowances for fathers. The Chamber further noted that since the adoption of the judgment in *Petrovic* the legal situation as regards parental leave entitlements in the Contracting States had evolved. In an absolute majority of European countries the legislation now provided that parental leave might be taken by both mothers and fathers. In the Chamber's opinion, this showed that society had moved towards a more equal sharing between men and women of responsibility for the upbringing of their children and that men's caring role had gained recognition. It was therefore time to overrule the *Petrovic*

case and to hold that there was no objective or reasonable justification for the difference in treatment between men and women as regards entitlement to parental leave. The Chamber further condemned gender stereotypes in the sphere of child-rearing.

100. Turning then to the special military context of the case, the Chamber reiterated that a system of military discipline, by its very nature, implied the possibility of placing limitations on certain of the rights and freedoms of the members of the armed forces which could not be imposed on civilians. Thus, a wide margin of appreciation was afforded to States wishing to impose restrictions on the rights of military personnel under Articles 5, 9, 10 and 11 of the Convention. The States, however, had a narrower margin of appreciation in the sphere of family and private life. Indeed, although States were allowed to impose certain restrictions on the Article 8 rights of military personnel where there was a real threat to the armed forces' operational effectiveness, assertions as to the existence of such a threat had to be "substantiated by specific examples".

101. The Chamber was not convinced by the Government's argument that the extension of the parental leave entitlement to servicemen, where servicewomen already had such entitlement, would have a negative effect on the fighting power and operational effectiveness of the armed forces. Indeed, there was no expert study or statistical research on the number of servicemen who would be in a position to take three years' parental leave at any given time and who would be willing to do so. Further, the fact that in the armed forces women were less numerous than men could not, in the Chamber's opinion, justify the disadvantaged treatment of the latter as regards entitlement to parental leave. Finally, the argument that a serviceman was free to resign from the army if he wished to take personal care of his children was particularly questionable, given the difficulty in directly transferring essentially military qualifications and experience to civilian life. The Chamber noted with concern that servicemen were forced to make a difficult choice between caring for their newborn children and pursuing their military career, while no such choice was faced by servicewomen. Accordingly, it found that the reasons adduced by the Government had not provided objective or reasonable justification for imposing much stronger restrictions on the family life of servicemen than on that of servicewomen.

2. The applicant's submissions

102. The applicant submitted that the Government's position that he could not rely on Article 14 taken in conjunction with Article 8 was inconsistent with the Court's long-established case-law. The Court had held on many occasions that parental leave, as well as parental and child benefits,

came within the scope of Article 8 and that Article 14, taken in conjunction with Article 8, was applicable (see *Weller v. Hungary*, no. 44399/05, § 29, 31 March 2009; *Okpisz v. Germany*, no. 59140/00, § 32, 25 October 2005; *Niedzwiecki v. Germany*, no. 58453/00, § 31, 25 October 2005; and *Petrovic*, cited above, § 29). He further argued that parental leave had been necessary to promote his family life and the interests of his children. As his ex-wife had been unwilling to take care of them, it had been necessary for the applicant to stay at home and look after them, which would have been impossible without parental leave.

103. The applicant further argued that, as regards the need to take parental leave in order to be able to take care of his child, he was in a situation analogous to that of other parents, namely servicewomen and civilian men and women. As a serviceman, he had been treated differently from the above classes of parents as he had not been entitled to parental leave. Servicewomen, as well as civilian men and women, all had an unconditional entitlement to three years' parental leave, while a serviceman could at most claim three months' leave if his wife was dead or otherwise incapable of taking care of the child. Although the applicant had ultimately been granted parental leave, it could not alter the fact that he had been treated differently from other parents. In fact, his parental leave had been of a shorter duration and, according to the domestic courts, had been granted unlawfully. The applicant had therefore felt anxiety during the entire duration of the parental leave, as he had known that the leave could be cancelled and he could be recalled to duty at any time. Finally, the applicant had also been treated differently from servicewomen in that he had had to make a difficult choice between his military career and family life, while servicewomen were not faced with such a choice.

104. The applicant submitted that the argument that women had a special social role in the upbringing of children was based on gender stereotypes. As to the "positive discrimination" doctrine, it could not be used to justify a difference in treatment between men and women as regards entitlement to parental leave. Positive discrimination measures had to be proportionately tailored to the aim of correcting, compensating for, or mitigating the continuing effects of a hardship suffered by a historically disadvantaged group, such as women (see *Runkee and White v. the United Kingdom*, nos. 42949/98 and 53134/99, §§ 37 and 40-43, 10 May 2007, and *Stec and Others v. the United Kingdom* [GC], no. 65731/01, §§ 61 and 66, ECHR 2006-VI). Far from mitigating any historic disadvantage suffered by women, a policy whereby only women were entitled to take parental leave perpetuated gender stereotypes, inequality and hardship arising out of women's traditional role of caring for the family in the home rather than

earning money in the workplace. As a result, that policy discriminated both against men (in family life) and against women (in the workplace). The applicant concluded that there was no reasonable or objective justification for the difference in treatment between men and women as regards entitlement to parental leave.

105. As to the arguments relating to the fighting capacity of the army, the applicant submitted that, under the Court's case-law, assertions as to the existence of a threat to the operational effectiveness of the army had to be substantiated by evidence whose validity and adequacy was subject to careful scrutiny by the Court (he referred to *Smith and Grady v. the United Kingdom*, nos. 33985/96 and 33986/96, §§ 89-112, ECHR 1999-VI, and *Lustig-Prean and Beckett v. the United Kingdom*, nos. 31417/96 and 32377/96, §§ 82 and 88-98, 27 September 1999). In his opinion, the Government had not provided evidence showing that an extension of the parental-leave entitlement to servicemen would create a threat to the fighting capacity of the army. In particular, the statistics provided by the Government were not conclusive and were moreover not supported by any document. The number of children under the age of three indicated by the Government apparently also included the children of servicewomen and those of administrative army personnel. It was therefore impossible to establish the number of servicemen who would be in a position to take parental leave at any given time. Most importantly, the Government's admission that there was no relevant statistical information in their possession showed that the legal provisions limiting the parental-leave entitlement to servicewomen had no factual foundation at the time of their adoption and had never been subjected to any factually-based review or update. According to the applicant's estimation, the number of servicemen who would be in a position to take parental leave at any given time would not exceed 3.47% of servicemen under contract; moreover, not all of them would be willing to take parental leave. The applicant submitted that, under Russian law, up to 30% of the personnel of a military unit were allowed to take leave at the same time and such military unit was considered to be fully operational.

106. The applicant further submitted that, although it was true that women were few in number in the armed forces, they often performed the same duties as servicemen. In particular, the applicant's superior in 1999 had been a woman. As shown by the lists of personnel on duty, on certain days the number of servicewomen on duty in his unit had reached 60%. These servicewomen were entitled to take parental leave and this had never created any concerns for the operational effectiveness of the army. In his opinion, instead of a purely quantitative approach, the Government should have adopted a qualitative one taking account of the nature of each person's

duties. The applicant concluded that the Government had not provided a reasonable or objective justification for the difference in treatment between servicemen and servicewomen as regards entitlement to parental leave.

107. Further, in reply to the Government's argument that by signing a military contract he had agreed to a limitation of his rights, the applicant submitted that the Convention applied to members of the armed forces and not only to civilians (he referred to *Engel and Others v. the Netherlands*, 8 June 1976, § 54, Series A no. 22, and *Lustig-Prean and Beckett*, cited above, § 82). He further argued that, although it was possible to waive Convention rights, such a waiver, to be valid, had to satisfy certain conditions. Firstly, a waiver "must not run counter to any important public interest" (he referred to *Hermi v. Italy* [GC], no. 18114/02, § 73, ECHR 2006-XII). Secondly, it "must be established in an unequivocal manner, and be given in full knowledge of the facts, that is to say on the basis of informed consent" (he referred to *D.H. and Others v. the Czech Republic* [GC], no. 57325/00, § 202, ECHR 2007-IV.). In the applicant's opinion, the waiver alleged by the Government in the present case did not satisfy the above requirements. The Court had already held, in the context of discrimination based on race, that "in view of the fundamental importance of the prohibition of racial discrimination ... no waiver of the right not to be subjected to racial discrimination [could] be accepted, as it would be counter to an important public interest" (he referred to *D.H. and Others*, cited above, § 204). He argued that as the prohibition of sex discrimination was of the same fundamental importance (he referred to *Andrle v. the Czech Republic*, no. 6268/08, § 49, 17 February 2011; *Van Raalte v. the Netherlands*, 21 February 1997, § 39, *Reports* 1997-I; and *Abdulaziz, Cabales and Balkandali v. the United Kingdom*, 28 May 1985, § 78, Series A no. 94), the right not to be discriminated against on account of sex could not be waived either. Further, the alleged waiver could not be considered unequivocal. The contract signed by the applicant was a standard one-page form which did not expressly inform the signatory that he undertook to renounce his right to parental leave.

108. Finally, the applicant submitted that Russian law did not leave any room for an individualised approach to parental leave in the army. The circumstances of the present case illustrated this amply. Indeed, after the applicant had been granted parental leave in view of his difficult family situation, the domestic courts had declared that measure unlawful. The applicant argued that an acceptable individualised approach would be to grant parental leave depending on the person's position in the army rather than on sex. In particular, account should be taken of whether his or her unit was involved in active military actions or was being prepared for such actions and of his or her position in the unit. In the applicant's view, it was

illogical that a servicewoman who held an important military position in the unit had an automatic entitlement to parental leave, while a serviceman in a relatively insignificant military position had no such entitlement.

3. The Government's submissions

109. In their request for referral the Government argued that the applicant could not rely on Article 14 taken in conjunction with Article 8. Article 8 did not guarantee a right to parental leave or parental-leave allowances. These were by their very nature social and economic rights covered by the European Social Charter. They were not protected by the Convention. Accordingly, Article 14, which had no independent existence, was inapplicable.

110. The Government conceded that the applicant was in an analogous situation to all other parents – namely servicewomen and civilian men and women. As he had been granted parental leave, he had not been treated differently from them.

111. Further, the Government submitted that military personnel had a special status because their task was to ensure the defence of the country and the security of the State. The State was therefore entitled to set up limitations on their civil rights and freedoms and to assign special duties. The choice of military career was voluntary and, by signing a military service contract and by taking the oath of allegiance, servicemen accepted a system of military discipline that by its very nature implied the possibility of being subjected to limitations which could not be imposed on civilians (they referred to *Kalaç v. Turkey*, 1 July 1997, § 28, *Reports* 1997-IV). They also referred in this connection to the case of *W., X., Y. and Z. v. the United Kingdom* (nos. 3435/67, 3436/67, 3437/67 and 3438/67, Commission decision of 19 July 1968, Yearbook of the European Convention on Human Rights, Vol. 11 (1968), pp. 562, 598) in which the Commission found that "the term 'respect for family life' [could not] reasonably be given such a wide interpretation as to allow an individual – even a minor – to free him from the obligations under a long-term service engagement freely entered into but involving a separation from his family except for periods of leave".

112. The Government further argued that States had a wide margin of appreciation in matters of national security, as well as in matters relating to general measures of economic and social strategy (they referred to *James and Others v. the United Kingdom*, 21 February 1986, § 46, Series A no. 98, and *National & Provincial Building Society, Leeds Permanent Building Society and Yorkshire Building Society v. the United Kingdom*, 23 October 1997, § 80, *Reports* 1997-VII). Because of their direct knowledge of the society and its needs, the national authorities were better placed than the international

judge to appreciate what was "in the public interest". The Court should respect the legislature's policy choice unless it was "manifestly without reasonable foundation".

113. They referred to the judgment of the Constitutional Court, which had found that military service imposed specific demands in so far as it required uninterrupted performance of duties by servicemen and that, consequently, the taking of parental leave by servicemen on a large scale would have a negative effect on the fighting power and operational effectiveness of the armed forces. That finding had had an objective and reasonable justification for the following reasons. Firstly, as argued by the United Kingdom Government in *W., X., Y. and Z. v. the United Kingdom* (cited above), "the authorities responsible for the administration of the armed forces (upon which the security of the State depends) [had to] ensure the continuous and efficient manning of such forces if they [were] to meet their commitments". Secondly, as of 1 January 2011 the total number of military personnel under contract was 216,600 persons. On the same date, there were 50,519 children under the age of three in the care of military and administrative army personnel. The Government submitted that they were unable to provide any further statistics. In particular, there were no statistics on the number of servicemen having children under the age of three. However, as all servicemen were of "childbearing" age, that number might be significant.

114. The Government admitted that they were also unable to provide any document relating to the parliamentary debate on parental leave for military personnel. Given that the Military Service Act had been adopted thirteen years earlier, that is before the ratification of the Convention by Russia, the Russian Parliament had no obligation under the Convention to address the question of justification for the difference in treatment and the Court had no jurisdiction *ratione temporis* to examine the issues relating to the parliamentary debate preceding the enactment of the law in question.

115. Further, the Government submitted that in a number of member States of the Council of Europe parental leave was not available to servicemen. Such countries included Bulgaria, the Czech Republic, Poland, Turkey and Switzerland. Moreover, in many countries parental leave was much shorter than in Russia. Given that in Russia parental leave was three years, such a long absence from service would have a negative impact on servicemen's military skills, often involving the use of complicated high-technology military equipment, and costly refresher training would be needed on their return. In such circumstances, it was reasonable that parental leave should be taken by servicemen's wives, whose absence from work would have less negative consequences for society. In particular, the applicant served as a

radio intelligence operator in a unit which was required to be in a state of permanent combat readiness. At the same time, they admitted that the applicant's position could be held by a woman, who would be entitled to parental leave.

116. In this connection, the Government submitted that servicewomen were exceptionally granted an entitlement to parental leave in view of the following considerations. Firstly, according to modern scientific research, there existed a special biological and psychological connection between the mother and the newborn child. The mother's presence and care during the first year of the child's life was particularly important. It was therefore in the child's interest that the mother took parental leave. Secondly, given that there were few women in the army, their absence from service would have no impact on fighting capacity. Indeed, on 1 January 2011 there had been only 1,948 servicewomen in the Russian army. Accordingly, in 2011 women represented only 0.8% of military personnel (10% in 2008). Moreover, a majority of them served in positions not directly involving military duties, such as positions in the medical, financial or communications departments. In view of the above, the present case concerned a justified positive discrimination in favour of women.

117. The Government also argued that Russian law provided for exceptions to the rule that servicemen were not entitled to parental leave. In particular, in accordance with Article 32 § 7 of the Regulations on military service (see paragraph 48 above), a serviceman under contract was entitled to such leave in either of the following cases: (a) his wife had died in childbirth; or (b) he was bringing up a child or children under 14 years of age (handicapped children under 16 years of age) left without maternal care (in the event of the mother's death, withdrawal of parental authority, lengthy illness or other situations where the children had been left without maternal care). The list of exceptions was not an exhaustive one. The Government also referred to section 10(9) of the Military Service Act (see paragraph 47 above) according to which military personnel bringing up children left without maternal/paternal care were entitled to social benefits in accordance with federal laws and other legislation aimed at protecting the family, motherhood and childhood. They produced documents showing the statistics for parental leave granted to servicemen and to policemen. It can be seen from the statistical information that there had been only one case, in 2007, where a serviceman had been granted parental leave of a year and a half in connection with his wife's serious illness. In 2010 another serviceman had been granted three months' special leave because his son had been left without maternal care. The Government also referred to twenty-one cases in which three years' parental leave had been granted

to male police officers. The main criterion for granting leave was therefore the fact that a serviceman's children were left without maternal care. This fact, however, had to be proven. As the applicant had failed to prove that his children had been left without maternal care, his application for leave had been refused. At the same time, he had ultimately been granted parental leave in view of his difficult family situation.

118. Finally, the Government submitted that the Chamber had acted outside its competence when it had ordered, under Article 46 of the Convention, that the Russian authorities should amend the relevant legislation. In their opinion, this was an isolated case which did not disclose any systemic problem under the Convention. It was not the Court's task to assess an abstract problem of compatibility of domestic legislation with the Convention, let alone abolish, or give directions to abolish, the legal provisions contested by the applicant.

4. The third party's submissions

119. The Human Rights Centre of the University of Ghent denounced the danger of gender stereotypes. Such stereotypes limited individuals' life-choices and served to perpetuate gender inequality and subordination. They were at the same time the cause and manifestation of discriminatory treatment. Stereotyping men and women and confining them to certain traditional gender roles resulted, in particular, in a lack of support for those people, both men and women, who did not fulfil traditional roles. Such lack of support could be manifested, for example, through denial of social benefits to them. Gender stereotypes were also often referred to as a justification for the difference in treatment between men and women. The Court had, however, held on several occasions that prejudices and stereotypes were not sufficient justification for discriminatory treatment (see *Zarb Adami v. Malta*, no. 17209/02, §§ 81-82, ECHR 2006-VIII; *L. and V. v. Austria*, nos. 39392/98 and 39829/98, § 52, ECHR 2003-I; *Lustig-Prean and Beckett*, cited above, § 90; and *Inze v. Austria*, 28 October 1987, § 44, Series A no. 126). The two stereotypes underlying the present case were, firstly, the traditional idea that women were responsible for the household and children, with men earning money outside the home and, secondly, the idea that fighting and military service were for men rather than for women.

120. The third party also referred to the Convention on the Elimination of All Forms of Discrimination against Women, in particular to its Article 5 (see paragraph 49 above), which imposed an obligation on States Parties to address gender stereotypes by modifying the social and cultural patterns of conduct of men and women, with a view to achieving the elimination of prejudices and customary and all other practices which were based on

the idea of the inferiority or the superiority of either of the sexes or on stereotyped roles for men and women. The third party argued that although the present case concerned discrimination against a man, the Convention on the Elimination of All Forms of Discrimination against Women was relevant because the Committee on the Elimination of Discrimination against Women (CEDAW) had interpreted it as applying to "all human beings regardless of sex" and because stereotypes of men were harmful not only to men but also to women. Gender-role stereotypes locked women into the home and men out of it, thereby disadvantaging both sexes. CEDAW had stressed the importance of more than purely formal equality and had sought to combat the structural causes of discrimination. Gender stereotyping, and in particular the deeply rooted female-caregiver/male-breadwinner stereotype, was one of them.

121. The third party also referred to the Concluding Observations on the periodic reports submitted by the Russian Federation, adopted on 30 July 2010 by CEDAW (see paragraph 51 above). CEDAW had stated, in particular, that it was concerned by "the persistence of practices, traditions, patriarchal attitudes and deep-rooted stereotypes regarding the roles, responsibilities and identities of women and men in all spheres of life ... [and by] the State Party's repeated emphasis on the role of women as mothers and caregivers". CEDAW was of the opinion "that a shift from a focus on women primarily as wives and mothers to individuals and actors equal to men in society [was] required for the full implementation of the Convention and the achievement of equality of women and men".

122. Finally, the third party submitted that the present case involved so-called intersectional discrimination, that is discrimination based on several grounds which interacted with each other and produced specific types of discrimination. In their opinion, the difference in treatment of which the applicant complained could not be reduced to either military status or sex, but was rather the result of a combination of those two grounds. If discrimination on the basis of sex and discrimination on the basis of military status were analysed separately, the stereotypes concerning military servicewomen would recede to the background. If one set of comparisons concerned men and women in general, and the other set of comparisons concerned soldiers and civilians, then nowhere in that equation could the concerns of military servicemen, and even less so of servicewomen, be recognised directly.

123. In conclusion, the third party submitted that it was important to identify gender stereotypes and recognise their harm. States should be held accountable when they discriminated on grounds of sex and perpetuated gender inequality on the basis of gender stereotypes.

5. *The Court's assessment*

(a) General principles

124. As the Court has consistently held, Article 14 complements the other substantive provisions of the Convention and its Protocols. It has no independent existence since it has effect solely in relation to "the enjoyment of the rights and freedoms" safeguarded thereby. Although the application of Article 14 does not presuppose a breach of those provisions – and to this extent it is autonomous – there can be no room for its application unless the facts in issue fall within the ambit of one or more of them. The prohibition of discrimination enshrined in Article 14 thus extends beyond the enjoyment of the rights and freedoms which the Convention and the Protocols thereto require each State to guarantee. It applies also to those additional rights, falling within the general scope of any Convention Article, for which the State has voluntarily decided to provide. This principle is well entrenched in the Court's case-law (see, among many other authorities, *E.B. v. France* [GC], no. 43546/02, §§ 47-48, 22 January 2008).

125. The Court has also held that not every difference in treatment will amount to a violation of Article 14. It must be established that other persons in an analogous or relevantly similar situation enjoy preferential treatment and that this distinction is discriminatory (see *Ünal Tekeli v. Turkey*, no. 29865/96, § 49, ECHR 2004-X). A difference of treatment is discriminatory if it has no objective and reasonable justification; in other words, if it does not pursue a legitimate aim or if there is not a reasonable relationship of proportionality between the means employed and the aim sought to be realised (see *Stec and Others*, cited above, § 51).

126. The Contracting States enjoy a certain margin of appreciation in assessing whether and to what extent differences in otherwise similar situations justify a difference in treatment (see *Gaygusuz v. Austria*, 16 September 1996, § 42, *Reports* 1996-IV). The scope of the margin of appreciation will vary according to the circumstances, the subject matter and its background (see *Rasmussen v. Denmark*, 28 November 1984, § 40, Series A no. 87, and *Inze*, cited above, § 41), but the final decision as to the observance of the Convention's requirements rests with the Court. Since the Convention is first and foremost a system for the protection of human rights, the Court must however have regard to the changing conditions in Contracting States and respond, for example, to any emerging consensus as to the standards to be achieved (see *Weller v. Hungary*, no. 44399/05, § 28, 31 March 2009; *Stec and Others*, cited above, §§ 63-64; *Ünal Tekeli*, cited

above, § 54; and, *mutatis mutandis*, *Stafford v. the United Kingdom* [GC], no. 46295/99, § 68, ECHR 2002-IV).

127. The Court further reiterates that the advancement of gender equality is today a major goal in the member States of the Council of Europe and very weighty reasons would have to be put forward before such a difference of treatment could be regarded as compatible with the Convention (see *Burghartz v. Switzerland*, 22 February 1994, § 27, Series A no. 280-B, and *Schuler-Zgraggen v. Switzerland*, 24 June 1993, § 67, Series A no. 263). In particular, references to traditions, general assumptions or prevailing social attitudes in a particular country are insufficient justification for a difference in treatment on grounds of sex. For example, States are prevented from imposing traditions that derive from the man's primordial role and the woman's secondary role in the family (see *Ünal Tekeli*, cited above, § 63).

128. Regarding the specific context of the armed forces, the Court notes that during the preparation and subsequent conclusion of the Convention, the vast majority of the Contracting States possessed defence forces and, in consequence, a system of military discipline that by its very nature implied the possibility of placing on some of the rights and freedoms of the members of those forces limitations incapable of being imposed on civilians. The existence of such a system, which those States have retained since then, does not in itself run counter to their obligations under the Convention (see *Engel and Others*, cited above, § 57). It follows that each State is competent to organise its own system of military discipline and enjoys a margin of appreciation in this respect. The proper functioning of an army is hardly imaginable without legal rules designed to prevent service personnel from undermining it. However, the national authorities cannot rely on such rules to frustrate the exercise by individual members of the armed forces of their right to respect for their private lives, which right applies to service personnel as it does to others within the jurisdiction of the State (see *Smith and Grady*, cited above, § 89, and *Lustig-Prean and Beckett*, cited above, § 82).

(b) Application of these principles to the present case

(i) On whether Article 14 taken in conjunction with Article 8 is applicable

129. The Court must determine at the outset whether the facts of the case fall within the scope of Article 8 and hence of Article 14 of the Convention. It has repeatedly held that Article 14 of the Convention is pertinent if "the subject matter of the disadvantage ... constitutes one of the modalities of the exercise of a right guaranteed ...", or if the contested measures are "linked to the exercise of a right guaranteed ...". For Article 14

to be applicable, it is enough for the facts of the case to fall within the ambit of one or more of the provisions of the Convention (see *Thlimmenos v. Greece* [GC], no. 34369/97, § 40, ECHR 2000-IV; *E.B. v. France*, cited above, §§ 47-48; and *Fretté v. France*, no. 36515/97, § 31, ECHR 2002-I, with further references).

130. It is true that Article 8 does not include a right to parental leave or impose any positive obligation on States to provide parental-leave allowances. At the same time, by enabling one of the parents to stay at home to look after the children, parental leave and related allowances promote family life and necessarily affect the way in which it is organised. Parental leave and parental allowances therefore come within the scope of Article 8 of the Convention. It follows that Article 14, taken in conjunction with Article 8, is applicable. Accordingly, if a State does decide to create a parental-leave scheme, it must do so in a manner which is compatible with Article 14 of the Convention (see *Petrovic*, cited above, §§ 26-29).

(ii) On whether there was a breach of Article 14 taken in conjunction with Article 8

131. The Court observes that the applicant, being a serviceman, had no statutory right to three years' parental leave, while servicewomen were entitled to such leave. It must therefore firstly consider whether the applicant was in an analogous situation to servicewomen.

132. The Court has already found that, in so far as parental leave and parental-leave allowances are concerned, men are in an analogous situation to women. Indeed, in contrast to maternity leave which is intended to enable a woman to recover from childbirth and to breastfeed her baby if she so wishes, parental leave and parental-leave allowances relate to the subsequent period and are intended to enable a parent concerned to stay at home to look after an infant personally (see *Petrovic*, cited above, § 36). The Court is therefore not convinced by the Government's argument concerning the special biological and psychological connection between the mother and the newborn child in the period following the birth, which is said to be confirmed by modern scientific research (see paragraph 116 above). Whilst being aware of the differences which may exist between a mother and a father in their relationship with the child, the Court concludes that, as far as the role of taking care of the child during the period corresponding to parental leave is concerned, men and women are "similarly placed".

133. It follows from the above that for the purposes of parental leave the applicant, a serviceman, was in an analogous situation to servicewomen. It remains to be ascertained whether the difference in treatment between servicemen and servicewomen was objectively and reasonably justified under Article 14.

134. The Court does not lose sight of the special armed forces context of the present case. It is special because it is intimately connected with the nation's security and is, accordingly, central to the State's vital interests. A wide margin of appreciation is afforded to the States in matters relating to national security in general and the armed forces in particular (see the case-law cited in paragraph 128 above).

135. The Court has accepted on several occasions that the rights of military personnel under Articles 5, 9, 10 and 11 of the Convention may in certain circumstances be restricted to a greater degree than would be permissible in the case of civilians. Thus, as far as Article 14 taken in conjunction with Article 5 is concerned, the Court has found that the use of deprivation of liberty as a disciplinary sanction that might be imposed on military personnel, but not on civilians, did not result in any discrimination incompatible with the Convention, because the conditions and demands of military life were by nature different from those of civil life (see *Engel and Others*, cited above, § 73). Further, with respect to Article 9, the Court has remarked that certain restrictions on conduct and attitudes motivated by religion, although they could not be imposed on civilians, were acceptable in the army. In choosing to pursue a military career, members of the armed forces have accepted of their own accord a system of military discipline and the limitations of rights and freedoms implied by it (see *Kalaç*, cited above, § 28, and also *Larissis and Others v. Greece*, 24 February 1998, §§ 50-51, *Reports* 1998-I, concerning proselytising in the army). Similarly, when examining cases under Article 10, the Court has held that it is necessary to take into account the special conditions attaching to military life and the specific "duties" and "responsibilities" incumbent on military personnel, as members of the armed forces are bound by an obligation of discretion in relation to anything concerning the performance of their duties (see *Hadjianastassiou v. Greece*, 16 December 1992, §§ 39 and 46, Series A no. 252, and *Pasko v. Russia*, no. 69519/01, § 86, 22 October 2009, both concerning disclosure by a serviceman of confidential information entrusted to him). The Court has also found that distinctions between military personnel and civilians in the field of freedom of expression are justified under Article 14 by the differences between the conditions of military and civil life and, more specifically, by the "duties" and "responsibilities" peculiar to members of the armed forces (see *Engel and Others*, cited above, § 103). Finally, it must be noted that Article 11 § 2 states explicitly that it is permissible to impose lawful restrictions on the exercise by members of the armed forces of the right to freedom of assembly and association (see *Demir and Baykara v. Turkey* [GC], no. 34503/97, § 119, ECHR 2008).

136. At the same time, the Court has also stressed that the Convention does not stop at the gates of army barracks and that military personnel, like all other persons within the jurisdiction of the Contracting States, are entitled to Convention protection. It is therefore not open to the national authorities to rely on the special status of the armed forces for the purpose of frustrating the rights of military personnel. Any restrictions on their Convention rights, to be justified, must satisfy the test of necessity in a democratic society (see, in respect of Article 10, *Grigoriades v. Greece*, 25 November 1997, §§ 45-48, *Reports* 1997-VII, and *Vereinigung demokratischer Soldaten Österreichs and Gubi v. Austria*, 19 December 1994, §§ 36-40, Series A no. 302).

137. Further, in respect of restrictions on the family and private life of military personnel, especially when the relevant restrictions concern "a most intimate part of an individual's private life", there must exist "particularly serious reasons" before such interferences can satisfy the requirements of Article 8 § 2 of the Convention. In particular, there must be a reasonable relationship of proportionality between the restrictions imposed and the legitimate aim of protecting national security. Such restrictions are acceptable only where there is a real threat to the armed forces' operational effectiveness. Assertions as to a risk to operational effectiveness must be "substantiated by specific examples" (see *Smith and Grady*, cited above, § 89, and *Lustig-Prean and Beckett*, cited above, § 82).

138. Turning now to the circumstances of the present case, the Court notes that the Government advanced several arguments to justify the difference in treatment between servicemen and servicewomen as regards entitlement to parental leave. The Court will examine them in turn.

139. Firstly, as regards the argument relating to the special social role of women in the raising of children, the Court observes that already in the *Petrovic* case (cited above) it noted the gradual evolution of society towards a more equal sharing between men and women of responsibilities for the upbringing of their children. In that case the Court did not consider it possible to find that a distinction on the basis of sex with respect to parental-leave allowances, which had existed in Austria in the 1980s, was in violation of Article 14 taken in conjunction with Article 8. It took into account, in particular, the great disparity at the material time between the legal systems of the Contracting States in the sphere of parental benefits. At the same time it noted with satisfaction that the Austrian legislation had been changed in 1990 so that eligibility for parental-leave allowances had been extended to fathers. The Austrian authorities could not therefore be criticised for having introduced in a gradual manner, reflecting the evolution of society in that sphere, legislation which was at the material time very progressive in Europe (see *Petrovic*, cited above, §§ 39-43). In the more recent case

of *Weller*, the Court found that the exclusion of natural fathers from the entitlement to receive parental allowances, when mothers, adoptive parents and guardians were entitled to them, amounted to discrimination on the ground of parental status (see *Weller*, cited above, §§ 30-35).

140. The relevant international and comparative-law material (see paragraphs 49 to 75 above) demonstrates that the evolution of society – which began in the 1980s as acknowledged in the *Petrovic* case – has since significantly advanced. It shows that in a majority of European countries, including in Russia itself, the legislation now provides that parental leave may be taken by civilian men and women, while the countries limiting the parental-leave entitlement to women are in a small minority (see paragraph 72 above). Even more important for the present case is the fact that in a significant number of the member States both servicemen and servicewomen are also entitled to parental leave (see paragraph 74 above). It follows from the above that contemporary European societies have moved towards a more equal sharing between men and women of the responsibility for the upbringing of their children and that men's caring role has gained recognition. The Court cannot overlook the widespread and consistently developing views and associated legal changes to the domestic laws of Contracting States concerning this issue (see, *mutatis mutandis*, *Smith and Grady*, cited above, § 104).

141. Further, the Court considers that the Government's reference to positive discrimination is misconceived. The different treatment of servicemen and servicewomen as regards entitlement to parental leave is clearly not intended to correct the disadvantaged position of women in society or "factual inequalities" between men and women (contrast *Stec and Others*, cited above, §§ 61 and 66). The Court agrees with the applicant and the third party that such difference has the effect of perpetuating gender stereotypes and is disadvantageous both to women's careers and to men's family life.

142. Similarly, the difference in treatment cannot be justified by reference to traditions prevailing in a certain country. The Court has already found that States may not impose traditional gender roles and gender stereotypes (see the case-law cited in paragraph 127 above). Moreover, given that under Russian law civilian men and women are both entitled to parental leave and it is the family's choice to decide which parent should take parental leave to take care of the newborn child, the Court is not convinced by the assertion that Russian society is not ready to accept similar equality between men and women serving in the armed forces.

143. The Court concludes from the above that the reference to the traditional distribution of gender roles in society cannot justify the

exclusion of men, including servicemen, from the entitlement to parental leave. The Court agrees with the Chamber that gender stereotypes, such as the perception of women as primary caregivers and men as primary breadwinners, cannot, by themselves, be considered to amount to sufficient justification for a difference in treatment, any more than similar stereotypes based on race, origin, colour or sexual orientation.

144. Nor is the Court persuaded by the Government's second argument, namely that the extension of the parental-leave entitlement to servicemen would have a negative effect on the fighting power and operational effectiveness of the armed forces, while the granting of parental leave to servicewomen does not entail such risk because in the armed forces women are less numerous than men. There is no indication that any expert study or statistical research was ever made by the Russian authorities to evaluate the number of servicemen who would be in a position to take three years' parental leave at any given time and would be willing to do so, and to assess how this would affect the operational effectiveness of the army. In the Court's view the mere fact that all servicemen are of "childbearing" age, as asserted by the Government (see paragraph 113 above), is insufficient to justify the difference in treatment between servicemen and servicewomen. The statistical information submitted by the Government at the request of the Court is inconclusive (see paragraphs 113-14 above). It does not indicate either the total number of military personnel (both military personnel under contract and conscripts) or the number of servicemen who have children under the age of three. It therefore does not help to establish, even approximately, the percentage of servicemen who would be eligible to take parental leave at any given time. Nor is it possible, in the absence of any survey of servicemen's willingness to take parental leave or any statistical information on the take-up rates among the civilian population, to make an assessment of how many servicemen would actually make use of the entitlement to parental leave. The Government's claim that such servicemen would be numerous contradicts their argument that this is an isolated case not disclosing any systemic problem under the Convention (see paragraph 118 above). In such circumstances the Court cannot accept the Government's assertion as to the risk to operational effectiveness of the army because it has not been "substantiated by specific examples" (see the case-law in paragraph 137 above).

145. Further, the Court notes the rigidity of the Russian legal provisions on parental leave in the army. It is not persuaded by the Government's argument that Russian law provides for exceptions to the rule that servicemen are not entitled to parental leave. Article 32 § 7 of the Regulations on military service (see paragraph 48 above), to which the Government referred,

provides for three months' special leave, which is clearly different from three years' parental leave. It can be seen from the Constitutional Court's judgment that it is not a substitute for normal parental leave because its purpose is to give the serviceman a reasonable opportunity to arrange for the care of his child and, depending on the outcome, to decide whether he wishes to continue the military service (see paragraph 34 above). As regards the Government's reference to section 10(9) of the Military Service Act (see paragraph 47 above), the applicant relied on that legal provision in the domestic proceedings, but the national courts found that it could not serve as a basis for granting three years' parental leave to a serviceman (see paragraphs 17 and 26 above). Further, it is clear from the Constitutional Court's judgment and from the judgments of the domestic courts in the applicant's case that Russian law does not give a serviceman the right to three years' parental leave. In this connection the Court takes particular note of the first-instance and appeal judgments, which state that "male military personnel have no entitlement to three years' parental leave even in those cases where their children are left without maternal care" and that "male military personnel are not in any circumstances entitled to parental leave" (see paragraphs 26 and 29 above). It also takes note of the judicial decision of 8 December 2006 finding that the military unit's decision to grant the applicant parental leave on an exceptional basis was unlawful (see paragraph 32 above).

146. As to the examples of cases where parental leave was granted to servicemen, the Court notes that only one such example was provided by the Government (see paragraph 117 above) and this does not suffice, in the Court's view, to show the existence of settled domestic practice (see, for a similar approach, *Kozhokar v. Russia*, no. 33099/08, § 93, 16 December 2010, and *Horvat v. Croatia*, no. 51585/99, § 44, ECHR 2001-VIII). The remaining examples referred to by the Government concern the granting of parental leave to police officers and are therefore irrelevant for the present case. Accordingly, the Government did not submit convincing evidence to show that the exception to which they referred operated in practice or to prove that a case-by-case assessment was indeed possible and that servicemen were granted parental leave when their particular situation so required.

147. That being said, the Court accepts that, given the importance of the army for the protection of national security, certain restrictions on the entitlement to parental leave may be justifiable, provided they are not discriminatory. In the Court's opinion there are means to attain the legitimate aim of protecting national security other than by limiting the parental-leave entitlement to servicewomen while excluding all servicemen from such entitlement. Indeed, in a significant number of the member

States both servicemen and servicewomen are entitled to parental leave (see paragraph 74 above). The Court notes with particular interest the legal provisions on parental leave existing in countries such as Germany, the Netherlands and the United Kingdom (see paragraph 75 above). Their example illustrates that there are techniques which can be employed to accommodate legitimate concerns about the operational effectiveness of the army and yet afford military personnel equal treatment in the sphere of parental leave.

148. The Court takes note of Article 1 of ILO Convention concerning Discrimination in Respect of Employment and Occupation (No. 111) according to which any distinction, exclusion or preference in respect of a particular job based on the inherent requirements thereof shall not be deemed to be discrimination (see paragraph 52 above). It is however not convinced that the exclusion from the entitlement to parental leave in the present case may be regarded as being based on an inherent requirement of military service. Indeed, female military personnel are entitled to parental leave and the exclusion concerns only servicemen. At the same time it considers that, having regard to the specific demands imposed by military service, it may be justifiable to exclude from the entitlement to parental leave any personnel, male or female, who may not easily be replaced in their duties owing to such factors as, for example, their hierarchical position, rare technical qualifications or involvement in active military actions. In Russia, by contrast, the entitlement to parental leave depends exclusively on the sex of the military personnel. By excluding servicemen from the entitlement to parental leave, the provision imposes a blanket restriction. It applies automatically to all servicemen, irrespective of their position in the army, the availability of a replacement or their individual situation. Such a general and automatic restriction applied to a group of people on the basis of their sex must be seen as falling outside any acceptable margin of appreciation, however wide that margin might be, and as being incompatible with Article 14.

149. The Court observes that the applicant, who served as a radio intelligence operator, was capable of being replaced by either servicemen or servicewomen. It is significant that equivalent posts in the applicant's unit were often held by servicewomen and that he himself was frequently replaced in his duties by servicewomen (see paragraph 11 above). Those servicewomen had an unconditional entitlement to three years' parental leave. The applicant, by contrast, did not have such entitlement, and that was only because he was a man. He was therefore subjected to discrimination on grounds of sex.

150. Finally, as regards the Government's argument that by signing a military contract the applicant had waived his right not to be discriminated against, the Court considers that, in view of the fundamental importance of the prohibition of discrimination on grounds of sex, no waiver of the right not to be subjected to discrimination on such grounds can be accepted as it would be counter to an important public interest (see *D.H. and Others v. the Czech Republic* [GC], no. 57325/00, § 204, ECHR 2007-IV for a similar approach in respect of racial discrimination).

151. In view of the foregoing, the Court considers that the exclusion of servicemen from the entitlement to parental leave, while servicewomen are entitled to such leave, cannot be said to be reasonably or objectively justified. The Court concludes that this difference in treatment, of which the applicant was a victim, amounted to discrimination on grounds of sex.

152. There has therefore been a violation of Article 14 of the Convention taken in conjunction with Article 8.

II. ALLEGED VIOLATION OF ARTICLE 34 OF THE CONVENTION

153. The applicant complained that the prosecutor's visit to his home shortly before the Grand Chamber hearing amounted to a hindrance to the exercise of his right of individual petition under Article 34 of the Convention, the relevant parts of which read as follows:

> "The Court may receive applications from any person ... claiming to be the victim of a violation by one of the High Contracting Parties of the rights set forth in the Convention or the Protocols thereto. The High Contracting Parties undertake not to hinder in any way the effective exercise of this right."

A. The parties' submissions

1. *The applicant*

154. The applicant submitted that there had been no reason for the prosecutor to come to his flat. Firstly, he had not concealed the information about his remarriage to his former wife and the birth of their fourth child from the authorities. On the contrary, he had informed the head of his military unit about these facts. If it had been necessary to obtain further information from him, he could have been summoned to the prosecutor's office, which was not the case. The Government's allegation that summonses had been sent to him were not supported by any evidence. Moreover, it was significant that night visits were unlawful under domestic law. In the applicant's opinion, it was clear from the above that the sole purpose of the night visit was to put pressure on him before the Grand Chamber hearing

in violation of Article 34 of the Convention (he referred to *Popov v. Russia*, no. 26853/04, § 249, 13 July 2006; *Fedotova v. Russia*, no. 73225/01, § 51, 13 April 2006; *Knyazev v. Russia*, no. 25948/05, § 115, 8 November 2007; and *Ryabov v. Russia*, no. 3896/04, § 59, 31 January 2008). Indeed, the applicant and his family had felt intimidated and frightened.

155. As regards the Government's claim that he had distorted the facts surrounding the visit (see paragraph 157 below), the applicant confirmed that there had been a typing error in respect of his parents-in-law's age in the English version of his submissions (the Russian version had been correct). He insisted however that the remaining information provided by him was accurate. In his opinion, the Government had attempted to denigrate him in order to weaken his case.

2. The Government

156. The Government confirmed that a prosecutor had indeed visited the applicant at 9 p.m. on 31 March 2011. The purpose of the visit, however, had not been to intimidate the applicant, but to obtain up-to-date information about his situation, in particular about the places where he, his wife and their children currently lived and about the payment of child maintenance by the mother. The prosecutor had summoned the applicant to come to his office on 30 or 31 March 2011. As the applicant had failed to be there at the appointed time, the prosecutor had visited him at home. The applicant had, however, refused to reply to the prosecutor's questions, thereby showing disrespect for the authorities. The Government concluded that the Russian authorities had not in any way hindered the applicant's right of petition.

157. Finally, referring to their submissions in respect of the alleged abuse of the right of petition, the Government alleged that the applicant had a tendency to exaggerate and distort information. Thus, the visit had been made at 9 p.m. and not at 10 p.m. as claimed by the applicant. The applicant had moreover lied about the age of his parents-in-law.

B. The Court's assessment

158. The Court reiterates that it is of the utmost importance for the effective operation of the system of individual petition instituted by Article 34 that applicants or potential applicants should be able to communicate freely with the Court without being subjected to any form of pressure from the authorities to withdraw or modify their complaints (see, among other authorities, *Akdivar and Others v. Turkey*, 16 September 1996, § 105, *Reports* 1996-IV, and *Aksoy v. Turkey*, 18 December 1996,

§ 105, *Reports* 1996-VI). In this context, "pressure" includes not only direct coercion and flagrant acts of intimidation but also other improper indirect acts or contacts designed to dissuade or discourage applicants from pursuing a Convention remedy (see *Kurt v. Turkey*, 25 May 1998, § 159, *Reports* 1998-III).

159. Whether or not contacts between the authorities and an applicant are tantamount to unacceptable practice from the standpoint of Article 34 must be determined in the light of the particular circumstances of the case. In this respect, regard must be had to the vulnerability of the complainant and his or her susceptibility to influence exerted by the authorities (see *Akdivar and Others*, cited above, § 105, and *Kurt*, cited above, § 160). Even an informal "interview" with the applicant, let alone his or her formal questioning in respect of the Strasbourg proceedings, may be regarded as a form of intimidation (contrast *Sisojeva and Others v. Latvia* (striking out) [GC], no. 60654/00, §§ 117 et seq., ECHR 2007-I).

160. The Court has emphasised on several occasions that it was in principle not appropriate for the authorities of a respondent State to enter into direct contact with an applicant in connection with his case before the Court (see *Ryabov*, cited above, §§ 59-65; *Fedotova*, cited above, § 51; *Akdeniz and Others v. Turkey*, no. 23954/94, §§ 118-21, 31 May 2001; *Assenov and Others v. Bulgaria*, 28 October 1998, §§ 169-71, *Reports* 1998-VIII; and *Ergi v. Turkey*, 28 July 1998, § 105, *Reports* 1998-IV). In particular, if a Government had reason to believe that in a particular case the right of individual petition had been abused, the appropriate course of action was for that Government to alert the Court and to inform it of its misgivings. Questioning by the local authorities can very well be interpreted by the applicant as an attempt to intimidate him (see *Tanrıkulu v. Turkey* [GC], no. 23763/94, §§ 131-33, ECHR 1999-IV).

161. At the same time the Court reiterates that not every enquiry by the authorities about an application pending before the Court can be regarded as "intimidation". For example, the Court has found that the authorities' contacts with an applicant for the purpose of securing a friendly-settlement agreement do not amount to hindrance of the exercise of his right of individual petition, provided that steps taken by a State in the context of settlement negotiations with an applicant do not involve any form of pressure, intimidation or coercion (see *Yevgeniy Alekseyenko v. Russia*, no. 41833/04, §§ 168-74, 27 January 2011). In other cases concerning questioning by the local authorities of an applicant about the circumstances underlying his application, the Court was also unable to find, in the absence of evidence of pressure or intimidation, that the applicant was hindered in the exercise of his right of individual petition (see *Manoussos v. the Czech*

Republic and Germany (dec.), no. 46468/99, 9 July 2002, and *Matyar v. Turkey*, no. 23423/94, §§ 158-59, 21 February 2002).

162. Turning to the circumstances of the present case, the Court notes that during the evening of 31 March 2011 an official from the local military prosecutor's office came to the applicant's flat. The official stated that he was conducting an inquiry at the request of the Representative of the Russian Federation at the European Court of Human Rights. He asked questions about the applicant's family life and requested him to produce documents. The official remained in the flat for about an hour and left only after the applicant had signed a written statement refusing to answer his questions.

163. The Court accepts that the applicant and his family felt intimidated and frightened by the prosecutor's visit to their home. However, there is no evidence that the visit – which apparently pursued the aim of obtaining up-to-date information about the applicant's family situation for the purpose of the Government's submissions to the Court (see paragraphs 41 and 156 above) – and the circumstances attending it were calculated to induce the applicant to withdraw or modify his complaint or otherwise interfere with the effective exercise of his right of individual petition, or indeed had this effect. Thus, the authorities of the respondent State cannot be held to have hindered the applicant in the exercise of his right of individual petition. Accordingly, the respondent State has not breached its obligations under Article 34 of the Convention.

III. APPLICATION OF ARTICLE 41 OF THE CONVENTION

164. Article 41 of the Convention provides:

> "If the Court finds that there has been a violation of the Convention or the Protocols thereto, and if the internal law of the High Contracting Party concerned allows only partial reparation to be made, the Court shall, if necessary, afford just satisfaction to the injured party."

A. Damage

165. The applicant claimed 400,000 euros (EUR) in respect of non-pecuniary damage. In respect of pecuniary damage, he claimed 59,855.12 Russian roubles (RUB), representing the bonuses he would have received if he had not been subjected to disciplinary sanctions for his absence during his parental leave.

166. The Government submitted that the claim for pecuniary damage was not substantiated by any documents. The applicant had been subjected to disciplinary sanctions even before the birth of his child. He had moreover received financial aid in an amount exceeding the losses allegedly sustained

by him. The claim for non-pecuniary damage was excessive. The applicant had been granted parental leave and had received financial aid. He had not therefore suffered any distress in connection with the alleged violation of the Convention.

167. The Court observes that the applicant did not submit any documents to substantiate his claim for pecuniary damage. It therefore rejects that claim.

168. As regards non-pecuniary damage, the Court considers that the applicant must have suffered distress and frustration as a result of the discrimination on grounds of sex to which he had been subjected. Making its assessment on an equitable basis, the Court awards the applicant EUR 3,000 for non-pecuniary damage, plus any tax that may be chargeable on the above amount.

B. Costs and expenses

169. Relying on a legal-fee agreement, the applicant claimed EUR 5,000 for legal fees incurred before the Grand Chamber.

170. The Government considered the amounts claimed by the applicant to be excessive. The applicant was granted legal aid. The case was not a complex one and did not require much work on the part of the representatives. Moreover, according to the legal-fee agreement, the applicant was to pay his representatives RUB 160,000, that is about EUR 4,000.

171. According to the Court's case-law, an applicant is entitled to reimbursement of his costs and expenses in so far as it has been shown that these have been actually and necessarily incurred and are reasonable as to quantum. In the present case, regard being had to the documents in its possession and to the fact that legal aid was paid to the applicant, the Court considers it reasonable to award the sum of EUR 3,150, plus any tax that may be chargeable to the applicant on that amount.

C. Default interest

172. The Court considers it appropriate that the default interest rate should be based on the marginal lending rate of the European Central Bank, to which should be added three percentage points.

FOR THESE REASONS, THE COURT

...

2. *Holds* by sixteen votes to one that there has been a violation of Article 14 of the Convention taken in conjunction with Article 8;

3. *Holds* by fourteen votes to three that the respondent State has not failed to comply with its obligations under Article 34 of the Convention;
4. *Holds* by fourteen votes to three
(a) that the respondent State is to pay the applicant, within three months, the following amounts, to be converted into Russian roubles at the rate applicable at the date of settlement:
(i) EUR 3,000 (three thousand euros), plus any tax that may be chargeable, in respect of non-pecuniary damage;
(ii) EUR 3,150 (three thousand one hundred and fifty euros), plus any tax that may be chargeable to the applicant, in respect of costs and expenses;
(b) that from the expiry of the above-mentioned three months until settlement simple interest shall be payable on the above amounts at a rate equal to the marginal lending rate of the European Central Bank during the default period plus three percentage points;
5. *Dismisses* unanimously the remainder of the applicant's claim for just satisfaction.

Done in English and in French, and delivered at a public hearing in the Human Rights Building, Strasbourg, on 22 March 2012.

Johan Callewaert
Deputy to the Registrar

Nicolas Bratza
President

In accordance with Article 45 § 2 of the Convention and Rule 74 § 2 of the Rules of Court, the following separate opinions are annexed to this judgment:

(a) partly concurring and partly dissenting opinion of Judge Pinto de Albuquerque;

(b) partly dissenting opinion of Judge Kalaydjieva;

(c) partly dissenting opinion of Judge Nußberger joined by Judge Fedorova;

(d) dissenting opinion of Judge Popović.

N.B.
J.C.

PARTLY CONCURRING, PARTLY DISSENTING OPINION OF JUDGE PINTO DE ALBUQUERQUE

The *Markin* case is about the role of parents in the early stages of a child's life and the justification for a special parental status of servicemen. I concur with the decision of the Court regarding the finding of a violation of Article 8 taken in conjunction with Article 14, although for reasons significantly different from those adduced in the judgment. These reasons relate to the nature of the right to parental leave, which can only be properly assessed in the light of the evolving protection of social rights by the European Convention on Human Rights ("the Convention"). In addition, I find it important, for both practical and theoretical reasons, to analyse separately the double nature of the discrimination suffered by the applicant as a serviceman: in relation to servicewomen (the sexual-discrimination issue) and in relation to civilian men (the professional-discrimination issue). Finally, I dissent on the finding that there has been no violation of Article 34.

The dissenting opinion

The peaceful enjoyment of the applicant's home

I dissent as far as the complaint based on Article 34 is concerned. I find the interference with the applicant's right to the peaceful enjoyment of his home during the night unacceptable. Regardless of the precise hour the visit to the applicant's home began, it is not disputed that it went on through the night. The Court has repeatedly repudiated any related contact by the national authorities with the applicant and his family while the complaint is pending before the Court. In the present case, two elements compound the gravity of the interference. Firstly, the interference took place during the night in the applicant's home, in other words, in a space of particular intimacy and at a time of significant vulnerability for the applicant and his family. Secondly, the information which was required by the enquiring official could have been obtained elsewhere and in another manner. The authorities chose the wrong method to gather the information they were looking for. If they did not intend to intimidate, the fact remains that their behaviour was objectively intimidating and was felt as such by the applicant and his family, thus resulting in a breach of Article 34.

The concurring opinion

The nature of the right to parental leave

Parental leave is a period of time, immediately subsequent to maternity leave, of authorised absence from work, during which the employment contract or relationship and the rights resulting from it are safeguarded. *The right to parental leave is a Convention right.* Parental leave does not only come within the scope of Article 8 of the Convention, by promoting family life and affecting the way in which it is organised. It derives directly from Article . Parental leave is protected by Article 8 of the Convention in as much as it is an essential guarantee of the bond between a parent and his or her child at a time of particular vulnerability and special need for the child. The family ties which are thus protected may be based on a biological relationship of motherhood or fatherhood, or a legal relationship of adoption, or any other legally equivalent relationship. The right to parental leave is a fundamental Convention right which belongs to the core of the human rights of the family.

The right to parental leave thus has two complementary facets: firstly, it is a social right, which safeguards the position of a worker with regard to his or her employment; and, secondly, it is also a Convention right, which protects the bond between parent and child. In other words, the right to parental leave is not an *ex novo* Convention right, but an additional facet of the right to respect for family life which the Convention as a living instrument certainly encompasses. Some major practical consequences flow from this reasoning. Firstly, States have a positive obligation to create a legal system of parental leave. Secondly, parental leave is protected by Article 8 of the Convention independently of any discriminatory infringement of Article 14.

The Court has been increasingly open to admitting the protection of social rights under the Convention through its Article 14. According to established jurisprudence, Article 14 covers not only the enjoyment of the rights foreseen by the Convention but also those rights that "fall within the ambit" of a Convention provision and that a State has chosen to guarantee, even if in so doing it goes beyond the requirements of the Convention itself[1]. Based on this method of interpretation, the Court has reproached

1. This principle was expressed for the first time by the Court in the *Case "relating to certain aspects of the laws on the use of languages in education in Belgium" v. Belgium* (merits), 23 July 1968, p. 33, § 9, Series A no. 6). In other words, Article 14 also applies when "the subject matter of the disadvantage ... constitutes one of the modalities of the exercise of a right guaranteed" (*National Union of Belgian Police v. Belgium*, 27 October 1975, § 45, Series A no. 19) or the measures complained of are "linked to the exercise of a right guaranteed" by the Convention (*Schmidt and Dahlström v. Sweden*, 6 February 1976, § 39, Series A no. 21). The Court has added that the notion of discrimination within the meaning of Article 14 includes cases where a person or group is treated, without proper justification, less favourably than another, even though the more favourable treatment is not called for by the Convention (*Abdulaziz,*

the discriminatory application of social rights which come within the ambit of Convention provisions[1]. *But social rights have also been derived directly from Convention provisions without any reference to discriminatory treatment of the applicant*, such as the right to medical treatment for people under the State's authority[2], the right to medical treatment for every citizen[3], the right to a healthy environment[4], the right to housing[5], the right to an old-age pension[6], the right to collective negotiations and the right to strike[7].

Cabales and Balkandali v. the United Kingdom, 28 May 1985, § 82, Series A no. 94).

1. Such as different tax-exemption regimes for residents and non-residents (*Darby v. Sweden*, 23 October 1990, §§ 33-34, Series A no. 187), different emergency-assistance regimes for nationals and non-nationals (*Gaygusuz v. Austria*, 16 September 1996, § 50, *Reports of Judgments and Decisions* 1996-IV), different contributory obligations for unmarried childless men aged 45 or over and unmarried childless women of the same age (*Van Raalte v. the Netherlands*, 21 February 1997, § 43, *Reports* 1997-I), different pension-entitlement regimes of married women and married men (*Wessels-Bergervoet v. the Netherlands*, no. 34462/97, § 54, ECHR 2002-IV), different pension-entitlement regimes for former servicemen (*Bucheň v. the Czech Republic*, no. 36541/97, §§ 74-76, 26 November 2002) and different pension-entitlement regimes for nationals and non-nationals (*Andrejeva v. Latvia* [GC], no. 55707/00, §§ 88-91, ECHR 2009).

2. This right has been construed upon Article 3 (*İlhan v. Turkey* [GC], no. 22277/93, § 87, ECHR 2000-VII; *Kudła v. Poland* [GC], no. 30210/96, §§ 91-94, ECHR 2000-XI; *Mouisel v. France*, no. 67263/01, §§ 40-42, ECHR 2002-IX; *Paladi v. Moldova* [GC], no. 39806/05, § 71, 10 March 2009; *V.D. v. Romania*, no. 7078/02, §§ 94-99, 16 February 2010; and *Slyusarev v. Russia*, no. 60333/00, § 43, 20 April 2010).

3. This right has been based on Article 8 (*Glass v. the United Kingdom*, no. 61827/00, §§ 74-83, ECHR 2004-II; *Tysiąc v. Poland*, no. 5410/03, §§ 107-08, ECHR 2007-I; and *A, B and C v. Ireland* [GC], no. 25579/05, § 245, ECHR 2010) or on Article 2 (*Oyal v. Turkey*, no. 4864/05, § 72, 23 March 2010).

4. This right has been derived from Article 8 (*López Ostra v. Spain*, 9 December 1994, § 51, Series A no. 303-C; *Guerra and Others v. Italy*, 19 February 1998, §§ 57- 60, *Reports* 1998-I; *Hatton and Others v. the United Kingdom* [GC], no. 36022/97, §§ 96-99, ECHR 2003-VIII; and *Georgel and Georgeta Stoicescu v. Romania*, no. 9178/03, §§ 61-62, 26 July 2011) or from Article 2 (*Öneryıldız v. Turkey* [GC], no. 48939/99, § 90, ECHR 2004-XII). In a case of conflicting social rights, the Court has even decided that the State's positive obligation to protect the environment prevails over the obligation to protect a minority's way of life in the relevant regulatory planning framework (*Chapman v. the United Kingdom* [GC], no. 27238/95, §§ 96, 113-15, ECHR 2001-I).

5. The failure to provide proper housing has been censured under Article 3 (*Moldovan and Others v. Romania (no. 2)*, nos. 41138/98 and 64320/01, §§ 107 (g) and 110, ECHR 2005-VII, and *M.S.S. v. Belgium and Greece* [GC], no. 30696/09, §§ 263-64, ECHR 2011) or under Article 8 (*Marzari v. Italy* (dec.), no. 36448/97, 4 May 1999, with regard to an "individual suffering from a severe disease", and *Stanková v. Slovakia*, no. 7205/02, §§ 60-62, 9 October 2007, which finds the reasoning of the Constitutional Court "convincing"). The Court has even been prepared to assess public policies on housing from the perspective of their impact on the rights of owners (*James and Others v. the United Kingdom*, 21 February 1986, § 46, Series A no. 98; *Mellacher and Others v. Austria*, 19 December 1989, § 45, Series A no. 169; *Spadea and Scalabrino v. Italy* , 28 September 1995, § 29, Series A no. 315-B; and *Hutten-Czapska v. Poland* [GC], no. 35014/97, §§ 224-25, 239, ECHR 2006-VIII).

6. The Court considered that a "wholly insufficient" pension raised an issue under Article 3 (*Larioshina v. Russia* (dec.), no. 56869/00, 23 April 2002, and *Budina v. Russia* (dec.), no. 45603/05, 18 June 2009) or under Article 2 (*Kutepov and Anikeyenko v. Russia*, no. 68029/01, § 62, 25 October 2005, and *Huc v. Romania and Germany* (dec.), no. 7269/05, § 59, 1 December 2009).

7. The Court derived the right to collective negotiations foreseen by Article 6 of the European Social

An additional right to a fair procedure in the determination of one's social rights has been established[1].

The acknowledgment of social rights under the Convention by the Court faces two principled critiques. It has been pointed out that, by doing so, the Court oversteps its remit and imposes international obligations which the Contracting Parties to the Convention did not agree upon, since the founding fathers intended to recognise in the Convention only civil and political rights[2]. This argument is flawed for two reasons. Firstly, it ignores the purpose of the Convention as a treaty which envisages the "development" of human rights in the light of the Universal Declaration on Human Rights, where economic and social rights are foreseen. This clear intention is expressed in the Preamble to the Convention and is confirmed by the Convention provisions on the right to join a trade union and the prohibition of forced labour, and the subsequent adoption of Protocols on the right to property and the right to education[3]. In addition, there is no

Charter from the freedom to form trade unions, as provided for in Article 11 of the Convention, in spite of the fact that the respondent State had not accepted Article 6 when it ratified the Charter (*Demir and Baykara v. Turkey* [GC], no. 34503/97, §§ 153 and 154, ECHR 2008). This approach was reiterated in *Enerji Yapi-Yol Sen v. Turkey* (no. 68959/01, §§ 24, 31-32, 21 April 2009), which acknowledged the right to strike under Article 11 of the Convention.

1. Such as procedures for the determination of sickness allowances (*Feldbrugge v. the Netherlands*, 29 May 1986, § 40, Series A no. 99), social security allowances based on an industrial-accident insurance scheme (*Deumeland v. Germany*, 29 May 1986, § 75, Series A no. 100) or reversionary pensions (*Massa v. Italy*, 24 August 1993, § 26, Series A no. 265-B). The positive obligation to establish a judicial system which ensures effective protection of a social right has already been determined by the Court (*Danilenkov and Others v. Russia*, no. 67336/01, § 136, ECHR 2009).

2. See, for instance, Renucci, *Traité de Droit Européen des Droits de l'Homme*, Paris, 2007, pp. 492-93. In the same vein there is the criticism according to which, since there is no clear definition of a right which "falls within the ambit" of a provision of the Convention, no dividing line has been drawn between those cases which should be dealt with under Article 14 of the Convention and those that should be examined in accordance with Article 1 of Protocol No. 12, and therefore any right set forth by national law could artificially be considered to "fall within the ambit" of the Convention itself (for example, Tomuschat, "Social rights under the European Charter on Human Rights", in Breitenmoser (Hrsg.), *Human Rights, Democracy and the Rule of Law:* Liber Amicorum *Luzius Wildhaber*, Zürich, 2007, p. 862-63, Sudre, "La protection des Droits Sociaux par la Cour Européenne des Droits de l'Homme: Un Exercise de « Jurisprudence Fiction »?", in *Revue Trimestrelle des Droits de l'Homme*, 55, 2003, p. 770, and Lucas-Albertini, *Le Revirement de Jurisprudence de la Cour Européenne des Droits de l'Homme*, Brussels, 2008, p. 326).

3. See on the social content of the Convention, among others, Pellonpää, "Economic, social and cultural rights", in MacDonald/Matscher/Petzold (eds.), *The European system for the protection of human rights*, Dordrecht, 1993, pp. 859-66, Costa, "La Cour Européenne des Droits de l'Homme et la Protection des Droits Sociaux", in *Revue Trimestrelle des Droits de l'Homme*, 21, 2010, pp. 212-16, and Eichenhofer, "Der sozialrechtliche Gehalt der EMRK-Menschenrechte", in Hohmann-Dennhardt/Masuch/Villiger, *Festschrift für Renate Jaeger, Grundrechte und Solidarität, Durchsetzung und Verfahren*, 2011, pp. 628-35.

unequivocal dividing line between civil rights and social rights, and most of the civil rights have social and economic derivations[1].

Secondly, the disputed argument neglects the nature of the Convention as a "living instrument", which evolves and adapts to the actual circumstances of Europeans. Whilst the preparatory work in respect of the Convention shows a special concern of the founding fathers for the protection of civil and political rights on a continent recently devastated by war and the concomitant grave human rights breaches[2], that concern does not correspond to the circumstances of Europeans today. The petrification of the Convention would not only depart from the common rules of treaty interpretation, which leave a supplementary role to the preparatory work and give preference to the letter, purpose and object of the provision (see Article 31 § 1 of the Vienna Convention on the Law of Treaties): it would also ultimately disregard the true intention of the founding fathers, namely to create an instrument for the guarantee of rights that are practical and effective, not theoretical and illusory.

It is also argued that the inherently vague and technical nature of social rights makes them judicially unenforceable. Social rights are said to be mere aspirational policy goals or action programmes directed at the political and administrative branches of the State and do not lend themselves to any judicial review. This argument overlooks the notion of a minimum core of fundamental rights[3]. Social rights, as any other fundamental rights, have a

1. See *Airey v. Ireland*, 9 October 1979, § 26, Series A no. 32. Cases involving financial implications for the State are not necessarily off limits for the Court, since the implementation of basic civil rights does imply public costs. The provision of State-paid legal and interpretative assistance is a good example. In fact, civil and social rights are interdependent and interrelated. There is no watertight division into two separate sets of human rights. In this sense, see, for instance, the preamble to the European Social Charter, the preamble to the Optional Protocol to the International Covenant on Economic, Social and Cultural Rights, the Vienna Declaration and Programme of Action, proclaimed by the World Conference on Human Rights (A/CONF.157/23, 12 July 1993, § 5), and Recommendation 1415 of 23 June 1999 of the Parliamentary Assembly of the Council of Europe.

2. See *Travaux préparatoires* 1, p. 194.

3. The notion of minimum core obligations as developed by the United Nations Committee on Economic, Social and Cultural Rights must be taken in account. In its General Comment No. 3, the Committee was "of the view that a minimum core obligation to ensure the satisfaction of, at the very least, minimum essential levels of each of the rights [was] incumbent upon every State party." (see General Comment No. 3, UN doc. E/1991/23, § 10, confirmed by General Comment No. 12, UN doc. E/2000/22, § 17, General Comment No. 13, E/C.12/1999/10, § 57, General Comment No. 14, UN doc. E/C.12/2000/4, §§ 43-47, and General Comment No. 15, UN doc. E/C.12/2002/11, §§ 37-40, General Comment No. 17, E/C.12/GC/17, § 39, General Comment No. 18, E/C.12/GC/18, § 31, General Comment No. 19, E/C.12/GC/19, § 59, and General Comment No. 21, E/C.12/GC/21, § 55). The Limburg Principles on the Implementation of the ICESCR (UN Doc. E/CN.4/1987/19) and the Maastricht Guidelines on Violations of Economic, Social and Cultural Rights (UN Doc. E/C.12/2000/13) have further clarified States' obligations in the field of economic and social rights. In its Resolution 1993/14, the Commission on Human Rights urged States to "consider identifying specific national benchmarks designed to give effect to the minimum core obligation to ensure the satisfaction

minimum core which can and should be determined and enforced by courts, according this task the greatest relevance especially in times of financial hardship, when social rights are the first to be neglected[1]. *If wide latitude is given to the State to take the appropriate social-policy measures, the Court's role is to determine whether they fall within the bounds of "reasonableness"*[2]. The reasonableness of State social policy is assessed in terms of its proportionality in the sense that it must not only cater even-handedly for all social groups,

---

of minimum essential levels of each of the [economic, social and cultural] rights". In its Annual Report of 1994, the Inter-American Commission on Human Rights declared that "the obligation of member States to observe and defend the human rights of individuals within their jurisdictions, as set forth in both the American Declaration and the American Convention, obligates them, regardless of the level of economic development, to guarantee a minimum threshold of these rights". The Committee of Ministers of the Council of Europe (Recommendation R (2000) 3 of 19 January 2000), as well as the European Committee of Social Rights, also defended the need for legal protection of a minimum level of certain social rights (for the position of the Committee, see Mikkola, *Social Human Rights in Europe*, Porvoo, 2010, pp. 316-17). Finally, renowned international law scholars have supported this approach, such as Alston, "Out of the abyss: the challenges confronting the new U.N. Committee on Economic, Social and Cultural Rights", in *Human Rights Quarterly*, 9, 1987, pp. 352-53, Craven, *The International Covenant on Economic, Social and Cultural Rights: A perspective on its development*, Oxford, 1995, pp. 141-43, Liebenberg, "Adjudicating social rights under a transformative Constitution", in Langford (ed.), *Social rights jurisprudence, Emerging trends in international and comparative law*, Cambridge, 2008, pp. 89-91, Fredman, *Human Rights Transformed, Positive rights and positive duties*, Oxford, 2008, pp. 84-87, Tushnet, *Weak Courts, Strong Rights*, Princeton, 2009, pp. 242-47, and Kerdoun, "La Place des Droits Économiques, Sociaux et Culturels dans le Droit International des Droits de l'Homme", in *Revue Trimestrelle des Droits de l'Homme*, 22, 2011, p. 511.

1. Stressing this point, Alexy, in *A Theory of Constitutional Rights*, Oxford, 2002, p. 344, writes: "it is precisely in times of crisis that even a minimal constitutional protection of social rights seems indispensable". The exact same thought may be found in Alston/Quinn, "The nature and scope of States Parties' obligations under the International Covenant on Economic, Social and Cultural Rights", in *Human Rights Quarterly*, 9, 1987, p. 164: "Endeavours to ensure respect for human rights must be pursued in bad times as well as the good times. Indeed, it is in periods of extreme hardship, whether of an economic or political nature, that human rights guarantees assume their greatest relevance", and Dankwa/Flinterman/Leckie, "Commentary to the Maastricht Guidelines on Violations of Economic, Social and Cultural Rights", in *Human Rights Quarterly*, 20, 1998, p. 717: "Every State that has accepted legal obligations … agrees that under all circumstances, including periods characterized by resource scarcity, basic minimum obligations and corresponding essential rights remain in place".

2. For the assessment of the "reasonableness" of policy choices on social rights, see the recent cases of *Valkov and Others v. Bulgaria*, nos. 2033/04, 19125/04, 19475/04, 19490/04, 19495/04, 19497/04, 24729/04, 171/05 and 2041/05, §§ 91-97, 25 October 2011 (not final); *Bah v. the United Kingdom*, no. 56328/07, §§ 37 and 50, ECHR 2011; and *Schuitemaker v. the Netherlands* (dec.), no. 15906/08, 4 May 2010; and those mentioned above on the right to housing. The principle of the judiciability of social rights in European human rights law is shared by universal human rights law (see CESCR General Comment No. 3, cited above, §§ 4-5, General Comment No. 9, E/C.12/1998/24, § 10, the Limburg Principles, cited above, § 19, and the Maastricht Guidelines, cited above, § 22) and Inter-American human rights law (Inter-American Court of Human Rights, *Acevedo Buendia et al. v. Peru*, 1 July 2009, §§ 102-03, and Inter-American Commission on Human Rights, Report on Admissibility and Merits No. 38/09, 27 March 2009, §§ 140-47) and African human rights law (African Commission on Human and Peoples' Rights, *The Social and Economic Rights Action Center for Economic and Social Rights (SERAC) v. Nigeria*, Communication No. 155/96, 27 May 2002, §§ 61, 62, 64, 68, and *Purohit and Moore v. Gambia*, Communication No. 241/2001, 29 May 2003, §§ 81-83).

but must also counterbalance factual inequalities and pay special attention to the most vulnerable social groups[1]. For instance, a social-policy measure will be "unreasonable", that is disproportionate, if it makes no provision for those most in need. A point of confluence is then found between the implementation of a "reasonable" social policy and the obligatory guarantee of the minimum core of the social right[2]. As Justice William Brennan so eloquently put it, "public assistance, then, is not mere charity, but a means to 'promote the general Welfare, and secure the Blessings of Liberty to ourselves and our Posterity'"[3].

The preceding considerations lead inevitably to the following conclusion: *a social right can legitimately be derived from a Convention provision, even when such right is foreseen in the European Social Charter and the Contracting Party is not bound by the relevant provision of that Charter*[4]. Thus, the fact

1. See *Case "relating to certain aspects of the laws on the use of languages in education in Belgium"v. Belgium* (merits), 23 July 1968, p. 34, § 10, Series A no. 6 ("certain legal inequalities tend only to correct factual inequalities"), *Stec and Others v. the United Kingdom* [GC], nos. 65731/01 and 65900/01, §§ 51 and 66, ECHR 2006-VI, *D.H. and Others v. the Czech Republic* [GC], no. 57325/00, §§ 175, 181-82, ECHR 2007-IV, *Oršuš and Others v. Croatia* [GC], no. 15766/03, §§ 147-48, 182, ECHR 2010, *Andrle v. the Czech Republic*, no. 6268/08, § 48, 17 February 2011, and *Oyal v. Turkey*, no. 4864/05, 23 March 2010. The same approach has been adopted by the European Committee of Social Rights (*International Association Autism-Europe (IAAE) v. France*, Complaint no. 13/2002, decision of 4 November 2003, § 53), following in the footsteps of some national courts, such as the German Constitutional Court (see the ground-breaking decision of 18 June 1975, BVerfGE 40, 133, on a constitutional right to a "*menschenwürdigen Existenzminimums*"), the Swiss Federal Court (see the leading case of *V. v. Einwohnergemeinde X. und Regierungsrat des Kantons Bern*, decision of 9 June 2006, on an implied constitutional right to "*conditions minimales d'existence*") and, as part of a transformative Constitution, the Portuguese Constitutional Court (see decisions 39/1984, 330/1989, 148/1994, 62/2002 and 509/2002 on the constitutional guarantee of a minimum "social income" and of a "social minimum adequate for a decent life" in the public sector with regard to health and education). This European standard corresponds to the universal human rights standard (see CESCR, General Comment No. 3, cited above, § 12, "Statement by the Committee: An evaluation of the obligation to take steps to the 'maximum of available resources' under an optional protocol to the Covenant", E/C.12/2007/1, 10 May 2007, § 4, the Limburg Principles, cited above, § 39, and the Maastricht Guidelines, cited above, § 20) and the Inter-American human rights criterion (*Pueblo Bello Massacre v. Colombia*, judgment of 31 January 2006, §§ 111, 123, *Comunidad Indígena Yakye Axa v. Paraguay*, judgment of 17 June 2005, §§ 68, 167-68, and *Villagrán-Morales et al. v. Guatemala*, 19 November 1999, §§ 144, 191).

2. This confluence of criteria has been admitted by the CESCR, in its "Statement by the Committee", cited above, § 8 (f), and the Constitutional Court of South Africa in *Government of the Republic of South Africa and Others v. Grootboom and Others*, Case CCT 11/00, 4 October 2000, §§ 33, 36, 44, *Minister of Health and Others v. Treatment Action Campaign and Others*, Case CCT 8/02, 5 July 2002, §§ 34, 79, and in *Mazibuko and Others v. City of Johannesburg and Others*, CCT 39/09, 8 October 2009, § 67, and the Joint Committee on Human Rights of the House of Lords, Twenty-Ninth Report: Economic and social rights, 10 August 2008, §§ 172, 181. It should be noted that this confluence does not produce perfectly overlapping criteria, since the "reasonableness" (or proportionality) test does not cover exclusively minimum obligations. There may be cases where minimum obligations are met, but States are still failing to provide "reasonable" (proportionate) social policy measures.

3. *Goldberg v. Kelly*, 397 U.S. 254, 1970.

4. Renowned legal scholars have pointed precisely in the direction of the protection of social rights

alone that Article 27 § 2 of the European Social Charter guarantees the right to parental leave does not impede the acknowledgment of parental leave as a Convention right under Article 8 of the Convention, even if the Contracting Party has not accepted the former. In the instant case, it is noteworthy that the respondent State has accepted Article 27 § 2 of the European Social Charter, like almost all other States Parties to the Convention, and this enhances the undisputed nature of the right in the face of international law. Scientific and legal arguments can be presented to evidence this evolving right in the light of the Convention.

Evidence of the paramount importance of the physical and psychological relationship between parent and child at the very early stage of the child's life has been put forward in scientific studies. These studies have shown clear benefits of parental leave, including reduced infant-mortality rates and long-term effects on children's cognitive and socio-emotional outcomes. In other words, there is a trade-off between parental leave and the child's health and academic performance[1]. Were such a right to parental leave not protected and effected, the general well-being of the child would be significantly prejudiced and the bond between parent and child would be considerably weakened. Parental leave has thus proved to be an essential instrument of social policy to guarantee the general well-being of the child and the healthy development of family ties.

foreseen by the European Social Charter under the European Convention on Human Rights (Sudre, cited above, pp. 761-66, and Arandji-Kombé, "Quelques perspectives pour les 10 prochaines années?", in Olivier De Schutter (coord.), *The European Social Charter: A Social Constitution for Europe*, Brussels, 2010, p. 159).

1. See, among others, Cools/Fiva/Kirkebøen, *Causal effects of paternity leave on children and parents*, Discussion Papers No. 657, Statistics Norway, 2011; Rege/Solli, *The Impact of Paternity Leave on Long-term Father Involvement*, Cesifo Working Paper no. 3130, 2010; Lamb, *The Role of the Father in Child Development*, Hoboken, 2010; Liu/Skans, "The duration of paid parental leave and children's scholastic performance", in *The B.E. Journal of Economic Analysis and Policy*, 2010, vol. 10; Han/Ruhm/Waldfogel, "Parental leave policies and parents' employment and leave taking", in *Journal of Policy Analysis and Management*, 2009, Vol. 28, No. 1; Gupta/Smith/Verner, *Child Care and Parental Leave in the Nordic Countries: A Model to Aspire to?*, IZA Discussion Paper No. 2014, 2006; Tanaka/Waldfogel, "Effects of Parental Leave and Work Hours on Fathers' Involvement with their Babies", in *Community, Work and Family*, 10, 2007, No. 4; Tanaka, "Parental Leave and Child Health Across OECD Countries", in *The Economic Journal*, 2005, 115, pp. 7-28; Ruhm, "Parental Employment and Child Cognitive Development", in *Journal of Human Resources*, 2004, vol. 39, pp. 155-92; Jaumotte, *Labour force participation of women: empirical evidence on the role of policy and other determinants in OECD countries*, OECD Economic Studies, 2004; Tamis-Lemonda/Cabrera, *Handbook of Father Involvement: Multidisciplinary Perspectives*, Mahwah, NJ, 2002; Ermisch/Francesconi, "Family Structure and Mothers' Behaviour and Children's Achievements", in *Journal of Population Economics*, 2001, pp. 249-70. Parental leave also facilitates upward social mobility for children coming from low-income families (Esping-Andersen, "Untying the Gordian Knot of Social Inheritance", *Research in Social Stratification and Mobility*, 21, 2004, pp. 115-39, and Waldfogel, *Social Mobility, Life Chances and the Early Years*, CASE paper 88, 2004).

Besides the mounting scientific evidence as to the utmost importance of parental leave, there is also an established international consensus on the recognition of a right to parental leave. Out of thirty-three member States of the Council of Europe, only one does not provide for parental leave at all, two States provide for parental leave only in the case of women and all the remaining States grant parental leave to both men and women. Servicemen and servicewomen benefit from a legal regime that is the same as, or similar to, that of civilians, except in five countries where only servicewomen are entitled to such leave. The political institutions of the Council of Europe have enshrined this consensus in a number of resolutions and recommendations[1]. Within the European Union, the Directive on parental leave (Council Directive 96/34/EC of 3 June 1996, revised by Council Directive 2010/18/EU of 8 March 2010) represents the binding standard for member States of the Union, according to which parental leave is, in principle, available to both parents as a non-transferable, individual entitlement[2]. This consensus in European human rights law is reflected in international labour law, which has repeatedly acknowledged the right to parental leave since the 1980s, as evidenced by a number of recommendations of the International Labour Organisation (ILO): the Workers with Family Responsibilities Recommendation (R165), 1981, § 22 (1) to (3), the Part-Time Work Recommendation (R182), 1994, § 13, and the Maternity Protection Recommendation (R191), 2000, § 10 (3) to (5). Lastly, universal human rights law has joined the above-mentioned consensus. The United Nations Committee on Economic, Social and Cultural Rights (CESCR) has noted that the implementation of Article 3 of the International Covenant on Economic, Social and Cultural Rights, in relation to Article 9, requires, *inter alia*, guaranteeing adequate maternity

1. Resolution 1274 (2002) of the Parliamentary Assembly of the Council of Europe on Parental leave urged member States to guarantee the principle of paid parental leave including adoption leave. The same message was sent in Recommendation 1769 (2006) on the need to reconcile work and family life, where the Assembly stressed that parental leave should be made available to both fathers and mothers, "taking special care to ensure that men are actually able to use it". Committee of Ministers Recommendation No. R (96) on reconciling work and family life and Recommendation Rec(2007)17 on gender-equality standards reiterated the same right, with the possibility of taking the leave on a part-time basis and of sharing it between parents. Finally, Recommendation Rec(2010)4 on the human rights of members of the armed forces stated clearly the right of servicemen and servicewomen to enjoy maternity and paternity leave.

2. The Court of Justice of the European Union has already decided that clauses of the framework agreement on parental leave annexed to the Council Directive can be relied on by individuals before a national court (case C-537/07, judgment of 16 July 2009, *Gomez Limon*, and, on the nature of this right, Henion/Le Barbier-Le Bris/Del Sol, *Droit Social Européen et International*, Paris, 2010, pp. 326-27).

leave for women, paternity leave for men, and parental leave for both men and women[1].

As a result of this wide international consensus in European and universal human rights law and international labour law, the approach taken by the Court in Petrovic v. Austria *is manifestly outdated.* The basic argument presented at that time, according to which the majority of member States of the Council of Europe did not provide for parental leave for fathers, does not correspond anymore to reality today. But coherence demands that conclusions must be drawn from this new consensus. *If it is correct to conclude that no reason remains for a distinction on the basis of sex with respect to parental leave, it is all the more to be concluded that the right to parental leave itself is now understood by almost all member States of the Council of Europe and the international community in general to be an integral part and a constitutive element of the legal protection of the family and the parent-child relationship.* Therefore, it can be inferred that the cost of parental leave is not likely to place an unnecessary and impractical burden on the State's resources. In other words, the argument can no longer be made that the cost of human rights protection in this particular area does not derive from the choices of the legitimate representatives of the people. The common ground between laws of member States of the Council of Europe and international legal standards reveals a new facet of the right to respect for family life – a facet which has gained broad democratic legitimacy.

Consequently, *there is a positive obligation for the Contracting Parties to the Convention to provide for a legal system of parental leave*[2]. States are free to create a system of shared entitlement for men and women to parental leave or an individual right to parental leave, which cannot be transferred to the other parent. In order to promote gender equality, States may approve a paternity quota of leave that can only be taken by the father and is lost if he does not use it. Although the rules set by the Directive on parental leave are binding for countries in the European Union, the

1. General comment No. 16 (2005), E/C.12/2005/4, 11 August 2005, § 26.

2. It is standing case-law of the Court to acknowledge the existence of positive obligations for the States to promote and guarantee the effective enjoyment of family life, going back to the *Marckx* case (*Marckx v. Belgium*, 13 June 1979, § 31, Series A no. 31). This obligation may consist in providing for an adequate legislative framework which promotes in practical and effective terms the right to respect for family life, as was firstly affirmed in the case of *X and Y v. the Netherlands* (26 March 1985, §§ 23, 28-30, Series A no. 91). In regard to the bond between the child and his or her parents, the Court has even admitted that "the State must act in a manner calculated to enable that tie to be developed and legal safeguards must be established that render possible as from the moment of birth or as soon as practicable thereafter, the child's integration in his family" (*Iglesias Gil and A.U.I. v. Spain*, no. 56673/00, § 49, ECHR 2003-V). More specifically, the Inter-American Court of Human Rights has affirmed the State's obligation to adopt the "the measures required for children's existence to develop under decent conditions" (Advisory Opinion OC-17/2002 of 28 August 2002, § 80, and point 7 of the Opinion).

Convention does not impose the same legal standard in view of the lack of a European consensus as to the exact form, duration and conditions of parental leave among all member States of the Council of Europe. Yet the regime governing the right to parental leave, as those that govern any other social rights, is not entirely subject to the discretion of political majorities. Some fundamental features of this right can be ascertained in the light of the Convention and such a regime is therefore subject to the supervision of the Court. The classic Achilles heel of social rights being their effectiveness and judicial enforceability, a clear definition of the scope of competences of the legislature and the judiciary in the implementation of social rights is of the utmost importance.

Firstly, *the right to parental leave benefits all citizens without any distinction based on sex or professional status*. The armed forces, the police and domestic servants are not excluded from the beneficiaries of this fundamental right[1]. The same applies to part-time workers, fixed-term contract workers or persons with a contract of employment or employment relationship with a temporary agency. The implementation of the right to parental leave within the private sector of the economy is the result of the horizontal effect of the human rights protection system[2].

Secondly, *the right to parental leave has a minimum content*. The ultimate objective of reconciliation of work, private and family life for working parents, and equality between men and women with regard to labour-market opportunities and treatment at work, must be borne in mind when establishing the form, duration and conditions of parental leave. At the end of a period of parental leave, workers have the right to return to the same job or, if that is not possible, to an equivalent job consistent with their employment contract or relationship. Rights acquired or in the process of being acquired by the worker on the date on which parental leave starts must be maintained as they stand until the end of parental leave. Workers must be protected against less favorable treatment or dismissal on the grounds of an application for, or the taking of, parental leave. States are free to decide whether parental leave is granted on a full-time or part-time basis, in a piecemeal manner or in the form of a time-credit system, as well as to make entitlement to parental leave subject to a period of work qualification and/or

1. This has also been the firm position of the European Committee of Social Rights, as shown by the respective reports on the situation in the contracting States with regard to Article 27 § 2 of the Charter.
2. International liability may be engaged for State omission with regard to private actors' conduct contrary to economic and social rights (for example, African Commission on Human and Peoples' Rights, *SERAC v. Nigeria*, cited above, Inter-American Commission on Human Rights, *Maya Indigenous Communities of the Toledo District v. Belize*, report No. 40/04, Case 12.053, and Committee on the Elimination of Discrimination against Women, *A.T. v. Hungary*, 2/2003, and Human Rights Committee, *Länsmann v. Finland no. 2*, Communication No. 671/1995).

a length of service qualification, but States may not, for instance, require an excessive qualifying period. States are also free to define the circumstances in which an employer is allowed to postpone the granting of parental leave as long as postponement is exclusively justified by extraordinary reasons related to the operation of the employer's organisation.

Thirdly, *to guarantee the right to parental leave is an obligation of result*, which the State is bound to achieve within a reasonable period of time through adequate legislative instruments[1]. This right may be restricted or even annulled in exceptional circumstances[2], since the State is not constrained by a rigid principle of non-retrogression of social rights as long as retrogressive measures pursue general welfare aims and are implemented progressively and proportionately[3].

1. Social rights are usually viewed as corresponding to obligations of conduct, the State being bound to take all reasonable legislative and administrative measures in order to achieve the progressive realisation of the right within available resources and without any time constraint. But the existence of social rights corresponding to obligations of result is also accepted. In its very first decision, the European Committee of Social Rights decided that the respect for the minimum labour age of 15 years required the *de facto* suppression and the effective punishment of all the practices contrary to this standard (*International Commission of Jurists v. Portugal*, Complaint No. 1/1998, § 32). Later, the Committee considered that the mere act of approval of legislative measures to provide handicapped people with education and professional orientation was not enough, since States should ensure that these legislative measures do have a concrete and practical effect. When the implementation of a social right was "exceptionally complex and particularly expensive", some flexibility was admitted, but the social right should be implemented in "reasonable time, with measurable progress and to an extent consistent with the maximum use of available resources" (*International Association Autism-Europe (IAAE) v. France*, cited above, § 53, and *European Roma Rights Centre v. Bulgaria*, Complaint No. 31/2005, § 37). In particular, a time-limit for the introduction of adequate legislative changes may be appropriate in certain cases, as the Court allowed in *Šekerović and Pašalić v. Bosnia and Herzegovina*, nos. 5920/04 and 67396/09, 8 March 2011. In exceptional cases, an obligation of result may be imposed on the State for an indefinite period of time (*Oyal*, cited above).
2. A social right may be annulled if it was granted on an erroneous basis (*Iwaszkiewicz v. Poland*, no. 30614/06, § 55, 26 July 2011) or a false statement of the beneficiary (*Rasmussen v. Poland*, no. 38886/05, § 71, 28 April 2009) or by a totalitarian regime for the personal benefit of a member of the ruling party (see, *mutatis mutantis*, *Tesař and Others v. the Czech Republic*, no. 37400/06, § 73, 9 June 2011), but the annulment may not deprive the beneficiary of his or her basic means of subsistence (*Moskal v. Poland*, no. 10373/05, §§ 73-75, 15 September 2009).
3. For an assessment of retrogressive legislation, see *Valkov and Others*, cited above, and for retrogression resulting from a collective agreement, see *Aizpurua Ortiz and Others v. Spain*, no. 42430/05, 2 February 2010. The European approach is substantively close to the universal human rights standard (International Court of Justice, *Legal Consequences of the Construction of a Wall in the Occupied Palestinian Territory, Advisory Opinion, I.C.J. Reports* 2004, § 136, CESCR General Comment No. 3, cited above, § 9, General Comment No. 13, cited above, § 45, General Comment No. 14, cited above, §§ 29, 32, General Comment No. 17, cited above, § 27, General Comment No. 18, cited above, § 21, General Comment No. 21, cited above, §§ 46, 65, "Statement by the Committee", cited above, 10 May 2007, §§ 9-10, Committee on the Elimination of Racial Discrimination, *Ms .L.R. et al. v. Slovakia*, Communication No. 31/2003, CERD/C/66/D/31/2003, § 10.7, and among legal scholars, Craven, quoted above, pp. 129-34) and the Inter-American human rights standard (Inter-American Commission, report no. 27/09, case 12.249, merits, *Jorge Odir Miranda Cortez et al. v. El Salvador*, 20 March 2009, § 106, and Inter-American Court, *Five Pensioners Case*, judgment of 28 February 2003, § 147).

Discrimination against servicemen

In view of the minimum core of the Convention right to parental leave, as described above, a discriminatory legal regime of parental leave or the discriminatory application of a regime of parental leave will breach Article 8 taken separately and in conjunction with Article 14. This is true in the present case. I find that the denial of parental leave to the applicant was based on a combination of two different discriminatory grounds: military status and sex. The impugned discrimination has a twofold legal nature: there is not only sex discrimination between servicemen and servicewomen, since servicewomen are treated better than servicemen, but also discrimination based on professional status, since civilian men are treated better than servicemen. I will deal separately with these two kinds of discriminatory treatment, with the purpose of showing that the less favourable treatment of servicemen lacks justification in any event. In addition to the theoretical importance of separating the different grounds of discrimination, a major practical consequence will be relevant for the purposes of Article 46.

Discrimination based on sex

Russian servicemen do not have a statutory right to parental leave, while servicewomen do have such a right. The discrepancy is established by the law between men and women, independently of their actual ranks and duties within the armed forces. The blanket and general nature of the legal provision in question, which does not allow for balanced solutions according to the functions of different service personnel, shows that a category of citizens (servicemen) was singled out by the legislature only on account of their gender. Neither the preponderance of servicemen in the armed forces nor the "special role of mothers in the upbringing of children" can be invoked to justify such a radical difference in treatment. In fact, only a minimal percentage of civilian men take parental leave in Russia, according to the statistics. If such a percentage is replicated in the armed forces, no major changes are to be expected in the normal life of the military services. Furthermore, tradition alone does not suffice to justify any discrimination[1]. The discriminatory character of this regime stands out when one takes into account the fact that civilians, both men and women, are all entitled to the same legal benefits. If the Russian legislature is prepared to accept equality between civilian men and women who benefit from the

1. Of particular interest in this regard is the Vienna Declaration and Programme of Action, adopted by the World Conference on Human Rights, Vienna, 25 June 1993 (cited above, Part I, chap III, § 18). In the same vein, the Maastricht Guidelines (cited above, § 8).

same period of parental leave, it is difficult to understand why such equality is not guaranteed between servicemen and servicewomen.

Discrimination based on professional status

The discriminatory nature of the legal regime of parental leave in Russia can also be viewed from another perspective. A comparison between servicemen and civilian men shows that the first are treated with less generosity by the national law. The defensive nature of the functions of the men engaged by the Russian armed forces is not a decisive argument. Firstly, no factual evidence was presented of any concrete danger to the operational effectiveness of the armed forces due to the possible parental leave taken by servicemen. Secondly, there are alternative solutions for the organisation of military personnel to allow for servicemen who take their parental leave to be replaced without prejudice to the normal functioning of the services and to suspend parental leave in case of exceptional circumstances, such as the imminence of war.

In order to comply with international obligations under the Convention, a legal solution must be found that avoids discrimination based both on sex and professional status. Lowering the parental status of servicewomen to the current status of their fellow servicemen would not only unreasonably diminish the degree of social protection afforded to servicewomen, but it would also put all military personnel in an unjustified lesser legal standing in relation to civilians. Such a solution would not solve the problem of discrimination based on professional status.

In view of the nature of the right to parental leave as a constituent element of a dignified life standard, one should recall the lesson of Montesquieu on the State's obligation to provide to every citizen "a way of life which does not counter health"[1]. By properly guaranteeing the general enjoyment of the right to parental leave, the respondent State will simultaneously ensure the right of children to healthy development and comply with a fundamental family right and a basic assurance for all workers.

1. "Quelques aumônes que l'on fait à un homme nu dans les rues, ne remplissent point les obligations de l'État, qui doit à tous les citoyens une subsistance assurée, la nourriture, un vêtement convenable, et un genre de vie qui ne soit point contraire à la santé", Montesquieu, *De l'Esprit des lois*, Livre XXIII, chap. XXIX, 1758.

PARTLY DISSENTING OPINION OF JUDGE KALAYDJIEVA

Like the majority, I see no reason to question the respondent Government's statement that the deputy military prosecutor's visit to Mr Markin's home in the late evening of 31 March 2011 was related to the applicant's proceedings before the Court. I share the conclusion that this visit caused *intimidation and fear to the applicant and his family*.

Unlike the majority, however, I am unable to dismiss the applicant's complaints under Article 34 because "*there* [was] *no evidence that th*[is] *visit ... and the circumstances attending it were* calculated to induce the applicant to withdraw or modify his complaint *or otherwise interfere with the effective exercise of his right of individual petition*, or indeed had this effect".

In my view this reasoning shifts the burden of proof in the context of States Parties' negative obligations, by requiring an individual to "prove beyond doubt" that the authorities' action was intended, or "calculated", to prevent the free exercise of the right of individual petition guaranteed by the Convention. Under Article 34 States Parties undertake "*not to hinder in any way the effective exercise*" of this right – even if it is exercised in an abusive manner. In such circumstances the authorities should be required to provide a plausible explanation for the purpose of any contacts with applicants with regard to pending Convention proceedings and to demonstrate that their conduct was lawful and necessary in the pursuit of a legitimate aim in the public interest. I am not persuaded by the respondent Government's explanations in this regard. I also fail to understand the relevance to the Convention proceedings of facts concerning the applicant's subsequent personal life – the fact that he remarried in 2008 and had a fourth child with Ms Z. later that year, or that he left the army in 2010 for health reasons. In fact the Government did not rely on any of the prosecutor's findings before the Grand Chamber. In these circumstances, the late visit and questioning "related to the Convention proceedings" remain unwarranted. Regardless of whether there was an intention to dissuade Mr Markin from pursuing his complaints before the Court, he was informed that the visit was related to them and it was carried out in a manner which clearly could have been perceived as threatening, thus causing feelings of intimidation and fear to him and his family. This suffices to render the authorities accountable for a failure to respect their undertaking "*not to hinder in any way the effective exercise*" of the right of individual petition as guaranteed by Article 34 of the Convention.

I am also unable to adhere to the majority's view that the absence of an achieved *effect* of withdrawal or amendment of complaints may be regarded as indicative for the extent to which the authorities succeeded, or failed, in meeting this undertaking. Such a criterion risks making the exercise of the right of individual petition dependent on the threshold of tolerance by applicants to any form of pressure. In other words, it would depend on whether they are able or sufficiently courageous to sustain the resulting intimidation without withdrawing or modifying their complaints. I am not convinced that this approach would reflect the spirit of Article 34 correctly.

PARTLY DISSENTING OPINION OF JUDGE NUßBERGER JOINED BY JUDGE FEDOROVA

I wholeheartedly support the decision of the majority in the present case. However, I cannot agree with the Court's finding under Article 41. As a violation of Article 8 taken in conjunction with Article 14 has been found, it is fair to grant the applicant costs and expenses. But in the specific circumstances of the case I am opposed to an award for non-pecuniary damage in addition.

The case is about equality between men and women. Without any reasonable justification Russian law treats servicemen and servicewomen differently for the purposes of parental leave. It is therefore a question of principle for the Court to react to such an inequality, which touches upon the fundamental values enshrined in the Convention.

However, whilst it is true that in the present case the applicant was treated *differently* from women, that does not mean that his treatment was *worse* in every respect. On the contrary, even though he had to wait for a year before being granted parental leave and even though he received only an *ex gratia* payment and not a payment based on law, it is obvious that ultimately the financial aid he was awarded (5,900 euros (EUR)) was far greater than a servicewoman would have received in his place (see paragraph 45 of the judgment: 40% of the salary for only a year and a half with a minimum amount of EUR 37.50 per month).

In a case about equality and inequality, it is impossible not to take into account this important factor. Therefore, I find it somewhat paradoxical to award EUR 3,000 for non-pecuniary damage in addition to the *ex gratia* payment the applicant has already received. Even if he has suffered distress and frustration as a result of discrimination on grounds of sex, this has been largely compensated for by the *ex gratia* payment. The applicant's "net gain" might be misunderstood as an invitation to fight for social benefits in Strasbourg.

Therefore I am of the opinion that the Chamber's approach was much wiser. In the present case, the finding of a violation would have constituted in itself sufficient just satisfaction.

DISSENTING OPINION OF JUDGE POPOVIĆ

Much to my regret I could not follow the majority of colleagues in this case. My disagreement is not based on the arguments the majority developed, but mostly on the assessment of facts. It concerns two different aspects. One of these pertains to Article 8 taken in conjunction with Article 14 of the Convention, whereas the other is related to Article 34 of the Convention.

A. Article 8 in conjunction with Article 14 of the Convention

1. The applicant stated he had divorced his wife by way of mutual agreement on 6 October 2005. He alleged that his community of life with his ex-spouse had ceased immediately afterwards, thus obliging him to raise their three children alone. He also submitted to the Court that his wife had left for another city several days after the divorce, which in fact occurred only six days after she had given birth to their third child. On the basis of such submissions the majority found that the community of life of the former spouses had effectively ceased.

At this point my finding runs counter to that of the majority, for it seems that many significant elements of the common life of the former spouses persisted, despite the fact that they had agreed to divorce. These elements are the following.

(a) The applicant's ex-spouse allegedly signed an employment contract in the city to which she purported to have moved. However the contract has never been duly registered with the authorities. It remains unclear whether it has ever produced proper effects for the purposes of labour law.

(b) The applicant's ex-spouse has never obtained a passport stamp confirming the divorce.

(c) Although it was stipulated in the divorce agreement that his ex-wife should pay child allowances to the applicant, she has never done so. The applicant has not reacted to this behaviour of his former wife in any possible way. He has neither demanded payments from her, nor brought any action against her, as he was entitled to do according to the law, on the basis of the divorce agreement.

(d) The fact that the applicant's ex-spouse represented him in a case before a court of law in an unrelated matter clearly shows the persistence of their mutual understanding, of which the applicant denied the existence exclusively in respect of matters concerning his application to this Court.

(e) The applicant continued to live in the city in which he had lived with his ex-spouse and did not change address after the divorce, for he remained in the flat that had previously been shared with his ex-wife's parents, who continued living with the applicant and his children.

(f) It is beyond any doubt that the applicant's lodging in the same flat as his ex-spouse's parents has never been interrupted, and this is a fact that in many important aspects has maintained an unaltered environment for his children, even though their mother had allegedly left for another city.

(g) The events concerning the applicant's divorce started on 6 October 2005, whereas on 1 April 2008 the applicant remarried his ex-spouse.

(h) The applicant's fourth child was born in August 2010. The child's mother is the woman the applicant had divorced on 6 October 2005 and whom he remarried on 1 April 2008.

On the grounds of the above-mentioned facts I find that, despite a formal divorce, the community of life between the applicant and the mother of his four children has never been substantially interrupted.

Regretfully, this point was not elucidated by the majority, although it warranted the Court's attention, as it had to be considered whether the applicant's behaviour was not guided by the idea of acting *in fraudem legis domesticae*.

The circumstances mentioned above, taken in their entirety, thus lead me to find that the applicant in the present case did not have victim status.

2. Even assuming that the majority were justified in finding that the applicant nevertheless had victim status, he should be considered to have lost it for the following reasons.

(a) The applicant obtained leave from service to an extent which almost equalled his request.

(b) Apart from the fact that the applicant was indeed granted leave from service, he was awarded by the authorities a considerable amount of money on an *ex gratia* basis, corresponding to more than six months of salary.

For the reasons I have thus set out, I find the Government's objection as to the applicant's victim status under Article 8 of the Convention to be justified and in my view the objection should be sustained. Consequently I consider that under Article 37 § 1 (b) of the Convention the matter has been resolved, and this should in my opinion have led to the striking out of the application from the Court's list in so far as it concerned Article 8 of the Convention taken in conjunction with Article 14.

B. Article 34 of the Convention

3. The second aspect of my disagreement with the majority is related to its finding that there has been no violation of Article 34 of the Convention in the present case. The Contracting Parties are obliged by that provision

not to hinder in any way the effective exercise of the right of individual application to the Court.

The Grand Chamber held in *Akdivar and Others v. Turkey* (16 September 1996, § 105, *Reports of Judgments and Decisions* 1996-IV) that, owing to their vulnerable position, applicants to this Court must not be exposed to "behaviour on the part of the authorities ... amounting to a hindrance in respect of the applicants in breach of [the above-mentioned] provision".

I consider the conduct of the authorities *vis-à-vis* the applicant in the present case to be in violation of Article 34 of the Convention, as interpreted in the light of the rule in *Akdivar and Others* that I have just quoted. This opinion is based on the fact that the applicant was visited one evening at his home, where he lived with his family, by an official belonging to the military prosecutor's service. The purpose of the visit, according to the Government's submissions to the Court, consisted in clarifying certain facts. However, the whole set of circumstances concerning this particular event leads me to conclude that there has been a violation of Article 34 of the Convention. The reasons for such a conclusion are the following.

(a) The official's visit was not announced in advance. Its abrupt character had an effect of surprise and put pressure on the applicant.

(b) The Government failed to provide any evidence that the applicant had been summoned to make a statement in order to clarify the facts concerning his family situation, instead of having to provide clarifications at home upon a surprise visit by a State official.

(c) The official's visit had no grounds in the domestic law of the respondent State. It was instigated by the respondent Government's Agent before this Court and this clearly demonstrates its connection to the application lodged with the Court, accordingly attracting the protection of Article 34 of the Convention.

(d) The prosecutor in question, during his visit, warned the applicant that if he failed to produce certain documents, which he was by no means under a legal duty to do, the investigation would be conducted by way of questioning the applicant's neighbours.

These are the elements which I find sufficient to prove that the applicant has been hindered in the exercise of his right of individual application to the Court under Article 34 of the Convention. I am therefore of the opinion that there has been a violation of Article 34 of the Convention in the present case.

FRANCESCO SESSA c. ITALIE

(Requête nº 28790/08)

DEUXIÈME SECTION

ARRÊT DU 3 AVRIL 2012[1]

1. Texte français original. Extraits.

SOMMAIRE[1]

Refus de reporter une audience tombant le jour d'une fête juive

Article 9

Liberté de religion – Refus de reporter une audience tombant le jour d'une fête juive – Ingérence – Prévue par la loi – Présence du représentant du plaignant facultative – Possibilité de remplacer l'avocat à l'audience – Absence de restriction ou de pression à manifester sa religion ou sa conviction – Buts légitimes – Protection des droits et libertés d'autrui – Droit des justiciables de bénéficier d'un bon fonctionnement de l'administration de la justice – Respect du délai raisonnable de la procédure – Proportionnalité

*

* *

Avocat de profession, le requérant, de confession juive, participa en sa qualité de représentant d'un des plaignants à une audience devant le juge des investigations préliminaires relative à la production d'un moyen de preuve. Le juge titulaire étant empêché, son remplaçant invita les parties à choisir la date de renvoi de l'audience parmi deux possibilités, à savoir les 13 et 18 octobre 2005, selon le calendrier déjà établi par le juge titulaire. Le requérant fit valoir que les deux dates correspondaient à des fêtes juives, respectivement Yom Kippour et Souccot, et affirma son impossibilité à être présent à l'audience de renvoi en raison de ses obligations religieuses. Le juge fixa la date de l'audience au 13 octobre 2005. Le requérant déposa une demande de renvoi de l'audience à l'attention du juge titulaire de l'affaire ainsi qu'une plainte pénale à son encontre. Sa demande de renvoi fut rejetée. La plainte pénale du requérant fut classée sans suite en 2008 au motif qu'aucun élément du dossier n'indiquait l'intention de violer son droit à exercer librement le culte juif ni la volonté d'offenser sa dignité en raison de sa confession religieuse.

Article 9 : le juge des investigations préliminaires décida de ne pas faire droit à la demande de report du requérant sur la base des dispositions du code de procédure pénale au sens desquelles seule l'absence du ministère public et du conseil du prévenu justifie le renvoi de l'audience qui vise la production immédiate d'un moyen de preuve, la présence du conseil du plaignant n'étant en revanche pas nécessaire. La Cour n'est pas persuadée que la fixation de l'audience litigieuse à une date correspondant à une fête juive ainsi que le refus de la reporter à une autre

1. Rédigé par le greffe, il ne lie pas la Cour.

date puissent s'analyser en une restriction au droit du requérant à exercer librement son culte. Tout d'abord, il n'est pas contesté que l'intéressé a pu s'acquitter de ses devoirs religieux. En outre, le requérant, qui devait s'attendre à ce que sa demande de report soit refusée conformément aux dispositions de la loi en vigueur, aurait pu se faire remplacer à l'audience litigieuse afin de s'acquitter de ses obligations professionnelles. L'intéressé n'a pas démontré avoir subi des pressions visant à le faire changer de conviction religieuse ou à l'empêcher de manifester sa religion ou sa conviction. Quoi qu'il en soit, même à supposer l'existence d'une ingérence dans le droit du requérant protégé par l'article 9 § 1, celle-ci, prévue par la loi, se justifiait par la protection des droits et libertés d'autrui, et en particulier le droit des justiciables de bénéficier d'un bon fonctionnement de l'administration de la justice et le respect du principe du délai raisonnable de la procédure ; elle a observé un rapport raisonnable de proportionnalité entre les moyens employés et le but visé.
Conclusion : non-violation (quatre voix contre trois).

Jurisprudence citée par la Cour

Knudsen c. Norvège, n° 11045/84, décision de la Commission du 8 mars 1985, Décisions et rapports 42
Kokkinakis c. Grèce, 25 mai 1993, série A n° 260-A
Konttinen c. Finlande, n° 24949/94, décision de la Commission du 3 décembre 1996, Décisions et rapports 87-B
Stedman c. Royaume-Uni, n° 29107/95, décision de la Commission du 9 avril 1997, Décisions et rapports 89-B
Kalaç c. Turquie, 1er juillet 1997, *Recueil des arrêts et décisions* 1997-IV
Casimiro et Ferreira c. Luxembourg (déc.), n° 44888/98, 27 avril 1999
Kosteski c. « l'ex-République yougoslave de Macédoine », n° 55170/00, 13 avril 2006

En l'affaire Francesco Sessa c. Italie,

La Cour européenne des droits de l'homme (deuxième section), siégeant en une chambre composée de:

Françoise Tulkens, *présidente*,
Dragoljub Popović,
Isabelle Berro-Lefèvre,
András Sajó,
Guido Raimondi,
Paulo Pinto de Albuquerque,
Helen Keller, *juges*,

et de Françoise Elens-Passos, *greffière adjointe de section*,

Après en avoir délibéré en chambre du conseil le 6 mars 2012,

Rend l'arrêt que voici, adopté à cette date:

PROCÉDURE

1. A l'origine de l'affaire se trouve une requête (n° 28790/08) dirigée contre la République italienne et dont un ressortissant de cet Etat, M. Francesco Sessa («le requérant»), a saisi la Cour le 3 juin 2008 en vertu de l'article 34 de la Convention de sauvegarde des droits de l'homme et des libertés fondamentales («la Convention»).

2. Le requérant est représenté par Me M. Cozza, avocate à Salerne. Le gouvernement italien («le Gouvernement») est représenté par son agent, Mme E. Spatafora.

3. L'intéressé se plaint notamment d'une violation de sa liberté de manifester sa religion.

4. Le 6 juillet 2009, la présidente de la deuxième section a décidé de communiquer la requête au Gouvernement. Comme le permet l'article 29 § 1 de la Convention, il a en outre été décidé que la chambre se prononcerait en même temps sur la recevabilité et le fond.

EN FAIT

I. LES CIRCONSTANCES DE L'ESPÈCE

5. Le requérant est né en 1955 et réside à Naples.

6. De confession juive, l'intéressé est avocat. Le 7 juin 2005, il participa à une audience portant sur la production immédiate d'un moyen de preuve (« *incidente probatorio* ») devant le juge des investigations préliminaires («le GIP») de Forlì en qualité de représentant de l'un des deux plaignants à

l'origine d'une procédure pénale dirigée contre plusieurs banques. Siégeant à la place du GIP en charge de l'affaire, qui était empêché, son remplaçant invita les parties à choisir l'une des deux dates de renvoi que celui-ci avait déjà retenues, à savoir le 13 ou le 18 octobre 2005.

7. Le requérant fit observer que ces deux dates correspondaient à deux fêtes juives – Yom Kippour et Souccot – et déclara être dans l'incapacité de participer à l'audience de renvoi en raison de ses obligations religieuses. Il précisa qu'il était membre de la communauté juive de Naples et dénonça une violation des articles 4 et 5 de la loi n° 101 du 8 mars 1989 régissant les rapports entre l'Etat et l'Union des communautés juives italiennes.

8. Le GIP fixa la date de l'audience au 13 octobre 2005.

9. Le même jour, le requérant déposa une demande de renvoi de l'audience à l'attention du GIP en charge de l'affaire. Le 20 juin 2005, après avoir examiné la demande en question, le GIP décida de la verser au dossier sans statuer.

10. Le 11 juillet 2005, l'intéressé porta plainte contre le GIP en charge de l'affaire et le remplaçant de celui-ci, leur reprochant d'avoir violé l'article 2 de la loi n° 101 de 1989. Le même jour, le requérant en informa le Conseil supérieur de la magistrature.

11. A l'audience du 13 octobre 2005, le GIP releva que l'intéressé était absent pour « raisons personnelles » et demanda aux parties de prendre position sur la demande de renvoi du 7 juin. Le ministère public et les avocats des prévenus se déclarèrent opposés à cette demande, faisant notamment valoir que celle-ci n'était pas fondée sur un motif de renvoi reconnu par la loi. A l'inverse, l'avocat de l'autre plaignant appuya la demande du requérant.

12. Par une ordonnance du même jour, le GIP rejeta la demande de renvoi de l'intéressé. Pour se prononcer ainsi, il releva d'abord que, selon l'article 401 du code de procédure pénale, seule la présence du ministère public et celle de l'avocat du prévenu étaient requises aux audiences portant sur la production immédiate d'un moyen de preuve, celle de l'avocat du plaignant n'étant que facultative. Il observa ensuite que le code de procédure pénale n'imposait pas au juge d'ajourner l'audience en cas d'empêchement légitime de comparaître du défenseur du plaignant. Il souligna enfin que de nombreux intervenants (accusés, plaignants, experts commis d'office, experts désignés par les parties) participaient à la procédure et que, « compte tenu de la surcharge de travail de ce bureau, qui [aurait conduit] à reporter l'audience à 2006, le principe du délai raisonnable de la procédure impos[ait] le rejet de cette demande, introduite par une personne n'ayant pas de motif légitime pour solliciter un renvoi ».

13. Le 23 janvier 2006, le Conseil supérieur de la magistrature informa le requérant qu'il n'était pas compétent pour connaître des faits litigieux, les griefs de l'intéressé ayant trait à l'exercice de l'activité juridictionnelle.

14. Entre-temps, le 9 janvier 2006, le parquet d'Ancône avait demandé le classement sans suite de la plainte déposée par le requérant. Ce dernier s'y opposa par un acte du 28 janvier 2006.

15. Par une ordonnance du 21 septembre 2006, le GIP d'Ancône classa la plainte du requérant, relevant que celui-ci n'avait pas formé opposition à la demande de classement formulée par le parquet.

16. Le 19 janvier 2007, l'intéressé se pourvut en cassation, reprochant au GIP de ne pas avoir tenu compte de l'opposition qu'il avait formée le 28 janvier 2006. Estimant que le défaut de prise en compte de l'opposition du requérant était probablement dû à une erreur du greffe, la Cour de cassation annula l'ordonnance du 21 septembre 2006 et renvoya le dossier devant le tribunal d'Ancône.

17. Le 12 février 2008, l'intéressé et le parquet participèrent à une audience devant le GIP d'Ancône. Par une ordonnance du 15 février 2008, ce dernier classa l'affaire. Pour se prononcer ainsi, il releva qu'aucun élément du dossier ne démontrait que le GIP en charge de l'affaire ou celui qui l'avait remplacé à l'audience du 7 juin 2005 avaient eu l'intention de violer le droit du requérant d'exercer librement le culte juif ou d'attenter à la dignité de l'intéressé en raison de sa confession.

II. LE DROIT INTERNE PERTINENT

18. La loi n° 101 du 8 mars 1989 contient des dispositions régissant les rapports entre l'Etat et l'Union des communautés juives italiennes. L'article 2 de cette loi reconnaît le droit de manifester et d'exercer librement la religion juive. Aux termes de l'article 4, l'Italie accorde aux Juifs qui le demandent le droit d'observer le Sabbat, dans le cadre de la flexibilité de l'organisation du travail et sans préjudice des exigences des services essentiels prévus par le système juridique étatique.

L'article 5 de la loi n° 101 assimile au Sabbat Yom Kippour, Souccot et d'autres fêtes juives.

19. Selon l'alinéa 5 de l'article 2 de la loi, les manifestations d'intolérance et de préjugé religieux sont passibles des sanctions prévues par l'article 3 de la loi n° 654 de 1975, qui est la loi de ratification de la Convention internationale sur l'élimination de toutes les formes de discrimination raciale. Selon cette dernière disposition, quiconque diffuse des idées fondées sur la supériorité ou sur la haine raciale ou ethnique, ou incite à commettre des actes de discrimination pour des raisons raciales, ethniques, nationales

ou religieuses, est passible d'une peine d'emprisonnement pouvant aller jusqu'à un an et six mois.

20. Le premier alinéa de l'article 401 du code de procédure pénale, qui régit la procédure tendant à la production immédiate d'un moyen de preuve (« *incidente probatorio* »), se lit ainsi :

> « L'audience se déroule en chambre du conseil avec la participation nécessaire du ministère public et du défenseur de la personne mise en cause par les investigations. Le défenseur de la partie lésée a également la faculté d'y participer. »

EN DROIT

I. SUR LA VIOLATION ALLÉGUÉE DE L'ARTICLE 9 DE LA CONVENTION

21. Le requérant allègue que le refus de l'autorité judiciaire de reporter l'audience litigieuse, fixée à une date correspondant à une fête juive, l'a empêché d'y participer en sa qualité de représentant de l'un des plaignants et a porté atteinte à son droit de manifester librement sa religion. Il invoque l'article 9 §§ 1 et 2 de la Convention, ainsi libellé :

> « 1. Toute personne a droit à la liberté de pensée, de conscience et de religion ; ce droit implique la liberté de changer de religion ou de conviction, ainsi que la liberté de manifester sa religion ou sa conviction individuellement ou collectivement, en public ou en privé, par le culte, l'enseignement, les pratiques et l'accomplissement des rites.
>
> 2. La liberté de manifester sa religion ou ses convictions ne peut faire l'objet d'autres restrictions que celles qui, prévues par la loi, constituent des mesures nécessaires, dans une société démocratique, à la sécurité publique, à la protection de l'ordre, de la santé ou de la morale publiques, ou à la protection des droits et libertés d'autrui. »

22. Le Gouvernement combat cette thèse.

(...)

B. Sur le fond

1. Arguments des parties

29. Le requérant soutient que les magistrats ayant connu de son affaire ont agi dans l'intention de porter atteinte à son droit de manifester librement sa religion.

30. Selon lui, la loi n° 101 de 1989 l'autorisait à s'absenter de son travail à l'occasion des fêtes officielles juives pour pouvoir exercer librement son culte. Par ailleurs, aucune exigence de service inéluctable ne pouvait être invoquée en l'espèce pour limiter ce droit car l'audience du 13 octobre 2005

aurait pu être reportée à une autre date sans nuire au bon déroulement de la procédure et aux droits des autres participants au procès. Faute de porter sur une mesure privative de liberté ou sur les droits d'une personne détenue, l'audience litigieuse n'aurait eu aucun caractère d'urgence. Le report de l'audience ayant été demandé avec un préavis de quatre mois, les autorités auraient eu tout le loisir d'organiser le calendrier des audiences de manière à garantir le respect des différents droits en présence.

31. Le Gouvernement soutient pour sa part qu'il n'y a eu aucune ingérence dans le droit du requérant de manifester librement sa religion puisque celui-ci n'a jamais été empêché de participer aux fêtes juives et d'exercer librement son culte. Il avance que les autorités se sont bornées à veiller à ce que l'intéressé n'entrave pas le fonctionnement des services publics essentiels de l'Etat en exerçant son droit de solliciter le report de l'audience.

32. Selon lui, le droit invoqué par le requérant ne revêtirait pas un caractère absolu. Quand bien même la loi n° 101 de 1989 concernerait les relations de travail entre un avocat et un tribunal, force serait de constater que l'alinéa 2 de l'article 4 de ce texte prévoit expressément que les exigences liées aux services essentiels l'emportent sur le droit de l'individu d'exercer librement son culte. Or l'administration de la justice serait un service essentiel de l'Etat devant primer en toutes circonstances.

En outre, la participation de l'avocat de la partie lésée à l'audience portant sur la production immédiate d'un moyen de preuve ne serait pas obligatoire. En tout état de cause, un avocat empêché de participer à une audience pour des raisons personnelles aurait la possibilité de désigner un remplaçant dans les conditions prévues par l'article 102 du code de procédure pénale. En choisissant de ne pas se prévaloir de cette possibilité, le requérant aurait renoncé à concilier les obligations religieuses liées à son culte avec les exigences de la bonne administration de la justice.

33. Enfin, le renvoi de l'audience litigieuse aurait pu porter atteinte au bon déroulement de la procédure et au droit des vingt et un prévenus à un procès d'une durée raisonnable car, s'il avait été accepté, il aurait fallu notifier une nouvelle date d'audience aux nombreuses personnes intervenant au procès à différents titres.

2. Appréciation de la Cour

34. La Cour rappelle que si la liberté religieuse relève d'abord du for intérieur, elle implique également celle de manifester sa religion, non seulement de manière collective, en public et dans le cercle de ceux dont on partage la foi : on peut aussi s'en prévaloir individuellement et en privé (*Kokkinakis c. Grèce*, 25 mai 1993, § 31, série A n° 260-A). L'article 9

énumère diverses formes que peut prendre la manifestation d'une religion ou d'une conviction, à savoir le culte, l'enseignement, les pratiques et l'accomplissement des rites. Néanmoins, il ne protège pas n'importe quel acte motivé ou inspiré par une religion ou conviction (*Kalaç c. Turquie*, 1er juillet 1997, § 27, *Recueil des arrêts et décisions* 1997-IV, et *Kosteski c. « l'ex-République yougoslave de Macédoine »*, n° 55170/00, § 37, 13 avril 2006).

35. Ainsi, ne relèvent pas de la protection de l'article 9 la révocation d'un agent du service public n'ayant pas respecté ses horaires de travail au motif que l'Eglise adventiste du septième jour, à laquelle il appartenait, interdisait à ses membres de travailler le vendredi après le coucher du soleil (*Konttinen c. Finlande*, n° 24949/94, décision de la Commission du 3 décembre 1996, Décisions et rapports (DR) 87-B, p. 68), ou la mise en retraite d'office, à titre disciplinaire, d'un militaire ayant des opinions intégristes (*Kalaç*, précité; voir également *Stedman c. Royaume-Uni*, n° 29107/95, décision de la Commission du 9 avril 1997, DR 89-B, p. 104, concernant le licenciement d'une salariée par un employeur du secteur privé à la suite du refus de l'intéressée de travailler le dimanche). Dans ces affaires, la Commission et la Cour ont considéré que les mesures prises à l'encontre des requérants par les autorités n'étaient pas motivées par leurs convictions religieuses mais justifiées par les obligations contractuelles spécifiques liant les intéressés à leurs employeurs respectifs.

36. En l'espèce, la Cour observe que le rejet par le juge des investigations préliminaires de la demande de renvoi formulée par le requérant était fondé sur des dispositions du code de procédure pénale d'où il ressort que le renvoi d'une audience portant sur la production immédiate d'un moyen de preuve ne se justifie qu'en cas d'absence du ministère public et du conseil du prévenu, la présence à l'audience du conseil du plaignant n'étant pas nécessaire.

37. Compte tenu des circonstances de l'espèce, la Cour n'est pas convaincue que la fixation de l'audience litigieuse à une date correspondant à une fête juive et le refus de la reporter à une autre date puissent s'analyser en une restriction au droit du requérant d'exercer librement son culte. En effet, il n'est pas contesté que l'intéressé a pu s'acquitter de ses devoirs religieux. En outre, celui-ci *devait s'attendre à ce que sa demande de renvoi soit rejetée conformément aux dispositions de la loi en vigueur et* aurait pu se faire remplacer à l'audience litigieuse afin de satisfaire à ses obligations professionnelles.

La Cour note enfin que le requérant n'a pas démontré avoir subi des pressions visant à le faire changer de conviction religieuse ou à l'empêcher de manifester sa religion ou sa conviction (*Knudsen c. Norvège*, n° 11045/84, décision de la Commission du 8 mars 1985, DR 42, p. 258, et *Konttinen*, précité).

38. Quoi qu'il en soit, même à supposer qu'il y ait eu ingérence dans le droit du requérant au titre l'article 9 § 1, la Cour estime que cette ingérence était prévue par la loi, qu'elle se justifiait par la protection des droits et libertés d'autrui – notamment le droit des justiciables à bénéficier d'un bon fonctionnement de l'administration de la justice et à voir respecter le principe du délai raisonnable de la procédure (paragraphe 12 ci-dessus) – et qu'elle présentait un rapport raisonnable de proportionnalité entre les moyens employés et le but visé (voir, *mutatis mutandis*, *Casimiro et Ferreira c. Luxembourg* (déc.), n° 44888/98, 27 avril 1999).

39. En conséquence, il n'y a pas eu violation de l'article 9 de la Convention.

(...)

PAR CES MOTIFS, LA COUR

(...)

2. *Dit*, par quatre voix contre trois, qu'il n'y a pas eu violation de l'article 9 de la Convention.

Fait en français, puis communiqué par écrit le 3 avril 2012, en application de l'article 77 §§ 2 et 3 du règlement.

Françoise Elens-Passos
Greffière adjointe

Françoise Tulkens
Présidente

Au présent arrêt se trouve joint, conformément aux articles 45 § 2 de la Convention et 74 § 2 du règlement, l'exposé de l'opinion séparée commune aux juges Tulkens, Popović et Keller.

F.T.
F.E.P.

OPINION DISSIDENTE COMMUNE AUX JUGES TULKENS, POPOVIĆ ET KELLER

Nous ne partageons pas la position de la majorité selon laquelle il n'y a pas eu, en l'espèce, violation de l'article 9 de la Convention et nous en expliquons ici les raisons.

1. Les faits de la cause sont relativement simples. En sa qualité d'avocat, le requérant représentait une des deux parties civiles dans une procédure pénale à l'encontre de certaines banques. Le 7 juin 2005, il participa à une audience devant le juge des investigations préliminaires relative à la production d'un moyen de preuve. Le juge titulaire étant empêché, son remplaçant invita les parties à choisir la date de renvoi de l'audience parmi deux possibilités, à savoir les 13 et 18 octobre 2005, selon le calendrier déjà établi par le juge titulaire. Le requérant fit valoir que les deux dates proposées correspondaient à deux fêtes juives (Yom Kippour et Souccot). Le juge fixa néanmoins la date de l'audience au 13 octobre 2005.

2. Le même jour, à savoir le 7 juin 2005, le requérant déposa auprès du juge titulaire une demande de renvoi de l'audience. Le 20 juin 2005, ce dernier, sans statuer sur la demande, versa celle-ci au dossier.

3. A l'audience du 13 octobre 2005, le juge releva que le requérant était absent « pour des raisons personnelles ». Après avoir demandé l'avis du ministère public et des avocats des prévenus, le juge rejeta la demande de renvoi de l'affaire introduite par le requérant le 7 juin 2005, demande qui était pourtant appuyée par l'avocat de l'autre partie civile.

4. L'appréciation de la Cour repose sur un raisonnement assez bref qui, sous son double aspect (l'existence d'une ingérence et la proportionnalité), nous paraît problématique au regard de la liberté de religion qui « figure (...) parmi les éléments les plus essentiels de l'identité des croyants et de leur conception de la vie, mais (...) est aussi un bien précieux pour les athées, les agnostiques, les sceptiques ou les indifférents (...) [et] suppose, entre autres, [la liberté] d'adhérer ou non à une religion et celle de la pratiquer ou non[1] ».

L'existence d'une ingérence

5. Dans un premier temps, la majorité estime qu'il n'y a pas ingérence dans le droit du requérant protégé par l'article 9 de la Convention. Elle constate que la décision du juge des investigations préliminaires de ne pas faire droit à la demande de report du requérant se fonde sur les dispositions

1. *Bayatyan c. Arménie* [GC], n° 23459/03, § 118, CEDH 2011. Voir également, entre autres, *Kokkinakis c. Grèce*, 25 mai 1993, § 31, série A n° 260-A; *Buscarini et autres c. Saint-Marin* [GC], n° 24645/94, § 34, CEDH 1999-I.

du code de procédure pénale aux termes desquelles l'audience visant la production immédiate d'un moyen de preuve se déroule en chambre du conseil avec la participation nécessaire du ministère public et du défendeur de la personne mise en cause par les investigations. La majorité en déduit que la présence du conseil du plaignant n'était donc pas nécessaire (paragraphe 36 de l'arrêt) et que, partant, la fixation de l'audience à une date correspondant à une festivité juive ainsi que le refus de la reporter à une autre date ne peuvent s'analyser en une restriction du droit du requérant à exercer librement son culte (paragraphe 37, alinéa 1, de l'arrêt).

6. Nous ne pouvons partager ce raisonnement. L'article 401 du code de procédure pénale prévoit certes la participation obligatoire du ministère public et de l'avocat du prévenu mais cette disposition précise aussi que « le défendeur de la partie lésée a la faculté d'y participer ». C'est donc à l'avocat et à lui seul que revient, en fonction des intérêts de son client, la décision d'utiliser ou non cette faculté qui lui est reconnue, sans que les autorités judiciaires ne puissent s'immiscer dans l'exercice des droits de la défense ni présumer l'absence de nécessité de sa participation.

7. A l'appui de son argumentation, la majorité note aussi, de manière singulière, que le requérant n'a pas démontré avoir subi des pressions visant à le faire changer de conviction religieuse ou à l'empêcher de manifester sa religion ou sa conviction (paragraphe 37, alinéa 2, de l'arrêt). Il nous semble contraire au droit à la jouissance de la liberté de religion garanti par l'article 9 de la Convention que l'exercice de cette liberté, autant dans sa dimension intérieure qu'extérieure, soit subordonné, voire même conditionné à la preuve par le requérant de pressions qu'il aurait subies.

Un rapport de proportionnalité

8. Dans un second temps, même à supposer l'existence d'une ingérence dans le droit du requérant protégé par l'article 9 § 1 de la Convention, la majorité estime que celle-ci est justifiée par la protection des droits et libertés d'autrui, à savoir le droit des justiciables de bénéficier d'un bon fonctionnement de l'administration de la justice, et qu'il y a un rapport raisonnable de proportionnalité entre les moyens employés et le but visé. Nous ne le pensons pas.

9. Sur l'exigence de proportionnalité, qui permet de déterminer la nécessité de l'ingérence dans une société démocratique, la jurisprudence de la Cour est très claire : le caractère proportionné d'une mesure suppose que, parmi plusieurs moyens permettant d'atteindre le but légitime poursuivi, les

autorités choisissent celui qui est le moins attentatoire aux droits et libertés[1]. Dans cette perspective, la recherche d'un aménagement raisonnable de la situation litigieuse peut, dans certaines circonstances, constituer un moyen moins restrictif d'atteindre l'objet poursuivi[2].

10. Or, en l'espèce, nous pensons que les conditions étaient réunies pour tenter d'arriver à un *aménagement* et un aménagement *raisonnable* – c'est-à-dire qui n'entraîne pas pour les autorités judiciaires une charge disproportionnée – de la situation. Avec quelques concessions, celui-ci aurait permis d'éviter une ingérence dans la liberté religieuse du requérant, sans pour autant compromettre la réalisation du but légitime que constitue de toute évidence la bonne administration de la justice.

11. Tout d'abord, le requérant a immédiatement, dès le moment de la fixation de la date de l'audience, soulevé la difficulté qui était la sienne et demandé le report de celle-ci. Il a donc prévenu les autorités judiciaires quatre mois à l'avance, ce qui leur permettait raisonnablement d'organiser le calendrier des audiences afin de garantir le respect des différents droits en jeu.

12. *A contrario*, la décision *S.H. et H.V. c. Autriche* (n° 18960/91, décision de la Commission du 13 janvier 1993) nous semble reconnaître la force de cet argument. Les requérants, qui étaient juifs pratiquants, critiquaient le refus d'un tribunal autrichien d'accéder à leur demande de report d'une audience en justice prévue dans une affaire les concernant, au motif que la date à laquelle elle était fixée correspondait à une fête juive importante. La Commission laisse entendre que, si les requérants, une fois avertis de la date de l'audience, avaient dûment informé le tribunal de son caractère problématique au regard de leur religion, celui-ci aurait dû établir une nouvelle date. Mais en l'espèce, les requérants ont réagi trop tard : alors qu'il leur a été notifié le 30 mai que l'audience aurait lieu le 4 octobre, ils n'ont écrit au tribunal que le 25 septembre pour en solliciter le report. Compte tenu de la complexité de l'affaire, qui impliquait un grand nombre de personnes, et de la tardiveté de la demande, la Commission considère que la décision du tribunal n'était pas déraisonnable.

13. Ensuite, il n'est pas démontré en l'espèce que la demande du requérant, si elle avait été acceptée, aurait provoqué une telle perturbation dans le fonctionnement du service public de la justice. C'est ce que l'on pourrait appeler le *public-service disturbance test*. L'exigence du délai

1. S. Van Drooghenbroeck, *La Proportionnalité dans le droit de la Convention européenne des droits de l'homme. Prendre l'idée simple au sérieux*, Bruxelles, Bruylant-Publications des Facultés universitaires Saint-Louis, 2001, pp. 190-219.

2. E. Bribosia, J. Ringelheim et I. Rorive, « Aménager la diversité : le droit de l'égalité face à la pluralité religieuse », *Rev. trim. dr. h.*, 2009, pp. 319 et suiv.

raisonnable invoquée par le juge italien pour rejeter la demande du requérant est certainement légitime mais, sans autre explication complémentaire, elle paraît ici plutôt de l'ordre du prétexte. Certes, le report demandé de l'audience pouvait entraîner certains inconvénients administratifs, comme par exemple la nécessité de renouveler la notification de la date d'audience aux parties impliquées. Mais ceux-ci nous paraissent minimes et constituent peut-être le modique prix à payer pour le respect de la liberté de religion dans une société multiculturelle[1].

14. Enfin, il n'apparaît pas davantage du dossier que l'audience en cause revêtait un caractère d'urgence car elle ne concernait pas des mesures privatives de liberté ou des personnes détenues. Si tel avait été le cas, le requérant à son tour aurait été appelé à faire des concessions, comme par exemple se faire remplacer à l'audience.

15. Dans ces conditions, à défaut pour les autorités d'apporter la preuve qu'elles ont développé les efforts raisonnables nécessaires pour permettre le respect du droit du requérant à la liberté de religion garanti par l'article 9 de la Convention, nous estimons qu'il y a eu violation de cette disposition.

1. *Ibidem*, p. 342.

FRANCESCO SESSA v. ITALY
(Application no. 28790/08)

SECOND SECTION

JUDGMENT OF 3 APRIL 2012[1]

1. Translation; original French. Extracts.

SUMMARY[1]

Refusal to adjourn a hearing coinciding with a Jewish religious holiday

Article 9

Freedom of religion – Refusal to adjourn hearing coinciding with a Jewish religious holiday – Interference – Prescribed by law – Attendance of complainant's representative optional – Possibility of arranging for lawyer to be replaced at hearing – No restriction or pressure to manifest his religion or beliefs – Legitimate aims – Protection of rights and freedoms of others – Public's right to proper administration of justice – Compliance with principle that cases be heard within a reasonable time – Proportionality

*

* *

The applicant, who is Jewish and a lawyer by profession, represented a complainant at a hearing before the investigating judge concerning the production of evidence. The judge in charge of the case was prevented from sitting and his replacement asked the parties to choose between two dates for the adjourned hearing – either 13 or 18 October 2005 – in accordance with the timetable previously determined by the investigating judge. The applicant pointed out that both dates coincided with Jewish religious holidays (Yom Kippur and Sukkot respectively) and that his religious obligations would prevent him from attending the hearing. The judge set the hearing down for 13 October 2005. The applicant lodged an application with the investigating judge for an adjournment of the hearing and also lodged a criminal complaint against the judge. His application was rejected. The proceedings concerning the applicant's criminal complaint were discontinued in 2008 on the ground that there was no evidence in the case of an intention to infringe his right to practise his Jewish faith freely or to offend his dignity on account of his religious beliefs.

Held

Article 9: The investigating judge decided not to allow the applicant's request for an adjournment, basing his decision on the provisions of the Code of Criminal Procedure according to which the adjournment of hearings concerning the immediate production of evidence was warranted only where the public prosecutor or counsel for the defendant was absent; the presence of counsel for the complainant was not required. The Court was not convinced that setting the case down for hearing on a

1. This summary by the Registry does not bind the Court.

date which coincided with a Jewish holiday and the refusal to adjourn it to a later date amounted to a restriction on the applicant's right to practise his religion freely. First of all, it was not in dispute between the parties that the applicant had been able to perform his religious duties. Furthermore, the applicant, who should have expected that his request for an adjournment would be refused on the basis of the statutory provisions in force, could have arranged to be replaced at the hearing in question to ensure that he complied with his professional obligations. He had not shown that pressure had been exerted on him to make him change his religious beliefs or to prevent him from manifesting his religion or beliefs. In any event, even supposing that there had been interference with the applicant's rights under Article 9 § 1, such interference, which was prescribed by law, had been justified on grounds of the protection of the rights and freedoms of others – and in particular the public's right to the proper administration of justice – and the principle that cases be heard within a reasonable time. The interference had observed a reasonable relationship of proportionality between the means used and the aim sought to be achieved.
Conclusion: no violation (four votes to three).

Case-law cited by the Court

Knudsen v. Norway, no. 11045/84, Commission decision of 8 March 1985, Decisions and Reports 42
Kokkinakis v. Greece, 25 May 1993, Series A no. 260-A
Konttinen v. Finland, no. 24949/94, Commission decision of 3 December 1996, Decisions and Reports 87-A
Stedman v. the United Kingdom, no. 29107/95, Commission decision of 9 April 1997, Decisions and Reports 89-A
Kalaç v. Turkey, 1 July 1997, Reports of Judgments and Decisions 1997-IV
Casimiro and Ferreira v. Luxembourg (dec.), no. 44888/98, 27 April 1999
Kosteski v. "the former Yugoslav Republic of Macedonia", no. 55170/00, 13 April 2006

In the case of Francesco Sessa v. Italy,

The European Court of Human Rights (Second Section), sitting as a Chamber composed of:

Françoise Tulkens, *President*,
Dragoljub Popović,
Isabelle Berro-Lefèvre,
András Sajó,
Guido Raimondi,
Paulo Pinto de Albuquerque,
Helen Keller, *judges*,

and Françoise Elens-Passos, *Deputy Section Registrar*,

Having deliberated in private on 6 March 2012,

Delivers the following judgment, which was adopted on that date:

PROCEDURE

1. The case originated in an application (no. 28790/08) against the Italian Republic lodged with the Court under Article 34 of the Convention for the Protection of Human Rights and Fundamental Freedoms ("the Convention") by an Italian national, Mr Francesco Sessa ("the applicant"), on 3 June 2008.

2. The applicant was represented by Ms M. Cozza, a lawyer practising in Salerno. The Italian Government ("the Government") were represented by their Agent, Ms E. Spatafora.

3. The applicant alleged, in particular, a violation of his freedom to manifest his religion.

4. On 6 July 2009 the President of the Second Section decided to communicate the application to the Government. It was also decided to rule on the admissibility and merits of the application at the same time (Article 29 § 1 of the Convention).

THE FACTS

I. THE CIRCUMSTANCES OF THE CASE

5. The applicant was born in 1955 and lives in Naples.

6. The applicant is Jewish and a lawyer by profession. On 7 June 2005 he appeared before the Forli investigating judge at a hearing concerning a request for the immediate production of evidence ("*incidente probatorio*") in his capacity as representative of one of the two complainants in criminal

proceedings against several banks. The investigating judge in charge of the case was prevented from sitting and his replacement invited the parties to choose between two dates for the adjourned hearing – either 13 or 18 October 2005 – already identified by the investigating judge.

7. The applicant pointed out that both dates coincided with Jewish religious holidays (Yom Kippur and Sukkot respectively) and stated that he would be unable to attend the adjourned hearing because of his religious obligations. He explained that he was a member of the Naples Jewish community, and alleged a breach of sections 4 and 5 of Law no. 101 of 8 March 1989 governing relations between the State and the Union of Italian Jewish communities.

8. The investigating judge set the hearing down for 13 October 2005.

9. The same day the applicant lodged an application with the investigating judge in charge of the case to have the hearing adjourned. On 20 June 2005, after examining the application, the judge decided to add it to the case file without ruling on it.

10. On 11 July 2005 the applicant lodged a criminal complaint against the investigating judge in charge of the case and his replacement, alleging that they had breached section 2 of Law no. 101 of 1989. The same day he informed the Supreme Council of the Judiciary about the complaint.

11. At the hearing of 13 October 2005, the investigating judge noted that the applicant was absent for "personal reasons" and asked the parties to express their views on the application for an adjournment made on 7 June. The prosecution and counsel for the defendants objected to the application, arguing in particular that it was not based on any of the statutory grounds for adjournment. However, counsel for the other complainant supported the applicant's request.

12. In an order issued the same day the investigating judge rejected the application for an adjournment. He noted at the outset that, under Article 401 of the Code of Criminal Procedure, only the prosecution and counsel for the defendant were required to be present at hearings concerning the immediate production of evidence; the presence of counsel for the complainant was optional. He went on to observe that the Code of Criminal Procedure did not oblige the judge to adjourn a hearing where counsel for the complainant had legitimate reasons for being unable to appear. Lastly, he stressed that a large number of individuals were involved in the proceedings (the defendants, the complainants, court-appointed experts and experts appointed by the parties) and that, "in view of the heavy workload of the office, which would [have meant] adjourning the hearing until 2006, the application, submitted by an individual with no legitimate

reason to request an adjournment, ha[d] to be rejected in accordance with the principle that cases should be heard within a reasonable time".

13. On 23 January 2006 the Supreme Council of the Judiciary informed the applicant that it was not competent to examine the matter since the applicant's complaints related to the exercise of judicial activity.

14. In the meantime, on 9 January 2006, the Ancona public prosecutor's office had requested that no further action be taken on the applicant's complaint. The applicant objected to this request on 28 January 2006.

15. On 21 September 2006 the Ancona investigating judge made an order discontinuing the proceedings concerning the applicant's complaint, noting that the applicant had not objected to the request for no further action submitted by the public prosecutor's office.

16. On 19 January 2007 the applicant lodged an appeal on points of law, complaining of the investigating judge's failure to take account of the objection he had lodged on 28 January 2006. The Court of Cassation, observing that the failure to take the applicant's objection into account had probably been due to a registry error, set aside the order of 21 September 2006 and referred the case back to the Ancona District Court.

17. On 12 February 2008 the applicant and the prosecution attended a hearing before the Ancona investigating judge. On 15 February 2008 the latter issued an order discontinuing the proceedings. He noted that there was nothing in the case file to suggest that the investigating judge in charge of the case or the judge who had replaced him at the hearing of 7 June 2005 had had any intention of infringing the applicant's right to practise his Jewish faith freely or of offending the applicant's dignity on account of his religious faith.

II. RELEVANT DOMESTIC LAW

18. Law no. 101 of 8 March 1989 contains provisions governing relations between the State and the Union of Italian Jewish communities. Section 2 recognises the right to practise and manifest the Jewish religion freely. Under section 4, Italy grants persons of Jewish faith who so request the right to observe the Sabbath, in the context of flexible working arrangements and without prejudice to the requirements of the essential services provided for by the State legal system.

Section 5 of Law no. 101 states that Yom Kippur, Sukkot and other Jewish religious holidays are to be treated in the same way as the Sabbath.

19. According to the fifth paragraph of section 2 of the Law, manifestations of religious intolerance and prejudice are punishable by the penalties provided for in section 3 of Law no. 654 of 1975, which is the Law ratifying the International Convention on the Elimination of all Forms of

Racial Discrimination. Under the latter provision, anyone who disseminates ideas based on superiority or on racial or ethnic hatred, or incites others to commit acts of racial, ethnic, national or religious discrimination, is liable to a prison sentence of up to eighteen months.

20. The first paragraph of Article 401 of the Code of Criminal Procedure, which governs the procedure for the immediate production of evidence ("*incidente probatorio*") reads as follows:

> "The hearing shall take place in private. The public prosecutor and counsel for the defendant shall be required to attend. Counsel for the injured party shall also have the option of attending."

THE LAW

I. ALLEGED VIOLATION OF ARTICLE 9 OF THE CONVENTION

21. The applicant alleged that the refusal of the judicial authority to adjourn the hearing in question, which had been listed for a date corresponding to a Jewish religious holiday, had prevented him from appearing in his capacity as representative of one of the complainants and had infringed his right to manifest his religion freely. He relied on Article 9 §§ 1 and 2 of the Convention, which provide:

> "1. Everyone has the right to freedom of thought, conscience and religion; this right includes freedom to change his religion or belief and freedom, either alone or in community with others and in public or private, to manifest his religion or belief, in worship, teaching, practice and observance.
>
> 2. Freedom to manifest one's religion or beliefs shall be subject only to such limitations as are prescribed by law and are necessary in a democratic society in the interests of public safety, for the protection of public order, health or morals, or for the protection of the rights and freedoms of others."

22. The Government contested that argument.

...

B. Merits

1. The parties' submissions

29. The applicant contended that the judges dealing with his case had acted with the intention of infringing his right to manifest his religion freely.

30. In his view, he was entitled under Law no. 101 of 1989 to be absent from work on official Jewish religious holidays in order to be able to practise his religion freely. Furthermore, no indispensable-service requirement could

be relied upon in the instant case as justification for restricting that right, since the hearing of 13 October 2005 could have been adjourned for another date without adversely affecting the proper conduct of the proceedings and the rights of the other participants in the trial. Since it had not related to a detention measure or to the rights of a person in detention, the hearing in question had not been in any way urgent. As the request for an adjournment had been made four months in advance, the authorities had had ample time to organise the timetable of hearings in such a way as to ensure respect for the various rights at stake.

31. The Government, for their part, submitted that there had been no interference with the applicant's right to manifest his religion freely since he had never been prevented from taking part in Jewish festivals and practising his religion freely. The authorities had simply sought to ensure that the applicant did not hamper the smooth operation of essential State services in exercising his right to request that the hearing be adjourned.

32. In the Government's view, the right relied on by the applicant was not of an absolute nature. Although Law no. 101 of 1989 concerned the professional relationship between lawyers and the courts, it was a fact that the second paragraph of section 4 of the Law stated explicitly that essential-service requirements took precedence over the right of individuals to practise their religion freely. The administration of justice was an essential State service which had to take priority in all circumstances.

Furthermore, the attendance of counsel for the injured party at a hearing concerning the immediate production of evidence was not compulsory. In any event, a lawyer who was prevented from attending a hearing for personal reasons could appoint a replacement under the terms of Article 102 of the Code of Criminal Procedure. In choosing not to avail himself of that option, the applicant had declined to reconcile his religious obligations with the requirements of the proper administration of justice.

33. Lastly, the adjournment of the hearing in question had been liable to affect adversely the proper conduct of the proceedings and to infringe the right of the twenty-one defendants to be tried within a reasonable time, since, had the request for adjournment been accepted, notice of the new hearing date would have had to be sent out to the large number of persons involved in the trial in various capacities.

2. *The Court's assessment*

34. The Court reiterates that while religious freedom is primarily a matter of individual conscience, it also implies freedom to manifest one's religion not only in community with others, in public and within the circle of those whose faith one shares, but also alone and in private (see *Kokkinakis*

v. Greece, 25 May 1993, § 31, Series A no. 260-A). Article 9 lists a number of forms which manifestation of one's religion or belief may take, namely worship, teaching, practice and observance. Nevertheless, Article 9 does not protect every act motivated or inspired by a religion or belief (see *Kalaç v. Turkey*, 1 July 1997, § 27, *Reports of Judgments and Decisions* 1997-IV, and *Kosteski v. "the former Yugoslav Republic of Macedonia"*, no. 55170/00, § 37, 13 April 2006).

35. Thus, for instance, the protection afforded by Article 9 was found not to extend to the dismissal of a public servant who failed to adhere to his working hours on the grounds that the Seventh-day Adventist Church, to which he belonged, prohibited its members from working after sunset on Fridays (see *Konttinen v. Finland*, no. 24949/94, Commission decision of 3 December 1996, Decisions and Reports (DR) 87-A, p. 68), or the compulsory retirement for breaches of discipline of a member of the armed forces with fundamentalist views (see *Kalaç*, cited above; see also *Stedman v. the United Kingdom*, no. 29107/95, Commission decision of 9 April 1997, DR 89-A, p. 104, concerning the dismissal of an employee by her private-sector employer for refusing to work on Sundays). In these cases, the Commission and the Court considered that the measures taken by the authorities in respect of the applicants had not been based on the applicants' religious beliefs but had been justified by the specific contractual obligations between the persons concerned and their respective employers.

36. In the present case the Court observes that the rejection by the investigating judge of the applicant's application for an adjournment was based on provisions of the Code of Criminal Procedure according to which the adjournment of a hearing concerning the immediate production of evidence is warranted only if the public prosecutor or counsel for the defendant is absent; counsel for the complainant is not required to be present at the hearing.

37. In view of the circumstances of the present case, the Court is not convinced that setting the case down for hearing on a date which coincided with a Jewish holiday and refusing to adjourn it to a later date amounted to a restriction on the applicant's right to practise his religion freely. It is not disputed between the parties that the applicant was able to perform his religious duties. Furthermore, he could have expected that his request for an adjournment would be refused on the basis of the statutory provisions in force and could have arranged to be replaced at the hearing in question to ensure that he complied with his professional obligations.

Lastly, the Court notes that the applicant did not demonstrate that pressure had been exerted on him to make him change his religious beliefs or to prevent him from manifesting his religion or beliefs (see *Knudsen v.*

Norway, no. 11045/84, Commission decision of 8 March 1985, DR 42, p. 247, and *Konttinen*, cited above).

38. In any event, even supposing that there was interference with the applicant's rights under Article 9 § 1, the Court considers that it was prescribed by law, was justified on grounds of the protection of the rights and freedoms of others – and in particular the public's right to the proper administration of justice and the principle that cases be heard within a reasonable time (see paragraph 12 above) – and that it observed a reasonable relationship of proportionality between the means employed and the aim sought to be achieved (see, *mutatis mutandis*, *Casimiro and Ferreira v. Luxembourg* (dec.), no. 44888/98, 27 April 1999).

39. Accordingly, there has been no violation of Article 9 of the Convention.

...

FOR THESE REASONS, THE COURT

...

2. *Holds* by four votes to three that there has been no violation of Article 9 of the Convention.

Done in French, and notified in writing on 3 April 2012, pursuant to Rule 77 §§ 2 and 3 of the Rules of Court.

Françoise Elens-Passos
Deputy Registrar

Françoise Tulkens
President

In accordance with Article 45 § 2 of the Convention and Rule 74 § 2 of the Rules of Court, the joint separate opinion of Judges Tulkens, Popović and Keller is annexed to this judgment.

F.T.
F.E.P.

JOINT DISSENTING OPINION OF JUDGES TULKENS, POPOVIĆ AND KELLER

(Translation)

We do not share the position of the majority that there has been no violation of Article 9 of the Convention in the present case. We will explain our reasons below.

1. The facts of the case are relatively straightforward. In his capacity as a lawyer, the applicant represented one of the two civil parties in a set of criminal proceedings against certain banks. On 7 June 2005 he appeared before the investigating judge at a hearing concerning the production of evidence. The judge in charge of the case was prevented from sitting and his replacement invited the parties to choose between two dates for the adjourned hearing – 13 and 18 October 2005 – in accordance with the timetable already drawn up by the judge in charge of the case. The applicant pointed out that both the proposed dates coincided with Jewish religious holidays (Yom Kippur and Sukkot respectively). The judge nevertheless scheduled the hearing for 13 October 2005.

2. On the same day, 7 June 2005, the applicant lodged an application with the judge in charge of the case for the hearing to be adjourned. On 20 June 2005 the latter added the application to the case file without ruling on it.

3. At the hearing on 13 October 2005 the judge observed that the applicant was absent for "personal reasons". After consulting the prosecution and counsel for the defendants, he rejected the application to adjourn the case made by the applicant on 7 June 2005, although counsel for the other civil party had supported the application.

4. The Court's assessment is based on rather brief reasoning which, viewed in terms of both its aspects (the existence of interference and proportionality), appears to us to raise issues as regards freedom of religion, which "is ... one of the most vital elements that go to make up the identity of believers and their conception of life, but ... is also a precious asset for atheists, agnostics, sceptics and the unconcerned ... and entails, *inter alia*, freedom to hold or not to hold religious beliefs and to practise or not to practise a religion"[1].

1. See *Bayatyan v. Armenia* [GC], no. 23459/03, § 118, ECHR 2011. See also, among other authorities, *Kokkinakis v. Greece*, 25 May 1993, § 31, Series A no. 260-A, and *Buscarini and Others v. San Marino* [GC], no. 24645/94, § 34, ECHR 1999-I.

Existence of interference

5. The majority first consider that there was no interference with the applicant's rights under Article 9 of the Convention. They observe that the decision by the investigating judge not to allow the applicant's request for an adjournment was based on the provisions of the Code of Criminal Procedure according to which hearings concerning the immediate production of evidence take place in private and the public prosecutor and counsel for the defendant must be present. The majority infer from this that the presence of counsel for the complainant was therefore not required (see paragraph 36 of the judgment) and that, accordingly, the fact that the case was set down for hearing on a date which coincided with a Jewish holiday, and the refusal to adjourn it to a later date, did not amount to a restriction on the applicant's right to practise his religion freely (see the first sub-paragraph of paragraph 37 of the judgment).

6. We cannot subscribe to this reasoning. Although Article 401 of the Code of Criminal Procedure states that the attendance of the public prosecutor and counsel for the defendant is compulsory, it also states that "[c]ounsel for the injured party shall ... have the option of attending". It is therefore up to the lawyer and no one else to decide, with an eye to his or her client's interests, whether or not to take advantage of this option; the judicial authorities may not interfere in the exercise of individuals' defence rights or presume that the attendance of counsel is not required.

7. In support of their argument the majority further note, curiously, that the applicant did not demonstrate that any pressure had been exerted on him to make him change his religious beliefs or to prevent him from manifesting his religion or beliefs (see the second sub-paragraph of paragraph 37 of the judgment). It seems to us to be contrary to the enjoyment of freedom of religion guaranteed by Article 9 of the Convention for the exercise of that freedom, in either its internal or external aspect, to be subordinated to or even made conditional upon the furnishing of evidence by the applicant of the pressure to which he was allegedly subjected.

Relationship of proportionality

8. Next, the majority consider that, even supposing that there was interference with the applicant's rights under Article 9 § 1 of the Convention, it was justified on the ground of the protection of the rights and freedoms of others, namely the public's right to the proper administration of justice,

and that there was a reasonable relationship of proportionality between the means employed and the aim sought to be achieved. We do not agree.

9. As to the proportionality requirement, which is the test of whether the interference was necessary in a democratic society, the Court's case-law is very clear: for a measure to be proportionate, the authorities, when choosing between several possible means of achieving the legitimate aim pursued, must opt for the measure that is least restrictive of rights and freedoms[1]. From that standpoint, seeking a reasonable accommodation of the situation in issue may, in some circumstances, constitute a less restrictive means of achieving the aim pursued[2].

10. In the present case we believe that the conditions were met for attempting to reach a reasonable accommodation of the situation, that is to say, one that did not impose a disproportionate burden on the judicial authorities. By dint of a few concessions, this would have made it possible to avoid interfering with the applicant's religious freedom without compromising the achievement of the clearly legitimate aim of ensuring the proper administration of justice.

11. First of all, as soon as the date of the hearing was set, the applicant drew attention to the difficulty it presented for him, and requested an adjournment. He therefore notified the judicial authorities four months in advance, giving them a reasonable opportunity to organise the timetable of hearings in order to ensure that the various rights at stake were respected.

12. By converse implication, the decision in *S.H. and H.V. v. Austria* (no. 18960/91, Commission decision of 13 January 1993) seems to us to acknowledge the force of this argument. The applicants, who were practising members of the Jewish faith, criticised the refusal of an Austrian court to grant their request for a hearing in a case concerning them to be adjourned on the grounds that the date set coincided with an important Jewish holiday. The Commission found that, had the applicants, on learning of the date of the hearing, duly informed the court that it presented them with a problem for religious reasons, the court would have had to set a new date. In that case, however, the applicants had reacted too late: although they had been informed on 30 May that the hearing would take place on 4 October, they had not written to the court until 25 September in order to request an adjournment. In view of the complexity of the proceedings, which involved a large number of persons, and the fact that the request had been made at

1. S. Van Drooghenbroeck, *La Proportionnalité dans le droit de la Convention européenne des droits de l'homme. Prendre l'idée simple au sérieux*, Brussels, Bruylant, Publications des Facultés universitaires Saint-Louis, 2001, pp. 190-219.

2. E. Bribosia, J. Ringelheim and I. Rorive, "Aménager la diversité: le droit de l'égalité face à la pluralité religieuse", Revue trimestrielle des droits de l'homme, 2009, pp. 319 et seq.

short notice, the Commission held that the court's decision had not been unreasonable.

13. Next, it has not been demonstrated in the instant case that the applicant's request, had it been granted, would have caused such a degree of disruption to the functioning of the public judicial service. This is what we might refer to as the public-service disturbance test. The reasonable-time requirement relied on by the Italian judge in refusing the applicant's request is undoubtedly legitimate but, in the absence of any further explanation, appears in this case to be more in the nature of an excuse. Of course, the requested adjournment might have caused some administrative inconvenience stemming, for instance, from the need to inform the parties involved of the new date for the hearing. But this seems to us to be minimal and should perhaps be seen as the small price to be paid in order to ensure respect for freedom of religion in a multicultural society[1].

14. Lastly, it is not apparent from the case file that the hearing in question was urgent, as it did not relate to a detention measure or to persons in detention. Had that been the case it would have been for the applicant to make some concessions, for instance by arranging to be replaced at the hearing.

15. In these circumstances, and given that the authorities have furnished no evidence that they took the reasonable steps required to ensure respect for the applicant's right to freedom of religion under Article 9 of the Convention, we are of the view that there has been a violation of that provision.

1. Ibid., p. 342.

SAŠO GORGIEV v. "THE FORMER YUGOSLAV REPUBLIC OF MACEDONIA"

(*Application no. 49382/06*)

FIFTH SECTION

JUDGMENT OF 19 APRIL 2012[1]

1. English original. Extracts.

SUMMARY[1]

Non-fatal shooting of a waiter by police officer on unauthorised leave of absence

Article 2

Life – Applicability – Conduct putting life at risk – Non-fatal shooting of a waiter by police officer on unauthorised leave of absence – Positive obligations – Obligations in respect of officer not acting in course of duties – Duty to put in place system of effective safeguards for use of weapons by State agents – No indication of assessment having been made of officer's fitness to carry a weapon

*

* *

The applicant, a waiter in a bar, was shot and wounded at point-blank range by R.D., a police reservist, who had taken an unauthorised leave of absence while on night duty. R.D. was subsequently convicted of serious crimes against security after the trial court found that he had unintentionally pulled the trigger while under the influence of alcohol. He was given a suspended prison sentence. In separate proceedings, the civil courts dismissed an action in damages the applicant had brought against the Ministry of the Interior on the ground that R.D. had not been acting in the course of his official duties when the incident occurred.

Held

Article 2: Irrespective of whether there had been any intention to kill, the applicant had been the victim of conduct which, by its very nature, had put his life at risk. Article 2 was thus applicable. Although, as a police reservist, R.D. was a State agent, he was not acting in the course of his duties at the time of the shooting. In determining whether the State could nonetheless be held responsible for his unlawful actions, the Court had to assess the totality of the circumstances and consider the nature and circumstances of his conduct.

The incident had occurred during R.D.'s working hours, when he was supposed to be on duty at the police station. Although it was undisputed that he had left his post without authorisation and in a state of intoxication, he was in uniform and had shot the applicant with his service weapon. While the authorities could not have objectively foreseen R.D.'s behaviour, the State had a duty to put in place and rigorously apply a system of adequate and effective safeguards to prevent its agents, especially temporary mobilised reservists, misusing weapons made available to them in the context of their official duties. The Government had not referred to

1. This summary by the Registry does not bind the Court.

any such regulations, but the Court noted that section 26 of the Internal Affairs Act required State agents to perform their duties "at all times, regardless of whether they were on or off duty", which in practice meant they were required always to have their service weapons on them. The Government had also not given any indication of whether any assessment had been made of R.D.'s fitness to serve in the police and to carry a weapon, whereas that should have been a matter subject to particular scrutiny. In the light of these circumstances, R.D.'s actions were imputable to the respondent State.

Conclusion: violation (unanimously).

Article 41: The Court made an award in respect of pecuniary and non-pecuniary damage.

Case-law cited by the Court

McCann and Others v. the United Kingdom, 27 September 1995, Series A no. 324
Yaşa v. Turkey, 2 September 1998, *Reports of Judgments and Decisions* 1998-VI
Osman v. the United Kingdom, 28 October 1998, Reports 1998-VIII
Velikova v. Bulgaria, no. 41488/98, ECHR 2000-VI
İlhan v. Turkey [GC], no. 22277/93, ECHR 2000-VII
Keenan v. the United Kingdom, no. 27229/95, ECHR 2001-III
A. and Others v. Turkey, no. 30015/96, 27 July 2004
Krastanov v. Bulgaria, no. 50222/99, 30 September 2004
Makaratzis v. Greece [GC], no. 50385/99, ECHR 2004-XI
Fadeyeva v. Russia, no. 55723/00, ECHR 2005-IV
Abdullah Yilmaz v. Turkey, no. 21899/02, 17 June 2008
Ciechońska v. Poland, no. 19776/04, 14 June 2011

In the case of Sašo Gorgiev v. "the former Yugoslav Republic of Macedonia",

The European Court of Human Rights (Fifth Section), sitting as a Chamber composed of:

Peer Lorenzen, *President*,
Karel Jungwiert,
Mark Villiger,
Isabelle Berro-Lefèvre,
Mirjana Lazarova Trajkovska,
Ganna Yudkivska,
Julia Laffranque, *judges*,
and Claudia Westerdiek, *Section Registrar*,

Having deliberated in private on 27 March 2012,

Delivers the following judgment, which was adopted on that date:

PROCEDURE

1. The case originated in an application (no. 49382/06) against "the former Yugoslav Republic of Macedonia" lodged with the Court under Article 34 of the Convention for the Protection of Human Rights and Fundamental Freedoms ("the Convention") by a Macedonian national, Mr Sašo Gorgiev ("the applicant"), on 27 November 2006.

2. The applicant was represented by Mr P. Šilegov, a lawyer practising in Skopje. The Macedonian Government ("the Government") were represented by their Agent, Ms R. Lazareska Gerovska.

3. The applicant alleged, in particular, that the State was responsible under Article 2 of the Convention for a life-threatening action taken against him by R.D., a State agent.

4. On 5 October 2009 the President of the Fifth Section decided to communicate this complaint to the Government and to grant priority to the application under Rule 41 of the Rules of Court. It was also decided to rule on the admissibility and merits of the application at the same time (Article 29 § 1).

THE FACTS

I. THE CIRCUMSTANCES OF THE CASE

5. The applicant was born in 1972 and lives in Skopje.

A. Background to the case

6. The applicant worked as a waiter in a bar in Skopje. At 3.50 a.m. on 6 January 2002, R.D., a police reservist, fired a shot in the bar hitting the applicant in the chest. According to a medical certificate of 12 September 2002 issued by Skopje Clinical Centre, the applicant was urgently admitted in a "serious condition" (*тешка општа состојба*). The injuries sustained were described as follows: broken right clavicle and four broken ribs, injury to the subclavian artery, internal haemorrhaging and seizure of the brachial plexus nerves. His right arm was paralysed. The conclusion was that the applicant had sustained serious bodily injury with life-threatening damage and lasting consequences (*витална загрозеност и трајни последици*). He was operated on twice, the second time in April 2002 in the Clinical Centre of Belgrade, Serbia.

B. The criminal proceedings against R.D.

7. On 27 March 2003 the Skopje Court of First Instance ("the trial court") convicted R.D. *in absentia* of "serious crimes against public security" (*тешки дела против општата сигурност*). He was sentenced to two years' imprisonment. After the court had heard oral evidence from R.D., the applicant and six witnesses, and had examined other material evidence, it found that R.D., while intoxicated, had unintentionally pulled the trigger of his service gun and shot the applicant, who had been at a distance of 1 m. The applicant was advised to pursue his compensation claim by means of a separate civil action. The decision became final on 8 May 2003.

8. R.D. started serving his sentence on 6 June 2008. On 23 June 2008 the trial court reopened the proceedings, at R.D.'s request. On 12 March 2009 the trial court found R.D. guilty again and sentenced him to two years' imprisonment, suspended for four years. No information was provided as to whether that decision was the subject of an appeal or became final.

C. The civil proceedings for damages

9. On 11 November 2002 the applicant, represented by Mr P. Šilegov, brought a civil action against the Ministry of the Interior ("the Ministry") seeking compensation for pecuniary and non-pecuniary loss related to the injury sustained as a result of R.D.'s action. He claimed that the State should be held responsible, given that R.D., instead of being on duty in a police station, had shot him in the bar. He had used his service gun and had been in uniform. He claimed 28,000,000 Macedonian denars (MKD) in

respect of non-pecuniary damage and MKD 208,480 for pecuniary damage (expenses related to his medical treatment)[1].

10. After five adjournments, the Skopje Court of First Instance dismissed the applicant's claim on 12 December 2003, finding that the Ministry lacked the requisite capacity to be sued for the damage caused by R.D., who, as a police reservist, was regarded as a State official. The court established that between 7.30 p.m. on 5 January 2002 and 7.30 a.m. on 6 January 2002 R.D. had been on duty in a police station in Skopje. He had been assigned to stand guard (*службена задача – стража*) between midnight and 1 a.m. and between 6 a.m. and 7 a.m. on 6 January 2002. After 1 a.m. on 6 January 2002, instead of returning to the police station, R.D. had gone to the bar on his own initiative, without informing his superior or the latter's replacement. He had been in uniform and had been carrying his service gun. In the bar, in the presence of other customers and under the influence of alcohol, he had pulled the gun out and shot the applicant, who had been in front of him at a distance of about 1.5 m. The court found that the applicant had suffered damage as a result of R.D.'s action. However, in order for the Ministry to be held responsible under section 157 of the Obligations Act (see paragraph 17 below), the court said that

> "... certain conditions need to be met: the damage must be caused by an official [*овластено службено лице*], it must be sustained by a physical or legal person and, in particular, it has to be caused by an official in the performance of his or her duties. It also has to result from an unlawful action. The defendant (the State) will be held responsible only if the damage is caused in the course of or in connection with the performance of official duties. An action will be regarded as carried out in the performance of a duty if it is part of the duties [*функција*] of the official. It is a harmful action taken within working hours, in the official capacity of the person concerned and as part of his official duties. Damage may be caused outside official duties, but there must be a causal link with the performance of the duty or the duty itself ... in the present case, R.D. was not in the bar in an official capacity ... so the damage was not caused in connection with the performance of the Ministry's duties, even though it was caused at a time when R.D. was supposed to be on duty. At the critical time and place R.D. was not acting in an official capacity but as a private person, despite the fact that it was within working hours, he was in uniform, and used his service gun. R.D. is responsible for the action taken and damage caused. There is no causal link between his action and his duty ...
>
> The fact that [R.D.] was in uniform and used his service gun does not mean, in itself, that he was acting in an official capacity. R.D. did not use the gun in connection with the performance of his duties, but as a customer in the bar ...
>
> At the time when the damage occurred, R.D., as a police reservist, was an adult and trained in the use of the gun. The defendant, as the owner of the gun, is relieved

1. Approximately 455,300 euros (EUR) and EUR 3,390.

under section 163(2) of the Obligations Act from responsibility given that the damage occurred solely as a result of an unforeseeable action by its agent whose consequences could neither have been prevented nor removed."

11. The court concluded that the applicant remained entitled to claim compensation from R.D. under section 141 of the Obligations Act (see paragraph 16 below).

12. On 3 March 2004 the applicant appealed, arguing that the Ministry was to be held responsible for R.D.'s actions as he had acted while on duty, had been in uniform and had fired his service gun. In his submission, the Ministry's responsibility derived from section 103 of the Employment Act (see paragraph 20 below) under which the Ministry could claim reimbursement from R.D. Lastly, he submitted that he had suffered irreparable damage as a result of the incident, as his right arm had become permanently paralysed.

13. On 27 April 2004 the Skopje Court of Appeal dismissed the applicant's appeal, finding no grounds on which to depart from the lower court's finding that R.D.'s actions in the bar were not related to his official duties as a police officer. It went on to find that when R.D. shot the applicant he had not been acting as a police officer and had not been performing official duties. There was accordingly no responsibility on the part of the Ministry. The court confirmed the applicant's entitlement to claim compensation from R.D.

14. On 21 July 2004 the applicant lodged an appeal on points of law (*ревизија*) with the Supreme Court, arguing, *inter alia*, that the Court of Appeal had not addressed his arguments regarding the Ministry's responsibility under the Employment Act.

15. On 31 May 2006 the Supreme Court dismissed the applicant's appeal on points of law, reiterating the reasons given by the lower courts.

II. RELEVANT DOMESTIC LAW AND PRACTICE

A. Obligations Act

16. Section 141 of the Obligations Act sets out the general principle governing civil compensation claims.

17. Section 157 provides that the employer is responsible for damage caused by an employee in the performance of his or her duties or in relation to these. The victim can claim compensation directly from the employee if the damage was caused intentionally. The employer can seek reimbursement of the compensation awarded to the victim from the employee if the latter caused the damage intentionally or negligently.

18. Under section 160, the owner of a dangerous item (*опасен предмет*) is responsible for any damage caused by it.

19. Section 163(2) provides that the owner of a dangerous item can be relieved of responsibility if it can be shown that the damage was caused exclusively by an unforeseeable action on the part of the victim or a third person whose consequences could not have been prevented or removed.

B. Employment Act 1993

20. Under section 103 of the Employment Act 1993, as in force at the material time, an employer was responsible for any damage caused by an employee while performing his or her duties or in relation to them. The employer could seek reimbursement of the compensation from the employee if the latter had caused the damage intentionally or negligently.

C. Internal Affairs Act (Official Gazette no. 19/1995)

21. Section 24 of the Internal Affairs Act, as in force at the material time, specified which agents were regarded as State officials.

22. Under section 26, State officials were required to perform their duties at all times, regardless of whether they were on or off duty.

23. In a state of war or emergency, the Ministry could call up reservists in order to ensure public safety and prevent mass disorder (section 45(2) of the Internal Affairs Act). Reservists could be recruited for training or practice. During their period of service, reservists were regarded as State officials within the meaning of section 24 of the Act (section 46).

...

III. RELEVANT INTERNATIONAL LAW

A. Basic Principles on the Use of Force and Firearms by Law Enforcement Officials adopted by the Eighth United Nations Congress on the Prevention of Crime and the Treatment of Offenders at Havana, Cuba, 27 August to 7 September 1990 ("the Basic Principles")

25. Article 11 of the Basic Principles provides, *inter alia*, that:

> "Rules and regulations on the use of firearms by law enforcement officials should include guidelines that:
>
> (a) Specify the circumstances under which law enforcement officials are authorised to carry firearms ...
>
> (b) Ensure that firearms are used only in appropriate circumstances and in a manner likely to decrease the risk of unnecessary harm;

> ...
>
> (d) Regulate the control, storage and issuing of firearms, including procedures for ensuring that law enforcement officials are accountable for the firearms and ammunition issued to them;"

B. Recommendation Rec(2001)10 of the Committee of Ministers of the Council of Europe to member States on the European Code of Police Ethics ("the Code")[1] and Explanatory Memorandum of the Recommendation

26. Article 37 of the Code provides that "[t]he police may use force only when strictly necessary and only to the extent required to obtain a legitimate objective".

27. The commentary to Article 37 of the Code reads, *inter alia*, as follows:

> "... The importance of recruitment of suitable personnel to the police, as well as their training cannot be underestimated ..."

THE LAW

I. ALLEGED VIOLATION OF ARTICLE 2 OF THE CONVENTION

28. The applicant complained under Article 2 of the Convention that he had been the victim of a life-threatening action taken by R.D., a State official. He also complained under Article 6 that the domestic courts had failed to recognise the State's responsibility. The Court, being the master of the characterisation to be given in law to the facts of the case (see *Akdeniz v. Turkey*, no. 25165/94, § 88, 31 May 2005), considers that the applicant's submissions under this head raise an issue only under Article 2 of the Convention, which reads as follows:

> "1. Everyone's right to life shall be protected by law. No one shall be deprived of his life intentionally save in the execution of a sentence of a court following his conviction of a crime for which this penalty is provided by law.
>
> 2. Deprivation of life shall not be regarded as inflicted in contravention of this Article when it results from the use of force which is no more than absolutely necessary:
>
> (a) in defence of any person from unlawful violence;
>
> (b) in order to effect a lawful arrest or to prevent the escape of a person lawfully detained;
>
> (c) in action lawfully taken for the purpose of quelling a riot or insurrection."

1. Adopted on 19 September 2001 at the 765th meeting of the Ministers' Deputies.

A. Admissibility

1. *Applicability of Article 2 of the Convention*

29. The Court notes at the outset that the force used against the applicant was not in the event lethal. This does not exclude an examination of the applicant's complaints under Article 2 of the Convention. In fact, the Court has already examined complaints under this provision where the alleged victim had not died as a result of the impugned conduct (see *Makaratzis v. Greece* [GC], no. 50385/99, §§ 49-55, ECHR 2004-XI; *Osman v. the United Kingdom*, 28 October 1998, §§ 115-22, *Reports of Judgments and Decisions* 1998-VIII; and *Yaşa v. Turkey*, 2 September 1998, §§ 92-108, *Reports* 1998-VI).

...

B. Merits

1. *The parties' submissions*

34. The applicant reaffirmed that the State should be held responsible for the unlawful action of R.D. R.D.'s liability under the criminal law did not relieve the State of its responsibility in relation to the damage that R.D. had caused while on duty. The first-instance court's decision submitted by the Government ... was yet stronger evidence that the relevant law had been wrongly applied by the domestic courts.

35. The Government submitted that R.D. had not intended to kill the applicant. That had been established in the course of the criminal proceedings against him (see paragraph 7 above). However, they conceded that, in view of the seriousness of the injuries sustained, the applicant had been subjected to ill-treatment capable of falling within Article 3 of the Convention, but argued that the State bore no responsibility under the substantive limb of that Article. Its responsibility ended with the criminal proceedings in the course of which R.D. had been convicted and punished. The civil courts, at three levels, had dismissed the applicant's claim, finding that the State could not be held responsible given the absence of a causal link between R.D.'s action and his official duties. In that connection they reiterated that at the critical time R.D. had left his post during his working hours, without the consent of his superiors. The incident had happened after he had carried out his official duty, namely to stand guard. In the bar he had not performed any official duty in the course of or in connection with his work. He had acted rather as a private person, as had been established by the domestic courts.

2. *The Court's assessment*

(a) Applicability of Article 2 of the Convention

36. According to the Court's case-law, it is only in exceptional circumstances that physical ill-treatment by State agents which does not result in death may disclose a violation of Article 2 of the Convention. It is correct that the criminal responsibility of those concerned in the use of the impugned force is not in issue in the proceedings brought under the Convention. Nonetheless, the degree and type of force used and the intention or aim behind the use of force may, among other factors, be relevant in assessing whether in a particular case State agents' actions in inflicting injury but not death are such as to bring the facts within the scope of the safeguard afforded by Article 2 of the Convention, having regard to the object and purpose of that Article. In almost all cases where a person is assaulted or ill-treated by the police or soldiers, their complaints will rather fall to be examined under Article 3 of the Convention (see *Makaratzis*, cited above, § 51, and *İlhan v. Turkey* [GC], no. 22277/93, § 76, ECHR 2000-VII).

37. In the present case, from the facts established by the domestic courts, it is clear that R.D. shot the applicant in the right side of the chest. The Court accepts the Government's submission that no intention of killing the applicant was established on R.D.'s part. It observes, however, that the fact that the latter was not killed was fortuitous. In that connection the Court attaches weight to the fact that R.D. fired the shotgun at the applicant at close range (between 1 and 1.5 m, see paragraphs 7 and 10 above). The applicant sustained serious life-threatening injuries, which have left him permanently disabled. He was urgently admitted to hospital and was operated on twice. The seriousness of his injuries is not in dispute between the parties.

38. In the light of the above circumstances, the Court concludes that, irrespective of whether or not R.D. actually intended to kill him, the applicant was the victim of conduct which by its very nature put his life at risk, even though in the event he survived. Article 2 is thus applicable in the instant case.

(b) The State's direct responsibility under Article 2 of the Convention

(i) General principles

39. The Court reiterates that Article 2, which safeguards the right to life and sets out the circumstances when deprivation of life may be justified,

ranks as one of the most fundamental provisions in the Convention, from which no derogation is permitted (see *Velikova v. Bulgaria*, no. 41488/98, § 68, ECHR 2000-VI).

40. In keeping with the importance of Article 2 in a democratic society, the Court must subject allegations of a breach of this provision to the most careful scrutiny, taking into consideration not only the actions of the agents of the State who actually administered the force, but also all the surrounding circumstances (see *McCann and Others v. the United Kingdom*, 27 September 1995, § 150, Series A no. 324).

41. Article 2 does not solely concern deaths resulting from the use of force by agents of the State but also, in the first sentence of its first paragraph, lays down a positive obligation on States to take appropriate steps to safeguard the lives of those within their jurisdiction (see *Makaratzis*, cited above, § 57).

42. This positive obligation entails above all a primary duty on the State to put in place a legislative and administrative framework designed to provide effective prevention. This framework must include regulations geared to the special features of certain activities, particularly with regard to the level of the potential risk to human lives. The State must display the utmost diligence and define the limited circumstances in which law-enforcement officials may use firearms (see *Abdullah Yilmaz v. Turkey*, no. 21899/02, §§ 56 and 57, 17 June 2008, and *Makaratzis*, cited above, § 59).

43. For the Court, and having regard to its case-law, the State's duty to safeguard the right to life must also be considered to involve the taking of reasonable measures to ensure the safety of individuals in public places and, in the event of serious injury or death, having in place an effective independent judicial system securing the availability of legal means capable of establishing the facts, holding accountable those at fault and providing appropriate redress to the victim (see *Ciechońska v. Poland*, no. 19776/04, § 67, 14 June 2011).

44. However, the positive obligation is to be interpreted in such a way as not to impose an excessive burden on the authorities, bearing in mind, in particular, the unpredictability of human conduct and the operational choices which must be made in terms of priorities and resources (see *Keenan v. the United Kingdom*, no. 27229/95, § 90, ECHR 2001-III, and *A. and Others v. Turkey*, no. 30015/96, §§ 44-45, 27 July 2004). In particular, the choice of means for ensuring the positive obligations under Article 2 is in principle a matter that falls within the Contracting State's margin of appreciation. There are different avenues to ensure Convention rights, and even if the State has failed to apply one particular measure provided by domestic law, it may still fulfil its positive duty by other means (see

Ciechońska, cited above, § 65, and Fadeyeva v. Russia, no. 55723/00, § 96, ECHR 2005-IV).

(ii) Applicability of the foregoing principles in the present case

45. The Court notes the specific circumstances in which R.D. shot the applicant. In this connection it notes that at the relevant time R.D. was a police reservist and thus a State agent. That was confirmed by the civil courts (see paragraph 10 above) and is in conformity with section 46 of the Internal Affairs Act then in force (see paragraph 23 above). At the critical time, namely the night of 5 to 6 January 2002, R.D. was on duty at a police station, where he was assigned to stand guard at midnight (on 5 January) and 6 a.m. (on 6 January 2002), each turn of duty lasting one hour. At 1 a.m. on 6 January 2002, after his guard duty ended, and without informing his superiors, he left the station and went to the bar. He was in uniform and was carrying his service gun. At 3.50 a.m. that day he fired the gun and hit the applicant in the chest. R.D. was convicted, initially *in absentia*, of having negligently committed a serious crime against public security and was sentenced to two years' imprisonment. After the proceedings were reopened, he was found guilty again and sentenced to a suspended prison term (see paragraphs 7 and 8 above). The applicant was advised to pursue his compensation claim by means of a separate civil action.

46. In the civil proceedings, the applicant requested the domestic courts to establish State responsibility for the damage suffered. The courts dismissed the claim on the ground that the State did not have the necessary capacity to be sued because R.D. had not been acting in an official capacity but rather as a private person, and the damage had not been caused in the course of or in connection with the performance of his duties.

47. The Court reiterates its case-law according to which a State is directly responsible for acts of violence committed by police officers in the performance of their duties (see *Krastanov v. Bulgaria*, no. 50222/99, § 53, 30 September 2004). The present case should be distinguished from the *Krastanov* case, since it concerns a harmful action taken by a State agent outside his duties.

48. In order to establish whether a State can be held responsible for the unlawful actions of its agents taken outside their official duties, the Court needs to assess the totality of the circumstances and consider the nature and circumstances of the conduct in question.

49. In this connection the Court observes that the incident occurred during R.D.'s working hours. It is not in doubt that at the relevant time R.D. was supposed to be on duty in the police station. He left his place of duty without the authorisation of his superiors and, while intoxicated, engaged

in dangerous behaviour putting the applicant's life at risk. The parties did not dispute that he had thus committed a flagrant breach of the working rules, which led to the incident in question. R.D. was in uniform when he shot the applicant. In such circumstances, it is not unreasonable that he was perceived by the public as a law-enforcement agent. Furthermore, he shot the applicant using his service gun, which had been provided to him by the authorities.

50. The Court accepts that the authorities could not objectively have foreseen R.D.'s insubordinate behaviour and his subsequent action in the bar. However, it underlines that the State has to put in place and rigorously apply a system of adequate and effective safeguards designed to prevent its agents, in particular temporary mobilised reservists, from making improper use of service weapons provided to them in the context of their official duties. The Government have not informed the Court of any regulations in force in this respect. In that connection the Court refers to section 26 of the Internal Affairs Act, which required that State agents – as R.D. was – performed their duties "at all times, regardless of whether they were on or off duty". Evidently, the application of this provision had obvious benefits for society, but it also involved some potential risks. The permanent engagement of State agents as police officers required that they always carry their service weapon in order to exercise their duties.

51. Furthermore, the Court reiterates that the States are expected to set high professional standards within their law-enforcement systems and ensure that the persons serving in these systems meet the requisite criteria (see, *mutatis mutandis*, *Abdullah Yilmaz*, cited above, §§ 56-57). In particular, when equipping police forces with firearms, not only must the necessary technical training be given, but the selection of agents allowed to carry such firearms must also be subject to particular scrutiny.

52. In the present case, the Government have not informed the Court whether any assessment was made by the national authorities as to whether R.D. was fit to be recruited and equipped with a weapon. In these circumstances the Court considers that the harmful action taken by R.D. in the bar must be imputable to the respondent State.

53. The applicant's action against the State provided an appropriate remedy by which to establish liability for the actions of R.D. which had resulted in a breach of the applicant's rights under Article 2 of the Convention. The fact that he did not seek compensation from R.D. is not decisive, since the object of his claim, as well as of his application before the Court, was to establish the State's responsibility as such.

54. In view of the foregoing, the Court ... finds that there has been a violation of Article 2 of the Convention under its substantive limb.

55. In the absence of an explicit complaint by the applicant, the Court need not assess whether the State complied with the procedural obligation under Article 2 of the Convention.

...

III. APPLICATION OF ARTICLE 41 OF THE CONVENTION

62. Article 41 of the Convention provides:

> "If the Court finds that there has been a violation of the Convention or the Protocols thereto, and if the internal law of the High Contracting Party concerned allows only partial reparation to be made, the Court shall, if necessary, afford just satisfaction to the injured party."

A. Damage

63. The applicant claimed 3,390 euros (EUR) in respect of pecuniary damage. This concerned medical expenses related to his treatment. In support of his claim, he submitted copies of the relevant invoices. He also claimed EUR 455,300 in compensation for non-pecuniary damage caused by pain, fear, reduced capacity and disfigurement suffered as a result of the injuries. Both figures corresponded to the sums that the applicant claimed in the civil proceedings (see paragraph 9 above). In addition, he claimed EUR 10,000 for the alleged violation of Article 2 and EUR 10,000 for having allegedly been denied the right to a fair trial.

64. The Government contested these claims, arguing that there was no causal link between the damage and the alleged violations. As to the pecuniary damage claimed, they stated that the applicant had failed to seek reimbursement from R.D. as the perpetrator of the crime and directly responsible for the damage suffered. As to the claim for non-pecuniary damage, they maintained that it was not supported by evidence. The same concerned his claims for the alleged breach of Articles 2 and 6. Lastly, they argued that the standard of living in "the former Yugoslav Republic of Macedonia" should be taken into account and that the finding of a violation of the Convention would be sufficient just satisfaction.

65. The Court considers that the pecuniary damage claimed concerned the medical expenses which the applicant incurred as a direct consequence of his being injured by R.D. In view of the supporting documents and the fact that the Government did not dispute their amount, the Court awards in full the sum claimed under this head.

66. It further accepts that the applicant has suffered non-pecuniary damage which cannot be compensated for solely by the finding of a violation of Article 2 of the Convention. Making its assessment on an equitable basis,

the Court awards the applicant EUR 12,000 under this head, plus any tax that may be chargeable.

...

FOR THESE REASONS, THE COURT UNANIMOUSLY

...

2. *Holds* that Article 2 of the Convention is applicable to the present case;

...

5. *Holds* that there has been a violation of Article 2 of the Convention;

6. *Holds*

   (a) that the respondent State is to pay the applicant, within three months of the date on which the judgment becomes final according to Article 44 § 2 of the Convention, the following amounts, to be converted into Macedonian denars at the rate applicable at the date of settlement:

      (i) EUR 3,390 (three thousand three hundred and ninety euros), plus any tax that may be chargeable, in respect of pecuniary damage;

      (ii) EUR 12,000 (twelve thousand euros), plus any tax that may be chargeable, in respect of non-pecuniary damage;

   (b) that from the expiry of the above-mentioned three months until settlement simple interest shall be payable on the above amounts at a rate equal to the marginal lending rate of the European Central Bank during the default period plus three percentage points;

...

Done in English, and notified in writing on 19 April 2012, pursuant to Rule 77 §§ 2 and 3 of the Rules of Court.

Claudia Westerdiek
Registrar

Peer Lorenzen
President

SAŠO GORGIEV
c. « L'EX-RÉPUBLIQUE YOUGOSLAVE DE MACÉDOINE »

(Requête n° 49382/06)

CINQUIÈME SECTION

ARRÊT DU 19 AVRIL 2012[1]

1. Traduction ; original anglais. Extraits.

SOMMAIRE[1]

Coup de feu non mortel tiré sur un serveur par un agent de police qui avait quitté son poste sans autorisation

Article 2

Vie – Applicabilité – Comportement potentiellement mortel – Coup de feu non mortel tiré sur un serveur par un agent de police qui avait quitté son poste sans autorisation – Obligations positives – Obligations découlant d'un acte accompli par un policier en dehors de l'exercice de ses fonctions – Obligation d'instaurer un système de garanties effectives encadrant l'usage des armes par les agents publics – Vérification de l'aptitude du policier au port d'arme non mentionnée

*

* *

Le requérant, qui travaillait comme serveur dans un bar, fut blessé par un coup de feu tiré à bout portant par un réserviste de la police dénommé R.D. qui s'était absenté sans autorisation alors qu'il était de garde de nuit. Par la suite, ce dernier fut jugé par un tribunal qui constata qu'il avait involontairement pressé la détente de son arme sous l'emprise de l'alcool, qui le reconnut coupable d'avoir gravement porté atteinte à la sécurité publique et qui le condamna à une peine d'emprisonnement avec sursis. Saisies par le requérant d'une action indemnitaire parallèle, les juridictions civiles rejetèrent la demande en réparation que celui-ci avait formée contre le ministère de l'Intérieur, estimant que l'acte dommageable s'était produit en dehors de l'exercice des fonctions officielles de R.D.

Article 2 : indépendamment de la question de savoir si R.D. a eu ou non l'intention de tuer le requérant, celui-ci a été victime d'un acte par nature potentiellement mortel. En conséquence, l'article 2 trouve à s'appliquer. Si sa qualité de réserviste faisait de R.D. un agent public, le coup de feu qu'il a tiré ne se rattachait pas à l'exercice de ses fonctions. Pour rechercher si l'Etat peut néanmoins être déclaré responsable de l'acte illicite de R.D., la Cour doit avoir égard à l'ensemble des circonstances ainsi qu'à la nature et aux particularités du comportement de ce dernier.

L'acte dommageable s'est produit pendant les heures de travail de R.D., à un moment où celui-ci aurait dû être de garde dans un commissariat. S'il ne prête pas à controverse que R.D. avait quitté son poste sans autorisation et qu'il s'était enivré,

1. Rédigé par le greffe, il ne lie pas la Cour.

il n'en reste pas moins qu'il portait l'uniforme et qu'il a tiré sur le requérant avec son arme de service. La Cour admet que les autorités ne pouvaient objectivement pas prévoir le comportement adopté par R.D., mais l'Etat doit se doter et veiller à l'application stricte d'une réglementation comportant des garanties effectives et adéquates destinées à prévenir toute utilisation abusive par ses agents des armes de service qu'ils se sont vu confier dans le cadre de leurs fonctions officielles, en particulier lorsqu'il s'agit de réservistes rappelés temporairement. Le Gouvernement n'a pas mentionné devant la Cour l'existence d'une telle réglementation, et la Cour relève que l'article 26 de la loi sur les affaires intérieures impose aux agents publics d'exercer leurs fonctions « en tout temps, qu'ils soient ou non en service », les contraignant en pratique à porter constamment leur arme de service. Le Gouvernement n'a pas indiqué à la Cour si les autorités compétentes avaient vérifié que R.D. était apte au service et au port d'arme, alors pourtant que cette aptitude aurait dû être contrôlée avec le plus grand soin. Dans ces conditions, l'acte de R.D. est imputable à l'Etat défendeur.

Conclusion : violation (unanimité).

Article 41 : la Cour alloue au requérant une somme au titre du dommage matériel et du préjudice moral.

Jurisprudence citée par la Cour

McCann et autres c. Royaume-Uni, 27 septembre 1995, série A n° 324
Yaşa c. Turquie, 2 septembre 1998, *Recueil des arrêts et décisions* 1998-VI
Osman c. Royaume-Uni, 28 octobre 1998, *Recueil* 1998-VIII
Velikova c. Bulgarie, n° 41488/98, CEDH 2000-VI
İlhan c. Turquie [GC], n° 22277/93, CEDH 2000-VII
Keenan c. Royaume-Uni, n° 27229/95, CEDH 2001-III
A. et autres c. Turquie, n° 30015/96, 27 juillet 2004
Krastanov c. Bulgarie, n° 50222/99, 30 septembre 2004
Makaratzis c. Grèce [GC], n° 50385/99, CEDH 2004-XI
Fadeïeva c. Russie, n° 55723/00, CEDH 2005-IV
Abdullah Yilmaz c. Turquie, n° 21899/02, 17 juin 2008
Ciechońska c. Pologne, n° 19776/04, 14 juin 2011

En l'affaire Sašo Gorgiev c. «l'ex-République yougoslave de Macédoine»,

La Cour européenne des droits de l'homme (cinquième section), siégeant en une chambre composée de:

Peer Lorenzen, *président*,
Karel Jungwiert,
Mark Villiger,
Isabelle Berro-Lefèvre,
Mirjana Lazarova Trajkovska,
Ganna Yudkivska,
Julia Laffranque, *juges*,

et de Claudia Westerdiek, *greffière de section*,

Après en avoir délibéré en chambre du conseil le 27 mars 2012,

Rend l'arrêt que voici, adopté à cette date:

PROCÉDURE

1. A l'origine de l'affaire se trouve une requête (n° 49382/06) dirigée contre «l'ex-République yougoslave de Macédoine» et dont un ressortissant de cet Etat, M. Sašo Gorgiev («le requérant»), a saisi la Cour le 27 novembre 2006 en vertu de l'article 34 de la Convention de sauvegarde des droits de l'homme et des libertés fondamentales («la Convention»).

2. Devant la Cour, le requérant a été représenté par Me P. Silegov, avocat à Skopje. Le gouvernement de «l'ex-République yougoslave de Macédoine» («le Gouvernement») a été représenté par son agent, Mme R. Lazareska Gerovska.

3. Dans sa requête, le requérant alléguait notamment que le gouvernement défendeur devait être tenu pour responsable, au regard de l'article 2 de la Convention, d'un acte potentiellement mortel commis sur sa personne par un agent public dénommé R.D.

4. Le 5 octobre 2009, le président de la cinquième section a décidé de communiquer la requête au Gouvernement et de la traiter en priorité en application de l'article 41 du règlement de la Cour. Comme le permet l'article 29 § 1 de la Convention, il a en outre été décidé que la Cour se prononcerait en même temps sur la recevabilité et le fond de la requête.

EN FAIT

I. LES CIRCONSTANCES DE L'ESPÈCE

5. Le requérant est né en 1972 et réside à Skopje.

A. La genèse de l'affaire

6. L'intéressé travaillait comme serveur dans un bar de Skopje. Le 6 janvier 2002, à 3 h 50, un réserviste de la police dénommé R.D. ouvrit le feu sur le requérant, le blessant au thorax. Il ressort d'un rapport médical établi le 12 septembre 2002 par le centre clinique de Skopje que l'intéressé fut admis dans cet établissement dans un « état grave » (*тешка општа состојба*). Le rapport précisait que le requérant avait la clavicule droite et quatre côtes fracturées, une blessure à l'artère sous-clavière, une hémorragie interne, une lésion des nerfs du plexus brachial et une paralysie du bras droit. Il concluait que l'intéressé avait subi de graves lésions corporelles potentiellement mortelles dont les séquelles seraient durables (*витална загрозеност и трајни последици*). Le requérant subit deux opérations, dont la dernière eut lieu en avril 2002 au centre clinique de Belgrade (Serbie).

B. La procédure pénale dirigée contre R.D.

7. Le 27 mars 2003, le tribunal correctionnel de Skopje (« le tribunal ») condamna R.D. par contumace à une peine d'emprisonnement de deux ans, estimant que celui-ci s'était rendu coupable d'une « grave atteinte à la sécurité publique » (*тешки дела против општата сигурност*). Après avoir entendu R.D. ainsi que le requérant et six témoins, et avoir examiné d'autres preuves matérielles, le tribunal conclut que R.D., qui était ivre au moment des faits, avait involontairement pressé la détente de son arme de service et tiré sur l'intéressé, qui se trouvait à un mètre de lui. Il invita le requérant à demander réparation de son préjudice par la voie d'une action indemnitaire distincte devant la justice civile. Le jugement du tribunal devint définitif le 8 mai 2003.

8. R.D. commença à purger sa peine le 6 juin 2008. A sa demande, le tribunal rouvrit la procédure le 23 juin 2008. Le 12 mars 2009, il le jugea derechef coupable des faits qui lui étaient reprochés et le condamna à une peine d'emprisonnement de deux ans assortie d'un sursis de quatre ans. On ignore si cette décision est devenue définitive ou si elle a été frappée d'appel.

C. L'action civile indemnitaire

9. Le 11 novembre 2002, le requérant, représenté par Me P. Šilegov, assigna le ministère de l'Intérieur (« le ministère ») devant les juridictions

civiles, lui demandant réparation du préjudice matériel et du dommage moral résultant des blessures que R.D. lui avait infligées. Dans ses conclusions, il alléguait que l'Etat devait être tenu pour responsable des dommages causés par R.D., lequel avait ouvert le feu sur sa personne dans un bar alors qu'il était censé assurer une garde dans un commissariat. Il argua que R.D. avait utilisé son arme de service et qu'il portait l'uniforme. Il réclamait 28 millions de denars macédoniens (MKD) pour dommage moral et 208 480 MKD au titre du préjudice matériel (somme correspondant aux frais exposés pour son traitement médical[1]).

10. Le 12 décembre 2003, après avoir renvoyé l'affaire à cinq reprises, le tribunal de première instance de Skopje débouta le requérant. Pour se prononcer ainsi, il estima que le ministère n'avait pas qualité à défendre l'action en réparation des dommages causés par R.D., qu'il qualifia d'agent public eu égard à ses fonctions de réserviste de la police. Le tribunal releva que, du 5 janvier 2002 à 19 h 30 au 6 janvier 2002 à 7 h 30, R.D. était de service dans un commissariat de Skopje, qu'il devait y assurer un tour de garde (*службена задача – стража*) du 5 janvier à minuit au 6 janvier à 1 heure, puis le 6 janvier de 6 heures à 7 heures, et que le 6 janvier à 1 heure passée, il s'était rendu dans le bar de son propre chef au lieu de retourner au commissariat, sans en informer son supérieur ou le remplaçant de celui-ci. Le tribunal établit en outre que R.D. était en uniforme, qu'il portait son arme de service et que, sous l'influence de l'alcool, il l'avait dégainée dans le bar en présence d'autres clients et avait ouvert le feu sur le requérant, qui se trouvait devant lui, à une distance de 1,5 mètre environ. Le tribunal jugea que l'acte commis par R.D. avait causé un dommage à l'intéressé. Toutefois, en ce qui concerne la responsabilité du ministère au titre de l'article 157 de la loi sur les obligations (paragraphe 17 ci-dessous), il s'exprima ainsi :

> « [la mise en cause de la responsabilité de l'Etat] est subordonnée à certaines conditions : le dommage doit avoir été causé à une personne physique ou morale par un agent public [*овластено службено лице*] agissant dans l'exercice de ses fonctions. Le dommage doit aussi résulter d'un acte illicite de l'agent. Le défendeur (l'Etat) ne peut être tenu pour responsable du dommage que si celui-ci a été infligé dans ou à l'occasion de l'exercice de fonctions officielles. Pour qu'un acte dommageable soit considéré comme ayant été accompli dans l'exercice de fonctions officielles, il faut qu'il relève des fonctions [*функција*] de l'agent mis en cause. Il doit avoir été commis pendant les heures de travail par un agent public agissant en sa qualité officielle et dans le cadre de ses attributions officielles. Le dommage peut avoir été causé en dehors des fonctions officielles de l'agent mais doit présenter un lien de causalité avec l'exercice des fonctions en question ou ces fonctions elles-mêmes (...) En l'espèce, la présence

1. Soit, respectivement, 455 300 euros (EUR) et 3 390 EUR environ.

de R.D. dans le bar ne s'inscrivait pas dans le cadre de ses fonctions officielles (...) dès lors, le dommage ne peut être considéré comme relevant de l'exercice des fonctions conférées à R.D. par le ministère, même s'il a été commis à un moment où R.D. aurait dû être de service. Bien que l'acte dommageable ait été commis pendant les heures de travail de R.D., que celui-ci ait été en uniforme et qu'il ait utilisé son arme de service, il n'exerçait pas de fonctions officielles au moment et sur les lieux de la commission de cet acte, mais a agi à titre privé. R.D. est responsable de l'acte qu'il a commis et du dommage qui en est résulté. Il n'existe pas de lien de causalité entre cet acte et les fonctions de R.D. (...)

Le fait que [R.D.] était en uniforme et qu'il ait utilisé son arme de service n'implique pas en soi qu'il ait agi dans l'exercice de ses fonctions officielles. Il n'a pas utilisé cette arme à l'occasion de l'exercice de ses fonctions, mais en qualité de client du bar (...)

Réserviste de la police, R.D. était un adulte rompu au maniement des armes au moment de la commission du dommage. La responsabilité du défendeur, propriétaire de l'arme, ne peut être retenue au titre de l'article 163 § 2 de la loi sur les obligations car le dommage résulte exclusivement d'un acte imprévisible commis par l'un de ses agents, acte dont les conséquences ne pouvaient être évitées, ni effacées. »

11. Le tribunal conclut qu'il demeurait loisible au requérant de demander réparation à R.D. sur le fondement de l'article 141 de la loi sur les obligations (paragraphe 16 ci-dessous).

12. Le 3 mars 2004, l'intéressé interjeta appel de cette décision, alléguant que le ministère devait être tenu pour responsable de l'acte commis par R.D. au motif que celui-ci avait agi dans l'exercice de ses fonctions, qu'il était en uniforme à ce moment-là et qu'il avait utilisé son arme de service. Dans ses conclusions, il soutenait que la responsabilité du ministère était fondée sur l'article 103 de la loi de 1993 sur l'emploi (paragraphe 20 ci-dessous), disposition qui autorisait le ministère à exercer une action récursoire contre R.D. Arguant qu'il souffrait d'une paralysie permanente du bras droit, il avançait enfin que l'acte de R.D. lui avait causé un dommage irréparable.

13. Le 27 avril 2004, la cour d'appel de Skopje débouta le requérant de son appel, ne voyant aucune raison de s'écarter de la conclusion du premier juge selon laquelle l'acte que R.D. avait commis dans le bar était étranger à ses fonctions officielles d'agent de police. Elle ajouta que, en ouvrant le feu sur l'intéressé, R.D. n'avait pas agi en qualité d'agent de police dans l'exercice de fonctions officielles. Elle en conclut que la responsabilité du ministère n'était pas engagée. Elle confirma qu'il était loisible au requérant de demander à R.D. réparation de son préjudice.

14. Le 21 juillet 2004, le requérant se pourvut en cassation (*ревизија*) devant la Cour suprême, alléguant notamment que la cour d'appel n'avait

pas répondu à ses moyens tendant à faire reconnaître la responsabilité du ministère au titre de la loi sur l'emploi.

15. Le 31 mai 2006, la Cour suprême débouta le requérant de son pourvoi en adoptant les motifs retenus par les juridictions du fond.

II. LE DROIT ET LA PRATIQUE INTERNES PERTINENTS

A. La loi sur les obligations

16. Les principes généraux régissant l'action civile en réparation se trouvent énoncés à l'article 141 de la loi sur les obligations.

17. L'article 157 du même texte dispose que l'employeur est responsable du dommage causé par ses employés dans l'exercice ou à l'occasion de leurs fonctions. La victime d'un dommage volontairement infligé par un employé peut en demander réparation à l'employeur. Ce dernier peut exercer une action récursoire contre l'employé en vue du remboursement des dommages et intérêts accordés à la victime si celui-ci a causé le dommage volontairement ou par négligence.

18. Selon l'article 160, le propriétaire d'un objet dangereux (*опасен предмет*) est responsable de tous les dommages causés par celui-ci.

19. L'article 163 § 2 énonce que le propriétaire d'un objet dangereux peut s'exonérer de sa responsabilité en établissant que le dommage résulte exclusivement d'un acte imprévisible de la victime ou d'un tiers et dont les conséquences ne pouvaient être ni évitées, ni effacées.

B. La loi de 1993 sur l'emploi

20. Selon l'article 103 de la loi de 1993 sur l'emploi tel qu'en vigueur à l'époque pertinente, les employeurs étaient responsables de tous les dommages causés par leurs employés dans l'exercice ou à l'occasion de leurs fonctions. L'employeur pouvait exercer une action récursoire contre l'employé en vue du remboursement des dommages et intérêts si celui-ci avait causé le dommage volontairement ou par négligence.

C. La loi sur les affaires intérieures (Journal officiel n° 19/1995)

21. L'article 24 de la loi sur les affaires intérieures, tel qu'en vigueur à l'époque pertinente, définissait les catégories d'agents ayant la qualité d'agents publics.

22. En application de l'article 26 dudit texte, les agents publics devaient exercer leurs fonctions en tout temps, qu'ils soient ou non en service.

23. En cas de guerre ou d'état d'urgence, le ministère pouvait rappeler les réservistes pour assurer la sûreté publique ou prévenir des émeutes (article 45 § 2 de la loi sur les affaires intérieures). Il pouvait aussi recruter des réservistes pour suivre une formation ou un entraînement. Pendant la durée de leur service, les réservistes avaient la qualité d'agent public au sens de l'article 24 de la loi (article 46 de la loi).

(…)

III. LE DROIT INTERNATIONAL PERTINENT

A. Les Principes de base sur le recours à la force et l'utilisation des armes à feu par les responsables de l'application des lois (« les principes de base ») adoptés par le huitième Congrès des Nations unies pour la prévention du crime et le traitement des délinquants (La Havane, Cuba, 27 août – 7 septembre 1990)

25. Les passages pertinents de l'article 11 des principes de base sont ainsi libellés :

> « 11. Une réglementation régissant l'usage des armes à feu par les responsables de l'application des lois doit comprendre des directives aux fins ci-après:
>
> a) Spécifier les circonstances dans lesquelles les responsables de l'application des lois sont autorisés à porter des armes à feu (…) ;
>
> b) S'assurer que les armes à feu ne sont utilisées que dans des circonstances appropriées et de manière à minimiser le risque de dommages inutiles ;
>
> (…)
>
> d) Réglementer le contrôle, l'entreposage et la délivrance d'armes à feu et prévoir notamment des procédures conformément auxquelles les responsables de l'application des lois doivent rendre compte de toutes les armes et munitions qui leur sont délivrées ; »

B. La Recommandation Rec(2001)10 du Comité des Ministres aux Etats membres sur le Code européen d'éthique de la police[1]

26. L'article 37 du code énonce que « [l]a police ne peut recourir à la force qu'en cas de nécessité absolue et uniquement pour atteindre un objectif légitime. »

27. Le commentaire de cette disposition précise notamment que

> « (…) On ne saurait surestimer l'importance du recrutement et de la formation à cet égard (…) »

1. Adoptée le 19 septembre 2001 lors de la 765e réunion des Délégués des Ministres.

EN DROIT

I. SUR LA VIOLATION ALLÉGUÉE DE L'ARTICLE 2 DE LA CONVENTION

28. Invoquant l'article 2 de la Convention, le requérant allègue qu'il a été victime d'un acte potentiellement mortel imputable à R.D., un agent public. Sous l'angle de l'article 6, il reproche aux juridictions internes d'avoir jugé que l'Etat n'en était pas responsable. Maîtresse de la qualification juridique des faits (*Akdeniz c. Turquie*, n° 25165/94, § 88, 31 mai 2005), la Cour estime que le grief du requérant relatif à la responsabilité de l'Etat soulève une question uniquement sous l'angle de l'article 2 de la Convention. Cette disposition est ainsi libellée :

> « 1. Le droit de toute personne à la vie est protégé par la loi. La mort ne peut être infligée à quiconque intentionnellement, sauf en exécution d'une sentence capitale prononcée par un tribunal au cas où le délit est puni de cette peine par la loi.
>
> 2. La mort n'est pas considérée comme infligée en violation de cet article dans les cas où elle résulterait d'un recours à la force rendu absolument nécessaire :
>
> a) pour assurer la défense de toute personne contre la violence illégale ;
>
> b) pour effectuer une arrestation régulière ou pour empêcher l'évasion d'une personne régulièrement détenue ;
>
> c) pour réprimer, conformément à la loi, une émeute ou une insurrection. »

A. Sur la recevabilité

1. Applicabilité de l'article 2 de la Convention

29. La Cour relève d'emblée que la force utilisée à l'encontre du requérant n'a pas conduit à la mort de celui-ci. Cela n'exclut pas un examen des griefs formulés par l'intéressé sous l'angle de l'article 2 : dans des affaires antérieures, la Cour s'est penchée sur des griefs formulés sur le terrain de cette disposition alors que les victimes alléguées n'étaient pas décédées des suites des comportements incriminés (*Makaratzis c. Grèce* [GC], n° 50385/99, §§ 49-55, CEDH 2004-XI ; *Osman c. Royaume-Uni*, 28 octobre 1998, §§ 115-22, *Recueil des arrêts et décisions* 1998-VIII, et *Yaşa c. Turquie*, 2 septembre 1998, §§ 92-108, *Recueil* 1998-VI).

(...)

B. Sur le fond

1. *Thèses des parties*

34. Le requérant soutient que l'Etat doit être déclaré responsable des actes illicites de R.D. et que la mise en cause de la responsabilité pénale de ce dernier n'exonère pas les autorités de leur responsabilité pour les dommages causés par R.D. dans l'exercice de ses fonctions. Il voit dans la décision de première instance communiquée par le Gouvernement (...) une preuve supplémentaire de la fausse application du droit en vigueur par les juridictions internes.

35. Le Gouvernement fait observer que R.D. n'a jamais eu l'intention de tuer le requérant et que cela a été constaté dans le cadre de la procédure pénale dirigée contre R.D. (paragraphe 7 ci-dessus). Eu égard à la gravité des blessures infligées à l'intéressé, il concède que celui-ci a subi un mauvais traitement susceptible de relever de l'article 3 de la Convention, mais arguë que l'Etat n'est pas responsable d'une violation du volet matériel de cette disposition. Il plaide que la procédure pénale à l'issue de laquelle R.D. a été reconnu coupable et condamné a dégagé l'Etat de toute responsabilité. A cet égard, il rappelle que les juridictions des trois degrés qui ont connu de l'affaire ont toutes débouté le requérant, estimant que la responsabilité de l'Etat ne se trouvait pas engagée faute de lien de causalité entre les actes de R.D. et les fonctions officielles de celui-ci. Il souligne que R.D. avait quitté son poste pendant ses heures de travail sans l'accord de ses supérieurs avant la survenance du fait dommageable, et que ce fait a été commis par R.D. en dehors de ses fonctions officielles, qui consistaient à assurer un tour de garde. Il soutient que R.D. n'a accompli dans le bar aucun acte relevant de l'exercice de ses fonctions ou s'y rattachant et qu'il a agi à titre privé, comme les tribunaux internes l'ont constaté.

2. *Appréciation de la Cour*

a) Sur l'applicabilité de l'article 2 de la Convention

36. Selon la jurisprudence de la Cour, c'est uniquement dans des circonstances exceptionnelles que des sévices corporels infligés par des agents de l'Etat peuvent s'analyser en une violation de l'article 2 de la Convention lorsqu'il n'y a pas décès de la victime. Quant à la responsabilité pénale des personnes qui ont recouru à la force litigieuse, elle est certes étrangère à la procédure engagée au titre de la Convention, mais le degré et le type de force utilisés, de même que l'intention ou le but sous-jacents à l'usage de la force peuvent, parmi d'autres éléments, être pertinents pour l'appréciation

du point de savoir si, dans un cas donné, les actes d'agents de l'Etat responsables de l'infliction de blessures n'ayant pas entraîné la mort sont de nature à faire entrer les faits dans le cadre de la garantie offerte par l'article 2 de la Convention, eu égard à l'objet et au but de cette disposition. Dans pratiquement tous les cas, lorsqu'une personne est agressée ou maltraitée par des policiers ou des militaires, ses griefs doivent être examinés plutôt sous l'angle de l'article 3 de la Convention (*Makaratzis*, précité, § 51, et *İlhan c. Turquie* [GC], nº 22277/93, § 76, CEDH 2000-VII).

37. En l'espèce, il ressort clairement des faits établis par les juridictions internes que R.D. a ouvert le feu sur le requérant, le blessant au côté droit du thorax. S'il est exact, comme l'affirme le Gouvernement, que R.D. n'a pas eu l'intention de tuer le requérant, ce dernier ne doit sa survie qu'à la chance. A cet égard, la Cour attache de l'importance au fait que R.D. a tiré sur le requérant à bout portant (il se trouvait alors à 1 ou 1,5 mètre de l'intéressé – paragraphes 7 et 10 ci-dessus). L'intéressé a subi des blessures potentiellement mortelles qui l'ont rendu invalide. Hospitalisé en urgence, il a subi deux opérations. La gravité de ses blessures ne prête pas à controverse entre les parties.

38. Au vu de ce qui précède, et indépendamment de la question de savoir si R.D. a eu ou non l'intention de tuer le requérant, celui-ci a été victime d'un acte par nature potentiellement mortel, auquel il a pourtant survécu. Dans ces conditions, l'article 2 trouve à s'appliquer en l'espèce.

b) Sur la responsabilité directe de l'Etat au titre de l'article 2 de la Convention

i. Principes généraux

39. La Cour rappelle que l'article 2 de la Convention, qui garantit le droit à la vie et définit les circonstances dans lesquelles il peut être légitime d'infliger la mort, se place parmi les articles primordiaux de la Convention et ne souffre aucune dérogation (*Velikova c. Bulgarie*, nº 41488/98, § 68, CEDH 2000-VI).

40. Reconnaissant l'importance de cet article dans une société démocratique, la Cour doit examiner de façon extrêmement attentive les allégations de violation de cette disposition, en prenant en considération non seulement les actes des agents de l'Etat ayant effectivement eu recours à la force, mais également l'ensemble des circonstances les ayant entourés (*McCann et autres c. Royaume-Uni*, 27 septembre 1995, § 150, série A nº 324).

41. L'article 2 ne concerne pas exclusivement les cas de mort d'homme résultant de l'usage de la force par des agents de l'Etat mais implique aussi, dans la première phrase de son premier paragraphe, l'obligation positive

pour les Etats de prendre toutes les mesures nécessaires à la protection de la vie des personnes relevant de leur juridiction (*Makaratzis*, précité, § 57).

42. Cette obligation positive implique avant tout pour les Etats le devoir primordial de mettre en place un cadre législatif et administratif visant une prévention efficace. Ce cadre doit comporter une réglementation adaptée aux particularités de l'activité en jeu notamment au niveau du risque qui pourrait en résulter pour la vie humaine. L'Etat doit faire preuve de la plus grande diligence et définir les conditions limitées dans lesquelles les responsables de l'application des lois peuvent faire usage d'armes à feu (*Abdullah Yilmaz c. Turquie*, n° 21899/02, §§ 56 et 57, 17 juin 2008, et *Makaratzis*, précité, § 59).

43. Eu égard à sa jurisprudence pertinente, la Cour estime que le devoir de l'Etat de protéger le droit à la vie implique aussi pour lui l'obligation d'adopter des mesures raisonnables garantissant la sécurité des individus dans les lieux publics et, en cas de blessure grave ou de décès, l'obligation de disposer d'un système judiciaire efficace et indépendant offrant des voies de droit permettant d'établir les faits, de contraindre les responsables à rendre des comptes et de fournir aux victimes une réparation adéquate (*Ciechońska c. Pologne*, n° 19776/04, § 67, 14 juin 2011).

44. Toutefois, il faut interpréter cette obligation positive de manière à ne pas imposer aux autorités un fardeau excessif et sans perdre de vue, entre autres, l'imprévisibilité du comportement humain ni les choix opérationnels à faire en termes de priorités et de ressources (*Keenan c. Royaume-Uni*, n° 27229/95, § 90, CEDH 2001-III, et *A. et autres c. Turquie*, n° 30015/96, §§ 44-45, 27 juillet 2004). A cet égard, le choix des mesures que l'Etat doit adopter pour se conformer à ses obligations positives au titre de l'article 2 relève en principe de sa marge d'appréciation. Etant donné la diversité des moyens propres à garantir les droits consacrés par la Convention, le fait pour l'Etat concerné de ne pas mettre en œuvre une mesure déterminée prévue par le droit interne ne l'empêche pas de remplir son obligation positive d'une autre manière (*Ciechońska*, précité, § 65, et *Fadeïeva c. Russie*, n° 55723/00, § 96, CEDH 2005-IV).

ii. Applicabilité en l'espèce des principes susmentionnés

45. La Cour relève que R.D. a ouvert le feu sur le requérant dans des circonstances particulières. A l'époque des faits, R.D. était réserviste de la police et avait donc la qualité d'agent public, qualité confirmée par les juridictions civiles (paragraphe 10 ci-dessus) sur le fondement de l'article 46 de la loi sur les affaires intérieures alors en vigueur (paragraphe 23 ci-dessus). Au moment critique, c'est-à-dire dans la nuit du 5 au 6 janvier 2002, R.D. était de service dans un commissariat, où il devait prendre un tour de garde

d'une heure le 5 janvier 2002 à minuit, puis le 6 janvier 2002 à 6 heures. Le 6 janvier 2002, R.D. quitta le commissariat à 1 heure, à l'issue de son premier tour de garde, et se rendit dans un bar sans en informer ses supérieurs. Il portait l'uniforme et son arme de service. Le même jour, à 3 h 50, il ouvrit le feu avec cette arme sur le requérant, le touchant au thorax. Jugé d'abord par contumace, R.D. fut reconnu coupable d'avoir par négligence gravement porté atteinte à la sécurité publique et fut condamné à une peine d'emprisonnement de deux ans. Après la réouverture de la procédure, il fut derechef reconnu coupable et condamné à une peine d'emprisonnement avec sursis (paragraphes 7 et 8 ci-dessus). Pour sa part, le requérant fut invité à demander réparation de son préjudice par la voie d'une action distincte devant les juridictions civiles.

46. Au civil, l'intéressé allégua que l'Etat devait être tenu pour responsable des dommages subis par lui. Les juridictions internes le déboutèrent de son action, estimant que l'Etat n'avait pas qualité pour y défendre parce que R.D. n'avait pas agi dans l'exercice de ses fonctions officielles, mais à titre privé seulement, et que le dommage ne s'était pas produit dans ou à l'occasion de l'exercice des fonctions en question.

47. La Cour rappelle sa jurisprudence selon laquelle l'Etat est directement responsable des actes de violence commis par des policiers dans l'exercice de leurs fonctions (*Krastanov c. Bulgarie*, n° 50222/99, § 53, 30 septembre 2004). La présente espèce se distingue de l'affaire *Krastanov* en ce qu'elle porte sur un acte dommageable commis par un agent public en dehors de l'exercice de ses fonctions.

48. Pour rechercher si un Etat peut être tenu pour responsable d'un acte illégal commis par un agent public en dehors de l'exercice de ses fonctions officielles, la Cour doit porter une appréciation sur l'ensemble des circonstances de l'espèce et examiner la nature ainsi que les particularités de l'acte incriminé.

49. A cet égard, la Cour observe que l'acte dommageable a été accompli par R.D. pendant ses heures de travail car il n'est pas douteux que celui-ci aurait dû être de service au commissariat au moment des faits. Il a quitté le commissariat sans l'autorisation de ses supérieurs, puis s'est enivré et a adopté un comportement dangereux qui a mis en péril la vie du requérant. Il ne prête pas à controverse entre les parties que la conduite de R.D. s'analyse en une violation flagrante du règlement et qu'elle est à l'origine du fait dommageable. R.D. portait l'uniforme lorsqu'il a ouvert le feu sur le requérant. Dans ces conditions, il pouvait raisonnablement passer, aux yeux du public, pour un agent des forces de l'ordre. En outre, il a tiré sur le requérant avec l'arme de service qui lui avait été confiée par les autorités.

50. La Cour admet que les autorités ne pouvaient objectivement pas prévoir l'insubordination de R.D. et la conduite qu'il a par la suite adoptée dans le bar. Toutefois, elle souligne que l'Etat doit se doter et veiller à l'application stricte d'une réglementation comportant des garanties effectives et adéquates destinées à prévenir toute utilisation abusive par ses agents des armes de service qu'ils se sont vu confier dans le cadre de leurs fonctions officielles, en particulier lorsqu'il s'agit de réservistes rappelés temporairement. Le Gouvernement n'a pas mentionné devant la Cour l'existence d'une telle réglementation. La Cour renvoie à l'article 26 de la loi sur les affaires intérieures, selon lequel les agents publics tels que R.D. sont tenus d'exercer leurs fonctions « en tout temps, qu'ils soient ou non en service ». Il va sans dire que cette disposition présente des avantages indéniables pour la société, mais qu'elle entraîne aussi certains risques potentiels. Le service permanent exigé des agents publics que sont les policiers les contraint à porter constamment leur arme de service pour exercer leurs fonctions.

51. En outre, la Cour rappelle que les Etats doivent assurer un haut niveau de compétence chez les professionnels des forces de l'ordre et veiller à ce qu'ils satisfassent aux critères qui leur sont imposés (voir, *mutatis mutandis*, *Abdullah Yilmaz*, précité, §§ 56-57). Lorsque l'Etat confie des armes à feu aux membres des forces de l'ordre, il doit non seulement dispenser à ceux-ci la formation technique nécessaire, mais aussi sélectionner avec le plus grand soin les agents autorisés à porter de telles armes.

52. En l'espèce, le Gouvernement n'a pas indiqué à la Cour si les autorités compétentes avaient vérifié que R.D. était apte au service et au port d'arme. Dans ces conditions, la Cour estime que l'Etat défendeur doit être tenu pour responsable de l'acte dommageable commis par R.D. dans le bar.

53. L'action exercée par le requérant contre l'Etat constituait un recours approprié aux fins de faire reconnaître la responsabilité des pouvoirs publics du fait des actes de R.D. attentatoires aux droits garantis à l'intéressé par l'article 2 de la Convention. L'action du requérant et sa requête devant la Cour tendant à établir le principe de la responsabilité de l'Etat, le fait que l'intéressé n'ait pas réclamé réparation à R.D. n'est pas déterminant.

54. Au vu de ce qui précède, la Cour (...) conclut à la violation du volet matériel de l'article 2.

55. Le requérant n'ayant pas expressément invoqué le volet procédural de l'article 2 de la Convention, la Cour juge inutile d'examiner la question de l'observation par l'Etat défendeur de ses obligations procédurales au titre de cette disposition.

(...)

III. SUR L'APPLICATION DE L'ARTICLE 41 DE LA CONVENTION

62. Aux termes de l'article 41 de la Convention,

> « Si la Cour déclare qu'il y a eu violation de la Convention ou de ses Protocoles, et si le droit interne de la Haute Partie contractante ne permet d'effacer qu'imparfaitement les conséquences de cette violation, la Cour accorde à la partie lésée, s'il y a lieu, une satisfaction équitable. »

A. Dommage

63. Au titre du préjudice matériel dont il se dit victime, le requérant réclame le remboursement des frais exposés pour son traitement médical, à savoir 3 390 euros (EUR), factures à l'appui. Il réclame par ailleurs 455 300 EUR en réparation du dommage moral résultant de la souffrance, de la peur, de la perte de capacité et de la défiguration qu'il dit avoir subies. Ces deux montants correspondent à ceux que l'intéressé a réclamés dans le cadre de la procédure civile (paragraphe 9 ci-dessus). En outre, le requérant demande 10 000 EUR au titre de la violation alléguée de l'article 2 et 10 000 EUR pour avoir été privé de son droit à un procès équitable.

64. Le Gouvernement conteste ces prétentions, soutenant qu'il n'existe pas de lien de causalité entre le dommage allégué et les violations dénoncées. En ce qui concerne la demande formulée au titre du dommage matériel, il fait valoir que le requérant n'a pas cherché à obtenir réparation auprès de R.D., l'auteur de l'infraction directement responsable du dommage causé. Pour ce qui est de la demande formulée au titre du préjudice moral, il soutient que celle-ci n'est nullement étayée, et qu'il en va de même des réclamations fondées sur la violation alléguée des articles 2 et 6. Enfin, il avance qu'il convient de tenir compte du niveau de vie dans « l'ex-République yougoslave de Macédoine » et que le constat d'une violation constitue une satisfaction équitable suffisante.

65. La Cour relève que le dommage matériel dont la réparation est demandée correspond aux frais médicaux exposés par le requérant et que ceux-ci sont une conséquence directe des blessures infligées par R.D. Eu égard aux pièces justifiant les frais en question et au fait que le Gouvernement n'en a pas contesté le montant, la Cour décide d'accorder au requérant la totalité de la somme réclamée à ce titre.

66. La Cour admet que le requérant a subi un préjudice moral qui ne saurait être réparé par le seul constat d'une violation de l'article 2 de la Convention. Statuant en équité, elle lui alloue 12 000 EUR de ce chef, plus tout montant pouvant être dû à titre d'impôt.

(...)

PAR CES MOTIFS, LA COUR, À L'UNANIMITÉ,

(...)

2. *Dit* que l'article 2 de la Convention est applicable en l'espèce;

(...)

5. *Dit* qu'il y a eu violation de l'article 2 de la Convention;

6. *Dit*

a) que l'Etat défendeur doit verser au requérant, dans les trois mois à compter du jour où l'arrêt sera devenu définitif conformément à l'article 44 § 2 de la Convention, les sommes suivantes, à convertir dans la monnaie de l'Etat défendeur au taux applicable à la date du règlement :

i. 3 390 EUR (trois mille trois cent quatre-vingt-dix euros), plus tout montant pouvant être dû à titre d'impôt, pour dommage matériel,

ii. 12 000 EUR (douze mille euros), plus tout montant pouvant être dû à titre d'impôt, pour dommage moral;

b) qu'à compter de l'expiration dudit délai et jusqu'au versement, ces montants seront à majorer d'un intérêt simple à un taux égal à celui de la facilité de prêt marginal de la Banque centrale européenne applicable pendant cette période, augmenté de trois points de pourcentage;

(...)

Fait en anglais, puis communiqué par écrit le 19 avril 2012, en application de l'article 77 §§ 2 et 3 du règlement.

Claudia Westerdiek
Greffière

Peer Lorenzen
Président

ÖZGÜRLÜK VE DAYANIŞMA PARTİSİ (ÖDP) c. TURQUIE
(Requête nº 7819/03)

DEUXIÈME SECTION

ARRÊT DU 10 MAI 2012[1]

1. Texte français original.

SOMMAIRE[1]

Refus de l'Etat d'accorder une aide financière à un parti n'ayant pas atteint le seuil de représentativité de 7 % requis par la loi

Article 14 combiné avec l'article 3 du Protocole n° 1

Discrimination – Refus de l'Etat d'accorder une aide financière à un parti n'ayant pas atteint le seuil de représentativité de 7 % requis par la loi – Différence de traitement – Exercice des droits électoraux – Libre expression de l'opinion du peuple – Diffusion des opinions politiques – Financement public des partis politiques – Système d'allocation équitable – Pluralisme politique – Nécessité d'éviter une fragmentation excessive et non fonctionnelle des candidatures – Proportionnalité – Justification objective et raisonnable – Absence de monopole de l'aide financière – Parti requérant ne bénéficiant pas d'un soutien suffisant du corps électoral – Représentativité non négligeable – Effet compensatoire d'autres formes de soutien public

*

* *

Le parti requérant fut autorisé à participer aux élections municipales et législatives de 1999. Il sollicita à cette occasion le bénéfice de l'aide financière accordée aux partis politiques par la Constitution. Cette aide lui fut refusée au motif qu'il ne remplissait pas les conditions posées par la loi : être déjà représenté au Parlement ou avoir obtenu au moins 7 % des suffrages exprimés lors des élections précédentes. Le parti requérant obtint 0,8 % des suffrages exprimés valides aux élections de 1999, 0,34 % à celles de 2002 et 0,15 % à celles de 2007. Il introduisit un recours en annulation devant le tribunal administratif, faisant valoir qu'il était difficile de mener des activités et des campagnes politiques sans disposer des ressources économiques nécessaires et alléguant que le rejet de sa demande de subvention était contraire au principe de non-discrimination. Ce recours fut rejeté en 1999 au motif que le parti requérant ne remplissait pas les conditions légales d'attribution de l'aide financière. Selon le parti requérant, la non-attribution d'une aide financière l'a défavorisé pour les campagnes électorales de 1999, 2002 et 2007.

Article 14 combiné avec l'article 3 du Protocole n° 1 : faute d'avoir reçu une aide financière, le parti requérant a eu plus de difficultés que les partis bénéficiaires d'une aide à diffuser ses opinions politiques au niveau national. Il a donc fait l'objet d'une différence de traitement dans l'exercice de ses droits électoraux. Le financement

1. Rédigé par le greffe, il ne lie pas la Cour.

public des partis politiques est un moyen d'empêcher la corruption et d'éviter une dépendance excessive des partis à l'égard des donateurs privés. Il ressort de l'examen des systèmes appliqués dans la majorité des Etats européens que les dotations sont réparties entre les partis de manière strictement égale ou selon le principe d'allocation équitable. Les Etats ayant opté pour ce dernier système exigent presque tous un niveau minimum de soutien électoral dans le but d'éviter une inflation des candidatures. Aucun des textes adoptés par les organes du Conseil de l'Europe sur la question des partis politiques dans un régime démocratique pluraliste ne qualifie de déraisonnable l'exigence imposée par les lois nationales aux partis bénéficiaires de fonds publics de disposer d'un niveau minimum de soutien électoral, ni ne fixe de taux précis en la matière. Il ressort des observations de certaines institutions spécialisées qu'il convient de veiller à ne pas fixer un seuil excessivement élevé sous peine de porter atteinte au pluralisme politique ainsi qu'aux petits partis et que la formule d'attribution des fonds ne devrait pas non plus permettre que les deux plus grands partis monopolisent la réception des fonds publics. Le financement public des partis politiques selon un système d'allocation équitable exigeant un niveau minimum de soutien électoral poursuit le but légitime de conforter le pluralisme démocratique tout en évitant une fragmentation excessive et non fonctionnelle des candidatures. Le minimum de représentativité exigé en Turquie des partis prétendant à un financement public est le plus élevé d'Europe (7 %). Toutefois, pendant les périodes en cause, ce seuil n'a pas eu pour effet de conférer aux partis politiques représentés au Parlement le monopole de l'aide financière. En outre, le parti requérant a obtenu aux élections législatives de 1999, 2002 et 2007 des résultats largement inférieurs à 7 % des suffrages, résultats qui auraient également été considérés comme insuffisants pour l'attribution d'un financement public dans plusieurs autres Etats européens. Le parti requérant n'est pas parvenu à prouver qu'il bénéficiait d'un soutien de l'électorat turc lui conférant une représentativité non négligeable. Enfin, l'Etat fournit aux partis politiques d'autres formes de soutien public au nombre desquelles figurent les exemptions d'impôt qu'ils se voient accorder sur certains de leurs revenus et l'allocation d'un temps d'antenne lors des périodes de campagne électorale. Or le parti requérant a bénéficié de ces modalités alternatives d'aide publique. Eu égard à sa portée et aux correctifs dont il se trouve assorti, le système d'attribution de l'aide financière est proportionné. Par conséquent, le refus de l'Etat d'accorder une aide financière directe au parti requérant au motif que celui-ci n'avait pas atteint le niveau minimum de représentativité de 7 % requis par la loi reposait sur une justification objective et raisonnable. Il n'a pas porté atteinte à la substance même du droit à la libre expression du peuple.
Conclusion: non-violation (cinq voix contre deux).

Jurisprudence citée par la Cour

X. c. Royaume-Uni, n° 7140/75, décision de la Commission du 6 octobre 1976, Décisions et rapports 7

X. c. Islande, n° 8941/80, décision de la Commission du 8 décembre 1981, Décisions et rapports 27
Lingens c. Autriche, 8 juillet 1986, série A n° 103
Mathieu-Mohin et Clerfayt c. Belgique, 2 mars 1987, série A n° 113
Fournier c. France, n° 11406/85, décision de la Commission du 10 mars 1988, Décisions et rapports 55
Castells c. Espagne, 23 avril 1992, série A n° 236
Parti communiste unifié de Turquie et autres c. Turquie, 30 janvier 1998, *Recueil des arrêts et décisions* 1998-I
Matthews c. Royaume-Uni [GC], n° 24833/94, CEDH 1999-I
Cheminade c. France (déc.), n° 31599/96, CEDH 1999-II
Labita c. Italie [GC], n° 26772/95, CEDH 2000-IV
Yumak et Sadak c. Turquie [GC], n° 10226/03, CEDH 2008
Andrejeva c. Lettonie [GC], n° 55707/00, CEDH 2009
Sejdić et Finci c. Bosnie-Herzégovine [GC], n°s 27996/06 et 34836/06, CEDH 2009

En l'affaire Özgürlük ve Dayanışma Partisi (ÖDP) c. Turquie,

La Cour européenne des droits de l'homme (deuxième section), siégeant en une chambre composée de:

Françoise Tulkens, *présidente,*
Danutė Jočienė,
Dragoljub Popović,
András Sajó,
Işıl Karakaş,
Guido Raimondi,
Paulo Pinto de Albuquerque, *juges,*
et de Stanley Naismith, *greffier de section,*

Après en avoir délibéré en chambre du conseil les 4 octobre 2011 et 10 avril 2012,

Rend l'arrêt que voici, adopté à cette dernière date:

PROCÉDURE

1. A l'origine de l'affaire se trouve une requête (n° 7819/03) dirigée contre la République de Turquie et dont un parti politique turc, Özgürlük ve Dayanışma Partisi (Parti de la liberté et de la solidarité) («le requérant»), a saisi la Cour le 1er octobre 2002 en vertu de l'article 34 de la Convention de sauvegarde des droits de l'homme et des libertés fondamentales («la Convention»).

2. Devant la Cour, le requérant a été représenté par Me M. Bektaş, avocat à Ankara. Le gouvernement turc («le Gouvernement») a été représenté par son agent.

3. Dans sa requête, le parti politique requérant, qui avait obtenu le droit de participer aux élections législatives, se plaignait d'avoir fait l'objet d'une discrimination en raison du rejet de sa demande d'octroi de l'aide financière aux partis politiques prévue par la Constitution.

4. Le 30 juillet 2007, la Cour a décidé de communiquer la requête au Gouvernement. Elle a également décidé qu'elle se prononcerait en même temps sur la recevabilité et le fond de l'affaire.

EN FAIT

I. LES CIRCONSTANCES DE L'ESPÈCE

5. Le requérant, Özgürlük ve Dayanışma Partisi («l'ÖDP»), est un parti politique turc dont le siège se trouve à Ankara.

6. Par un décret du 28 novembre 1998, le Conseil électoral supérieur publia la liste des dix-huit partis politiques autorisés à participer aux élections législatives et municipales du 18 avril 1999, liste sur laquelle figurait l'ÖDP. Pour pouvoir participer aux élections en question, les partis politiques devaient être implantés, six mois au moins avant la date du scrutin, dans la moitié au moins des départements, et avoir déjà organisé leur grand congrès.

7. Le 23 septembre 1998, l'ÖDP sollicita auprès du ministère des Finances le bénéfice de l'aide financière accordée aux partis politiques par l'article 68 de la Constitution.

8. Par une décision du 23 novembre 1998, le ministère des Finances rejeta cette demande au motif que seuls les partis politiques remplissant les conditions posées par la loi n° 2820 sur les partis politiques étaient éligibles à un financement public.

9. Le 29 décembre 1998, l'ÖDP intenta devant le tribunal administratif d'Ankara un recours en annulation de la décision du 23 novembre 1998. Il rappela d'abord que la Constitution elle-même prévoyait que « l'Etat accorde aux partis politiques une aide financière suffisante et équitable » et que « la loi définit les principes applicables à l'aide financière accordée aux partis ainsi qu'aux cotisations de leurs membres et aux libéralités qu'ils reçoivent ». Il observa notamment que les critères imposés par la loi sur les partis politiques excluaient du bénéfice des subventions de l'Etat ceux qui n'étaient pas représentés au Parlement. Faisant valoir qu'il était difficile de mener des activités et des campagnes politiques sans disposer des ressources économiques nécessaires, il soutint que l'exclusion opérée par la loi était inconstitutionnelle et contraire aux principes d'un Etat démocratique, au devoir de l'Etat de promouvoir les droits et libertés démocratiques et au principe de non-discrimination. Il ajouta que les dispositions en cause enfreignaient aussi les textes internationaux en matière de protection des droits de l'homme.

10. Par un jugement du 29 septembre 1999, le tribunal administratif d'Ankara rejeta le recours de l'ÖDP au motif que celui-ci ne remplissait pas les conditions prévues par la loi n° 2820 sur les partis politiques. Le tribunal ne se prononça pas sur l'exception d'inconstitutionnalité soulevée par l'ÖDP.

11. L'ÖDP se pourvut en cassation contre le jugement du 29 septembre 1999, en reprenant les moyens qu'il avait exposés en première instance.

12. Par un arrêt rendu le 25 avril 2002 et notifié au requérant le 10 juillet 2002, le Conseil d'Etat confirma le jugement attaqué, qu'il jugea conforme à la loi et à la procédure.

II. LE DROIT ET LA PRATIQUE PERTINENTS

A. Le contexte national

1. La Constitution

13. Le dernier alinéa de l'article 68 de la Constitution énonce que « l'Etat accorde aux partis politiques une aide financière suffisante et équitable » et que « la loi définit les principes applicables à l'aide financière accordée aux partis ainsi qu'aux cotisations de leurs membres et aux libéralités qu'ils reçoivent ».

2. La loi sur les partis politiques

14. Selon l'article additionnel 1 de la loi nº 2820 sur les partis politiques, l'Etat fournit une aide financière (dont le montant global s'élève à 2/5000ᵉ de son budget) aux partis politiques représentés au Parlement, en fonction des suffrages exprimés en leur faveur lors des précédentes élections législatives. Les partis politiques non représentés au Parlement ont aussi droit à cette aide pourvu qu'ils aient obtenu 7 % au moins des suffrages exprimés lors des précédentes élections, de même que les partis représentés par au moins trois députés au Parlement, même s'ils n'ont pas participé aux précédentes élections.

15. L'aide financière accordée aux partis politiques est triplée dans l'année des élections législatives et doublée dans l'année des élections municipales.

3. La jurisprudence constitutionnelle

16. Par un arrêt du 20 novembre 2008, la Cour constitutionnelle turque rejeta, à la majorité, une exception d'inconstitutionnalité soulevée devant elle par le tribunal administratif d'Ankara, selon laquelle le seuil de 7 % imposé par la loi sur les partis politiques pour l'attribution de l'aide de l'Etat était discriminatoire, donc inconstitutionnel. Pour se prononcer ainsi, elle considéra que les partis politiques avaient notamment pour objectif d'obtenir le soutien des électeurs afin de participer au gouvernement et de contribuer ainsi à l'expression de l'opinion du peuple. Elle en déduisit que les partis n'ayant pas obtenu un soutien suffisant du corps électoral ne contribuaient à l'expression de l'opinion du peuple dans la même mesure que les partis politiques forts d'un soutien populaire plus large. Elle rejeta la thèse selon laquelle le critère du degré de contribution des partis à la vie politique démocratique employé aux fins de l'attribution de l'aide publique n'était pas objectif, équitable et proportionné.

17. Pour leur part, les juges minoritaires de la Cour constitutionnelle estimèrent notamment que le seuil de 7 % était trop élevé (il correspondait à près de trois millions de suffrages lors du référendum de 2007), qu'il favorisait injustement les partis politiques qui le dépassaient, que le critère de « la contribution à l'expression de l'opinion du peuple » était subjectif et qu'il enfreignait le principe de l'Etat de droit.

4. Financement direct des partis politiques et bref historique des élections législatives en cause dans la présente affaire

18. L'ÖDP obtint 0,8 % des suffrages exprimés valides aux élections législatives du 18 avril 1999, 0,34 % à celles du 3 novembre 2002 et 0,15 % à celles de 2007.

19. Les partis qui avaient bénéficié de l'aide avant les élections en question avaient obtenu des sièges à l'Assemblée nationale à l'issue des élections législatives précédentes ou plus de 7 % des suffrages exprimés valides lors de celles-ci.

Avant les élections générales de 1999, six partis politiques (dont un seul n'était pas représenté au Parlement) sur les vingt et un candidats à ces élections avaient reçu l'aide financière de l'Etat. Pour la période antérieure aux élections générales de 2002, six partis (dont un seul n'était pas représenté au Parlement) sur les quinze qui étaient candidats ont reçu une aide de l'Etat, et pour la période antérieure à celles de 2007, cette aide a été accordée à cinq des quinze partis candidats (trois des bénéficiaires n'étaient pas représentés au Parlement). L'ÖDP n'en a jamais bénéficié.

B. Les textes internationaux

20. Les passages pertinents des Lignes directrices sur la réglementation des partis politiques établies par l'OSCE/BIDDH et la Commission de Venise, et adoptées par cette dernière lors de sa 84e session plénière (Venise, 15-16 octobre 2010, CDL-AD(2010)024) se lisent comme suit :

« **3. Financement public**

a) Importance du financement public

176. Au monde entier, le financement public et la réglementation connexe (y compris celle limitant le montant des dépenses, la divulgation et l'exécution impartiale) ont été conçus et adoptés comme un moyen potentiel d'empêcher la corruption, de consacrer le rôle important joué par les partis politiques et de mettre un terme à la dépendance excessive envers les donateurs privés. Ces systèmes de financement visent à s'assurer que tous les partis sont en mesure de se mesurer dans le cadre d'élections en vertu du principe de l'égalité des chances et, par conséquent, à renforcer le pluralisme politique et à contribuer au bon fonctionnement des institutions démocratiques. Généralement, le législateur doit s'efforcer d'atteindre un juste équilibre entre contributions publiques

et privées en tant que sources du financement des partis politiques. L'allocation de fonds publics ne devrait en aucun cas limiter ou porter atteinte à l'indépendance d'un parti politique.

177. Le montant des fonds publics alloués aux parties doit être soigneusement calculé de manière à constituer une contribution utile, sans pour autant éliminer le besoin de contributions privées ou annuler l'impact des dons individuels. Même si les particularités des élections et des campagnes électorales dans les différents Etats empêchent l'identification d'un montant universellement applicable, la législation devrait mettre en place des mécanismes de surveillance conçus pour déterminer périodiquement l'impact des systèmes de financement public et le besoin éventuel de modifier le niveau des allocations. Généralement, les subventions devraient être suffisantes pour apporter un réel soutien, sans pour autant devenir la seule source de revenus ni créer les conditions d'une dépendance excessive à l'égard de l'Etat.

b) Soutien financier

178. La législation devrait explicitement autoriser l'Etat à soutenir financièrement les partis politiques. L'allocation de fonds publics aux partis est fréquemment considérée comme inhérente au respect du principe d'égalité des chances de tous les candidats, notamment dans le cas où le mécanisme de financement de l'Etat comprend des dispositions spéciales pour les femmes et les représentants des minorités. Lorsqu'une aide financière est accordée aux partis, la législation pertinente devrait énoncer des lignes directrices claires permettant de fixer le montant de ces subventions, lesquelles devraient être allouées aux bénéficiaires selon des modalités objectives et de façon impartiale.

c) Autres formes de soutien public

179. Outre un financement direct, l'Etat peut proposer aux partis un soutien revêtant d'autres formes, y compris des exemptions fiscales sur les activités, l'allocation d'un temps d'antenne gratuit ou l'utilisation à titre gracieux de salles de réunions publiques dans le cadre d'une campagne électorale. Dans tous ces cas, l'aide financière et en nature doit être accordée conformément aux principes de l'égalité des chances de tous les partis et de tous les candidats (y compris les femmes et les représentants des minorités). Même si cette aide ne saurait toujours revêtir un caractère absolument «égal», il convient de mettre en place un système permettant de vérifier que la répartition proportionnelle (ou équitable) de l'aide de l'Etat (qu'elle soit financière ou en nature) répond aux critères d'objectivité, d'équité et de bon sens.

(...)

4. Allocation de fonds

183. Les modalités de l'aide publique aux partis politiques devraient être définies dans la législation pertinente. Certains systèmes prévoient l'allocation de fonds avant une élection sur la base des résultats de l'élection précédente ou de la production de preuves d'un niveau minimum de soutien. D'autres systèmes prévoient un paiement intervenant uniquement après les élections sur la base des résultats définitifs.

Généralement, l'allocation de tout ou partie des fonds avant les élections permet davantage de garantir la capacité des partis à rivaliser sur un pied d'égalité.

(...)

185. L'allocation de fonds peut être soit strictement égale («égalité absolue»), soit proportionnelle aux résultats obtenus par les partis concernés lors des dernières élections ou du niveau prouvé de son soutien («allocation équitable»). Il n'existe aucun système réglementaire applicable universel en la matière. D'aucuns font valoir que les lois prévoyant un financement public parviennent généralement mieux à instaurer un pluralisme politique et une égalité des chances lorsqu'elles prévoient un système d'allocations reposant à la fois sur le principe d'égalité absolue et sur celui de l'équité. Lorsqu'un niveau minimum de soutien est exigé pour obtenir un financement, il convient de veiller à ne pas fixer un seuil excessivement élevé sous peine de porter atteinte au pluralisme politique et aux petits partis. En outre, il est dans l'intérêt du pluralisme politique d'avoir un seuil inférieur pour le financement politique que celui requis pour l'attribution d'un mandat au parlement.

(...)

187. La législation devrait veiller à ce que la formule de l'attribution de fonds n'offre pas de monopole ou un montant disproportionné à l'un des partis. La formule d'attribution des fonds ne devrait pas non plus permettre que les deux plus grands partis politiques monopolisent la réception des fonds publics.

5. Exigence d'un financement public

188. Il conviendrait au minimum qu'un certain niveau de financement public soit consenti à tous les partis représentés au Parlement. Toutefois, afin de promouvoir le pluralisme politique, des fonds devraient être idéalement alloués également à tous les partis pouvant arguer d'un niveau minimum de soutien auprès des citoyens et présentant des candidats à une élection. Cette pratique revêt une importance particulière pour les nouveaux partis qui doivent se voir accorder une chance équitable de rivaliser avec les partis en place.

(...)

190. Le financement public, en fournissant des ressources accrues aux partis politiques, peut renforcer le pluralisme politique. Il est donc raisonnable que la loi exige des partis bénéficiaires qu'ils puissent apporter la preuve d'un niveau minimum de soutien de l'électorat avant de recevoir les fonds. Cependant, le refus d'accorder des subventions publiques aux autres partis risque d'affecter le pluralisme et les options politiques. Il est admis, à titre de bonne pratique, d'énoncer des lignes directrices indiquant clairement comment les nouveaux partis peuvent être autorisés dans certains cas à recevoir des fonds publics et comment étendre l'aide publique au-delà des partis représentés au Parlement. Un système généreux déterminant l'éligibilité des partis pouvant bénéficier de fonds publics, devrait être considéré pour assurer que les électeurs se verront proposer suffisamment d'options politiques pour opérer un choix réel.»

EN DROIT

I. SUR LA RECEVABILITÉ

21. La Cour constate que la requête n'est pas manifestement mal fondée au sens de l'article 35 § 3 a) de la Convention et qu'elle ne se heurte à aucun autre motif d'irrecevabilité. Il convient donc de la déclarer recevable.

II. SUR LA VIOLATION ALLÉGUÉE DE L'ARTICLE 14 DE LA CONVENTION COMBINÉ AVEC L'ARTICLE 3 DU PROTOCOLE N° 1

22. Invoquant les articles 9, 10, 11 et 14 de la Convention, le parti requérant allègue que, en lui refusant l'aide financière accordée à d'autres partis au motif qu'il avait obtenu moins de 7 % des suffrages exprimés lors des précédentes élections législatives, l'Etat lui a fait subir une discrimination qui l'a défavorisé pour les campagnes électorales de 1999, 2002 et 2007. Ce faisant, l'Etat aurait porté atteinte à la libre expression de l'opinion du peuple sur le choix du corps législatif.

23. La Cour examinera d'abord ce grief sous l'angle de l'article 14 de la Convention combiné avec l'article 3 du Protocole n° 1.

L'article 14 de la Convention est ainsi libellé :

> « La jouissance des droits et libertés reconnus dans la (...) Convention doit être assurée, sans distinction aucune, fondée notamment sur le sexe, la race, la couleur, la langue, la religion, les opinions politiques ou toutes autres opinions, l'origine nationale ou sociale, l'appartenance à une minorité nationale, la fortune, la naissance ou toute autre situation. »

L'article 3 du Protocole n° 1 dispose :

> « Les Hautes Parties contractantes s'engagent à organiser, à des intervalles raisonnables, des élections libres au scrutin secret, dans les conditions qui assurent la libre expression de l'opinion du peuple sur le choix du corps législatif. »

A. Thèses des parties

24. Le requérant soutient que le refus de financement public dont il se plaint a créé une inégalité entre les différents partis politiques candidats aux élections législatives en augmentant les chances de succès de ceux qui étaient déjà représentés au Parlement ou qui avaient obtenu plus de 7 % des suffrages lors des élections précédentes. Ces partis auraient bénéficié d'une source de financement importante qui leur aurait conféré un avantage indu (et contraire, notamment, aux dispositions constitutionnelles et conventionnelles prohibant la discrimination) par rapport aux nouveaux partis candidats aux élections, notamment quant à la diffusion de leurs opinions – l'aide renforçant leur capacité à accéder aux médias de masse –

et quant à l'organisation de diverses réunions et activités socioculturelles à l'échelle nationale.

25. Le Gouvernement conteste la thèse de l'intéressé. Il fait observer que la distinction opérée entre les partis politiques en matière de financement public est basée sur les résultats des élections précédentes (en termes de suffrages exprimés ou de sièges obtenus au Parlement à l'issue de ces élections). Autrement dit, elle s'appuierait sur des motifs légitimes et objectifs. Un refus de financement public fondé sur les opinions politiques défendues par un parti aurait pu être considéré comme discriminatoire, mais tel ne serait pas le cas en l'espèce. Par ailleurs, les Etats disposeraient d'une large marge d'appréciation pour imposer aux partis politiques des conditions minimales d'éligibilité à l'aide de l'Etat, sous réserve que le droit de participation à la vie politique de ces partis ne soit pas entravé.

B. Critères employés par la Cour aux fins de l'application de l'article 14 de la Convention combiné avec l'article 3 du Protocole n° 1

26. La Cour rappelle que la discrimination consiste à traiter de manière différente sans justification objective et raisonnable des personnes placées dans des situations comparables. Un traitement différencié est dépourvu de « justification objective et raisonnable » lorsqu'il ne poursuit pas un « but légitime » ou qu'il n'existe pas un « rapport raisonnable de proportionnalité entre les moyens employés et le but visé » (voir, parmi beaucoup d'autres, *Sejdić et Finci c. Bosnie-Herzégovine* [GC], n°s 27996/06 et 34836/06, § 42, CEDH 2009). L'étendue de la marge d'appréciation dont les Parties contractantes jouissent à cet égard varie selon les circonstances, les domaines et le contexte (*Andrejeva c. Lettonie* [GC], n° 55707/00, § 82, CEDH 2009).

27. Par ailleurs, la Cour rappelle que l'article 3 du Protocole n° 1 consacre un principe fondamental dans un régime politique véritablement démocratique et revêt donc dans le système de la Convention une importance capitale (*Mathieu-Mohin et Clerfayt c. Belgique*, 2 mars 1987, § 47, série A n° 113). Le rôle de l'Etat, en tant qu'ultime garant du pluralisme, implique l'adoption de mesures positives pour « organiser » des élections démocratiques dans des « conditions qui assurent la libre expression de l'opinion du peuple sur le choix du corps législatif » (*ibidem*, § 54).

28. Des élections libres et la liberté d'expression, notamment la liberté du débat politique, constituent l'assise de tout régime démocratique (*ibidem*, § 47, et *Lingens c. Autriche*, 8 juillet 1986, §§ 41-42, série A n° 103). La « libre expression de l'opinion du peuple sur le choix du corps législatif » concerne également l'article 11 de la Convention, qui garantit la liberté d'association et donc incidemment la liberté des partis politiques, lesquels

représentent une forme d'association essentielle au bon fonctionnement de la démocratie. Pareille expression ne saurait se concevoir sans le concours d'une pluralité de partis politiques représentant les courants d'opinion qui traversent la population d'un pays. En répercutant ceux-ci non seulement dans les institutions politiques mais aussi, grâce aux médias, à tous les niveaux de la vie en société, les partis politiques apportent une contribution irremplaçable au débat politique, lequel se trouve au cœur même de la notion de société démocratique (*Lingens*, précité, § 42, *Castells c. Espagne*, 23 avril 1992, § 43, série A nº 236, *Parti communiste unifié de Turquie et autres c. Turquie*, 30 janvier 1998, § 44, *Recueil des arrêts et décisions* 1998-I, et *Yumak et Sadak c. Turquie* [GC], nº 10226/03, § 107, CEDH 2008).

29. Comme la Commission européenne des droits de l'homme l'a précisé à plusieurs reprises, les mots « libre expression de l'opinion du peuple » signifient que les élections ne sauraient comporter une quelconque pression sur le choix d'un ou de plusieurs candidats et que, dans ce choix, l'électeur ne doit pas être indûment incité à voter pour un parti ou pour un autre (*X. c. Royaume-Uni*, nº 7140/75, décision de la Commission du 6 octobre 1976, Décisions et rapports (DR) 7, pp. 97, 99). Le mot « choix » implique qu'il faut assurer aux différents partis politiques des possibilités raisonnables de présenter leurs candidats aux élections (*ibidem*; voir aussi *X. c. Islande*, nº 8941/80, décision de la Commission du 8 décembre 1981, DR 27, pp. 152, 156, et *Yumak et Sadak*, précité).

30. Cela étant, les droits garantis par l'article 3 du Protocole nº 1 ne sont pas absolus. Il y a place pour des « limitations implicites » et les Etats contractants doivent se voir accorder une large marge d'appréciation en la matière (voir, parmi d'autres, *Matthews c. Royaume-Uni* [GC], nº 24833/94, § 63, CEDH 1999-I, et *Labita c. Italie* [GC], nº 26772/95, § 201, CEDH 2000-IV). Quant au droit de se présenter aux élections, c'est-à-dire l'aspect « passif » des droits garantis par l'article 3 du Protocole nº 1, la Cour se montre encore plus prudente dans son appréciation des restrictions dans ce contexte que lorsqu'elle est appelée à examiner des restrictions au droit de vote, c'est-à-dire l'élément « actif » des droits garantis par l'article 3 du Protocole nº 1.

31. Cependant, il appartient à la Cour de statuer en dernier ressort sur l'observation des exigences de l'article 3 du Protocole nº 1 ; il lui faut s'assurer que les conditions auxquelles sont subordonnés les droits de vote ou de se porter candidat à des élections ne réduisent pas les droits dont il s'agit au point de les atteindre dans leur substance même et de les priver de leur effectivité (*Mathieu-Mohin et Clerfayt*, précité, § 52).

C. Application en l'espèce des principes susmentionnés

1. Existence d'une différence de traitement

32. En l'espèce, la Cour relève que le parti politique requérant allègue que, lors des élections législatives de 1999, 2002 et 2007, il a été défavorisé par rapport aux partis bénéficiaires de l'aide financière de l'Etat, cette aide lui ayant été refusée au motif qu'il n'était pas représenté au Parlement (en raison du seuil de représentativité fixé à 10 % des suffrages exprimés au niveau national) et qu'il avait obtenu moins de 7 % des suffrages exprimés lors des précédentes élections législatives.

33. La Cour constate que l'ÖDP, fondé en 1996, n'a pu prétendre à une aide financière de l'Etat qu'après les élections de 1999. Inférieurs au seuil de 7 % fixé par la loi nationale, les résultats obtenus par l'ÖDP aux élections suivantes – 0,8 % des suffrages valides exprimés aux élections législatives du 18 avril 1999, 0,34 % à celles du 3 novembre 2002 et 0,15 % à celles de 2007 (paragraphes 18-19 ci-dessus) – ne lui ont pas permis de recevoir l'aide en question.

34. Toutefois, la Cour observe que, avant les élections générales de 1999, six partis politiques (dont un seul n'était pas représenté au Parlement) sur les vingt et un candidats à ces élections avaient reçu l'aide financière de l'Etat. Pour la période antérieure aux élections générales de 2002, six partis (dont un seul n'était pas représenté au Parlement) sur les quinze qui étaient candidats en ont bénéficié et, pour la période antérieure à celles de 2007, cette aide a été accordée à cinq des quinze partis candidats (trois bénéficiaires n'étaient pas représentés au Parlement).

35. De toute évidence, le système de financement public des partis politiques appliqué en l'espèce a défavorisé l'ÖDP, qui n'a reçu aucune aide, par rapport à ses concurrents qui en ont bénéficié et qui ont pu ainsi financer beaucoup plus facilement la diffusion de leurs opinions au niveau national. Partant, le parti requérant a fait l'objet d'une différence de traitement dans l'exercice de ses droits électoraux au titre de l'article 3 du Protocole n° 1 du fait de l'application du système en question.

36. Il appartient à la Cour de rechercher, à la lumière des principes exposés ci-dessus, si le système mis en cause poursuit un but légitime et s'il existe un rapport raisonnable de proportionnalité entre les moyens employés et le but visé. L'application de ces deux critères lui permettra de répondre à la question de savoir si les mesures litigieuses sont constitutives d'une discrimination contraire à l'article 14 de la Convention « et/ou ont porté atteinte à la substance même du droit à la libre expression du peuple au sens de l'article 3 du Protocole n° 1 ».

2. But légitime de la différence de traitement

37. En matière de financement des partis politiques, la Cour reconnaît que les cotisations des adhérents, source traditionnelle de financement, ne suffisent plus à faire face à des dépenses en augmentation constante dans un contexte marqué par la concurrence politique ainsi que par la complexité et le coût des moyens de communication modernes. Elle observe que, dans les pays européens, comme partout ailleurs dans le monde, le financement public des partis politiques est conçu comme un moyen d'empêcher la corruption et d'éviter une dépendance excessive des partis à l'égard des donateurs privés. Il s'ensuit que ce financement vise à renforcer le pluralisme politique et contribue au bon fonctionnement des institutions démocratiques.

38. Il ressort de l'examen des systèmes appliqués dans la majorité des Etats européens qu'il n'existe pas de réglementation uniforme en la matière. A cet égard, la Cour observe que les dotations accordées aux partis politiques à l'occasion d'une élection sont réparties entre eux d'une manière strictement égale ou selon le principe d'allocation équitable, c'est-à-dire en fonction de leurs résultats respectifs aux élections précédentes.

39. On peut également observer que les lois nationales des Etats contractants qui ont opté pour le système d'allocation équitable du financement public exigent presque toujours un niveau minimum de soutien électoral. En l'absence de ce seuil de représentativité, il est probable que le système en question aurait pour effet pervers d'inciter les milieux politiques à multiplier les candidatures pour bénéficier d'un revenu plus important, causant ainsi une « inflation de candidatures » puisque chaque voix obtenue rapporte tous les ans une certaine somme d'argent au titre du financement public.

40. Dans les Etats membres autres que la Turquie, le niveau minimum de représentativité qu'un parti politique doit atteindre pour pouvoir bénéficier de l'aide publique varie entre 0,5 % et 5 % des suffrages exprimés lors des précédentes élections et est souvent inférieur au seuil électoral requis pour l'attribution de sièges au Parlement. Il s'ensuit que, outre les partis représentés au Parlement, les nouveaux partis politiques bénéficiant d'un niveau minimum de soutien auprès des citoyens reçoivent une aide publique proportionnelle à leur représentativité électorale.

41. La Cour constate également qu'aucun des textes adoptés par les organes du Conseil de l'Europe sur la question des partis politiques dans un régime démocratique pluraliste ne qualifie de déraisonnable l'exigence imposée par les lois nationales aux partis bénéficiaires de fonds publics de disposer d'un niveau minimum de soutien de l'électorat, ni ne fixe un taux précis en la matière. A cet égard, elle renvoie aux observations

de certaines institutions spécialisées d'où il ressort, d'une part, qu'il convient de veiller à ne pas fixer un seuil excessivement élevé sous peine de porter atteinte au pluralisme politique et aux petits partis (Lignes directrices sur la réglementation des partis politiques établies par l'OSCE/BIDDH et la Commission de Venise, adoptées les 15-16 octobre 2010, CDL-AD(2010)024, § 185 – paragraphe 20 ci-dessus) et, d'autre part, que la formule d'attribution des fonds ne devrait pas non plus permettre que les deux plus grands partis politiques monopolisent la réception des fonds publics (*ibidem*, § 187).

42. Au vu de ce qui précède, la Cour estime que le financement public des partis politiques selon un système d'allocation équitable exigeant un niveau minimum de soutien électoral poursuit le but légitime de conforter le pluralisme démocratique tout en évitant une fragmentation excessive et non fonctionnelle des candidatures, et donc de renforcer l'expression de l'opinion du peuple quant au choix du corps législatif (voir, dans le même sens, *Fournier c. France*, n° 11406/85, décision de la Commission du 10 mars 1988, DR 55, p. 130, et, *mutatis mutandis*, *Cheminade c. France* (déc.), n° 31599/96, CEDH 1999-II en ce qui concerne un système d'aide publique réservant le remboursement des frais de propagande et du cautionnement aux seuls candidats ou listes ayant obtenu un certain pourcentage des suffrages exprimés).

3. Proportionnalité de la différence de traitement

43. La Cour observe que le niveau minimum de représentativité exigé en Turquie des partis prétendant à un financement public, à savoir 7 % des suffrages exprimés lors des précédentes élections législatives, est le plus élevé d'Europe (paragraphe 40 ci-dessus). Afin de s'assurer que le seuil en question n'est pas disproportionné, la Cour entend d'abord en évaluer les effets. Elle examinera ensuite les correctifs dont il se trouve assorti.

44. La Cour observe en premier lieu que le seuil de 7 % est inférieur au seuil électoral minimum requis pour l'attribution de sièges au Parlement turc, à savoir 10 % des suffrages exprimés au niveau national. Lors des élections législatives en cause dans la présente affaire, les partis politiques non représentés au Parlement qui avaient atteint le seuil de 7 % des suffrages exprimés pouvaient recevoir l'aide de l'Etat jusqu'aux élections suivantes. Aux élections de 1999, l'un des six partis bénéficiaires de fonds publics n'était pas représenté au Parlement. A celles de 2002, cette proportion était identique, et à celles de 2007, trois partis non représentés au Parlement et

deux partis qui l'étaient ont perçu des fonds publics. Autrement dit, pendant les périodes en cause dans la présente affaire, les partis politiques représentés au Parlement n'ont pas monopolisé l'aide publique, non plus d'ailleurs que le parti au pouvoir et le principal parti d'opposition.

45. La Cour doit également tenir compte des résultats de l'ÖDP aux élections législatives antérieures aux périodes d'attribution des aides publiques en cause. Les voix obtenues par le parti requérant représentaient entre 0,8 et 0,15 % des suffrages exprimés valides lors de ces élections. Largement inférieurs au seuil de représentativité exigé par la législation turque pour l'attribution de fonds publics, ces résultats auraient également été considérés comme insuffisants pour l'attribution d'un tel financement dans plusieurs autres Etats européens. Si le grief du parti requérant ne s'analyse pas en une *actio popularis,* puisque celui-ci a été touché de manière directe et immédiate par le seuil de représentativité litigieux, il n'en demeure pas moins que l'ÖDP n'est pas parvenu à démontrer devant la Cour qu'il bénéficiait auprès de l'électorat turc d'un soutien lui conférant une représentativité non négligeable.

46. Il convient également de tenir compte du fait que l'Etat fournit aux partis politiques d'autres formes de soutien public que le financement direct. Parmi les correctifs apportés au système de financement public en vigueur en Turquie, qui ne permet pas à tous les partis de percevoir des subventions directes, on peut citer les exemptions d'impôt qu'ils se voient accorder sur certains de leurs revenus ainsi que l'allocation d'un temps d'antenne lors des périodes de campagne électorale. Il n'est pas contesté devant la Cour que l'ÖDP a bénéficié de ces modalités alternatives d'aide publique.

47. Au vu des conclusions auxquelles elle est parvenue quant à l'échec de l'ÖDP à s'assurer un niveau minimum de soutien auprès des citoyens et à l'effet compensatoire des autres formes d'aide publique dont ce parti disposait, la Cour estime que la différence de traitement litigieuse est raisonnablement proportionnée au but visé.

48. La Cour conclut que, dans les circonstances de l'espèce, le refus de l'Etat d'accorder à l'ÖDP une aide financière directe au motif que ce parti n'avait pas atteint le niveau minimum de représentativité de 7 % requis par la loi reposait sur une justification objective et raisonnable, qu'il n'a pas porté atteinte à la substance même du droit à la libre expression du peuple et qu'il n'était donc pas contraire à l'article 14 de la Convention combiné avec l'article 3 du Protocole n° 1.

49. Partant, il n'y a pas eu violation de ces dispositions.

III. SUR LA VIOLATION ALLÉGUÉE DES ARTICLES 9, 10 ET 11 DE LA CONVENTION

50. Le parti requérant se plaint également d'une violation des articles 9, 10 et 11 de la Convention. Ses griefs portant sur les mêmes faits que ceux étudiés sur le terrain de l'article 14 de la Convention combiné avec l'article 3 du Protocole n° 1, la Cour estime qu'il n'y a pas lieu de les examiner séparément.

PAR CES MOTIFS, LA COUR

1. *Déclare*, à l'unanimité, la requête recevable;
2. *Dit*, par cinq voix contre deux, qu'il n'y a pas eu violation de l'article 14 de la Convention combiné avec l'article 3 du Protocole n° 1;
3. *Dit*, à l'unanimité, qu'il n'y a pas lieu d'examiner séparément les griefs tirés des articles 9, 10 et 11 de la Convention.

Fait en français, puis communiqué par écrit le 10 mai 2012, en application de l'article 77 §§ 2 et 3 du règlement.

Stanley Naismith
Greffier

Françoise Tulkens
Présidente

Au présent arrêt se trouve joint, conformément aux articles 45 § 2 de la Convention et 74 § 2 du règlement, l'exposé de l'opinion séparée des juges Tulkens et Sajó.

F.T.
S.H.N.

OPINION PARTIELLEMENT DISSIDENTE COMMUNE DES JUGES TULKENS ET SAJÓ

1. Nous ne partageons pas l'avis de la majorité selon laquelle il n'y a pas, dans cette affaire, violation de l'article 14 de la Convention combiné avec l'article 3 du Protocole n° 1.

2. Nous voulons préciser d'emblée que nous n'entendons, en aucune manière, discuter la question de l'aide de l'Etat aux partis politiques, qui ne relève pas de notre compétence. Il n'y a pas, en effet, de droit garanti par la Convention à une telle aide. Mais, lorsqu'un système de financement public existe, lequel a nécessairement un impact sur les élections elles-mêmes, il doit être appliqué de manière non discriminatoire. Notre seule préoccupation concerne donc, au regard de l'article 14 de la Convention, la question de l'*égalité* dans le processus électoral et, partant, dans le droit à des élections libres et à la libre expression de l'opinion du peuple sur le choix du corps législatif garanti par l'article 3 du Protocole n° 1. A cet égard, l'arrêt rappelle à juste titre que cette disposition consacre un principe fondamental dans un régime politique véritablement démocratique et revêt donc, dans le système de la Convention, une « importance capitale » (paragraphe 27 de l'arrêt). Ces affirmations doivent être prises au sérieux.

3. En l'espèce, la Cour reconnaît que l'article additionnel 1 de la loi n° 2820 sur les partis politiques, qui subordonne l'aide financière de l'Etat aux nouveaux partis politiques non encore représentés au Parlement à la condition qu'ils aient obtenu 7 % au moins des suffrages exprimés lors des précédentes élections, a défavorisé l'ÖDP par rapport aux autres partis politiques lors des campagnes électorales de 1999, 2002 et 2007. Il a donc fait l'objet d'une différence de traitement (paragraphe 35 de l'arrêt).

4. Conformément à la jurisprudence bien établie de la Cour, la discrimination consiste à traiter de manière différente, sans justification objective et raisonnable, des personnes placées dans des situations comparables. Il revient donc au Gouvernement d'apporter la preuve que la différence de traitement est justifiée et n'est pas discriminatoire dans ses effets.

5. La majorité rappelle à juste titre que, comme partout dans le monde, le financement public des partis politiques vise à empêcher la corruption et la dépendance excessive des partis à des donateurs privés. Ce système vise à renforcer le pluralisme politique et contribue au bon fonctionnement des institutions démocratiques (paragraphe 37 de l'arrêt). Il faut toutefois un minimum de soutien électoral. Dans les Etats membres du Conseil de l'Europe, le niveau minimum de représentativité qu'un parti politique doit

atteindre pour pouvoir bénéficier de l'aide publique varie entre 0,5 et 5 % des suffrages exprimés lors des précédentes élections.

6. Le seuil de 7 % en Turquie dans l'octroi de l'aide de l'Etat est donc particulièrement élevé et, en fait, le plus élevé d'Europe. Il en résulte inévitablement, d'une part, la création de quasi « monopoles » ou de positions dominantes pour certains partis et, d'autre part, l'impossibilité pour d'autres d'accéder à la visibilité et donc de se présenter sur un pied d'égalité. La présence des grands partis est ainsi (artificiellement) renforcée et multipliée au détriment des autres partis et le système de financement, tel qu'il existe, perpétue ce déséquilibre. Le Gouvernement ne conteste d'ailleurs pas cet effet qui, selon nous, porte atteinte aux petits partis et, partant, au pluralisme politique.

7. La Cour ne peut évidemment substituer sa propre appréciation à celle des autorités nationales quant à la détermination du soutien électoral minimum requis. Mais, en revanche, elle ne peut se satisfaire de critères qui n'ont que l'apparence de l'objectivité et qui ne prennent pas en considération cette exigence essentielle selon laquelle, dans une société pluraliste, les voix minoritaires doivent pouvoir bénéficier des mêmes opportunités. Certes, en l'espèce, la disposition légale litigieuse peut paraître neutre mais, dans le contexte du débat politique, le pluralisme est une valeur conventionnelle. A cet égard, l'importance quantitative du support minimum requis peut constituer une discrimination.

8. Alors que dans l'arrêt *Yumak et Sadak c. Turquie* ([GC], nº 10226/03, CEDH 2008) du 8 juillet 2008 concernant le seuil électoral de 10 %, la raison acceptée par la Cour pour justifier la différence de traitement était la stabilité gouvernementale (§ 125), celle-ci ne pouvait évidemment pas être invoquée dans la présente affaire. En l'espèce, seules sont mises en avant des nécessités pratiques qui ne sont évidemment pas suffisantes pour justifier une discrimination.

9. Dans son examen de la proportionnalité de la différence de traitement litigieuse, la Cour se met à la place des autorités nationales et procède elle-même à l'analyse de la situation du parti requérant. Elle estime en effet que l'ÖDP n'est pas parvenu à démontrer devant elle qu'il bénéficiait auprès de l'électorat turc d'un soutien lui conférant une représentativité non négligeable. Or, tel n'est pas le rôle de la Cour. Son rôle est de s'assurer et de garantir qu'une évaluation correcte et appropriée a été menée, par les autorités nationales, de la conformité avec la Convention de la mesure d'exclusion telle qu'elle est appliquée au requérant. Or, celle-ci fait défaut, ce qui nous amène à constater une violation de la Convention.

ÖZGÜRLÜK VE DAYANIŞMA PARTİSİ (ÖDP) v. TURKEY

(Application no. 7819/03)

SECOND SECTION

JUDGMENT OF 10 MAY 2012[1]

1. Translation; original French.

SUMMARY[1]

Refusal of State funding to a political party that did not obtain the statutory 7% minimum share of the vote

Article 14 taken in conjunction with Article 3 of Protocol No. 1

Discrimination – Refusal of State funding to a political party that did not obtain the statutory 7% minimum share of the vote – Difference in treatment – Exercise of electoral rights – Free expression of opinion of the people – Dissemination of political opinions – Public funding for political parties – Equitable allocation system – Political pluralism – Need to prevent excessive and dysfunctional fragmentation of candidacies – Proportionality – Objective and reasonable justification – No monopoly on funding – Failure of applicant party to secure a minimum of electoral support – Significant share of vote – Compensatory effect of other State corrective mechanisms

*

* *

The applicant party was authorised to take part in the 1999 municipal and parliamentary elections. It applied on that occasion for the financial assistance available to political parties under the Constitution. Its request was refused on the ground that it did not fulfil the conditions set out in the legislation, namely to be represented in Parliament already or to have obtained at least 7% of the votes cast in the preceding election. The applicant party obtained 0.8% of the valid votes cast in the 1999 elections, 0.34% in the 2002 elections and 0.15% in the 2007 elections. It applied to the administrative court to have the decision refusing it funding set aside, arguing that it was difficult to carry out political activities and campaigns without the necessary financial resources and that the refusal to grant it funding was contrary to the principle of non-discrimination. This application was dismissed in 1999 on the ground that the applicant party did not meet the statutory conditions for receiving financial assistance. The applicant party submitted that the decision refusing it funding had placed it at a disadvantage in the 1999, 2002 and 2007 electoral campaigns.

Held

Article 14 in conjunction with Article 3 of Protocol No. 1: The refusal of financial assistance had made it more difficult for the applicant party to disseminate its political opinions at national level compared with parties which received such

1. This summary by the Registry does not bind the Court.

assistance. The applicant party had thus been treated differently in the exercise of its electoral rights. The public funding of political parties was a means of preventing corruption and avoiding excessive dependence on private donors. An examination of the systems applied in the majority of European countries suggested that funds were allocated on the basis of two systems: on a strictly equal basis or under the principle of equitable distribution. In the latter case, a minimum level of electoral support was almost always required, in order to avoid a proliferation of candidates. None of the texts adopted by Council of Europe bodies concerning political parties in a pluralist democratic system found unreasonable the requirement under national legislation for parties which received public funding to enjoy a minimum level of electoral support, nor did they lay down specific percentages in that regard. Certain specialised institutions had pointed to the need to ensure that the threshold set was not excessively high so as not to infringe political pluralism and the rights of small parties, while stressing that the formula for allocating funds should not create a situation in which the two main parties monopolised the receipt of public resources. The public funding of political parties under a system of equitable distribution requiring a minimum level of electoral support pursued a legitimate aim, namely that of strengthening pluralist democracy while avoiding excessive and dysfunctional fragmentation of candidacies. The minimum share of the vote required in Turkey from parties claiming public funding was the highest in Europe (7%). Nonetheless, during the periods in question, this threshold had not resulted in a monopoly on the part of the political parties represented in Parliament when it came to public funding. Furthermore, the applicant party's performance in the 1999, 2002 and 2007 parliamentary elections had fallen substantially below the 7% threshold and would not have entitled it to funding in several other European States. The applicant party had not demonstrated that the level of support it enjoyed made it representative of a significant portion of the Turkish electorate. Finally, the State provided other forms of public support to political parties, including tax exemptions in respect of some of their income and the allocation of broadcasting time during electoral campaigns. The applicant party had benefited from those State corrective mechanisms. The system for awarding financial assistance was proportionate, taking into account its scope and the compensatory measures which accompanied it. Accordingly, the refusal to grant direct funding to the applicant party on the ground that it had not obtained the statutory minimum 7% share of the vote had had an objective and reasonable basis. It had not impaired the very essence of the right to the free expression of the will of the people.
Conclusion: no violation (five votes to two).

Case-law cited by the Court

X. v. the United Kingdom, no. 7140/75, Commission decision of 6 October 1976, Decisions and Reports 7

X. v. Iceland, no. 8941/80, Commission decision of 8 December 1981, Decisions and Reports 27
Lingens v. Austria, 8 July 1986, Series A no. 103
Mathieu-Mohin and Clerfayt v. Belgium, 2 March 1987, Series A no. 113
Fournier v. France, no. 11406/85, Commission decision of 10 March 1988, Decisions and Reports 55
Castells v. Spain, 23 April 1992, Series A no. 236
United Communist Party of Turkey and Others v. Turkey, 30 January 1998, *Reports of Judgments and Decisions* 1998-I
Matthews v. the United Kingdom [GC], no. 24833/94, ECHR 1999-I
Cheminade v. France (dec.), no. 31599/96, ECHR 1999-II
Labita v. Italy [GC], no. 26772/95, ECHR 2000-IV
Yumak and Sadak v. Turkey [GC], no. 10226/03, ECHR 2008
Andrejeva v. Latvia [GC], no. 55707/00, ECHR 2009
Sejdić and Finci v. Bosnia and Herzegovina [GC], nos. 27996/06 and 34836/06, ECHR 2009

In the case of Özgürlük ve Dayanışma Partisi (ÖDP) v. Turkey,

The European Court of Human Rights (Second Section), sitting as a Chamber composed of:

Françoise Tulkens, *President*,
Danutė Jočienė,
Dragoljub Popović,
András Sajó,
Işıl Karakaş,
Guido Raimondi,
Paulo Pinto de Albuquerque, *judges*,
and Stanley Naismith, *Section Registrar*,

Having deliberated in private on 4 October 2011 and 10 April 2012,

Delivers the following judgment, which was adopted on the last-mentioned date:

PROCEDURE

1. The case originated in an application (no. 7819/03) against the Republic of Turkey lodged with the Court under Article 34 of the Convention for the Protection of Human Rights and Fundamental Freedoms ("the Convention") by a Turkish political party, Özgürlük ve Dayanışma Partisi (the Freedom and Solidarity Party) ("the applicant party"), on 1 October 2002.

2. Before the Court, the applicant party was represented by Mr M. Bektaş, a lawyer practising in Ankara. The Turkish Government ("the Government") were represented by their Agent.

3. The applicant party, which had been granted the right to take part in the next parliamentary elections, alleged that it had been discriminated against on account of the refusal of its application for the financial assistance to political parties available under the Constitution.

4. On 30 July 2007 the application was communicated to the Government. The Court also decided to rule on the admissibility and merits of the application at the same time.

THE FACTS

I. THE CIRCUMSTANCES OF THE CASE

5. The applicant party, Özgürlük ve Dayanışma Partisi ("the ÖDP"), is a Turkish political party based in Ankara.

6. By a decree of 28 November 1998, the Higher Electoral Commission published a list of the eighteen political parties authorised to participate in the parliamentary and municipal elections to be held on 18 April 1999. The ÖDP featured on the list. In order to be able to participate in the elections in question, the political parties had to have had, for at least six months prior to the elections, branches in no fewer than half the country's provinces and to have already organised their party conference.

7. On 23 September 1998 the ÖDP applied to the Ministry of Finance for the financial assistance available to political parties under Article 68 of the Constitution.

8. By a decision of 23 November 1998, the Ministry of Finance refused the application on the ground that only political parties meeting the criteria laid down by Law no. 2820 on political parties were eligible for public funding.

9. On 29 December 1998 the ÖDP brought proceedings in the Ankara Administrative Court seeking the setting-aside of the decision of 23 November 1998. The ÖDP began by pointing out that the Constitution itself provided that "the State shall grant political parties sufficient and equitable funding" and that "the law shall define the principles applicable to party funding, members' subscriptions and donations". The applicant party observed in particular that the criteria laid down by the Law on political parties excluded parties which were not represented in Parliament from entitlement to State subsidies. Pointing to the difficulty of carrying out political activities and campaigning without the necessary financial resources, it contended that the statutory exclusion was unconstitutional and contrary to the principles of a democratic State, to the State's duty to promote democratic rights and freedoms, and to the principle of non-discrimination. Furthermore, the provisions in question were in breach of international human rights protection instruments.

10. In a judgment of 29 September 1999, the Ankara Administrative Court rejected the application lodged by the ÖDP, on the ground that the latter did not satisfy the criteria laid down by Law no. 2820 on political parties. The court did not rule on the plea of unconstitutionality raised by the ÖDP.

11. The ÖDP lodged an appeal on points of law against the judgment of 29 September 1999, reiterating the arguments it had submitted at first instance.

12. In a judgment delivered on 25 April 2002 and served on the applicant party on 10 July 2002, the Supreme Administrative Court upheld the impugned judgment, which it found to be in accordance with the rules of procedure and law.

II. RELEVANT LAW AND PRACTICE

A. The national context

1. The Constitution

13. The final paragraph of Article 68 of the Constitution states that "the State shall grant political parties sufficient and equitable funding" and that "the law shall define the principles applicable to party funding, members' subscriptions and donations".

2. The Law on political parties

14. Under additional section 1 of Law no. 2820 on political parties, the State provides financial assistance (the overall amount of which represents 2/5000ths of its budget) to the political parties represented in Parliament, in proportion to the number of votes they obtained in the preceding parliamentary elections. Political parties that are not represented in Parliament are also entitled to this assistance, provided that they obtained at least 7% of the votes cast in the preceding election. Parties with at least three members of Parliament are also eligible, even if they did not participate in the last election.

15. The funding provided to political parties is tripled in a parliamentary election year and doubled in a municipal election year.

3. Constitutional case-law

16. By a judgment of 20 November 2008, the Turkish Constitutional Court dismissed by a majority a plea of unconstitutionality raised by the Ankara Administrative Court, which alleged that the statutory 7% threshold imposed on political parties in order to obtain State funding was discriminatory and therefore unconstitutional. In making its ruling, the Constitutional Court considered that one of the aims of political parties was to obtain electoral support with a view to participating in government and hence contributing to the expression of the opinion of the people. It concluded from this that parties which had not obtained a sufficient level of electoral support did not contribute to the expression of the opinion of the people to the same extent as political parties with broader popular support. It dismissed the argument that using the extent of parties' contribution to democratic political life as the criterion for allocating State funding was not objective, equitable or proportionate.

17. A minority of the judges of the Constitutional Court took the view that the 7% threshold was too high (corresponding to almost three million

votes in the 2007 referendum), that it gave an unfair advantage to political parties which exceeded it and that the criterion based on the "contribution to the expression of the opinion of the people" was subjective and in breach of the principle of the rule of law.

4. Direct funding of political parties and a brief overview of the elections in issue in the present case

18. The ÖDP obtained 0.8 % of the valid votes cast in the parliamentary elections of 18 April 1999, 0.34 % of the vote in the elections of 3 November 2002 and 0.15 % of the vote in the 2007 elections.

19. The parties that received funding prior to the elections in question had either won seats in the National Assembly in the preceding parliamentary elections or had obtained more than 7% of the valid votes cast in those elections.

Ahead of the 1999 general election, six political parties (including one that was not represented in Parliament) of the twenty-one parties fielding candidates received State financial assistance. Before the 2002 general election, six parties (including one not represented in Parliament) of the fifteen parties contesting the election received State funding. Prior to the 2007 election, funding was given to five of the fifteen parties fielding candidates; of the five parties concerned, three were not represented in Parliament. The ÖDP has never received State funding.

B. International instruments

20. The relevant passages of the Guidelines on political party regulation drawn up by the OSCE/ODIHR and the Venice Commission, and adopted by the Venice Commission at its 84th Plenary Session (Venice, 15-16 October 2010, CDL-AD(2010)024), read as follows.

"**3. Public funding**

(a) Importance of public funding

176. Public funding and its requisite regulations (including spending limits, disclosure, and impartial enforcement) has been designed and adopted throughout the globe as a potential means of preventing corruption, to support the important role played by political parties and to remove undue reliance on private donors. Such systems of funding are aimed at ensuring that all parties are able to compete for elections in accordance with the principle of equal opportunity, thus strengthening political pluralism and helping to ensure the proper functioning of democratic institutions. Generally, legislation should attempt to create a balance between public and private contributions as the source for political party funding. In no case should the allocation of public funding limit or interfere with the independence of a political party.

177. The amount of public funding awarded to parties must be carefully designed to ensure the utility of such funding while not eradicating the need for private contributions or nullifying the impact of individual donations. While the nature of elections and campaigning in different States makes it impossible to identify a universally applicable amount of funding, legislation should put in place review mechanisms aimed at periodically determining the impact of public-finance systems and the need (as such exists) to alter financial-allocation amounts. Generally, subsidies should be set at a meaningful level to fulfil the objective of support, but should not be the only source of income and should not create conditions for over-dependency on State support.

(b) Financial support

178. Legislation should explicitly allow that State support for political parties may be financial. The allocation of public money to political parties is often considered integral to respect the principle of equal opportunity for all candidates, in particular where the State's funding mechanism includes special provisions for women and minorities. Where financial support is awarded to parties, relevant legislation should develop clear guidelines to determine the amount of such funding, which should be allocated to recipients in an objective and unbiased manner.

(c) Other forms of public support

179. In addition to direct funding, the State may offer support to parties in a variety of other ways, including tax exemptions for party activities, the allocation of free media time, or the free use of public meeting halls for the purposes of campaign activities. In all such cases, both financial and in-kind support must be given on the basis of equality of opportunity to all parties and candidates (including women and minorities). While 'equality' may not be absolute in nature, a system for determining the proportional (or equitable) distribution of State support (whether financial or in-kind) must be objective, fair and reasonable.

...

(d) Allocation of funding

183. The system for allocating public support to political parties should be determined by relevant legislation. Some systems allocate money prior to an election based on the results of the previous election or proof of minimum levels of support. [Other] systems provide payment after an election based on the final results. Generally, a pre-election disbursement of funds, or a percentage of funding, best ensures the ability of parties to compete on the basis of equal opportunity.

...

185. The allocation of funding may either be fully equal ('absolute equality') or proportionate in nature based on a party's election results or proven level of support ('equitable'). There is no universally prescribed system for determining the distribution of public funding. Some have argued that legislation for public funding is generally most effective at achieving political pluralism and equal opportunity by providing a combination of both absolute and equitable equality. Where minimum thresholds of

support are required for funding, it should be considered that an unreasonably high threshold may be detrimental to political pluralism and small political parties. Further, it is in the interest of political pluralism to have a lower threshold for public funding than the electoral threshold for the allocation of a mandate in Parliament.

...

187. Legislation should ensure that the formula for the allocation of funding does not provide a monopoly or disproportionate amount of funding to one political party. Nor should the formula for allocation of funding allow the two largest political parties to monopolise the receipt of public funding.

(e) Requirements to receive public funding

188. At a minimum, some degree of public funding should be available to all parties represented in Parliament. However, to promote political pluralism, some funding should ideally be extended beyond parties represented in Parliament to all parties representative of a minimum level of the citizenry's support and presenting candidates in an election. This is particularly important in the case of new parties, which must be given a fair opportunity to compete with existing parties.

...

190. Public funding, by providing increased resources to political parties, can increase political pluralism. As such, it is reasonable for legislation to require a party to be representative of a minimum level of the electorate prior to receipt of funding. However, as the denial of public funding can lead to a decrease in pluralism and political alternatives, it is ... accepted good practice to enact clear guidelines for how new parties may become eligible for funding and to extend public funding beyond parties represented in Parliament. A generous system for the determination of eligibility should be considered to ensure that voters are given the political alternatives necessary for a real choice."

THE LAW

I. ADMISSIBILITY

21. The Court notes that the application is not manifestly ill-founded within the meaning of Article 35 § 3 (a) of the Convention and that it is not inadmissible on any other grounds. It must therefore be declared admissible.

II. ALLEGED VIOLATION OF ARTICLE 14 OF THE CONVENTION TAKEN IN CONJUNCTION WITH ARTICLE 3 OF PROTOCOL No. 1

22. Relying on Articles 9, 10, 11 and 14 of the Convention, the applicant party alleged that, in refusing it the financial assistance granted to other parties, on the ground that it had obtained less than 7% of the

vote in the preceding parliamentary elections, the State had discriminated against it, placing it at a disadvantage in the 1999, 2002 and 2007 election campaigns. It alleged that, in so doing, the State had infringed the free expression of the opinion of the people in the choice of the legislature.

23. The Court will begin by examining this complaint from the standpoint of Article 14 of the Convention taken in conjunction with Article 3 of Protocol No. 1.

Article 14 of the Convention reads as follows:

> "The enjoyment of the rights and freedoms set forth in [the] Convention shall be secured without discrimination on any ground such as sex, race, colour, language, religion, political or other opinion, national or social origin, association with a national minority, property, birth or other status."

Article 3 of Protocol No. 1 provides:

> "The High Contracting Parties undertake to hold free elections at reasonable intervals by secret ballot, under conditions which will ensure the free expression of the opinion of the people in the choice of the legislature."

A. The parties' submissions

24. The applicant party contended that the impugned refusal to grant it public funding had given rise to inequality between the various political parties contesting the parliamentary elections, by increasing the chances of success of the parties which were already represented in Parliament or had obtained more than 7% of the vote in the preceding elections. In the applicant party's view, those parties had access to a substantial source of funds which gave them an unfair advantage (contrary, in particular, to the constitutional and treaty provisions prohibiting discrimination) compared with new parties contesting the elections, especially when it came to disseminating their opinions (since the funding increased their capacity to access the mass media) and to the organisation of various meetings and sociocultural events at national level.

25. The Government contested the applicant party's argument. They observed that the distinction made between political parties with regard to public funding was based on the results of the preceding elections (in terms of the number of votes cast or parliamentary seats won following those elections). In other words, it was based on legitimate and objective grounds. A refusal to grant State funding might be considered discriminatory if it was based on a party's political views, but that was not the situation in the present case. Furthermore, States had a wide margin of appreciation when it came to laying down the minimum criteria to be met by political parties in order to qualify for State funding, provided that the parties' right to participate in political life was not infringed.

B. Criteria employed by the Court in applying Article 14 of the Convention taken in conjunction with Article 3 of Protocol No. 1

26. The Court reiterates that discrimination means treating differently, without an objective and reasonable justification, persons in similar situations. "No objective and reasonable justification" means that the distinction in issue does not pursue a "legitimate aim" or that there is not a "reasonable relationship of proportionality between the means employed and the aim sought to be realised" (see, among many other authorities, *Sejdić and Finci v. Bosnia and Herzegovina* [GC], nos. 27996/06 and 34836/06, § 42, ECHR 2009). The scope of a Contracting Party's margin of appreciation in this sphere will vary according to the circumstances, the subject matter and the background (see *Andrejeva v. Latvia* [GC], no. 55707/00, § 82, ECHR 2009).

27. The Court further reiterates that Article 3 of Protocol No. 1 enshrines a characteristic principle of an effective political democracy and is accordingly of prime importance in the Convention system (see *Mathieu-Mohin and Clerfayt v. Belgium*, 2 March 1987, § 47, Series A no. 113). The role of the State, as ultimate guarantor of pluralism, involves adopting positive measures to "organise" democratic elections "under conditions which will ensure the free expression of the opinion of the people in the choice of the legislature" (ibid., § 54).

28. Free elections and freedom of expression, and particularly the freedom of political debate, form the foundation of any democracy (ibid., § 47, and *Lingens v. Austria*, 8 July 1986, §§ 41-42, Series A no. 103). The "free expression of the opinion of the people in the choice of the legislature" is a matter on which Article 11 of the Convention also has a bearing, guaranteeing as it does the freedom of association, and thus indirectly the freedom of political parties, which represent a form of association essential to the proper functioning of democracy. Expression of the opinion of the people is inconceivable without the assistance of a plurality of political parties representing the currents of opinion flowing through a country's population. By reflecting those currents, not only within political institutions but also, thanks to the media, at all levels of life in society, political parties make an irreplaceable contribution to the political debate which is at the very core of the concept of a democratic society (see *Lingens*, cited above, § 42; *Castells v. Spain*, 23 April 1992, § 43, Series A no. 236; *United Communist Party of Turkey and Others v. Turkey*, 30 January 1998, § 44, *Reports of Judgments and Decisions* 1998-I; and *Yumak and Sadak v. Turkey* [GC], no. 10226/03, § 107, ECHR 2008).

29. As the European Commission of Human Rights observed on a number of occasions, the words "free expression of the opinion of the people" mean that elections cannot be conducted under any form of pressure in the choice of one or more candidates, and that in this choice the elector must not be unduly induced to vote for one party or another (see *X. v. the United Kingdom*, no. 7140/75, Commission decision of 6 October 1976, Decisions and Reports (DR) 7, p. 95, at p. 96). The word "choice" means that the different political parties must be ensured a reasonable opportunity to present their candidates at elections (ibid.; see also *X. v. Iceland*, no. 8941/80, Commission decision of 8 December 1981, DR 27, p. 145, at p. 150, and *Yumak and Sadak*, cited above).

30. That being said, the rights enshrined in Article 3 of Protocol No. 1 are not absolute. There is room for "implied limitations", and Contracting States must be given a wide margin of appreciation in this sphere (see, among other authorities, *Matthews v. the United Kingdom* [GC], no. 24833/94, § 63, ECHR 1999-I, and *Labita v. Italy* [GC], no. 26772/95, § 201, ECHR 2000-IV). As regards the right to stand as a candidate for election, that is, the so-called "passive" aspect of the rights guaranteed by Article 3 of Protocol No. 1, the Court has been even more cautious in its assessment of restrictions in that context than when it has been called upon to examine restrictions on the right to vote, the so-called "active" element of the rights under Article 3 of Protocol No. 1.

31. However, it is for the Court to determine in the last resort whether the requirements of Article 3 of Protocol No. 1 have been complied with; it has to satisfy itself that the conditions imposed on the right to vote and to stand for election do not curtail the rights in question to such an extent as to impair their very essence and deprive them of their effectiveness (see *Mathieu-Mohin and Clerfayt*, cited above, § 52).

C. Application of the above-mentioned principles in the present case

1. Whether there was a difference in treatment

32. In the instant case the Court notes that the applicant party alleged that it had been placed at a disadvantage in the 1999, 2002 and 2007 parliamentary elections compared with the parties that received financial assistance from the State, since it had been refused funding on the grounds that it was not represented in Parliament (owing to a threshold of representation set at 10% of the vote nationwide) and that it had obtained less than 7% of the vote in the preceding parliamentary elections.

33. The Court notes that the ÖDP, which was founded in 1996, was unable to apply for financial assistance from the State until after the 1999 elections. The results it obtained in subsequent elections – 0.8% of the valid votes cast in the parliamentary elections of 18 April 1999, 0.34% in the elections of 3 November 2002 and 0.15% in the 2007 elections (see paragraphs 18-19 above) – fell below the 7% threshold laid down in the national legislation and rendered the party ineligible for the funding in question.

34. Nevertheless, the Court observes that, ahead of the 1999 general election, six political parties (one of which was not represented in Parliament) out of the twenty-one parties that contested the election received State funding. Prior to the 2002 general election, six parties (one of which was not represented in Parliament) out of the fifteen parties that fielded candidates received funding and, in the period preceding the 2007 elections, State funding was granted to five of the fifteen parties taking part in the election (including to three that were not represented in Parliament).

35. It is quite clear that the system of public funding for political parties applied in the instant case placed the ÖDP, which received no financial assistance, at a disadvantage compared with its rivals which received such assistance and were thus able to fund the nationwide dissemination of their opinions much more easily. Accordingly, the applicant party was treated differently in the exercise of its electoral rights under Article 3 of Protocol No. 1 as a result of the application of the system in question.

36. The Court must ascertain, in the light of the principles set forth above, whether the system in issue pursued a legitimate aim and whether there was a reasonable relationship of proportionality between the means employed and the aim sought to be achieved. Applying these two criteria will enable it to establish whether the impugned measures amounted to discrimination contrary to Article 14 of the Convention and whether they impaired the very essence of the right to the free expression of the opinion of the people within the meaning of Article 3 of Protocol No. 1.

2. Whether the difference in treatment pursued a legitimate aim

37. As regards funding for political parties, the Court recognises that the subscriptions of party members, the traditional source of funding, are no longer sufficient to meet expenses, which are constantly on the rise against a background of political competition and complex and costly modern means of communication. It observes that in Europe, as in the rest of the world, State funding for political parties is aimed at preventing corruption and avoiding excessive reliance by parties on private donors. It follows that this

funding is intended to strengthen political pluralism and contributes to the proper functioning of democratic institutions.

38. An examination of the systems in place in the majority of European countries reveals that there are no uniform rules in this sphere. In that regard, the Court observes that the funds allocated to political parties at election time are divided between the parties either in a strictly equal manner or on the basis of equitable distribution, that is, on the basis of their respective performances in the preceding elections.

39. It can also be observed that the national legislation in those Contracting States which have opted for a system of equitable distribution of public funds almost invariably requires a minimum level of electoral support. If no such minimum level were set, it is likely that the system in question would have the perverse effect of encouraging an upsurge in the number of candidacies, prompted by the desire to secure increased funding, thus resulting in a proliferation of candidates, since each vote obtained would translate into an annual sum by way of public funding.

40. In the member States other than Turkey, the minimum share of the vote a political party must obtain in order to qualify for public funding varies between 0.5% and 5% of the votes cast in the preceding election, and is often lower than the electoral threshold required in order to secure seats in Parliament. Hence, in addition to the parties represented in Parliament, new political parties which have a minimum level of support among citizens also receive public funding in proportion to their share of the vote.

41. The Court further notes that none of the instruments adopted by the institutions of the Council of Europe concerning political parties in a pluralist democratic regime finds to be unreasonable the requirement under national legislation for parties claiming public funding to enjoy a certain minimum level of electoral support, nor do those instruments lay down specific percentages in that regard. In that connection the Court refers to the observations of certain specialist institutions pointing to the need to avoid setting an excessively high threshold which may be detrimental to political pluralism and to small political parties (see paragraph 185 of the Guidelines on political party regulation drawn up by the OSCE/ODIHR and the Venice Commission and adopted on 15 and 16 October 2010 (CDL-AD(2010)024) – paragraph 20 above), and stressing that the formula for the allocation of public funding should prevent the two largest political parties from monopolising the receipt of public funding (ibid., paragraph 187).

42. In view of the foregoing, the Court considers that the public funding of political parties on the basis of a system of equitable distribution requiring a minimum level of electoral support pursues the legitimate aim

of enhancing democratic pluralism while preventing the excessive and dysfunctional fragmentation of candidacies, thereby strengthening the expression of the opinion of the people in the choice of the legislature (see, to similar effect, *Fournier v. France*, no. 11406/85, Commission decision of 10 March 1988, DR 55, p. 130, and, *mutatis mutandis*, *Cheminade v. France* (dec.), no. 31599/96, ECHR 1999-II, regarding a system of public funding which restricted the reimbursement of campaigning costs and deposit to candidates and lists that had obtained a certain percentage of the vote).

3. Whether the difference in treatment was proportionate

43. The Court notes that the minimum level of electoral support which parties claiming public funding must obtain in Turkey, namely 7% of the vote in the preceding parliamentary elections, is the highest in Europe (see paragraph 40 above). In order to satisfy itself that this threshold is not disproportionate, the Court will first assess the consequences it entails, before examining the corrective mechanisms which accompany it.

44. The Court observes at the outset that the 7% threshold is lower than the minimum level of electoral support required in order to win seats in the Turkish Parliament, which is set at 10% of the national vote. In the context of the parliamentary elections in issue in the present case, political parties not represented in Parliament which had attained the threshold of 7% of the votes cast were eligible to receive State funding ahead of the next elections. In the 1999 elections, one of the six parties that received public funding was not represented in Parliament. In the 2002 elections, the proportion was the same, and in 2007 three parties not represented in Parliament, and two parties that were, received public funds. In other words, during the periods in issue in the present case, the political parties represented in Parliament did not monopolise public funding, and neither did the party in power and the main opposition party.

45. The Court must also take into consideration the ÖDP's performance in the parliamentary elections preceding the periods during which the public funding in question was granted. The number of votes obtained by the applicant party represented between 0.8% and 0.15% of the valid votes cast during those elections. These figures were substantially below the minimum level of electoral support required under the Turkish legislation in order to qualify for public funding, and would also have been deemed insufficient for the purposes of obtaining such funding in several other European countries. Although the applicant party's complaint does not amount to an *actio popularis*, since the party was directly and immediately affected by the minimum level in question, the ÖDP has nevertheless not succeeded in

demonstrating before the Court that the level of support it enjoyed made it representative of a significant portion of the Turkish electorate.

46. It must also be borne in mind that the State provides political parties with other forms of public support besides direct funding. The corrective mechanisms which accompany the system of public funding in force in Turkey, under which not all parties are entitled to receive direct subsidies, include tax exemptions on certain items of revenue and the allocation of broadcasting time during electoral campaigns. It was not disputed between the parties that the ÖDP had benefited from these alternative forms of public assistance.

47. In view of its findings regarding the ÖDP's failure to secure a minimum level of support among citizens and the compensatory effect of other forms of public assistance which were available to the applicant party, the Court considers that the impugned difference in treatment was reasonably proportionate to the aim pursued.

48. The Court concludes that, in the circumstances of the present case, the refusal by the State to grant direct financial assistance to the ÖDP on the grounds that it had not obtained the 7% minimum share of the vote required by the law was based on objective and reasonable grounds, did not impair the very essence of the right to the free expression of the opinion of the people, and was therefore not contrary to Article 14 of the Convention taken in conjunction with Article 3 of Protocol No. 1.

49. Accordingly, there has been no violation of those provisions.

III. ALLEGED VIOLATION OF ARTICLES 9, 10 AND 11 OF THE CONVENTION

50. The applicant party also complained of a violation of Articles 9, 10 and 11 of the Convention. As these complaints relate to the same set of facts examined from the standpoint of Article 14 of the Convention taken in conjunction with Article 3 of Protocol No. 1, the Court considers that it is not necessary to examine them separately.

FOR THESE REASONS, THE COURT

1. *Declares* unanimously the application admissible;
2. *Holds* by five votes to two that there has been no violation of Article 14 of the Convention taken in conjunction with Article 3 of Protocol No. 1;
3. *Holds* unanimously that it is not necessary to examine separately the complaints under Articles 9, 10 and 11 of the Convention.

Done in French, and notified in writing on 10 May 2012, pursuant to Rule 77 §§ 2 and 3 of the Rules of Court.

Stanley Naismith
Registrar

Françoise Tulkens
President

In accordance with Article 45 § 2 of the Convention and Rule 74 § 2 of the Rules of Court, the separate opinion of Judges Tulkens and Sajó is annexed to this judgment.

F.T.
S.H.N.

JOINT PARTLY DISSENTING OPINION OF JUDGES TULKENS AND SAJÓ

(Translation)

1. We do not share the view of the majority that there has been no violation in this case of Article 14 of the Convention read in conjunction with Article 3 of Protocol No. 1.

2. We would like to make clear at the outset that we have no intention of discussing the issue of State funding for political parties, a matter which is not within our competence. The Convention does not guarantee a right to such funding. But where there exists a system of public funding, which is bound to have an impact on the elections themselves, it must be applied in a non-discriminatory manner. Our only concern therefore relates, from the standpoint of Article 14 of the Convention, to the issue of *equality* in the electoral process and, accordingly, in the right to free elections and the right to free expression of the opinion of the people in the choice of the legislature, as guaranteed by Article 3 of Protocol No. 1. In that regard the judgment aptly points out that this provision enshrines a characteristic principle of an effective political democracy and is accordingly of "prime importance" in the Convention system (see paragraph 27 of the judgment). These assertions must be taken seriously.

3. In the instant case the Court acknowledges that additional section 1 of Law no. 2820 on political parties, which makes State financial assistance to new political parties not yet represented in Parliament conditional on their having obtained at least 7% of the votes cast in the preceding election, placed the ÖDP at a disadvantage compared with other political parties during the 1999, 2002 and 2007 election campaigns. It was therefore subjected to a difference in treatment (see paragraph 35 of the judgment).

4. According to the Court's well-established case-law, discrimination consists in treating differently, without an objective and reasonable justification, persons in similar situations. It is therefore for the Government to adduce evidence to show that the difference in treatment was justified and was not discriminatory in its effects.

5. The majority rightly points out that, as in the rest of the world, funding for political parties is aimed at preventing corruption and avoiding excessive reliance by parties on private donors. This system is intended to strengthen political pluralism and contributes to the proper functioning of democratic institutions (see paragraph 37 of the judgment). However, a minimum of electoral support is required. In the Council of Europe member States, the minimum level of support which a party must attain in

order to qualify for public funding varies between 0.5% and 5% of the votes cast in the preceding election.

6. The 7% threshold which triggers eligibility for State funding in Turkey is therefore particularly high and is in fact the highest in Europe. This inevitably results in the establishment of virtual "monopolies" or dominant positions for certain parties and in the inability of other parties to raise their profile and thus contest the elections on an equal footing. The presence of large parties is thus (artificially) boosted and multiplied to the detriment of the other parties, and the current system of funding perpetuates that imbalance. Moreover, the Government did not dispute the existence of this effect which, in our view, is damaging to small parties and, accordingly, to political pluralism.

7. Of course, the Court cannot substitute its own assessment for that of the national authorities when it comes to determining the minimum level of electoral support required. However, it cannot merely content itself with criteria which are objective in appearance only and which do not take into consideration the essential requirement that minorities must always have access to equal opportunities in a pluralist society. It is true that, in the instant case, the statutory provision in question may appear neutral; however, in the context of political debate, pluralism ranks as a Convention principle. In that regard the minimum level of support required may constitute discrimination.

8. Whereas in the Court's judgment in *Yumak and Sadak v. Turkey* ([GC], no. 10226/03, ECHR 2008) of 8 July 2008 concerning the 10% electoral threshold the reason accepted by the Court as justification for the difference in treatment was governmental stability (§ 125), this could clearly not be invoked in the present case. Here, the only arguments advanced were practical considerations which were patently not sufficient to justify discrimination.

9. In examining the proportionality of the impugned difference in treatment, the Court puts itself in the place of the national authorities and conducts its own analysis of the applicant party's position. It considers that the ÖDP did not succeed in demonstrating that the level of support it enjoyed made it representative of a significant portion of the Turkish electorate. But this is not the Court's role. Its role is to ascertain and ensure that the national authorities carried out a correct and appropriate assessment as to whether the exclusion of the applicant party was in conformity with the Convention. That is missing here, which is what leads us to consider that there has been a violation of the Convention.

CENTRO EUROPA 7 S.r.l. ET DI STEFANO c. ITALIE

(Requête nº 38433/09)

GRANDE CHAMBRE

ARRÊT DU 7 JUIN 2012[1]

1. Arrêt rendu par la Grande Chambre après dessaisissement d'une chambre en vertu de l'article 30 de la Convention.

SOMMAIRE[1]

Impossibilité d'émettre pour une société de télévision titulaire d'une concession en l'absence d'attribution de radiofréquences

Article 10

Liberté de communiquer des informations – Impossibilité d'émettre pour une société de télévision titulaire d'une concession en l'absence d'attribution de radiofréquences – Ingérence prévue par la loi – Prévisibilité – Garanties contre les abus – Protection contre l'arbitraire – Cadre législatif interne manquant de clarté et de précision – Obligations positives – Obligation de l'Etat de mettre en place un cadre législatif et administratif garantissant un pluralisme effectif dans les médias

*

* *

Les requérants sont une société et son représentant légal. En juillet 1999, les autorités italiennes octroyèrent à la société requérante une concession de radiodiffusion, qui l'autorisait à installer et à exploiter un réseau de radiodiffusion télévisuelle analogique couvrant 80 % du territoire national. Quant à l'attribution de radiofréquences, la concession renvoyait au plan national d'attribution des radiofréquences de 1998, selon lequel la société requérante devait mettre ses installations en conformité avec les prescriptions du «plan d'assignation» dans un délai de vingt-quatre mois et devait respecter le «programme de conformité» établi par l'Autorité pour les garanties dans les communications. A partir de l'année 2000, la société requérante saisit les juridictions administratives à plusieurs reprises pour se plaindre du défaut d'attribution de radiofréquences. En mai 2008, le Conseil d'Etat ordonna au gouvernement de traiter la demande d'attribution. En janvier 2009, il ordonna également au ministère compétent de verser à la société requérante un montant d'environ un million d'euros à titre de dédommagement, calculé sur la base de son espérance légitime à se voir attribuer des radiofréquences.

Article 10: la non-attribution par les autorités de radiofréquences à la société requérante a vidé sa concession de tout effet utile, étant donné que l'activité qu'elle autorisait n'a de fait pas pu être exercée pendant presque dix ans. Dès lors, la requérante a subi une ingérence dans l'exercice de son droit de communiquer des informations ou des idées. En outre, elle pouvait raisonnablement s'attendre, à la suite de l'octroi d'une concession de radiodiffusion, à ce que l'administration adoptât dans les vingt-quatre mois les textes nécessaires à l'encadrement de son activité.

1. Rédigé par le greffe, il ne lie pas la Cour.

Cependant, le plan d'attribution des radiofréquences n'a été mis en œuvre qu'en décembre 2008, et la requérante n'a obtenu qu'un seul canal pour ses émissions, et seulement à partir de fin juin 2009. Dans l'intervalle, plusieurs opérateurs ont provisoirement continué à utiliser diverses radiofréquences qui devaient être attribuées à de nouveaux opérateurs dans le cadre du plan national. Selon le Conseil d'Etat, cette situation était due à des facteurs essentiellement législatifs. Une succession de lois a constamment étendu la période pendant laquelle les chaînes existantes dites «excédentaires» ont pu continuer à diffuser leurs programmes au niveau tant national que local. Les autres opérateurs ont dès lors été empêchés de participer aux débuts de la télévision numérique. En outre, ces lois, libellées en des termes vagues, reportaient la fin du régime transitoire par référence à des événements dont il était impossible de prévoir la date. De plus, la Cour de justice de l'Union européenne a noté que les interventions du législateur national s'étaient traduites par l'application de régimes transitoires successifs aménagés en faveur des titulaires des réseaux existants, et que cette situation avait eu pour effet d'empêcher les opérateurs qui ne disposaient pas de radiofréquences d'accéder au marché de la radiodiffusion télévisuelle alors même qu'ils bénéficiaient d'une concession. Ainsi, le cadre législatif interne manquait de clarté et de précision et n'a pas permis à la requérante de prévoir à un degré suffisant de certitude à quel moment elle aurait pu se voir attribuer les radiofréquences pour pouvoir commencer à émettre. Il s'ensuit que ces lois ne remplissaient pas les conditions de prévisibilité. Enfin, les autorités n'ont pas respecté les délais fixés dans la concession, trompant ainsi les attentes de la requérante. Le Gouvernement n'a pas démontré que celle-ci aurait eu à sa disposition des moyens effectifs pour contraindre l'administration à se conformer à la loi et aux arrêts de la Cour constitutionnelle. Dès lors, la requérante ne s'est pas vu offrir des garanties suffisantes contre l'arbitraire. Cette défaillance a eu notamment pour effet de réduire la concurrence dans le secteur de l'audiovisuel. Elle s'analyse ainsi en un manquement de l'Etat à son obligation positive de mettre en place un cadre législatif et administratif approprié pour garantir un pluralisme effectif dans les médias.

Conclusion: violation (seize voix contre une).

Article 41 : le dédommagement octroyé à la société requérante par le Conseil d'Etat, qui couvre exclusivement la période de 2004 à 2009, ne saurait être considéré comme suffisant, d'autant plus qu'aucune expertise n'a été ordonnée par les juridictions internes pour évaluer les pertes subies et le manque à gagner. Même si les circonstances de la cause ne se prêtent pas à une évaluation précise du dommage matériel, l'intéressée a néanmoins subi une perte de chances réelle. Notamment, la société requérante souhaitait se lancer dans une entreprise commerciale tout à fait nouvelle, dont l'éventuel succès dépendait d'une série de facteurs variés dont l'appréciation échappe à la compétence de la Cour. Dans ces conditions et compte tenu de l'indemnisation obtenue au niveau interne, la Cour estime approprié de fixer une somme forfaitaire en réparation des pertes subies ainsi que du manque à gagner lié à l'impossibilité d'exploiter la concession. La Cour alloue une somme globale à la société requérante, tous préjudices confondus.

Jurisprudence citée par la Cour

De Geillustreerde Pers N.V. c. Pays-Bas, n° 5178/71, rapport de la Commission du 6 juillet 1976, Décisions et rapports 8
Handyside c. Royaume-Uni, 7 décembre 1976, série A n° 24
Sunday Times c. Royaume-Uni (n° 1), 26 avril 1979, série A n° 30
Artico c. Italie, 13 mai 1980, série A n° 37
Lingens c. Autriche, 8 juillet 1986, série A n° 103
Kruslin c. France, 24 avril 1990, série A n° 176-A
Kokkinakis c. Grèce, 25 mai 1993, série A n° 260-A
Informationsverein Lentia et autres c. Autriche, 24 novembre 1993, série A n° 276
Jersild c. Danemark, 23 septembre 1994, série A n° 298
Vogt c. Allemagne, 26 septembre 1995, série A n° 323
Radio ABC c. Autriche, 20 octobre 1997, *Recueil des arrêts et décisions* 1997-VI
Kopp c. Suisse, 25 mars 1998, *Recueil* 1998-II
Parti socialiste et autres c. Turquie, 25 mai 1998, *Recueil* 1998-III
Rekvényi c. Hongrie [GC], n° 25390/94, CEDH 1999-III
Başkaya et Okçuoğlu c. Turquie [GC], nos 23536/94 et 24408/94, CEDH 1999-IV
Leveque c. France (déc.), n° 35591/97, 23 novembre 1999
Rotaru c. Roumanie [GC], n° 28341/95, CEDH 2000-V
United Christian Broadcasters Ltd c. Royaume-Uni (déc.), n° 44802/98, 7 novembre 2000
VgT Verein gegen Tierfabriken c. Suisse, n° 24699/94, CEDH 2001-VI
Gawęda c. Pologne, n° 26229/95, CEDH 2002-II
Demuth c. Suisse, n° 38743/97, CEDH 2002-IX
Murphy c. Irlande, n° 44179/98, CEDH 2003-IX
Maestri c. Italie [GC], n° 39748/98, CEDH 2004-I
Pedersen et Baadsgaard c. Danemark [GC], n° 49017/99, CEDH 2004-XI
Tourancheau et July c. France, n° 53886/00, 24 novembre 2005
Glas Nadejda EOOD et Anatoli Elenkov c. Bulgarie, n° 14134/02, 11 octobre 2007
Meltex Ltd et Movsessian c. Arménie, n° 32283/04, 17 juin 2008
Manole et autres c. Moldova, n° 13936/02, CEDH 2009
RTBF c. Belgique, n° 50084/06, CEDH 2011

En l'affaire Centro Europa 7 S.r.l. et Di Stefano c. Italie,

La Cour européenne des droits de l'homme, siégeant en une Grande Chambre composée de :

Françoise Tulkens, *présidente,*
Jean-Paul Costa,
Josep Casadevall,
Nina Vajić,
Dean Spielmann,
Corneliu Bîrsan,
Elisabeth Steiner,
Elisabet Fura,
Ljiljana Mijović,
Davíd Thór Björgvinsson,
Dragoljub Popović,
András Sajó,
Nona Tsotsoria,
Işıl Karakaş,
Kristina Pardalos,
Guido Raimondi,
Linos-Alexandre Sicilianos, *juges,*

et de Vincent Berger, *jurisconsulte,*

Après en avoir délibéré en chambre du conseil les 12 octobre 2011 et 11 avril 2012,

Rend l'arrêt que voici, adopté à cette dernière date :

PROCÉDURE

1. A l'origine de l'affaire se trouve une requête (n° 38433/09) dirigée contre la République italienne et dont une société italienne à responsabilité limitée, Centro Europa 7 S.r.l., et un ressortissant italien, M. Francescantonio Di Stefano (« les requérants »), ont saisi la Cour le 16 juillet 2009 en vertu de l'article 34 de la Convention de sauvegarde des droits de l'homme et des libertés fondamentales (« la Convention »).

2. Les requérants sont représentés par Me A. Pace, Me R. Mastroianni, Me O. Grandinetti et Me F. Ferraro, avocats à Rome. Le gouvernement italien (« le Gouvernement ») a été représenté par son agent, Mme E. Spatafora.

3. Les requérants alléguaient que la non-attribution à la société requérante des radiofréquences nécessaires pour la diffusion d'émissions télévisées avait violé leur droit à la liberté d'expression et, en particulier, leur liberté de communiquer des informations ou des idées. Ils invoquaient

également une violation des articles 14 et 6 § 1 de la Convention et de l'article 1 du Protocole n° 1.

4. La requête a été attribuée à la deuxième section de la Cour (article 52 § 1 du règlement). Le 10 novembre 2009, la deuxième section a décidé de la communiquer au Gouvernement. Comme le permettaient l'ancien article 29 § 3 de la Convention (article 29 § 1 actuel) et l'article 54A du règlement, elle a décidé que seraient examinés en même temps la recevabilité et le fond de l'affaire. Le 30 novembre 2010, une chambre de ladite section, composée de Françoise Tulkens, Danute Jočienė, Dragoljub Popović, András Sajó, Nona Tsotsoria, Kristina Pardalos, Guido Raimondi, juges, ainsi que de Françoise Elens-Passos, greffière adjointe de section, s'est dessaisie au profit de la Grande Chambre, aucune des parties ne s'y étant opposée (articles 30 de la Convention et 72 du règlement).

5. La composition de la Grande Chambre a été arrêtée conformément aux articles 26 §§ 4 et 5 de la Convention et 24 du règlement. Le 3 novembre 2011, le mandat de président de la Cour de Jean-Paul Costa a pris fin. Françoise Tulkens a assuré à partir de cette date la présidence de la Grande Chambre en l'espèce (article 9 § 2 du règlement). Jean-Paul Costa a continué de siéger après l'expiration de son mandat, en vertu des articles 23 § 3 de la Convention et 24 § 4 du règlement.

6. Tant les requérants que le Gouvernement ont déposé des observations écrites complémentaires (article 59 § 1 du règlement). Des observations ont également été reçues par l'association Open Society Justice Initiative, que la présidente avait autorisée à intervenir dans la procédure écrite (articles 36 § 2 de la Convention et 44 § 2 du règlement).

7. Une audience s'est déroulée en public au Palais des droits de l'homme, à Strasbourg, le 12 octobre 2011 (article 59 § 3 du règlement).

Ont comparu :

– *pour le Gouvernement*
MM. M. Remus, *conseiller,*
P. Gentili, *avocat de l'Etat ;*

– *pour les requérants*
Mes R. Mastroianni,
O. Grandinetti,
F. Ferraro, *conseils.*

La Cour a entendu en leurs déclarations ainsi qu'en leurs réponses aux questions posées par les juges MM. Remus et Gentili et Me Mastroianni et Me Grandinetti.

EN FAIT

I. LES CIRCONSTANCES DE L'ESPÈCE

8. La requérante, Centro Europa 7 S.r.l., est une société à responsabilité limitée opérant dans le domaine de la télédiffusion et ayant son siège social à Rome. Le requérant, M. Francescantonio Di Stefano, est un ressortissant italien né en 1953 et résidant à Rome. Il est le représentant légal de la société requérante.

9. Par un décret ministériel du 28 juillet 1999, les autorités compétentes octroyèrent à Centro Europa 7 S.r.l., conformément aux dispositions de la loi n° 249 de 1997 (paragraphes 56-61 ci-dessous), une concession pour la radiodiffusion télévisuelle par voie hertzienne au niveau national qui autorisait la société requérante à installer et à exploiter un réseau de radiodiffusion télévisuelle analogique. La concession prévoyait que la requérante avait droit à trois fréquences couvrant 80 % du territoire national. La concession renvoyait, pour l'octroi des radiofréquences, au plan national d'attribution des radiofréquences adopté le 30 octobre 1998. Il était indiqué que la mise en conformité des installations aux prescriptions du «plan d'assignation» (*piano di assegnazione*) devait avoir lieu dans un délai de vingt-quatre mois et devait respecter le programme de conformité (*programma di adeguamento*) établi par l'Autorité pour les garanties dans les communications (*Autorità per le garanzie nelle comunicazioni* – «l'AGCOM») en collaboration avec le ministère des Communications (ci-après «le ministère»). Il ressort de l'arrêt du Conseil d'Etat n° 2624 du 31 mai 2008 (paragraphe 14 ci-dessous), qu'aux termes de la concession l'attribution des radiofréquences était renvoyée à une phase ultérieure, laquelle dépendait de l'adoption par l'administration dudit programme de conformité, sur la base duquel la requérante aurait dû procéder à des interventions sur ses installations. A son tour, le programme de conformité aurait dû s'appuyer sur les prescriptions du plan national d'attribution des radiofréquences. Or ce plan ne fut pas mis en œuvre. Des régimes transitoires profitant aux chaînes existantes furent appliqués successivement au niveau national, de sorte que, bien que disposant d'une concession, la requérante ne put émettre avant juin 2009 faute d'octroi de radiofréquences.

10. La requérante, par l'intermédiaire de son représentant légal, introduisit plusieurs recours devant les juridictions administratives.

A. La première procédure administrative

11. En novembre 1999, la requérante mit en demeure le ministère de lui octroyer des radiofréquences. Par une note du 22 décembre 1999, le ministère lui opposa un refus.

1. La procédure sur le fond

12. En 2000, la société requérante déposa un recours devant le tribunal administratif régional (« le TAR ») du Latium contre le ministère et la société RTI (chaînes de télévision italiennes contrôlées par Mediaset), se plaignant de ce que l'administration ne lui eût pas octroyé les radiofréquences d'émission. Ce recours était dirigé également contre la société RTI au motif que la chaîne Retequattro avait été autorisée à émettre en occupant les radiofréquences qui auraient dû être transférées à la requérante.

13. Le 16 septembre 2004, le TAR accueillit le recours de la requérante en soulignant que l'administration devait soit assigner les radiofréquences, soit révoquer la concession. Par conséquent, il annula la note du 22 décembre 1999.

14. La société RTI interjeta appel devant le Conseil d'Etat. Par l'arrêt nº 2624 du 31 mai 2008, celui-ci rejeta cet appel et confirma le jugement du TAR. Il soulignait que dans la concession aucun délai n'avait été fixé à l'administration pour adopter le programme de conformité établi par l'AGCOM en collaboration avec le ministère, mais que la requérante avait un délai de vingt-quatre mois pour procéder à des interventions sur ses installations. Par conséquent, selon la haute juridiction, ce programme de conformité aurait dû être approuvé dans un bref délai.

Le Conseil d'Etat ajoutait que le ministère devait se prononcer sur la demande d'attribution de radiofréquences de la requérante en application d'un arrêt de la Cour de justice des Communautés européennes[1] (CJCE) prononcé entre-temps (paragraphes 33-36 ci-dessous).

2. La procédure d'exécution

15. N'ayant pas obtenu les radiofréquences, le 23 octobre 2008 la requérante assigna le ministère devant le Conseil d'Etat pour se plaindre du défaut d'exécution de l'arrêt du 31 mai 2008.

16. Le 11 décembre 2008, le ministère prorogea la durée de la concession octroyée en 1999 jusqu'à la fin de la diffusion analogique (« *switch off* ») et assigna à Centro Europa 7 S.r.l. un canal unique à partir du 30 juin 2009.

1. Depuis le 1er décembre 2009, la Cour de justice de l'Union européenne.

17. Par conséquent, le Conseil d'Etat, dans son arrêt n° 243/09 du 20 janvier 2009, estima que le ministère avait correctement exécuté son arrêt du 31 mai 2008.

18. Le 18 février 2009, la requérante introduisit un nouveau recours devant le TAR en soutenant que le décret d'attribution des radiofréquences du 11 décembre 2008 était insuffisant car, contrairement aux termes de la concession, il concernait un canal unique ne couvrant pas 80 % du territoire national. Dans son recours, la requérante demandait l'annulation de ce décret et le versement d'une somme à titre de dommages et intérêts.

19. Le 9 février 2010, la requérante signa un accord avec le ministère du Développement économique (ancien ministère des Communications) par lequel celui-ci s'engageait à lui assigner d'autres radiofréquences conformément aux termes de la concession.

20. Le 11 février 2010, en exécution de l'une des clauses de cet accord, la requérante demanda la radiation du rôle de la procédure pendante devant le TAR.

21. Le 8 mars 2011, elle sollicita la réinscription au rôle de la procédure devant le TAR. Dans sa demande, elle réclamait l'annulation du décret d'attribution des radiofréquences du 11 décembre 2008 et le versement d'une somme à titre de dommages et intérêts. Elle soutenait que l'administration n'avait pas pleinement exécuté son obligation d'attribuer des fréquences complémentaires ni respecté l'accord du 9 février 2010 et la décision du 11 décembre 2008.

22. En effet l'article 6 de l'accord en question se lisait ainsi :

> « Centro Europa 7 S.r.l. s'engage à demander d'ici le 11 février 2010 la radiation du rôle du recours n° 1313/09 qui est pendant devant le TAR du Latium, à le laisser s'éteindre par défaut de présentation d'une nouvelle demande de fixation d'audience dans les délais prescrits par la loi, et à renoncer dans le même délai aux demandes de dommages et intérêts déposées par ce recours, sous réserve que, à la date d'échéance et dans l'intervalle, le présent accord, la décision d'attribution des fréquences complémentaires et la décision du 11 décembre 2008 n'aient pas perdu leur validité.
>
> L'administration s'engage pour sa part à exécuter pleinement son obligation d'attribuer des fréquences complémentaires, ainsi que le présent accord et la décision du 11 décembre 2008. A défaut, Centro Europa 7 et les administrations réfractaires retrouveront la pleine possession de leurs prérogatives procédurales respectives. Dans l'hypothèse de la perte de validité de l'attribution des fréquences complémentaires, il est précisé que Centro Europa 7 S.r.l. ne pourra réactiver le recours n° 1313/09 que dans le cas où cela conduirait à l'impossibilité pour Europa Way S.r.l. d'exploiter une ou plusieurs des installations mentionnées dans l'annexe technique A. »

23. La procédure est actuellement pendante devant le TAR.

B. La deuxième procédure administrative

1. La procédure devant le TAR

24. Entre-temps, le 27 novembre 2003, alors que son tout premier recours était pendant devant le TAR, la requérante avait à nouveau saisi cette juridiction d'une demande visant, notamment, à la reconnaissance de son droit d'obtenir l'attribution des radiofréquences et la réparation du préjudice subi.

25. Par un jugement du 16 septembre 2004, le TAR avait rejeté cette demande, estimant en particulier que la requérante n'était titulaire que d'un simple intérêt légitime (« *interesse legittimo* »), c'est-à-dire d'une position individuelle protégée de façon indirecte et subordonnée au respect de l'intérêt général, et non pas d'un droit subjectif (« *diritto soggettivo* ») d'obtenir l'attribution de radiofréquences d'émission pour la radiodiffusion télévisuelle par voie hertzienne en mode analogique.

2. L'appel devant le Conseil d'Etat

26. La requérante interjeta appel devant le Conseil d'Etat, soutenant que, puisqu'elle s'était vu octroyer une concession par les autorités compétentes, elle était bel et bien titulaire d'un droit subjectif. Elle contestait en particulier la conformité du décret-loi n° 352/2003 et de la loi n° 112/2004 avec le droit communautaire (paragraphes 65-67 ci-dessous).

27. Le 19 avril 2005, le Conseil d'Etat décida de limiter son examen à la demande en réparation de la requérante et de ne pas envisager de statuer à ce stade sur la demande d'octroi de radiofréquences.

28. Il observa néanmoins que le défaut d'attribution de radiofréquences à Centro Europa 7 S.r.l. avait eu pour cause des facteurs essentiellement législatifs.

29. Il rappela que l'article 3 § 2 de la loi n° 249 de 1997 (paragraphe 58 ci-dessous) permettait aux « occupants de fait » de radiofréquences, habilités à exercer leur activité en vertu du régime antérieur, de continuer leurs émissions jusqu'à l'octroi des nouvelles concessions ou jusqu'au rejet de demandes de nouvelles concessions et, en toute hypothèse, au plus tard jusqu'au 30 avril 1998.

30. Il nota également que l'article 3 § 7 de la loi n° 249 de 1997 (paragraphe 61 ci-dessous) autorisait la poursuite desdites émissions, en renvoyant à l'AGCOM pour la fixation d'une date butoir à la seule condition que les émissions soient diffusées en même temps sur des radiofréquences hertziennes et par satellite ou par câble. Il rappela qu'à défaut de date définie par l'AGCOM, la Cour constitutionnelle avait fixé au 31 décembre 2003

la date à laquelle les programmes diffusés par les chaînes excédentaires (à savoir, les chaînes de télévision nationales existantes qui dépassaient les limites de concentration imposées à l'article 2 paragraphe 6 de la loi n° 249 de 1997) devaient être diffusés uniquement par satellite ou par câble, de sorte que les radiofréquences à attribuer à des concessionnaires tels que la requérante auraient été libérées. Le Conseil d'Etat observa que ce délai n'avait cependant pas été respecté à la suite de l'intervention du législateur national, l'article 1er du décret-loi n° 352 de 2003, devenu la loi n° 43 du 24 février 2004 (paragraphe 65 ci–dessous), ayant prorogé l'activité des chaînes excédentaires jusqu'à l'issue d'une enquête de l'AGCOM sur le développement des chaînes de télévision numériques. Il ajouta que l'article 23 § 5 de la loi n° 112 de 2004 (paragraphe 67 ci-dessous) avait ensuite prolongé, par un mécanisme d'autorisation générale, la possibilité pour les chaînes excédentaires de continuer à émettre sur les radiofréquences hertziennes jusqu'à la mise en œuvre du plan national d'attribution des radiofréquences pour la télévision numérique, de sorte que ces chaînes n'avaient pas été tenues de libérer les radiofréquences destinées à être attribuées à ceux qui, comme la requérante, étaient titulaires de concessions.

31. La loi n° 112 de 2004 avait donc eu pour effet, selon le Conseil d'Etat, de ne pas libérer les radiofréquences destinées à être attribuées aux personnes titulaires de concessions en mode analogique et d'empêcher de nouveaux opérateurs de participer à l'expérimentation de la télévision numérique.

32. Dans ces conditions, le Conseil d'Etat décida de surseoir à statuer et demanda à la CJCE de se prononcer sur l'interprétation des dispositions du Traité sur la libre prestation de services et la concurrence, de la directive 2002/21/CE (directive « cadre »), de la directive 2002/20/CE (directive « autorisation »), de la directive 2002/77/CE (directive « concurrence »), ainsi que de l'article 10 de la Convention européenne des droits de l'homme, en ce que l'article 6 du Traité sur l'Union européenne y faisait référence.

3. L'arrêt de la CJCE

33. Le 31 janvier 2008, la CJCE rendit son arrêt. Elle déclara deux questions irrecevables, estimant ne pas disposer d'informations suffisantes pour statuer sur ces points.

34. Quant à la question concernant l'article 10 de la Convention, la CJCE conclut comme suit :

> « Par sa première question, la juridiction de renvoi demande à la Cour, en substance, de dire si les dispositions de l'article 10 de la CEDH, en ce que l'article 6 UE y fait référence, s'opposent, en matière de radiodiffusion télévisuelle, à une législation

nationale dont l'application conduit à ce qu'un opérateur titulaire d'une concession, tel que Centro Europa 7, soit dans l'impossibilité d'émettre à défaut de l'octroi de radiofréquences d'émission.

(...)

Par ces questions, la juridiction de renvoi entend donc vérifier l'existence de violations du droit communautaire en vue de statuer sur une demande en réparation des préjudices en ayant découlé.

Or, (...), l'article 49 CE et, à compter de leur applicabilité, l'article 9, paragraphe 1, de la directive «cadre», les articles 5, paragraphes 1 et 2, second alinéa, et 7, paragraphe 3, de la directive «autorisation» ainsi que l'article 4 de la directive «concurrence» doivent être interprétés en ce sens qu'ils s'opposent, en matière de radiodiffusion télévisuelle, à une législation nationale dont l'application conduit à ce qu'un opérateur titulaire d'une concession soit dans l'impossibilité d'émettre à défaut de radiofréquences d'émission octroyées sur la base de critères objectifs, transparents, non discriminatoires et proportionnés.

Partant, cette réponse permet, à elle seule, à la juridiction de renvoi de statuer sur la demande introduite par Centro Europa 7 de réparation des préjudices subis.

Par conséquent, eu égard à la réponse apportée par la Cour aux deuxième, quatrième et cinquième questions, il n'y a pas lieu de se prononcer sur les première et troisième questions.»

35. Sur le fond, la CJCE observa que les chaînes existantes avaient été autorisées à poursuivre leurs activités de radiodiffusion à la suite de plusieurs interventions du législateur national, au détriment des nouveaux radiodiffuseurs pourtant titulaires de concessions pour la radiodiffusion télévisuelle par voie hertzienne. Elle nota que ces interventions du législateur national s'étaient traduites par l'application successive de régimes transitoires, aménagés en faveur des titulaires des réseaux existants, et que cette situation avait eu pour effet d'empêcher les opérateurs sans radiofréquences d'émission, tels que la requérante, d'accéder au marché de la radiodiffusion télévisuelle, alors même qu'ils bénéficiaient d'une concession (accordée, dans le cas de la requérante, en 1999). La CJCE s'exprima ainsi:

«(...) la loi n° 112/2004 ne se limite pas à attribuer aux opérateurs existants un droit prioritaire à obtenir les radiofréquences, mais (...) elle leur réserve ce droit en exclusivité, et ce sans limite temporelle à la situation de privilège attribuée à ces opérateurs et sans prévoir d'obligation de restitution des radiofréquences excédentaires après le passage à la radiodiffusion télévisuelle en mode numérique.»

36. La CJCE ajouta que l'application de ces régimes transitoires n'était pas conforme au nouveau cadre réglementaire commun (NCRC) mettant en œuvre les dispositions du traité, notamment celles relatives à la libre prestation de services dans le domaine des réseaux et des services de communications électroniques. Elle observa à cet égard que plusieurs

dispositions du NCRC précisaient que l'attribution et l'assignation des radiofréquences devaient être fondées sur des critères objectifs, transparents, non discriminatoires et proportionnés; selon la CJCE, de tels critères n'avaient pas été appliqués puisque le statut des chaînes existantes n'avait pas été modifié dans le cadre du régime transitoire et que ces dernières avaient poursuivi leurs activités de radiodiffusion au détriment d'opérateurs tels que la requérante qui, faute d'octroi de radiofréquences d'émission, n'avait pas été en mesure d'exercer ses droits et de jouir de sa concession.

La CJCE parvint ainsi aux conclusions suivantes:

> «(...) il importe de préciser que, dans le domaine des émissions radiotélévisées, la libre prestation de services, telle que consacrée à l'article 49 CE et mise en œuvre dans ce domaine par le NCRC, requiert non seulement la concession d'autorisations d'émission, mais également l'octroi de radiofréquences d'émission.
>
> En effet, un opérateur ne saurait exercer de manière effective les droits qu'il tire du droit communautaire en termes d'accès au marché de la radiodiffusion télévisuelle à défaut de radiofréquences d'émission.
>
> (...)
>
> L'article 49 CE et, à compter de leur applicabilité, l'article 9, paragraphe 1, de la directive 2002/21/CE du Parlement européen et du Conseil, du 7 mars 2002, relative à un cadre réglementaire commun pour les réseaux et services de communications électroniques (directive «cadre»), les articles 5, paragraphes 1 et 2, second alinéa, et 7, paragraphe 3, de la directive 2002/20/CE du Parlement européen et du Conseil, du 7 mars 2002, relative à l'autorisation de réseaux et de services de communications électroniques (directive «autorisation»), ainsi que l'article 4 de la directive 2002/77/CE de la Commission, du 16 septembre 2002, relative à la concurrence dans les marchés des réseaux et des services de communications électroniques, doivent être interprétés en ce sens qu'ils s'opposent, en matière de radiodiffusion télévisuelle, à une législation nationale dont l'application conduit à ce qu'un opérateur titulaire d'une concession soit dans l'impossibilité d'émettre à défaut de radiofréquences d'émission octroyées sur la base de critères objectifs, transparents, non discriminatoires et proportionnés.»

4. *La reprise de la procédure devant le Conseil d'Etat*

37. Par la décision n° 2622/08 du 31 mai 2008, le Conseil d'Etat conclut qu'il ne pouvait pas se substituer au gouvernement pour attribuer des radiofréquences, ni contraindre celui-ci à le faire. Il ordonna au gouvernement de traiter la demande de radiofréquences introduite par la requérante en respectant les critères imposés par la CJCE. Il formula en particulier les considérations suivantes:

> «L'adoption par l'administration d'un acte spécifique est plus une question d'exécution et de mise en œuvre que de réparation: en cas de refus illégal d'accomplir un acte administratif qui a été demandé, l'adoption de l'acte ne constitue pas une

mesure de dédommagement, mais la mise en œuvre d'une obligation qui incombe à l'administration, sauf si la partie privée concernée a subi un préjudice. »

38. Quant à la demande d'attribution de radiofréquences, le Conseil d'Etat souligna que :

« En présence d'intérêts légitimes, il n'est cependant pas possible d'envisager une mesure de réparation spécifique, car le silence, un retard ou un refus illégal ont toujours une incidence sur une situation qui était ou qui demeure insatisfaisante, de sorte qu'il n'y a rien qui puisse être réparé ; concernant pareils intérêts, la question a trait à la mise en œuvre spécifique de l'exécution d'un éventuel jugement d'annulation de l'acte litigieux.

(...)

Appliquant ces principes en l'espèce, le Conseil juge irrecevable la demande présentée par la requérante visant à obliger l'administration à attribuer le réseau ou les fréquences. »

5. *La décision sur la demande de dédommagement de la requérante*

39. Le Conseil d'Etat renvoya au 16 décembre 2008 la décision définitive statuant sur le versement de dommages et intérêts à la requérante, jugeant en effet nécessaire, pour en déterminer le montant, d'attendre l'acte réglementaire du gouvernement concernant l'octroi des radiofréquences.

40. Le Conseil d'Etat demanda aux deux parties de se conformer avant le 16 décembre 2008 aux exigences suivantes. Le ministère devait, premièrement, préciser quelles radiofréquences étaient disponibles à l'issue des procédures de marché public de 1999 et les raisons pour lesquelles elles n'avaient pas été attribuées à la requérante et, deuxièmement, s'expliquer sur son affirmation selon laquelle la concession de la requérante avait expiré en 2005.

41. Quant à la requérante, la haute juridiction lui demanda, d'une part, de présenter un rapport sur son activité entre 1999 et 2008 et, d'autre part, d'exposer les raisons pour lesquelles elle n'avait pas pris part en 2007 à la procédure de marché public pour l'attribution des radiofréquences.

42. Le Conseil d'Etat invita également l'AGCOM à expliquer pourquoi le plan national d'attribution des radiofréquences pour la radiodiffusion télévisuelle par voie hertzienne n'avait jamais été mis en œuvre. Enfin, il rejeta la demande présentée par la requérante aux fins de la suspension de l'autorisation provisoire d'utilisation des radiofréquences qui avait été accordée à une chaîne (Retequattro) du groupe Mediaset.

43. Dans sa réponse, l'AGCOM rappela au Conseil d'Etat que le plan national d'attribution des radiofréquences avait été mis en œuvre seulement le 13 novembre 2008. Selon l'AGCOM, ce retard était dû à plusieurs

raisons. Tout d'abord la situation juridique était compliquée parce qu'il était difficile d'identifier les fréquences d'émission disponibles à cause des décisions judiciaires ayant permis aux chaînes excédentaires de continuer à transmettre. En outre, la législation transitoire introduite par la loi nº 66 de 2001 (paragraphes 63-64 ci-dessous), qui avait autorisé les chaînes excédentaires à poursuivre leurs émissions en mode analogique, empêchait la mise en œuvre du plan, compte tenu de l'incompatibilité entre, d'une part, les intérêts des chaînes susceptibles d'être autorisées à émettre aux termes du plan et, d'autre part, ceux des chaînes légalement habilitées à poursuivre l'exercice de leur activité.

44. La requérante déposa une expertise, préparée par la banque commerciale UNIPOL, selon laquelle le dommage subi s'élevait à 2 175 213 345,00 euros (EUR). Cette évaluation du préjudice était formulée sur la base des profits réalisés par Retequattro, c'est-à-dire la chaîne excédentaire qui aurait dû libérer les radiofréquences assignées à la requérante.

45. Par un arrêt du 20 janvier 2009, le Conseil d'Etat, se basant sur l'article 2043 du code civil (paragraphe 69 ci-dessous), condamna le ministère à verser à la requérante, à titre de dédommagement, la somme de 1 041 418 EUR. Le Conseil d'Etat souligna que, pendant dix ans, l'action du ministère avait été fautive, car celui-ci avait octroyé à Centro Europa 7 S.r.l une concession sans lui attribuer les radiofréquences d'émission.

46. Le Conseil d'Etat établit qu'il existait un lien de causalité entre le comportement de l'administration et le préjudice invoqué et que l'octroi de la concession à Centro Europa 7 S.r.l. ne lui avait pas conféré le droit immédiat d'exercer l'activité économique correspondante; par conséquent le dédommagement devait être calculé sur la base d'une espérance légitime d'attribution des radiofréquences par les autorités compétentes.

47. Selon le Conseil d'Etat, le fait de n'avoir attribué les radiofréquences que le 11 décembre 2008 était imputable à l'administration. Il en était résulté un dommage pour un fait illicite qui relevait de la responsabilité extracontractuelle de l'administration, et qui concernait tant la perte de confiance légitime que l'attribution tardive des fréquences. Le lancement par l'administration d'un appel d'offres pour les fréquences en 1999, alors que la situation du système audiovisuel n'était pas clarifiée et les questions techniques pas encore résolues, avait été « hasardeux ». Selon le Conseil d'Etat, la question de la réparation des dommages subis par la requérante devait tenir compte de ce contexte. La conduite de l'administration n'avait pas été caractérisée par une « gravité importante » (*notevole gravità*) et par conséquent le fait illicite procédait d'un comportement « fautif », et non intentionnel, de celle-ci.

48. Le Conseil d'Etat ajouta que le montant du dommage matériel devait être calculé à partir du 1er janvier 2004, la Cour constitutionnelle ayant considéré que la « période de transition » après laquelle le législateur était tenu d'intervenir pour permettre aux titulaires d'une concession de commencer à diffuser avait pris fin le 31 décembre 2003 (paragraphe 62 ci-dessous). Quant aux critères d'évaluation des dommages et intérêts, le Conseil d'Etat souligna que, concernant les pertes subies, la requérante avait à l'époque de l'appel d'offres pleine connaissance des circonstances de l'espèce et des conditions auxquelles la concession était soumise. En outre, les événements successifs ayant empêché l'attribution des fréquences étaient largement prévisibles. Dès lors, elle aurait dû savoir qu'il était peu probable d'obtenir les fréquences, au moins à court terme. De plus, elle aurait pu acheter les radiofréquences conformément à l'article 1 de la loi nº 66 du 20 mars 2001 (paragraphe 64 ci-dessous).

A la lumière de ces considérations, le Conseil d'Etat, sans ordonner d'expertise, décida d'octroyer à la société requérante 391 418 EUR pour les pertes subies. Quant au manque à gagner, il considéra qu'à partir du 1er janvier 2004, la requérante aurait pu faire des profits qui n'avaient pas été réalisés en raison du retard dans l'attribution des fréquences et qui pouvaient être évalués à 650 000 EUR. Il refusa de prendre en considération l'expertise présentée par la requérante et souligna qu'il était peu probable que celle-ci eût acheté des quotes-parts du marché, même dans l'hypothèse d'une libération des fréquences par les chaînes excédentaires. Pour le Conseil d'Etat, la comparaison entre la requérante et les deux principaux opérateurs (Mediaset et RAI) était injustifiée, d'autant plus qu'elle ne prenait pas en considération l'autre opérateur national (La 7), qui, bien qu'ayant un poids économique supérieur à celui de la requérante, avait toutefois des bilans déficitaires.

II. LE DROIT ET LA PRATIQUE INTERNES PERTINENTS

A. L'arrêt nº 225 de 1974 de la Cour constitutionnelle

49. Dans son arrêt nº 225 de 1974, la Cour constitutionnelle, se fondant sur l'article 43 de la Constitution, a réaffirmé le principe du monopole de la RAI, la société de télévision nationale, au nom de l'intérêt général. Elle a estimé que le nombre techniquement limité des fréquences justifiait ce monopole et a énoncé une exigence d'objectivité et d'impartialité pour le service public.

B. La loi nº 103 de 1975

50. La loi nº 103 du 14 avril 1975 (*Nuove norme in materia di diffusione radiofonica e televisiva*) a transféré le contrôle du service public de radiodiffusion de l'exécutif au corps législatif. Une commission parlementaire bicamérale a été créée pour assurer la direction générale et la surveillance des services de radiotélévision. Le conseil d'administration de la RAI a alors été nommé par le Parlement. Une troisième chaîne de la RAI a été lancée en 1979, notamment pour la diffusion de programmes régionaux.

C. L'arrêt nº 202 de 1976 de la Cour constitutionnelle

51. Dans son arrêt nº 202 du 15 juillet 1976, la Cour constitutionnelle a déclaré inconstitutionnelles les dispositions de la loi nº 103 de 1975 prévoyant un monopole ou un oligopole sur la radiodiffusion locale. A la suite de cette décision, les opérateurs commerciaux ont été autorisés à exploiter des chaînes de télévision locales.

52. L'allocation et la redistribution spontanée des fréquences locales ont alors favorisé le développement de grands opérateurs régionaux voire nationaux, parmi lesquels le groupe Mediaset. Ce groupe a d'abord diffusé sur la chaîne Canale 5, qui a commencé à émettre au niveau national en 1980, puis, après avoir pris le contrôle de deux autres chaînes (Italia Uno et Retequattro), il est parvenu à établir en 1984 avec la RAI un « duopole » d'opérateurs public et privé.

D. La loi nº 223 de 1990

53. La loi nº 223 du 6 août 1990, intitulée « dispositions en matière de système de radio et télévision public et privé » (*Disciplina del sistema radiotelevisivo pubblico e privato)* a transféré de la commission parlementaire aux présidents de la Chambre des députés et du Sénat la désignation des membres du conseil d'administration de la RAI.

E. L'arrêt nº 420 de 1994 de la Cour constitutionnelle

54. Dans son arrêt nº 420 du 5 décembre 1994, la Cour constitutionnelle a déclaré inconstitutionnelles les dispositions permettant aux trois chaînes contrôlées par le groupe Mediaset (Canale 5, Italia Uno et Retequattro) d'occuper une position dominante. Elle a jugé que la disposition autorisant un même opérateur à détenir plusieurs licences de télévision à la condition de ne pas dépasser 25 % du nombre total de chaînes nationales, soit trois chaînes en tout, ne suffisait pas à empêcher la concentration des chaînes télévisées et était par conséquent contraire à l'article 21 de la Constitution, en ce qu'elle ne permettait pas de garantir la pluralité des sources d'information. La haute

juridiction a considéré que l'existence d'une législation propre à empêcher l'établissement de positions dominantes était une condition primordiale pour justifier l'abandon par l'Etat de son monopole sur la radiodiffusion. En effet, l'établissement de telles positions dominantes dans ce secteur aurait non seulement eu pour effet de modifier les règles de la concurrence mais aurait aussi conduit à la formation d'un oligopole et serait allé à l'encontre du principe fondamental de la pluralité des sources d'information. Ainsi, la Cour constitutionnelle a estimé que le simple fait que coexistent au sein du système de radiodiffusion une entreprise publique et des entreprises privées (système mixte) ne suffisait pas à assurer le respect du droit de recevoir des informations provenant de plusieurs sources concurrentes. Comme elle l'avait indiqué précédemment dans sa décision n° 826 de 1988, elle a réaffirmé à cette occasion qu'une telle entreprise publique ne pouvait à elle seule assurer un équilibre garantissant l'absence de position dominante dans le secteur privé.

55. Le 11 juin 1995, par référendum, les électeurs italiens ont rejeté à la majorité (57 %) une proposition tendant à amender les lois existantes en introduisant l'interdiction pour un entrepreneur privé de contrôler plus d'une chaîne de télévision.

F. La loi n° 249 de 1997

56. La loi n° 249 du 31 juillet 1997, entrée en vigueur le 1er août 1998, a créé l'AGCOM. L'article 2 § 6 de cette loi a imposé des limites de concentration dans le secteur de la radiodiffusion télévisuelle, en interdisant à un même opérateur d'être titulaire de concessions lui permettant d'émettre à l'échelle nationale sur plus de 20 % des chaînes de télévision opérant sur des radiofréquences hertziennes.

57. Selon l'article 3 § 1, les opérateurs autorisés à émettre en vertu du cadre juridique antérieur pouvaient continuer à diffuser leurs programmes aux niveaux national et local jusqu'à l'octroi de nouvelles concessions ou jusqu'au rejet de demandes de nouvelles concessions mais, en toute hypothèse, pas au-delà du 30 avril 1998.

58. Aux termes de l'article 3 § 2, l'AGCOM devait adopter au plus tard le 31 janvier 1998 un plan national d'attribution des radiofréquences pour la radiodiffusion télévisuelle, sur la base duquel de nouvelles concessions seraient attribuées au plus tard le 30 avril 1998.

59. L'AGCOM a adopté le plan national d'attribution des radiofréquences par la délibération n° 68 du 30 octobre 1998, puis, par la délibération n° 78 du 1er décembre 1998, le règlement relatif aux conditions et aux modalités d'octroi des concessions pour la radiodiffusion télévisuelle sur des radiofréquences hertziennes analogiques.

60. L'article 3 § 6 de la loi n° 249 de 1997 a instauré pour les chaînes de télévision nationales existantes qui dépassaient les limites de concentration imposées à l'article 2 § 6 (les « chaines excédentaires ») un régime transitoire qui leur permettait de continuer à émettre à titre temporaire sur les radiofréquences hertziennes après le 30 avril 1998 dans le respect des obligations incombant aux chaînes concessionnaires et sous réserve que les émissions fussent diffusées en même temps sur le satellite ou sur le câble.

61. L'article 3 § 7 de la même loi confiait à l'AGCOM le soin de fixer le délai dans lequel les chaînes excédentaires, eu égard à l'augmentation effective et importante des usagers des programmes par câble ou par satellite, devaient diffuser leurs programmes uniquement par satellite ou par câble, en abandonnant les radiofréquences hertziennes.

G. L'arrêt n° 466 de 2002 de la Cour constitutionnelle

62. Le 20 novembre 2002, la Cour constitutionnelle a rendu un arrêt concernant l'article 3 § 7 de la loi n° 249 de 1997. Elle a estimé que la période transitoire prévue par cette disposition était acceptable, dans la mesure où, lors de l'adoption de la loi, on ne pouvait pas considérer qu'en Italie les modes d'émission alternatifs étaient compétitifs par rapport à la diffusion analogique traditionnelle, d'où la nécessité d'instaurer une période de transition destinée à permettre le développement de la diffusion numérique. En revanche, la haute juridiction a déclaré inconstitutionnelle l'absence de date certaine et définie pour l'expiration de cette période transitoire. Se référant aux conclusions techniques de la décision n° 346/2001 de l'AGCOM, ressortant d'une étude portant sur le nombre d'auditeurs de la télévision par câble et satellite en Italie, elle a jugé que le 31 décembre 2003 était une date raisonnable pour l'expiration de la période de transition.

La Cour constitutionnelle s'est notamment exprimée ainsi :

> « (...) la formation du système actuel de télévision italienne privée sur le plan national et en technique analogique résulte de situations de simple occupation de fait des fréquences (exploitation d'installations sans octroi de concessions et d'autorisations), en dehors de toute logique de développement du pluralisme dans l'attribution des fréquences et de planification effective du domaine hertzien (...) Cette situation de fait ne garantit pas, par conséquent, l'application du principe du pluralisme de l'information sur le plan externe, qui constitue l'un des « impératifs » absolus découlant de la jurisprudence constitutionnelle en la matière (...) Dans ces conditions, la persistance d'une situation (d'ailleurs aggravée) déjà jugée illégale dans l'arrêt n° 420 de 1994 et le maintien des réseaux considérés comme étant encore « excédentaires » par le législateur de 1997 exigent la fixation, aux fins du respect des principes constitutionnels, d'une échéance absolument certaine, définitive et donc inéluctable (...) »

H. La loi n° 66 de 2001

63. Le décret-loi n° 5 du 23 janvier 2001, converti en loi et modifié par la loi n° 66 du 20 mars 2001, a autorisé les opérateurs exerçant légalement l'activité de radiodiffusion télévisuelle sur des radiofréquences hertziennes à continuer d'émettre jusqu'à la mise en œuvre du plan national d'attribution des radiofréquences pour la télévision numérique.

64. L'article 1 prévoit que les opérateurs qui ne transmettent pas et qui ont obtenu une concession peuvent acheter les installations pour la diffusion et les connexions qui sont légitimement utilisées à la date d'entrée en vigueur du décret-loi.

L'article 2 *bis* dispose:

> «Afin d'assurer le déploiement du marché de la télévision numérique terrestre, les opérateurs exerçant légitimement des activités de diffusion radiotélévisée numérique, par satellite ou par câble, peuvent procéder à des expérimentations par la rediffusion simultanée de programmes déjà diffusés en analogique.»

I. Les lois n°s 43/2004 et 112/2004

65. L'article 1er du décret-loi n° 352 du 24 décembre 2003, converti en loi et modifié par la loi n° 43 du 24 février 2004, a autorisé les chaînes excédentaires à poursuivre leurs émissions sur les réseaux de radiodiffusion télévisuelle en modes analogique et numérique jusqu'à l'issue d'une enquête sur le développement des chaînes de télévision numériques.

66. La loi n° 112 du 3 mai 2004 (dite «loi Gasparri») a précisé les différentes étapes de lancement de la phase d'émission en mode numérique sur les radiofréquences hertziennes.

67. L'article 23 de cette loi dispose:

> «1. Jusqu'à la réalisation du plan national d'attribution des radiofréquences de télévision en technique numérique, les opérateurs exerçant à un titre quelconque des activités de diffusion radiotélévisée au niveau national ou local qui remplissent les conditions requises pour obtenir l'autorisation d'expérimentation des émissions en technique numérique hertzienne, en application (...) du décret-loi n° 5 [du 23 janvier 2001], devenu avec des modifications la loi n° 66 [du 20 mars 2001], peuvent effectuer, y compris par la rediffusion simultanée de programmes déjà diffusés en analogique, les expérimentations en question, jusqu'à la conversion complète des réseaux, ainsi que demander, à dater de l'entrée en vigueur de la présente loi, (...) les licences et autorisations requises pour procéder à des émissions en technique numérique hertzienne.
>
> 2. L'expérimentation des émissions en technique numérique peut être réalisée au moyen des installations émettant légalement en technique analogique à la date d'entrée en vigueur de la présente loi.

3. Afin de permettre la constitution des réseaux en numérique, les transferts d'installations ou de branches d'entreprise entre opérateurs exerçant légalement une activité de télévision au niveau national ou local sont autorisés, à la condition que les acquisitions soient destinées à la diffusion en technique numérique.

(...)

5. A compter de la date d'entrée en vigueur de la présente loi, la licence d'opérateur de chaîne de télévision est octroyée, sur demande, aux personnes qui exercent légalement l'activité de diffusion télévisuelle en vertu d'une concession ou en vertu de l'autorisation générale visée au paragraphe 1, dès lors qu'elles démontrent avoir atteint une couverture d'au moins 50 % de la population ou de la zone d'influence locale.

(...)

9. Afin de faciliter la conversion du système de la technique analogique à la technique numérique, la diffusion des programmes radiotélévisés se poursuit par l'exploitation des installations légalement en activité à la date d'entrée en vigueur de la présente loi (...) »

68. L'AGCOM a approuvé, le 29 janvier 2003, un plan dit « du premier niveau » d'attribution de radiofréquences aux chaînes nationales et régionales, puis, le 12 novembre 2003, le « plan intégré », qui complète le plan « du premier niveau » avec un plan dit « du second niveau » (attribution de fréquences aux chaînes locales).

J. L'article 2043 du code civil

69. Cette disposition se lit ainsi :

« Tout fait illicite causant un préjudice à autrui engage la responsabilité civile de son auteur et oblige ce dernier à dédommager la victime. »

III. DOCUMENTS INTERNATIONAUX PERTINENTS

A. Documents du Conseil de l'Europe

1. La Recommandation nº R (99) 1 du Comité des Ministres aux Etats membres sur des mesures visant à promouvoir le pluralisme des médias

70. Les passages pertinents de cette recommandation, adoptée par le Comité des Ministres le 19 janvier 1999, lors de la 656e réunion des Délégués des Ministres, se lisent ainsi :

« Le Comité des Ministres en vertu de l'article 15.*b* du Statut du Conseil de l'Europe,

(...)

Soulignant également que les médias et en particulier le secteur de la radiodiffusion de service public, devraient permettre aux différents groupes et intérêts qui existent dans la société – y compris les minorités linguistiques, sociales, économiques, culturelles ou politiques – de s'exprimer;

Notant que l'existence d'une multiplicité de médias autonomes et indépendants aux niveaux national, régional et local promeut généralement le pluralisme et la démocratie;

Rappelant que la diversité politique et culturelle des types et des contenus des médias est essentielle pour le pluralisme des médias;

Soulignant que les Etats devraient promouvoir le pluralisme politique et culturel en développant leur politique dans le domaine des médias conformément à l'article 10 de la Convention européenne des droits de l'homme, qui garantit la liberté d'expression et d'information, et en respectant dûment le principe d'indépendance des médias;

(...)

Notant qu'il existe déjà des cas de goulots d'étranglement dans le secteur des nouveaux services de communication, comme le contrôle de systèmes d'accès conditionnel aux services de télévision numériques;

Notant également que la création de positions dominantes et le développement des concentrations des médias pourraient s'accroître avec la convergence technique entre les secteurs de la radiodiffusion, des télécommunications et de l'informatique;

(...)

Convaincu que la transparence concernant le contrôle des entreprises du secteur des médias, y compris des fournisseurs de contenus et de services des nouveaux services de communication, peut contribuer à l'existence d'un paysage des médias pluraliste;

(...)

Rappelant également les dispositions sur le pluralisme des médias contenues dans le Protocole d'amendement à la Convention européenne sur la télévision transfrontière;

Gardant à l'esprit les travaux menés dans le cadre de l'Union européenne et d'autres organisations internationales dans le domaine des concentrations des médias et du pluralisme,

Recommande que les gouvernements des Etats membres:

i. examinent les mesures contenues en annexe à cette recommandation et étudient leur inclusion dans leur droit et leur pratique internes, si besoin est, en vue de promouvoir le pluralisme des médias;

ii. évaluent de manière régulière l'efficacité de leurs mesures visant à promouvoir le pluralisme et/ou de leurs mécanismes anticoncentration existants, et examinent la nécessité éventuelle de les réviser à la lumière des développements économiques et technologiques dans le secteur des médias. »

2. *Recommandation Rec(2003)9 du Comité des Ministres aux Etats membres sur des mesures visant à promouvoir la contribution démocratique et sociale de la radiodiffusion numérique*

71. Les passages pertinents de cette recommandation, adoptée par le Comité des Ministres le 28 mai 2003, lors de la 840e réunion des Délégués des Ministres, sont ainsi libellés :

« (...)

Rappelant l'importance pour les sociétés démocratiques de l'existence d'un large éventail de moyens de communication indépendants et autonomes, permettant de refléter la diversité des idées et des opinions, comme énoncé dans sa Déclaration sur la liberté d'expression et d'information du 29 avril 1982 ;

Gardant à l'esprit la Résolution no 1 sur l'avenir du service public de la radiodiffusion adoptée lors de la 4e Conférence ministérielle européenne sur la politique des communications de masse (Prague, 7-8 décembre 1994), et rappelant sa Recommandation no R (96) 10 concernant la garantie de l'indépendance du service public de la radiodiffusion ;

Soulignant le rôle particulier des médias du secteur de la radiodiffusion, et notamment du service public de radiodiffusion, dans les sociétés démocratiques modernes, qui est de promouvoir les valeurs qui sous-tendent les structures politiques, juridiques et sociales des sociétés démocratiques, en particulier le respect des droits de l'homme, des cultures et du pluralisme politique ;

(...)

Notant que parallèlement à la multiplication du nombre des chaînes dans l'environnement numérique, la concentration des médias continue de s'accélérer, notamment dans le contexte de la mondialisation, et rappelant aux Etats membres les principes énoncés dans la Recommandation no R (99) 1 sur des mesures visant à promouvoir le pluralisme des médias, en particulier ceux portant sur les règles en matière de propriété des médias, d'accès aux plates-formes et de diversité des contenus ;

(...)

Recommande aux gouvernements des Etats membres, en tenant compte des principes figurant en annexe :

a. de préparer les conditions juridiques et économiques adéquates pour le développement de la radiodiffusion numérique, qui garantissent le pluralisme des services de radiodiffusion et l'accès du public à un choix élargi de programmes divers et de qualité, y compris le maintien et, si possible, l'extension de l'offre de services transfrontières ;

b. de protéger et, si nécessaire, de prendre des mesures positives pour sauvegarder et promouvoir le pluralisme des médias, afin de rééquilibrer la concentration croissante dans ce secteur ;

(...) »

3. *Recommandation CM/Rec(2007)2 du Comité des Ministres aux Etats membres sur le pluralisme des médias et la diversité du contenu des médias*

72. Les passages pertinents de cette recommandation, adoptée par le Comité des Ministres le 31 janvier 2007, lors de la 985e réunion des Délégués des Ministres, disposent:

« (...)

Rappelant l'article 10 de la Convention de sauvegarde des droits de l'homme et des libertés fondamentales (STE n° 5) qui garantit la liberté d'expression et la liberté de recevoir ou de communiquer des informations ou des idées sans qu'il puisse y avoir ingérence d'autorités publiques et sans considération de frontière;

Rappelant sa Déclaration sur la liberté d'expression et d'information, adoptée le 29 avril 1982 qui souligne que la libre circulation et la large diffusion d'informations de toute nature à travers les frontières constituent un facteur important pour la compréhension internationale, le rapprochement des peuples et l'enrichissement mutuel des cultures;

Rappelant sa Recommandation Rec(2000)23 concernant l'indépendance et les fonctions des autorités de régulation du secteur de la radiodiffusion et son Exposé des motifs, dont les dispositions soulignent l'importance de l'indépendance politique, financière et opérationnelle des régulateurs de la radiodiffusion;

Rappelant les opportunités offertes par les technologies numériques ainsi que les risques potentiels qui y sont liés dans la société moderne tels qu'énoncés dans la Recommandation Rec(2003)9 sur des mesures visant à promouvoir la contribution démocratique et sociale de la radiodiffusion numérique;

Rappelant sa Recommandation n° R (99) 1 sur des mesures visant à promouvoir le pluralisme des médias et sa Recommandation n° R (94) 13 sur des mesures visant à promouvoir la transparence des médias dont les dispositions devraient s'appliquer à tous les médias;

Notant que, depuis l'adoption des Recommandations nos R (99) 1 et R (94) 13, d'importants développements technologiques ont eu lieu qui rendent nécessaire une révision de ces textes afin de les adapter à la situation actuelle du secteur des médias en Europe;

(...)

Réaffirmant que le pluralisme des médias et la diversité du contenu des médias sont essentiels au fonctionnement d'une société démocratique et sont les corollaires du droit fondamental à la liberté d'expression et d'information tel que garanti par l'article 10 de la Convention de sauvegarde des droits de l'homme et des libertés fondamentales;

Considérant que les exigences qui résultent de l'article 10 de la Convention de sauvegarde des droits de l'homme et des libertés fondamentales seront pleinement satisfaites si chaque individu se voit offrir la possibilité de se former ses propres opinions à partir de sources d'information variées;

Reconnaissant la contribution essentielle qui est celle des médias pour stimuler le débat public, le pluralisme politique et la sensibilisation à des opinions diverses, notamment en donnant à différents groupes de la société – y compris des minorités culturelles, linguistiques, ethniques, religieuses ou autres – la possibilité de recevoir ou de communiquer des informations, de s'exprimer et d'échanger des idées;

(...)

Réaffirmant que, afin de protéger et de promouvoir activement le pluralisme des courants de pensée et d'opinion ainsi que la diversité culturelle, les Etats membres devraient adapter les cadres de régulation existants, en particulier en ce qui concerne la propriété des médias, et adopter les mesures réglementaires et financières qui s'imposent en vue de garantir la transparence et le pluralisme structurel des médias ainsi que la diversité des contenus diffusés par ceux-ci;

(...)

Gardant à l'esprit que la politique nationale en matière de médias peut également viser à préserver la compétitivité des sociétés de médias nationales face à la mondialisation des marchés et que le phénomène de concentration transnationale des médias peut avoir un impact négatif sur la diversité des contenus,

Recommande aux gouvernements des Etats membres:

i. d'envisager d'inclure dans leur droit et leurs pratiques internes les mesures énumérées ci-dessous;

ii. d'évaluer de manière régulière, au plan national, l'efficacité des mesures existantes visant à promouvoir le pluralisme des médias et la diversité des contenus, et examinent la nécessité éventuelle de les réviser à la lumière des développements économiques, technologiques et sociaux intéressant les médias;

iii. d'échanger des informations sur la structure des médias, la législation nationale et les études relatives à la concentration et à la diversité des médias.

Mesures recommandées

I. Mesures favorisant le pluralisme structurel des médias

1. Principe général

1.1. Les Etats membres devraient veiller à ce qu'un éventail suffisant de médias proposés par une série de propriétaires différents, publics ou privés, soit mis à la disposition du public, en tenant compte des caractéristiques du marché des médias, en particulier des aspects économiques et relatifs à la concurrence existant.

1.2. Lorsque l'application des règles de concurrence communes au secteur des médias et de la réglementation relative à l'accès n'est pas suffisante pour garantir le respect des exigences de diversité culturelle et de pluralité des courants de pensée et d'opinion, les Etats membres devraient adopter des mesures spécifiques.

(...)

1.4. En adaptant leur cadre réglementaire, les Etats membres devraient porter une attention particulière sur le besoin de séparation réelle et apparente entre l'exercice du pouvoir politique ou l'influence politique et le contrôle de médias ou la prise de décision relative au contenu des médias.

(...)

4. Autres médias contribuant au pluralisme et à la diversité

Les Etats membres devraient encourager le développement d'autres médias susceptibles de contribuer au pluralisme et à la diversité, et de fournir un espace de dialogue. Ces médias pourraient, par exemple, prendre la forme de médias communautaires, locaux, minoritaires ou sociaux. (...)

(...)

II. Mesures favorisant la diversité des contenus

(...)

3. Licences de radiodiffusion, règles d'obligation de reprise

3.1. Les Etats membres devraient envisager l'adoption de mesures qui permettent de promouvoir et de suivre la production et la fourniture de contenus diversifiés par les médias. S'agissant du secteur de la radiodiffusion, de telles mesures pourraient notamment consister à assortir les licences accordées aux radiodiffuseurs d'une obligation de produire par eux-mêmes ou de commander un certain volume de programmes, en particulier concernant les bulletins d'informations et les émissions d'actualité.

3.2. Les Etats membres devraient envisager l'adoption de règles visant à préserver la diversité du paysage médiatique local, assurant en particulier que la syndication, comprise comme la fourniture centralisée des programmes et services associés, ne mette pas en danger le pluralisme.

3.3. Les Etats membres devraient envisager, si nécessaire, d'adopter des règles d'obligation de reprise de programmes sur les plates-formes de distribution autres que les réseaux câblés. De plus, à la lumière du processus de numérisation – tout particulièrement la capacité accrue des réseaux et la prolifération de différents réseaux – les Etats membres devraient revoir périodiquement leurs règles d'obligation de reprise afin de s'assurer qu'elles continuent à correspondre à des objectifs d'intérêt général. Les Etats membres devraient examiner l'intérêt d'introduire en parallèle à l'obligation de reprise, une obligation pour les éditeurs des programmes concernés de ne pas s'opposer à leur reprise afin d'encourager les médias de service public et les principales sociétés commerciales de médias à mettre leurs chaînes à la disposition des opérateurs de réseau qui souhaiteraient les diffuser. Ces mesures et les modalités de leur mise en œuvre devraient respecter les règles relatives aux droits d'auteur. »

4. *Résolution 1387 (2004) de l'Assemblée Parlementaire sur la monopolisation des médias électroniques et la possibilité d'abus de pouvoir en Italie*

73. Cette résolution, adoptée par l'Assemblée Parlementaire le 24 juin 2004, se lit comme suit :

« 1. L'Italie est un membre fondateur du Conseil de l'Europe et soutient fermement les idéaux qu'il défend. L'Assemblée parlementaire s'inquiète donc de la concentration des pouvoirs politique, économique et médiatique dans les mains d'une seule personne, le premier ministre Silvio Berlusconi.

2. L'Assemblée parlementaire ne peut accepter que cette anomalie soit minimisée au motif qu'elle ne poserait qu'un problème potentiel. Une démocratie se juge à son fonctionnement quotidien, mais aussi aux principes que le pays défend vis-à-vis de ses citoyens et de la communauté internationale. L'Assemblée rappelle que, en vertu de l'article 10 de la Convention de sauvegarde des droits de l'homme et des libertés fondamentales, et de la jurisprudence de la Cour européenne des droits de l'homme, les Etats ont l'obligation de protéger le pluralisme des médias et, si nécessaire, de prendre des mesures concrètes pour le préserver et le promouvoir.

3. L'Assemblée déplore que, depuis 1994, plusieurs gouvernements italiens consécutifs aient échoué à résoudre le problème du conflit d'intérêts et que le parlement actuel n'ait pas encore adopté de mesures législatives adéquates. Elle n'est pas d'avis que le principe directeur du projet de loi Frattini examiné actuellement – qui prévoit que seuls les gestionnaires et non les propriétaires peuvent être tenus responsables – apporte une solution réelle et complète au problème du conflit d'intérêts concernant M. Berlusconi.

4. Par le biais de Mediaset, le premier groupe privé de communication et de radiodiffusion d'Italie et l'un des plus grands groupes du monde, M. Berlusconi détient approximativement la moitié de l'activité de radiodiffusion du pays. En tant que chef du gouvernement, il est également en situation d'exercer une influence indirecte sur le service public de radiodiffusion, la RAI, qui est le principal concurrent de Mediaset. Etant donné que Mediaset et la RAI totalisent environ 90 % des parts d'audience de la télévision et plus des trois quarts des ressources de ce secteur, M. Berlusconi exerce un contrôle sans précédent sur le média le plus puissant d'Italie.

5. Cette situation de duopole dans le marché de la télévision constitue en soi une anomalie dans une perspective antitrust. Le *statu quo* a été maintenu en dépit du fait que des dispositions juridiques touchant au pluralisme des médias ont à deux reprises été déclarées anticonstitutionnelles, et que les autorités compétentes ont établi que la RAI et les trois chaînes de télévision privées de Mediaset exercent une position dominante. Cette situation est illustrée par un récent décret du premier ministre, approuvé par le parlement, qui a permis à la troisième chaîne de la RAI et à Retequattro de Mediaset de continuer à diffuser, en violation des restrictions antitrust existantes, jusqu'à l'adoption de nouvelles mesures législatives. La distorsion de concurrence dans le secteur des médias est aggravée par le fait que la régie publicitaire de Mediaset, Publitalia '80, exerce une position dominante sur le marché publicitaire de la télévision. L'Assemblée

déplore la poursuite de l'exclusion d'un radiodiffuseur national potentiel, Europa 7, qui a remporté un appel d'offres organisé par le gouvernement en 1999 en vue de l'attribution des fréquences utilisées par Retequattro, chaîne du groupe Mediaset.

6. L'Assemblée estime que la récente loi adoptée sur la réforme du secteur de la radiodiffusion («loi Gasparri») pourrait ne pas garantir effectivement le renforcement du pluralisme par la simple augmentation du nombre de chaînes de télévision à l'occasion du passage au numérique. Parallèlement, cette loi permet de toute évidence à Mediaset de croître encore davantage, car elle donne aux acteurs du marché la possibilité d'exercer une position de monopole dans un secteur donné, sans aucun risque d'atteindre la limite antitrust à l'intérieur du système intégré des communications (SIC). L'Assemblée note que ces problèmes ont incité le Président de la République à s'opposer à la version précédente de la loi.

7. L'Assemblée s'inquiète particulièrement de la situation de la RAI, qui est contraire aux principes d'indépendance énoncés dans la Recommandation 1641 (2004) sur le service public de radiodiffusion. La RAI a toujours été un miroir du système politique du pays et son pluralisme interne, qui s'exprimait naguère par le biais d'une représentation proportionnelle des idéologies politiques dominantes, a fait place au principe du «gagnant rafle tout» propre au nouveau système politique. L'Assemblée note avec inquiétude les démissions de la présidente de la RAI et de l'une des journalistes les plus connues du pays en signe de protestation contre l'absence de représentation équilibrée des forces politiques au sein du conseil d'administration et contre l'influence politique exercée sur la programmation de la RAI.

8. Si, en Italie, la presse écrite présente traditionnellement un pluralisme et un équilibre politique supérieurs à ceux de la radiodiffusion, la plupart des Italiens s'informent au moyen de la télévision. Le coût élevé de la publicité dans les journaux par rapport à la publicité télévisée a un effet destructeur sur la presse écrite italienne. L'Assemblée souhaite toutefois signaler son approbation à l'égard des mesures gouvernementales visant à aider les journaux de petite et de moyenne importance, et d'autres mesures destinées à accroître le lectorat de la presse.

9. L'Assemblée est extrêmement préoccupée par le fait que l'image négative projetée à l'étranger par l'Italie, en raison du conflit d'intérêts concernant M. Berlusconi, pourrait contrarier les efforts du Conseil de l'Europe visant à promouvoir l'existence de médias indépendants et neutres dans les jeunes démocraties. Elle considère que l'Italie, en tant que l'un des principaux pays contribuant au fonctionnement de l'Organisation, assume une responsabilité particulière à cet égard.

10. L'Assemblée relève que plusieurs instances internationales, telles que le représentant de l'OSCE pour la liberté des médias et, plus récemment, le Parlement européen, ont exprimé des inquiétudes semblables aux siennes. Elle se félicite des mesures visant à sauvegarder le pluralisme des médias proposées par le Parlement européen dans sa Résolution du 22 avril 2004 sur «les risques de violation, dans l'Union européenne et particulièrement en Italie, de la liberté d'expression et d'information (article 11(2) de la Charte des droits fondamentaux)», mesures qui prévoient que la protection du pluralisme des médias devrait devenir une priorité de la législation de l'Union européenne en matière de concurrence.

11. En conséquence, l'Assemblée appelle le Parlement italien :

i. à adopter d'urgence une loi réglant le conflit d'intérêts entre la propriété et le contrôle d'entreprises, et l'exercice de fonctions publiques, en prévoyant des sanctions pour les cas où il y a conflit d'intérêts avec l'exercice de fonctions publiques au plus haut niveau ;

ii. à faire en sorte que des lois et d'autres mesures réglementaires mettent un terme à l'ingérence politique, pratiquée de longue date, dans le travail des médias, en tenant compte notamment de la Déclaration du Comité des Ministres sur la liberté du discours politique dans les médias, adoptée le 12 février 2004 ;

iii. à amender la loi Gasparri conformément aux principes énoncés dans la Recommandation n° R (99) 1 du Comité des Ministres sur des mesures visant à promouvoir le pluralisme des médias, notamment :

a. en évitant des positions dominantes dans les marchés pertinents à l'intérieur du SIC ;

b. en incluant des mesures spécifiques visant à mettre un terme au duopole existant RAI-Mediaset ;

c. en incluant des mesures spécifiques qui assurent que le passage au numérique garantira le pluralisme des contenus.

12. L'Assemblée invite le Gouvernement italien :

i. à engager des mesures visant à mettre le fonctionnement de la RAI en conformité avec la Recommandation 1641 (2004) de l'Assemblée sur le service public de radiodiffusion, la déclaration de la 4e Conférence ministérielle européenne sur la politique des communications de masse (Prague), et les Recommandations du Comité des Ministres n° R (96) 10 concernant la garantie de l'indépendance du service public de la radiodiffusion et Rec(2003)9 sur des mesures visant à promouvoir la contribution démocratique et sociale de la radiodiffusion numérique ;

ii. à donner un exemple positif au niveau international en proposant et soutenant, au sein du Conseil de l'Europe et de l'Union européenne, des initiatives visant à promouvoir le pluralisme des médias en Europe.

13. L'Assemblée demande à la Commission de Venise de donner un avis sur la compatibilité de la loi Gasparri et du projet de loi Frattini avec les normes du Conseil de l'Europe en matière de liberté d'expression et de pluralisme des médias, à la lumière notamment de la jurisprudence de la Cour européenne des droits de l'homme. »

5. Avis de la Commission de Venise sur la compatibilité des lois italiennes « Gasparri » et « Frattini » avec les standards du Conseil de l'Europe en matière de liberté d'expression et de pluralisme des médias

74. Dans ses parties pertinentes pour la présente affaire, l'avis de la Commission de Venise, adopté lors de sa 63ème session (10-11 juin 2005), est ainsi libellé :

« L'Assemblée parlementaire du Conseil de l'Europe a demandé à la Commission de Venise de donner un avis sur la conformité des deux lois italiennes sur le système audiovisuel (« la loi Gasparri ») et sur les conflits d'intérêts (« la loi Frattini ») par rapport aux standards du Conseil de l'Europe dans les domaines de la liberté d'expression et du pluralisme des médias.

(...)

Même si la jurisprudence de la Cour européenne des droits de l'homme ne donne pas d'indications spécifiques sur le sujet, il est néanmoins possible d'en déduire certains principes pertinents : tout d'abord, que la liberté d'expression joue un rôle fondamental dans une société démocratique, en particulier quand, par le biais de la presse, elle sert à communiquer des informations et des idées d'intérêt général que le public est en outre en droit d'obtenir, et que l'Etat est le garant ultime du pluralisme, notamment pour les médias audiovisuels, dont les programmes sont souvent très largement diffusés.

(...)

Il y a véritable pluralisme des médias quand il existe un grand nombre de médias autonomes et indépendants aux niveaux national, régional et local, assurant une offre de contenus variée, reflétant des points de vue politiques et culturels différents. La Commission estime que le pluralisme interne doit exister en même temps dans tous les secteurs des médias : ainsi, il ne serait pas acceptable que le pluralisme soit garanti dans le secteur des médias écrits mais pas dans celui de la télévision. Pour la Commission, la pluralité des médias n'implique pas seulement l'existence d'une pluralité d'acteurs et de vecteurs, mais aussi l'existence d'un large éventail de médias, c'est-à-dire de différentes *sortes* de médias.

Les instruments du Conseil de l'Europe définissent certains outils de promotion du pluralisme des médias, parmi lesquels :

– un cadre législatif fixant des limites à la concentration des médias ; parmi les instruments permettant d'y arriver, il y a les seuils autorisés (qu'il convient de mesurer sur la base d'un élément ou d'un ensemble d'éléments comme la part d'audience ou la part de capital ou les limites de recettes) qu'une seule société est autorisée à contrôler sur un ou plusieurs des marchés concernés,

– des autorités de régulation des médias spécifiques dotées du pouvoir d'agir contre la concentration,

– des mesures spécifiques contre l'intégration verticale (contrôle d'éléments clés de la production, de la diffusion de la distribution et des activités connexes par une seule société ou un seul groupe),

– indépendance des autorités de régulation,

– transparence des médias,

– mesures destinées à promouvoir activement la production et la diffusion de contenus variés,

– soutien financier, direct ou indirect, destiné à renforcer le pluralisme, accordé sur la base de critères objectifs et non partisans, dans le cadre de procédures transparentes et soumises à un contrôle indépendant,

– des instruments d'autorégulation, comme des lignes directrices éditoriales et des lois régissant l'indépendance de la presse.

En ce qui concerne les dispositions de la loi Gasparri destinées à protéger le pluralisme des médias, la Commission considère tout d'abord que l'augmentation du nombre des chaînes que permet la télévision numérique n'est pas suffisant, en soi, pour garantir le pluralisme des médias. Les nouvelles chaînes peuvent avoir une part d'audience très faible mais des quantités d'émissions similaires. Enfin, les sociétés les plus importantes auront un pouvoir d'achat plus élevé dans de nombreuses activités, comme l'achat de programmes, et disposeront donc d'avantages importants sur les autres fournisseurs de contenus nationaux.

C'est pourquoi la Commission considère que le seuil de 20 % des chaînes n'est pas un indicateur clair de part de marché. Il faudrait l'associer, par exemple, à un indicateur de part d'audience.

En ce qui concerne le deuxième seuil fixé par la loi Gasparri, qui est de 20 % des recettes avec les systèmes de communications intégrées (SCI), la Commission considère que les SCI constitue certainement une tendance moderne mais qu'il ne faudrait pas, du moins avec cette définition très large, les utiliser dès à présent à la place du critère du « marché concerné », car cela a pour effet de diluer l'efficacité des instruments destinés à protéger le pluralisme. En effet, il peut permettre à une société d'avoir une part de recettes extrêmement importante sur des marchés particuliers tout en restant en dessous du seuil de 20 % pour l'ensemble du secteur.

D'ailleurs, la Commission remarque que l'effet combiné du nouveau cadre défini par la loi Gasparri assouplit les lois anti-concentration antérieures qui fixaient des niveaux maximum autorisés, qui avaient été dépassés par Mediaset et la RAI. En conséquence, Retequattro a été autorisée à continuer à occuper des fréquences analogiques.

C'est pourquoi la Commission considère que le critère des SCI devrait être remplacé par le critère utilisé auparavant de « marché concerné », comme c'est le cas dans les autres pays européens.

(...)

En ce qui concerne les dispositions sur la migration des diffuseurs de radio et de télévision des fréquences analogiques vers les fréquences numériques, la Commission a l'impression que l'approche de la loi Gasparri tente de reporter à plus tard une véritable solution au problème de la concentration des médias sur le marché de la télévision, et qu'elle repose fortement sur le moment où se fera le passage au numérique. La Commission considère que cette approche n'est pas satisfaisante car, si le *statu quo* est maintenu, il est probable que Mediaset et la RAI resteront les acteurs dominants de la télévision italienne. A ce propos, la Commission rappelle que, si les mesures anti-concentration visent en général à empêcher les *abus* de position dominante, les positions dominantes sont interdites *en tant que telles* dans le secteur des médias.

(...)

En ce qui concerne la privatisation de la RAI, qui devrait conduire à réduire la politisation du radiodiffuseur public, la Commission remarque que le changement à la RAI permettra au gouvernement de contrôler le radiodiffuseur public pour une durée indéterminée. Tant que le gouvernement actuel reste en fonction, cela signifie qu'outre le contrôle des trois chaînes de télévision qui lui appartiennent, le Premier ministre disposera d'un certain contrôle sur les trois chaînes nationales de télévision publique. La Commission exprime sa crainte que cette situation atypique accentue le risque de monopolisation, susceptible de constituer une ingérence injustifiée dans la liberté d'expression, aux termes de la jurisprudence de la Cour européenne des droits de l'homme.

(...) »

6. *Papier de discussion sur le pluralisme des médias et les droits de l'homme du Commissaire aux droits de l'homme*

75. Dans ses parties pertinentes pour la présente affaire, le document de réflexion du Commissaire aux droits de l'homme, du 6 décembre 2011, se lit ainsi :

« **3.2 Le cas de l'Italie**

L'histoire de ce qu'on appelle « l'anomalie italienne » illustre bien le risque majeur que peut représenter un phénomène de monopolisation en matière de radiodiffusion (à travers des opérations de consolidation excessives et de fusions de grande envergure), même dans les vieilles démocraties.

La liberté d'expression et la liberté de la presse se portent bien en Italie. Toutefois, on évoque régulièrement cette « anomalie italienne » lorsqu'on parle du marché de la radiodiffusion télévisuelle.

Dans les deux dernières décennies, aucune troisième force n'a été capable d'entamer ce duopole, c'est-à-dire la domination du marché des chaînes de télévision nationales par un opérateur privé, Mediaset, et l'opérateur public, la Radiotelevisione Italiana (RAI). Le duopole s'accompagnait d'un monopole en pratique de Mediaset dans le secteur de la télévision commerciale et sur le marché de la publicité. Avant l'ère du numérique, la part d'audience du duopole s'élevait à 90 % environ (les deux opérateurs possédaient chacun trois chaînes). La situation de duopole transparaissait également dans les bénéfices combinés et le marché de la publicité.

L'Italie se caractérise aussi par une tradition de contrôle des chaînes de télévision publiques par les partis politiques et les gouvernements. Le fait que son premier ministre, Silvio Berlusconi, est le copropriétaire de Mediaset ajoute aux préoccupations habituelles tenant à un contrôle gouvernemental de la RAI la crainte qu'un contrôle gouvernemental généralisé de la source d'information la plus importante au niveau national, la télévision.

Les lois Gasparri et Frattini de 2004 étaient censées garantir à l'avenir le pluralisme des médias pour la première et proscrire des situations de «pouvoir à deux têtes». Toutefois, ni le tout-numérique ni des règles de concurrence égalitaires ne peuvent assurer à eux seuls la diversité culturelle et le pluralisme politique dans les médias, particulièrement si la concentration déjà existante dans le secteur médiatique est en pratique maintenue, voire renforcée, par la loi. Les dispositions de la loi Gasparri régissant le passage de l'analogique vers le numérique, malgré sa force novatrice, a permis au duopole d'utiliser sa solide assise économique pour s'étendre sur les nouveaux marchés du numérique.

Les normes européennes interdisent que des radiodiffuseurs privés ne soient indûment possédés ou contrôlés par des forces politiques ou partisanes, afin d'éviter toute ingérence gouvernementale ou politique. L'Allemagne et le Royaume-Uni imposent des restrictions à la propriété ou au contrôle direct des médias de radiodiffusion par les acteurs du monde politique; les Etats membres de l'Union européenne exigent également des radiodiffuseurs qu'ils gardent leur indépendance vis-à-vis des partis et des hommes politiques. L'Italie, malgré la loi Frattini, ne prévoit rien de tel.»

B. Le Parlement européen

76. Dans ses parties pertinentes pour la présente affaire, la résolution du Parlement européen sur les risques de violation, dans l'Union européenne et particulièrement en Italie, de la liberté d'expression et d'information (article 11 § 2 de la Charte des droits fondamentaux (2003/2237(INI)), se lit comme suit:

«(...) ***Situation en Italie***

observe que le taux de concentration du marché télévisuel en Italie est actuellement le plus élevé d'Europe et que, bien que la télévision italienne présente douze chaînes nationales et de dix à quinze chaînes régionales ou locales, le marché est caractérisé par le duopole qu'exercent la RAI et Mediaset, puisque ces deux exploitants représentent près de 90 % des parts d'audience et recueillent 96,8 % des ressources publicitaires, contre 88 % pour l'Allemagne, 82 % pour la Grande-Bretagne, 77 % pour la France et 58 % pour l'Espagne;

observe que le groupe Mediaset est le plus important groupe privé italien dans le secteur de la télévision et des communications et l'un des plus grands au niveau mondial et qu'il contrôle, notamment, des chaînes de télévision (RTI) et des régies publicitaires (Publitalia '80), les unes et les autres formellement reconnues comme occupant une position dominante, en violation de la législation nationale (loi n° 249/97), par l'Autorité régulatrice des médias (décision 226/03);

observe que l'un des secteurs dans lequel le conflit d'intérêts est le plus évident est celui de la publicité, à tel point que le groupe Mediaset a obtenu, en 2001, les deux tiers des ressources publicitaires télévisuelles, soit un montant de 2 500 millions d'euros, et que les principales sociétés italiennes ont transféré une grande partie de leur investissement publicitaire de la presse écrite aux réseaux Mediaset et de la RAI à Mediaset;

observe que le président du Conseil des ministres italien n'a pas résolu son conflit d'intérêts, comme il s'y était explicitement engagé, et qu'il a même accru sa participation de contrôle dans la société Mediaset (passée de 48,639 % à 51,023 %), ce qui a permis à celle-ci de réduire fortement son endettement net, grâce à un accroissement sensible des recettes publicitaires au détriment de celles (et des indices d'écoute) de ses concurrents et, surtout, du financement publicitaire de la presse écrite ;

déplore les ingérences, pressions et actes de censure gouvernementaux répétés et prouvés sur l'organigramme et la programmation du service télévisuel public de la RAI (y compris dans les programmes satiriques), qui ont débuté avec la mise à l'écart de trois professionnels célèbres, à la demande – publique et retentissante – du président du Conseil en avril 2002, dans un contexte où la majorité absolue des membres du conseil d'administration de la RAI et de l'organe de contrôle parlementaire compétent est formée de membres des partis gouvernementaux ; déplore que ces pressions aient ensuite été étendues à d'autres médias dont il n'est pas propriétaire, ce qui a entraîné entre autres, en mai 2003, la démission du directeur du *Corriere della Sera* ;

observe, par conséquent, que le système italien présente une anomalie qui réside dans la réunion d'un pouvoir économique, politique et médiatique entre les mains d'un seul homme, l'actuel président du Conseil des ministres, et dans le fait que le gouvernement italien contrôle directement ou indirectement toutes les chaînes de télévision nationales ;

prend acte du fait que, depuis des décennies, le système radiotélévisuel fonctionne en Italie dans une situation d'illégalité, qui a été établie à de nombreuses reprises par la Cour constitutionnelle et face à laquelle le concours d'efforts du législateur ordinaire et des institutions compétentes n'a pas permis le retour à un régime légal ; observe que la RAI et Mediaset continuent de contrôler chacune trois émetteurs télévisuels analogiques terrestres, en dépit du fait que, par son arrêt 420 de 1994, la Cour constitutionnelle avait dit pour droit qu'une même entité n'était pas autorisée à émettre plus de 20 % des programmes télévisuels sur des fréquences terrestres au niveau national (c'est-à-dire plus de deux programmes) et avait défini le régime normatif de la loi n° 223/90 comme contraire à la constitution italienne, bien qu'il s'agisse d'un « régime transitoire » ; observe que même la loi n° 249/97 (institution de l'Autorité régulatrice des médias et de règles relatives aux systèmes de télécommunication et radiotélévisuels) n'avait pas repris les prescriptions de la Cour constitutionnelle, qui, par son arrêt 466/02, avait prononcé l'inconstitutionnalité de l'article 3, paragraphe 7 de cette loi, « dans la mesure où il ne prévoit pas la fixation d'une échéance définitive certaine et non susceptible de prorogation, ne dépassant pas, en tout état de cause, le 31 décembre 2003, échéance à laquelle les programmes diffusés par les émetteurs qui dépassent les limites fixées au paragraphe 6 du même article 3 devront l'être exclusivement par satellite ou par câble » ;

relève que la Cour constitutionnelle italienne a fait valoir en novembre 2002 (affaire 466/2002) que « ... la formation du système actuel de télévision italienne privée sur le plan national et en technique analogique résulte de situations de simple occupation de fait des fréquences (exploitation d'installations sans octroi de concessions et d'autorisations), en dehors de toute logique de développement du pluralisme dans l'attribution des fréquences et de planification effective du domaine hertzien... Cette situation de fait ne garantit pas, par conséquent, l'application du principe du pluralisme de l'information sur le plan externe, qui constitue l'un des « impératifs » absolus découlant de la jurisprudence constitutionnelle en la matière... Dans ces conditions, la persistance d'une situation (d'ailleurs aggravée) déjà jugée illégale dans l'arrêt nº 420 de 1994 et le maintien des réseaux considérés comme étant encore « excédentaires » par le législateur de 1997 exigent la fixation, aux fins du respect des principes constitutionnels, d'une échéance absolument certaine, définitive et donc inéluctable » et que, cependant, le délai fixé pour la réforme du secteur audiovisuel n'a pas été tenu et que la loi portant réforme du secteur audiovisuel a été renvoyée par le président de la République devant le Parlement pour un nouvel examen, en raison du non-respect des principes énoncés par la Cour constitutionnelle ;

(...)

souhaite que la définition législative, qui figure dans le projet de loi en vue de la réforme du secteur audiovisuel (loi Gasparri, article 2, point G), du « système intégré des communications », en tant que seul marché pertinent, ne soit pas contraire aux règles communautaires en matière de concurrence, au sens de l'article 82 du traité CE et de nombreux arrêts de la Cour de justice, et qu'elle ne rende pas impossible une définition claire et certaine du marché de référence ;

souhaite également que le « système d'attribution des fréquences » prévu par le projet de loi Gasparri ne constitue pas une simple légitimation de la situation de fait et, en particulier, ne soit pas contraire à la directive 2002/21/CE, à l'article 7 de la directive 2002/20/CE ou la directive 2002/77/CE, qui prévoient entre autres que l'attribution des fréquences radio pour les services de communication électronique doit être fondée sur des critères objectifs, transparents, non discriminatoires et proportionnés ;

exprime la profonde inquiétude que lui inspirent la non-application de la loi et la non-exécution des arrêts de la Cour constitutionnelle, en violation du principe de légalité et de l'Etat de droit, ainsi que l'incapacité à réformer le secteur audiovisuel, qui se traduisent par une réduction considérable, depuis des décennies, du droit de ses citoyens à une information pluraliste, droit inscrit notamment dans la Charte des droits fondamentaux de l'Union européenne ;

craint que la situation italienne se produise dans d'autres Etats membres et dans les pays en voie d'adhésion si un magnat du secteur des médias décidait d'entrer en politique ;

regrette que le Parlement italien n'ait pas encore adopté une réglementation visant à résoudre le conflit d'intérêts du président du Conseil, alors qu'il avait promis que cela aurait lieu au cours des cent premiers jours de son gouvernement ;

considère que l'adoption d'une réforme générale du secteur audiovisuel pourrait être facilitée si celle-ci comportait des garanties appropriées bien définies visant à éviter les conflits d'intérêts présents ou futurs dans les activités des responsables locaux, régionaux ou nationaux ayant des participations substantielles dans le secteur audiovisuel privé ;

souhaite, en outre, que le projet de loi Frattini sur le conflit d'intérêts ne se limite pas à une reconnaissance de fait du conflit d'intérêts du président du Conseil, mais qu'il prévoie des dispositifs appropriés pour éviter la perpétuation de cette situation ;

estime que la situation observée aujourd'hui en Italie aurait pu, éventuellement, être évitée si les obligations des Etats membres en matière de pluralisme dans les médias avaient été définies comme suite à la publication, en 1992, du Livre vert sur le pluralisme ;

(...)

invite le Parlement italien :

– à hâter ses travaux sur la réforme du secteur audiovisuel selon les recommandations de la Cour constitutionnelle italienne et du président de la République, en tenant compte des incompatibilités avec le droit communautaire que ceux-ci ont relevées dans certaines dispositions projet de loi Gasparri ;

– à résoudre réellement et de manière appropriée le problème que pose le conflit d'intérêts du président du Conseil, qui contrôle directement le principal exploitant de télévision privée et indirectement le principal exploitant de télévision publique, la principale régie publicitaire, ainsi que de nombreuses autres activités liées au secteur audiovisuel et médiatique ;

– et à adopter des mesures garantissant l'indépendance de l'organisme public de radiodiffusion et de télévision (...) »

EN DROIT

I. REMARQUE PRÉLIMINAIRE

77. Lors de l'audience du 12 octobre 2011, la partie requérante a apporté des précisions quant à la portée temporelle de l'affaire soumise à la Cour. Elle a spécifié, en particulier, que ses doléances ne portent que sur la période allant du 28 juillet 1999, date du décret ministériel octroyant à Centro Europa 7 S.r.l. une concession pour la radiodiffusion télévisuelle au niveau national (paragraphe 9 ci-dessus) à compter du 30 juin 2009, date à laquelle elle fut autorisée à utiliser un canal unique et put entamer son activité de diffusion (paragraphe 16 ci-dessus). Par conséquent la Cour se limitera à examiner si les droits fondamentaux de la partie requérante ont été atteints au cours de la période susmentionnée, et ne se penchera pas sur

d'éventuelles atteintes similaires s'étant produites avant le 28 juillet 1999 ou après le 30 juin 2009.

II. SUR LES EXCEPTIONS PRÉLIMINAIRES DU GOUVERNEMENT

A. Qualité de victime de la requérante

78. Le Gouvernement observe que la requérante a obtenu les radiofréquences en application d'un décret ministériel du 11 décembre 2008 (paragraphe 16 ci-dessus) et soutient que tout litige à ce sujet a été réglé par l'accord du 9 février 2010 (paragraphe 19 ci-dessus). De plus, il souligne que le 20 janvier 2009 le Conseil d'Etat a octroyé à la requérante un dédommagement de 1 041 418 euros (EUR) (paragraphe 45 ci-dessus). De l'avis du Gouvernement, au vu de ces mesures, considérées globalement, Centro Europa 7 S.r.l. ne saurait se prétendre victime des faits qu'elle dénonce (voir, *mutatis mutandis*, *Scordino c. Italie (n° 1)* [GC], n° 36813/97, § 179, CEDH 2006-V).

79. La requérante considère que, même s'il y a eu attribution des radiofréquences presque dix ans après l'obtention de la concession, elle peut encore se prétendre victime des violations alléguées car l'indemnisation allouée par le Conseil d'Etat est insuffisante par rapport au préjudice subi et ne reflète pas la portée réelle de celui-ci. Quant à l'accord du 9 février 2010, il porte sur l'assignation de fréquences complémentaires à celles octroyées par le décret de décembre 2008 et ne fait donc pas l'objet de la présente requête.

80. La Cour rappelle qu'il appartient en premier lieu aux autorités nationales de redresser une violation alléguée de la Convention. A cet égard, la question de savoir si un requérant peut se prétendre victime du manquement allégué se pose à tous les stades de la procédure au regard de la Convention (*Bourdov c. Russie*, n° 59498/00, § 30, CEDH 2002-III).

81. La Cour réaffirme en outre qu'une décision ou une mesure favorable au requérant ne suffit en principe à lui retirer la qualité de « victime » que si les autorités nationales ont reconnu, explicitement ou en substance, puis réparé la violation de la Convention (*Eckle c. Allemagne*, 15 juillet 1982, §§ 69 et suiv., série A n° 51, *Amuur c. France*, 25 juin 1996, § 36, *Recueil des arrêts et décisions* 1996-III, *Dalban c. Roumanie* [GC], n° 28114/95, § 44, CEDH 1999-VI, et *Jensen c. Danemark* (déc.), n° 48470/99, CEDH 2001-X).

82. La question de savoir si une personne peut encore se prétendre victime d'une violation alléguée de la Convention implique essentiellement

pour la Cour de se livrer à un examen *ex post facto* de la situation de la personne concernée (*Scordino (n° 1)*, précité, § 181).

83. En l'espèce, la requérante a obtenu les radiofréquences d'émission en décembre 2008 et elle a été en mesure de diffuser à partir du 30 juin 2009 (paragraphe 16 ci-dessus). La délivrance des radiofréquences a mis fin à la situation dont la requérante se plaignait dans sa requête. Cependant, aux yeux de la Cour, elle n'a constitué ni une reconnaissance implicite de l'existence d'une violation de la Convention, ni un dédommagement pour la période durant laquelle Centro Europa 7 S.r.l. a été empêchée de diffuser.

84. Par ailleurs, la Cour estime qu'il n'y a pas eu reconnaissance, explicitement ou en substance, de la violation de l'article 10 de la Convention et de l'article 1 du Protocole n° 1 dans le cadre des procédures internes. Elle note à cet égard qu'en 2005 le Conseil d'Etat a décidé de surseoir à statuer sur la demande de la requérante et a demandé à la Cour de justice des Communautés européennes (CJCE) de se prononcer sur l'interprétation du Traité sur la libre prestation de services et la concurrence, de la directive 2002/21/CE (directive « cadre »), de la directive 2002/20/CE (directive « autorisation »), de la directive 2002/77/CE (directive « concurrence »), ainsi que de l'article 10 de la Convention européenne des droits de l'homme, en ce que l'article 6 du Traité sur l'Union européenne y faisait référence (paragraphe 32 ci-dessus). La CJCE a estimé qu'il n'y avait pas lieu de se prononcer sur la question de l'article 10 de la Convention étant donné que sa réponse sur l'article 49 CE et, à compter de leur applicabilité, sur l'article 9, paragraphe 1, de la directive « cadre », sur les articles 5, paragraphes 1 et 2, second alinéa, et 7, paragraphe 3, de la directive « autorisation » ainsi que sur l'article 4 de la directive « concurrence », permettait à la juridiction de renvoi de statuer sur la demande introduite par la requérante (paragraphe 34 ci-dessus).

85. Dans ses décisions du 31 mai 2008 et du 20 janvier 2009, le Conseil d'Etat a conclu que le défaut d'attribution de radiofréquences à la requérante résultait de facteurs essentiellement législatifs et a relevé qu'il y avait eu un comportement fautif de l'administration. Par conséquent il a alloué un dédommagement à l'intéressée en vertu de l'article 2043 du code civil (paragraphes 37-38 et 45-48 ci-dessus).

86. De l'avis de la Cour, le Conseil d'Etat, par ces décisions, s'est borné à constater la responsabilité extracontractuelle de l'administration en vertu de la disposition générale du code civil (paragraphe 69 ci-dessus) selon laquelle tout comportement intentionnel ou fautif ayant provoqué un préjudice injustifié oblige l'auteur de ce comportement à réparer les dommages qu'il a causés. Rien dans les décisions en question n'indique qu'en plus d'avoir provoqué un préjudice la conduite de l'administration aurait été contraire

aux principes développés par la Cour en matière de liberté d'expression ou de droit au respect des biens, ou des deux. A cet égard, il convient de noter que le Conseil d'Etat n'a fait aucune référence auxdits principes.

87. Enfin, devant la Cour, le Gouvernement n'a pas admis l'existence d'une quelconque violation de la Convention. Dans ces conditions, et à défaut d'une telle reconnaissance, la Cour estime que la requérante peut encore se prétendre victime des violations alléguées.

88. A supposer même que le dédommagement alloué par le Conseil d'Etat ait été suffisant et approprié, la Cour estime qu'il ne suffit pas à compenser l'absence de reconnaissance des violations alléguées.

89. Par conséquent, la Cour rejette l'exception du Gouvernement.

B. Qualité de victime du requérant

90. Selon le Gouvernement, le requérant, M. F. Di Stefano, ne saurait être considéré comme ayant qualité pour agir devant la Cour. En effet, il n'aurait ni démontré quel était son rôle dans la société Centro Europa 7 S.r.l., ni justifié sa qualité de victime. Le Gouvernement observe que, de plus, l'intéressé n'est pas l'actionnaire unique de la société en question et que toutes les décisions administratives ont été prononcées à l'égard de cette dernière.

91. Les requérants soutiennent que, conformément à la jurisprudence de la Cour (*Glas Nadejda EOOD et Anatoli Elenkov c. Bulgarie*, n° 14134/02, § 41, 11 octobre 2007, et *Groppera Radio AG et autres c. Suisse*, 28 mars 1990, § 49, série A n° 173), l'actionnaire unique et représentant légal d'une société peut aussi passer pour être victime d'une interdiction de diffuser.

92. La Cour rappelle que par « victime », l'article 34 de la Convention désigne la personne directement concernée par l'acte ou l'omission litigieux (voir, parmi d'autres, *Vatan c. Russie*, n° 47978/99, § 48, 7 octobre 2004). Elle réitère en outre qu'une personne ne saurait se plaindre de la violation de ses droits dans le cadre d'une procédure à laquelle elle n'était pas partie, malgré sa qualité d'actionnaire et/ou de dirigeant d'une société qui était partie à la procédure (voir, parmi d'autres, *F. Santos, Lda. et Fachadas c. Portugal* (déc.), n° 49020/99, CEDH 2000-X, et *Nosov c. Russie* (déc.), n° 30877/02, 20 octobre 2005). De plus, si dans certaines circonstances le propriétaire unique d'une société peut se prétendre « victime » au sens de l'article 34 de la Convention s'agissant des mesures litigieuses prises à l'égard de sa société (voir, parmi d'autres, *Ankarcrona c. Suède* (déc.), n° 35178/97, CEDH 2000-VI, et *Glas Nadejda EOOD et Anatoli Elenkov*, précité, § 40), lorsque tel n'est pas le cas, faire abstraction de la personnalité juridique d'une société ne se justifie que dans des circonstances exceptionnelles, notamment lorsqu'il est clairement établi que la société se trouve dans l'impossibilité

de saisir les organes de la Convention par l'intermédiaire de ses organes statutaires ou – en cas de liquidation – par ses liquidateurs (*Meltex Ltd et Movsessian c. Arménie*, n° 32283/04, § 66, 17 juin 2008; voir également *Agrotexim et autres c. Grèce*, 24 octobre 1995, § 66, série A n° 330-A, *CDI Holding Aktiengesellschaft et autres c. Slovaquie* (déc.), n° 37398/97, 18 octobre 2001, et *SARL Amat-G et Mébaghichvili c. Géorgie*, n° 2507/03, § 33, CEDH 2005-VIII).

93. La Cour observe d'emblée qu'aucune circonstance exceptionnelle de ce genre n'a été établie en l'espèce (voir, *a contrario*, *G.J. c. Luxembourg*, n° 21156/93, § 24, 26 octobre 2000). Elle relève en outre que le requérant n'a produit aucun élément démontrant qu'il serait en réalité l'actionnaire unique de Centro Europa 7 S.r.l. Tous les éléments dont dispose la Cour indiquent que seule la société requérante, en tant que personne morale, a participé à l'appel d'offres et s'est vu octroyer une concession pour la radiodiffusion télévisuelle; de plus, toutes les décisions des juridictions italiennes rendues au cours de la procédure interne ne concernaient que la société requérante (*Meltex Ltd et Movsessian*, précité, § 67). La Cour en déduit que le refus d'octroyer les radiofréquences et les procédures judiciaires consécutives à ce refus ont affecté seulement les intérêts de la requérante. Par conséquent, elle ne saurait considérer le requérant comme une « victime », au sens de l'article 34 de la Convention, des faits qu'il dénonce.

94. A la lumière de ce qui précède, la Cour conclut que la requête introduite par le requérant est incompatible *ratione personae* avec les dispositions de la Convention au sens de l'article 35 § 3 a), et doit être rejetée en application de l'article 35 § 4.

95. La Cour se limitera donc à examiner les griefs introduits au nom de la société requérante.

C. Abus du droit de recours individuel

96. Le Gouvernement soutient que la requérante a abusé de son droit de recours individuel. Il souligne qu'elle n'a pas informé la Cour de la procédure d'exécution, portant sur l'octroi des radiofréquences, qui a donné lieu à une radiation du rôle en raison de l'accord intervenu entre Centro Europa 7 S.r.l. et le Gouvernement (paragraphes 19-20 ci-dessus). La requérante aurait ainsi négligé d'indiquer à la Cour des éléments essentiels en sa possession pour l'examen de l'affaire (*Keretchachvili c. Géorgie* (déc.), n° 5667/02, CEDH 2006-V).

97. La Cour rappelle qu'une requête peut être déclarée abusive si elle se fonde délibérément sur des faits controuvés en vue de tromper la Cour (*Varbanov c. Bulgarie*, n° 31365/96, § 36, CEDH 2000-X). Il en va de même lorsque de nouveaux développements importants surviennent au

cours de la procédure devant la Cour et si – en dépit de l'obligation expresse lui incombant en vertu de l'article 47 § 6 du règlement – le requérant ne l'en informe pas, l'empêchant ainsi de se prononcer sur l'affaire en pleine connaissance de cause (*Hadrabová et autres c. République tchèque* (déc.), n°s 42165/02 et 466/03, 25 septembre 2007, et *Predescu c. Roumanie*, n° 21447/03, §§ 25-27, 2 décembre 2008). Toutefois, même dans de tels cas, l'intention de l'intéressé d'induire la Cour en erreur doit toujours être établie avec suffisamment de certitude (voir, *mutatis mutandis*, *Melnik c. Ukraine*, n° 72286/01, §§ 58-60, 28 mars 2006, et *Nold c. Allemagne*, n° 27250/02, § 87, 29 juin 2006).

98. En l'espèce, la Cour note que les griefs de la requérante portent sur l'impossibilité d'émettre pendant la période allant du 28 juillet 1999 au 30 juin 2009 (paragraphe 77 ci-dessus) et que, dans le formulaire de requête, l'intéressée a indiqué avoir obtenu les radiofréquences en 2008 et avoir été autorisée à diffuser à partir de juin 2009.

99. Dans ces conditions, on ne saurait conclure que la requérante ait dès le début de la procédure omis d'informer la Cour sur un ou plusieurs éléments essentiels pour l'examen de l'affaire. Il convient également de noter que l'accord avec le ministère et la demande de réinscription de l'affaire au rôle du tribunal administratif régional (« le TAR ») sont des faits intervenus respectivement les 9 février 2010 et 8 mars 2011 (paragraphes 19-22 ci-dessus), soit bien après la fin de la période visée par la requête de l'intéressée. Partant, rien ne permet de considérer que la requérante a abusé de son droit de recours individuel en l'espèce.

100. L'exception du Gouvernement ne peut donc être retenue.

D. Tardiveté de la requête

101. A l'audience du 12 octobre 2011, le Gouvernement a excipé du non-respect du délai de six mois prévu à l'article 35 § 1 de la Convention, au motif que la décision interne définitive serait l'arrêt n° 2622 du Conseil d'Etat, déposé au greffe le 31 mai 2008. Il estime que par cette décision, le Conseil d'Etat, confirmant la décision du TAR, a définitivement déclaré irrecevable la demande d'attribution des radiofréquences. La requête, introduite le 20 juillet 2009, serait donc tardive.

102. La Cour rappelle que la règle des six mois ne saurait être interprétée d'une manière qui exigerait qu'un requérant saisisse la Cour de son grief avant que la situation à l'origine de celui-ci n'ait fait l'objet d'une décision définitive au niveau interne (*Varnava et autres c. Turquie* [GC], n°s 16064/90, 16065/90, 16066/90, 16068/90, 16069/90, 16070/90, 16071/90, 16072/90 et 16073/90, § 157, CEDH 2009). Lorsqu'un requérant se plaint d'une situation continue, ce délai court à partir de la fin de celle-ci (voir,

parmi beaucoup d'autres, *Ortolani c. Italie* (déc.), n° 46283/99, 31 mai 2001, et *Pianese c. Italie et Pays-Bas* (déc.), n° 14929/08, § 59, 27 septembre 2011).

103. En l'espèce, par sa décision du 31 mai 2008, le Conseil d'Etat a rejeté la demande d'attribution de radiofréquences présentée par la requérante au motif que le juge n'avait pas le pouvoir de se substituer à l'administration pour prendre la mesure demandée. Le Conseil d'Etat a jugé que le ministère devait se prononcer sur la demande d'attribution de radiofréquences présentée par la requérante en faisant application de l'arrêt de la CJCE, prononcé entre-temps, et a renvoyé à une date ultérieure la décision relative au dédommagement à allouer à l'intéressée (paragraphes 37-39 ci-dessus).

104. Il s'ensuit que, même après la décision du Conseil d'Etat n° 2622 du 31 mai 2008, la requérante restait dans l'attente de recevoir une réponse de l'administration quant à sa demande d'attribution de radiofréquences. En effet, n'étant pas définitive, cette décision n'a pas tranché toutes les demandes de la requérante. En particulier, les questions de savoir si elle avait subi un préjudice, si celui-ci était imputable à l'administration et si l'intéressée avait droit à un dédommagement restaient ouvertes. Le Conseil d'Etat ne les a tranchées que dans son arrêt du 20 janvier 2009, par lequel il a condamné le ministère à verser à la requérante, à titre de dédommagement, la somme de 1 041 418 EUR. Ce n'est que dans cette dernière décision que le Conseil d'Etat a reconnu que l'action du ministère avait été fautive en ce que, d'une part, celui-ci avait octroyé à Centro Europa 7 S.r.l. une concession sans lui attribuer les radiofréquences d'émission et que, d'autre part, il existait un lien de causalité entre le comportement de l'administration et le préjudice invoqué (paragraphes 45-48 ci-dessus).

En outre, la Cour note que la situation dont la requérante s'est plainte devant elle, à savoir l'impossibilité d'émettre des programmes télévisés, n'a pris fin que le 30 juin 2009 (paragraphe 16 ci-dessus), soit vingt jours seulement avant la date d'introduction de la requête.

105. Dans ces conditions, l'exception de tardiveté du Gouvernement ne saurait être retenue.

E. Non-épuisement des voies de recours internes

106. Selon le Gouvernement, la requérante n'a pas épuisé les voies de recours internes car elle n'aurait pas soulevé « au moins en substance » son grief tiré de l'article 10 de la Convention dans le recours dont elle a saisi le TAR le 18 février 2009 relativement au décret d'attribution des radiofréquences du 11 décembre 2008 (paragraphe 18 ci-dessus).

107. La requérante conteste la thèse du Gouvernement et affirme que ce recours devant le TAR concerne une période qui ne fait pas l'objet de sa requête devant la Cour.

108. Les principes généraux en matière d'épuisement des voies de recours internes sont exposés dans l'arrêt *Sejdovic c. Italie* ([GC], n° 56581/00, §§ 43-46, CEDH 2006-II). La Cour relève que la procédure à laquelle se réfère le Gouvernement, qui est encore pendante devant les juridictions internes (paragraphe 23 ci-dessus), est dirigée contre le décret d'attribution des radiofréquences du 11 décembre 2008. Or, ce décret a mis fin à la situation dénoncée par la requérante devant la Cour, puisqu'il constitue la base légale qui lui a permis d'émettre à partir du 30 juin 2009 (paragraphe 16 ci-dessus). Il s'ensuit que, dans le cadre de la présente requête, la requérante ne saurait être tenue d'attendre l'issue de cette procédure avant que le fond de ses griefs ne soit examiné par la Cour.

109. Par conséquent, il y a lieu de rejeter l'exception de non-épuisement soulevée par le Gouvernement.

III. SUR LA VIOLATION ALLÉGUÉE DE L'ARTICLE 10 DE LA CONVENTION

110. La requérante dénonce une violation de son droit à la liberté d'expression, et en particulier de sa liberté de communiquer des informations ou des idées. Elle se plaint notamment de ce que le Gouvernement, pendant presque dix ans, ne lui ait pas attribué de radiofréquences d'émission pour la radiodiffusion télévisuelle par voie hertzienne en mode analogique. Elle soutient que la non-application de la loi n° 249 de 1997 (paragraphes 56-61 ci-dessus), l'inexécution des arrêts de la Cour constitutionnelle n° 420 de 1994 et n° 466 de 2002 (paragraphes 54-55 et 62 ci-dessus) et la situation de duopole sur le marché de la télévision italienne vont à l'encontre de l'article 10 de la Convention, ainsi libellé:

> « 1. Toute personne a droit à la liberté d'expression. Ce droit comprend la liberté d'opinion et la liberté de recevoir ou de communiquer des informations ou des idées sans qu'il puisse y avoir ingérence d'autorités publiques et sans considération de frontière. Le présent article n'empêche pas les Etats de soumettre les entreprises de radiodiffusion, de cinéma ou de télévision à un régime d'autorisations.
>
> 2. L'exercice de ces libertés comportant des devoirs et des responsabilités peut être soumis à certaines formalités, conditions, restrictions ou sanctions prévues par la loi, qui constituent des mesures nécessaires, dans une société démocratique, à la sécurité nationale, à l'intégrité territoriale ou à la sûreté publique, à la défense de l'ordre et à la prévention du crime, à la protection de la santé ou de la morale, à la protection de la réputation ou des droits d'autrui, pour empêcher la divulgation d'informations confidentielles ou pour garantir l'autorité et l'impartialité du pouvoir judiciaire. »

111. Le Gouvernement s'oppose à cette thèse.

A. Sur la recevabilité

112. La Cour constate que ce grief n'est pas manifestement mal fondé au sens de l'article 35 § 3 a) de la Convention. Elle relève par ailleurs qu'il ne se heurte à aucun autre motif d'irrecevabilité. Il convient donc de le déclarer recevable.

B. Sur le fond

1. Thèses des parties et du tiers intervenant

a) La requérante

113. La requérante soutient qu'elle n'a pas pu diffuser des programmes télévisés en dépit du fait qu'elle s'était vu octroyer une concession à cette fin à l'issue d'un appel d'offres. Cette violation de ses droits tient à diverses mesures législatives, administratives et judiciaires de l'Etat italien, qui a agi par l'intermédiaire de divers organes et instruments. Les ingérences dans son droit à la liberté d'expression n'étaient ni justifiées ni nécessaires dans une société démocratique.

114. Selon la requérante, les lois transitoires adoptées par le législateur ont entériné la pratique provisoire favorisant les opérateurs existants, ce qui l'a empêchée de faire effectivement valoir ses droits. Elle rappelle la jurisprudence *Meltex Ltd et Movsessian* précitée et note qu'à la différence de cette affaire, la violation dans son cas ne tient pas à un déni de droit résultant uniquement d'une décision adoptée à un moment donné, mais au refus de donner effet pendant plus de dix ans à une concession accordée à la suite d'un appel d'offres.

115. La requérante estime que le refus de lui octroyer des radiofréquences constitue une ingérence dans l'exercice de ses droits garantis par l'article 10 § 1 de la Convention (*Meltex Ltd et Movsessian*, précité, et *Glas Nadejda EOOD et Anatoli Elenkov*, précité). Cette ingérence n'était pas prévue par loi, comme l'exige la Convention, faute de prévisibilité des lois transitoires adoptées par le législateur national. De surcroît, la requérante rappelle que les juridictions italiennes ont appliqué ces lois et ont estimé que le dédommagement devait être calculé à partir du 1er décembre 2004, contrairement à ce que la CJCE avait conclu dans son arrêt.

b) Le Gouvernement

116. Le Gouvernement rappelle qu'en 1999 la requérante a obtenu une concession qui ne comprenait pas *ipso facto* le droit de se voir attribuer des radiofréquences. Conformément au décret-loi n° 5 du 23 janvier 2001, tel que modifié par la loi n° 66 du 20 mars 2001 (paragraphes 63-64 ci-dessus), la requérante aurait pu acheter les radiofréquences nécessaires à la diffusion d'émissions. Cependant, elle ne se serait pas prévalue de cette faculté et n'aurait pas participé au nouvel appel d'offres lancé en 2007.

117. La non-obtention des radiofréquences par la requérante s'expliquerait par une réorganisation générale des radiofréquences analogiques nationales et locales dans un contexte de pénurie de ces dernières, et par le fait que plusieurs sociétés, qui avaient participé à l'appel d'offres de 1999 sans obtenir de concession, avaient présenté des recours devant les juridictions nationales et obtenu l'autorisation de poursuivre leurs émissions en l'absence de concession, sur la base des anciennes règles.

118. Le Gouvernement indique que l'appel d'offres de 1999 visait à sélectionner les opérateurs à inclure dans le plan de l'Autorité pour les garanties dans les communications (*Autorità per le garanzie nelle comunicazioni* – « l'AGCOM »). Par conséquent, il ne s'agissait pas, selon lui, d'attribuer directement des radiofréquences puisqu'il manquait le programme d'ajustement des installations. A cet égard, il souligne qu'en 1999 le ministère n'a pas octroyé d'autres concessions dans les mêmes conditions.

119. Le Gouvernement explique qu'après l'échec de la télévision par câble en Italie, la loi n° 66 de 2001 avait envisagé la transition vers la télévision numérique terrestre au plus tard en 2006. Il ajoute que le décret-loi n° 352 de 2003 et la loi n° 112 de 2004 (paragraphes 65-67 ci-dessus) avaient par la suite établi que les dispositions transitoires prendraient fin lorsque la diffusion du numérique aurait atteint plus de 50 % des utilisateurs, ce qui fut le cas le 27 mai 2004.

120. Le Gouvernement relève également que la CJCE a estimé qu'il n'était pas nécessaire d'examiner une éventuelle violation de l'article 10 de la Convention. En outre, dans ses arrêts n°s 242 et 243 de 2009, le Conseil d'Etat aurait jugé que la télévision nationale n'était pas un service transfrontalier et que la requérante, en tant que titulaire d'une concession, avait le droit à participer à des procédures concurrentielles et non discriminatoires pour l'attribution de fréquences à partir du 1er janvier 2008. Ce résultat fut atteint avec l'arrêté ministériel du 11 décembre 2008 (paragraphe 16 ci-dessus), qui a attribué à la requérante le canal 8 de la bande VHF III, devenu disponible grâce à la transition vers le numérique.

121. Le Gouvernement rappelle que l'Italie a dû harmoniser progressivement les chaînes nationales et locales, et qu'il était indispensable de concilier les droits acquis des anciens opérateurs avec les intérêts des nouveaux opérateurs et surtout d'éviter tout risque de glisser vers un monopole ou, à l'opposé, dans le chaos. La transition aurait notamment permis aux anciens opérateurs de continuer à émettre et aux nouveaux titulaires de concessions de mettre en place un réseau grâce à l'achat des fréquences.

122. Or le Gouvernement soutient que, selon la jurisprudence de la Cour, une réglementation des activités des entreprises de télévision est conforme à l'article 10 de la Convention. En effet, cette disposition n'empêcherait pas les Etats d'évaluer les aspects techniques, les droits et besoins d'un public donné, la nature et les objectifs des chaînes, leurs possibilités d'insertion au niveau national et local ainsi que les obligations découlant des engagements internationaux (*Informationsverein Lentia et autres c. Autriche*, 24 novembre 1993, série A nº 276).

123. Le Gouvernement précise que la concession octroyée à la requérante permettait à celle-ci d'être dans une position juridiquement protégée, de pouvoir acheter des fréquences, d'utiliser la capacité de transmission numérique d'autres opérateurs et d'utiliser « la co-localisation des deux opérateurs RAI et [Mediaset] ».

124. Le Gouvernement observe qu'à ce jour, la requérante offre à sa clientèle un bouquet de chaînes diffusant des programmes variés, y compris des films d'horreur et des films pour adultes. En pratique, elle utiliserait un système limité, étant donné que ses émissions pourraient être visionnées uniquement au moyen d'un décodeur qu'elle offre à sa clientèle. Cela serait révélateur de la mesure et de la manière dont l'intéressée tire parti de la liberté de communiquer des informations et des idées dans une société démocratique.

125. Enfin, le Gouvernement estime que les circonstances de l'espèce ne sont en rien comparables à celles de l'affaire *Meltex Ltd et Movsessian* précitée.

c) Le tiers intervenant

126. L'organisation Open Society Justice Initiative commence par donner un aperçu des « Principes directeurs en matière de pluralisme des médias ». Elle se réfère ensuite aux lois et pratiques des trois pays européens de taille similaire à celle de l'Italie (la France, l'Allemagne et le Royaume-Uni), puis évoque les normes européennes selon lesquelles l'obligation de garantir le pluralisme nécessite d'imposer des restrictions en matière de propriété des médias, particulièrement en ce qui concerne la radiodiffusion.

127. Elle se penche également sur le contrôle des sociétés de radiodiffusion par des acteurs du monde politique, et rappelle que de nombreux pays européens ont adopté des systèmes juridiques qui interdisent spécifiquement et/ou restreignent la possibilité pour des hommes ou femmes politiques et des partis politiques importants de contrôler les organes de radiodiffusion et leur programmation.

128. Selon l'association intervenante, les circonstances de la présente affaire s'inscrivent dans le contexte du très grand et très ancien malaise qui règne dans le secteur de la radiodiffusion et de l'information en Italie. Open Society Justice Initiative estime que, dans l'hypothèse où elle constaterait une violation de l'article 10, la Cour devrait envisager d'ordonner à l'Etat italien de mettre en œuvre des mesures de nature générale et systémique pour garantir le pluralisme de son système de radiodiffusion.

2. Appréciation de la Cour

a) Principes généraux relatifs au pluralisme dans les médias audiovisuels

129. La Cour estime opportun de rappeler d'emblée les principes généraux découlant de sa jurisprudence en matière de pluralisme dans les médias audiovisuels. Comme elle l'a déjà souvent souligné, il n'est pas de démocratie sans pluralisme. La démocratie se nourrit de la liberté d'expression. Il est de son essence de permettre la proposition et la discussion de projets politiques divers, même ceux qui remettent en cause le mode d'organisation actuel d'un Etat, pourvu qu'ils ne visent pas à porter atteinte à la démocratie elle-même (*Manole et autres c. Moldova*, n° 13936/02, § 95, CEDH 2009, et *Parti socialiste et autres c. Turquie*, 25 mai 1998, §§ 41, 45 et 47, *Recueil* 1998-III).

130. A cet égard, la Cour observe que, dans une société démocratique, il ne suffit pas, pour assurer un véritable pluralisme dans le secteur de l'audiovisuel, de prévoir l'existence de plusieurs chaînes ou la possibilité théorique pour des opérateurs potentiels d'accéder au marché de l'audiovisuel. Encore faut-il permettre un accès effectif à ce marché, de façon à assurer dans le contenu des programmes considérés dans leur ensemble une diversité qui reflète autant que possible la variété des courants d'opinion qui traversent la société à laquelle s'adressent ces programmes.

131. La liberté d'expression, consacrée par le paragraphe 1 de l'article 10, constitue l'un des fondements essentiels d'une société démocratique, l'une des conditions primordiales de son progrès (*Lingens c. Autriche*, 8 juillet 1986, § 41, série A n° 103). La liberté de la presse et des autres médias d'information fournit à l'opinion publique l'un des meilleurs moyens de connaître et juger les idées et attitudes des dirigeants. Il incombe à la presse

de communiquer des informations et des idées sur les questions débattues dans l'arène politique, tout comme sur celles qui concernent d'autres secteurs d'intérêt public. A sa fonction qui consiste à en diffuser s'ajoute le droit, pour le public, d'en recevoir (voir, par exemple, *Handyside c. Royaume-Uni*, 7 décembre 1976, § 49, série A n° 24, et *Lingens*, précité, §§ 41-42).

132. Les médias audiovisuels, tels que la radio et la télévision, ont un rôle particulièrement important à jouer à cet égard. En raison de leur pouvoir de faire passer des messages par le son et par l'image, ils ont des effets plus immédiats et plus puissants que la presse écrite (*Jersild c. Danemark*, 23 septembre 1994, § 31, série A n° 298, et *Pedersen et Baadsgaard c. Danemark* [GC], n° 49017/99, § 79, CEDH 2004-XI). La fonction de la télévision et de la radio, sources familières de divertissement au cœur de l'intimité du téléspectateur ou de l'auditeur, renforce encore leur impact (*Murphy c. Irlande*, n° 44179/98, § 74, CEDH 2003-IX).

133. Une situation dans laquelle une fraction économique ou politique de la société peut obtenir une position dominante à l'égard des médias audiovisuels et exercer ainsi une pression sur les diffuseurs pour finalement restreindre leur liberté éditoriale, porte atteinte au rôle fondamental de la liberté d'expression dans une société démocratique telle que garantie par l'article 10 de la Convention, notamment quand elle sert à communiquer des informations et des idées d'intérêt général, auxquelles le public peut d'ailleurs prétendre (*VgT Verein gegen Tierfabriken c. Suisse*, n° 24699/94, §§ 73 et 75, CEDH 2001-VI ; voir également *De Geillustreerde Pers N.V. c. Pays-Bas*, n° 5178/71, rapport de la Commission du 6 juillet 1976, Décisions et rapports 8, p. 17, § 86). Il en va de même lorsque la position dominante est détenue par un radiodiffuseur d'Etat ou un radiodiffuseur public. Ainsi, la Cour a déjà jugé que, du fait de sa nature restrictive, un régime de licence octroyant au diffuseur public un monopole sur les fréquences disponibles ne saurait se justifier que s'il peut être démontré qu'existe une nécessité impérieuse en ce sens (*Informationsverein Lentia et autres*, précité, § 39).

134. La Cour souligne que, dans un secteur aussi sensible que celui des médias audiovisuels, au devoir négatif de non-ingérence s'ajoute pour l'Etat l'obligation positive de mettre en place un cadre législatif et administratif approprié pour garantir un pluralisme effectif (paragraphe 130 ci-dessus). Cela est d'autant plus souhaitable lorsque, comme en l'espèce, le système audiovisuel national se caractérise par une situation de duopole.

Dans cette optique, il convient de rappeler que, dans sa Recommandation CM/Rec(2007)2 sur le pluralisme des médias et la diversité du contenu des médias (paragraphe 72 ci-dessus), le Comité des Ministres a réaffirmé qu'« afin de protéger et de promouvoir activement le pluralisme des courants de pensée et d'opinion ainsi que la diversité culturelle, les Etats membres devraient adapter les cadres de régulation existants, en particulier en ce qui concerne la propriété des médias, et adopter les mesures réglementaires et financières qui s'imposent en vue de garantir la transparence et le pluralisme structurel des médias ainsi que la diversité des contenus diffusés par ceux-ci».

135. En l'espèce, la question se pose de savoir s'il y a eu ingérence des autorités publiques dans le droit de la requérante de «communiquer des informations ou des idées» et, dans l'affirmative, si cette ingérence était «prévue par la loi», poursuivait un ou plusieurs buts légitimes et était «nécessaire dans une société démocratique» pour les atteindre (*RTBF c. Belgique*, n° 50084/06, § 117, CEDH 2011).

b) Sur l'existence d'une ingérence

136. La Cour a déjà jugé que le refus d'accorder une licence de radiodiffusion constitue une ingérence dans l'exercice des droits garantis par l'article 10 § 1 de la Convention (voir, parmi d'autres, *Informationsverein Lentia et autres*, précité, § 27, *Radio ABC c. Autriche*, 20 octobre 1997, § 27, *Recueil* 1997-VI, *Leveque c. France* (déc.), n° 35591/97, 23 novembre 1999, *United Christian Broadcasters Ltd c. Royaume-Uni* (déc.), n° 44802/98, 7 novembre 2000, *Demuth c. Suisse*, n° 38743/97, § 30, CEDH 2002-IX, et *Glas Nadejda EOOD et Anatoli Elenkov*, précité, § 42). Peu importe, à cet égard, que la licence n'ait pas été octroyée à la suite d'une demande individuelle ou d'une participation à un appel d'offres (*Meltex Ltd et Movsessian*, précité, § 74).

137. La Cour relève que la présente espèce se distingue des affaires citées au paragraphe précédent en ce qu'elle ne concerne pas le refus d'octroyer une licence. Au contraire, la requérante a obtenu le 28 juillet 1999, à l'issue d'un appel d'offres, une concession pour la radiodiffusion télévisuelle par voie hertzienne en mode analogique (paragraphe 9 ci-dessus). Cependant, faute d'attribution de radiofréquences d'émission, elle n'a pu diffuser des programmes télévisés qu'à partir du 30 juin 2009.

138. La Cour rappelle que le but de la Convention consiste à protéger des droits non pas théoriques ou illusoires, mais concrets et effectifs (*Artico c. Italie*, 13 mai 1980, § 33, série A n° 37). Or la non-attribution de radiofréquences à la requérante a vidé la concession de tout effet utile car l'activité qu'elle autorisait n'a *de facto* pas pu être exercée pendant presque dix ans. Cette non-attribution a dès lors constitué un obstacle substantiel, et donc une ingérence, dans l'exercice par la requérante de son droit de communiquer des informations ou des idées.

c) Sur la question de savoir si l'ingérence était « prévue par la loi »

i. Principes généraux

139. Au titre de la troisième phrase de l'article 10 § 1, les Etats peuvent réglementer, par un régime d'autorisations, l'organisation de la radiodiffusion sur leur territoire, en particulier ses aspects techniques. Peuvent aussi conditionner l'octroi d'une licence des considérations relatives à la nature et aux objectifs d'une future chaîne, à ses possibilités d'insertion au niveau national, régional ou local, aux droits et besoins d'un public donné, ainsi qu'aux obligations issues d'instruments juridiques internationaux (*United Christian Broadcasters Ltd*, décision précitée, et *Demuth*, précité, §§ 33-35). Pareille règlementation doit être basée sur une « loi ».

140. Or les mots « prévue par la loi » contenus au deuxième paragraphe de l'article 10 non seulement imposent que la mesure incriminée ait une base légale en droit interne, mais visent aussi la qualité de la loi en cause : ainsi, celle-ci doit être accessible aux justiciables et prévisible dans ses effets (voir, parmi plusieurs autres, *VgT Verein gegen Tierfabriken*, précité, § 52, *Rotaru c. Roumanie* [GC], n° 28341/95, § 52, CEDH 2000-V, *Gawęda c. Pologne*, n° 26229/95, § 39, CEDH 2002-II, et *Maestri c. Italie* [GC], n° 39748/98, § 30, CEDH 2004-I). Toutefois, il appartient aux autorités nationales, notamment aux tribunaux, d'interpréter et d'appliquer le droit interne (*Kruslin c. France*, 24 avril 1990, § 29, série A n° 176-A et *Kopp c. Suisse*, 25 mars 1998, § 59, *Recueil* 1998-II).

141. L'une des exigences découlant de l'expression « prévue par la loi » est la prévisibilité. On ne peut donc considérer comme « une loi » qu'une norme énoncée avec assez de précision pour permettre au citoyen de régler sa conduite ; en s'entourant au besoin de conseils éclairés, il doit être à même de prévoir, à un degré raisonnable dans les circonstances de la cause, les conséquences qui peuvent découler d'un acte déterminé. Ces conséquences n'ont pas besoin d'être prévisibles avec une certitude absolue : l'expérience révèle qu'une telle certitude est hors d'atteinte. En outre la certitude, bien que hautement souhaitable, s'accompagne parfois d'une rigidité excessive ; or le droit doit savoir s'adapter aux changements de situation. Aussi, beaucoup de lois se servent-elles, par la force des choses, de formules plus ou moins vagues, dont l'interprétation et l'application dépendent de la pratique (*Sunday Times c. Royaume-Uni (n° 1)*, 26 avril 1979, § 49, série A n° 30, *Kokkinakis c. Grèce*, 25 mai 1993, § 40, série A n° 260-A, et *Rekvényi c. Hongrie* [GC], n° 25390/94, § 34, CEDH 1999-III).

142. Le niveau de précision de la législation interne – qui ne peut en aucun cas prévoir toutes les hypothèses – dépend dans une large mesure

du contenu de la loi en question, du domaine qu'elle est censée couvrir et du nombre et du statut de ceux à qui elle est adressée (*RTBF*, précité, § 104, *Rekvényi*, précité, § 34, et *Vogt c. Allemagne*, 26 septembre 1995, § 48, série A n° 323).

143. En particulier, une norme est «prévisible» lorsqu'elle offre une certaine garantie contre des atteintes arbitraires de la puissance publique (*Tourancheau et July c. France*, n° 53886/00, § 54, 24 novembre 2005) et contre une application extensive d'une restriction faite au détriment des justiciables (voir, *mutatis mutandis*, *Başkaya et Okçuoğlu c. Turquie* [GC], n°s 23536/94 et 24408/94, § 36, CEDH 1999-IV).

ii. Application de ces principes en l'espèce

144. Dans la présente affaire, la Cour doit donc vérifier si la législation italienne indiquait avec une précision suffisante les conditions et les modalités selon lesquelles la requérante aurait pu se voir attribuer des radiofréquences d'émission conformément à la concession dont elle était titulaire. Cela est d'autant plus important dans une affaire comme celle-ci où la législation en question portait sur les conditions d'accès au marché de l'audiovisuel.

145. La Cour rappelle que le 28 juillet 1999 les autorités compétentes ont octroyé à la requérante, conformément aux dispositions de la loi n° 249 de 1997, une concession pour la radiodiffusion télévisuelle terrestre au niveau national l'autorisant à installer et exploiter un réseau de télévision analogique. S'agissant de l'octroi de radiofréquences, la concession renvoyait au plan national d'attribution des radiofréquences adopté le 30 octobre 1998 et fixait à la requérante un délai de vingt-quatre mois pour mettre en conformité ses installations (paragraphe 9 ci-dessus). Cependant, ainsi qu'il ressort des décisions des juridictions internes (paragraphe 14 ci-dessus), cette obligation ne pouvait pas être remplie par l'intéressée tant que l'administration n'avait pas adopté le programme de conformité et procédé à la mise en œuvre du plan d'attribution des radiofréquences. De l'avis de la Cour, dans de telles conditions la requérante pouvait raisonnablement s'attendre à ce que, au plus tard dans les vingt-quatre mois qui ont suivi le 28 juillet 1999, l'administration adoptât les textes nécessaires à l'encadrement de son activité de radiodiffusion télévisuelle terrestre. Sous réserve qu'elle mît en conformité ses installations, ainsi qu'elle en avait l'obligation, la requérante aurait ensuite dû avoir le droit de diffuser des programmes télévisés.

146. Cependant, le plan d'attribution des radiofréquences n'a été mis en œuvre qu'en décembre 2008 et la requérante n'a obtenu un canal pour ses émissions qu'à partir du 30 juin 2009 (paragraphe 16 ci-dessus). Dans l'intervalle, plusieurs chaînes avaient provisoirement continué à utiliser

diverses radiofréquences qui devaient être attribuées dans le cadre du plan. Selon le Conseil d'Etat (paragraphe 28 ci-dessus), cette situation était due à des facteurs essentiellement législatifs. La Cour les examinera brièvement.

147. Elle observe tout d'abord que l'article 3 § 1 de la loi n° 249 de 1997 prévoyait la possibilité, pour les chaînes dites « excédentaires » (paragraphe 60 ci-dessus), de continuer à diffuser leurs programmes au niveau tant national que local jusqu'à l'octroi de nouvelles concessions ou jusqu'au rejet de demandes de nouvelles concessions mais, en toute hypothèse, pas au-delà du 30 avril 1998 (paragraphe 57 ci-dessus). Cependant, l'article 3 § 6 de la même loi fixait pour les chaînes excédentaires un régime transitoire qui leur permettait de continuer à émettre à titre temporaire après le 30 avril 1998 sur les radiofréquences hertziennes, dans le respect des obligations incombant aux chaînes concessionnaires et sous réserve que les émissions fussent diffusées en même temps sur le satellite ou sur le câble (paragraphe 60 ci-dessus).

148. La requérante pouvait déduire de ce cadre législatif en vigueur au moment de l'octroi de la concession qu'à partir du 30 avril 1998, la possibilité pour les chaînes excédentaires de continuer à émettre n'affecterait pas les droits des nouveaux concessionnaires. Cependant, ce cadre a été modifié par la loi nº 66 du 20 mars 2001, qui réglementait le passage de la télévision analogique à la télévision numérique et qui a de nouveau autorisé les chaînes excédentaires à continuer d'émettre sur des fréquences hertziennes jusqu'à la mise en œuvre d'un plan national de répartition des fréquences de diffusion numérique (paragraphe 63 ci-dessus).

149. Le 20 novembre 2002, alors que ce plan n'avait pas encore été mis en œuvre, la Cour constitutionnelle a jugé que le passage des ondes hertziennes au câble ou au satellite pour les chaînes excédentaires devait être finalisé au plus tard le 31 décembre 2003, indépendamment du stade de développement de la télévision numérique (paragraphe 62 ci-dessus). A la lumière de cet arrêt, la requérante pouvait s'attendre à ce que les radiofréquences qui auraient dû lui être attribuées fussent libérées début 2004. Or une nouvelle prorogation fut décidée par le législateur national.

150. En effet, l'article 1 du décret-loi n° 352 de 2003 a prorogé l'activité des chaînes excédentaires jusqu'à l'issue d'une enquête de l'AGCOM sur le développement des chaînes de télévision numériques. Ensuite, la loi n° 112 de 2004 (article 23 § 5) a prolongé par un mécanisme d'autorisation générale la possibilité pour les chaînes excédentaires de continuer à émettre sur les radiofréquences hertziennes jusqu'à la mise en œuvre du plan national d'attribution des radiofréquences pour la télévision numérique (paragraphes 65-67 ci-dessus), de sorte que ces chaînes n'étaient plus tenues

de libérer les radiofréquences devant être transférées aux opérateurs qui, comme la requérante, étaient titulaires de concessions.

151. La Cour constate que l'application successive de ces lois a eu pour effet de ne pas libérer les radiofréquences et d'empêcher les opérateurs autres que les chaînes excédentaires de participer aux débuts de la télévision numérique. En particulier, ces lois reportaient la fin du régime transitoire jusqu'à la finalisation d'une enquête de l'AGCOM sur le développement des chaînes de télévision numérique et la mise en œuvre du plan national des radiofréquences, c'est-à-dire par référence à des événements dont il n'était pas possible de prévoir la date. A ce propos, la Cour souscrit à l'opinion de la CJCE selon laquelle:

> «(...) la loi n° 112/2004 ne se limite pas à attribuer aux opérateurs existants un droit prioritaire à obtenir les radiofréquences, mais (...) elle leur réserve ce droit en exclusivité, et ce sans limite temporelle à la situation de privilège attribuée à ces opérateurs et sans prévoir d'obligation de restitution des radiofréquences excédentaires après le passage à la radiodiffusion télévisuelle en mode numérique.»

152. La Cour estime dès lors que les lois en question étaient libellées en des termes vagues qui ne définissaient pas avec une clarté et une précision suffisantes l'étendue et la durée du régime transitoire.

153. Par ailleurs, la CJCE, saisie par le Conseil d'Etat, a noté que ces interventions du législateur national s'étaient traduites par l'application de régimes transitoires successifs aménagés en faveur des titulaires des réseaux existants, et que cette situation avait eu pour effet d'empêcher les opérateurs sans radiofréquences d'émission, tels que Centro Europa 7 S.r.l., d'accéder au marché de la radiodiffusion télévisuelle alors même qu'ils bénéficiaient d'une concession (accordée, dans le cas de la société requérante, en 1999 – paragraphe 35 ci-dessus).

154. A la lumière de ce qui précède, la Cour estime que le cadre législatif interne manquait de clarté et de précision et qu'il n'a pas permis à la requérante de prévoir à un degré suffisant de certitude à quel moment elle aurait pu se voir attribuer les radiofréquences et commencer à exercer l'activité pour laquelle elle avait obtenu une concession, et ce en dépit des interventions de la Cour constitutionnelle et de la CJCE. Il s'ensuit que ces lois ne remplissaient pas les conditions de prévisibilité telles qu'elles ont été dégagées par la Cour dans sa jurisprudence.

155. La Cour relève en outre que l'administration n'a pas respecté les délais fixés dans la concession, conformément à la loi n° 249 de 1997 et aux arrêts de la Cour constitutionnelle, trompant ainsi les attentes de la requérante. Le Gouvernement n'a pas démontré que celle-ci aurait eu à sa disposition des moyens effectifs pour contraindre l'administration à se

conformer à la loi et aux arrêts de la Cour constitutionnelle. Dès lors, elle ne s'est pas vue offrir des garanties suffisantes contre l'arbitraire.

d) Conclusion

156. En conclusion, la Cour considère que le cadre législatif tel qu'il a été appliqué à la requérante, laquelle n'a pas été en mesure de s'engager dans le secteur de la radiodiffusion télévisée pendant plus de dix ans alors qu'elle s'était vu octroyer une concession à l'issue d'un appel d'offres, ne répond pas à la condition de prévisibilité voulue par la Convention et a privé l'intéressée du degré de protection contre l'arbitraire requis par la prééminence du droit dans une société démocratique. Cette défaillance a eu notamment pour effet de réduire la concurrence dans le secteur de l'audiovisuel. Elle s'analyse ainsi en un manquement de l'Etat à son obligation positive de mettre en place un cadre législatif et administratif approprié pour garantir un pluralisme effectif dans les médias (paragraphe 134 ci-dessus).

157. Ces constats suffisent pour conclure qu'il y a eu en l'espèce violation de l'article 10 de la Convention.

158. Cette conclusion dispense la Cour d'examiner le respect des autres exigences du paragraphe 2 de l'article 10 en l'espèce, en l'occurrence la question de savoir si les lois prorogeant le régime transitoire poursuivaient un but légitime et étaient nécessaires dans une société démocratique pour l'atteindre.

IV. SUR LA VIOLATION ALLÉGUÉE DE L'ARTICLE 14 COMBINÉ AVEC L'ARTICLE 10 DE LA CONVENTION

159. La requérante estime avoir subi une discrimination par rapport à la société Mediaset dans la jouissance de son droit à la liberté d'expression.

Elle invoque l'article 14 de la Convention, ainsi libellé:

> «La jouissance des droits et libertés reconnus dans la (...) Convention doit être assurée, sans distinction aucune, fondée notamment sur le sexe, la race, la couleur, la langue, la religion, les opinions politiques ou toutes autres opinions, l'origine nationale ou sociale, l'appartenance à une minorité nationale, la fortune, la naissance ou toute autre situation.»

160. Selon la requérante, le système italien a réservé un traitement préférentiel à la société Mediaset, qui a bénéficié de mesures législatives et administratives discriminatoires adoptées dans une situation de conflit d'intérêts. De plus, elle estime qu'il y a eu discrimination vis-à-vis d'autres opérateurs, ce qui l'aurait empêchée d'entrer sur le marché.

161. Le Gouvernement considère qu'on devrait éviter une approche politique de l'affaire. Il rappelle les raisons, telles qu'exposées dans ses observations concernant l'article 10 de la Convention, pour lesquelles la

requérante n'a pas pu obtenir les radiofréquences, nie l'existence de tout lien entre la situation de Centro Europa 7 S.r.l. et celle de Mediaset et considère qu'en l'espèce il ne s'agissait pas d'avantager l'une ou l'autre chaîne au détriment de la requérante.

162. La Cour observe que ce grief est étroitement lié à celui tiré de l'article 10 de la Convention et doit lui aussi être déclaré recevable. Eu égard aux conclusions auxquelles elle est parvenue sous l'angle de l'article 10 (paragraphe 156 ci-dessus), elle juge inutile d'examiner séparément le grief tiré de l'article 14 de la Convention.

V. SUR LA VIOLATION ALLÉGUÉE DE L'ARTICLE 1 DU PROTOCOLE N° 1

163. La requérante se plaint d'une atteinte à son droit au respect de ses biens, tel que garanti par l'article 1 du Protocole n° 1.

Cette disposition se lit comme suit :

> « Toute personne physique ou morale a droit au respect de ses biens. Nul ne peut être privé de sa propriété que pour cause d'utilité publique et dans les conditions prévues par la loi et les principes généraux du droit international.
>
> Les dispositions précédentes ne portent pas atteinte au droit que possèdent les Etats de mettre en vigueur les lois qu'ils jugent nécessaires pour réglementer l'usage des biens conformément à l'intérêt général ou pour assurer le paiement des impôts ou d'autres contributions ou des amendes. »

164. La requérante souligne que, pendant presque dix ans, elle n'a pas pu exercer les droits qu'elle tient de la concession pour la radiodiffusion télévisuelle au niveau national qui lui a été attribuée et soutient que le dédommagement qui lui a été alloué par les juridictions internes ne correspond pas à la valeur pleine du « bien » dont elle était titulaire.

165. Le Gouvernement s'oppose à cette thèse.

A. Sur la recevabilité

166. La Cour doit déterminer, tout d'abord, si la requérante était titulaire d'un « bien » au sens de l'article 1 du Protocole n° 1, et si, par conséquent, cette disposition trouve à s'appliquer en l'espèce.

1. Thèses des parties

a) Le Gouvernement

167. Le Gouvernement conteste, à titre principal, l'existence d'un « bien » et rappelle que la concession octroyée en 1999 à la requérante n'attribuait

pas *ipso facto* un droit à l'octroi de radiofréquences par le ministère ; dès lors, l'intéressée n'avait pas une espérance légitime d'en obtenir. Par ailleurs, les juridictions internes ont déclaré irrecevable la demande de la requérante en vue de l'attribution des radiofréquences.

168. Le Gouvernement rappelle ensuite que la Convention ne protège pas des droits inexistants, dépourvus de base juridique. Selon la jurisprudence de la Cour, une « contestation réelle » ou une « prétention défendable » ne remplissent pas les critères pour pouvoir passer pour un « bien » au sens de la Convention. Aucune « espérance légitime » protégée par la Convention n'existe lorsqu'il y a eu une controverse sur la façon dont le droit interne doit être interprété et appliqué et que les arguments développés par les requérants ont été rejetés par les juridictions nationales (*Kopecký c. Slovaquie* [GC], n° 44912/98, § 50, CEDH 2004-IX).

169. En outre, la requérante aurait pu acheter les radiofréquences sur le marché conformément à l'article 1 de la loi n° 66 du 20 mars 2001 (paragraphe 63 ci-dessus). Selon le Gouvernement, l'objet de la requête n'est pas l'attribution des radiofréquences, mais le montant, que l'intéressée juge insuffisant, de l'indemnité obtenue au niveau national. Enfin, le Gouvernement rappelle que la concession n'a jamais été retirée ou annulée.

b) La requérante

170. La requérante conteste les arguments du Gouvernement et estime que le droit d'accès et d'utilisation des radiofréquences, qui permet l'exercice de la liberté d'expression et la poursuite d'une activité économique, constitue un actif et rentre donc dans la notion de « bien » au sens de l'article 1 du Protocole n° 1.

2. *Appréciation de la Cour*

a) Principes généraux

171. La Cour rappelle que la notion de « bien » évoquée au premier alinéa de l'article 1 du Protocole n° 1 a une portée autonome qui ne se limite pas à la propriété de biens corporels et qui est indépendante par rapport aux qualifications formelles du droit interne : certains autres droits et intérêts constituant des actifs peuvent aussi passer pour des « droits patrimoniaux » et donc des « biens » aux fins de cette disposition. Dans chaque affaire, il importe d'examiner si les circonstances, considérées dans leur ensemble, ont rendu le requérant titulaire d'un intérêt substantiel protégé par l'article 1 du Protocole n° 1 (*Iatridis c. Grèce* [GC], n° 31107/96, § 54, CEDH 1999-II, *Beyeler c. Italie* [GC], n° 33202/96, § 100, CEDH 2000-I, et *Broniowski c. Pologne* [GC], n° 31443/96, § 129, CEDH 2004-V).

172. L'article 1 du Protocole n° 1 ne vaut que pour les biens actuels. Un revenu futur ne peut ainsi être considéré comme un « bien » que s'il a déjà été gagné ou s'il fait l'objet d'une créance certaine. En outre, l'espoir de voir reconnaître un droit de propriété que l'on est dans l'impossibilité d'exercer effectivement ne peut non plus être considéré comme un « bien », et il en va de même d'une créance conditionnelle s'éteignant du fait de la non-réalisation de la condition (*Gratzinger et Gratzingerova c. République tchèque* (déc.) [GC], n° 39794/98, § 69, CEDH 2002-VII).

173. Cependant, dans certaines circonstances, l'« espérance légitime » d'obtenir une valeur patrimoniale peut également bénéficier de la protection de l'article 1 du Protocole n° 1. Ainsi, lorsque l'intérêt patrimonial est de l'ordre de la créance, on peut considérer que l'intéressé dispose d'une espérance légitime si un tel intérêt présente une base suffisante en droit interne, par exemple lorsqu'il est confirmé par une jurisprudence bien établie des tribunaux. Toutefois, on ne saurait conclure à l'existence d'une « espérance légitime » lorsqu'il y a controverse sur la façon dont le droit interne doit être interprété et appliqué et que les arguments développés par le requérant à cet égard sont en définitive rejetés par les juridictions nationales (*Kopecký*, précité, § 50).

b) Application de ces principes au cas d'espèce

174. La Cour observe que la requérante était titulaire, depuis le 28 juillet 1999, d'une concession pour la radiodiffusion télévisuelle au niveau national par voie hertzienne. Celle-ci l'autorisait à installer et à exploiter un réseau de radiodiffusion télévisuelle en mode analogique (paragraphe 9 ci-dessus). Les juridictions administratives italiennes ont estimé que ceci ne conférait pas à la requérante un droit subjectif (*diritto soggettivo*) à obtenir l'attribution de radiofréquences d'émission, mais un simple intérêt légitime (*interesse legittimo*), c'est-à-dire une position individuelle protégée de façon indirecte et subordonnée au respect de l'intérêt général. La requérante avait donc uniquement le droit de voir sa demande de radiofréquences traitée par le Gouvernement dans le respect des critères imposés par la législation interne et la CJCE (voir le jugement du TAR du 16 septembre 2004, paragraphe 25 ci-dessus, et la décision n° 2622/08 du 31 mai 2008 du Conseil d'Etat, paragraphe 37 ci-dessus).

175. Comme la Cour vient de le relever sous l'angle de l'article 10 de la Convention, eu égard au libellé de la concession et au cadre législatif en vigueur à cette époque, la requérante pouvait raisonnablement s'attendre à ce que, dans les vingt-quatre mois qui suivraient le 28 juillet 1999, l'administration aurait effectué les actes juridiques nécessaires à l'encadrement de son activité de radiodiffusion télévisuelle terrestre. Sous

réserve qu'elle procédât à la mise en conformité de ses installations, ainsi qu'elle en avait l'obligation, la requérante aurait ensuite dû avoir le droit d'émettre des programmes télévisés (paragraphe 145 ci-dessus). Elle avait dès lors une « espérance légitime » à cet égard. Il est vrai que, comme le relève le Gouvernement, les juridictions administratives ont rejeté les demandes de la requérante visant à l'attribution des radiofréquences. Cependant, cette décision ne constituait pas un rejet sur le fond de la demande de la requérante, mais découlait de la règle générale selon laquelle en droit italien le juge administratif ne peut se substituer à l'administration pour adopter, à sa place, certaines mesures (paragraphe 37 ci-dessus).

176. En outre, dans son arrêt du 31 janvier 2008, la CJCE s'est exprimée ainsi :

> « (...) Sur ce point, il importe de préciser que, dans le domaine des émissions radiotélévisées, la libre prestation de services, telle que consacrée à l'article 49 CE et mise en œuvre dans ce domaine par le NCRC, requiert non seulement la concession d'autorisations d'émission, mais également l'octroi de radiofréquences d'émission.
>
> En effet, un opérateur ne saurait exercer de manière effective les droits qu'il tire du droit communautaire en termes d'accès au marché de la radiodiffusion télévisuelle à défaut de radiofréquences d'émission. »

177. La Cour souscrit à cette analyse. Elle rappelle de surcroît que, selon sa jurisprudence, le retrait d'une licence d'exploitation d'une activité commerciale s'analyse en une atteinte au droit au respect des biens tel que garanti par l'article 1 du Protocole n° 1 (*Tre Traktörer AB c. Suède*, 7 juillet 1989, § 53, série A n° 159, *Capital Bank AD c. Bulgarie*, n° 49429/99, § 130, 24 novembre 2005, *Rosenzweig et Bonded Warehouses Ltd c. Pologne*, n° 51728/99, § 49, 28 juillet 2005, et *Bimer S.A. c. Moldova*, n° 15084/03, § 49, 10 juillet 2007). S'il est vrai qu'en l'espèce, la concession n'a pas été retirée, la Cour estime que, sans l'octroi des radiofréquences d'émission, elle a été vidée de son contenu.

178. La Cour considère dès lors que les intérêts liés à l'exploitation de la concession constituaient des intérêts patrimoniaux appelant la protection de l'article 1 du Protocole n° 1 (voir, *mutatis mutandis*, *Tre Traktörer AB*, précité, § 53).

179. Elle estime donc que l'espérance légitime de la requérante, qui se rattachait à des intérêts patrimoniaux tels que l'exploitation d'un réseau de télévision analogique en vertu de la concession, était suffisamment fondée pour constituer un intérêt substantiel, et donc un « bien » au sens de la norme exprimée dans la première phrase de l'article 1 du Protocole n° 1, laquelle est par conséquent applicable en l'espèce (voir, *mutatis mutandis*, *Stretch c. Royaume-Uni*, n° 44277/98, §§ 32-35, 24 juin 2003, et *Bozcaada Kimisis Teodoku Rum Ortodoks Kilisesi Vakfi c. Turquie (n° 2)*, n°s 37646/03,

37665/03, 37992/03, 37993/03, 37996/03, 37998/03, 37999/03 et 38000/03, § 50, 6 octobre 2009).

180. La Cour constate que le grief tiré de l'article 1 du Protocole n° 1 n'est pas manifestement mal fondé au sens de l'article 35 § 3 a) de la Convention. Elle relève par ailleurs que celui-ci ne se heurte à aucun autre motif d'irrecevabilité. Il convient donc de le déclarer recevable.

B. Sur le fond

1. *Thèses des parties*

a) La requérante

181. La requérante estime que le comportement du Gouvernement s'analyse en une expropriation de biens au sens de l'article 1 du Protocole n° 1, étant donné que non seulement il s'est abstenu, sans justification, d'attribuer les radiofréquences, mais qu'il a également refusé de donner effet à la concession octroyée à la suite d'un appel d'offres légal.

182. La requérante considère que cette expropriation n'avait aucun lien avec l'intérêt général, mais a servi les intérêts privés de Mediaset en utilisant des radiofréquences qui auraient dû être libérées à son profit en tant que concessionnaire légitime. En outre, cette expropriation ne s'est pas faite « selon les voies légales ». En effet, selon la loi n° 249 de 1997, les radiofréquences en question auraient dû être libérées en faveur de la société qui, dans le cadre de l'appel d'offres, avait formulé la meilleure proposition, soit en l'occurrence Centro Europa 7 S.r.l. Cependant, plusieurs mesures législatives transitoires ont empêché cette dernière d'avoir accès à ces fréquences.

183. Par ailleurs, la requérante est d'avis que le dédommagement obtenu au niveau national ne correspond pas à la valeur du bien exproprié. Pour déterminer le manque à gagner pour perte de chances, la Cour devrait considérer non seulement le retard dans l'attribution des fréquences, mais également l'impossibilité d'entrer en concurrence avec les autres sociétés en 1999, c'est-à-dire à une époque où le marché était plus restreint qu'aujourd'hui. La requérante souligne également que le Conseil d'Etat, se basant sur le fait que la Cour constitutionnelle avait considéré le 31 décembre 2003 comme une date raisonnable pour l'expiration de la période de transition, n'a pris en compte que le préjudice subi après 2004, excluant ainsi cinq années de violation. Enfin, la requérante rappelle que, selon le Conseil d'Etat, l'octroi de la concession ne lui avait pas conféré le droit immédiat d'exercer l'activité économique correspondante et le

dédommagement aurait donc dû être calculé sur la base d'une espérance légitime d'attribution de radiofréquences par les autorités compétentes.

b) Le Gouvernement

184. Le Gouvernement s'oppose aux arguments de la requérante et dénonce la nature « financière » de la requête.

2. Appréciation de la Cour

185. L'article 1 du Protocole n° 1, qui garantit le droit à la protection de la propriété, contient trois normes distinctes (voir, entre autres, *James et autres c. Royaume-Uni*, 21 février 1986, § 37, série A n° 98, et *Beyeler*, précité, § 98) :

> « la première, qui s'exprime dans la première phrase du premier alinéa et revêt un caractère général, énonce le principe du respect de la propriété ; la deuxième, figurant dans la seconde phrase du même alinéa, vise la privation de propriété et la soumet à certaines conditions ; quant à la troisième, consignée dans le second alinéa, elle reconnaît aux Etats le pouvoir, entre autres, de réglementer l'usage des biens conformément à l'intérêt général (...) Il ne s'agit pas pour autant de règles dépourvues de rapport entre elles. La deuxième et la troisième ont trait à des exemples particuliers d'atteintes au droit de propriété ; dès lors, elles doivent s'interpréter à la lumière du principe consacré par la première. »

186. La requérante estime qu'il y a eu en l'espèce « privation des biens ». Cependant, la Cour ne saurait souscrire à cette analyse. En effet, l'intérêt substantiel de l'intéressée à exploiter un réseau de télévision analogique n'a pas fait l'objet d'une expropriation, comme le démontre le fait que la requérante est aujourd'hui en mesure de diffuser des programmes télévisés. La possibilité d'exercer l'activité correspondant à la concession a par contre fait l'objet de plusieurs mesures qui visaient en substance à en retarder la date de démarrage, ce qui, aux yeux de la Cour, constitue une mesure de réglementation de l'usage des biens, à examiner sur le terrain du second paragraphe de l'article 1 du Protocole n° 1.

187. Cette disposition exige, avant tout et surtout, qu'une ingérence de l'autorité publique dans la jouissance du droit au respect des biens soit légale (*Iatridis*, précité, § 58, et *Beyeler*, précité, § 108). En particulier, son second alinéa reconnaît aux Etats le droit de réglementer l'usage des biens à condition qu'ils l'exercent par la mise en vigueur de « lois ». Le principe de légalité présuppose également que les dispositions pertinentes du droit interne soient suffisamment accessibles, précises et prévisibles dans leur application (voir, *mutatis mutandis*, *Broniowski*, précité, § 147).

188. Or la Cour vient de constater sur le terrain de l'article 10 de la Convention que l'ingérence dans les droits de la requérante n'avait

pas de base légale suffisamment prévisible au sens de sa jurisprudence (paragraphe 156 ci-dessus). Elle ne peut que parvenir au même constat sous l'angle de l'article 1 du Protocole n° 1, ce qui suffit pour conclure qu'il y a eu violation de cette disposition.

189. Cette conclusion dispense la Cour de contrôler en l'occurrence le respect des autres exigences de l'article 1 du Protocole n° 1, et notamment de se pencher sur la question de savoir si la règlementation de l'usage du « bien » de la requérante a été faite « conformément à l'intérêt général ».

VI. SUR LA VIOLATION ALLÉGUÉE DE L'ARTICLE 6 § 1 DE LA CONVENTION

190. La requérante se plaint d'une atteinte à son droit au procès équitable. Elle invoque l'article 6 § 1 de la Convention, qui, en ses parties pertinentes, est ainsi libellé :

> « Toute personne a droit à ce que sa cause soit entendue équitablement (...) par un tribunal indépendant et impartial (...), qui décidera (...) des contestations sur ses droits et obligations de caractère civil (...) »

A. Thèses des parties

1. Le Gouvernement

191. Le Gouvernement soutient que ce grief est manifestement mal fondé, car la Cour n'a pas pour tâche de connaître des erreurs de fait ou de droit prétendument commises par une juridiction interne, l'interprétation de la législation interne incombant au premier chef aux autorités nationales et spécialement aux cours et tribunaux.

192. En particulier, les lois n°s 43 et 112 de 2004 n'auraient pas été prises en compte par le TAR, mais le Conseil d'Etat se serait fondé sur ces lois pour conclure que la requérante avait droit au dédommagement. L'arrêt du Conseil d'Etat accordant une réparation pécuniaire à l'intéressée démontrerait de surcroît l'indépendance de l'Etat et la prise en compte de l'arrêt de la CJCE. En outre, le Gouvernement rappelle que dans une procédure judiciaire il est possible que des parties ayant des intérêts communs présentent au juge des observations rédigées de façon partiellement similaire, et que le fait qu'un juriste rédige des observations de caractère technique ne signifie pas qu'elles soient approuvées par le Gouvernement.

193. Enfin, le Gouvernement rappelle que le Conseil d'Etat a refusé la demande d'expertise présentée par la requérante en arguant que la charge de la preuve pesait sur cette dernière et qu'une expertise d'office ne pouvait pas remplacer un manque de preuve.

2. La requérante

194. La requérante soutient que les modifications législatives en cours de procédure ont porté atteinte à son droit à un procès équitable ; elle ajoute que la loi n'a pas été appliquée correctement et que les arrêts de la Cour constitutionnelle n'ont pas été exécutés. En outre, devant le Conseil d'Etat, le gouvernement aurait favorisé le groupe Mediaset, ce qui démontrerait l'absence d'indépendance de l'Etat. La requérante en veut pour preuve que le mémoire du gouvernement était calqué sur celui du groupe Mediaset.

195. La requérante est d'avis que l'Etat italien a failli à mettre en place un système normatif clair et complet, portant ainsi atteinte aux principes de légalité, de transparence, de non-discrimination, de libre concurrence et d'impartialité ainsi qu'à l'état de droit. Enfin, le Conseil d'Etat aurait omis de la dédommager pour le préjudice effectivement subi et d'ordonner une expertise pour quantifier le montant qui lui était dû.

B. Appréciation de la Cour

196. La Cour estime qu'une partie des doléances de la requérante (et notamment celles relatives à l'absence d'un cadre normatif clair, aux changements législatifs et à la non-exécution des arrêts de la Cour constitutionnelle) se confond largement avec le grief tiré de l'article 10 de la Convention. Il n'y a donc pas lieu de les examiner séparément sous l'angle de l'article 6.

197. Quant aux doléances spécifiques à la procédure devant le Conseil d'Etat, la Cour rappelle qu'elle a pour tâche d'assurer le respect des engagements résultant de la Convention pour les Parties contractantes. En particulier, elle convient avec le Gouvernement qu'il ne lui appartient pas de connaître des erreurs de fait ou de droit prétendument commises par une juridiction interne, sauf si et dans la mesure où elles pourraient avoir porté atteinte aux droits et libertés sauvegardés par la Convention (voir, parmi beaucoup d'autres, *García Ruiz c. Espagne* [GC], n° 30544/96, § 28, CEDH 1999-I). En particulier, la Cour ne peut apprécier elle-même les éléments de fait ayant conduit une juridiction nationale à adopter telle décision plutôt que telle autre, sinon elle s'érigerait en juge de quatrième instance et elle méconnaîtrait les limites de sa mission (voir, *mutatis mutandis*, *Kemmache c. France (n° 3)*, 24 novembre 1994, § 44, série A n° 296-C). La Cour a pour seule fonction, au regard de l'article 6 de la Convention, d'examiner les requêtes alléguant que les juridictions nationales ont méconnu des garanties procédurales spécifiques énoncées par cette disposition ou que la conduite de la procédure dans son ensemble n'a

pas garanti un procès équitable au requérant (voir, parmi beaucoup d'autres, *Donadzé c. Géorgie*, n° 74644/01, §§ 30-31, 7 mars 2006).

198. En l'occurrence, la Cour ne décèle aucun élément donnant à penser que la procédure devant le Conseil d'Etat ne s'est pas déroulée conformément aux exigences du procès équitable. Elle rappelle de surcroît que les exigences d'indépendance et d'impartialité mentionnées à l'article 6 de la Convention concernent le tribunal chargé de se prononcer sur le fond de l'affaire, et non les parties à la procédure (*Forcellini c. Saint-Marin* (déc.), n° 34657/97, 28 mai 2002, et *Previti c. Italie* (déc.), n° 45291/06, § 255, 8 décembre 2009), et qu'il revient aux juridictions nationales de juger de l'utilité d'une offre de preuve (voir, *mutatis mutandis* et par rapport à des procédures pénales, *Previti*, décision précitée, § 221, et *Bracci c. Italie*, n° 36822/02, § 65, 13 octobre 2005).

199. Il s'ensuit que ce grief doit être rejeté pour défaut manifeste de fondement, en application de l'article 35 §§ 3 a) et 4 de la Convention.

VII. SUR L'APPLICATION DE L'ARTICLE 41 DE LA CONVENTION

200. Aux termes de l'article 41 de la Convention,

> « Si la Cour déclare qu'il y a eu violation de la Convention ou de ses Protocoles, et si le droit interne de la Haute Partie contractante ne permet d'effacer qu'imparfaitement les conséquences de cette violation, la Cour accorde à la partie lésée, s'il y a lieu, une satisfaction équitable. »

A. Thèses des parties

1. Dommage matériel

a) La requérante

201. La requérante estime que les dommages et intérêts qui lui ont été octroyés sont insuffisants. Elle souligne que le Conseil d'Etat a considéré comme indemnisable une partie très limitée de l'énorme préjudice subi, a ignoré l'expertise présentée par elle et a omis de nommer des experts indépendants. Ainsi, la haute juridiction italienne a presque totalement rejeté la demande d'indemnisation, déclarant que ni les frais de procédure ni les frais de démarrage de l'activité commerciale ne pouvaient être remboursés.

202. Quant à ces derniers frais, l'intéressée observe qu'à la suite de l'octroi de la concession de radiodiffusion, elle a rapidement instauré une structure efficace et effective en vue de devenir un acteur sérieux sur le marché de la radiodiffusion commerciale. En particulier, elle aurait loué des studios de télévision de plus de 20 000 m^2, munis d'un équipement technologique

de pointe acheté à l'avance afin de pouvoir lancer rapidement l'activité de radiodiffusion. Elle aurait également supporté les coûts de création d'une bibliothèque audiovisuelle, en produisant ses propres émissions, comme l'exigeait le règlement sur les concessions.

203. Pour ce qui est du manque à gagner, l'insuffisance des dommages et intérêts octroyés par le Conseil d'Etat ressortirait de manière évidente de la comparaison de ce montant avec les profits réalisés par Retequattro, c'est-à-dire la chaîne excédentaire qui aurait dû libérer les radiofréquences assignées à la requérante. Celle-ci estime que, dans l'évaluation du manque à gagner, la Cour devrait également prendre en compte le fait que Centro Europa 7 S.r.l. est entrée sur le marché commercial de la radiodiffusion seulement récemment, c'est-à-dire à un moment où la radiodiffusion analogique était en train d'être complètement remplacée par la télévision numérique terrestre et d'autres techniques de radiodiffusion. Il faudrait donc prendre en considération les changements intervenus sur le marché depuis 1999. La requérante estime avoir été illégalement écartée du marché de la radiodiffusion commerciale pendant une période considérable, ce qui aurait également porté atteinte à ses possibilités de promouvoir sa marque et sa réputation ainsi que d'acquérir une expertise, des programmes audiovisuels et d'autres avantages liés à l'activité de radiodiffusion analogique.

204. A la lumière de ce qui précède, justificatifs à l'appui, la requérante demande 2 175 171 960,60 euros (EUR) (129 957 485,60 EUR pour les pertes subies et 2 045 214 475,00 EUR pour le manque à gagner), somme qu'elle avait sollicitée dans le cadre de la procédure nationale, et de laquelle on devrait soustraire le montant octroyé par le Conseil d'Etat, ou un autre montant déterminé en équité. Le dédommagement devrait être assorti d'intérêts légaux.

b) Le Gouvernement

205. Le Gouvernement s'oppose aux prétentions de la requérante, qu'il considère excessives. Il rappelle que le Conseil d'Etat a octroyé un dédommagement à l'intéressée. De surcroît, les prétentions litigieuses relèvent de la spéculation et n'ont pas de lien de causalité avec les violations alléguées de la Convention (*Informationsverein Lentia et autres c. Autriche*, 24 novembre 1993, § 46, série A n° 276, *Radio ABC c. Autriche*, 20 octobre 1997, § 41, *Recueil des arrêts et décisions* 1997-VI, et *Meltex Ltd et Movsessian c. Arménie*, n° 32283/04, § 102, 17 juin 2008).

206. En outre, le Gouvernement souligne que la requérante n'a mis en place aucun équipement de télétransmission en mode numérique dans la période entre décembre 2008 et janvier 2009. De tels équipements auraient été achetés seulement après 2009.

2. *Dommage moral*

a) La requérante

207. La requérante demande 10 000 000 d'EUR pour préjudice moral.

208. Selon elle, la Cour devrait, en particulier, examiner les éléments suivants : a) l'intervalle de temps considérable qui s'est écoulé ; b) le fait que la requérante pouvait raisonnablement s'attendre à une mise en œuvre dans les délais de la concession de radiodiffusion télévisuelle par le gouvernement italien ; c) la frustration et l'angoisse découlant du fait d'être un témoin impuissant du développement du marché de la radiodiffusion télévisuelle sans pouvoir en être partie prenante et de la perte d'un certain nombre d'occasions profitables ; d) l'enjeu économique considérable ; e) l'atteinte à la réputation de la société requérante, eu égard à la position des personnes impliquées ; f) la grande préoccupation de la requérante devant l'impossibilité de rattraper ses concurrents, qui auraient consolidé leur position sur le marché de la radiodiffusion analogique et sur les marchés voisins ; g) les conditions d'incertitude dans lesquelles la requérante dit avoir dû prendre les décisions stratégiques ; h) les obstacles et épreuves que le gérant de la société aurait eu à surmonter ; et i) la frustration découlant du mépris répété et flagrant du Gouvernement à l'égard des arrêts rendus par la Cour constitutionnelle et la Cour de justice des Communautés européennes ainsi que des demandes émanant des institutions européennes.

b) Le Gouvernement

209. Le Gouvernement s'oppose aux prétentions de la requérante, qu'il estime exorbitantes.

3. *Frais et dépens*

a) La requérante

210. Justificatifs à l'appui, la requérante demande le remboursement des frais de procédure engagés tant au niveau national qu'au niveau européen pour obtenir la mise en œuvre de la concession et pour exercer effectivement l'activité économique sur le marché de la radiodiffusion télévisuelle.

211. Elle souligne qu'elle a dû faire face non seulement à l'opérateur commercial dominant en Italie, mais également au gouvernement italien lui-même pendant plus de dix ans puisque, au cours de cette période, le propriétaire de Mediaset – le groupe de diffusion incluant la chaîne excédentaire Retequattro – a également effectué plusieurs mandats de président du Conseil des ministres.

212. Partant, la requérante demande 1 023 706,35 EUR pour les frais encourus au niveau national et 200 000 EUR pour ceux exposés devant la Cour.

b) Le Gouvernement

213. Le Gouvernement s'oppose aux prétentions de la requérante.

B. Appréciation de la Cour

1. Dommage matériel et moral

214. La Cour rappelle qu'elle a constaté, en l'espèce, une double violation. En premier lieu, l'ingérence dans l'exercice par la requérante de son droit de communiquer des informations ou des idées au sens de l'article 10 de la Convention s'est opérée par des mesures législatives qui ne répondaient pas à l'exigence de prévisibilité et à l'obligation de l'Etat de garantir un pluralisme effectif (paragraphe 156 ci-dessus). En second lieu, la requérante pouvait avoir l'espérance légitime que l'administration effectue dans les vingt-quatre mois qui ont suivi le 28 juillet 1999 les actes juridiques nécessaires à l'encadrement de son activité de radiodiffusion télévisuelle, ce qui lui aurait permis d'émettre des programmes télévisés (paragraphe 175 ci-dessus). Au sens de l'article 1 du Protocole n° 1, cette espérance constituait un «bien» (paragraphe 179 ci-dessus) dont l'usage a été réglementé par les mêmes lois jugées non suffisamment prévisibles sous l'angle de l'article 10 (paragraphe 188 ci-dessus). En revanche, la Cour ne s'est pas penchée sur la question de savoir si la réglementation litigieuse était «conforme à l'intérêt général» (paragraphe 189 ci-dessus) et si l'ingérence dans le droit de la requérante de communiquer des informations et des idées poursuivait un but légitime et était nécessaire dans une société démocratique pour l'atteindre (paragraphe 158 ci-dessus).

215. Dans la présente affaire, la Cour se trouve dans l'impossibilité d'établir avec exactitude dans quelle mesure les violations constatées ont affecté les droits patrimoniaux de la requérante compte tenu, en particulier, de la spécificité du marché audiovisuel italien et de l'absence d'une situation commerciale comparable sur ledit marché.

216. La Cour observe de surcroît que la requérante a subi un préjudice découlant de l'incertitude prolongée, due au manque de précision du cadre législatif interne, quant à la date à laquelle elle pourrait obtenir l'assignation des radiofréquences et, par conséquent, commencer à opérer sur le marché commercial de la radiodiffusion télévisuelle. La requérante a néanmoins

effectué des investissements en vertu de la concession. La Cour estime que le dédommagement octroyé par le Conseil d'Etat, couvrant exclusivement la période de 2004 à 2009, ne saurait être considéré comme suffisant, d'autant plus qu'aucune expertise n'a été ordonnée par les juridictions internes pour évaluer les pertes subies et le manque à gagner.

217. La Cour relève que le Gouvernement se borne à contester les prétentions de la requérante en les qualifiant d'excessives.

218. En ce qui concerne les pertes subies, la Cour note que la requérante n'a pas prouvé que tous les investissements effectués étaient nécessaires pour mettre en œuvre la concession qu'elle avait obtenue. Quant au manque à gagner allégué, la Cour considère que la requérante a effectivement subi un préjudice à ce titre du fait de l'impossibilité, pendant de nombreuses années, de tirer un quelconque profit de la concession. Elle estime cependant que les circonstances de la cause ne se prêtent pas à une évaluation précise du dommage matériel, le type de préjudice dont il est question présentant de nombreux aléas et rendant impossible un calcul précis des sommes susceptibles de constituer une juste réparation.

219. Sans se livrer à des spéculations au sujet des bénéfices que la requérante aurait réalisés si les violations de la Convention n'avaient pas eu lieu et si elle avait été en mesure de diffuser à partir de 2001, la Cour constate que l'intéressée a subi une perte de chances réelle (voir, *mutatis mutandis*, *Gawęda c. Pologne*, n° 26229/95, § 54, CEDH 2002-II). Il convient également d'observer que l'intéressée souhaitait se lancer dans une entreprise commerciale tout à fait nouvelle, dont l'éventuel succès dépendait d'une série de facteurs variés dont l'appréciation échappe à la compétence de la Cour. Elle note à cet égard que s'il s'agit d'un manque à gagner (*lucrum cessans*), son existence doit être établie avec certitude et ne doit pas se fonder uniquement sur des conjectures ou des probabilités.

220. Dans ces conditions, la Cour estime approprié de fixer une somme forfaitaire en réparation des pertes subies ainsi que du manque à gagner lié à l'impossibilité d'exploiter la concession. Elle doit également tenir compte du fait que la requérante a obtenu une indemnisation au niveau interne pour une partie de la période concernée (paragraphe 48 ci-dessus).

221. De plus, la Cour estime qu'en l'espèce les violations constatées des articles 10 de la Convention et 1 du Protocole n° 1 ont inévitablement causé à la requérante une incertitude prolongée dans la conduite des affaires et des sentiments d'impuissance et de frustration (voir, *mutatis mutandis*, *Rock Ruby Hotels Ltd c. Turquie* (satisfaction équitable), n° 46159/99, § 36, 26 octobre 2010). A cet égard, elle rappelle qu'elle peut octroyer une réparation pécuniaire pour dommage moral à une société commerciale. Ce type de dommage peut en effet comporter, pour une telle société, des

éléments plus ou moins « objectifs » et « subjectifs ». Peuvent notamment être pris en considération la réputation de l'entreprise, mais également l'incertitude dans la planification des décisions à prendre, les troubles causés à la gestion de l'entreprise elle-même, dont les conséquences ne se prêtent pas à un calcul exact, et enfin, quoique dans une moindre mesure, l'angoisse et les désagréments éprouvés par les membres des organes de direction de la société (*Comingersoll S.A. c. Portugal* [GC], n° 35382/97, § 35, CEDH 2000-IV).

222. Compte tenu de l'ensemble de ces éléments, et statuant en équité, la Cour estime raisonnable d'accorder à la requérante une somme globale de 10 000 000 d'EUR, tous préjudices confondus, plus tout montant pouvant être dû à titre d'impôt sur cette somme.

2. Frais et dépens

223. La Cour rappelle qu'au titre de l'article 41 de la Convention elle rembourse les frais dont il est établi qu'ils ont été réellement exposés, qu'ils correspondent à une nécessité et qu'ils sont d'un montant raisonnable (*Nikolova c. Bulgarie* [GC], n° 31195/96, § 79, CEDH 1999-II).

224. Pour ce qui est des frais de la procédure interne, la Cour relève que la requérante, avant de s'adresser aux organes de la Convention, a épuisé les voies de recours qui lui étaient ouvertes en droit italien, puisqu'elle a entamé deux procédures devant les juridictions administratives dont il y a lieu de souligner la complexité et la durée. La Cour admet dès lors que l'intéressée a encouru des dépenses pour faire corriger les violations de la Convention dans l'ordre juridique interne (voir, *mutatis mutandis*, *Rojas Morales c. Italie*, n° 39676/98, § 42, 16 novembre 2000).

225. Quant aux dépenses afférentes à la procédure devant elle, la Cour note que la présente affaire revêt une certaine complexité, car elle a nécessité un examen en Grande Chambre ainsi que plusieurs séries d'observations et une audience. Elle soulève aussi des questions juridiques importantes.

226. Compte tenu des éléments en sa possession et de sa pratique en la matière, la Cour juge raisonnable d'accorder à la requérante pour l'ensemble de frais et dépens la somme globale de 100 000 EUR.

3. Intérêts moratoires

227. La Cour juge approprié de calquer le taux des intérêts moratoires sur le taux d'intérêt de la facilité de prêt marginal de la Banque centrale européenne majoré de trois points de pourcentage.

PAR CES MOTIFS, LA COUR

1. *Accueille*, à l'unanimité, l'exception préliminaire du Gouvernement tirée de l'incompatibilité *ratione personae* de la requête en tant qu'elle a été introduite par M. Di Stefano et, par conséquent, *déclare* cette partie de la requête irrecevable ;
2. *Rejette*, à la majorité, l'exception préliminaire du Gouvernement tirée de la tardiveté de la requête ;
3. *Rejette*, à la majorité, les autres exceptions préliminaires du Gouvernement ;
4. *Déclare*, à la majorité, la requête introduite par la requérante recevable quant aux griefs tirés des articles 10 et 14 de la Convention ;
5. *Déclare*, à la majorité, la requête introduite par la requérante recevable quant au grief tiré de l'article 1 du Protocole n° 1 ;
6. *Déclare*, à l'unanimité, la requête introduite par la requérante irrecevable pour le surplus ;
7. *Dit*, par seize voix contre une, qu'il y a eu violation de l'article 10 de la Convention ;
8. *Dit*, à l'unanimité, qu'il n'y a pas lieu d'examiner séparément le grief tiré de l'article 14 de la Convention combiné avec l'article 10 de la Convention ;
9. *Dit*, par quatorze voix contre trois, qu'il y a eu violation de l'article 1 du Protocole n° 1 ;
10. *Dit*, par neuf voix contre huit, que l'Etat défendeur doit verser à la requérante, dans les trois mois, 10 000 000 d'EUR (dix millions d'euros), plus tout montant pouvant être dû à titre d'impôt, pour dommage matériel et moral ;
11. *Dit*, à l'unanimité, que l'Etat défendeur doit verser à la requérante, dans les trois mois, 100 000 EUR (cent mille euros), plus tout montant pouvant être dû à titre d'impôt par la requérante, pour frais et dépens ;
12. *Dit*, à l'unanimité, qu'à compter de l'expiration dudit délai et jusqu'au versement, ces montants seront à majorer d'un intérêt simple à un taux égal à celui de la facilité de prêt marginal de la Banque centrale européenne applicable pendant cette période, augmenté de trois points de pourcentage ;
13. *Rejette*, à l'unanimité, la demande de satisfaction équitable pour le surplus.

Fait en français et en anglais, puis prononcé en audience publique au Palais des droits de l'homme, à Strasbourg, le 7 juin 2012.

Vincent Berger
Jurisconsulte

Françoise Tulkens
Présidente

Au présent arrêt se trouve joint, conformément aux articles 45 § 2 de la Convention et 74 § 2 du règlement, l'exposé des opinions séparées suivantes :

– opinion concordante de la juge Vajić ;

– opinion partiellement dissidente commune aux juges Sajó, Karakaş et Tsotsoria, à laquelle se rallie en partie la juge Steiner ;

– opinion en partie dissidente commune aux juges Popović et Mijović ;

– opinion dissidente de la juge Steiner.

F.T.
V.B.

OPINION CONCORDANTE DE LA JUGE VAJIĆ

(Traduction)

J'ai voté avec la majorité en faveur d'un constat de violation de l'article 1 du Protocole n° 1. Toutefois, je ne souscris pas à l'interprétation qui est donnée de l'expression « espérance légitime », telle qu'elle apparaît dans l'arrêt, notamment au paragraphe 173 de celui-ci. Avec tout le respect que je dois à mes collègues, je pense que le passage suivant de ce paragraphe prête à confusion (*Kopecký c. Slovaquie* [GC], n° 44912/98, CEDH 2004-IX) :

> « Cependant, dans certaines circonstances, l'« espérance légitime » d'obtenir une valeur patrimoniale peut également bénéficier de la protection de l'article 1 du Protocole n° 1. Ainsi, lorsque l'intérêt patrimonial est de l'ordre de la créance, on peut considérer que l'intéressé dispose d'une espérance légitime si un tel intérêt présente une base suffisante en droit interne, par exemple lorsqu'il est confirmé par une jurisprudence bien établie des tribunaux. »

Selon la jurisprudence établie de la Cour, tout titulaire d'un intérêt patrimonial qui est de l'ordre de la créance et a une base suffisante en droit interne dispose d'une « valeur patrimoniale » susceptible d'entraîner la protection de l'article 1 du Protocole n° 1 (*Kopecký*, précité, § 42). Il est donc inutile d'introduire la notion d'espérance légitime qui, selon les arrêts dans les affaires *Pine Valley Developments Ltd et autres c. Irlande* (29 novembre 1991, série A n° 222) et *Stretch c. Royaume-Uni* (n° 44277/98, 24 juin 2003), s'applique dans des circonstances bien plus limitées.

Qui plus est, l'arrêt énonce au paragraphe 178 :

> « La Cour considère dès lors que les intérêts liés à l'exploitation de la concession constituaient des intérêts patrimoniaux appelant la protection de l'article 1 du Protocole n° 1 (voir, *mutatis mutandis, Tre Traktörer AB*, (…) § 53). »

Je ne vois donc pas la nécessité d'évoquer en plus une espérance légitime.

OPINION PARTIELLEMENT DISSIDENTE COMMUNE AUX JUGES SAJÓ, KARAKAŞ ET TSOTSORIA, À LAQUELLE SE RALLIE EN PARTIE LA JUGE STEINER

(Traduction)

Nous souscrivons pleinement au présent arrêt sauf en ce qui concerne l'octroi d'une satisfaction équitable. Notre désaccord ne tient pas au caractère excessif ou insuffisant du montant accordé, mais plutôt au fait qu'à nos yeux la question de l'application de l'article 41 n'était pas en état.

Tout en estimant qu'il existait un lien de causalité entre la conduite des autorités administratives et le dommage allégué par la société requérante, le Conseil d'Etat a jugé que l'indemnisation devait être calculée en fonction de l'espérance légitime de la société requérante d'obtenir des autorités compétentes l'allocation des fréquences de radiodiffusion. Pour cette raison, il a considéré, dans le cadre de son appréciation des pertes subies, que la société requérante aurait dû savoir qu'elle n'était pas susceptible d'obtenir les fréquences en question, et n'a pas ordonné d'expertise. Ce raisonnement a été rejeté par la Cour (paragraphe 175 de l'arrêt). La Cour a estimé que la concession attribuée à la requérante avait été vidée de tout effet utile, et a en outre déclaré que le refus des juridictions internes d'ordonner une expertise n'était pas acceptable (paragraphe 216 *in fine*).

La société requérante a indiqué qu'elle avait exposé des dépenses, notamment la location de studios et de l'équipement nécessaire pour poursuivre l'activité économique en question, et elle a soumis une expertise relative au manque à gagner qu'elle alléguait avoir subi, expertise qui se fondait sur la base des profits réalisés par Retequattro, la chaîne excédentaire qui aurait dû libérer les radiofréquences assignées à la requérante.

En l'absence de toute expertise qui aurait au moins apporté quelques précisions quant à la nécessité et la pertinence des dépenses alléguées et au manque à gagner prévisible de la société requérante, nous jugeons impossible de déterminer le dommage subi par celle-ci. Pareille expertise, que les parties auraient pu contester, nous aurait au moins permis de calculer les montants approximatifs susceptibles de redresser le dommage. De plus, cette procédure aurait jeté les bases d'un règlement amiable qui aurait répondu aux exigences d'une réparation équitable.

OPINION EN PARTIE DISSIDENTE COMMUNE AUX JUGES POPOVIĆ ET MIJOVIĆ

(Traduction)

Avec tout le respect que nous devons à la majorité, nous sommes en désaccord avec elle sur deux points. Premièrement, nous estimons que la première requérante en l'espèce, la société à responsabilité limitée Centro Europa 7 S.r.l., n'avait pas la qualité de victime. Deuxièmement, la société requérante n'avait à nos yeux aucun droit de saisir la Cour dans l'unique but de faire rectifier le montant de l'indemnisation qui lui avait été octroyée au niveau national. Notre point de vue est motivé par les raisons suivantes.

Il est précisé au paragraphe 45 de l'arrêt que, par un arrêt du 20 janvier 2009, le Conseil d'Etat a octroyé à la société requérante la somme de 1 041 418 euros à titre de dédommagement. Cela démontre clairement que la requérante a été indemnisée pour la perte éprouvée. Par conséquent, l'intéressée n'avait aucune raison de saisir la Cour comme elle l'a fait le 16 juillet 2009. Dès lors qu'elle avait été indemnisée au niveau national, elle avait perdu la qualité de victime. Sa requête à la Cour visait à faire rectifier le montant de l'indemnisation octroyée par la juridiction nationale.

La Cour a énoncé la règle relative au montant de l'indemnisation dès 1986, dans son arrêt en l'affaire *Lithgow et autres c. Royaume-Uni* (8 juillet 1986, § 102, série A n° 102). Selon cette règle, la question relève de la marge d'appréciation de l'Etat défendeur, sous réserve que le montant en question ne soit pas « manifestement insuffisant ».

Dans sa jurisprudence ultérieure, la Cour a précisé la règle, déclarant que même une somme manifestement insuffisante (et même dans des cas extrêmes égale à zéro !) pouvait être acceptable dans des circonstances exceptionnelles (*Jahn et autres c. Allemagne* [GC], n°s 46720/99, 72203/01 et 72552/01, § 94, CEDH 2005-VI).

En l'espèce, l'intention de la société requérante était de s'inscrire en faux contre le principe général dégagé dans l'arrêt *Lithgow et autres* en se référant à la règle énoncée dans les arrêts *Scordino c. Italie (n° 1)* ([GC], n° 36813/97, § 103, CEDH 2006-V), *Cocchiarella c. Italie* ([GC], n° 64886/01, CEDH 2006-V), et *Musci c. Italie* ([GC], n° 64699/01, CEDH 2006-V). Cette dernière règle tombe cependant bien dans le champ de la règle principale dégagée dans *Lithgow et autres*, puisque la Cour a dit dans l'arrêt *Scordino* (précité, § 103) que l'indemnisation octroyée était « insuffisante ». Il est donc clair que la règle dans l'affaire *Scordino* n'a fait que suivre la jurisprudence précédente, c'est-à-dire la règle édictée dans l'arrêt *Lithgow et autres* qui, à notre avis, trouve à s'appliquer en l'espèce.

L'appréciation des faits dans l'affaire *Scordino* différait de celle qui a été effectuée dans l'affaire *Lithgow et autres*, mais la règle n'a pas changé. En d'autres termes, le mot « insuffisant » qui apparaît dans l'arrêt *Scordino* (précité, § 103) ne peut se comprendre qu'à la lumière de la règle *Lithgow et autres*, c'est-à-dire qu'il se rapporte à une indemnisation jugée « manifestement insuffisante » dans le cadre de l'examen de la proportionnalité. Fondamentalement, la Cour a pris la même position au paragraphe 98 de l'arrêt *Scordino*, où elle renvoie notamment à l'arrêt *Lithgow et autres* lorsqu'elle invoque la règle générale sur la proportionnalité de l'indemnisation.

Par ailleurs, il n'y a aucune raison d'estimer que l'indemnisation en l'espèce était insuffisante. A notre sens, l'espèce, qui porte sur une licence permettant de diffuser des programmes télévisés, doit être distinguée de l'affaire *Scordino*, laquelle concernait l'expropriation de terrains. Les fluctuations des prix du marché pour les deux biens mentionnés peuvent être comparables, mais elles ne sont pas identiques, et les autorités judiciaires nationales sont mieux placées que le juge international pour apprécier le montant dû à titre d'indemnisation. Les requérants en l'affaire *Scordino* (précité, § 85) se fondaient sur le fait que les appartements construits sur le terrain exproprié pouvaient ensuite être vendus et donc générer un profit pour des particuliers. Toutefois, en l'espèce, il n'y a pas de raison suffisante pour dire que la somme octroyée à titre d'indemnisation à la société requérante au niveau interne était insuffisante.

Nous aimerions également souligner que le montant octroyé à titre de dédommagement à la société requérante était de fait considérable et ne peut en aucun cas être qualifié de « manifestement insuffisant ». La Cour ne peut se livrer à des spéculations quant au succès commercial potentiel de la société requérante, dont le montant accordé à titre d'indemnisation aurait pu dépendre selon l'intéressée. La situation de la société requérante a été correctement appréciée par la juridiction nationale, qui a du reste statué en sa faveur. Qui plus est, la majorité n'a pas fondé son raisonnement sur une évaluation par un expert de la perte qui aurait été subie par la société requérante, mais lui a simplement accordé une somme forfaitaire. Dès lors, à supposer que l'on pût considérer que la société requérante avait conservé sa qualité de victime – point de vue auquel nous ne pouvons souscrire –, nous estimons que la Cour aurait dû respecter la marge d'appréciation de l'Etat défendeur.

OPINION DISSIDENTE DE LA JUGE STEINER

Je ne puis partager l'opinion de la majorité sur les deux aspects essentiels de cette affaire, celui concernant la prétendue violation de l'article 10 et celui se rapportant à la violation dénoncée de l'article 1 du Protocole n° 1.

Les situations factuelles qui sous-tendent les griefs de la requérante sont, à mon avis, clairement distinctes.

En ce qui concerne la première de ces situations qui a trait à la prétendue impossibilité d'émettre sur la base de la décision de principe de 1999, elle échappe à la compétence de la Cour car *elle ne respecte pas la règle du délai de six mois.*

En effet, selon le Gouvernement, le Conseil d'Etat a tranché de façon définitive par sa décision du 31 mai 2008 la question issue de la non-attribution des fréquences sur la base de la décision de 1999.

La lecture attentive des attendus et surtout du dispositif de la décision du Conseil d'Etat semble conforter cette thèse. D'ailleurs, la décision de janvier 2009 confirme cette façon d'envisager la question, car elle ne tranche que l'aspect résiduel de la demande formulée par la partie requérante sur la base de l'article 1 du Protocole n° 1.

Sur ce point, l'arrêt de la Grande Chambre (paragraphes 100-104 de l'arrêt) ne me semble pas correspondre à la réalité de la situation juridique.

D'abord, à mon avis, nous ne sommes pas confrontés à une situation continue car, comme je viens de l'indiquer, la situation litigieuse avait été clarifiée par la décision du 31 mai 2008. A partir de cette date il était devenu évident, en effet, que la requérante ne pouvait plus contester, en droit, le bien-fondé de la décision concernant la non-attribution des fréquences prévues par la mesure adoptée en 1999.

Il lui incombait, par conséquent, de présenter sa requête sur ce point dans le délai de six mois.

Je rappelle qu'il y a, à ce sujet, une jurisprudence constante établie depuis très longtemps.

Ainsi, non seulement la règle de six mois découle d'une clause spéciale et constitue un facteur de sécurité juridique, mais de plus elle revêt un caractère d'ordre public, les Etats ne pouvant pas l'écarter de leur propre initiative.

La règle du délai de six mois est, selon notre jurisprudence, une question qui tient au respect de l'ordre public européen et qui peut être soulevée d'office à tout stade de la procédure.

Le principe de subsidiarité, qui est évoqué constamment comme étant le principe inspirateur du système de contrôle, commande que l'on reconnaisse au juge interne une primauté dans l'interprétation du droit interne.

Je souligne, à cet égard, que notre Cour ne dispose que « d'une compétence limitée s'agissant de vérifier si le droit national a été correctement interprété et appliqué » et qu'« il ne lui appartient pas de se substituer aux tribunaux nationaux, son rôle consistant surtout à s'assurer que les décisions de ces derniers ne sont pas entachées d'arbitraire ou d'irrationalité manifeste » (*Anheuser-Busch Inc. c. Portugal* [GC], n° 73049/01, § 83, CEDH 2007-I).

Ce qui est vrai pour l'évaluation de la légalité interne vaut également s'agissant de déterminer quelle est la décision définitive interne rendue au regard d'un grief déterminé, à moins que l'on considère qu'en l'espèce la décision du Conseil d'Etat était entachée d'arbitraire ou d'irrationalité manifeste.

Ensuite, il me semble que l'arrêt verse dans l'erreur lorsqu'il mélange deux aspects distincts.

La détermination du montant de la somme à accorder au titre du préjudice subi par la requérante concernait la quantification des dommages subis et non la question concernant l'attribution des fréquences, question qui était *res judicata* depuis le 31 mai 2008.

Quant à la seconde situation factuelle, qui a trait au respect du droit de propriété, la question me paraît claire. Les raisons données par la décision du Conseil d'Etat du 20 janvier 2009 sont convaincantes et raisonnables.

Le Conseil d'Etat a reconnu une responsabilité de l'Etat à raison du long délai qui a présidé à l'attribution des fréquences. Il a accordé à ce titre une somme pour les « pertes éprouvées ». Il a tenu à souligner le comportement de la requérante, qui aurait dû tenir compte du contexte et faire preuve de prudence dans les investissements en attendant l'attribution des fréquences.

Quant au préjudice correspondant au « manque à gagner », le Conseil d'Etat a relevé que les suppositions et hypothèses échafaudées par la requérante étaient dépourvues du moindre élément de preuve. Une somme, déterminée de façon équitable, lui a cependant été accordée à ce titre.

Je pense que, plus que dans toute autre circonstance, il faut reconnaître à l'Etat une large marge d'appréciation en matière de détermination de dommages pour un « fait illicite » selon les principes de la responsabilité extracontractuelle.

En ce qui concerne la question de l'application de l'article 41, je me rallie à l'opinion en partie dissidente des juges Sajó, Karakaş et Tsotsoria.

CENTRO EUROPA 7 S.r.l. AND DI STEFANO v. ITALY
(Application no. 38433/09)

GRAND CHAMBER

JUDGMENT OF 7 JUNE 2012[1]

1. Judgment delivered by the Grand Chamber following relinquishment of jurisdiction by a Chamber in accordance with Article 30 of the Convention.

SUMMARY[1]

Inability of a television company to broadcast after being awarded a licence but not allocated frequencies

Article 10

Freedom to impart information – Inability of a television company to broadcast after being awarded a licence but not allocated frequencies – Interference prescribed by law – Foreseeability – Safeguards against abuse – Protection against arbitrariness – Domestic legislative framework lacking clarity and precision – Positive obligations – Obligation on the State to set up legislative and administrative framework guaranteeing effective media pluralism

*

* *

The applicants are a company and its statutory representative. In July 1999 the Italian authorities granted the applicant company a broadcasting licence authorising it to install and operate an analogue television network covering 80% of national territory. As regards the allocation of frequencies, the licence referred to the 1998 national frequency-allocation plan, under which the applicant company was required to bring its installations into line with the requirements of the "assignment plan" within twenty-four months and to conform to the "adjustment programme" drawn up by the Communications Regulatory Authority. From 2000 onwards, the applicant company made several applications to the administrative courts, complaining about the failure to allocate it any broadcasting frequencies. In May 2008 the *Consiglio di Stato* ordered the government to deal with the request for the allocation of frequencies. In January 2009 it also ordered the appropriate ministry to pay the applicant company approximately one million euros in compensation, calculated on the basis of its legitimate expectation of being allocated frequencies.

Held

Article 10: The failure by the authorities to allocate frequencies to the applicant company had deprived its licence of all practical purpose since the activity it authorised had been *de facto* impossible to carry out for nearly ten years. There had therefore been interference with the applicant company's exercise of its right to impart information or ideas. Furthermore, having been awarded a broadcasting licence, it could reasonably have expected the authorities to adopt, within twenty-

1. This summary by the Registry does not bind the Court.

four months, the instruments needed to regulate its activities. However, the frequency-allocation plan had not been implemented until December 2008 and the applicant company had been allocated a single channel for its programmes, with effect from the end of June 2009 only. In the meantime, several operators had continued on a provisional basis to use various frequencies that were supposed to have been allocated to new operators under the national plan. The *Consiglio di Stato* had held that this state of affairs was due to essentially legislative factors. A series of laws had repeatedly extended the period during which the existing "over-quota" channels could continue to broadcast at both national and local level. The other operators had therefore been prevented from participating in the early stages of digital television. Moreover, these laws, which were couched in vague terms, had postponed the expiry of the transitional scheme with reference to events occurring on dates which were impossible to foresee. In addition, the Court of Justice of the European Union had noted that these measures by the national legislature had entailed the successive application of transitional arrangements structured in favour of the incumbent networks, and that this had had the effect of preventing operators that did not have any frequencies from accessing the television broadcasting market even though they had a licence. Accordingly, the domestic legislative framework had lacked clarity and precision and had not enabled the applicant company to foresee with sufficient certainty when it might be allocated the frequencies in order to start broadcasting. As a result, the laws in question did not satisfy the foreseeability requirements. Lastly, the authorities had not observed the deadlines set in the licence, thereby frustrating the applicant company's expectations. The Government had not shown that the company had had effective means at its disposal to compel the authorities to abide by the law and the Constitutional Court's judgments. Accordingly, the applicant company had not been afforded sufficient guarantees against arbitrariness. This shortcoming had resulted, among other things, in reduced competition in the audio-visual sector. It therefore amounted to a failure by the State to comply with its positive obligation to put in place an appropriate legislative and administrative framework to guarantee effective media pluralism.
Conclusion: violation (sixteen votes to one).
Article 41: The compensation awarded to the applicant company by the *Consiglio di Stato*, covering solely the period from 2004 to 2009, could not be regarded as sufficient, especially as no expert valuation had been ordered by the domestic courts to quantify the losses sustained and the loss of earnings. Although the circumstances of the case did not lend themselves to a precise assessment of pecuniary damage, the company had nevertheless suffered a real loss of opportunities. In particular, it had intended to embark on an entirely new commercial venture, the potential success of which depended on a variety of factors whose assessment fell outside the Court's jurisdiction. In those circumstances, and taking into account the compensation already received at domestic level, the Court considered it appropriate to award a lump sum in compensation for the losses sustained and the loss of earnings

resulting from the impossibility of making use of the licence. The Court awarded the applicant company an aggregate sum covering all heads of damage.

Case-law cited by the Court

De Geillustreerde Pers N.V. v. the Netherlands, no. 5178/71, Commission's report of 6 July 1976, Decisions and Reports 8
Handyside v. the United Kingdom, 7 December 1976, Series A no. 24
The Sunday Times *v. the United Kingdom (no. 1)*, 26 April 1979, Series A no. 30
Artico v. Italy, 13 May 1980, Series A no. 37
Lingens v. Austria, 8 July 1986, Series A no. 103
Kruslin v. France, 24 April 1990, Series A no. 176-A
Kokkinakis v. Greece, 25 May 1993, Series A no. 260-A
Informationsverein Lentia and Others v. Austria, 24 November 1993, Series A no. 276
Jersild v. Denmark, 23 September 1994, Series A no. 298
Vogt v. Germany, 26 September 1995, Series A no. 323
Radio ABC v. Austria, 20 October 1997, *Reports of Judgments and Decisions* 1997-VI
Kopp v. Switzerland, 25 March 1998, *Reports* 1998-II
Socialist Party and Others v. Turkey, 25 May 1998, *Reports* 1998-III
Rekvényi v. Hungary [GC], no. 25390/94, ECHR 1999-III
Başkaya and Okçuoğlu v. Turkey [GC], nos. 23536/94 and 24408/94, ECHR 1999-IV
Leveque v. France (dec.), no. 35591/97, 23 November 1999
Rotaru v. Romania [GC], no. 28341/95, ECHR 2000-V
United Christian Broadcasters Ltd v. the United Kingdom (dec.), no. 44802/98, 7 November 2000
VgT Verein gegen Tierfabriken v. Switzerland, no. 24699/94, ECHR 2001-VI
Gawęda v. Poland, no. 26229/95, ECHR 2002-II
Demuth v. Switzerland, no. 38743/97, ECHR 2002-IX
Murphy v. Ireland, no. 44179/98, ECHR 2003-IX
Maestri v. Italy [GC], no. 39748/98, ECHR 2004-I
Pedersen and Baadsgaard v. Denmark [GC], no. 49017/99, ECHR 2004-XI
Tourancheau and July v. France, no. 53886/00, 24 November 2005
Glas Nadezhda EOOD and Anatoliy Elenkov v. Bulgaria, no. 14134/02, 11 October 2007
Meltex Ltd and Movsesyan v. Armenia, no. 32283/04, 17 June 2008
Manole and Others v. Moldova, no. 13936/02, ECHR 2009
RTBF v. Belgium, no. 50084/06, ECHR 2011

In the case of Centro Europa 7 S.r.l. and Di Stefano v. Italy,

The European Court of Human Rights, sitting as a Grand Chamber composed of:

Françoise Tulkens, *President*,
Jean-Paul Costa,
Josep Casadevall,
Nina Vajić,
Dean Spielmann,
Corneliu Bîrsan,
Elisabeth Steiner,
Elisabet Fura,
Ljiljana Mijović,
Davíd Thór Björgvinsson,
Dragoljub Popović,
András Sajó,
Nona Tsotsoria,
Işıl Karakaş,
Kristina Pardalos,
Guido Raimondi,
Linos-Alexandre Sicilianos, *judges*,

and Vincent Berger, *Jurisconsult*,

Having deliberated in private on 12 October 2011 and 11 April 2012,

Delivers the following judgment, which was adopted on the last-mentioned date:

PROCEDURE

1. The case originated in an application (no. 38433/09) against the Italian Republic lodged with the Court under Article 34 of the Convention for the Protection of Human Rights and Fundamental Freedoms ("the Convention") by an Italian limited liability company, Centro Europa 7 S.r.l., and an Italian national, Mr Francescantonio Di Stefano ("the applicants"), on 16 July 2009.

2. The applicants were represented by Mr A. Pace, Mr R. Mastroianni, Mr O. Grandinetti and Mr F. Ferraro, lawyers practising in Rome. The Italian Government ("the Government") were represented by their Agent, Ms E. Spatafora.

3. The applicants alleged that the failure to allocate the applicant company the necessary frequencies for television broadcasting had infringed their right to freedom of expression, and especially their freedom to impart

information and ideas. They also complained of a violation of Article 14 and Article 6 § 1 of the Convention and of Article 1 of Protocol No. 1.

4. The application was allocated to the Second Section of the Court (Rule 52 § 1 of the Rules of Court). On 10 November 2009 the Second Section decided to give notice of the application to the Government. As provided for by former Article 29 § 3 of the Convention (now Article 29 § 1) and Rule 54A, it decided to examine the merits of the application at the same time as its admissibility. On 30 November 2010 a Chamber of that Section, composed of Françoise Tulkens, Danute Jočienė, Dragoljub Popović, András Sajó, Nona Tsotsoria, Kristina Pardalos and Guido Raimondi, judges, and Françoise Elens-Passos, Deputy Section Registrar, relinquished jurisdiction in favour of the Grand Chamber, none of the parties having objected to relinquishment (Article 30 of the Convention and Rule 72).

5. The composition of the Grand Chamber was determined in accordance with the provisions of Article 26 §§ 4 and 5 of the Convention and Rule 24. On 3 November 2011 Jean-Paul Costa's term as President of the Court came to an end. Françoise Tulkens took over the presidency of the Grand Chamber in the present case from that date (Rule 9 § 2). Jean-Paul Costa continued to sit following the expiry of his term of office, in accordance with Article 23 § 3 of the Convention and Rule 24 § 4.

6. The applicants and the Government each filed further observations (Rule 59 § 1). In addition, third-party comments were received from the association Open Society Justice Initiative, which had been given leave by the President to intervene in the written procedure (Article 36 § 2 of the Convention and Rule 44 § 2).

7. A hearing took place in public in the Human Rights Building, Strasbourg, on 12 October 2011 (Rule 59 § 3).

There appeared before the Court:

(a) *for the Government*

Mr	M. Remus,	*Adviser,*
Mr	P. Gentili,	*State Counsel;*

(b) *for the applicants*

Mr	R. Mastroianni,	
Mr	O. Grandinetti,	
Mr	F. Ferraro,	*Counsel.*

The Court heard addresses by Mr Remus, Mr Gentili, Mr Mastroianni and Mr Grandinetti, and also their replies to questions put by its members.

THE FACTS

I. THE CIRCUMSTANCES OF THE CASE

8. The first applicant, Centro Europa 7 S.r.l. ("the applicant company"), is a limited liability company operating in the television-broadcasting sector, with its registered office in Rome. The second applicant, Mr Francescantonio Di Stefano, is an Italian national who was born in 1953 and lives in Rome. He is the statutory representative of the applicant company.

9. By a ministerial decree of 28 July 1999, the appropriate authorities granted Centro Europa 7 S.r.l. a licence for nationwide terrestrial television broadcasting in accordance with Law no. 249/1997 (see paragraphs 56-61 below), authorising it to install and operate an analogue television network. The licence specified that the applicant company was entitled to three frequencies covering 80% of national territory. As regards the allocation of the frequencies, the licence referred to the national frequency-allocation plan, adopted on 30 October 1998. It indicated that the installations should be brought into line with the requirements of the "assignment plan" (*piano di assegnazione*) within twenty-four months and that the measures taken to that end should conform to the adjustment programme (*programma di adeguamento*) drawn up by the Communications Regulatory Authority (*Autorità per le garanzie nelle comunicazioni* – AGCOM) in conjunction with the Ministry of Communications ("the Ministry"). It appears from the *Consiglio di Stato*'s judgment no. 2624 of 31 May 2008 (see paragraph 14 below) that, under the terms of the licence, the allocation of frequencies was deferred until such time as the authorities had adopted the adjustment programme, on the basis of which the applicant company should have upgraded its own installations. The adjustment programme should, in turn, have taken into account the requirements of the national frequency-allocation plan. However, the plan was not implemented. A succession of transitional schemes that benefited existing channels were applied at national level, with the result that, even though it had a licence, the applicant company was unable to broadcast until June 2009 as it had not been allocated any frequencies.

10. The applicant company, through its statutory representative, made a number of applications to the administrative courts.

A. First set of administrative proceedings

11. In November 1999 the applicant company served formal notice on the Ministry to allocate frequencies to it. In a note of 22 December 1999, the Ministry refused its request.

1. Proceedings on the merits

12. In 2000 the applicant company lodged an application with the Lazio Regional Administrative Court against the Ministry and RTI (a network of Italian television channels controlled by the Mediaset group), complaining that the authorities had not allocated it any broadcasting frequencies. The application was also directed against RTI because the Retequattro channel had been authorised to broadcast on frequencies that should have been transferred to the applicant company.

13. On 16 September 2004 the Regional Administrative Court found in favour of the applicant company, holding that the authorities were required either to allocate the frequencies or to revoke the licence. Accordingly, it declared the note of 22 December 1999 void.

14. RTI appealed to the *Consiglio di Stato*. In judgment no. 2624 of 31 May 2008, the *Consiglio di Stato* dismissed the appeal and upheld the Regional Administrative Court's judgment. It noted that no deadline had been set in the licence for the authorities to adopt the adjustment programme drawn up by AGCOM in conjunction with the Ministry, but that the applicant company had been given twenty-four months to make improvements to its installations. Accordingly, the *Consiglio di Stato* found that the adjustment programme should have been approved promptly.

The *Consiglio di Stato* added that the Ministry had to give a decision on the applicant company's request to be allocated frequencies, in accordance with a judgment delivered in the meantime by the European Court of Justice (ECJ – see paragraphs 33-36 below).

2. Enforcement proceedings

15. On 23 October 2008 the applicant company, because it had still not obtained the frequencies, brought proceedings against the Ministry in the *Consiglio di Stato*, complaining that the judgment of 31 May 2008 had not been executed.

16. On 11 December 2008 the Ministry extended the validity of the licence granted in 1999 until the analogue switch-off date and allocated Centro Europa 7 S.r.l. a single channel with effect from 30 June 2009.

17. The *Consiglio di Stato* consequently held in judgment no. 243/09 of 20 January 2009 that the Ministry had properly executed its judgment of 31 May 2008.

18. On 18 February 2009 the applicant company brought a further application in the Regional Administrative Court, arguing that the decree of 11 December 2008 by which the frequencies had been allocated was insufficient in that, contrary to the terms of the licence, it concerned a single

channel that did not cover 80% of national territory. In its application the company sought the annulment of the decree and an award of damages.

19. On 9 February 2010 the applicant company signed an agreement with the Ministry of Economic Development (the former Ministry of Communications), which undertook to assign to it additional frequencies in accordance with the terms of the licence.

20. On 11 February 2010, pursuant to one of the clauses of that agreement, the applicant company asked for the proceedings pending before the Regional Administrative Court to be struck out.

21. On 8 March 2011 the applicant company applied to the Regional Administrative Court to restore the case to its list. It sought the annulment of the decree of 11 December 2008 by which the frequencies had been allocated, and an award of damages. It argued that the administrative authorities had not complied fully with their obligation to allocate additional frequencies and had failed to observe the agreement of 9 February 2010 and the decision of 11 December 2008.

22. Paragraph 6 of the agreement in question stated:

> "Centro Europa 7 S.r.l. undertakes to request, by 11 February 2010, the striking out of application no. 1313/09 pending before the Lazio Regional Administrative Court, to allow it to lapse for failure to submit a fresh application to schedule a hearing within the statutory time-limit and, by the same date, to waive the claims for compensation brought in that application, provided that, by the date on which the case lapses, this agreement, the decision allocating the additional frequencies and the decision of 11 December 2008 have not in the meantime become invalid.
>
> The Administration, for its part, undertakes to comply fully with its obligation to allocate additional frequencies, and with this agreement and the decision of 11 December 2008. Should it fail to do so, Centro Europa 7 and the opposing authorities shall regain full possession of their respective procedural prerogatives. In the event that the assignment of the additional frequencies becomes invalid, it is specified that Centro Europa 7 S.r.l. may reactivate application no. 1313/09 only if it would be impossible in this situation for Europa Way S.r.l. to operate one or more of the installations mentioned in Technical Attachment A."

23. The proceedings are currently pending before the Regional Administrative Court.

B. Second set of administrative proceedings

1. Proceedings before the Regional Administrative Court

24. In the meantime, on 27 November 2003, while its initial application was still pending before the Regional Administrative Court, the applicant company had lodged a further application with the same court, seeking in

particular an acknowledgment of its entitlement to have the frequencies allocated and compensation for the damage sustained.

25. In a judgment of 16 September 2004, the Regional Administrative Court dismissed the application, holding in particular that the applicant company had only a legitimate interest (*interesse legittimo*), that is, an individual position indirectly protected as far as was consistent with the public interest, and not a personal right (*diritto soggettivo*) to be allocated frequencies for analogue terrestrial television broadcasting.

2. *Appeal to the Consiglio di Stato*

26. The applicant company appealed to the *Consiglio di Stato*, arguing that, since it had been granted a licence by the appropriate authorities, it did in fact have a personal right. In particular, it contended that Legislative Decree no. 352/2003 and Law no. 112/2004 did not comply with Community legislation (see paragraphs 65-67 below).

27. On 19 April 2005 the *Consiglio di Stato* decided to restrict its examination to the applicant company's claim for damages and not to rule at that stage on the request for allocation of frequencies.

28. It nevertheless observed that the failure to allocate frequencies to Centro Europa 7 S.r.l. had been due to essentially legislative factors.

29. It noted that section 3(2) of Law no. 249/1997 (see paragraph 58 below) enabled the "*de facto* occupants" of radio frequencies authorised to operate under the previous system to continue broadcasting until new licences were awarded or applications for new licences were rejected, and in any event not after 30 April 1998.

30. It further noted that section 3(7) of Law no. 249/1997 (see paragraph 61 below) authorised the continuation of such broadcasts by entrusting AGCOM with the task of setting a deadline, on the sole condition that programmes were to be broadcast simultaneously on terrestrial frequencies and by satellite or cable. It pointed out that, in the event of failure by AGCOM to set a deadline, the Constitutional Court had set 31 December 2003 as the date by which programmes broadcast by the "over-quota channels" (that is, existing national television channels exceeding the concentration restrictions imposed by section 2(6) of Law no. 249/1997) were to be broadcast by satellite or cable only, with the result that the frequencies to be allocated to licence holders such as the applicant company would have been freed up. The *Consiglio di Stato* observed, however, that the deadline had not been complied with following the intervention of the national legislature: section 1 of Legislative Decree no. 352/2003, which had subsequently become Law no. 43/2004 (see paragraph 65 below), had prolonged the activities of the over-quota channels pending the completion

of an AGCOM investigation into the development of digital television channels. It added that section 23(5) of Law no. 112/2004 (see paragraph 67 below) had subsequently, by a general authorisation mechanism, extended the possibility for over-quota channels to continue broadcasting on terrestrial frequencies until the national frequency-allocation plan for digital television was implemented, with the result that those channels had not been required to free up the frequencies intended for allocation to licence holders, such as the applicant company.

31. Law no. 112/2004 had therefore had the effect, according to the *Consiglio di Stato*, of blocking the frequencies intended for allocation to holders of analogue licences and of preventing new operators from participating in digital television trials.

32. That being so, the *Consiglio di Stato* decided to stay the proceedings and requested the ECJ to give a preliminary ruling on the interpretation of the provisions, in the EC Treaty, on freedom to provide services and competition, Directive 2002/21/EC ("the Framework Directive"), Directive 2002/20/EC ("the Authorisation Directive"), Directive 2002/77/EC ("the Competition Directive") and Article 10 of the European Convention on Human Rights, in so far as Article 6 of the Treaty on European Union referred to it.

3. *Judgment of the ECJ*

33. On 31 January 2008 the ECJ gave judgment. It declared two questions inadmissible, holding that it did not have sufficient information to give a ruling on them.

34. With regard to the question concerning Article 10 of the Convention, the ECJ concluded as follows:

> "By its first question, the national court asks the Court, essentially, to state whether the provisions of Article 10 of the [Convention], in so far as Article 6 EU refers thereto, preclude, in television-broadcasting matters, national legislation the application of which makes it impossible for an operator holding rights, such as Centro Europa 7, to broadcast without the grant of broadcasting radio frequencies.
>
> ...
>
> By those questions, the national court is thus seeking to determine whether there are infringements of Community law for the purpose of ruling on an application for compensation for the losses flowing from such infringements.
>
> ... Article 49 EC and, from the date on which they became applicable, Article 9 § 1 of the Framework Directive, Article 5 § 1, the second sub-paragraph of Article 5 § 2 and Article 7 § 3 of the Authorisation Directive and Article 4 of the Competition Directive must be interpreted as precluding, in television-broadcasting matters, national legislation the application of which makes it impossible for an operator

> holding rights to broadcast in the absence of broadcasting radio frequencies granted on the basis of objective, transparent, non-discriminatory and proportionate criteria.
>
> That answer, by itself, thus enables the national court to rule on the application made by Centro Europa 7 for compensation for the losses suffered.
>
> Consequently, regard being had to the Court's answer to the second, fourth and fifth questions, it is not necessary to rule on the first and third questions."

35. As to the merits, the ECJ observed that the existing channels had been authorised to pursue their broadcasting activities as a result of a series of measures by the national legislature, to the detriment of new broadcasters which nevertheless held licences for terrestrial television broadcasting. It noted that these measures had entailed the successive application of transitional arrangements structured in favour of the incumbent networks, and that this had had the effect of preventing operators without broadcasting frequencies, such as the applicant company, from accessing the television-broadcasting market even though they had a licence (granted, in the applicant company's case, in 1999). The ECJ held:

> "... Law no. 112/2004 ... does not merely allocate to the incumbent operators a priority right to obtain radio frequencies, but reserves them that right exclusively, without restricting in time the privileged position assigned to those operators and without providing for any obligation to relinquish the radio frequencies in breach of the threshold after the transfer to digital television broadcasting."

36. The ECJ added that the application of the transitional schemes was not in accordance with the new common regulatory framework (NCRF), which implemented provisions of the EC Treaty, in particular those on freedom to provide services in the area of electronic communications networks and services. It observed in that connection that several provisions of the NCRF stated that the allocation and assignment of frequencies had to be based on objective, transparent, non-discriminatory and proportionate criteria. In the ECJ's view, such criteria had not been applied in the present case, since the status of the existing channels had not been amended under the transitional schemes and they had continued their broadcasting activities to the detriment of operators such as the applicant company, which, because it had not been allocated any broadcasting frequencies, had been unable to exercise its rights and make use of its licence.

The ECJ therefore reached the following conclusions:

> "... it must be stated that, in the area of television broadcasting, freedom to provide services, as enshrined in Article 49 EC and implemented in this area by the NCRF, requires not only the grant of broadcasting authorisations, but also the grant of broadcasting radio frequencies.

An operator cannot exercise effectively the rights which it derives from Community law in terms of access to the television-broadcasting market without broadcasting radio frequencies.

...

Article 49 EC and, from the date on which they became applicable, Article 9 § 1 of Directive 2002/21/EC of the European Parliament and of the Council of 7 March 2002 on a common regulatory framework for electronic communications networks and services (Framework Directive), Article 5 § 1, the second subparagraph of Article 5 § 2 and Article 7 § 3 of Directive 2002/20/EC of the European Parliament and of the Council of 7 March 2002 on the authorisation of electronic communications networks and services (Authorisation Directive), and Article 4 of Commission Directive 2002/77/EC of 16 September 2002 on competition in the markets for electronic communications networks and services must be interpreted as precluding, in television-broadcasting matters, national legislation the application of which makes it impossible for an operator holding rights to broadcast in the absence of broadcasting radio frequencies granted on the basis of objective, transparent, non-discriminatory and proportionate criteria."

4. Resumption of proceedings in the Consiglio di Stato

37. In decision no. 2622/08 of 31 May 2008, the *Consiglio di Stato* concluded that it could not allocate frequencies in the government's place or compel the government to do so. It ordered the government to deal with the applicant company's request for frequencies in a manner consistent with the criteria laid down by the ECJ. It made the following observations in particular:

"The adoption by the authorities of a specific measure relates more to issues of performance and implementation than to damages: in cases involving an unlawful refusal to take an administrative measure that has been requested, the adoption of the measure does not amount to compensation, but rather to the performance of an obligation incumbent upon the authorities, unless the private party concerned has sustained any damage."

38. With regard to the request for the allocation of frequencies, the *Consiglio di Stato* observed:

"Where legitimate interests are at stake, however, it is not possible to envisage a specific means of redress because inaction, a delay or an unlawful refusal will always have an impact on a situation that was or remains unsatisfactory, with the result that there is nothing to restore; the issue in relation to such interests concerns the practical implementation of any ruling setting aside the measure complained of.

...

Applying these principles to the present case, the *Consiglio* finds that the appellant's request for an order requiring the authorities to allocate the network or frequencies is inadmissible."

5. *Decision on the applicant company's claim for compensation*

39. The *Consiglio di Stato* deferred until 16 December 2008 its final decision on the payment of compensation to the applicant company, holding that it was necessary to wait for the relevant regulations to be passed by the government before assessing the amount.

40. The *Consiglio di Stato* requested both parties to comply with the following requirements by 16 December 2008. The Ministry was, firstly, to specify what frequencies had been available following the public tendering procedures in 1999 and why they had not been allocated to the applicant company and, secondly, to justify its assertion that the licence granted to the applicant company had expired in 2005.

41. The applicant company, for its part, was asked by the *Consiglio di Stato* to submit a report on its activities between 1999 and 2008, and also to explain why it had not taken part in the 2007 public tendering procedure for the allocation of frequencies.

42. The *Consiglio di Stato* also asked AGCOM to explain why the national frequency-allocation plan for terrestrial television broadcasting had never been implemented. Lastly, it dismissed the applicant company's request for the suspension of the provisional authorisation granted to a channel belonging to the Mediaset group (Retequattro) for the use of the frequencies.

43. In its reply, AGCOM explained to the *Consiglio di Stato* that the national frequency-allocation plan had been implemented only on 13 November 2008. According to AGCOM, this delay was due to several factors. Firstly, the legal situation was complicated because it was difficult to identify the available broadcasting frequencies as a result of the court decisions in which the over-quota channels had been allowed to continue broadcasting. In addition, the transitional arrangements introduced by Law no. 66/2001 (see paragraphs 63-64 below), which had allowed the channels in question to continue broadcasting in analogue mode, had prevented the plan from being implemented on account of the incompatibility between the interests of the channels likely to be allowed to broadcast under the plan and the interests of the channels that were legally entitled to continue their existing operations.

44. The applicant company submitted an expert valuation by the commercial bank Unipol assessing the damage sustained at 2,175,213,345.00 euros (EUR). The valuation was based on the profits achieved by Retequattro, the over-quota channel which should have relinquished the frequencies allocated to the applicant company.

45. In a judgment of 20 January 2009, the *Consiglio di Stato*, on the basis of Article 2043 of the Civil Code (see paragraph 69 below), ordered the Ministry to pay the applicant company the sum of EUR 1,041,418 in compensation. It observed that, over a period of ten years, the Ministry had acted negligently by having granted Centro Europa 7 S.r.l. a licence without assigning it any broadcasting frequencies.

46. The *Consiglio di Stato* found that there was a causal link between the conduct of the administrative authorities and the damage alleged, and that the award of the licence to Centro Europa 7 S.r.l. had not conferred on it the immediate right to pursue the corresponding economic activity; accordingly, the compensation should be calculated on the basis of the legitimate expectation of being allocated the frequencies by the appropriate authorities.

47. In the opinion of the *Consiglio di Stato*, the fact that the frequencies had not been allocated until 11 December 2008 was attributable to the authorities. Damage had thus been sustained as a result of an unlawful act for which the authorities incurred non-contractual liability, concerning both the breach of legitimate expectations and the delay in allocating the frequencies. The fact that the authorities had launched a public tendering procedure for the frequencies in 1999, although the situation in the broadcasting sector had not been clarified and there were outstanding technical issues, had been "risky". The *Consiglio di Stato* considered that the question of redress for the damage sustained by the applicant company should take this context into account. The authorities' conduct had not been characterised by "significant gravity" (*notevole gravità*) and the unlawful act was thus attributable to "negligent" and not intentional conduct on their part.

48. The *Consiglio di Stato* added that the pecuniary damage should be assessed with effect from 1 January 2004, since the Constitutional Court had ruled that the "transition period" after which legislation would have to be passed to allow licence holders to start broadcasting had expired on 31 December 2003 (see paragraph 62 below). As to the criteria for determining the damages to be awarded, the *Consiglio di Stato* pointed out that, as regards the losses sustained, the applicant company had been fully aware, at the time of the call for tenders, of the circumstances of the case and the conditions to which the licence was subject. Furthermore, the sequence of events that had prevented the frequencies from being allocated had been largely foreseeable. Accordingly, the applicant company should have known that it was unlikely to obtain the frequencies, at least in the short term. In addition, it could have purchased the frequencies under section 1 of Law no. 66/2001 (see paragraph 64 below).

Having regard to the above considerations, the *Consiglio di Stato*, without ordering an expert valuation, decided to award the applicant company EUR 391,418 for the losses sustained. As regards loss of earnings, it found that, from 1 January 2004, the applicant company could have achieved profits but had been unable to do so because of the delay in allocating the frequencies; the amount could be assessed at EUR 650,000. It refused to take into account the expert valuation submitted by the applicant company and held that it was unlikely that the company would have purchased shares in the market, even in the event that the over-quota channels had relinquished the frequencies. In the *Consiglio di Stato*'s view, the comparison between the applicant company and the two leading operators (Mediaset and RAI) was unjustified, especially as it did not take into account the other nationwide operator (La 7), which, although it had greater economic power than the applicant company, was nevertheless operating at a loss.

II. RELEVANT DOMESTIC LAW AND PRACTICE

A. Constitutional Court judgment no. 225/1974

49. In judgment no. 225/1974 the Constitutional Court, on the basis of Article 43 of the Constitution, reaffirmed the principle of the monopoly enjoyed by the State television corporation RAI on public-interest grounds. It held that the technical limitations on the number of frequencies justified the monopoly, and also laid down the requirement of objectivity and impartiality in public-service broadcasting.

B. Law no. 103/1975

50. Law no. 103 of 14 April 1975 (*Nuove norme in materia di diffusione radiofonica e televisiva*) transferred control of public-service broadcasting from the executive to the legislature. A bicameral parliamentary committee was set up with responsibility for the general management and supervision of radio and television services. RAI's board of management was then appointed by Parliament. A third channel of the RAI network was launched in 1979, with particular emphasis on regional programmes.

C. Constitutional Court judgment no. 202/1976

51. In judgment no. 202 of 15 July 1976, the Constitutional Court declared unconstitutional the provisions of Law no. 103/1975 establishing a monopoly or oligopoly on local broadcasting. In the light of that decision, commercial operators were authorised to run local television channels.

52. The allocation and voluntary redistribution of local frequencies subsequently encouraged the development of large regional or national operators, including the Mediaset group. The group's first channel was Canale 5, which started broadcasting nationwide in 1980; by 1984, having taken over two other channels (Italia Uno and Retequattro), Mediaset had managed, together with RAI, to establish a "duopoly" of public and private operators.

D. Law no. 223/1990

53. Law no. 223 of 6 August 1990, entitled "Provisions governing the public and private broadcasting system" (*Disciplina del sistema radiotelevisivo pubblico e privato*), transferred the power to appoint members of RAI's board from the parliamentary committee to the Speakers of the Chamber of Deputies and the Senate.

E. Constitutional Court judgment no. 420/1994

54. In judgment no. 420 of 5 December 1994, the Constitutional Court declared unconstitutional the provisions allowing the three channels controlled by the Mediaset group (Canale 5, Italia Uno and Retequattro) to occupy a dominant position. It held that the provision whereby the same operator could hold several television-broadcasting licences on condition that it did not exceed 25% of the total number of national channels – that is, three channels in all – was not sufficient to prevent concentration of television channels, and was accordingly in breach of Article 21 of the Constitution in that it did not make it possible to guarantee the plurality of information sources. The Constitutional Court considered that the existence of legislation to prevent dominant positions from being established was an essential requirement to justify the State's relinquishment of its monopoly on broadcasting. The creation of such dominant positions in this sector would not only have had the effect of changing the rules on competition but would also have led to the emergence of an oligopoly and would have breached the fundamental principle of plurality of information sources. The Constitutional Court thus held that the mere coexistence of a State-owned company and private companies (a mixed system) within the broadcasting sector was not sufficient to secure respect for the right to receive information from several competing sources. As it had previously stated in decision no. 826/1988, it reaffirmed that a State-owned company could not by itself ensure a balance precluding the establishment of a dominant position in the private sector.

55. On 11 June 1995, in a referendum, the Italian electorate rejected by a majority (57%) a proposal to amend existing legislation by prohibiting a private entrepreneur from controlling more than one television channel.

F. Law no. 249/1997

56. Law no. 249 of 31 July 1997, which came into force on 1 August 1998, established AGCOM. Section 2(6) of the Law imposed concentration restrictions in the television-broadcasting sector, prohibiting the same operator from holding licences to broadcast nationwide on more than 20% of the television channels operating on terrestrial frequencies.

57. Section 3(1) provided that operators authorised to broadcast under the previous legal framework could continue to transmit their programmes at national and local level until new licences were awarded or applications for new licences were rejected, but in any event not after 30 April 1998.

58. Section 3(2) provided that AGCOM was to adopt, by 31 January 1998 at the latest, a national frequency-allocation plan for television broadcasting, on the basis of which new licences were to be awarded by 30 April 1998 at the latest.

59. In decision no. 68 of 30 October 1998, AGCOM adopted the national frequency-allocation plan; subsequently, in decision no. 78 of 1 December 1998, it adopted regulations on the conditions and procedure for awarding licences for analogue terrestrial television broadcasting.

60. Section 3(6) of Law no. 249/1997 introduced a transitional scheme whereby existing national television channels exceeding the concentration restrictions imposed by section 2(6) (known as "over-quota channels") could continue broadcasting on a temporary basis on terrestrial frequencies after 30 April 1998, provided that they complied with the obligations imposed on channels holding licences and that their programmes were broadcast simultaneously on satellite or cable.

61. Section 3(7) of the same Law entrusted AGCOM with the task of determining the date by which, in view of the real and significant increase in viewers of cable or satellite television, the over-quota channels were to broadcast by satellite or cable only, thus relinquishing terrestrial frequencies.

G. Constitutional Court judgment no. 466/2002

62. On 20 November 2002 the Constitutional Court delivered a judgment concerning section 3(7) of Law no. 249/1997. It held that the transition period laid down in that provision was acceptable, given that at the time the law was passed the alternative means of transmission in Italy could not be said to have been competitive in relation to traditional

analogue broadcasting, hence the need to introduce a transition period to encourage the development of digital broadcasting. However, the Constitutional Court declared unconstitutional the failure to specify a fixed deadline for the expiry of the transition period. Referring to the technical conclusions set out in AGCOM's decision no. 346/2001, resulting from a study of the number of cable and satellite television viewers in Italy, it ruled that 31 December 2003 was a reasonable date for the expiry of the transition period.

The Constitutional Court held, in particular:

> "... the present Italian private television system operating at national level in analogue mode has grown out of situations of simple *de facto* occupation of frequencies (operation of installations without licences and authorisations), and not in relation to any desire for greater pluralism in the distribution of frequencies and for proper planning of terrestrial broadcasting ... This *de facto* situation does not therefore guarantee respect for external pluralism of information, which is an 'essential requirement' laid down by the relevant constitutional case-law ... In this context, given the persistence (and aggravation) of a situation which was ruled illegal in judgment no. 420/1994 and the continued operation of channels considered 'over quota' by the legislature in 1997, a deadline must be set that is absolutely certain, definitive and hence binding, in order to ensure compatibility with constitutional rules ..."

H. Law no. 66/2001

63. Legislative Decree no. 5 of 23 January 2001, which, as amended, became Law no. 66 of 20 March 2001, authorised operators lawfully engaged in television broadcasting on terrestrial frequencies to continue broadcasting until the national frequency-allocation plan for digital television was implemented.

64. Section 1 provided that operators which were not currently broadcasting but had been awarded a licence could purchase broadcasting installations and connections that were in lawful use on the date on which the Legislative Decree came into force.

Section 2 *bis* provides:

> "In order to ensure the opening of the digital terrestrial television market, operators that are lawfully engaged in digital television broadcasting, via satellite or cable, may conduct trials by means of simultaneous repeats of programmes that have already been broadcast on analogue frequencies."

I. Laws nos. 43/2004 and 112/2004

65. Section 1 of Legislative Decree no. 352 of 24 December 2003, which, as amended, became Law no. 43 of 24 February 2004, authorised the over-quota channels to continue broadcasting on analogue and digital

television networks pending the completion of an investigation into the development of digital television channels.

66. Law no. 112 of 3 May 2004 (known as the "Gasparri Law") specified the different stages for the launch of digital broadcasting on terrestrial frequencies.

67. Section 23 of the Law provides:

> "(1) Pending the implementation of the national frequency-allocation plan for digital television, operators engaged in television-broadcasting activities on any basis at national or local level which fulfil the conditions necessary to obtain authorisation for digital terrestrial broadcasting trials, in accordance with ... Legislative Decree no. 5 [of 23 January 2001], which, as amended, has become Law no. 66 [of 20 March 2001], may conduct such trials, including by simultaneous repeats of programmes already broadcast on analogue frequencies, until the conversion of the networks has been completed, and may apply, from the date of entry into force of this Law, ... for the licences and authorisations necessary for digital terrestrial broadcasting.
>
> (2) Digital broadcasting trials may be conducted using installations lawfully broadcasting on analogue frequencies on the date of entry into force of this Law.
>
> (3) In order to allow digital networks to be set up, transfers of installations or branches of undertakings between operators lawfully engaged in television broadcasting at national or local level shall be authorised, on condition that the acquisitions are intended for digital broadcasting.
>
> ...
>
> (5) With effect from the date of entry into force of this Law, a licence to operate a television channel shall be granted, upon request, to persons lawfully engaged in television broadcasting by virtue of a licence or the general authorisation provided for in subsection (1) above, where they can show that they have attained coverage of at least 50% of the population or of the local catchment area.
>
> ...
>
> (9) In order to facilitate the conversion of the analogue system to the digital system, the broadcasting of television programmes shall be carried on through installations lawfully operating on the date of entry into force of this Law ..."

68. AGCOM approved a "first level" frequency-allocation plan for national and regional channels on 29 January 2003, and the "integrated plan" – supplementing the "first-level plan" with a "second-level plan" (allocation of frequencies to local channels) – on 12 November 2003.

J. Article 2043 of the Civil Code

69. This provision reads as follows:

> "Any unlawful act which causes damage to another shall render the perpetrator liable in damages under civil law."

III. RELEVANT INTERNATIONAL MATERIAL

A. Council of Europe documents

1. Recommendation No. R (99) 1 of the Committee of Ministers to member States on measures to promote media pluralism

70. The relevant parts of this Recommendation, adopted by the Committee of Ministers on 19 January 1999 at the 656th meeting of the Ministers' Deputies, read as follows.

"The Committee of Ministers, under the terms of Article 15.*b* of the Statute of the Council of Europe,

...

Stressing also that the media, and in particular the public-service broadcasting sector, should enable different groups and interests in society – including linguistic, social, economic, cultural or political minorities – to express themselves;

Noting that the existence of a multiplicity of autonomous and independent media outlets at the national, regional and local levels generally enhances pluralism and democracy;

Recalling that the political and cultural diversity of media types and contents is central to media pluralism;

Stressing that States should promote political and cultural pluralism by developing their media policy in line with Article 10 of the European Convention on Human Rights, which guarantees freedom of expression and information, and with due respect for the principle of independence of the media;

...

Noting that there are already some cases of bottlenecks in the area of the new communications technologies and services, such as control over conditional access systems for digital television services;

Noting also that the establishment of dominant positions and the development of media concentrations might be furthered by the technological convergence between the broadcasting, telecommunications and computer sectors;

...

Convinced that transparency as regards the control of media enterprises, including content and service providers of the new communications services, can contribute to the existence of a pluralistic media landscape;

...

Recalling also the provisions on media pluralism contained in the Amending Protocol to the European Convention on Transfrontier Television;

Bearing in mind the work conducted within the framework of the European Union and other international organisations in the area of media concentrations and pluralism,

Recommends that the governments of the member States:

i. examine the measures contained in the appendix to this Recommendation and consider the inclusion of these in their domestic law or practice where appropriate, with a view to promoting media pluralism;

ii. evaluate on a regular basis the effectiveness of their existing measures to promote pluralism and/or anti-concentration mechanisms and examine the possible need to revise them in the light of economic and technological developments in the media field."

2. *Recommendation Rec(2003)9 of the Committee of Ministers to member States on measures to promote the democratic and social contribution of digital broadcasting*

71. The relevant parts of this Recommendation, adopted by the Committee of Ministers on 28 May 2003 at the 840th meeting of the Ministers' Deputies, read as follows.

"...

Recalling that the existence of a wide variety of independent and autonomous media, permitting the reflection of diversity of ideas and opinions, as stated in its Declaration on the freedom of expression and information of 29 April 1982, is important for democratic societies;

Bearing in mind Resolution no. 1 on the future of public-service broadcasting adopted at the 4th European Ministerial Conference on Mass Media Policy (Prague, 7-8 December 1994), and recalling its Recommendation No R (96) 10 on the guarantee of the independence of public-service broadcasting;

Stressing the specific role of the broadcasting media, and in particular of public-service broadcasting, in modern democratic societies, which is to support the values underlying the political, legal and social structures of democratic societies, and in particular respect for human rights, culture and political pluralism;

...

Noting that in parallel with the multiplication of the number of channels in the digital environment, concentration in the media sector is still accelerating, notably in the context of globalisation, and recalling to the member States the principles enunciated in Recommendation no. R (99) 1 on measures to promote media pluralism, in particular those concerning media ownership rules, access to platforms and diversity of media content;

...

Recommends that the governments of the member States, taking account of the principles set out in the appendix:

a. create adequate legal and economic conditions for the development of digital broadcasting that guarantee the pluralism of broadcasting services and public access to an enlarged choice and variety of quality programmes, including the maintenance and, where possible, extension of the availability of transfrontier services;

b. protect and, if necessary, take positive measures to safeguard and promote media pluralism, in order to counterbalance the increasing concentration in this sector;

..."

3. Recommendation CM/Rec(2007)2 of the Committee of Ministers to member States on media pluralism and diversity of media content

72. The relevant parts of this Recommendation, adopted by the Committee of Ministers on 31 January 2007 at the 985th meeting of the Ministers' Deputies, read as follows.

"...

Recalling Article 10 of the Convention for the Protection of Human Rights and Fundamental Freedoms (ETS No. 5), which guarantees freedom of expression and freedom to receive and impart information and ideas without interference by public authority and regardless of frontiers;

Recalling its Declaration on the freedom of expression and information, adopted on 29 April 1982, which stresses that a free flow and wide circulation of information of all kinds across frontiers is an important factor for international understanding, for bringing peoples together and for the mutual enrichment of cultures;

Recalling its Recommendation Rec(2000)23 on the independence and functions of regulatory authorities for the broadcasting sector and its Explanatory Memorandum, which stress the importance of the political, financial and operational independence of broadcasting regulators;

Recalling the opportunities provided by digital technologies as well as the potential risks related to them in modern society as stated in its Recommendation Rec(2003)9 on measures to promote the democratic and social contribution of digital broadcasting;

Recalling its Recommendation No. R (99) 1 on measures to promote media pluralism and its Recommendation No. R (94) 13 on measures to promote media transparency, the provisions of which should jointly apply to all media;

Noting that, since the adoption of Recommendations No. R (99) 1 and No. R (94) 13, important technological developments have taken place, which make a revision of these texts necessary in order to adapt them to the current situation of the media sector in Europe;

...

Reaffirming that media pluralism and diversity of media content are essential for the functioning of a democratic society and are the corollaries of the fundamental right to freedom of expression and information as guaranteed by Article 10 of the Convention for the Protection of Human Rights and Fundamental Freedoms;

Considering that the demands which result from Article 10 of the Convention for the Protection of Human Rights and Fundamental Freedoms will be fully satisfied only if each person is given the possibility to form his or her own opinion from diverse sources of information;

Recognising the crucial contribution of the media in fostering public debate, political pluralism and awareness of diverse opinions, notably by providing different groups in society – including cultural, linguistic, ethnic, religious or other minorities – with an opportunity to receive and impart information, to express themselves and to exchange ideas;

...

Reaffirming that, in order to protect and actively promote the pluralistic expressions of ideas and opinions as well as cultural diversity, member States should adapt the existing regulatory frameworks, particularly with regard to media ownership, and adopt any regulatory and financial measures called for in order to guarantee media transparency and structural pluralism as well as diversity of the content distributed;

...

Bearing in mind that national media policy may also be oriented to preserve the competitiveness of domestic media companies in the context of the globalisation of markets and that the transnational media concentration phenomena can have a negative impact on diversity of content,

Recommends that governments of member States:

i. consider including in national law or practice the measures set out below;

ii. evaluate at national level, on a regular basis, the effectiveness of existing measures to promote media pluralism and content diversity, and examine the possible need to revise them in the light of economic, technological and social developments on the media;

iii. exchange information about the structure of media, domestic law and studies regarding concentration and media diversity.

Recommended measures

I. Measures promoting structural pluralism of the media

1. General principle

1.1. Member States should seek to ensure that a sufficient variety of media outlets provided by a range of different owners, both private and public, is available to the public, taking into account the characteristics of the media market, notably the specific commercial and competition aspects.

1.2. Where the application of general competition rules in the media sector and access regulation are not sufficient to guarantee the observance of the demands concerning cultural diversity and the pluralistic expressions of ideas and opinions, member States should adopt specific measures.

...

1.4. When adapting their regulatory framework, member States should pay particular attention to the need for effective and manifest separation between the exercise of political authority or influence and control of the media or decision-making as regards media content.

...

4. Other media contributing to pluralism and diversity

Member States should encourage the development of other media capable of making a contribution to pluralism and diversity and providing a space for dialogue. These media could, for example, take the form of community, local, minority or social media. ...

...

II. Measures promoting content diversity

...

3. Allocation of broadcasting licences and must carry/must offer rules

3.1. Member States should consider introducing measures to promote and to monitor the production and provision of diverse content by media organisations. In respect of the broadcasting sector, such measures could be to require in broadcasting licences that a certain volume of original programmes, in particular as regards news and current affairs, is produced or commissioned by broadcasters.

3.2. Member States should consider the introduction of rules aimed at preserving a pluralistic local media landscape, ensuring in particular that syndication, understood as the centralised provision of programmes and related services, does not endanger pluralism.

3.3. Member States should envisage, where necessary, adopting must-carry rules for other distribution means and delivery platforms than cable networks. Moreover, in the light of the digitisation process – especially the increased capacity of networks and proliferation of different networks – member States should periodically review their must-carry rules in order to ensure that they continue to meet well-defined general interest objectives. Member States should explore the relevance of a must-offer obligation in parallel to the must-carry rules so as to encourage public-service media and principal commercial media companies to make their channels available to network operators that wish to carry them. Any resulting measures should take into account copyright obligations."

4. *Parliamentary Assembly Resolution 1387 (2004) on monopolisation of the electronic media and possible abuse of power in Italy*

73. This resolution, adopted by the Parliamentary Assembly on 24 June 2004, reads as follows.

"1. Italy is a founding member of the Council of Europe and strongly supports the ideals for which it stands. The Parliamentary Assembly is therefore concerned by the concentration of political, commercial and media power in the hands of one person, Prime Minister Silvio Berlusconi.

2. The Parliamentary Assembly cannot accept that this anomaly be minimised on the grounds that it only poses a potential problem. A democracy is judged not only by its day-to-day operations but by the principles the country upholds with regard to its own citizens and internationally. The Assembly recalls that, in accordance with Article 10 of the Convention for the Protection of Human Rights and Fundamental Freedoms and the case-law of the European Court of Human Rights, States have a duty to protect and, when necessary, take positive measures to safeguard and promote media pluralism.

3. The Assembly deplores the fact that several consecutive Italian governments since 1994 have failed to resolve the problem of conflict of interest and that appropriate legislation has not yet been adopted by the present Parliament. It disagrees that the leading principle of the Frattini Bill currently under consideration – that only managers, not owners, should be held responsible – provides a genuine and comprehensive solution to the conflict of interest concerning Mr Berlusconi.

4. Through Mediaset, Italy's main commercial communications and broadcasting group, and one of the largest in the world, Mr Berlusconi owns approximately half of the nationwide broadcasting in the country. His role as head of government also puts him in a position to influence indirectly the public broadcasting organisation, RAI, which is Mediaset's main competitor. As Mediaset and RAI command together about 90% of the television audience and over three quarters of the resources in this sector, Mr Berlusconi exercises unprecedented control over the most powerful media in Italy.

5. This duopoly in the television market is in itself an anomaly from an antitrust perspective. The status quo has been preserved even though legal provisions affecting media pluralism have twice been declared anti-constitutional and the competent authorities have established the dominant positions of RAI and the three television channels of Mediaset. An illustration of this situation was a recent decree of the Prime Minister, approved by Parliament, which allowed the third channel of RAI and Mediaset's Retequattro to continue their operations in violation of the existing antitrust limits until the adoption of new legislation. Competition in the media sector is further distorted by the fact that the advertising company of Mediaset, Publitalia '80, has a dominant position in television advertising. The Assembly deplores the continued exclusion of a potential national broadcaster, Europa 7, winner of a 1999 government tender to broadcast on frequencies occupied by Mediaset's channel, Retequattro.

6. The Assembly believes that the newly-adopted 'Gasparri Law' on the reform of the broadcasting sector may not effectively guarantee greater pluralism simply through the multiplication of television channels in the course of digitalisation. At the same time, it manifestly allows Mediaset to expand even further, as it gives the market players the possibility to have a monopoly in a given sector without ever reaching the antitrust limit in the overall integrated system of communications (SIC). The Assembly notes that these concerns led the President of the Republic to oppose the previous version of the law.

7. The Assembly is particularly concerned by the situation of RAI, which is contrary to the principles of independence laid down in Assembly Recommendation 1641 (2004) on public-service broadcasting. RAI has always been a mirror of the political system of the country and its internal pluralism has moved from the proportionate representation of the dominant political ideologies in the past to the winner-takes-all attitude reflecting the present political system. The Assembly notes with concern the resignations of the President of RAI and of one of the most popular journalists in the country in protest against the lack of balanced political representation in the Council of Administration and against the political influence over RAI's programming.

8. While the printed media in Italy has traditionally provided greater pluralism and political balance than the broadcasting sector, most Italians receive their news through the medium of television. The high cost of newspaper compared to television advertising is having a damaging effect on the Italian printed media. However, the Assembly wishes to record its approval of government measures to help small- and medium-sized newspapers and other measures to boost newspaper readership.

9. The Assembly is extremely concerned that the negative image that Italy is portraying internationally because of the conflict of interest concerning Mr Berlusconi, could hamper the efforts of the Council of Europe aimed at promoting independent and unbiased media in the new democracies. It considers that Italy, as one of the strongest contributors to the functioning of the Organisation, has a particular responsibility in this respect.

10. The Assembly points out that several international bodies, such as the OSCE representative on Freedom of the Media and, most recently, the European Parliament, have expressed concerns similar to its own. It welcomes the measures for safeguarding media pluralism proposed in the European Parliament resolution on the risks of violation, in the European Union and especially in Italy, of freedom of expression and information (Article 11 § 2 of the Charter of Fundamental Rights) of 22 April 2004, namely that the protection of media diversity should become a priority of European Union competition law.

11. The Assembly therefore calls on the Italian Parliament:

i. to pass as a matter of urgency a law resolving the conflict of interest between ownership and control of companies and discharge of public office, and incorporating penalties for cases where there is a conflict of interest with the discharge of public office at the highest level;

ii. to ensure that legislation and other regulatory measures put an end to the long-standing practice of political interference in the media, taking into account in particular the Committee of Ministers' Declaration on freedom of political debate in the media, adopted on 12 February 2004;

iii. to amend the Gasparri Law in line with the principles set out in Committee of Ministers' Recommendation No. R (99) 1 on measures to promote media pluralism, in particular:

a. by avoiding the emergence of dominant positions in the relevant markets within the SIC;

b. by including specific measures to bring an end to the current RAI-Mediaset duopoly;

c. by including specific measures to ensure that digitalisation will guarantee pluralism of content.

12. The Assembly calls on the Italian Government:

i. to initiate measures to bring the functioning of RAI into line with Assembly Recommendation 1641 (2004) on public-service broadcasting, with the declaration of the 4th European Ministerial Conference on Mass Media Policy in Prague and with Committee of Ministers' Recommendations No. R (96) 10 on the guarantee of the independence of public-service broadcasting and Rec(2003)9 on measures to promote the democratic and social contribution of digital broadcasting;

ii. to give a positive international example by proposing and supporting initiatives within the Council of Europe and the European Union aimed at promoting greater media pluralism at European level.

13. The Assembly asks the Venice Commission to give an opinion on the compatibility of the Gasparri Law and the Frattini Bill with the standards of the Council of Europe in the field of freedom of expression and media pluralism, especially in the light of the case-law of the European Court of Human Rights."

5. *Opinion of the Venice Commission on the compatibility of the "Gasparri" and "Frattini" laws of Italy with the Council of Europe standards in the field of freedom of expression and pluralism of the media*

74. The Venice Commission's opinion, adopted at its 63rd Plenary Session (10-11 June 2005), reads in its relevant parts as follows.

"The Parliamentary Assembly of the Council of Europe has requested the Venice Commission to give an opinion on whether or not the two Italian laws on the broadcasting system ('the Gasparri Law') and on the conflict of interest ('the Frattini Law') are in conformity with the Council of Europe standards in the fields of freedom of expression and pluralism of the media.

...

While the case-law of the European Court on Human Rights does not offer specific guidance on the matter, certain pertinent principles may nonetheless be derived from that case-law: *in primis* that freedom of expression has a fundamental role in a democratic society, in particular where, through the press, it serves to impart information and ideas of general interest, which the public is moreover entitled to receive, and that the State is the ultimate guarantor of pluralism, especially in relation to audio-visual media, whose programmes are often broadcast very widely.

...

Media pluralism is achieved when there is a multiplicity of autonomous and independent media at the national, regional and local levels, ensuring a variety of media content reflecting different political and cultural views. In the Commission's opinion, internal pluralism must be achieved in each media sector at the same time: it would not be acceptable, for example, if pluralism were guaranteed in the print-media sector, but not in the television one. Plurality of the media does not only mean, in the Commission's view, the existence of a plurality of actors and outlets, it also means the existence of a wide range of media, that is to say different *kinds* of media.

The Council of Europe instruments set out certain tools for promoting media pluralism, which include:

– a legislative framework establishing limits for media concentration; the instruments for achieving this include permissible thresholds (to be measured on the basis of one or of a combination of elements such as the audience share or the capital share or revenue limits) which a single media company is allowed to control in one or more relevant markets;

– specific media regulatory authorities with powers to act against concentration;

– specific measures against vertical integration (control of key elements of production, broadcasting, distribution and related activities by a single company or group);

– independence of regulatory authorities;

– transparency of the media;

– pro-active measures to promote the production and broadcasting of diverse content;

– granting, on the basis of objective and non-partisan criteria, within the framework of transparent procedures and subject to independent control, direct or indirect financial support to increase pluralism;

– self-regulatory instruments such as editorial guidelines and statutes setting out editorial independence.

In respect of the provisions in the Gasparri Law aiming at protecting media pluralism, the Commission considers at the outset that the mere increase in the number of channels which will be brought about by digital television is not sufficient in itself to guarantee media pluralism. Newly available channels may have very small audiences but with similar amounts of output. Finally, larger companies will enjoy greater purchasing power in a wide range of activities such as programme acquisitions, and will thus enjoy significant advantages over other national content providers.

The Commission considers therefore that the threshold of 20% of the channels is not a clear indicator of market share. It should be combined, for instance, with an audience share indicator.

As regards the second threshold set out in the Gasparri Law, that is 20% of the revenue in the Integrated Communications Systems (SIC), the Commission considers that SIC certainly reflects a modern trend but should not, at least in this very broad definition, be used already at this stage instead of the 'relevant market' criterion, as its effect is to dilute the effectiveness of the instruments aimed at protecting pluralism. Indeed, it may allow an individual company to enjoy extremely high degrees of revenue shares in individual markets, whilst at the same time remaining below the 20% threshold for the whole sector.

Indeed, the Commission notes that the combined effect of the new framework set out in the Gasparri Law has relaxed the previous anti-concentration rules whose maximum permissible levels had been exceeded by Mediaset and RAI. Retequattro has accordingly been allowed to continue to occupy analogue frequencies.

The Commission considers therefore that the SIC criterion should be replaced by the previously used 'relevant market' criterion, as is the case in the other European countries.

...

As regards the provisions on migration of radio and television broadcasters from analogue to digital frequencies, the Commission has the impression that the Gasparri Law has taken the approach of attempting to hold back on finding a real solution to the problem of media concentration in the television market until some future point in time and it relies heavily on the point when digitalisation will come into full effect. In the Commission's view, this approach is not satisfactory, as, if the status quo is maintained, it is likely that Mediaset and RAI will remain the dominant actors in Italian television. In this respect, the Commission recalls that while general anti-trust measures [are aimed] against the *abuse* of dominant positions, in the media sector dominant positions are forbidden *as such*.

...

In respect of the privatisation of RAI, which should lead to a lesser degree of politicisation of the public broadcaster, the Commission notes that change at RAI will allow for government control over the public broadcaster for an unforeseeable period of time. For as long as the present government stays in office, this will mean that, in addition to being in control of its own three national television channels, the Prime Minister will have some control of the three public national television channels. The Commission expresses concern over the risk that this atypical situation may even strengthen the threat of monopolisation, which might constitute, in terms of the case-law of the European Court of Human Rights, an unjustified interference with freedom of expression.

..."

6. *Issue Discussion Paper by the Commissioner for Human Rights on media pluralism and human rights*

75. The discussion paper of 6 December 2011 by the Commissioner for Human Rights reads in its relevant part as follows.

"**3.2 The case of Italy**

The history of the so-called 'Italian anomaly' is illustrative of how broadcast monopolisation (through over-consolidation and super-mergers) can pose an acute danger even in older democracies.

Freedom of expression and press freedoms are in a healthy state in Italy. However, the television-broadcasting market is regularly referred to as the 'Italian anomaly'.

In the last two decades, no third force has been able to constrain the so-called duopoly: domination of the nationwide television channel market by the private owner, Mediaset, and the public owner Radiotelevisione Italiana, RAI. The duopoly was accompanied by a practical monopoly by Mediaset in the commercial television sector and the advertisement market. Before digitalisation, the duopoly's audience share was around 90% (both owned three channels). Combined revenues and the advertisement market also provided evidence of the duopoly.

Italy also has an ongoing record of control over public-service television by political parties and governments. As its Prime Minister Silvio Berlusconi co-owns Mediaset, the usual fears of governmental control of RAI are aggravated by worries of widespread governmental control of the nation's most important source of information, television.

The so-called Gasparri and Frattini Laws of 2004 were supposed to provide guarantees for future pluralism of the media, and outlaw 'twohat' situations, respectively. However, neither universal digitalisation nor equal competition rules alone can guarantee cultural diversity and political pluralism in the media, especially if the already existing media concentration is practically maintained or even enhanced by the law. The Gasparri Law's rules of transition from analogue to digital, despite their innovative force, allow the duopoly to use its acquired economic might to expand into new digital markets.

European standards prohibit undue political or partisan ownership or control of private broadcasters in order to avoid government or political interference. Germany and the UK impose restrictions on direct ownership or control of broadcast media by political actors; EU countries also require broadcasters to maintain independence from political parties and politicians. Italy, despite its Frattini Law, does neither."

B. European Parliament

76. The European Parliament's resolution on the risks of violation, in the European Union and especially in Italy, of freedom of expression and information (Article 11 § 2 of the Charter of Fundamental Rights of the European Union (2003/2237(INI)) reads in its relevant parts as follows.

"... ***Situation in Italy***

Notes that the level of concentration of the television market in Italy is currently the highest within Europe and that while Italian television offers twelve national channels and ten to fifteen regional and local channels, the market is characterised by the duopoly between RAI and MEDIASET where both operators together account for almost 90% of the total audience share and collect 96.8% of advertising resources, as against 88% for Germany, 82% for the United Kingdom, 77% for France and 58% for Spain;

Notes that the Mediaset group is the largest private television and communications group in Italy and one of the largest in the world and controls (*inter alia*) television networks (RTI S.p.A.) and advertising franchise holders (Publitalia '80), both of which have been formally found to hold a dominant position in breach of national law (Law no. [249/97]) by the Communications Regulatory Authority (decision 226/03);

Notes that one of the sectors in which the conflict of interests is most obvious is advertising, given that in 2001 the Mediaset group was in receipt of two thirds of television advertising resources, amounting to a total of EUR 2,500 million, and that the main Italian companies have transferred much of their investment in advertising from printed matter to the Mediaset networks and from RAI to Mediaset;

Notes that the President of the Italian Council of Ministers has not resolved his conflict of interests as he had explicitly pledged, but on the contrary has increased his controlling shareholding in the company Mediaset (from 48.639% to 51.023%), thereby drastically reducing his own net debt through a marked increase in advertising revenue to the detriment of competitors' revenues (and ratings) and, above all, of advertising funding for the written press;

Regrets the repeated and documented instances of governmental interference, pressure and censorship in respect of the corporate structure and schedules (even as regards satirical programmes) of the RAI public television service, starting with the dismissal of three well-known professionals at the sensational public request of the President of the Italian Council of Ministers in April 2002 – in a context in which an absolute majority of the members of the RAI board of governors and the respective parliamentary control body are members of the governing parties, with this pressure then being extended to other media not under his ownership, leading *inter alia* to the resignation of the editor of *Corriere della Sera* in May 2003;

Notes, therefore, that the Italian system presents an anomaly owing to a unique combination of economic, political and media power in the hands of one man – the current President of the Italian Council of Ministers – and to the fact that the Italian Government is, directly or indirectly, in control of all national television channels;

Notes that in Italy the broadcasting system has been operating in extralegal circumstances for decades, as repeatedly recognised by the Constitutional Court, and in the face of which the efforts of the ordinary legislator and the competent institutions have proved ineffective in re-establishing a legal regime; RAI and Mediaset each continue to control three terrestrial analogue television broadcasters, despite the fact that the Constitutional Court in its judgment no. 420 of 1994 has ruled it impermissible for one and the same entity to broadcast over 20% of the television programmes transmitted domestically on terrestrial frequencies (i.e. more than two programmes) and has found the regulatory regime under Law no. 223/90 to be contrary to the Italian Constitution, despite being a 'transitional regime'; nor did Law no. 249/97 (establishing the Communications Guarantee Authority and rules on telecommunication and radio and television systems) abide by the prescriptions of the Constitutional Court which, in its judgment 466/02, declared the constitutional illegitimacy of Article 3 § 7 thereof, 'in so far as it does not provide for the establishing of a hard-and-fast deadline, in any event not exceeding 31 December 2003, by which the programmes transmitted by broadcasters exceeding the limits referred to in paragraph 6 of Article 3 must be broadcast exclusively via satellite or via cable';

Notes that the Italian Constitutional Court declared in November 2002 (Case 466/2002) that the present Italian private television system operating at national level and in analogue mode has grown out of situations of simple *de facto* occupation of frequencies (operation of installations without concessions and authorisations), and not in relation to any desire for greater pluralism in the distribution of frequencies and proper planning of broadcasting ... This *de facto* situation does not therefore guarantee respect for external pluralism of information, which is an essential requirement laid down by the relevant constitutional case-law ... In this context, given the continued existence (and aggravation) of the situation which was ruled illegal by Judgment no. 420 in 1994 and of networks considered 'surplus' by the 1997 legislature, a final deadline must be set that is absolutely certain, definitive and hence absolutely binding in order to ensure compatibility with constitutional rules; notes that, nonetheless, the deadline for the reform of the audio-visual sector has not been respected and that the law for the reform of the audio-visual sector has been sent back by the President of the Republic for a new examination by the Parliament due to the non-respect of the principles declared by the Constitutional Court;

...

Hopes that the legislative definition contained in the draft act for reform of the audio-visual sector (Article 2, point G of the Gasparri law) of the 'integrated system of communications' as the only relevant market does not conflict with Community competition rules within the meaning of Article 82 of the EC Treaty or with numerous judgments of the Court of Justice, and does not render impossible a clear and firm definition of the reference market;

Hopes also that the 'system for assigning frequencies' provided for in the draft Gasparri law does not constitute mere legitimisation of the *de facto* situation and does not conflict, in particular, with Directive 2002/21/EC, Article 7 of 2002/20/EC or Directive 2002/77/EC, which specify, *inter alia*, that the assigning of radio frequencies for electronic communication services must be based on objective, transparent, non-discriminatory and proportionate criteria;

Highlights its deep concern in relation to the non-application of the law and the non-implementation of the judgments of the Constitutional Court, in violation of the principle of legality and of the rule of law, and at the incapacity to reform the audio-visual sector, as a result of which the right of its citizens to pluralist information has been considerably weakened for decades; a right which is also recognised in the Charter of Fundamental Rights;

Is concerned that the situation in Italy could arise in other member States and the accession countries if a media magnate chose to enter into politics;

Regrets that the Italian Parliament has yet to adopt a regulation resolving the conflict of interests of the President of the Italian Council of Ministers, which, it was promised, would take place within the first hundred days of his government;

Considers that the adoption of a general reform of the audio-visual sector could be facilitated if it were to contain specific and adequate safeguards to prevent actual or future conflicts of interest in the activities of local, regional or national executive members who have substantial interests in the private audio-visual sector;

Hopes, moreover, that the draft Frattini law on conflict of interests will not stop at *de facto* recognition of the Premier's conflict of interests, but will provide for adequate mechanisms to prevent this situation from continuing;

Regrets that, if the obligations of the member States to ensure pluralism in the media had been defined after the 1992 Green Paper on pluralism, the current situation in Italy could possibly have been avoided;

...

Invites the Italian Parliament:

– to accelerate its work on the reform of the audio-visual sector in accordance with the recommendations of the Italian Constitutional Court and the President of the Republic, taking account of the provisions in the Gasparri Bill which are incompatible with Community law, as noted by those authorities;

– to find a genuine and appropriate solution to the problem of a conflict of interest of the President of the Italian Council of Ministers who also directly controls the principal provider of private and, indirectly, public television, the main advertising franchise holder and many other activities connected with the audio-visual and media sector,

– to take measures to ensure the independence of the public-service broadcaster."

THE LAW

I. PRELIMINARY OBSERVATION

77. At the hearing on 12 October 2011, the applicants clarified the temporal scope of the case brought before the Court. In particular, they specified that their complaints related only to the period from 28 July 1999, the date of the ministerial decree in which Centro Europa 7 S.r.l. was granted a licence for nationwide television broadcasting (see paragraph 9 above), to 30 June 2009, the date from which it was authorised to use a single channel and was able to begin broadcasting (see paragraph 16 above). The Court will therefore confine itself to examining whether the applicants' fundamental rights were infringed during the above-mentioned period, and will not consider any similar infringements that might have occurred before 28 July 1999 or after 30 June 2009.

II. THE GOVERNMENT'S PRELIMINARY OBJECTIONS

A. The applicant company's victim status

78. The Government observed that the applicant company had been allocated the frequencies by virtue of a ministerial decree of 11 December 2008 (see paragraph 16 above) and contended that any disputes on this subject had been settled by the agreement of 9 February 2010 (see paragraph 19 above). Moreover, on 20 January 2009 the *Consiglio di Stato* had awarded the applicant company 1,041,418 euros (EUR) in compensation (see paragraph 45 above). The Government argued that, having regard to those measures as a whole, Centro Europa 7 S.r.l. could not claim to be the victim of the acts of which it complained (citing, *mutatis mutandis*, *Scordino v. Italy (no. 1)* [GC], no. 36813/97, § 179, ECHR 2006-V).

79. The applicant company submitted that although the frequencies had now been allocated almost ten years after the licence had been granted, it could still claim to be the victim of the alleged violations because the compensation awarded by the *Consiglio di Stato* was insufficient in relation to the damage sustained and did not reflect its real impact. As regards the agreement of 9 February 2010, it related to the assignment of additional frequencies to those allocated in the decree of December 2008 and therefore did not come within the scope of the present application.

80. The Court reiterates that it falls first to the national authorities to redress any alleged violation of the Convention. In this regard, the question whether an applicant can claim to be a victim of the violation alleged is

relevant at all stages of the proceedings under the Convention (see *Burdov v. Russia*, no. 59498/00, § 30, ECHR 2002-III).

81. The Court further reiterates that a decision or measure favourable to the applicant is not in principle sufficient to deprive him or her of "victim" status unless the national authorities have acknowledged, either expressly or in substance, and then afforded redress for, the breach of the Convention (see *Eckle v. Germany*, 15 July 1982, §§ 69 et seq., Series A no. 51; *Amuur v. France*, 25 June 1996, § 36, *Reports of Judgments and Decisions* 1996-III; *Dalban v. Romania* [GC], no. 28114/95, § 44, ECHR 1999-VI; and *Jensen v. Denmark* (dec.), no. 48470/99, ECHR 2001-X).

82. The issue as to whether a person may still claim to be the victim of an alleged violation of the Convention essentially entails on the part of the Court an *ex post facto* examination of his or her situation (see *Scordino*, cited above, § 181).

83. In the instant case the applicant company was allocated the broadcasting frequencies in December 2008 and was able to broadcast from 30 June 2009 (see paragraph 16 above). The allocation of the frequencies put an end to the situation complained of by the applicant company in its application. However, in the Court's view this did not constitute either an implicit acknowledgment of a breach of the Convention, or redress for the period during which Centro Europa 7 S.r.l. was prevented from broadcasting.

84. The Court further considers that there was no acknowledgment, either explicitly or in substance, of a violation of Article 10 of the Convention and Article 1 of Protocol No. 1 in the context of the domestic proceedings. It notes in this connection that in 2005 the *Consiglio di Stato* decided to suspend its examination of the applicant company's appeal and asked the ECJ to give a preliminary ruling on the interpretation of the provisions of the Treaty on freedom to provide services and competition, Directive 2002/21/EC ("the Framework Directive"), Directive 2002/20/EC ("the Authorisation Directive"), Directive 2002/77/EC ("the Competition Directive") and Article 10 of the European Convention on Human Rights, in so far as Article 6 of the Treaty on European Union referred to it (see paragraph 32 above). The ECJ held that it was not necessary to rule on the question of Article 10 of the Convention since its answer concerning Article 49 EC and, from the date on which they had become applicable, Article 9 § 1 of the Framework Directive, Article 5 § 1, the second subparagraph of Article 5 § 2 and Article 7 § 3 of the Authorisation Directive and Article 4 of the Competition Directive enabled the national court to rule on the application made by the applicant company (see paragraph 34 above).

85. In its decisions of 31 May 2008 and 20 January 2009, the *Consiglio di Stato* held that the failure to allocate frequencies to the applicant company had been due to essentially legislative factors and that there had been negligent conduct on the authorities' part. Accordingly, it awarded compensation to the applicant company under Article 2043 of the Civil Code (see paragraphs 37-38 and 45-48 above).

86. In the Court's opinion, the *Consiglio di Stato* confined itself in those decisions to finding that the authorities had incurred non-contractual liability under the general provision of the Civil Code (see paragraph 69 above) to the effect that any intentional or negligent conduct which caused undue damage rendered the perpetrator liable in damages. There is no indication in the decisions in question that, as well as having caused damage, the authorities' conduct contravened the principles established by the Court in relation to freedom of expression or the right to peaceful enjoyment of possessions, or both. It should be noted in this connection that the *Consiglio di Stato* made no reference to those principles.

87. Lastly, before the Court the Government did not acknowledge that there had been any violation of the Convention. In those circumstances, and in the absence of any such acknowledgment, the Court considers that the applicant company can still claim to be the victim of the violations alleged.

88. Even assuming that the compensation awarded by the *Consiglio di Stato* was sufficient and appropriate, the Court considers that this cannot remedy the lack of acknowledgment of the alleged violations.

89. The Court therefore dismisses the Government's objection.

B. The second applicant's victim status

90. The Government argued that the second applicant, Mr Di Stefano, could not be regarded as having *locus standi* before the Court. He had not explained what his role was in Centro Europa 7 S.r.l. or how he qualified as a victim. The Government further observed that he was not the sole shareholder of the company in question and that all the administrative decisions had been given in respect of the company alone.

91. The applicants submitted that, in accordance with the Court's case-law (referring to *Glas Nadezhda EOOD and Anatoliy Elenkov v. Bulgaria*, no. 14134/02, § 41, 11 October 2007, and *Groppera Radio AG and Others v. Switzerland*, 28 March 1990, § 49, Series A no. 173), the sole shareholder and statutory representative of a company could also be regarded as a victim of a prohibition on broadcasting.

92. The Court reiterates that the term "victim" used in Article 34 of the Convention denotes the person directly affected by the act or omission

which is in issue (see, among other authorities, *Vatan v. Russia*, no. 47978/99, § 48, 7 October 2004). It further reiterates that a person cannot complain of a violation of his or her rights in proceedings to which he or she was not a party, even if he or she was a shareholder and/or director of a company which was party to the proceedings (see, among other authorities, *F. Santos, Lda. and Fachadas v. Portugal* (dec.), no. 49020/99, ECHR 2000-X, and *Nosov v. Russia* (dec.), no. 30877/02, 20 October 2005). Furthermore, while in certain circumstances the sole owner of a company can claim to be a "victim" within the meaning of Article 34 of the Convention where the impugned measures were taken in respect of his or her company (see, among other authorities, *Ankarcrona v. Sweden* (dec.), no. 35178/97, ECHR 2000-VI, and *Glas Nadezhda EOOD and Anatoliy Elenkov*, cited above, § 40), when that is not the case the disregarding of a company's legal personality can be justified only in exceptional circumstances, in particular where it is clearly established that it is impossible for the company to apply to the Convention institutions through the organs set up under its articles of incorporation or – in the event of liquidation – through its liquidators (see *Meltex Ltd and Movsesyan v. Armenia*, no. 32283/04, § 66, 17 June 2008; see also *Agrotexim and Others v. Greece*, 24 October 1995, § 66, Series A no. 330-A; *CDI Holding Aktiengesellschaft and Others v. Slovakia* (dec.), no. 37398/97, 18 October 2001; and *Amat-G Ltd and Mebaghishvili v. Georgia*, no. 2507/03, § 33, ECHR 2005-VIII).

93. The Court observes at the outset that no such exceptional circumstances have been established in the instant case (see, by contrast, *G.J. v. Luxembourg*, no. 21156/93, § 24, 26 October 2000). It further notes that the second applicant did not produce any evidence to show that he was in fact the sole shareholder of Centro Europa 7 S.r.l. All the material in the Court's possession indicates that it was the applicant company alone, as a legal entity, which took part in the call for tenders and was granted a television-broadcasting licence; furthermore, all the decisions of the Italian courts during the domestic proceedings concerned the applicant company alone (see *Meltex Ltd and Movsesyan*, cited above, § 67). The Court thus infers that the refusal to allocate the frequencies and the ensuing court proceedings affected only the interests of the applicant company. Accordingly, it cannot regard the second applicant as a "victim", within the meaning of Article 34 of the Convention, of the acts of which he complained.

94. Having regard to the foregoing, the Court concludes that the application, in so far as it was lodged by the second applicant, is incompatible *ratione personae* with the provisions of the Convention within the meaning of Article 35 § 3 (a) and must be rejected in accordance with Article 35 § 4.

95. The Court will therefore confine itself to examining the complaints brought on behalf of the applicant company.

C. Abuse of the right of individual petition

96. The Government submitted that the applicant company had abused its right of individual petition. They argued that the company had not informed the Court of the enforcement proceedings concerning the allocation of frequencies, which had led to the case being struck out as a result of the agreement between Centro Europa 7 S.r.l. and the Government (see paragraphs 19-20 above). The applicant company had thus neglected to inform the Court of elements in its possession that were essential for the examination of the case (see *Kerechashvili v. Georgia* (dec.), no. 5667/02, ECHR 2006-V).

97. The Court reiterates that an application may be rejected as an abuse of the right of application if it was knowingly based on untrue facts with the intention of misleading the Court (see *Varbanov v. Bulgaria*, no. 31365/96, § 36, ECHR 2000-X). The same applies where new, significant developments occur during the proceedings before the Court and where – despite being expressly required to do so by Rule 47 § 6 of the Rules of Court – the applicant fails to disclose that information to the Court, thereby preventing it from ruling on the case in full knowledge of the facts (see *Hadrabová and Others v. the Czech Republic* (dec.), nos. 42165/02 and 466/03, 25 September 2007, and *Predescu v. Romania*, no. 21447/03, §§ 25-27, 2 December 2008). However, even in such cases, the applicant's intention to mislead the Court must always be established with sufficient certainty (see, *mutatis mutandis*, *Melnik v. Ukraine*, no. 72286/01, §§ 58-60, 28 March 2006, and *Nold v. Germany*, no. 27250/02, § 87, 29 June 2006).

98. In the present case the Court notes that the applicant company's complaints concern its inability to broadcast during the period from 28 July 1999 to 30 June 2009 (see paragraph 77 above) and that, in the application form, the company stated that it had obtained the frequencies in 2008 and had been allowed to broadcast from June 2009.

99. In those circumstances, it cannot be concluded that the applicant company neglected to inform the Court from the start of the proceedings of one or more essential elements for the examination of the case. It should also be noted that the agreement with the Ministry and the application for the case to be restored to the Regional Administrative Court's list are events which occurred on 9 February 2010 and 8 March 2011 respectively (see paragraphs 19-22 above), well after the end of the period to which the application in the present case relates. Accordingly, there is no basis for

finding that the applicant company abused its right of individual petition in the present case.

100. The Government's objection cannot therefore be upheld.

D. Late submission of the application

101. At the hearing on 12 October 2011, the Government objected that the six-month rule laid down in Article 35 § 1 of the Convention had not been complied with on the ground that the final domestic decision was the *Consiglio di Stato*'s decision no. 2622, deposited with its registry on 31 May 2008. They argued that in that decision the *Consiglio di Stato*, upholding the Regional Administrative Court's judgment, had declared inadmissible, with final effect, the request for the allocation of frequencies. The application of 20 July 2009 had therefore been lodged out of time.

102. The Court reiterates that the six-month rule cannot be interpreted as requiring applicants to lodge a complaint with the Court before their position in connection with the matter has been finally settled at the domestic level (see *Varnava and Others v. Turkey* [GC], nos. 16064/90, 16065/90, 16066/90, 16068/90, 16069/90, 16070/90, 16071/90, 16072/90 and 16073/90, § 157, ECHR 2009). If the applicant complains of a continuing situation, the six-month period begins to run once that situation ends (see, among many other authorities, *Ortolani v. Italy* (dec.), no. 46283/99, 31 May 2001, and *Pianese v. Italy and the Netherlands* (dec.), no. 14929/08, § 59, 27 September 2011).

103. In the instant case, in its decision of 31 May 2008 the *Consiglio di Stato* refused the applicant company's request for the allocation of frequencies, holding that the courts were not empowered to take the measure requested in place of the administrative authorities. It ruled that the Ministry had to give a decision on the applicant company's request for the frequencies by applying the judgment delivered in the meantime by the ECJ, and deferred its decision on the compensation to be awarded to the company (see paragraphs 37-39 above).

104. It follows that, even after the *Consiglio di Stato*'s decision no. 2622 of 31 May 2008, the applicant company was still awaiting an answer from the authorities to its request for the allocation of frequencies. Since that decision was not final, it did not settle all the applicant company's claims. In particular, the issues of whether the company had sustained damage, whether such damage was attributable to the authorities and whether it was entitled to compensation remained open. The *Consiglio di Stato* determined them only in its judgment of 20 January 2009, in which it ordered the Ministry to pay the applicant company the sum of EUR 1,041,418 in compensation. Only in the latter judgment did the *Consiglio di Stato* acknowledge that the

Ministry's conduct had been negligent in that, firstly, it had granted Centro Europa 7 S.r.l. a licence without allocating it any broadcasting frequencies and, secondly, there was a causal link between the authorities' conduct and the alleged damage (see paragraph 45-48 above).

In addition, the Court notes that the situation of which the applicant company complained before it, namely its inability to broadcast television programmes, did not end until 30 June 2009 (see paragraph 16 above), just twenty days before the application was lodged.

105. In those circumstances, the Government's objection that the application was out of time cannot be upheld.

E. Failure to exhaust domestic remedies

106. In the Government's submission, the applicant company had not exhausted domestic remedies since it had not raised, "at least in substance", its complaint under Article 10 of the Convention in its application of 18 February 2009 to the Regional Administrative Court challenging the decree of 11 December 2008 by which the frequencies had been allocated (see paragraph 18 above).

107. The applicant company disputed the Government's argument and asserted that the case it had brought in the Regional Administrative Court concerned a period outside the scope of its application to the Court.

108. The general principles on exhaustion of domestic remedies are set out in *Sejdovic v. Italy* ([GC], no. 56581/00, §§ 43-46, ECHR 2006-II). The Court notes that the proceedings to which the Government referred, which are still pending in the domestic courts (see paragraph 23 above), concern the decree of 11 December 2008 by which the frequencies were allocated. The decree in question put an end to the situation complained of by the applicant company before the Court, since it formed the legal basis on which it was able to broadcast from 30 June 2009 (see paragraph 16 above). It follows that, in the context of the present application, the applicant company cannot be obliged to await the outcome of those proceedings before the merits of its complaints are considered by the Court.

109. Accordingly, the Government's preliminary objection of failure to exhaust domestic remedies must be dismissed.

III. ALLEGED VIOLATION OF ARTICLE 10 OF THE CONVENTION

110. The applicant company alleged a violation of its right to freedom of expression, and especially its freedom to impart information and ideas. It complained in particular that for a period of almost ten years the Government had not allocated it any frequencies for analogue terrestrial television

broadcasting. It submitted that the failure to apply Law no. 249/1997 (see paragraphs 56-61 above), the failure to enforce the Constitutional Court's judgments nos. 420/1994 and 466/2002 (see paragraphs 54-55 and 62 above) and the duopoly existing in the Italian television market were in breach of Article 10 of the Convention, which provides:

> "1. Everyone has the right to freedom of expression. This right shall include freedom to hold opinions and to receive and impart information and ideas without interference by public authority and regardless of frontiers. This Article shall not prevent States from requiring the licensing of broadcasting, television or cinema enterprises.
>
> 2. The exercise of these freedoms, since it carries with it duties and responsibilities, may be subject to such formalities, conditions, restrictions or penalties as are prescribed by law and are necessary in a democratic society, in the interests of national security, territorial integrity or public safety, for the prevention of disorder or crime, for the protection of health or morals, for the protection of the reputation or rights of others, for preventing the disclosure of information received in confidence, or for maintaining the authority and impartiality of the judiciary."

111. The Government contested that argument.

A. Admissibility

112. The Court observes that this complaint is not manifestly ill-founded within the meaning of Article 35 § 3 (a) of the Convention. It further notes that it is not inadmissible on any other grounds. It must therefore be declared admissible.

B. Merits

1. Submissions of the parties and the third-party intervener

(a) The applicant company

113. The applicant company submitted that it had been unable to broadcast television programmes despite having been granted a licence to do so following a public tendering procedure. This infringement of its rights resulted from various legislative, administrative and judicial measures by the Italian State, acting through different bodies and instruments. The interferences with its right to freedom of expression had been neither justified nor necessary in a democratic society.

114. In the applicant company's submission, the enactment of a series of transitional laws had endorsed a provisional practice that favoured existing operators, preventing it from effectively asserting its rights. It referred to the Court's finding in *Meltex Ltd and Movsesyan* (cited above) and noted that, unlike in that case, the violation in its own case did not stem simply from

the denial of a right in a one-off decision but from the refusal, for more than ten years, to give effect to a licence awarded as a result of a public tendering procedure.

115. The applicant company submitted that the refusal to allocate it any broadcasting frequencies amounted to interference with the exercise of its rights under Article 10 § 1 of the Convention (*Meltex Ltd and Movsesyan*, cited above, and *Glas Nadezhda EOOD and Anatoliy Elenkov*, cited above). The interference had not been prescribed by law, as required by the Convention, on account of the unforeseeability of the transitional legislation passed by the national parliament. The applicant company further pointed out that the Italian courts had applied the legislation in question and had found that compensation should be calculated with effect from 1 December 2004, contrary to what the ECJ had held in its judgment.

(b) The Government

116. The Government observed that in 1999 the applicant company had been awarded a licence which had not *ipso facto* conferred the right to be allocated frequencies. In accordance with Legislative Decree no. 5 of 23 January 2001, as amended by Law no. 66/2001 (see paragraphs 63-64 above), the applicant company could have purchased the necessary frequencies to transmit programmes. However, it had not availed itself of that option and had not taken part in the fresh call for tenders issued in 2007.

117. In the Government's submission, the applicant company had not been allocated frequencies because of the general reorganisation of national and local analogue frequencies in a context of limited availability, and because several companies that had submitted unsuccessful bids in 1999 had appealed to the national courts and been allowed to continue broadcasting without a licence on the basis of the former rules.

118. The Government stated that the purpose of the 1999 call for tenders had been to select the operators to be included in the AGCOM plan. Accordingly, the aim had not been to allocate frequencies directly since the installation-adjustment programme had yet to be drawn up. In that connection, they pointed out that the Ministry had not awarded any other licences under the same conditions in 1999.

119. The Government explained that, following the failure of cable television in Italy, Law no. 66/2001 had envisaged that the transition to digital terrestrial television would take place by 2006 at the latest. Subsequently, Legislative Decree no. 352/2003 and Law no. 112/2004 (see paragraphs 65-67 above) had specified that the transitional provisions

would cease to apply once digital coverage had exceeded 50% of all users, a level attained on 27 May 2004.

120. The Government further noted that the ECJ had held that it was not necessary to examine whether there had been a violation of Article 10 of the Convention. Furthermore, in judgments nos. 242/2009 and 243/2009 the *Consiglio di Stato* had held that national television was not a transfrontier service and that the applicant company, as a licence holder, was entitled to take part in competitive, non-discriminatory procedures for the allocation of frequencies from 1 January 2008. This result had been achieved with the ministerial decree of 11 December 2008 (see paragraph 16 above), in which the applicant company had been allocated channel 8 on the VHF III frequency band, which had become available as a result of the transition to digital broadcasting.

121. The Government pointed out that Italy had gradually had to bring national and local channels into line and that it had been essential to reconcile the vested rights of existing operators with the interests of new operators and, above all, to avoid any risk of sliding towards a monopoly or, conversely, into chaos. The transition had, in particular, allowed the existing operators to continue broadcasting and the new licence holders to develop a network by purchasing frequencies.

122. The Government pointed out that, according to the Court's case-law, regulation of the activities of television companies was compatible with Article 10 of the Convention, which did not prevent States from examining the technical aspects, the rights and needs of a specific audience, the nature and objectives of channels, their potential audience at national and local level, and the obligations deriving from international undertakings (see *Informationsverein Lentia and Others v. Austria*, 24 November 1993, Series A no. 276).

123. The Government explained that the licence granted to the applicant company meant that it was in a legally protected position and could purchase frequencies, use other operators' digital transmission capacity and benefit from "the co-location of the two operators RAI and [Mediaset]".

124. The Government observed that the applicant company currently offered its customers a series of channels broadcasting varied content, including horror films and adult films. In practical terms, it operated a limited system, since its programmes could be viewed only by using a decoder which it supplied to its customers. This served to illustrate the manner and scope of the benefit drawn by the applicant company from its freedom to impart information and ideas in a democratic society.

125. Lastly, the Government submitted that the circumstances of the case were in no way comparable to those of *Meltex Ltd and Movsesyan* (cited above).

(c) The third-party intervener

126. Open Society Justice Initiative began by giving an overview of the "Guiding Principles on Broadcast Media Pluralism". It then referred to the laws and practices of three European countries of a similar size to Italy (France, Germany and the United Kingdom), before discussing European standards, which recognised that the duty to ensure pluralism necessitated limits on media ownership, especially in broadcasting.

127. It also examined political control of broadcasters and noted that many European countries had adopted legal systems that specifically banned and/or restricted the ability of leading politicians and political parties to control broadcasting entities and their programming.

128. In the third party's submission, the circumstances of the present case were to be seen in the context of a greater and older malaise in the Italian broadcasting and information sector. Open Society Justice Initiative submitted that, should the Court find an Article 10 violation in this case, it should consider ordering the Italian State to implement measures of a general and systemic nature with a view to guaranteeing the pluralism of its broadcasting system.

2. The Court's assessment

(a) General principles concerning pluralism in the audio-visual media

129. The Court considers it appropriate at the outset to recapitulate the general principles established in its case-law concerning pluralism in the audio-visual media. As it has often noted, there can be no democracy without pluralism. Democracy thrives on freedom of expression. It is of the essence of democracy to allow diverse political programmes to be proposed and debated, even those that call into question the way a State is currently organised, provided that they do not harm democracy itself (see *Manole and Others v. Moldova*, no. 13936/02, § 95, ECHR 2009, and *Socialist Party and Others v. Turkey*, 25 May 1998, §§ 41, 45 and 47, *Reports* 1998-III).

130. In this connection, the Court observes that to ensure true pluralism in the audio-visual sector in a democratic society, it is not sufficient to provide for the existence of several channels or the theoretical possibility for potential operators to access the audio-visual market. It is necessary in addition to allow effective access to the market so as to guarantee diversity

of overall programme content, reflecting as far as possible the variety of opinions encountered in the society at which the programmes are aimed.

131. Freedom of expression, as secured in Article 10 § 1, constitutes one of the essential foundations of a democratic society and one of the basic conditions for its progress (see *Lingens v. Austria*, 8 July 1986, § 41, Series A no. 103). Freedom of the press and other news media affords the public one of the best means of discovering and forming an opinion of the ideas and attitudes of political leaders. It is incumbent on the press to impart information and ideas on political issues and on other subjects of public interest. Not only does the press have the task of imparting such information and ideas: the public also has a right to receive them (see, for example, *Handyside v. the United Kingdom*, 7 December 1976, § 49, Series A no. 24, and *Lingens*, cited above, §§ 41-42).

132. The audio-visual media, such as radio and television, have a particularly important role in this respect. Because of their power to convey messages through sound and images, such media have a more immediate and powerful effect than print (see *Jersild v. Denmark*, 23 September 1994, § 31, Series A no. 298, and *Pedersen and Baadsgaard v. Denmark* [GC], no. 49017/99, § 79, ECHR 2004-XI). The function of television and radio as familiar sources of entertainment in the intimacy of the listener's or viewer's home further reinforces their impact (see *Murphy v. Ireland*, no. 44179/98, § 74, ECHR 2003-IX).

133. A situation whereby a powerful economic or political group in society is permitted to obtain a position of dominance over the audio-visual media and thereby exercise pressure on broadcasters and eventually curtail their editorial freedom undermines the fundamental role of freedom of expression in a democratic society as enshrined in Article 10 of the Convention, in particular where it serves to impart information and ideas of general interest, which the public is moreover entitled to receive (see *VgT Verein gegen Tierfabriken v. Switzerland*, no. 24699/94, §§ 73 and 75, ECHR 2001-VI; see also *De Geillustreerde Pers N.V. v. the Netherlands*, no. 5178/71, Commission's report of 6 July 1976, Decisions and Reports 8, p. 13, § 86). This is true also where the position of dominance is held by a State or public broadcaster. Thus, the Court has held that, because of its restrictive nature, a licensing regime which allows the public broadcaster a monopoly over the available frequencies cannot be justified unless it can be demonstrated that there is a pressing need for it (see *Informationsverein Lentia and Others*, cited above, § 39).

134. The Court observes that in such a sensitive sector as the audio-visual media, in addition to its negative duty of non-interference the State has a positive obligation to put in place an appropriate legislative

and administrative framework to guarantee effective pluralism (see paragraph 130 above). This is especially desirable when, as in the present case, the national audio-visual system is characterised by a duopoly.

With this in mind, it should be noted that in Recommendation CM/Rec(2007)2 on media pluralism and diversity of media content (see paragraph 72 above) the Committee of Ministers reaffirmed that "in order to protect and actively promote the pluralistic expressions of ideas and opinions as well as cultural diversity, member States should adapt the existing regulatory frameworks, particularly with regard to media ownership, and adopt any regulatory and financial measures called for in order to guarantee media transparency and structural pluralism as well as diversity of the content distributed".

135. The question arising in the instant case is whether there has been interference by the public authorities with the applicant company's right to "impart information and ideas" and, if so, whether the interference was "prescribed by law", pursued one or more legitimate aims and was "necessary in a democratic society" for achieving them (see *RTBF v. Belgium*, no. 50084/06, § 117, ECHR 2011).

(b) Whether there was interference

136. The Court has held that the refusal to grant a broadcasting licence constitutes interference with the exercise of the rights guaranteed by Article 10 § 1 of the Convention (see, among other authorities, *Informationsverein Lentia and Others*, cited above, § 27; *Radio ABC v. Austria*, 20 October 1997, § 27, *Reports* 1997-VI; *Leveque v. France* (dec.), no. 35591/97, 23 November 1999; *United Christian Broadcasters Ltd v. the United Kingdom* (dec.), no. 44802/98, 7 November 2000; *Demuth v. Switzerland*, no. 38743/97, § 30, ECHR 2002-IX; and *Glas Nadezhda EOOD and Anatoliy Elenkov*, cited above, § 42). It is of little consequence whether the licence is refused following an individual application or participation in a call for tenders (see *Meltex Ltd and Movsesyan*, cited above, § 74).

137. The Court observes that the present case differs from those cited in the preceding paragraph in that it does not concern a refusal to grant a licence. On the contrary, following a call for tenders, the applicant company was granted a licence on 28 July 1999 for analogue terrestrial television broadcasting (see paragraph 9 above). However, since it was not allocated any broadcasting frequencies, it was unable to transmit programmes until 30 June 2009.

138. The Court reiterates that the Convention is intended to guarantee not rights that are theoretical or illusory but rights that are practical and effective (see *Artico v. Italy*, 13 May 1980, § 33, Series A no. 37). The failure

to allocate frequencies to the applicant company deprived the licence of all practical purpose since the activity it authorised was *de facto* impossible to carry out for nearly ten years. This accordingly constituted a substantial obstacle to, and hence an interference with, the applicant company's exercise of its right to impart information and ideas.

(c) Whether the interference was "prescribed by law"

(i) General principles

139. The third sentence of Article 10 § 1 entitles States to regulate by means of a licensing system the way in which broadcasting is organised in their territories, particularly in its technical aspects. The granting of a licence may also be made conditional on other considerations, such as the nature and objectives of a proposed channel, its potential audience at national, regional or local level, the rights and needs of a specific audience and the obligations deriving from international legal instruments (see *United Christian Broadcasters Ltd*, cited above, and *Demuth*, cited above, §§ 33-35). Such regulation must have a basis in "law".

140. The expression "prescribed by law" in the second paragraph of Article 10 not only requires that the impugned measure should have a legal basis in domestic law, but also refers to the quality of the law in question, which should be accessible to the person concerned and foreseeable as to its effects (see, among other authorities, *VgT Verein gegen Tierfabriken*, cited above, § 52; *Rotaru v. Romania* [GC], no. 28341/95, § 52, ECHR 2000-V; *Gawęda v. Poland*, no. 26229/95, § 39, ECHR 2002-II; and *Maestri v. Italy* [GC], no. 39748/98, § 30, ECHR 2004-I). However, it is primarily for the national authorities, notably the courts, to interpret and apply domestic law (see *Kruslin v. France*, 24 April 1990, § 29, Series A no. 176-A, and *Kopp v. Switzerland*, 25 March 1998, § 59, *Reports* 1998-II).

141. One of the requirements flowing from the expression "prescribed by law" is foreseeability. Thus, a norm cannot be regarded as a "law" unless it is formulated with sufficient precision to enable citizens to regulate their conduct; they must be able – if need be with appropriate advice – to foresee, to a degree that is reasonable in the circumstances, the consequences which a given action may entail. Such consequences need not be foreseeable with absolute certainty: experience shows this to be unattainable. Again, whilst certainty is highly desirable, it may bring in its train excessive rigidity, and the law must be able to keep pace with changing circumstances. Accordingly, many laws are inevitably couched in terms which, to a greater or lesser extent, are vague and whose interpretation and application are questions of practice (see The Sunday Times *v. the United Kingdom (no. 1)*, 26 April

1979, § 49, Series A no. 30; *Kokkinakis v. Greece*, 25 May 1993, § 40, Series A no. 260-A; and *Rekvényi v. Hungary* [GC], no. 25390/94, § 34, ECHR 1999-III).

142. The level of precision required of domestic legislation – which cannot in any case provide for every eventuality – depends to a considerable degree on the content of the law in question, the field it is designed to cover and the number and status of those to whom it is addressed (see *RTBF*, cited above, § 104; *Rekvényi*, cited above, § 34; and *Vogt v. Germany*, 26 September 1995, § 48, Series A no. 323).

143. In particular, a rule is "foreseeable" when it affords a measure of protection against arbitrary interferences by the public authorities (see *Tourancheau and July v. France*, no. 53886/00, § 54, 24 November 2005), and against the extensive application of a restriction to any party's detriment (see, *mutatis mutandis*, *Başkaya and Okçuoğlu v. Turkey* [GC], nos. 23536/94 and 24408/94, § 36, ECHR 1999-IV).

(ii) Application of the above principles in the instant case

144. In the instant case, therefore, the Court must determine whether Italian legislation laid down with sufficient precision the conditions and procedure whereby the applicant company could have been allocated broadcasting frequencies in accordance with the licence it had been granted. This is especially important in a case such as the present one, in which the relevant legislation concerned the conditions of access to the audio-visual market.

145. The Court notes that on 28 July 1999 the appropriate authorities granted the applicant company a licence for nationwide terrestrial television broadcasting in accordance with Law no. 249/1997, authorising it to install and operate an analogue television network. As regards the allocation of frequencies, the licence referred to the national frequency-allocation plan, adopted on 30 October 1998, and gave the applicant company twenty-four months to bring its installations into line with the relevant requirements (see paragraph 9 above). However, as is clear from the decisions of the domestic courts (see paragraph 14 above), that obligation could not be satisfied by the applicant company until such time as the authorities had adopted the adjustment programme and implemented the frequency-allocation plan. The Court considers that in such circumstances the applicant company could reasonably have expected the authorities to adopt, within the twenty-four months following 28 July 1999 at the latest, the instruments needed to regulate its terrestrial broadcasting activities. Provided that it upgraded its installations as it was required to do, the applicant company should then have been entitled to transmit television programmes.

146. However, the frequency-allocation plan was not implemented until December 2008 and the applicant company was allocated a channel to broadcast its programmes with effect from 30 June 2009 only (see paragraph 16 above). In the meantime, several channels had continued on a provisional basis to use various frequencies that were supposed to have been allocated under the plan. The *Consiglio di Stato* held (see paragraph 28 above) that this state of affairs was due to essentially legislative factors. The Court will briefly examine those factors.

147. It notes firstly that section 3(1) of Law no. 249/1997 provided that the over-quota channels (see paragraph 60 above) could continue to broadcast at both national and local level until new licences were awarded or applications for new licences were rejected but, in any event, not after 30 April 1998 (see paragraph 57 above). However, section 3(6) of the same Law established a transitional scheme whereby the over-quota channels could continue broadcasting on terrestrial frequencies on a temporary basis after 30 April 1998, provided that they complied with the obligations imposed on channels holding licences and that their programmes were broadcast simultaneously on satellite or cable (see paragraph 60 above).

148. The applicant company could have inferred from the above-mentioned legislative framework applicable at the time the licence was granted that from 30 April 1998 the possibility for the over-quota channels to continue broadcasting would not affect the rights of new licence holders. However, this framework was amended by Law no. 66/2001, which regulated the transition from analogue to digital television and, once again, authorised over-quota channels to continue broadcasting on terrestrial frequencies pending the implementation of the national frequency-allocation plan for digital television (see paragraph 63 above).

149. On 20 November 2002, by which time the plan had still not been implemented, the Constitutional Court held that the transition from terrestrial frequencies to cable or satellite broadcasting for over-quota channels should be completed by 31 December 2003 at the latest, irrespective of the stage reached in the development of digital television (see paragraph 62 above). In the light of that judgment, the applicant company could have expected that the frequencies which should have been allocated to it would be freed up by the start of 2004. However, a further extension was ordered as a result of national legislation.

150. Section 1 of Legislative Decree no. 352/2003 allowed the over-quota channels to continue operating pending the completion of an AGCOM investigation into the development of digital television channels. Subsequently, Law no. 112/2004 (section 23(5)), by a general authorisation mechanism, extended the possibility for over-quota channels to continue

broadcasting on terrestrial frequencies until the national frequency-allocation plan for digital television was implemented (see paragraphs 65-67 above), with the result that those channels were no longer required to free up the frequencies that should have been transferred to operators holding licences, such as the applicant company.

151. The Court observes that the successive application of these laws had the effect of blocking the frequencies and preventing operators other than the over-quota channels from participating in the early stages of digital television. In particular, the laws in question postponed the expiry of the transitional scheme until the completion of an AGCOM investigation into the development of digital television channels and until the implementation of the national frequency-allocation plan, that is to say, with reference to events occurring on dates which were impossible to foresee. In this connection, the Court agrees with the ECJ's finding to the effect that:

> "... Law no. 112/2004 ... does not merely allocate to the incumbent operators a priority right to obtain radio frequencies, but reserves them that right exclusively, without restricting in time the privileged position assigned to those operators and without providing for any obligation to relinquish the radio frequencies in breach of the threshold after the transfer to digital television broadcasting."

152. The Court therefore considers that the laws in question were couched in vague terms which did not define with sufficient precision and clarity the scope and duration of the transitional scheme.

153. In addition, the ECJ, to which the matter had been referred by the *Consiglio di Stato*, noted that these measures by the national legislature had entailed the successive application of transitional arrangements structured in favour of the incumbent networks, and that this had had the effect of preventing operators without broadcasting frequencies, such as Centro Europa 7 S.r.l., from accessing the television-broadcasting market even though they had a licence (granted, in the applicant company's case, in 1999 – see paragraph 35 above).

154. Having regard to the foregoing, the Court considers that the domestic legislative framework lacked clarity and precision and did not enable the applicant company to foresee, with sufficient certainty, the point at which it might be allocated the frequencies and be able to start performing the activity for which it had been granted a licence, this notwithstanding the successive findings of the Constitutional Court and the ECJ. It follows that the laws in question did not satisfy the foreseeability requirements established by the Court in its case-law.

155. The Court further notes that the authorities did not observe the deadlines set in the licence, as resulting from Law no. 249/1997 and the judgments of the Constitutional Court, thereby frustrating the applicant

company's expectations. The Government have not shown that the applicant company had effective means at its disposal to compel the authorities to abide by the law and the Constitutional Court's judgments. Accordingly, it was not afforded sufficient guarantees against arbitrariness.

(d) Conclusion

156. In conclusion, the Court considers that the legislative framework, as applied to the applicant company, which was unable to operate in the television-broadcasting sector for more than ten years despite having been granted a licence in a public tendering procedure, did not satisfy the foreseeability requirement under the Convention and deprived the company of the measure of protection against arbitrariness required by the rule of law in a democratic society. This shortcoming resulted, among other things, in reduced competition in the audio-visual sector. It therefore amounted to a failure by the State to comply with its positive obligation to put in place an appropriate legislative and administrative framework to guarantee effective media pluralism (see paragraph 134 above).

157. These findings are sufficient to conclude that there has been a violation of Article 10 of the Convention in the instant case.

158. The above conclusion dispenses the Court from examining whether the other requirements of paragraph 2 of Article 10 of the Convention were complied with in the instant case, namely whether the laws prolonging the transitional scheme pursued a legitimate aim and were necessary in a democratic society for achieving that aim.

IV. ALLEGED VIOLATION OF ARTICLE 14 OF THE CONVENTION TAKEN IN CONJUNCTION WITH ARTICLE 10

159. The applicant company asserted that it had been discriminated against in relation to the Mediaset group in the enjoyment of its right to freedom of expression.

It relied on Article 14 of the Convention, which provides:

> "The enjoyment of the rights and freedoms set forth in [the] Convention shall be secured without discrimination on any ground such as sex, race, colour, language, religion, political or other opinion, national or social origin, association with a national minority, property, birth or other status."

160. In the applicant company's submission, the Italian system had afforded preferential treatment to the Mediaset group, which had benefited from discriminatory legislative and administrative measures adopted

in circumstances involving a conflict of interests. It also alleged that it had suffered discrimination in relation to other operators and had been prevented as a result from entering the market.

161. The Government submitted that a political approach to the case should be avoided. They reiterated the reasons set out in their observations under Article 10 as to why the applicant company had been unable to obtain the frequencies, denied that there was any link between the situations of Centro Europa 7 S.r.l. and Mediaset, and submitted that there had been no preferential treatment of any particular channel over the applicant company in the present case.

162. The Court observes that this complaint is closely linked to the complaint under Article 10 of the Convention and must likewise be declared admissible. Having regard to its conclusions under Article 10 (see paragraph 156 above), the Court does not consider it necessary to examine separately the complaint under Article 14 of the Convention.

V. ALLEGED VIOLATION OF ARTICLE 1 OF PROTOCOL No. 1

163. The applicant company complained of an infringement of its right to the peaceful enjoyment of its possessions as enshrined in Article 1 of Protocol No. 1, which provides:

> "Every natural or legal person is entitled to the peaceful enjoyment of his possessions. No one shall be deprived of his possessions except in the public interest and subject to the conditions provided for by law and by the general principles of international law.
>
> The preceding provisions shall not, however, in any way impair the right of a State to enforce such laws as it deems necessary to control the use of property in accordance with the general interest or to secure the payment of taxes or other contributions or penalties."

164. The applicant company submitted that, for nearly ten years, it had been unable to exercise its rights under the licence it had been granted for nationwide television broadcasting, and that the compensation awarded to it by the domestic courts did not reflect the full value of its "possession".

165. The Government contested that argument.

A. Admissibility

166. The Court must first determine whether the applicant company had a "possession" within the meaning of Article 1 of Protocol No. 1 and whether that Article is consequently applicable in the instant case.

1. *The parties' submissions*

(a) The Government

167. As their main submission, the Government disputed that there had been a "possession" and pointed out that the licence awarded in 1999 to the applicant company had not *ipso facto* conferred an entitlement to have frequencies allocated by the Ministry; accordingly, the applicant company had not had a legitimate expectation of obtaining any frequencies. In addition, the domestic courts had declared inadmissible the applicant company's request for the allocation of the frequencies.

168. The Government further noted that the Convention did not protect non-existent rights lacking any legal basis. According to the Court's case-law, neither a "genuine dispute" nor an "arguable claim" satisfied the requirements of a "possession" within the meaning of the Convention. No "legitimate expectation" protected by the Convention arose where there had been a dispute as to the correct interpretation and application of domestic law and where the applicants' submissions had been rejected by the national courts (see *Kopecký v. Slovakia* [GC], no. 44912/98, § 50, ECHR 2004-IX).

169. In addition, the applicant company could have purchased the frequencies on the market under section 1 of Law no. 66/2001 (see paragraph 63 above). In the Government's submission, the subject of the application was not the allocation of the frequencies but the allegedly insufficient amount of compensation awarded at national level. Lastly, the Government noted that the licence had never been withdrawn or revoked.

(b) The applicant company

170. The applicant company contested the Government's arguments and submitted that the right of access to and use of broadcasting frequencies, allowing the exercise of freedom of expression and the pursuit of an economic activity, constituted an asset and thus fell within the scope of a "possession" within the meaning of Article 1 of Protocol No. 1.

2. *The Court's assessment*

(a) General principles

171. The Court reiterates that the concept of "possessions" in the first paragraph of Article 1 of Protocol No. 1 has an autonomous meaning which is not limited to the ownership of material goods and is independent from the formal classification in domestic law. In the same way as material goods, certain other rights and interests constituting assets can also be regarded

as "property rights", and thus as "possessions" for the purposes of this provision. In each case the issue that needs to be examined is whether the circumstances of the case, considered as a whole, conferred on the applicant title to a substantive interest protected by Article 1 of Protocol No. 1 (see *Iatridis v. Greece* [GC], no. 31107/96, § 54, ECHR 1999-II; *Beyeler v. Italy* [GC], no. 33202/96, § 100, ECHR 2000-I; and *Broniowski v. Poland* [GC], no. 31443/96, § 129, ECHR 2004-V).

172. Article 1 of Protocol No. 1 applies only to a person's existing possessions. Thus, future income cannot be considered to constitute "possessions" unless it has already been earned or is definitely payable. Further, the hope that a long-extinguished property right may be revived cannot be regarded as a "possession"; nor can a conditional claim which has lapsed as a result of a failure to fulfil the condition (see *Gratzinger and Gratzingerova v. the Czech Republic* (dec.) [GC], no. 39794/98, § 69, ECHR 2002-VII).

173. However, in certain circumstances, a "legitimate expectation" of obtaining an asset may also enjoy the protection of Article 1 of Protocol No. 1. Thus, where a proprietary interest is in the nature of a claim, the person in whom it is vested may be regarded as having a "legitimate expectation" if there is a sufficient basis for the interest in national law, for example where there is settled case-law of the domestic courts confirming its existence. However, no "legitimate expectation" can be said to arise where there is a dispute as to the correct interpretation and application of domestic law and the applicant's submissions are subsequently rejected by the national courts (see *Kopecký*, cited above, § 50).

(b) Application of the above principles in the instant case

174. The Court observes at the outset that from 28 July 1999 the applicant company held a licence for nationwide terrestrial television broadcasting. The licence authorised it to install and operate an analogue television network (see paragraph 9 above). The Italian administrative courts found that this did not confer on the applicant company a personal right (*diritto soggettivo*) to be allocated broadcasting frequencies but only a legitimate interest (*interesse legittimo*), that is, an individual position indirectly protected as far as was consistent with the public interest. Accordingly, the applicant company's sole entitlement was to have its request for frequencies dealt with by the Government in a manner consistent with the criteria laid down by domestic law and the ECJ (see the Regional Administrative Court's judgment of 16 September 2004, paragraph 25 above, and the *Consiglio di Stato*'s decision no. 2622/08 of 31 May 2008, paragraph 37 above).

175. As the Court has noted in relation to Article 10 of the Convention, in view of the terms of the licence and the legislative framework in place at the time, the applicant company could reasonably have expected the authorities, within the twenty-four months following 28 July 1999, to take the necessary legal measures to regulate its terrestrial broadcasting activities. Provided that it upgraded its installations as it was required to do, the applicant company should then have been entitled to transmit television programmes (see paragraph 145 above). It therefore had a "legitimate expectation" in that regard. It is true that, as the Government noted, the administrative courts refused the applicant company's requests to be allocated frequencies. However, that decision did not entail a rejection of the applicant company's request on the merits but resulted from the general rule in Italian law to the effect that the administrative courts cannot take certain measures in place of the administrative authorities (see paragraph 37 above).

176. Furthermore, in its judgment of 31 January 2008 the ECJ held as follows:

> "... On that point, it must be stated that, in the area of television broadcasting, freedom to provide services, as enshrined in Article 49 EC and implemented in this area by the NCRF, requires not only the grant of broadcasting authorisations, but also the grant of broadcasting radio frequencies.
>
> An operator cannot exercise effectively the rights which it derives from Community law in terms of access to the television-broadcasting market without broadcasting radio frequencies."

177. The Court agrees with this analysis. It further notes that, as it has previously held, the withdrawal of a licence to carry on business activities amounts to interference with the right to peaceful enjoyment of possessions as enshrined in Article 1 of Protocol No. 1 (see *Tre Traktörer AB v. Sweden*, 7 July 1989, § 53, Series A no. 159; *Capital Bank AD v. Bulgaria*, no. 49429/99, § 130, 24 November 2005; *Rosenzweig and Bonded Warehouses Ltd v. Poland*, no. 51728/99, § 49, 28 July 2005; and *Bimer S.A. v. Moldova*, no. 15084/03, § 49, 10 July 2007). Although the licence was not in fact withdrawn in the instant case, the Court considers that, without the allocation of broadcasting frequencies, it was deprived of its substance.

178. The Court thus considers that the interests associated with exploiting the licence constituted property interests attracting the protection of Article 1 of Protocol No. 1 (see, *mutatis mutandis*, *Tre Traktörer AB*, cited above, § 53).

179. It therefore finds that the applicant company's legitimate expectation, which was linked to property interests such as the operation of an analogue television network by virtue of the licence, had a sufficient

basis to constitute a substantive interest and hence a "possession" within the meaning of the rule laid down in the first sentence of Article 1 of Protocol No. 1, which is therefore applicable in the present case (see, *mutatis mutandis*, *Stretch v. the United Kingdom*, no. 44277/98, §§ 32-35, 24 June 2003, and *Bozcaada Kimisis Teodoku Rum Ortodoks Kilisesi Vakfi v. Turkey (no. 2)*, nos. 37646/03, 37665/03, 37992/03, 37993/03, 37996/03, 37998/03, 37999/03 and 38000/03, § 50, 6 October 2009).

180. The Court observes that this complaint is not manifestly ill-founded within the meaning of Article 35 § 3 (a) of the Convention. It further notes that it is not inadmissible on any other grounds. It must therefore be declared admissible.

B. Merits

1. *The parties' submissions*

(a) The applicant company

181. The applicant company submitted that the Government's conduct amounted to an expropriation of possessions for the purposes of Article 1 of Protocol No. 1, in so far as the Government had not only unjustifiably failed to allocate the frequencies but had also refused to give effect to the licence awarded following a lawful public tendering procedure.

182. The applicant company contended that the expropriation had no connection with the public interest but had served Mediaset's private interests by using frequencies that should have been relinquished in its favour as the legitimate licence holder. Moreover, the expropriation had not been "subject to the conditions provided for by law". Pursuant to Law no. 249/1997, the relevant frequencies should have been relinquished in favour of the successful bidder in the tendering procedure, namely Centro Europa 7 S.r.l. However, a number of transitional legislative measures had prevented the company from having access to the frequencies.

183. The applicant company further submitted that the compensation awarded at national level did not reflect the value of the expropriated property. To determine the loss of earnings resulting from lost opportunities, the Court should consider not only the delay in allocating the frequencies, but also the fact that it had been impossible to compete with other companies in 1999, at a time when the market had been more limited than today. The applicant company further noted that the *Consiglio di Stato*, referring to the Constitutional Court's finding that 31 December 2003 constituted a reasonable date for the expiry of the transition period, had taken into

account only the damage sustained after 2004, thereby disregarding five years of the violation. Lastly, the applicant company noted that, according to the *Consiglio di Stato*'s finding, the award of the licence had not conferred the immediate right to engage in the corresponding economic activity, and that the compensation should therefore have been calculated on the basis of the legitimate expectation of being allocated frequencies by the appropriate authorities.

(b) The Government

184. The Government contested the applicant company's arguments and objected to the "financial" nature of the application.

2. The Court's assessment

185. Article 1 of Protocol No. 1, which guarantees the right to the protection of property, contains three distinct rules (see, among other authorities, *James and Others v. the United Kingdom*, 21 February 1986, § 37, Series A no. 98, and *Beyeler*, cited above, § 98):

> "the first rule, set out in the first sentence of the first paragraph, is of a general nature and enunciates the principle of the peaceful enjoyment of property; the second rule, contained in the second sentence of the first paragraph, covers deprivation of possessions and subjects it to certain conditions; the third rule, stated in the second paragraph, recognises that the Contracting States are entitled, amongst other things, to control the use of property in accordance with the general interest ... The three rules are not, however, 'distinct' in the sense of being unconnected. The second and third rules are concerned with particular instances of interference with the right to peaceful enjoyment of property and should therefore be construed in the light of the general principle enunciated in the first rule."

186. The applicant company submitted that it had been "deprived of its possessions" in the present case. However, the Court cannot accept that argument. There has been no expropriation of the applicant company's substantive interest in operating an analogue television network, as is shown by the fact that it is now able to broadcast television programmes. Nevertheless, the possibility of engaging in the activity corresponding to the licence was affected by several measures which, in essence, were aimed at delaying the start-up date; this, in the Court's view, represents a means of controlling the use of property, to be examined from the standpoint of the second paragraph of Article 1 of Protocol No. 1.

187. The first and most important requirement of Article 1 of Protocol No. 1 is that any interference by a public authority with the peaceful enjoyment of possessions should be lawful (see *Iatridis*, cited above, § 58, and *Beyeler*, cited above, § 108). In particular, the second paragraph

recognises that States have the right to control the use of property, provided that they exercise this right by enforcing "laws". The principle of lawfulness also presupposes that the relevant provisions of domestic law are sufficiently accessible, precise and foreseeable in their application (see, *mutatis mutandis*, *Broniowski*, cited above, § 147).

188. However, the Court has already held under Article 10 of the Convention that the interference with the applicant company's rights did not have a sufficiently foreseeable legal basis within the meaning of its case-law (see paragraph 156 above). It can only reach the same finding in relation to Article 1 of Protocol No. 1, and this is sufficient to conclude that there has been a violation of that Article.

189. The above conclusion dispenses the Court from reviewing whether the other requirements of Article 1 of Protocol No. 1 were satisfied in the present case, in particular whether the control of the use of the applicant company's "property" was "in accordance with the general interest".

VI. ALLEGED VIOLATION OF ARTICLE 6 § 1 OF THE CONVENTION

190. The applicant company alleged a violation of its right to a fair hearing. It relied on Article 6 § 1 of the Convention, the relevant parts of which provide:

> "In the determination of his civil rights and obligations ..., everyone is entitled to a fair ... hearing ... by an independent and impartial tribunal ..."

A. The parties' submissions

1. The Government

191. The Government asserted that this complaint was manifestly ill-founded, since it was not the Court's task to deal with errors of fact or law allegedly committed by a domestic court and it was primarily for the national authorities, notably the courts, to resolve problems of interpretation of domestic legislation.

192. In particular, Laws nos. 43/2004 and 112/2004 had not been taken into account by the Regional Administrative Court, and the *Consiglio di Stato* had referred to those laws in finding that the applicant company was entitled to compensation. The *Consiglio di Stato*'s judgment awarding it financial compensation proved, moreover, that the State was independent and that the judgment of the ECJ had been taken into account. The Government further noted that in judicial proceedings it was possible for parties with common interests to submit observations to the court drafted

in partly similar terms, and the drafting of technical submissions by a lawyer did not mean that they were approved by the Government.

193. Lastly, the Government observed that the *Consiglio di Stato* had refused the applicant company's request for an expert valuation, holding that the burden of proof rested with the company and that a court-ordered expert assessment could not compensate for a failure to adduce evidence.

2. The applicant company

194. The applicant company asserted that the various legislative amendments in the course of the proceedings had infringed its right to a fair hearing; it added that the law had not been correctly applied and that the Constitutional Court's judgments had not been enforced. Furthermore, in the proceedings before the *Consiglio di Stato* the government had favoured the Mediaset group, thus demonstrating the State's lack of independence. In the applicant company's submission, this was illustrated by the fact that the government's memorial had been based on the one produced by the Mediaset group.

195. The applicant company submitted that the Italian State had failed to set up a clear and comprehensive regulatory framework, thereby infringing the principles of lawfulness, transparency, non-discrimination, free competition, impartiality and the rule of law. Lastly, the *Consiglio di Stato* had failed to compensate it for the damage it had actually sustained and to order an expert assessment of the amount it was due.

B. The Court's assessment

196. The Court considers that part of the applicant company's grievances (in particular, those concerning the lack of a clear regulatory framework, the legislative amendments and the failure to enforce the Constitutional Court's judgments) cover largely the same ground as the complaint under Article 10 of the Convention. It is therefore unnecessary to examine them separately under Article 6.

197. With regard to the specific complaints concerning the proceedings in the *Consiglio di Stato*, the Court reiterates that its duty is to ensure the observance of the engagements undertaken by the Contracting Parties to the Convention. In particular, it agrees with the Government that it is not its function to deal with errors of fact or law allegedly made by a national court, unless and in so far as they may have infringed rights and freedoms protected by the Convention (see, among many other authorities, *García Ruiz v. Spain* [GC], no. 30544/96, § 28, ECHR 1999-I). In particular, the Court cannot itself assess the facts which have led a national court to adopt

one decision rather than another; otherwise, it would be acting as a court of fourth instance and would disregard the limits imposed on its action (see, *mutatis mutandis*, *Kemmache v. France (no. 3)*, 24 November 1994, § 44, Series A no. 296-C). The Court's sole task in connection with Article 6 of the Convention is to examine applications alleging that the domestic courts have failed to observe specific procedural safeguards laid down in that Article or that the conduct of the proceedings as a whole did not guarantee the applicant a fair hearing (see, among many other authorities, *Donadze v. Georgia*, no. 74644/01, §§ 30-31, 7 March 2006).

198. In the instant case, the Court can see no evidence to suggest the proceedings in the *Consiglio di Stato* were not conducted in accordance with the requirements of a fair hearing. It further reiterates that the requirements of independence and impartiality in Article 6 of the Convention concern the court determining the merits of the case and not the parties to the proceedings (see *Forcellini v. San Marino* (dec.), no. 34657/97, 28 May 2002, and *Previti v. Italy* (dec.), no. 45291/06, § 255, 8 December 2009), and that it is for the national courts to assess the relevance of proposed evidence (see, *mutatis mutandis* and in relation to criminal proceedings, *Previti*, cited above, § 221, and *Bracci v. Italy*, no. 36822/02, § 65, 13 October 2005).

199. It follows that this complaint must be rejected as manifestly ill-founded, pursuant to Article 35 §§ 3 (a) and 4 of the Convention.

VII. APPLICATION OF ARTICLE 41 OF THE CONVENTION

200. Article 41 of the Convention provides:

> "If the Court finds that there has been a violation of the Convention or the Protocols thereto, and if the internal law of the High Contracting Party concerned allows only partial reparation to be made, the Court shall, if necessary, afford just satisfaction to the injured party."

A. The parties' submissions

1. Pecuniary damage

(a) The applicant company

201. The applicant company submitted that the damages awarded to it were insufficient. It noted that the *Consiglio di Stato* had found that compensation was payable in respect of a very limited part of the immense damage suffered, had disregarded expert evidence adduced by it and had failed to appoint independent experts. Thus, the *Consiglio di Stato* had

dismissed almost the entire claim for compensation, declaring that neither legal costs nor start-up expenses could be reimbursed.

202. As regards start-up expenses, the applicant company observed that, after being awarded the broadcasting licence, it had quickly set up an efficient and effective structure in order to become a serious player in the commercial broadcasting market. In particular, it had leased more than 20,000 square metres of television studios, equipped with cutting-edge technology, which had been purchased in advance so that it could start broadcasting promptly. It had also borne the costs of setting up an audio-visual library by producing its own programmes, as required by the licensing regulations.

203. As regards loss of earnings, the inadequacy of the damages awarded by the *Consiglio di Stato* was clear from a comparison of that amount with the profits achieved by Retequattro, the over-quota channel which should have relinquished the broadcasting frequencies allocated to the applicant company. In assessing loss of earnings, the Court should also take into account the fact that Centro Europa 7 S.r.l. had only recently entered the commercial broadcasting market, at a time when analogue broadcasting was about to be entirely superseded by digital terrestrial television and other broadcasting techniques. Changes in the market since 1999 should therefore be taken into consideration. The applicant company argued that it had been illegally kept out of the commercial broadcasting market for a considerable time, which had also harmed its prospects of promoting its brand and reputation and acquiring expertise, audio-visual content and other advantages associated with analogue broadcasting.

204. In the light of the foregoing, and on the basis of documentary evidence, the applicant company claimed 2,175,171,960.60 euros (EUR) (EUR 129,957,485.60 for losses sustained and EUR 2,045,214,475.00 for loss of earnings) – the sum it had sought in the national proceedings – less the amount awarded by the *Consiglio di Stato*, or a different amount, to be determined on an equitable basis. Statutory interest should be payable on the compensation.

(b) The Government

205. The Government objected to the applicant company's claims, which they considered excessive. They pointed out that the *Consiglio di Stato* had awarded it compensation. Moreover, the claims were a matter of speculation and had no causal link with the alleged violations of the Convention (*Informationsverein Lentia and Others v. Austria*, 24 November 1993, § 46, Series A no. 276; *Radio ABC v. Austria*, 20 October 1997, § 41,

Reports of Judgments and Decisions 1997-VI; and *Meltex Ltd and Movsesyan v. Armenia*, no. 32283/04, § 102, 17 June 2008).

206. The Government further submitted that the applicant company had not set up any installations for digital television broadcasting in the period from December 2008 to January 2009. The relevant equipment had not been purchased until after 2009.

2. *Non-pecuniary damage*

(a) The applicant company

207. The applicant company claimed EUR 10,000,000 in respect of non-pecuniary damage.

208. It submitted that the Court should consider the following factors in particular: (a) the considerable time that had elapsed; (b) the fact that the applicant company could reasonably have expected the Italian Government to give effect to the television-broadcasting licence within the relevant time-limits; (c) the frustration and anxiety arising from being a powerless witness to the development of the television-broadcasting market without being able to be a stakeholder in it, and the loss of a number of profitable opportunities; (d) the substantial financial implications; (e) the harm to the company's reputation on account of the position of the persons involved; (f) the company's serious concerns at being unable to catch up with its competitors, which had consolidated their position in the analogue broadcasting and related markets; (g) the conditions of uncertainty in which the applicant company had had to take strategic decisions; (h) the obstacles and hurdles that its manager had had to overcome; and (i) the frustration arising from the Government's repeated and blatant disregard of the judgments of the Constitutional Court and the ECJ and of the demands of the European institutions.

(b) The Government

209. The Government objected to the applicant company's claims, which they considered excessive.

3. *Costs and expenses*

(a) The applicant company

210. Submitting documentary evidence, the applicant company sought the reimbursement of the legal costs incurred at both national and European

level in seeking to give effect to the licence and to be able to engage properly in economic activities in the television-broadcasting market.

211. It pointed out that it had had to contend not only with the dominant commercial broadcaster in Italy, but also with the Italian government itself for over ten years, since during that period the owner of Mediaset – the broadcasting group to which the over-quota channel Retequattro belonged – had also served several terms as Prime Minister.

212. Accordingly, the applicant company claimed EUR 1,023,706.35 for the costs incurred at national level and EUR 200,000 for those incurred before the Court.

(b) The Government

213. The Government objected to the applicant company's claims.

B. The Court's assessment

1. Pecuniary and non-pecuniary damage

214. The Court observes that it has found two violations in the present case. Firstly, the interference with the applicant company's exercise of its right to impart information and ideas within the meaning of Article 10 of the Convention resulting from legislative measures which did not satisfy either the foreseeability requirement or the State's obligation to guarantee effective pluralism (see paragraph 156 above). Secondly, the applicant company could legitimately have expected the authorities, within the twenty-four months following 28 July 1999, to take the necessary legal measures to regulate its television-broadcasting activities, thereby enabling it to transmit programmes (see paragraph 175 above). For the purposes of Article 1 of Protocol No. 1, that expectation constituted a "possession" (see paragraph 179 above), the use of which was controlled by the same laws found to have been insufficiently foreseeable in relation to Article 10 (see paragraph 188 above). However, the Court has not examined whether the regulations in issue were "in accordance with the general interest" (see paragraph 189 above) and whether the interference with the applicant company's right to impart information and ideas pursued a legitimate aim and was necessary in a democratic society for achieving that aim (see paragraph 158 above).

215. In the instant case, the Court is unable to establish the precise extent to which the violations it has found affected the applicant company's property rights, having regard, in particular, to the specific features of the

Italian audio-visual market and the absence of a comparable commercial situation in the market in question.

216. The Court further notes that the applicant company sustained damage on account of the prolonged uncertainty, resulting from the lack of precision of the domestic legal framework, as to the date on which it could be allocated the frequencies and, as a result, start operating on the commercial television-broadcasting market. The applicant company nevertheless made certain investments on the basis of the licence. The Court considers that the compensation awarded by the *Consiglio di Stato*, covering solely the period from 2004 to 2009, cannot be regarded as sufficient, especially as no expert valuation was ordered by the domestic courts to quantify the losses sustained and the loss of earnings.

217. The Court observes that the Government simply contested the applicant company's claims by describing them as excessive.

218. With regard to the losses sustained, the Court notes that the applicant company has not shown that all the investments it made were necessary to operate under the licence it had been granted. As to the alleged loss of earnings, the Court finds that the applicant company did indeed suffer a loss of this nature as a result of its inability to derive any profit whatsoever from the licence over a period of many years. It considers, however, that the circumstances of the case do not lend themselves to a precise assessment of pecuniary damage, since this type of damage involves many uncertain factors, making it impossible to calculate the exact amounts capable of affording fair compensation.

219. Without speculating on the profits which the applicant company would have achieved if the violations of the Convention had not occurred and if it had been able to broadcast from 2001, the Court observes that the company suffered a real loss of opportunities (see, *mutatis mutandis*, *Gawęda v. Poland*, no. 26229/95, § 54, ECHR 2002-II). It should also be noted that the applicant company intended to embark on an entirely new commercial venture, the potential success of which was dependent on a variety of factors whose assessment falls outside the Court's jurisdiction. It notes in this connection that where a loss of earnings (*lucrum cessans*) is alleged, it must be conclusively established and must not be based on mere conjecture or probability.

220. In those circumstances, the Court considers it appropriate to award a lump sum in compensation for the losses sustained and the loss of earnings resulting from the impossibility of making use of the licence. It must also take into account the fact that the applicant company was awarded compensation at the domestic level in respect of part of the period concerned (see paragraph 48 above).

221. In addition, the Court considers that the violations it has found of Article 10 of the Convention and Article 1 of Protocol No. 1 in the instant case must have caused the applicant company prolonged uncertainty in the conduct of its business and feelings of helplessness and frustration (see, *mutatis mutandis*, *Rock Ruby Hotels Ltd v. Turkey* (just satisfaction), no. 46159/99, § 36, 26 October 2010). In this connection, it reiterates that it may award pecuniary compensation for non-pecuniary damage to a commercial company. Non-pecuniary damage suffered by such companies may include aspects that are to a greater or lesser extent "objective" or "subjective". Aspects that may be taken into account include the company's reputation, uncertainty in decision-planning, disruption in the management of the company (for which there is no precise method of calculating the consequences) and lastly, albeit to a lesser degree, the anxiety and inconvenience caused to the members of the management team (see *Comingersoll S.A. v. Portugal* [GC], no. 35382/97, § 35, ECHR 2000-IV).

222. Having regard to all the above factors, and making its assessment on an equitable basis, the Court considers it reasonable to award the applicant company an aggregate sum of EUR 10,000,000, covering all heads of damage, plus any tax that may be chargeable on that amount.

2. *Costs and expenses*

223. The Court reiterates that only legal costs and expenses found to have been actually and necessarily incurred and to be reasonable as to quantum are recoverable under Article 41 of the Convention (see *Nikolova v. Bulgaria* [GC], no. 31195/96, § 79, ECHR 1999-II).

224. With regard to the costs incurred in the domestic proceedings, the Court observes that, before applying to the Convention institutions, the applicant company exhausted the domestic remedies available to it under Italian law, since it instituted two sets of proceedings in the administrative courts, the complexity and length of which must be emphasised. The Court therefore accepts that the applicant company incurred expenses in seeking redress for the violations of the Convention through the domestic legal system (see, *mutatis mutandis*, *Rojas Morales v. Italy*, no. 39676/98, § 42, 16 November 2000).

225. With regard to the expenses relating to the proceedings before it, the Court notes that the present case is of some complexity, since it required examination by the Grand Chamber, several sets of observations and a hearing. It also raises important legal issues.

226. Having regard to the material in its possession and its relevant practice, the Court considers it reasonable to award the applicant company an aggregate sum of EUR 100,000 in respect of all costs and expenses.

3. *Default interest*

227. The Court considers it appropriate that the default interest rate should be based on the marginal lending rate of the European Central Bank, to which should be added three percentage points.

FOR THESE REASONS, THE COURT

1. *Upholds* unanimously the Government's preliminary objection that the application is incompatible *ratione personae* with the provisions of the Convention in so far as it was lodged by Mr Di Stefano and accordingly *declares* this part of the application inadmissible;
2. *Dismisses* by a majority the Government's preliminary objection that the application was out of time;
3. *Dismisses* by a majority the Government's other preliminary objections;
4. *Declares* by a majority the application by the applicant company admissible as regards the complaints under Articles 10 and 14 of the Convention;
5. *Declares* by a majority the application by the applicant company admissible as regards the complaint under Article 1 of Protocol No. 1;
6. *Declares* unanimously the remainder of the application by the applicant company inadmissible;
7. *Holds* by sixteen votes to one that there has been a violation of Article 10 of the Convention;
8. *Holds* unanimously that it is not necessary to examine separately the complaint under Article 14 of the Convention taken in conjunction with Article 10;
9. *Holds* by fourteen votes to three that there has been a violation of Article 1 of Protocol No. 1;
10. *Holds* by nine votes to eight that the respondent State is to pay the applicant company, within three months, EUR 10,000,000 (ten million euros), plus any tax that may be chargeable, in respect of pecuniary and non-pecuniary damage;
11. *Holds* unanimously that the respondent State is to pay the applicant company, within three months, EUR 100,000 (one hundred thousand euros), plus any tax that may be chargeable to the applicant company, in respect of costs and expenses;

12. *Holds* unanimously that from the expiry of the above-mentioned three months until settlement simple interest shall be payable on the above amounts at a rate equal to the marginal lending rate of the European Central Bank during the default period plus three percentage points;

13. *Dismisses* unanimously the remainder of the applicant company's claim for just satisfaction.

Done in English and in French, and delivered at a public hearing in the Human Rights Building, Strasbourg, on 7 June 2012.

Vincent Berger
Jurisconsult

Françoise Tulkens
President

In accordance with Article 45 § 2 of the Convention and Rule 74 § 2 of the Rules of Court, the following separate opinions are annexed to this judgment:

(a) concurring opinion of Judge Vajić;

(b) joint partly dissenting opinion of Judges Sajó, Karakaş and Tsotsoria, joined in part by Judge Steiner;

(c) joint partly dissenting opinion of Judges Popović and Mijović;

(d) dissenting opinion of Judge Steiner.

F.T.
V.B.

CONCURRING OPINION OF JUDGE VAJIĆ

I have voted with the majority in favour of finding a violation of Article 1 of Protocol No. 1. However, I do not agree with the interpretation of "legitimate expectation" as set out in the judgment, in particular in paragraph 173. With all due respect, I think that the following passage taken from paragraph 173 is misleading (see *Kopecký v. Slovakia* [GC], no. 44912/98, ECHR 2004-IX):

> "However, in certain circumstances, a 'legitimate expectation' of obtaining an asset may also enjoy the protection of Article 1 of Protocol No. 1. Thus, where a proprietary interest is in the nature of a claim, the person in whom it is vested may be regarded as having a 'legitimate expectation' if there is a sufficient basis for the interest in national law, for example where there is settled case-law of the domestic courts confirming its existence."

According to the established case-law, if a person has a proprietary interest in the nature of a claim which has a sufficient basis in national law, he or she has an asset capable of attracting the protection of Article 1 of Protocol No. 1 (see *Kopecký*, cited above, § 42). It is therefore unnecessary to introduce the notion of legitimate expectation, which, on the basis of *Pine Valley Developments Ltd and Others v. Ireland* (29 November 1991, Series A no. 222) and *Stretch v. the United Kingdom* (no. 44277/98, 24 June 2003), applies in a far more limited set of circumstances.

Moreover, the judgment actually states at paragraph 178:

> "The Court thus considers that the interests associated with exploiting the licence constituted property interests attracting the protection of Article 1 of Protocol No. 1 (see, *mutatis mutandis*, *Tre Traktörer AB*, ... § 53)."

Therefore, I do not see the need to refer in addition to a legitimate expectation.

JOINT PARTLY DISSENTING OPINION OF JUDGES SAJÓ, KARAKAŞ AND TSOTSORIA, JOINED IN PART BY JUDGE STEINER

We are in full agreement with the present judgment except as to the award of just satisfaction. We do not think that the award is excessive, nor do we find it insufficient. Instead, we consider that the question of the application of Article 41 is not ready for decision.

While the *Consiglio di Stato* found that there was a causal link between the conduct of the administrative authorities and the damage alleged by the applicant company, it considered that the compensation should be calculated on the basis of the legitimate expectation of being allocated the broadcasting frequencies by the appropriate authorities. For this reason, in determining the losses sustained the *Consiglio di Stato* considered that the applicant company should have known that it was unlikely to obtain the frequencies in question and it did not order an expert valuation. This approach was rejected by the Court (see paragraph 175 of the judgment). The Court found that the licence granted to the applicant company had been deprived of its substance. Furthermore, the Court itself found the refusal to order an expert valuation to be unacceptable (see paragraph 216 *in fine*).

The applicant company indicated that it had incurred expenses including the renting of studios and the equipment needed to pursue the corresponding economic activity, and it submitted an expert assessment of its loss of profits based on the profits achieved by Retequattro, the over-quota channel which should have relinquished the frequencies allocated to the applicant company.

In the absence of an expert opinion which would have shed at least some light on the necessity and pertinence of the alleged expenses and the expected loss of profit, we find it impossible to determine the damage sustained by the applicant company. Such an expert opinion, subject to an appropriate possibility for the parties to challenge it, would have enabled us to calculate at least the approximate amounts capable of redressing the damage. Moreover, this procedure would have opened the way for a friendly settlement which would have satisfied the requirements of fair compensation.

JOINT PARTLY DISSENTING OPINION OF JUDGES POPOVIĆ AND MIJOVIĆ

We respectfully disagree with the majority on two major points. Firstly, we consider that the first applicant in this case, the limited liability company Centro Europa 7 S.r.l., did not have victim status. Secondly, the applicant company was on no account entitled to bring a case before the Court for the sole purpose of rectifying the amount it had been awarded at domestic level. Our reasons are the following.

The majority of our colleagues stated in paragraph 45 of the judgment that in a judgment of 20 January 2009 the *Consiglio di Stato* awarded the applicant company the amount of 1,041,418 euros in compensation. This clearly proves that the loss sustained by the applicant company has been compensated. There were therefore no grounds for applying to the Court, which the applicant company did on 16 July 2009. The applicant company lost its victim status because it had been afforded compensation at the national level. Its application lodged with the Court had the goal of rectifying the amount awarded by the national court.

The Court laid down the rule concerning the amount of compensation as early as in 1986, in *Lithgow and Others v. the United Kingdom* (8 July 1986, § 102, Series A no. 102). The rule says that the amount of compensation falls within the margin of appreciation of the member State, unless the amount in question may be considered "grossly inadequate".

In its subsequent case-law the Court clarified the rule, stating that even a sum which was grossly inadequate (and might in extreme cases amount to zero!) could be found acceptable where there were exceptional circumstances (see *Jahn and Others v. Germany* [GC], nos. 46720/99, 72203/01 and 72552/01, § 94, ECHR 2005-VI).

In the present case the applicant company's intention was to counter the general rule set forth in *Lithgow and Others* by referring to the rule laid down in *Scordino v. Italy (no. 1)* ([GC], no. 36813/97, § 103, ECHR 2006-V), *Cocchiarella v. Italy* ([GC], no. 64886/01, ECHR 2006-V) and *Musci v. Italy* ([GC], no. 64699/01, ECHR 2006-V). The latter rule, however, falls within the scope of the main rule stemming from *Lithgow and Others*, for the Court held in *Scordino* (cited above, § 103) that the compensation awarded "was inadequate". It is therefore clear that the rule in *Scordino* merely followed the previous case-law, that is, the rule in *Lithgow and Others*, which in our view applies to the present case.

The assessment of the facts in *Scordino* was different from the assessment in *Lithgow and Others*, but the rule remained unaltered. In other words, the term "inadequate" in the *Scordino* judgment (cited above, § 103) can only be understood in the light of the *Lithgow and Others* rule, that is, attaining the standard of "grossly inadequate" in respect of proportionality. The Court basically took the same stance in paragraph 98 of *Scordino*, where it referred, *inter alia*, to *Lithgow and Others*, invoking the general rule on the proportionality of compensation.

Besides, there is no reason whatsoever to find that the compensation in the present case was inadequate. In our view, the present case can be distinguished from *Scordino*. The latter case concerned the expropriation of land, whereas the case at hand is about a broadcasting licence for television programmes. The fluctuations of market prices for the two goods mentioned may be comparable, but they are not identical and the domestic judiciary is better placed than an international court to assess the amount due in compensation. The applicants in *Scordino* (cited above, § 85) relied on the fact that the flats built on the expropriated land could subsequently be sold and therefore bring a profit to private individuals. However, in the present case there is not enough reason to hold that the sum awarded in compensation to the applicant company at domestic level was inadequate.

We would also underline the fact that the amount of money awarded in compensation to the applicant company at domestic level was indeed considerable. It could by no means be labelled as "grossly inadequate". The Court cannot speculate on the applicant company's potential success in business, the fact on which the sum awarded in compensation could allegedly have depended. The applicant company's position was properly assessed by the national court of law, which found in its favour. What is more, the majority did not base their ruling on an expert valuation of the loss allegedly sustained by the applicant company, but merely awarded it a lump sum. Therefore, even if the applicant company could have been considered to have preserved its victim status – a position which we do not find to be justified – we believe that the Court should have observed the margin of appreciation of a member State.

DISSENTING OPINION OF JUDGE STEINER

(Translation)

I am unable to share the opinion of the majority on the two fundamental aspects of this case: the alleged violations of Article 10 and of Article 1 of Protocol No. 1.

The factual situations underlying the applicant company's complaints are, in my view, clearly distinct.

As regards the first of these situations, relating to the alleged inability to broadcast on the basis of the 1999 decision of principle, it falls outside the Court's jurisdiction since *it does not comply with the six-month rule.*

According to the Government, in its decision of 31 May 2008 the *Consiglio di Stato* settled with final effect the issue arising from the failure to allocate frequencies on the basis of the 1999 decision.

A careful reading of the reasoning and, above all, the operative provisions of the *Consiglio di Stato*'s decision appears to support that argument. Furthermore, the judgment of January 2009 confirms this approach to the issue, since it deals only with the residual aspect of the applicant company's claim in relation to Article 1 of Protocol No. 1.

On this point, the Grand Chamber's judgment (see paragraphs 100-04) does not appear to reflect the reality of the legal situation.

Firstly, in my view we are not dealing with a continuing situation since, as I have mentioned, the situation in issue had been clarified by the decision of 31 May 2008. From that date it had become obvious that the applicant company was no longer lawfully entitled to contest the merits of the non-allocation of the frequencies envisaged by the 1999 decision.

It was accordingly required to lodge its application in relation to this issue within the six-month time-limit.

I would point out that there is consistent and long-established case-law on the subject.

Thus, not only does the six-month rule result from a special provision and constitute an element of legal stability, it is also a matter of public policy and cannot be disregarded by States on their own initiative.

The six-month rule is, according to our case-law, a question which is linked to observance of the European public order and which can be raised by the Court of its own motion at any stage of the proceedings.

The subsidiarity principle, which is constantly mentioned as the guiding principle of the supervisory system, requires the national courts to be given precedence in the interpretation of domestic law.

I would emphasise in this connection that the Court's "jurisdiction to verify that domestic law has been correctly interpreted and applied is limited" and that "it is not its function to take the place of the national courts, its role being rather to ensure that the decisions of those courts are not flawed by arbitrariness or otherwise manifestly unreasonable" (see *Anheuser-Busch Inc. v. Portugal* [GC], no. 73049/01, § 83, ECHR 2007-I).

What holds true for the assessment of compliance with domestic law also applies to the determination of what was the final domestic decision in respect of a particular complaint, unless the decision of the *Consiglio di Stato* in the present case is found to have been arbitrary or manifestly unreasonable.

Next, I consider that the judgment wrongly mixes up two distinct aspects.

The assessment of the amount to be awarded to the applicant company in damages concerned the quantification of the damage suffered and not the allocation of frequencies, that issue having been *res judicata* since 31 May 2008.

As regards the second factual situation, relating to respect for the right of property, the question seems clear to me. The reasons given by the *Consiglio di Stato* in its judgment of 20 January 2009 are convincing and reasonable.

The *Consiglio di Stato* found the State liable for the lengthy delay in allocating the frequencies. It awarded damages on that account for the "losses sustained". It took care to draw attention to the conduct of the applicant company, which should have taken the context into account and been cautious in its investments pending the allocation of the frequencies.

As to the damage corresponding to "loss of earnings", the *Consiglio di Stato* observed that there was not the slightest evidence to support the assumptions and hypotheses put forward by the applicant company. Nevertheless, it made an award to the company under this head, determined on an equitable basis.

I consider that, more than in any other circumstances, the State should be afforded a wide margin of appreciation in determining the damage resulting from an "unlawful act", in accordance with the principles governing non-contractual liability.

As regards the question of the application of Article 41, I join the partly dissenting opinion of Judges Sajó, Karakaş, and Tsotsoria.

SEGAME SA c. FRANCE

(Requête n° 4837/06)

CINQUIÈME SECTION

ARRÊT DU 7 JUIN 2012[1]

1. Texte français original. Extraits.

SOMMAIRE[1]

Impossibilité pour les tribunaux de moduler une amende à taux unique fixé par la loi

Article 6 § 1

Accès à un tribunal – Procédure pénale – Impossibilité pour les tribunaux de moduler une amende à taux unique fixé par la loi – Pouvoirs étendus du juge dans le cadre d'un recours administratif de plein contentieux – Loi proportionnant l'amende à la gravité du comportement du contribuable – Possibilité pour la requérante de faire valoir tous les arguments de fait et de droit – Exigence d'efficacité appliquée au contentieux fiscal pour préserver les intérêts de l'Etat – Contentieux fiscal exclu du noyau dur du droit pénal au sens de la Convention

*

* *

La requérante est une société anonyme qui gérait une galerie d'art. En 1993, le tribunal de commerce la plaça en redressement puis en liquidation judiciaires. L'année suivante, l'administration fiscale lui adressa deux notifications de redressement concernant notamment des rappels de taxe. Ces rappels étaient assortis d'une amende égale à 100 % des droits éludés. En cours d'instance, un changement législatif réduisit le taux de l'amende de 100 % à 25 % et l'administration appliqua cette nouvelle disposition à la requérante. En 1998, la requérante saisit les tribunaux d'un recours de plein contentieux visant la décharge des rappels de taxe, en soulevant, entre autres, l'incompatibilité de l'amende avec l'article 6 § 1 de la Convention, dès lors qu'elle ne pouvait être modulée par le juge en considération de la gravité du comportement du contribuable selon un barème qu'il appartenait au législateur d'établir. Elle fut déboutée. En particulier, le Conseil d'Etat considéra que le juge de l'impôt disposait d'un pouvoir de pleine juridiction conforme aux stipulations de l'article 6 § 1, lesquelles n'impliquaient pas, alors même que le législateur avait retenu un taux unique pour l'amende en cause, que le juge pût en moduler l'application en lui substituant un taux inférieur à celui prévu par la loi.

Article 6 § 1 : la requérante a pu former un recours visant la décharge du rappel de taxe et des pénalités, et saisir ensuite les juridictions d'un appel et d'un pourvoi en cassation. Il s'agissait d'un recours de plein contentieux, dans le cadre duquel le juge administratif dispose de pouvoirs étendus : il apprécie tous les éléments de fait

1. Rédigé par le greffe, il ne lie pas la Cour.

et de droit et peut non seulement annuler ou valider un acte administratif, mais également le réformer, voire substituer sa propre décision à celle de l'administration et se prononcer sur les droits de l'intéressé ; en matière fiscale, il peut décharger le contribuable des impôts et pénalités mis à sa charge ou en modifier le montant dans la limite de l'application de la loi et, en matière de pénalités, substituer un taux inférieur à un taux supérieur pour autant que la loi le prévoie. Le grief de la requérante porte sur le fait qu'en l'espèce les juridictions administratives n'avaient pas le pouvoir de moduler l'amende fiscale, en l'absence de disposition légale le permettant. Cependant, la loi elle-même proportionne dans une certaine mesure l'amende à la gravité du comportement du contribuable, puisque celle-ci est fixée en pourcentage des droits éludés, dont en l'espèce la requérante a pu amplement discuter l'assiette. La requérante a donc pu faire valoir tous les arguments de fait et de droit qu'elle estimait utiles. Par ailleurs, la Cour observe que le caractère particulier du contentieux fiscal implique une exigence d'efficacité nécessaire pour préserver les intérêts de l'Etat et que ce contentieux ne fait pas partie du noyau dur du droit pénal au sens de la Convention.
Conclusion : non-violation (unanimité).

Jurisprudence citée par la Cour

Bendenoun c. France, 24 février 1994, série A n° 284
Schmautzer c. Autriche, 23 octobre 1995, série A n° 328-A
Umlauft c. Autriche, 23 octobre 1995, série A n° 328-B
Gradinger c. Autriche, 23 octobre 1995, série A n° 328-C
Pramstaller c. Autriche, 23 octobre 1995, série A n° 329-A
Palaoro c. Autriche, 23 octobre 1995, série A n° 329-B
Pfarrmeier c. Autriche, 23 octobre 1995, série A n° 329-C
Malige c. France, 23 septembre 1998, *Recueil des arrêts et décisions* 1998-VII
Chevrol c. France, n° 49636/99, CEDH 2003-III
Silvester's Horeca Service c. Belgique, n° 47650/99, 4 mars 2004
Valico S.r.l. c. Italie (déc.), n° 70074/01, CEDH 2006-III
Jussila c. Finlande [GC], n° 73053/01, CEDH 2006-XIII
Mamidakis c. Grèce, n° 35533/04, 11 janvier 2007
Grifhorst c. France, n° 28336/02, 26 février 2009
A. Menarini Diagnostics S.r.l. c. Italie, n° 43509/08, 27 septembre 2011

En l'affaire Segame SA c. France,

La Cour européenne des droits de l'homme (cinquième section), siégeant en une chambre composée de:

Dean Spielmann, *président*,
Elisabet Fura,
Karel Jungwiert,
Mark Villiger,
Ann Power-Forde,
Ganna Yudkivska,
André Potocki, *juges*,

et de Stephen Phillips, *greffier adjoint de section*,

Après en avoir délibéré en chambre du conseil le 10 mai 2012,

Rend l'arrêt que voici, adopté à cette date:

PROCÉDURE

1. A l'origine de l'affaire se trouve une requête (n° 4837/06) dirigée contre la République française et dont une société de droit français, la société Segame SA («la requérante»), a saisi la Cour le 16 janvier 2006 en vertu de l'article 34 de la Convention de sauvegarde des droits de l'homme et des libertés fondamentales («la Convention»).

2. La société requérante a été représentée par Me P. Schiele, avocat à Paris, auquel a succédé Me E. Morain, avocat à Paris. Le gouvernement français («le Gouvernement») a été représenté par son agent, Mme E. Belliard, directrice des affaires juridiques au ministère des Affaires étrangères.

3. La requérante allègue en particulier la violation de l'article 6 § 1 de la Convention, en ce qu'elle n'aurait pas eu accès à un tribunal de pleine juridiction s'agissant de l'amende fiscale qui lui a été infligée.

4. Le 9 octobre 2008, la requête a été communiquée au Gouvernement. Comme le permet l'article 29 § 1 de la Convention, il a en outre été décidé que la chambre se prononcerait en même temps sur la recevabilité et le fond.

EN FAIT

I. LES CIRCONSTANCES DE L'ESPÈCE

5. La requérante est une société anonyme de droit français ayant son siège social à Paris.

6. La requérante gérait une galerie d'art à Paris. Par des jugements du 13 septembre et du 8 novembre 1993, le tribunal de commerce de Paris

la plaça en redressement, puis en liquidation judiciaires. Le 21 décembre 2004, le tribunal prononça la clôture des opérations de liquidation pour extinction du passif.

A. Procédure de redressement fiscal

7. La requérante fit l'objet du 27 octobre 1993 au 12 avril 1994 d'une vérification de comptabilité portant sur la période du 1er janvier 1991 au 8 novembre 1993. L'administration fiscale lui adressa les 6 mai et 5 octobre 1994 deux notifications de redressements au titre respectivement de l'année 1991 et des années 1992 et 1993, concernant notamment des rappels de taxe sur les métaux précieux, les bijoux, les objets d'art, de collection et d'antiquité (ci-après «la taxe sur les objets d'art»), en application des dispositions des articles 302 *bis* A à 302 *bis* E du code général des impôts (devenus en 1993 articles 150 V *bis* à 150 V *sexies* du même code).

8. Ces rappels étaient assortis des intérêts de retard, ainsi que de l'amende prévue par l'article 1788 *ter* du code général des impôts (devenu 1770 *octies* en 1993), égale à 100 % des droits éludés. Ils firent l'objet d'un avis de recouvrement du 25 janvier 1995 pour un montant total de 15 927 514 francs français ((FRF), soit 2 428 133 euros (EUR)), dont 7 963 757 FRF (1 214 066,93 EUR) au titre de l'amende.

9. Le 24 décembre 1997, la requérante, représentée par son mandataire judiciaire, forma une réclamation auprès du directeur des services fiscaux, en sollicitant le dégrèvement total des droits et amendes mis en recouvrement. Elle alléguait, d'une part, que la taxe sur les objets d'art était assimilable soit à une taxe sur la valeur ajoutée contraire aux directives 77/388/CEE et 94/5/CE du Conseil établissant un régime particulier dans le domaine, notamment, des objets d'art et de collection, soit à une taxation sur les plus-values constituant une mesure d'effet équivalent à une restriction à l'exportation ou à une imposition intérieure interdites par les articles 34 et 95 du Traité de Rome. La requérante soutenait, d'autre part, que les amendes, assimilables à des condamnations pénales au sens de la Convention européenne des droits de l'homme, auraient dû être prononcées par le juge.

10. Le 8 juin 1998, le directeur des services fiscaux rejeta la réclamation. Il indiqua que la taxe litigieuse n'était pas assimilable à une taxe sur la valeur ajoutée et qu'elle ne portait pas atteinte à la libre circulation des marchandises, dans la mesure où elle s'appliquait indifféremment aux ventes réalisées en France et dans tout autre Etat membre de la Communauté européenne. Il fit valoir, par ailleurs, que la Cour avait admis dans l'arrêt *Bendenoun c. France* (24 février 1994, série A nº 284) la validité du régime des sanctions administratives au regard de l'article 6 § 1 de la Convention, dès lors que leur application était contrôlée par un juge.

B. Procédure relative à la décharge des rappels de taxe sur les objets d'art et des pénalités afférentes

11. Le 31 juillet 1998, la requérante saisit le tribunal administratif de Paris d'un recours de plein contentieux visant la décharge des rappels de taxe sur les objets d'art auxquels elle avait été assujettie au titre des années 1991 à 1993 et des pénalités afférentes, en reprenant l'argumentation développée dans sa réclamation.

12. Par un jugement du 4 novembre 2004, le tribunal rejeta le recours. Sur la conformité de l'amende fiscale avec l'article 6 § 1 de la Convention, le tribunal rappela que le juge de l'impôt exerçait son plein contrôle sur les faits invoqués et sur la qualification retenue par l'administration et décidait, dans chaque cas, selon les résultats de ce contrôle, soit de maintenir ou d'appliquer l'amende fiscale effectivement encourue pour le montant prévu par la loi, sans pouvoir moduler celui-ci en fonction des circonstances de l'espèce, soit de ne pas mettre cette amende fiscale à la charge du contribuable, s'il estimait que l'administration n'établissait pas que les infractions au code général des impôts étaient constituées. Le tribunal estima en conséquence que l'article 6 § 1 n'impliquait pas nécessairement que le juge de l'impôt dispose du pouvoir de moduler le montant de l'amende fiscale pour tenir compte des circonstances de l'espèce.

13. Le 10 janvier 2005, la requérante fit appel devant la cour administrative d'appel de Paris.

14. En cours d'instance, l'ordonnance n° 1512 du 7 décembre 2005 réduisit l'amende prévue par l'article 1788 (devenu en 1993 l'article 1770 *octies*) du code général des impôts de 100 % à 25 % des droits éludés.

15. Le 13 février 2006, l'administration prononça un dégrèvement partiel de l'amende à concurrence de 910 549,93 EUR et, le 6 juillet 2006, un dégrèvement du rappel de taxe sur les objets d'art à hauteur de 28 735,12 EUR en raison d'une erreur de calcul.

16. Devant la cour d'appel, la requérante souleva les mêmes moyens que ceux invoqués devant le tribunal administratif

17. Par un arrêt du 24 novembre 2006, la cour administrative d'appel, après avoir pris acte des dégrèvements et dit n'y avoir lieu à statuer à concurrence des montants dégrevés, confirma pour l'essentiel le jugement en modifiant toutefois à la baisse le prix retenu par l'administration pour une œuvre acquise par la requérante. Elle écarta, après un examen détaillé, les moyens de forme et de fond soulevés par cette dernière, tenant notamment à la contrariété de la taxe avec le droit communautaire ou contestant son imputabilité pour l'acquisition de certaines œuvres. La cour rejeta par

ailleurs le moyen relatif à l'amende fondé sur l'article 6 § 1 de la Convention par un raisonnement similaire à celui du tribunal, en soulignant que le juge administratif disposait d'un pouvoir de pleine juridiction conforme à l'article 6 § 1, lequel n'impliquait pas, alors même que le législateur avait retenu un taux unique pour l'amende en cause, que le juge puisse en moduler l'application en retenant un taux inférieur.

18. La requérante saisit le Conseil d'Etat d'un pourvoi en cassation, en soulevant notamment l'incompatibilité, d'une part, de la taxe avec le droit communautaire et, d'autre part, de l'amende avec l'article 6 § 1 de la Convention, dès lors qu'elle ne pouvait être modulée par le juge en considération de la gravité du comportement du contribuable selon un barème qu'il appartenait au législateur d'établir.

19. Par un arrêt du 27 juin 2008, le Conseil d'Etat rejeta le pourvoi. Sur l'amende infligée, il s'exprima comme suit :

> « Considérant (...) que, d'une part, pour proportionner le taux de l'amende à l'infraction, l'ordonnance du 7 décembre 2005 a fixé ce taux à 25 % ; que, d'autre part, le juge de l'impôt, après avoir exercé son plein contrôle sur les faits invoqués et la qualification retenue par l'administration, décide, dans chaque cas, selon les résultats de ce contrôle, soit de maintenir la majoration infligée par l'administration, soit d'en prononcer la décharge s'il estime que le contribuable n'a pas contrevenu aux règles applicables en matière d'objets d'art et qu'il dispose ainsi d'un pouvoir de pleine juridiction conforme aux stipulations du paragraphe 1 de l'article 6 de la Convention (...), lesquelles n'impliquent pas, alors même que le législateur a retenu un taux unique pour l'amende en cause, que le juge puisse en moduler l'application en lui substituant un taux inférieur à celui prévu par la loi ; qu'ainsi, en n'écartant pas au cas d'espèce l'application de l'amende prévue à l'article 1761 du code général des impôts, la cour n'a pas commis d'erreur de droit. »

C. Procédures relatives à la détermination de l'assiette et aux modalités de recouvrement de la taxe sur les objets d'art

1. Procédure relative à l'assiette de la taxe

20. Le 5 avril 2005, la requérante saisit le Conseil d'Etat de deux recours tendant à l'annulation de l'interprétation, par le ministre de l'Economie, des Finances et de l'Industrie (« le ministre ») de la loi fiscale figurant dans la documentation administrative de base (dans ses versions successives à jour au 15 octobre 1989 et au 15 juin 1993), aux termes de laquelle le ministre donnait pour définition de l'assiette de la taxe sur les objets d'art leur prix de vente, y compris les frais de courtage.

21. La requérante faisait valoir que le législateur disposait d'une compétence exclusive pour se prononcer sur la création d'une imposition et pour fixer les éléments déterminants liés à son établissement et à

son recouvrement et que, dès lors, le ministre, au nom duquel cette documentation administrative avait été rédigée, avait excédé sa compétence.

22. En cours d'instance, la taxe fit l'objet d'une réécriture intégrale et d'un changement de numérotation, par l'article 33 de la loi de finances rectificative pour 2005, adoptée le 30 décembre 2005 et entrée en vigueur le 1er janvier 2006. Ce faisant, les dispositions relatives à l'assiette de la taxe, qui se trouvaient auparavant dans la documentation administrative, et celles relatives aux modalités de recouvrement, qui se trouvaient dans la partie réglementaire du code général des impôts, furent incorporées dans la partie législative du code.

23. Par un arrêt du 10 février 2006, le Conseil d'Etat joignit les recours et les rejeta. Il considéra qu'il résultait des dispositions en cause du code général des impôts que le législateur avait entendu «implicitement mais nécessairement» asseoir la taxe sur les objets d'art sur le montant des ventes, et qu'en l'absence de précision sur ce point, le prix de vente pris en compte pour asseoir la taxe devait être compris comme incluant toutes les charges supportées par l'acheteur. Le Conseil d'Etat estima dans ces conditions qu'en prévoyant que la taxe sur les objets d'art était assise sur leur prix de vente, y compris les frais de courtage, le ministre s'était borné à donner l'interprétation qu'appelaient les dispositions litigieuses, et qu'il n'avait ni fixé de règles nouvelles, ni entaché sa décision d'incompétence.

2. Procédure relative aux modalités de recouvrement de la taxe

24. Le 21 juin 2005, la requérante saisit le Conseil d'Etat de deux recours en annulation des décisions par laquelle le premier ministre avait implicitement rejeté ses demandes tendant à l'abrogation de dispositions réglementaires prises en application de la loi du 19 juillet 1976 (portant création de la taxe sur les objets d'art) et concernant les modalités de recouvrement de la taxe. Elle soutenait que les dispositions visées intervenaient dans le domaine de la loi et avaient, par suite, été prises par une autorité incompétente. Elle alléguait en outre que les dispositions législatives en vigueur quant au redevable légal de la taxe litigieuse étaient confuses et incertaines, en violation du principe de la légalité des délits et des peines consacré par l'article 7 de la Convention.

25. Par un arrêt du 5 mai 2006, le Conseil d'Etat joignit les recours et les rejeta. Il estima, d'une part, que le pouvoir réglementaire s'était borné à préciser les modalités de recouvrement de la taxe en cause conformément aux dispositions de la loi du 19 juillet 1976 et n'avait pas excédé sa compétence, ni les termes de la délégation qui lui était consentie. Il considéra, d'autre part, que le moyen fondé sur le principe de la légalité des délits et des peines consacré par l'article 7 de la Convention était, en tout état de cause,

inopérant à l'appui de conclusions tendant à l'annulation du refus d'abroger les dispositions réglementaires visées.

II. LE DROIT ET LA PRATIQUE INTERNES PERTINENTS

A. Les textes internes pertinents

26. La taxe forfaitaire sur les objets d'art constitue une modalité particulière d'imposition des plus-values. Elle a été instituée par l'article 10 de la loi du 19 juillet 1976 « portant imposition des plus-values et création d'une taxe forfaitaire sur les métaux précieux, les bijoux, les objets d'art, de collection et d'antiquité ». A l'époque des faits, elle figurait jusqu'en 1993 aux articles 302 *bis* A à 302 *bis* E du code général des impôts, puis jusqu'au 31 décembre 2005 aux articles 150 V *bis* et à 150 V *sexies* du même code. Dans leur partie pertinente, ces articles se lisaient comme suit :

Article 150 V *bis*

« I. Sous réserve des dispositions particulières qui sont propres aux bénéfices professionnels, (...) les ventes de bijoux, d'objets d'art, de collection et d'antiquité sont soumises à une taxe de 7 %[1] lorsque leur montant excède 20 000 F ; dans le cas où ce montant est compris entre 20 000 F et 30 000 F, la base d'imposition est réduite d'un montant égal à la différence entre 30 000 F et ledit montant.

(...)

Ces dispositions sont également applicables aux ventes réalisées dans un autre Etat membre de la Communauté économique européenne.

(...) »

Article 150 V *ter*

« La taxe prévue à l'article 150 V *bis* est supportée par le vendeur. Elle est versée par l'intermédiaire participant à la transaction ou, à défaut, par l'acheteur, dans les trente jours et sous les mêmes garanties qu'en matière de taxes sur le chiffre d'affaires. Toutefois, la taxe est versée, dans les mêmes conditions, par le vendeur, lorsque la vente est réalisée dans un autre Etat membre de la Communauté européenne.

La taxe n'est pas perçue lorsque le vendeur fait commerce des biens concernés, à titre professionnel. »

Article 150 V *sexies*

« Le vendeur des bijoux et objets mentionnés au deuxième alinéa du I de l'article 150 V *bis* peut opter, par une déclaration faite au moment de la vente, pour le régime défini aux articles 150 A à 150 T sous réserve qu'il puisse justifier de la date et du prix d'acquisition. Les conditions de l'option sont fixées par décret en Conseil d'Etat. »

1. Antérieurement de 6 %, la taxe a été portée à 7 % en 1993.

27. La loi de finances rectificative pour l'année 2005 (n° 2005-1720 du 30 décembre 2005), entrée en vigueur le 1er janvier 2006, a modifié ces dispositions. La loi portait, notamment, sur le redevable légal de la taxe sur les objets d'art, sur son assiette et sur les modalités de recouvrement. Désormais, l'article 150 VK alinéa 1 du même code dispose :

> « La taxe est supportée par le vendeur ou l'exportateur. Elle est due par l'intermédiaire domicilié fiscalement en France participant à la transaction et sous sa responsabilité ou, à défaut, par le vendeur ou l'exportateur. (...) »

28. Le défaut de versement de la taxe sur les objets d'art donne lieu à une amende fiscale. A l'époque des faits, l'article 1788 (devenu en 1993 l'article 1770 *octies*) du code général des impôts disposait :

> « Les infractions aux articles 150 V *bis* à 150 V *sexies* donnent lieu à une amende fiscale égale aux droits éludés et recouvrée comme en matière de taxe sur le chiffre d'affaires. »

L'ordonnance n° 2005-1512 du 7 décembre 2005 relative à des mesures de simplification en matière fiscale et à l'harmonisation et l'aménagement du régime des pénalités a réduit l'amende prévue à l'article 1770 *octies* de 100 % à 25 % des droits éludés. L'article 1770 *octies* précité est devenu l'article 1761 § 2 du code général des impôts.

B. Le recours de plein contentieux devant les juridictions administratives

29. On distingue traditionnellement le recours de plein contentieux (dit également de pleine juridiction) devant les juridictions administratives du recours pour excès de pouvoir, qui vise l'annulation d'un acte administratif. Dans le cadre de ce dernier, les pouvoirs du juge administratif sont limités : il ne peut qu'annuler avec effet rétroactif la décision entachée d'illégalité, sans pouvoir apprécier son opportunité. En revanche, dans le cadre du recours de plein contentieux, les pouvoirs du juge administratif sont beaucoup plus étendus : il peut non seulement annuler ou valider un acte administratif, mais également le réformer, substituer sa propre décision à celle de l'administration et se prononcer sur les droits de l'intéressé. De même, il peut condamner l'administration à des dommages et intérêts. Par ailleurs, dans le cadre du recours de plein contentieux, le juge administratif apprécie la légalité de la décision qui lui est déférée au regard des circonstances de droit et de fait au jour où il rend son jugement ou arrêt (et non, comme en matière d'excès de pouvoir, à la date où l'administration a pris sa décision).

Parmi les recours de plein contentieux figurent notamment les recours en responsabilité (contractuelle ou extra contractuelle) dirigés contre l'administration, les recours en matière fiscale ou électorale (élections municipales et cantonales), ceux dirigés contre des sanctions administratives, ainsi que divers autres recours.

30. Dans le domaine du contentieux fiscal, les juridictions administratives sont compétentes en matière d'impôts directs et de taxes sur le chiffre d'affaires, les litiges relatifs aux impôts indirects relevant de la compétence des tribunaux de l'ordre judiciaire. A ce titre le juge administratif a le pouvoir de prononcer au bénéfice du contribuable la décharge des impôts et des pénalités que lui réclame l'administration fiscale et peut également en fixer lui-même le montant, dans la limite des dispositions applicables. En matière de pénalités, il peut notamment substituer un taux inférieur à un taux supérieur lorsque plusieurs taux sont applicables en fonction du comportement du contribuable.

C. La jurisprudence interne pertinente

31. Sur la question du pouvoir du juge de moduler le taux des pénalités fiscales, les cours suprêmes françaises ont adopté des solutions différentes.

1. La Cour de cassation

32. En matière d'amende fiscale infligée en cas de retard de paiement de la taxe différentielle sur les véhicules à moteur (prévue par l'article 1840 N *quater* du code général des impôts – abrogé le 1er mars 2005), la Cour de cassation, dans un arrêt du 29 avril 1997, a écarté l'application de l'article en cause comme contraire à l'article 6 § 1 de la Convention dans la mesure où « cette disposition (n'avait) pas institué à l'encontre de la décision de l'administration un recours de pleine juridiction permettant au tribunal de se prononcer sur le principe et le montant de l'amende » (Cass. com., 29 avril 1997, Ferreira, Bulletin 1997 IV n° 110).

33. Cette jurisprudence a été confirmée par la suite (Cass. com., 17 novembre 1998, Dupuis, n° 96-21749 ; Cass. com, 15 juin 1999, Lise, Bulletin 1999 IV n° 130). Dans l'arrêt précité du 15 juin 1999, la Cour de cassation s'est exprimée ainsi :

> « [l]'article 1840 N *quater* (…) n'est incompatible avec l'article 6 § 1 de la Convention (…) que dans la seule mesure où le juge saisi d'un recours à l'encontre de la sanction prise envers un contribuable par l'administration ne peut pas se prononcer sur le principe et le montant de l'amende et qu'il appartenait dès lors au tribunal, devant qui [l'intéressé] invoquait le fait qu'il avait acquitté la taxe immédiatement après avoir été verbalisé, d'apprécier la proportionnalité de la sanction au comportement du contribuable (…) »

La Cour de cassation a précisé, dans un arrêt du 1er juillet 2003 (Cass. com, 1er juillet 2003, Gallotte, n° 00-13966), qui concernait une majoration de 40 % pour absence de déclaration d'un don manuel :

« [l]'article 6 § 1 (...) ouvre un recours de pleine juridiction pour que la sanction fiscale appliquée par l'administration puisse être proportionnée au comportement du contribuable dans les circonstances de l'espèce, et (...) le juge du fond ne peut exercer le pouvoir qui lui est ainsi conféré qu'en étant mis en mesure par la partie qui conteste l'application de la sanction, d'apprécier le principe et le montant de celle-ci (...) »

2. Le Conseil d'Etat

34. Le Conseil d'Etat, pour sa part, s'est prononcé dans un premier temps sur les articles 1728 et 1729 du code général des impôts, qui prévoient des pénalités différentes selon les agissements du contribuable et la qualification qui leur est donnée (l'article 1729, dans sa rédaction en vigueur au moment des faits, prévoyait ainsi une majoration de 40 % des droits en cas de mauvaise foi du contribuable et de 80 % en cas de manœuvres frauduleuses).

Dans un avis du 5 avril 1996 relatif à l'article 1729 (CE, avis Houdmond, Revue de jurisprudence fiscale (RJF) 5/96, n° 607), le Conseil d'Etat s'est exprimé ainsi :

« la loi (...) qui proportionne les pénalités selon les agissements commis par le contribuable, a prévu l'application de taux de majorations différents selon la qualification qui peut être donnée au comportement de celui-ci. Le juge de l'impôt, après avoir exercé son plein contrôle sur la qualification retenue par l'administration, doit appliquer le taux de majoration prévu en ce cas par la loi sans pouvoir le moduler pour tenir compte de la gravité de la faute commise par le contribuable. »

35. Saisi une nouvelle fois de la question de la modulation des pénalités prévues par l'article 1729, le Conseil d'Etat a précisé ce qui suit dans un autre avis du 8 juillet 1998 (CE, avis Fattell, RJF 1998, n° 970 ; voir également CE, 24 septembre 2003, Société Paolo Nancéienne, RJF 12/03, n° 1393) :

« Le juge de l'impôt, après avoir exercé son plein contrôle sur les faits invoqués et la qualification retenue par l'administration, décide, dans chaque cas, selon les résultats de ce contrôle, soit de maintenir ou d'appliquer la majoration effectivement encourue au taux prévu par la loi, sans pouvoir moduler celui-ci pour tenir compte de la gravité de la faute commise par le contribuable, soit, s'il estime que l'administration n'établit ni que celui-ci se serait rendu coupable de manœuvres frauduleuses ni qu'il aurait agi de mauvaise foi, de ne laisser à sa charge que des intérêts de retard. Les stipulations du paragraphe 1 de l'article 6 de la Convention (...) ne l'obligent pas à procéder différemment (...) »

36. Le Conseil d'Etat a tenu le même raisonnement au sujet de l'article 1728 du code général des impôts, qui prévoit des pénalités à des taux différents selon la gravité des manquements du contribuable à ses obligations déclaratives (CE, 8 mars 2002, SARL Clinique de Mazargues, RJF 2002, n° 671 et CE, 6 juin 2007, Lemarinier, RJF 2007, n° 1042).

37. Dans un second temps, le Conseil d'Etat a transposé cette approche à des pénalités qui, bien que figurant dans un article isolé du code général des impôts, s'insèrent dans un ensemble répressif comprenant des pénalités prévues par d'autres articles du code (voir notamment, pour la pénalité de 5 % prévue par l'article 1788 *septies* (devenu article 1788 A 4) du code en cas de non déclaration d'une taxe sur la valeur ajoutée immédiatement déductible, CE, 30 novembre 2007, Société Sideme, RJF 2008, n° 172; pour la pénalité de 50 % figurant à l'article 1740 *ter* (devenu 1737) du code en cas de dissimulation ou travestissement de l'identité ou de l'adresse de fournisseurs ou clients, CE, 26 mai 2008, Société Anonyme Norelec, RJF 2008, n° 981 et pour la pénalité de 150 % (ramenée à 100 % en 2005) infligée par l'article 1730 du code pour opposition à contrôle fiscal, CE, 5 mars 2009, Gonzales-Castrillo, Revue de droit fiscal 2009, n° 10).

3. Le Conseil constitutionnel

38. Saisi de deux questions prioritaires de constitutionnalité relatives aux majorations fiscales de 40 % prévues par les articles 1728 et 1729 du code général des impôts (en cas respectivement de non-déclaration après mise en demeure et de mauvaise foi du contribuable), le Conseil constitutionnel, par deux décisions du 17 mars 2011, a déclaré les articles en cause conformes à la Constitution, dans les termes suivants, similaires dans les deux décisions:

> «Considérant (...) que le principe d'individualisation des peines qui découle de [l'] article [8 de la Déclaration de 1789] implique que la majoration des droits, lorsqu'elle constitue une sanction ayant le caractère d'une punition, ne puisse être appliquée que si l'administration, sous le contrôle du juge, l'a expressément prononcée en tenant compte des circonstances propres à chaque espèce; qu'il ne saurait toutefois interdire au législateur de fixer des règles assurant une répression efficace des infractions;
>
> (...)
>
> Considérant que la disposition contestée institue une sanction financière dont la nature est directement liée à celle de l'infraction; que la loi a elle-même assuré la modulation des peines en fonction de la gravité des comportements réprimés; que le juge décide, dans chaque cas, après avoir exercé son plein contrôle sur les faits invoqués et la qualification retenue par l'administration, soit de maintenir (...) la majoration effectivement encourue au taux prévu par la loi, soit de lui substituer un autre taux parmi ceux prévus par les autres dispositions de l'article (...) s'il l'estime légalement justifié [(article 1728)], soit de ne laisser à la charge du contribuable que des intérêts de retard s'il estime que l'administration n'établit pas que ce dernier se serait rendu coupable de manœuvres frauduleuses ni qu'il aurait agit de mauvaise foi [(article 1729)]; qu'il peut ainsi proportionner les pénalités selon la gravité des agissements commis par le contribuable; que le taux de 40 % n'est pas manifestement disproportionné (...)»

EN DROIT

I. SUR LA VIOLATION ALLÉGUÉE DE L'ARTICLE 6 § 1 DE LA CONVENTION CONCERNANT LE DÉFAUT D'ACCÈS À UN TRIBUNAL DE PLEINE JURIDICTION

39. La requérante allègue la violation de l'article 6 § 1 de la Convention, dont les dispositions pertinentes se lisent ainsi:

> «Toute personne a droit à ce que sa cause soit entendue équitablement (...) par un tribunal (...) qui décidera (...) du bien-fondé de toute accusation en matière pénale dirigée contre elle.»

Elle se plaint de l'amende qui lui a été infligée en vertu de l'article 1770 *octies* (devenu l'article 1761 § 2) du code général des impôts. Elle considère que cette disposition ne confère pas au juge de l'impôt un pouvoir de pleine juridiction lui permettant de moduler l'amende proportionnellement à la gravité des faits reprochés au contribuable.

40. Le Gouvernement s'oppose à cette thèse.

A. Sur la recevabilité

41. La Cour observe que le Gouvernement, dans ses observations, conclut à l'applicabilité de l'article 6 § 1 de la Convention sous son volet pénal et partage son approche.

42. La Cour constate que ce grief n'est pas manifestement mal fondé au sens de l'article 35 § 3 (a) de la Convention. La Cour relève par ailleurs qu'il ne se heurte à aucun autre motif d'irrecevabilité. Il convient donc de le déclarer recevable.

B. Sur le fond

1. *Arguments des parties*

a) La requérante

43. La requérante souligne que la pénalité prévue par l'ancien article 1770 *octies* du code général des impôts est d'application automatique par l'administration lors d'un rappel de taxe sur les métaux précieux, les bijoux, les objets d'art, de collection et d'antiquité («taxe sur les objets d'art»). Elle souligne également que, lorsque le redressement est maintenu par le juge de l'impôt, celui-ci est dans l'obligation de maintenir également les pénalités afférentes. Cela résulte du texte même de l'ancien article 1770 *octies* précité, qui fait du redressement en principal le seul et unique fait générateur de

l'application de la pénalité. Elle soutient que, contrairement à ce qu'affirme le Gouvernement relativement aux pouvoirs de l'administration, les inspecteurs des impôts n'avaient d'autre choix que d'appliquer la pénalité en question. Le seul moyen de sortir de ce mécanisme automatique repose sur les remises gracieuses de pénalités, ainsi que sur les transactions (article L. 247 du livre des procédures fiscales), que l'administration n'accepte que de façon discrétionnaire et contre l'engagement du contribuable de renoncer à tout contentieux. Ainsi, un contribuable souhaitant contester son redressement en principal et pénalités ne verra jamais l'administration lui accorder de remise gracieuse ou de transaction portant sur la pénalité.

44. Concernant les pouvoirs du juge de l'impôt, la requérante fait valoir que, si d'une façon générale les pénalités peuvent être contestées sur leur procédure d'application et sur leur bien-fondé, ses griefs ne concernent en l'espèce que leur bien-fondé. A cet égard, elle souligne que le juge est dans l'impossibilité de prononcer leur décharge sans prononcer celle des impositions principales correspondantes, et qu'il est donc lié par le caractère automatique de cette sanction.

45. La requérante précise que, contrairement à ce que soutient le Gouvernement, la loi ne prévoit aucune possibilité de modulation de l'amende, puisqu'il n'existe dans le code général des impôts qu'une sanction unique pour la taxe sur les objets d'art (100 % à l'époque, 25 % actuellement). En réponse à l'argument du Gouvernement selon lequel il serait inutile de donner un pouvoir de modulation au juge de l'impôt, la requérante souligne qu'elle a été la victime de certains de ses vendeurs qui s'étaient engagés (certains par écrit) à opter pour le régime de droit commun des plus values, mais qui n'ont pas respecté leurs engagements, ce qui a conduit l'administration à la redresser en sa qualité d'acheteur, alors même qu'elle était de bonne foi. Elle estime que, dans ces circonstances, le juge de l'impôt aurait dû pouvoir prononcer la décharge des pénalités.

b) Le Gouvernement

46. Le Gouvernement souligne tout d'abord que, contrairement à ce que soutient la requérante, l'administration fiscale n'est jamais juridiquement tenue d'infliger une sanction, aucune disposition législative ou réglementaire ne lui en faisant l'obligation. Selon une jurisprudence constante du Conseil d'Etat, si elle est en situation de compétence liée pour établir et recouvrer l'impôt selon les règles légales, elle ne l'est pas en matière de pénalités fiscales (voir pour les sanctions administratives CE 8 janvier 1971, Sieur Gallon, *Recueil Lebon*, p. 21, et pour les pénalités fiscales CE 1er octobre 1979,

Association pour l'unification du christianisme mondial, RJF 11/99, p. 837). D'autre part, l'administration fiscale dispose d'un pouvoir de modération et de remise des amendes fiscales lui permettant de prendre en compte des situations exceptionnelles, comme le prévoit l'article L. 247 du livre des procédures fiscales. Par ailleurs, le contribuable a la possibilité de former un recours pour excès de pouvoir contre le refus éventuel de l'administration de lui accorder une remise gracieuse.

47. Le Gouvernement fait ensuite valoir que, devant le juge de l'impôt, le sort des pénalités n'est pas mécaniquement lié à celui des droits. Certes, si l'imposition est déchargée par la juridiction, les pénalités suivent automatiquement son sort, mais elles peuvent être déchargées alors même que les droits sont maintenus. Le Gouvernement souligne que le contribuable peut formuler des moyens propres pour contester les pénalités, tenant à la procédure suivie pour les établir, ou à leur bien-fondé. Le juge statue distinctement sur les pénalités et vérifie si les conditions légales en sont remplies. Le Gouvernement indique que le juge contrôle notamment les notions de « mauvaise foi » (actuellement « manquement délibéré ») ou de « manœuvres frauduleuses », qui entraînent un taux différent de pénalité, et précise qu'il existe de nombreux exemples d'affaires dans lesquelles la pénalité pour absence de bonne foi est déchargée, indépendamment du sort du principal. S'agissant des infractions aux dispositions du code général des impôts régissant la taxe sur les objets d'art, le nombre infime de contentieux ne permet pas de savoir si la jurisprudence retiendrait une conception purement objective de l'incrimination ou si elle prendrait en compte le contexte du manquement.

48. Dans la présente affaire, le Gouvernement considère que l'absence de pouvoir de modulation par le juge du montant de l'amende prévue à l'ancien article 1770 *octies* du code général des impôts n'emporte pas violation du droit à un procès équitable ni du droit d'accès à un tribunal au sens de l'article 6 § 1 de la Convention. Il fait tout d'abord valoir que la loi elle-même prévoit une proportionnalité de la sanction aux agissements incriminés, dans la mesure où l'amende est fixée en pourcentage de la taxe éludée et où son niveau est relativement modéré, puisqu'il a été abaissé de 100 % à 25 % des droits éludés par l'ordonnance du 7 décembre 2005, ce dont la requérante a bénéficié en cours d'instance. Le Gouvernement souligne que la Cour a déjà eu l'occasion de constater la conformité de tels mécanismes aux exigences de l'article 6 et cite l'arrêt *Malige c. France* (23 septembre 1998, § 49, *Recueil des arrêts et décisions* 1998-VII), ainsi que la décision de la Commission dans l'affaire *Taddei c. France* (n° 36118/97, décision de la Commission du 29 juin 1998, Décisions et Rapports 94-A,

p. 108). Il précise que le Conseil d'Etat s'est fondé dans la présente affaire sur l'arrêt *Malige* précité pour conclure au respect de l'article 6, après avoir procédé à un contrôle de proportionnalité de l'amende, qui est la seule pénalité prévue en matière de taxe sur les objets d'art. Le Gouvernement se réfère à cet égard au système du permis à points, dans le cadre duquel chaque infraction routière conduit à un nombre fixe de points retirés.

49. Le Gouvernement fait valoir qu'en tout état de cause l'absence d'atténuation supplémentaire de l'amende se justifie par la nature même de cette sanction, aucune considération particulière ne pouvant en principe justifier le fait de se soustraire à l'impôt. Cela est d'autant plus vrai en l'espèce que le redevable de la taxe n'est pas juridiquement celui qui la supporte effectivement (le vendeur, et non l'acheteur) et que le fait de ne pas reverser au trésor public la taxe collectée induit un enrichissement sans cause à son profit.

50. Le Gouvernement précise que, de façon générale, le régime applicable aux sanctions administratives prononcées en matière fiscale est lié au caractère massif des cas individuels traités, et se caractérise par des barèmes relativement simples, en raison du nombre de cas, de la rapidité souhaitée et de l'objectif d'application homogène. Le système du permis à points, validé par la Cour dans l'arrêt *Malige*, dans le cadre duquel un nombre fixe de points est retiré pour chaque infraction, appartient à cette catégorie. En matière de sanctions fiscales, les textes prévoient en général pour chaque infraction soit une échelle de quelques taux d'amende, soit un taux unique d'amende. La situation est différente des systèmes de sanctions en matière économique infligées par des autorités administratives indépendantes dans une logique de « dépénalisation », qui se caractérisent par une répression peu fréquente mais se voulant exemplaire, et par des textes prévoyant des plafonds d'amende élevés mais modulables à la baisse.

51. Le Gouvernement considère que déduire de l'article 6 § 1 de la Convention une exigence généralisée d'individualisation des sanctions administratives, dont les sanctions fiscales ne sont qu'une catégorie, irait au-delà de l'objet de cet article relatif à l'effectivité du contrôle du juge et aurait des conséquences considérables sur l'économie des sanctions administratives de masse.

52. Le Gouvernement fait valoir par ailleurs que les juridictions administratives appelées à connaître des litiges liés à l'application par l'administration de l'amende prévue à l'ancien article 1770 *octies* du code général des impôts ne peuvent qu'être regardées comme des tribunaux de « pleine juridiction » au sens de la jurisprudence de la Cour, dont le Conseil d'Etat s'inspire largement. En droit français, le juge fiscal est un juge de

pleine juridiction, ce qui signifie, d'une part, qu'il contrôle non seulement les faits mais aussi le droit et, d'autre part, qu'il a le pouvoir d'annuler une décision administrative, mais aussi de fixer lui-même le montant de l'impôt ou de la pénalité résultant de l'application correcte de la loi, dans la limite de celle-ci. En matière de pénalités, il contrôle la réalité de l'infraction puis maintient la pénalité si l'infraction est constituée, ou en accorde la décharge totale dans le cas contraire; il peut aussi substituer un taux inférieur à un taux supérieur si celui-ci n'est pas encouru (notamment en matière de pénalités pour mauvaise foi), ou accepter de substituer une pénalité à une autre à la demande de l'administration si certaines conditions sont remplies.

53. Dans le cas d'une pénalité simple comme celle de l'espèce, le juge a en pratique le choix entre maintenir la pénalité ou accorder la décharge, après un entier contrôle des faits et des éléments constitutifs de l'infraction. Citant *a contrario* l'affaire *Schmautzer c. Autriche* (23 octobre 1995, série A n° 328-A), dans laquelle la Cour a conclu à la violation de l'article 6 § 1 en raison du contrôle réduit exercé par les juridictions autrichiennes, le Gouvernement souligne que dans la présente affaire, le recours permettait au juge de substituer son appréciation à celui de l'administration pour vérifier si les faits étaient de nature à justifier la sanction, telle que prévue par la loi. Le Gouvernement conclut que même en l'absence d'un pouvoir de modulation de la sanction, le juge dispose bien d'un pouvoir de «pleine juridiction» au sens de la jurisprudence de la Cour et que le droit de la requérante à un procès équitable a été respecté en l'espèce.

2. Appréciation de la Cour

54. La Cour rappelle qu'un système d'amendes administratives, telles les pénalités fiscales dans la présente affaire, n'est pas contraire à l'article 6 § 1 de la Convention pour autant que le contribuable puisse saisir de toute décision ainsi prise à son encontre un tribunal offrant les garanties de cet article (*Bendenoun c. France*, 24 février 1994, § 46, série A n° 284, et *Silvester's Horeca Service c. Belgique*, n° 47650/99, § 25, 4 mars 2004).

55. Le respect de l'article 6 § 1 de la Convention suppose en effet que la décision d'une autorité administrative ne remplissant pas elle-même les conditions de cet article subisse le contrôle ultérieur d'un organe judiciaire de pleine juridiction (*Schmautzer*, précité, § 34, *Umlauft c. Autriche*, 23 octobre 1995, § 37, série A n° 328-B, *Gradinger c. Autriche*, 23 octobre 1995, § 42, série A n° 328-C, *Pramstaller c. Autriche*, 23 octobre 1995, § 39, série A n° 329-A, *Palaoro c. Autriche*, 23 octobre 1995, § 41, série A n° 329-B, et *Pfarrmeier c. Autriche*, 23 octobre 1995, § 38, série A n° 329-C). Parmi les caractéristiques d'un tel organe judiciaire figure le pouvoir de réformer

en tous points la décision entreprise rendue par l'organe inférieur. Il doit notamment avoir compétence pour se pencher sur toutes les questions de fait et de droit pertinentes pour le litige dont il se trouve saisi (*Chevrol c. France*, nº 49636/99, § 77, CEDH 2003-III, *Silvester's Horeca Service*, précité, § 27, et *A. Menarini Diagnostics S.r.l. c. Italie*, nº 43509/08, § 59, 27 septembre 2011).

56. La Cour relève que, dans la présente affaire, la requérante a pu former devant le tribunal administratif un recours visant la décharge du rappel de taxe et des pénalités, et saisir ensuite la cour administrative d'appel et le Conseil d'Etat d'un appel et d'un pourvoi en cassation. Il s'agissait en l'espèce d'un recours de plein contentieux, dans le cadre duquel le juge administratif dispose de pouvoirs étendus : il apprécie tous les éléments de fait et de droit et peut non seulement annuler ou valider un acte administratif, mais également le réformer, voire substituer sa propre décision à celle de l'administration et se prononcer sur les droits de l'intéressé ; en matière fiscale, il peut décharger le contribuable des impôts et pénalités mis à sa charge ou en modifier le montant dans la limite de l'application de la loi, et en matière de pénalités, substituer un taux inférieur à un taux supérieur pour autant que la loi le prévoie (paragraphes 29-30 ci-dessus ; voir, *a contrario*, *Silvester's Horeca Service*, précité, § 28).

57. Il en résulte que, devant le tribunal administratif et la cour administrative d'appel, juridictions satisfaisant aux exigences de l'article 6 § 1, la requérante a pu faire valoir tous les arguments de fait et de droit qu'elle estimait utiles au soutien de sa demande de décharge de la taxe et des pénalités (voir, *mutatis mutandis*, *Malige*, précité, § 48), et notamment soulever la contrariété de la taxe avec le droit communautaire et en discuter de façon détaillée l'assiette, dont elle a d'ailleurs obtenu la réduction par la cour administrative d'appel (paragraphe 17 ci-dessus).

58. Le grief de la requérante porte sur le fait qu'en l'espèce les juridictions administratives n'avaient pas le pouvoir de moduler l'amende fiscale, en l'absence de disposition légale le permettant.

59. La Cour observe tout d'abord que la loi elle-même proportionne dans une certaine mesure l'amende à la gravité du comportement du contribuable, puisque celle-ci est fixée en pourcentage des droits éludés, dont en l'espèce la requérante a pu amplement discuter l'assiette (voir, *mutatis mutandis*, *Valico S.r.l. c. Italie* (déc.), nº 70074/01, CEDH 2006-III). La Cour admet par ailleurs, comme le souligne le Gouvernement, le caractère particulier du contentieux fiscal impliquant une exigence d'efficacité nécessaire pour préserver les intérêts de l'Etat et observe, en outre, que ce contentieux ne fait

pas partie du noyau dur du droit pénal au sens de la Convention (voir, *mutatis mutandis*, *Jussila c. Finlande* [GC], nº 73053/01, § 43, CEDH 2006-XIII). Elle considère enfin que le taux de l'amende, fixé à 25 % par l'ordonnance du 7 décembre 2005, n'apparaît pas disproportionné (*Malige*, précité, § 49 ; voir, *a contrario* et *mutatis mutandis*, *Mamidakis c. Grèce*, nº 35533/04, § 48, 11 janvier 2007 et *Grifhorst c. France*, nº 28336/02, § 105, 26 février 2009).

60. Dès lors, en l'absence d'arbitraire, la Cour conclut qu'il n'y a pas eu en l'espèce violation de l'article 6 § 1.

(...)

PAR CES MOTIFS, LA COUR, À L'UNANIMITÉ,

(...)

2. *Dit* qu'il n'y a pas eu violation de l'article 6 § 1 de la Convention.

Fait en français, puis communiqué par écrit le 7 juin 2012, en application de l'article 77 §§ 2 et 3 du règlement.

Stephen Phillips
Greffier adjoint

Dean Spielmann
Président

SEGAME SA v. FRANCE

(Application no. 4837/06)

FIFTH SECTION

JUDGMENT OF 7 JUNE 2012[1]

1. Translation; original French. Extracts.

SUMMARY[1]

Inability of courts to vary statutory fixed-rate fine

Article 6 § 1

Access to court – Criminal proceedings – Inability of courts to vary statutory fixed-rate fine – Extended powers of court in full administrative proceedings – Statutory fine proportionate to seriousness of taxpayer's conduct – Possibility for applicant to submit all factual and legal arguments – Requirement of efficacy in tax disputes to protect State interests – Tax proceedings not part of hard core of criminal law for purposes of Convention

*

* *

The applicant is a limited company which ran an art gallery. In 1993 the commercial court ordered its judicial reorganisation, followed by its compulsory liquidation. The following year the tax authorities sent it two supplementary tax assessments. In addition to the extra tax, a fine was imposed, equal to 100% of the unpaid tax. While the proceedings were pending the law was amended and the rate of the fine reduced from 100% to 25%, and the authorities applied the new rate to the applicant company. In 1998 the applicant company instituted court proceedings seeking exemption from the supplementary tax, arguing, *inter alia*, that the fine was incompatible with Article 6 § 1 of the Convention, as the court had no power to adjust it to the seriousness of the taxpayer's conduct according to a scale laid down by law. The action was rejected. In particular the *Conseil d'Etat* considered that the tax court had full jurisdiction for the purposes of Article 6 § 1, which did not require the court to be able to reduce a fine where the law provided for a fixed-rate fine.

Held

Article 6 § 1: The applicant company had been able to lodge an application with the court to be exempted from paying the additional tax and the fines, followed by an appeal and then an appeal for judicial review. It had been a full administrative-law action, in which the administrative court had broad powers: it had full jurisdiction to assess all the elements of fact and law and could not only quash or uphold an administrative decision, but also change it or replace it with its own decision and rule on the rights of the interested party; in fiscal matters it could exempt the

1. This summary by the Registry does not bind the Court.

taxpayer from the disputed taxes and penalties or modify the amount thereof within the limits prescribed by law, and where penalties were concerned, it could lower the rate within the limits of the applicable legal provisions. The applicant company's complaint was that the administrative courts did not have the power to vary the fine in the absence of any legal provision to that effect. However, the law itself, to a certain degree, provided for a fine proportionate to the seriousness of the taxpayer's conduct, by expressing it as a percentage of the unpaid tax, the calculation of which the applicant company had had ample opportunity to discuss in this case. The applicant company had thus been able to submit all the factual and legal arguments which it considered helpful to its case. The Court also observed that the special nature of fiscal measures required them to be sufficiently effective to preserve the interests of the State, and that cases concerning fiscal matters differed from the hard core of criminal law for the purposes of the Convention.
Conclusion: no violation (unanimously).

Case-law cited by the Court

Bendenoun v. France, 24 February 1994, Series A no. 284
Schmautzer v. Austria, 23 October 1995, Series A no. 328-A
Umlauft v. Austria, 23 October 1995, Series A no. 328-B
Gradinger v. Austria, 23 October 1995, Series A no. 328-C
Pramstaller v. Austria, 23 October 1995, Series A no. 329-A
Palaoro v. Austria, 23 October 1995, Series A no. 329-B
Pfarrmeier v. Austria, 23 October 1995, Series A no. 329-C
Malige v. France, 23 September 1998, *Reports of Judgments and Decisions* 1998-VII
Chevrol v. France, no. 49636/99, ECHR 2003-III
Silvester's Horeca Service v. Belgium, no. 47650/99, 4 March 2004
Valico S.r.l. v. Italy (dec.), no. 70074/01, ECHR 2006-III
Jussila v. Finland [GC], no. 73053/01, ECHR 2006-XIII
Mamidakis v. Greece, no. 35533/04, 11 January 2007
Grifhorst v. France, no. 28336/02, 26 February 2009
A. Menarini Diagnostics S.R.L. v. Italy, no. 43509/08, 27 September 2011

In the case of Segame SA v. France,

The European Court of Human Rights (Fifth Section), sitting as a Chamber composed of:

Dean Spielmann, *President,*
Elisabet Fura,
Karel Jungwiert,
Mark Villiger,
Ann Power-Forde,
Ganna Yudkivska,
André Potocki, *judges,*
and Claudia Westerdiek, *Section Registrar,*

Having deliberated in private on 10 May 2012,

Delivers the following judgment, which was adopted on that date:

PROCEDURE

1. The case originated in an application (no. 4837/06) against the French Republic lodged with the Court under Article 34 of the Convention for the Protection of Human Rights and Fundamental Freedoms ("the Convention") by a company incorporated under French law, Segame SA ("the applicant company"), on 16 January 2006.

2. The applicant company was represented by Mr P. Schiele, and subsequently by Mr E. Morain, lawyers practising in Paris. The French Government ("the Government") were represented by their Agent, Mrs E. Belliard, Director of Legal Affairs, Ministry of Foreign Affairs.

3. The applicant company alleged, in particular, a breach of Article 6 § 1 of the Convention in so far as it had not had access to a court with full jurisdiction in respect of a tax penalty imposed on it.

4. On 9 October 2008 notice of the application was given to the Government. It was also decided to rule on the admissibility and merits of the application at the same time (Article 29 § 1 of the Convention).

THE FACTS

I. THE CIRCUMSTANCES OF THE CASE

5. The applicant is a limited company under French law with its registered office in Paris.

6. The applicant company ran an art gallery in Paris. In judgments of 13 September and 8 November 1993, the Paris Commercial Court

ordered its judicial reorganisation, followed by its compulsory liquidation. On 21 December 2004, there being no more outstanding debts, the court terminated the liquidation proceedings.

A. Proceedings concerning supplementary tax assessment

7. From 27 October 1993 to 12 April 1994 the tax authorities inspected the applicant company's accounts for the period from 1 January 1991 to 8 November 1993. On 6 May and 5 October 1994 they sent them two supplementary tax assessments – one for 1991 and one for 1992 and 1993 – *inter alia* for supplementary tax on precious metals, jewellery, works of art, collectors' items and antiques (hereinafter "the tax on works of art"), in accordance with the provisions of Articles 302 *bis* A to 302 *bis* E of the General Tax Code (since 1993, Articles 150 V *bis* to 150 V *sexies* of the same code).

8. In addition to the additional tax, the applicant company was charged interest for late payment and a fine was imposed under Article 1788 *ter* of the General Tax Code (Article 1770 *octies* since 1993), equal at that time to 100% of the unpaid tax. On 25 January 1995 the company was served with a demand to pay a total of 15,927,514 French francs ((FRF) – 2,428,133 euros (EUR)), of which the fine accounted for half (FRF 7,963,757 or EUR 1,214,066.93).

9. On 24 December 1997 the applicant company, represented by its court-appointed administrator, lodged a complaint with the Director of Revenue seeking relief from all the surcharges and fines demanded. It alleged on the one hand that the tax on works of art could be likened either to a value-added tax, which was contrary to Directives 77/388/EEC and 94/5/EC of the Council establishing special provisions applicable, *inter alia*, to works of art and collectors' items, or to a capital-gains tax, with an effect equivalent to an export restriction or an internal taxation, both of which were prohibited by Articles 34 and 95 of the Treaty of Rome. The applicant company also argued that the fines, which could be likened to criminal convictions within the meaning of the European Convention on Human Rights, should have been imposed by a court.

10. On 8 June 1998 the Director of Revenue rejected the complaint, stating that the tax concerned was not comparable to a value-added tax and did not hinder the free movement of goods, in so far as it applied to sales made either in France or in any other European Community member State. The Director of Revenue also pointed out that the Court, in its *Bendenoun v. France* judgment (24 February 1994, Series A no. 284) had acknowledged that the system of administrative penalties was compatible

with Article 6 § 1 of the Convention, provided that their application was subject to court supervision.

B. Proceedings concerning exemption from supplementary tax on works of art and related penalties

11. On 31 July 1998 the applicant company brought an action before the Paris Administrative Court seeking exemption from the supplementary tax on works of art demanded of it for the years 1991 to 1993 and from the related penalties, based on the same grounds as its earlier complaint.

12. By a judgment of 4 November 2004, the court rejected the action. Concerning the conformity of the tax penalty with Article 6 § 1 of the Convention, it pointed out that the courts responsible for tax matters had full power of review over the facts concerned and their classification by the authorities, and decided in each case, in the light of the results of that review, either to uphold or apply the tax penalty effectively incurred in the amount provided for by law, without being able to adjust it to the circumstances of the particular case, or, if they considered that the authorities had not established that the infringements of the General Tax Code had been made out, not to fine the taxpayer. The court accordingly deemed that Article 6 § 1 did not necessarily require the tax court to have the power to adjust the amount of the penalty to suit the particular circumstances of the case.

13. On 10 January 2005 the applicant company lodged an appeal with the Paris Administrative Court of Appeal.

14. During those proceedings, order no. 1512 of 7 December 2005 reduced the fine provided for under Article 1788 of the General Tax Code (which became Article 1770 *octies* in 1993) from 100% to 25% of the unpaid tax.

15. On 13 February 2006 the tax authorities reduced the fine by EUR 910,549.93, and on 6 July 2006 the additional tax on works of art demanded was reduced by EUR 28,735.12 because of a mistake in the calculation.

16. The applicant company used the same arguments before the Court of Appeal as it had before the Administrative Court.

17. By a judgment of 24 November 2006, the Administrative Court of Appeal, having taken note of the reductions and ruled that there was no need for it to take those amounts into account, upheld the judgment on the whole but reduced the price the tax authorities had placed on one work acquired by the applicant company. After careful consideration it rejected the applicant company's formal and substantive arguments that the tax was at variance with Community law, for example, or that it should not have been applied to the acquisition of certain works. The court also rejected

the argument under Article 6 § 1 of the Convention concerning the fine, for similar reasons to those given by the lower court, pointing out that the Administrative Court had full jurisdiction as required by Article 6 § 1, which did not require the court to be able to lower the rate of a fine when the legislation provided for a single rate.

18. The applicant company appealed to the *Conseil d'Etat* on points of law, alleging, *inter alia*, that the tax was incompatible with Community law and the fine incompatible with Article 6 § 1 of the Convention, in so far as the court had no power to adjust it to reflect the seriousness of the taxpayer's conduct according to a statutory scale.

19. By a judgment of 27 June 2008, the *Conseil d'Etat* rejected the appeal. Regarding the fine, it held as follows:

> "Considering ... on the one hand that, in order to make the rate of the fine proportionate to the offence, the order of 7 December 2005 fixed it at 25%, and on the other hand that the tax court, having exercised its full power of review over the facts of the appeal and the classification adopted by the authorities, decides, in each case, depending on the results of that review, either to uphold the surcharge imposed by the authorities or to cancel it if it considers that the taxpayer has not infringed the rules applicable to works of art, and that it therefore has full jurisdiction as required under the provisions of paragraph 1 of Article 6 of the Convention ..., which do not imply that even where the legislation provides for a single rate for the fine in question the court must be able to adjust it and apply a rate lower than that provided for by law; accordingly, in not setting aside the fine provided for in Article 1761 of the General Tax Code in the present case, the court did not commit any error of law."

C. Proceedings concerning the determination of the tax base and the collection of the tax on works of art

1. Proceedings concerning the tax base

20. On 5 April 2005 the applicant company lodged two appeals with the *Conseil d'Etat* challenging the interpretation by the Minister of the Economy, Finance and Industry ("the Minister") of the tax law found in the basic administrative documents (in its successive versions of 15 October 1989 and 15 June 1993), whereby the Minister defined the base of the tax on works of art as their selling price, including commission.

21. The applicant company pointed out that Parliament alone had the power to create a tax and determine the key details of its establishment and collection, and submitted that the Minister, in whose name the administrative documents concerned had been drafted, had overstepped his powers.

22. During the proceedings the tax was completely rewritten and the numbering changed, by Article 33 of the Budget Amendment Act 2005, adopted on 30 December 2005 and effective from 1 January 2006. On that occasion the provisions concerning the base of the tax, previously found in the administrative documents, and those concerning the collection of the tax, previously found in the regulatory part of the General Tax Code, were incorporated in the legislative part of the Code.

23. By a judgment of 10 February 2006, the *Conseil d'Etat* joined the appeals and rejected them. It considered, based on the impugned provisions of the General Tax Code, that the law "implicitly but necessarily" intended to base the tax on works of art on the selling price and, for want of further clarification on this point, the selling price taken into account as a base for the tax should be understood to include all the costs borne by the purchaser. That being so, the *Conseil d'Etat* considered that, in basing the tax on works of art on the selling price including commission, the Minister had correctly interpreted the impugned provisions and had not laid down any new rules or overstepped his authority.

2. Proceedings concerning the collection of the tax

24. On 21 June 2005 the applicant company lodged two appeals with the *Conseil d'Etat* to set aside the decisions by which the Prime Minister had implicitly rejected its requests to revoke the regulations governing the means of collecting the tax on works of art, issued pursuant to the Law of 19 July 1976 introducing the said tax. It contended that the provisions in question were of a legal nature and had been introduced by an authority which had no law-making powers. It further alleged that the legal provisions concerning the persons to whom the tax applied were confusing and unclear, in breach of the principle, enshrined in Article 7 of the Convention, that only the law can define a crime and prescribe a penalty.

25. By a judgment of 5 May 2006, the *Conseil d'Etat* joined the appeals and rejected them. It considered that the regulatory authority had simply laid down the procedure for collecting the tax, in conformity with the provisions of the Law of 19 July 1976, and had not overstepped its authority or the terms of its remit. It further considered that the argument concerning the principle, enshrined in Article 7 of the Convention, that only the law can define a crime and prescribe a penalty could not be relied on in favour of setting aside the refusal to revoke the regulations in issue.

II. RELEVANT DOMESTIC LAW AND PRACTICE

A. Relevant domestic law

26. The fixed-rate tax on works of art is a particular way of taxing capital gains. It was introduced by Article 10 of the Law of 19 July 1976 on the taxation of capital gains and the creation of a fixed-rate tax on precious metals, jewellery, works of art, collectors' items and antiques. Until 1993 it was embodied in Articles 302 *bis* A to 302 *bis* E of the General Tax Code, then until 31 December 2005 in Articles 150 V *bis* to 150 V *sexies* of the same code. The relevant parts of those Articles read as follows.

Article 150 V *bis*

"I. Subject to the specific provisions applicable to business profits, ... the sale of jewellery, works of art, collectors' items and antiques shall be subject to a 7% tax[1] when the value exceeds FRF 20,000; when the price is between FRF 20,000 and 30,000, the base of the tax shall be reduced by a sum equal to the difference between FRF 30,000 and the said price.

...

These provisions shall also be applicable to sales made in another member State of the European Economic Community.

..."

Article 150 V *ter*

"The tax provided for in Article 150 V *bis* shall be borne by the seller. It shall be paid by the intermediary taking part in the transaction or, failing that, by the buyer, within thirty days and under the same guarantees as turnover tax. However, where the sale is made in another member State of the European Community, the tax shall be paid by the seller, under the same conditions.

The tax shall not be levied where the seller is a professional dealer in the goods concerned."

Article 150 V *sexies*

"The seller of jewellery or other objects mentioned in the second line of paragraph I of Article 150 V *bis* may opt, by a declaration made at the time of the sale, for the scheme defined in Articles 150 A to 150 T provided that he is able to show proof of the date and price of acquisition. The conditions of this option are fixed by decree of the *Conseil d'Etat*."

27. The Budget Amendment Act 2005 (Law no. 2005-1720 of 30 December 2005), which took effect on 1 January 2006, changed those provisions. Among other things it covered the person legally liable for the

1. The tax was initially fixed at 6%, and was increased to 7% in 1993.

tax on works of art, the base on which the tax was assessed and how it was collected. Henceforth, Article 150 VK paragraph 1 of the same code reads:

> "The tax shall be borne by the seller or the exporter. It shall be paid by the intermediary resident in France for tax purposes who takes part in the transaction and under his responsibility or, failing that, by the seller or the exporter.
>
> ..."

28. Failure to pay the tax on works of art gives rise to a fine. At the material time Article 1788 of the General Tax Code (which became Article 1770 *octies* in 1993) provided:

> "Breaches of Articles 150 V *bis* to 150 V *sexies* shall give rise to a tax penalty equal to the unpaid tax and collected in the same manner as turnover tax."

Order no. 2005-1512 of 7 December 2005 on the simplification of taxation and the harmonisation and adjustment of penalties reduced the fine provided for in Article 1770 *octies* from 100% to 25% of the unpaid tax. Article 1770 *octies* became Article 1761 § 2 of the General Tax Code.

B. The full proceedings before the administrative courts

29. Traditionally a distinction is made between a full administrative-law action (before an administrative court having full jurisdiction) and an appeal for judicial review seeking to have an administrative decision set aside. In the latter type of appeal the power of the administrative court is limited: it can only set aside a decision retroactively because of a legal flaw, without ruling on the merits. In a full administrative-law action, on the other hand, the powers of the administrative court are much broader: not only can it set aside or uphold an administrative decision, but it can also vary it, replace it with its own decision and rule on the rights of the interested party. It can also order the administrative authorities to pay damages. What is more, when the administrative court has full jurisdiction it examines the lawfulness of the decision referred to it in the light of the legal and factual circumstances at the time when it gives judgment (not, as in appeals for judicial review, at the time when the administrative decision was taken).

Full administrative-law actions include appeals to establish the liability of the State in contractual or extra-contractual matters, actions concerning fiscal or electoral matters (municipal and district), appeals against administrative sanctions, and various other actions.

30. In the realm of tax litigation, the administrative courts have jurisdiction in matters concerning direct taxes and turnover tax, while cases concerning indirect taxes are a matter for the ordinary courts. As a result, the administrative courts have the power to cancel the taxes and related penalties demanded by the tax authorities and can also fix the sum

to be paid, within the limits of the applicable legal provisions. As regards penalties, the administrative courts can replace a higher rate with a lower rate when several rates are applicable depending on the taxpayer's conduct.

C. The relevant domestic case-law

31. On the question of the power of the courts to vary the rate of tax penalties, the French Supreme Courts have adopted different solutions.

1. The Court of Cassation

32. Where fines are imposed in the event of late payment of the differential tax on motor vehicles (Article 1840 N *quater* of the General Tax Code – repealed on 1 March 2005), the Court of Cassation, in a judgment of 29 April 1997, declined to apply the Article in question as being contrary to Article 6 § 1 of the Convention in so far as "it did not provide for a full administrative-law action against the administrative decision enabling the court to rule on the principle and the amount of the fine" (*Cass. com.*, *Ferreira*, *Bulletin* 1997 IV no. 110).

33. That approach was subsequently confirmed (*Cass. com.*, 17 November 1998, *Dupuis*, no. 96-21749; *Cass. com.*, 15 June 1999, *Lise*, *Bulletin* 1999 IV no. 130). In the judgment of 15 June 1999 mentioned above, the Court of Cassation held as follows:

> "Article 1840 N *quater* ... is incompatible with Article 6 § 1 of the Convention ... only in so far as the court before which proceedings are brought challenging a penalty imposed on a taxpayer by the tax authorities cannot rule on the principle and size of the fine, so the task of the court, before which the [individual concerned] argued that he had paid the tax immediately after being ordered to pay it, was to assess the proportionality of the penalty with the taxpayer's conduct ..."

The Court of Cassation explained in a judgment of 1 July 2003 (*Cass. com.*, *Gallotte*, no. 00-13966), concerning a 40% supplementary tax demand for failure to declare a gift:

> "Article 6 § 1 ... opens up the right to appeal to a court having full jurisdiction to ensure that a fine imposed by the tax authorities is proportionate to the taxpayer's conduct in the particular circumstances of the case, and ... the trial court can exercise the power thus vested in it only if the party challenging the fine enables it to assess the principle and the amount of the fine ..."

2. The Conseil d'Etat

34. The *Conseil d'Etat* initially ruled on Articles 1728 and 1729 of the General Tax Code, which provide for different penalties depending on the taxpayer's conduct and its classification in law (Article 1729, as it stood at

the material time, provided for a 40% increase in the fine if the taxpayer had acted in bad faith, and 80% if there was deception).

In an opinion of 5 April 1996 concerning Article 1729, the *Conseil d'Etat* stated:

> "[T]he law ... making penalties proportionate to the taxpayer's conduct provided for the surcharge applied to vary according to the legal classification given to the conduct concerned. The relevant court, having fully exercised its power of review of the authorities' classification of that conduct, must apply the relevant surcharge rate provided for by law, without being able to vary it in consideration of the seriousness of the offence committed by the taxpayer." (*CE*, Houdmond opinion, *Revue de jurisprudence fiscale* (RJF) 5/96, no. 607)

35. In another case concerning the possibility of varying the penalties provided for in Article 1729, the *Conseil d'Etat* gave the following explanation in an opinion of 8 July 1998:

> "[T]he relevant court, having fully exercised its power of review of the facts and the authorities' classification thereof, decides in each case, depending on the results of the review, either to uphold or apply the surcharge effectively incurred at the rate provided for by law, without being able to vary it in consideration of the seriousness of the offence committed by the taxpayer, or, if it considers that the authorities have failed to establish that the taxpayer is guilty of deception or of acting in bad faith, only to charge interest for late payment. The provisions of paragraph 1 of Article 6 of the Convention ... do not oblige it to proceed otherwise ..." (*CE*, Fattell opinion, RJF 1998, no. 970; see also *CE*, 24 September 2003, *Société Paolo Nancéienne*, RJF 12/03, no. 1393)

36. The *Conseil d'Etat* used the same reasoning in respect of Article 1728 of the General Tax Code, which provides for different rates of fine depending on the seriousness of the taxpayer's failure to comply with the obligations concerning tax returns (*CE*, 8 March 2002, *SARL Clinique de Mazargues*, RJF 2002, no. 671, and *CE*, 6 June 2007, *Lemarinier*, RJF 2007, no. 1042).

37. Subsequently, the *Conseil d'Etat* transposed this approach to penalties which, although they appeared in a separate Article of the General Tax Code, were part of a series of repressive measures that included penalties provided for in other Articles of the Code (see, for example, regarding the 5% fine provided for in Article 1788 *septies* (now Article 1788 A 4) of the Code in the event of failure to declare an immediately deductible value-added tax, *CE*, 30 November 2007, *Société Sideme*, RJF 2008, no. 172; regarding the 50% fine provided for in Article 1740 *ter* (now Article 1737) of the Code in the event of concealment or falsification of the identity or address of suppliers or clients, *CE*, 26 May 2008, *Société Anonyme Norelec*, RJF 2008, no. 981, and for the 150% fine (reduced to 100% in 2005) imposed under Article 1730 of the Code for obstructing a tax assessment, *CE*, 5 March 2009, *Gonzales-Castrillo*, *Droit fiscal* 2009 no. 10).

3. *The Constitutional Council*

38. In two decisions of 17 March 2011, following two preliminary questions of constitutionality concerning the 40% tax surcharge provided for in Articles 1728 and 1729 of the General Tax Code (for, respectively, non-declaration after receipt of notice and bad faith on the part of the taxpayer), the Constitutional Council declared the Articles in question to be in conformity with the Constitution, in the following similar terms in both decisions:

> "The principle of the individualisation of penalties that results [from Article 8 of the Declaration of 1789] implies that a tax surcharge, when imposed as a penalty, may be applied only if the authorities, subject to judicial review, expressly ordered it taking into account the particular circumstances in each case; it cannot, however, prevent the law from laying down rules to ensure the effective repression of offences;
>
> ...
>
> The impugned provision instituted a financial penalty the nature of which is directly linked to that of the offence; the law itself adjusted the penalties according to the seriousness of the offence; the court decides in each case, having fully exercised its power of review of the facts and the authorities' classification thereof, either to maintain ... the surcharge effectively incurred at the rate provided for by law, or to replace it by another rate provided for in the other provisions of the Article ... if it considers it legally justified [(Article 1728)], or, if it considers that the authorities have failed to establish that the taxpayer is guilty of deception or of acting in bad faith, it may decide only to charge interest for late payment [(Article 1729)]; it thus has the power to make the penalties proportionate to the taxpayer's conduct; the rate of 40% is not manifestly disproportionate ..."

THE LAW

I. ALLEGED VIOLATION OF ARTICLE 6 § 1 OF THE CONVENTION FOR LACK OF ACCESS TO A COURT WITH FULL JURISDICTION

39. The applicant company complained of a violation of Article 6 § 1 of the Convention, the relevant parts of which read as follows:

> "In the determination of ... any criminal charge against him, everyone is entitled to a fair ... hearing ... by [a] ... tribunal ..."

It complained about the fine imposed on it under Article 1770 *octies* (now Article 1761 § 2) of the General Tax Code. It considered that that provision did not give the courts competent to deal with tax matters full jurisdiction to increase or decrease the fine in proportion with the seriousness of the offence held against the taxpayer.

40. The Government contested that argument.

A. Admissibility

41. The Court notes that the Government, in their observations, considered that Article 6 § 1 of the Convention was applicable under its criminal head, and shares that opinion.

42. The Court notes that this complaint is not manifestly ill-founded within the meaning of Article 35 § 3 (a) of the Convention. It further notes that it is not inadmissible on any other ground. It must therefore be declared admissible.

B. Merits

1. *The parties' submissions*

(a) The applicant company

43. The applicant company pointed out that the fine provided for under former Article 1770 *octies* of the General Tax Code was automatically applied by the authorities in the event of a supplementary assessment of the tax on precious metals, jewellery, works of art, collectors' items and antiques ("the tax on works of art"). It also pointed out that, when the supplementary tax was upheld by the tax court, that court was also obliged to maintain the corresponding penalties. This was the direct result of the wording of the former Article 1770 *octies*, according to which it was the revised tax assessment alone that triggered the application of the penalty. Contrary to what the Government said concerning the powers of the administrative authorities, the tax inspectors had no choice but to apply the penalty in question. The only way to avoid such automatic application was if the penalty was cancelled or a compromise was reached (Article L. 247 of the Code of Tax Procedure), which the authorities accepted only at their discretion and subject to the taxpayer promising not to take legal action. So there was no hope for a taxpayer who wanted to challenge both the revised tax assessment and the related penalties of seeing the authorities cancel the penalty or agree to its reduction.

44. Concerning the powers of the courts competent to deal with tax matters, the applicant company argued that, while the penalties could generally be challenged in terms of their application procedure and their lawfulness, in the instant case its complaints only concerned their lawfulness. The courts had no power to reduce or cancel the fines without also reducing

or cancelling the corresponding revised tax assessment, so their hands were tied by the automatic nature of the penalty.

45. The applicant company further explained that, contrary to what the Government suggested, the law provided for no possibility of varying the fine, as the General Tax Code provided for only one fine in respect of the tax on works of art (100% at the time, 25% today). In reply to the Government's argument that there was no point in giving the courts the power to vary the fine, the applicant company pointed out that it had been the victim of certain salesmen who had undertaken (some in writing) to opt for the ordinary capital-gains scheme, but had failed to honour their commitment, which had obliged the authorities to increase its taxes as the purchaser, even though it had acted in good faith. It considered that, in such circumstances, the court should have been able to reduce the penalties.

(b) The Government

46. The Government began by pointing out that, contrary to what the applicant company asserted, the tax authorities were never legally bound to apply a penalty, as no legislative or regulatory provision obliged them to do so. According to the established case-law of the *Conseil d'Etat*, while their hands were tied when it came to establishing and collecting taxes in compliance with the legal rules, they were not when it came to tax penalties (see, for administrative sanctions, *CE* 8 January 1971, *Sieur Gallon*, *Recueil Lebon*, p. 21, and for tax penalties, *CE* 1 October 1979, *Association pour l'unification du christianisme mondial*, RJF 11/99, p. 837). Furthermore, the tax authorities had the power to vary or cancel a fine to allow for exceptional situations, as provided for in Article L. 247 of the Code of Tax Procedure. Also, the taxpayer had the possibility to apply for judicial review of an administrative refusal to cancel a fine.

47. The Government further argued that in tax matters the courts did not mechanically apply the same treatment to penalties as to the unpaid taxes. It was true that if the court discharged the taxpayer from liability for unpaid tax, the penalties automatically followed suit, but they could be reduced or cancelled even if the unpaid tax remained due. The Government pointed out that the taxpayer could challenge the fines on the grounds of the procedure followed in imposing them, or their lawfulness. The court ruled separately on the penalties and verified that the legal requirements had been complied with. In particular it examined the notions of "bad faith" (*mauvaise foi* in French, now called *manquement délibéré* or "wilful disregard") and "deception" (*manœuvres frauduleuses*), which incurred different levels of penalty. There were numerous examples where the penalty for lack of good faith had been reduced or cancelled regardless of whether

or not the tax owed was upheld. Where infringements of the tax on works of art under the General Tax Code were concerned, the number of actions was too small to tell whether the courts would adopt a strictly objective approach to the facts or take the circumstances of the error into account.

48. In the present case the Government considered that the fact that the court had not had the power to vary the fine provided for in the former Article 1770 *octies* of the General Tax Code did not constitute a violation of the right to a fair hearing or the right to access to a tribunal within the meaning of Article 6 § 1 of the Convention. Firstly, they pointed out that the law itself provided for the sanctions to be proportionate to the misconduct, in so far as the fine was a percentage of the unpaid tax and its level was relatively moderate, as it had been reduced from 100% to 25% of the unpaid amount by the order of 7 December 2005, and that reduction had been applied to the applicant company in the course of the proceedings. The Government pointed out that the Court had already had occasion to find that this approach met the requirements of Article 6, and cited *Malige v. France* (23 September 1998, § 49, *Reports of Judgments and Decisions* 1998-VII), and the Commission's decision in *Taddei v. France* (no. 36118/97, Commission decision of 29 June 1998, Decisions and Reports 94-B, p. 108). They added that in the present case the *Conseil d'Etat* had based itself on the *Malige* judgment in finding that Article 6 had not been violated, after having reviewed the proportionality of the fine, which was the only penalty provided for in respect of the tax on works of art. The Government referred in this connection to the points system for driving licences, where each breach of the Road Traffic Code led to the loss of a specific number of points.

49. The Government argued that in any event the lack of further reduction of the fine was justified by the very nature of the penalty, as there was in principle no possible justification for failure to pay tax. Especially in the present case, where the person who should have paid the tax (the seller) was not the person who actually bore the cost by law (the buyer), and not paying the Treasury the tax thus collected was an undue source of personal gain.

50. The Government explained that, generally speaking, the system of administrative penalties imposed in fiscal matters was linked to the massive number of individual cases dealt with, and was characterised by relatively simple scales because of the number of cases and the need to deal with them swiftly and in a uniform manner. The points system for driving licences which the Court endorsed in *Malige*, where a fixed number of points was removed for each type of offence, fell into the same category. In matters of tax penalties the law generally provided either for a small scale of different

rates of fine for each type of offence, or for a single rate. The situation differed from the sanctions imposed in the economic field by independent administrative authorities, in the interests of "decriminalisation", such mechanisms being marked by a potential form of punishment that, although infrequent, was intended to be exemplary, and by texts that provided for high maximum fines coupled with the possibility of reducing them.

51. The Government submitted that to consider that Article 6 § 1 of the Convention embodied a general requirement to individualise all administrative penalties, of which tax penalties were merely one category, went beyond the aim of this Article on effective scrutiny by the courts and would have far-reaching consequences on the economics of mass administrative sanctions.

52. The Government also maintained that the administrative courts that dealt with cases concerning the application by the authorities of the fine provided for in the former Article 1770 *octies* of the General Tax Code could not be regarded as anything other than judicial bodies with full jurisdiction within the meaning of the Court's case-law, on which the *Conseil d'Etat* relied heavily. In French law the tax courts were judicial bodies with full jurisdiction, which meant that they checked not only the facts but also the law, and that they had the power to set aside administrative decisions, but also to determine the amount of tax due or the penalty to be applied in accordance with and within the limits of the law. Where penalties were concerned, the courts verified the existence of the offence, then upheld the penalty if the offence was established, or cancelled it if it was not. They could also apply a lower rate where they considered appropriate (in respect of penalties for bad faith, for example), or agree to change one penalty for another at the request of the administrative authorities if certain conditions were met.

53. Where a single rate was provided for, as in the present case, the court had the choice in practice between confirming the penalty or cancelling it, having fully reviewed the facts and elements constituting the offence. In contrast with *Schmautzer v. Austria* (23 October 1995, Series A no. 328-A), where the Court had found a violation of Article 6 § 1 because of the limited review carried out by the Austrian courts, the Government emphasised that in the present case the appeal allowed the court to substitute its own assessment for that of the administrative authorities in ascertaining whether the facts justified the penalty, as provided for by law. The Government argued that even without the power to vary the penalty the court did have "full jurisdiction" within the meaning of the Court's case-law, and that the applicant company's right to a fair hearing had been respected in the present case.

2. The Court's assessment

54. The Court reiterates that a system of administrative fines, such as the tax penalties in the present case, is not incompatible with Article 6 § 1 of the Convention so long as the taxpayer can bring any such decision affecting him before a court that affords the safeguards of that provision (see *Bendenoun v. France*, 24 February 1994, § 46, Series A no. 284, and *Silvester's Horeca Service v. Belgium*, no. 47650/99, § 25, 4 March 2004).

55. Respect for Article 6 § 1 of the Convention means that decisions taken by administrative authorities which do not themselves satisfy the requirements of Article 6 § 1 of the Convention must be subject to subsequent control by a judicial body that has full jurisdiction (see *Schmautzer*, cited above, § 34; *Umlauft v. Austria*, 23 October 1995, § 37, Series A no. 328-B; *Gradinger v. Austria*, 23 October 1995, § 42, Series A no. 328-C; *Pramstaller v. Austria*, 23 October 1995, § 39, Series A no. 329-A; *Palaoro v. Austria*, 23 October 1995, § 41, Series A no. 329-B; and *Pfarrmeier v. Austria*, 23 October 1995, § 38, Series A no. 329-C). The characteristics of a judicial body with full jurisdiction include the power to quash in all respects, on questions of fact and law, the decision of the body below. It must have jurisdiction to examine all questions of fact and law relevant to the dispute before it (see *Chevrol v. France*, no. 49636/99, § 77, ECHR 2003-III; *Silvester's Horeca Service*, cited above, § 27; and *A. Menarini Diagnostics S.R.L. v. Italy*, no. 43509/08, § 59, 27 September 2011).

56. The Court notes that in the present case the applicant company was able to lodge an application with the Administrative Court to be exempted from paying the additional tax and the fines, and then an appeal with the Administrative Court of Appeal and an appeal for judicial review with the *Conseil d'Etat*. The Administrative Court concerned had broad powers and full jurisdiction in this case to assess all the elements of fact and law and could not only quash or uphold an administrative decision, but also change it or replace it with its own decision and rule on the rights of the interested party; in fiscal matters it could exempt the taxpayer from the disputed taxes and penalties or modify the amount thereof within the limits prescribed by law, and where penalties were concerned, it could lower the rate within the limits of the applicable legal provisions (see paragraphs 29-30 above; and contrast *Silvester's Horeca Service*, cited above, § 28).

57. Thus, the applicant company was able to submit to the Administrative Court and the Administrative Court of Appeal – both of which courts met the requirements of Article 6 § 1 – all the factual and legal arguments which it considered helpful to its application for exemption from the revised tax assessment and the related penalties (see, *mutatis mutandis*, *Malige*, cited

above, § 48), including challenging the compatibility of the tax with Community law and discussing the base used to calculate the tax, which it persuaded the Administrative Court of Appeal to reduce (see paragraph 17 above).

58. The applicant company's complaint is that the administrative courts did not have the power to vary the tax fine in the absence of any legal provision to that effect.

59. The Court observes first of all that the law itself, to a certain degree, makes the fine proportionate to the seriousness of the taxpayer's conduct, by expressing it as a percentage of the unpaid tax, the calculation of which the applicant company had ample opportunity to discuss in this case (see, *mutatis mutandis*, *Valico S.r.l. v. Italy* (dec.), no. 70074/01, ECHR 2006-III). The Court also accepts the Government's point concerning the special need for fiscal measures to be sufficiently effective to preserve the interests of the State, and further observes that such cases differ from the hard core of criminal law for the purposes of the Convention (see, *mutatis mutandis*, *Jussila v. Finland* [GC], no. 73053/01, § 43, ECHR 2006-XIII). Lastly, it considers that the rate of the fine, fixed at 25% by the order of 7 December 2005, does not appear disproportionate (see *Malige*, cited above, § 49; and contrast, *mutatis mutandis*, *Mamidakis v. Greece*, no. 35533/04, § 48, 11 January 2007, and *Grifhorst v. France*, no. 28336/02, § 105, 26 February 2009).

60. Accordingly, in the absence of any arbitrariness, the Court concludes that there has been no violation of Article 6 § 1 of the Convention in the instant case.

...

FOR THESE REASONS, THE COURT UNANIMOUSLY

...

2. *Holds* that there has been no violation of Article 6 § 1 of the Convention.

Done in French, and notified in writing on 7 June 2012, pursuant to Rule 77 §§ 2 and 3 of the Rules of Court.

Stephen Phillips
Registrar

Dean Spielmann
President

EĞİTİM VE BİLİM EMEKÇİLERİ SENDİKASI c. TURQUIE
(Requête nº 20641/05)

DEUXIÈME SECTION

ARRÊT DU 25 SEPTEMBRE 2012[1]

1. Texte français original. Extraits.

SOMMAIRE[1]

Syndicat menacé de dissolution du fait qu'il défendait le droit à un enseignement dans une langue maternelle autre que la langue nationale

Article 11

Liberté d'association – Syndicat menacé de dissolution du fait qu'il défendait le droit à un enseignement dans une langue maternelle autre que la langue nationale – Nécessaire dans une société démocratique – Défense de l'ordre – Protection de la sécurité nationale – Protection de l'intégrité territoriale de l'Etat – Pluralisme linguistique – Absence d'appel à la haine – Absence d'activité illégale – Débat public – Proportionnalité – Motifs pertinents et suffisants

*

* *

Le requérant, syndicat des salariés de l'éducation et de la science, défendait dans ses statuts «le droit de tous les individus de la société à recevoir, dans l'égalité et la liberté, un enseignement démocratique, laïque, scientifique et gratuit dans leur langue maternelle». En février 2002, le préfet demanda la suppression des termes «langue maternelle» au motif qu'ils étaient entre autres contraires à la Constitution. Puis, en mars 2002, il demanda au procureur de la République d'intenter une action en dissolution contre le syndicat qui n'avait pas procédé à la modification requise. En juillet 2002, le requérant modifia l'article du statut comme suit: «le droit de tous les individus de la société à recevoir un enseignement dans leur langue maternelle». Une décision de non-lieu fut rendue concernant la demande en dissolution indiquant en particulier qu'il y avait un débat intense sur cette question qui allait être portée à l'ordre du jour d'une séance au Parlement et qu'il ne convenait pas, dans ces conditions, d'intenter une action en dissolution. En octobre 2003, à la demande du chef d'état-major des armées, le préfet pria le requérant de supprimer les termes litigieux de l'article de ses statuts. Par la suite, il saisit le procureur de la République d'une nouvelle action en dissolution que ce dernier introduisit en juillet 2004. Le tribunal du travail rejeta l'action en dissolution, en indiquant dans ses attendus que les statuts tels qu'ils étaient libellés ne mettaient pas en péril l'unité territoriale, nationale ou étatique, pas plus que les frontières existantes de la République de Turquie. Le procureur de la République se pourvut en cassation. La Cour de cassation infirma le jugement, mais, par un second jugement, le tribunal

1. Rédigé par le greffe, il ne lie pas la Cour.

du travail réitéra son jugement initial. En juillet 2005, le syndicat supprima les termes de « langue maternelle » dans ses statuts.

1. Article 11 : l'action litigieuse intentée contre le requérant s'analyse en une ingérence des autorités nationales dans l'exercice de son droit à la liberté d'association en l'ayant privé de la possibilité de poursuivre collectivement ou individuellement les buts qu'il s'était fixés dans ses statuts. L'ingérence était prévue par la loi et visait plusieurs buts légitimes, à savoir la défense de l'ordre ou la protection de la sécurité nationale, et la protection de l'intégrité territoriale de l'Etat. Il reste à examiner si l'ingérence litigieuse était « nécessaire dans une société démocratique » pour atteindre les buts légitimes poursuivis. Deux actions en dissolution ont été engagées contre le requérant au motif que le syndicat défendait l'enseignement dans la « langue maternelle ». La première a provoqué un non-lieu. La seconde, considérant que l'article des statuts allait à l'encontre de la Constitution et du principe de l'Etat unitaire, a obligé le requérant à supprimer les mentions litigieuses afin d'éviter la dissolution du syndicat par les juridictions nationales. Or cet article ne contenait aucune incitation à recourir à la violence ou à employer des moyens illégaux pour réaliser son objectif. Le principe défendu par le requérant n'est pas contraire aux principes fondamentaux de la démocratie. En outre le contenu de l'article litigieux doit être replacé dans le contexte du débat engagé à l'époque sur la question de l'enseignement dans la langue maternelle. Une telle proposition pouvait heurter certaines convictions majoritaires. Cela étant, le bon déroulement de la démocratie exige qu'il puisse y avoir un débat public afin de contribuer à trouver des solutions à des questions générales qui concernent l'ensemble des acteurs de la vie politique ou publique. Ensuite, il ressort du dernier rapport de la Commission européenne contre le racisme et l'intolérance (ECRI) sur la Turquie qu'il existait des enfants, de nationalité turque, dont la langue maternelle n'était pas le turc, mais l'adyguéen, l'abkhaze ou le kurde. A ce sujet, la loi du 3 août 2002 a permis l'ouverture de cours privés pour enseigner des langues et dialectes autres que le turc. Cette volonté du législateur contraste avec l'attitude des juridictions nationales qui ont considéré que le contenu de l'article des statuts portait atteinte à la Constitution. L'objectif stipulé dans les statuts en question ne va pas en soi à l'encontre de la sécurité nationale ou ne constitue pas une menace pour l'ordre public. Ainsi les motifs indiqués par les chambres réunies de la Cour de cassation n'étaient pas pertinents et suffisants, et ils n'étaient pas proportionnés aux buts légitimes poursuivis. Il s'ensuit que l'action en dissolution intentée contre le requérant, qui a eu pour résultat d'obliger ce syndicat à modifier l'article litigieux de ses statuts en supprimant les termes « à recevoir un enseignement dans leur langue maternelle », ne peut raisonnablement être considérée comme répondant à un besoin social impérieux.
Conclusion : violation (unanimité).
2. Article 10 : cet article englobe la liberté de recevoir et de communiquer des informations ou idées dans toute langue qui permet de participer à l'échange public des informations, idées culturelles, politiques et sociales de toutes sortes. La seconde

action en dissolution engagée contre le requérant s'analyse en une ingérence des autorités nationales dans l'exercice du droit à la liberté d'expression de ce dernier, ingérence prévue par la loi et poursuivant les buts légitimes de la défense de l'ordre ou de la protection de la sécurité nationale, et de la protection de l'intégrité territoriale de l'Etat. L'article litigieux des statuts du requérant défend l'idée de l'enseignement dans la « langue maternelle ». Dans le contexte de la Turquie et au sens premier des termes, cette disposition s'entend comme défendant l'enseignement dans la langue maternelle qu'est le turc. Mais eu égard à la situation historico-sociale du pays, la langue maternelle peut aussi comprendre d'autres langues. A l'époque des faits une modification de la loi a permis l'enseignement à titre privé dans des langues maternelles autres que le turc pour les ressortissants turcs. En outre l'article litigieux des statuts du requérant n'exhortait pas à l'usage de la violence, à la résistance armée ou au soulèvement, n'incitait pas à la haine et n'atteignait pas l'intégrité du territoire national. En conclusion, l'action en dissolution intentée à l'encontre du requérant, qui l'a contraint à supprimer de ses statuts les termes litigieux, était disproportionnée aux buts visés et n'était, par conséquent, pas nécessaire dans une société démocratique.
Conclusion : violation (unanimité).

Jurisprudence citée par la Cour

Handyside c. Royaume-Uni, 7 décembre 1976, série A n° 24
Jersild c. Danemark, 23 septembre 1994, série A n° 298
Vogt c. Allemagne, 26 septembre 1995, série A n° 323
Wingrove c. Royaume-Uni, 25 novembre 1996, *Recueil des arrêts et décisions* 1996-V
Zana c. Turquie, 25 novembre 1997, *Recueil* 1997-VII
Parti communiste unifié de Turquie et autres c. Turquie, 30 janvier 1998, *Recueil* 1998-I
Parti socialiste et autres c. Turquie, 25 mai 1998, *Recueil* 1998-III
Incal c. Turquie, 9 juin 1998, *Recueil* 1998-IV
Sidiropoulos et autres c. Grèce, 10 juillet 1998, *Recueil* 1998-IV
Karataş c. Turquie [GC], n° 23168/94, CEDH 1999-IV
Sürek c. Turquie (n° 1) [GC], n° 26682/95, CEDH 1999-IV
Parti de la liberté et de la démocratie (ÖZDEP) c. Turquie [GC], n° 23885/94, CEDH 1999-VIII
İbrahim Aksoy c. Turquie, n°s 28635/95, 30171/96 et 34535/97, 10 octobre 2000
Stankov et Organisation macédonienne unie Ilinden c. Bulgarie, n°s 29221/95 et 29225/95, CEDH 2001-IX
Yazar et autres c. Turquie, n°s 22723/93, 22724/93 et 22725/93, CEDH 2002-II
Refah Partisi (Parti de la prospérité) et autres c. Turquie [GC], n°s 41340/98, 41342/98, 41343/98 et 41344/98, CEDH 2003-II
Gorzelik et autres c. Pologne [GC], n° 44158/98, CEDH 2004-I
Ouranio Toxo et autres c. Grèce, n° 74989/01, CEDH 2005-X
Brasilier c. France, n° 71343/01, 11 avril 2006

Lindon, Otchakovsky-Laurens et July c. France [GC], n°s 21279/02 et 36448/02, CEDH 2007-IV
Tourkiki Enosi Xanthis et autres c. Grèce, n° 26698/05, 27 mars 2008
Savgın c. Turquie, n° 13304/03, 2 février 2010
Faruk Temel c. Turquie, n° 16853/05, 1er février 2011
Association Rhino et autres c. Suisse, n° 48848/07, 11 octobre 2011

En l'affaire Eğitim ve Bilim Emekçileri Sendikası c. Turquie,

La Cour européenne des droits de l'homme (deuxième section), siégeant en une chambre composée de:

Françoise Tulkens, *présidente,*
Danutė Jočienė,
Isabelle Berro-Lefèvre,
András Sajó,
Işıl Karakaş,
Paulo Pinto de Albuquerque,
Helen Keller, *juges,*

et de Françoise Elens-Passos, *greffière adjointe de section,*

Après en avoir délibéré en chambre du conseil le 28 août 2012,

Rend l'arrêt que voici, adopté à cette date:

PROCÉDURE

1. A l'origine de l'affaire se trouve une requête (n° 20641/05) dirigée contre la République de Turquie et dont un syndicat de droit turc, *Eğitim ve Bilim Emekçileri Sendikası* («le requérant»), a saisi la Cour le 3 juin 2005 en vertu de l'article 34 de la Convention de sauvegarde des droits de l'homme et des libertés fondamentales («la Convention»).

2. Le requérant a été représenté par Me A. Sayılır, avocat à Ankara. Le gouvernement turc («le Gouvernement») a été représenté par son agent.

3. Le requérant se plaint d'une violation des articles 6, 10 et 11 de la Convention.

4. Le 6 novembre 2009, la requête a été communiquée au Gouvernement. Comme le permet l'article 29 § 1 de la Convention, il a en outre été décidé que la chambre se prononcerait en même temps sur la recevabilité et sur le fond de l'affaire.

EN FAIT

I. LES CIRCONSTANCES DE L'ESPÈCE

5. Le Syndicat des salariés de l'éducation et de la science (*Eğitim ve Bilim Emekçileri Sendikası* («*Eğitim-Sen*») – «le syndicat») fut fondé à Ankara le 13 janvier 1995. Selon les informations qu'il a données, il compte 167 000 adhérents, est constitué de 90 sections et est présent dans 430 villes. Il est rattaché au Kesk (*Kamu Emekçileri Sendikaları Konfederasyonu* – la

Confédération des syndicats des salariés du secteur public), qui est membre de l'Internationale de l'éducation.

6. Le 15 septembre 2001, le syndicat modifia l'article 2 b) de ses statuts comme suit :

> « [*Eğitim-Sen*] défend le droit de tous les individus de la société à recevoir, dans l'égalité et la liberté, un enseignement démocratique, laïque, scientifique et gratuit dans leur langue maternelle. »

A. La première action en dissolution

7. Le 15 février 2002, le préfet d'Ankara demanda au requérant de supprimer les termes « leur langue maternelle » de ses statuts au motif qu'ils étaient contraires aux articles 3 et 42 de la Constitution ainsi qu'aux articles 1er et 20 de la loi n° 4688 sur les syndicats de fonctionnaires (« la loi n° 4688 »).

8. Le requérant informa le préfet qu'il était surchargé de travail et qu'il s'engageait à modifier ses statuts au plus tard le 30 juin 2002.

9. Le 29 mars 2002, sur le fondement de l'article 37 de la loi n° 4688, le préfet d'Ankara demanda au procureur de la République d'Ankara d'intenter une action en dissolution contre le requérant au motif que celui-ci n'avait pas procédé à la modification demandée de l'article 2 b) de ses statuts.

10. Le 3 juillet 2002, le requérant modifia l'article 2 b) de ses statuts comme suit :

> « [*Eğitim-Sen*] défend le droit des tous les individus de la société à recevoir un enseignement dans leur langue maternelle et à bénéficier du développement de leur culture. »

11. Le 16 juillet 2002, le procureur de la République rendit une décision de non-lieu concernant la demande en dissolution introduite par le préfet, et ce pour insuffisance de preuves et d'éléments à charge. Dans sa décision, le procureur indiquait, d'une part, que le requérant avait modifié l'article 2 b) de ses statuts, qui disposait dorénavant que les individus devaient « recevoir un enseignement dans leur langue maternelle » ; il indiquait, d'autre part, qu'il y avait un débat intense au sein de l'opinion publique et des partis politiques sur cette question et que celle-ci allait être portée à l'ordre du jour d'une séance du Parlement. Il concluait que, dans ces conditions, il ne convenait pas d'intenter une action en dissolution contre le requérant ou une action pénale contre les membres de son conseil d'administration.

12. Le 15 octobre 2002, le ministère du Travail et de la Sécurité sociale (« le ministère ») informa le requérant que, à l'issue de l'examen de ses statuts modifiés le 3 juillet 2002 pour être mis en conformité avec les articles

pertinents de la loi n° 4688, il avait été conclu que l'article litigieux n'était plus contraire à la loi.

B. La seconde action en dissolution

13. Le 27 juin 2003, le chef d'état-major des armées demanda au ministère de prendre les mesures nécessaires contre le requérant au motif que l'article 2 b) de ses statuts, tel qu'amendé le 3 juillet 2002, était contraire aux articles 3 et 42 de la Constitution.

14. Le 15 juillet 2003, le ministère demanda au préfet d'Ankara d'examiner les dispositions de l'article 2 b) des statuts du requérant à la lumière de l'article 6 de la loi n° 4688.

15. Le 28 octobre 2003, le préfet d'Ankara pria le requérant de supprimer les termes « à recevoir un enseignement dans leur langue maternelle » de l'article 2 b) de ses statuts.

16. Le 12 avril 2004, le préfet d'Ankara, se référant aux dispositions de l'article 2 b) des statuts du requérant et résumant la première action intentée contre celui-ci, saisit le procureur de la République d'Ankara d'une nouvelle action en dissolution. Le préfet exposait que, même si la loi n° 2923 du 14 octobre 1983 prévoyait l'enseignement des différents dialectes et langues, l'article 2 des statuts du requérant, dès lors qu'il envisageait l'enseignement dans une langue autre que la langue turque, contrevenait à cette loi.

17. Le 10 juillet 2004, le procureur de la République d'Ankara intenta une action contre les sept membres du conseil d'administration d'*Eğitim-Sen*. Dans le cadre de cette action, le procureur demanda également la dissolution du requérant sur le fondement de l'article 37 de la loi n° 4688 au motif que le syndicat n'avait pas supprimé les termes litigieux de ses statuts.

18. Le tribunal du travail d'Ankara était la juridiction compétente pour se prononcer sur la demande en dissolution du requérant en vertu de la loi n° 4688.

19. Le 13 juillet 2004, le tribunal du travail d'Ankara, se fondant sur l'article 6 de la loi n° 4688, accorda au requérant un délai de soixante jours pour modifier les dispositions litigieuses de ses statuts.

20. Par un jugement du 15 septembre 2004, le tribunal du travail d'Ankara rejeta l'action en dissolution. Dans ses motifs, il indiquait notamment que les articles pertinents des statuts d'*Eğitim-Sen* ne mettaient en péril (*tehlike*) ni l'unité territoriale, nationale et étatique ni les frontières existantes de la République de Turquie. Il n'apercevait aucune action illégale du syndicat susceptible de laisser penser que les dispositions de l'article litigieux des statuts d'*Eğitim-Sen* seraient utilisées par des opposants à l'unité

de la République de Turquie. En se fondant sur l'article 90 de la Constitution ainsi que sur les articles 10 et 11 de la Convention, le tribunal donnait également sa propre interprétation de ces deux dernières dispositions. Il précisait à cet égard que la liberté d'expression constituait le fondement d'une société démocratique et pluraliste, et que pareille liberté était une condition nécessaire à la progression des sociétés démocratiques et au développement personnel de chaque individu. Il soulignait que, sans cette liberté, il n'y avait pas de démocratie. Il concluait que les dispositions de l'article 2 b) des statuts d'*Eğitim-Sen* n'étaient pas contraires aux articles 10 et 11 de la Convention. Il précisait par ailleurs qu'il convenait d'interpréter l'article 6 § 8 de la loi n° 4688 – qui accordait un délai de soixante jours à un syndicat pour se conformer à la loi – à la lumière du but de cette loi. Selon le tribunal, même si le syndicat ne se conformait pas à la loi dans le délai imparti, il lui revenait d'examiner le bien-fondé de la demande et de statuer sur le fond de l'affaire.

21. Le 29 septembre 2004, le procureur de la République se pourvut en cassation.

22. Par un arrêt du 3 novembre 2004, la Cour de cassation infirma le jugement du 15 septembre 2004 au motif que le tribunal du travail d'Ankara n'avait pas appliqué correctement l'article 6 § 8 de la loi n° 4688. Elle considéra que cet article ne prévoyait pas de marge d'interprétation mais qu'il se bornait à prescrire la dissolution du syndicat dans le cas où celui-ci ne s'était pas conformé dans un délai de soixante jours aux dispositions de la loi. Elle conclut par conséquent qu'il convenait de dissoudre *Eğitim-Sen* dès lors qu'il ne s'était pas conformé à la loi dans le délai qui lui avait été imparti par le préfet et le tribunal.

23. Par un jugement du 21 février 2005, le tribunal du travail d'Ankara, résistant à l'arrêt de la Cour de cassation du 3 novembre 2004, réitéra son jugement initial. Dans ses motifs, il rappelait le raisonnement juridique qui l'avait mené à son jugement du 15 septembre 2004 et se référait à la jurisprudence de la Cour de Strasbourg en matière de dissolution des partis politiques, en particulier aux affaires relatives au Parti communiste unifié de Turquie et au Parti de la liberté et de la démocratie (ÖZDEP). Il rappelait en outre que la langue officielle de la République de Turquie était le turc et que, selon l'article 66 de la Constitution, toute personne attachée à la République par un lien de citoyenneté était turque. Il considérait que le fait d'apprendre une langue autre que la langue officielle ne constituait pas une action ou une attitude contraire au droit, mais qu'une telle attitude était la preuve d'un attachement à l'Etat de la République de Turquie. Il convenait

que la langue officielle était le turc et qu'il ne pouvait y avoir une autre langue officielle. Il précisait que, cela étant, il ne devait pas y avoir d'empêchement particulier à apprendre d'autres langues que la langue officielle du pays. Rappelant son précédent raisonnement fondé sur les articles 10 et 11 de la Convention, le tribunal jugeait que deux raisons principales pouvaient conduire à la dissolution d'un syndicat, d'une association ou d'un parti politique, à savoir « la menace imminente » et « le critère de la violence ». Il observait que le syndicat dont la dissolution était demandée défendait dans ses statuts l'enseignement dans la langue maternelle et le développement de la culture. Il soulignait que, à supposer même que ces termes pussent être contraires à la loi, leur contenu et leur portée ne constituaient pas une menace imminente ni n'incitaient à la violence et que leur mention dans les statuts du syndicat ne mettait en péril ni l'unité territoriale, nationale et étatique ni les frontières existantes de la République de Turquie. Il estimait au contraire que la décision de ne pas dissoudre le syndicat aurait pour effets de réduire la tension sociale, le désordre et les querelles qui régnaient au sein de la société, et de rétablir la paix sociale.

24. Par un arrêt du 22 mai 2005, les chambres réunies de la Cour de cassation (*Yargıtay Hukuk Genel Kurulu*) cassèrent à la majorité le jugement de la juridiction du fond. Dans leurs motifs, les chambres réunies indiquaient que les articles 10 et 11 de la Convention prévoyaient des limitations fixées par la loi à l'exercice des libertés d'expression, de réunion et d'association et qu'ils précisaient en particulier que ces restrictions devaient être nécessaires dans une société démocratique. Elles se donnaient donc pour tâche de vérifier si les restrictions apportées par la loi nationale aux droits et libertés fondamentaux étaient conformes aux engagements internationaux de la Turquie. Elles considéraient que la volonté exprimée par le syndicat d'un enseignement dans une langue maternelle autre que le turc était contraire aux articles 3 et 42 de la Constitution et qu'elle n'était pas compatible avec l'unité de l'Etat et avec le système juridique existant. Selon les chambres réunies, le droit de fonder un syndicat pouvait donc être limité, et de telles restrictions étaient nécessaires dans une société démocratique. Les chambres réunies de la Cour de cassation conclurent que la défense de l'enseignement dans une langue maternelle autre que le turc ne pouvait être fondée sur les articles 10 et 11 de la Convention.

25. Dans leur opinion dissidente, certains des membres des chambres réunies, se fondant sur l'article 6 de la loi n° 4688, constataient que, selon la conclusion de la juridiction du fond, les dispositions litigieuses des statuts du syndicat étaient conformes à la loi. Les juges dissidents estimaient que, de

ce fait, la mise en demeure faite au syndicat de modifier ses statuts dans un délai de soixante jours n'avait pas de base légale. Selon eux, il convenait de casser le jugement pour que la juridiction du fond se conformât à l'article 6 de la loi n° 4688 et non pas pour demander la dissolution du syndicat.

26. Le 3 juillet 2005, le requérant modifia la partie litigieuse de l'article 2 b) de ses statuts comme suit :

> « [*Eğitim-Sen*] défend, dans le cadre des droits de l'homme et des libertés fondamentales, le droit de tous les individus de la société à recevoir un enseignement démocratique, laïque, scientifique et gratuit. »

27. Par un jugement du 27 octobre 2005, le tribunal du travail d'Ankara, prenant note de la modification apportée aux statuts du requérant, conclut qu'il n'y avait plus lieu de statuer sur la dissolution du syndicat dans la mesure où les éléments matériels de nature à fonder une telle action n'existaient plus.

II. LE DROIT INTERNE PERTINENT

A. La Constitution

28. Les dispositions pertinentes de la Constitution en vigueur à l'époque des faits se lisent ainsi :

Article 3

> « 1. L'Etat de Turquie constitue, avec son territoire et sa nation, une entité indivisible. Sa langue officielle est le turc. (...) »

Article 13

> « Les droits et libertés fondamentaux ne peuvent être limités que pour des motifs prévus par des dispositions particulières de la Constitution et en vertu de la loi, et pour autant que ces limitations ne portent pas atteinte à l'essence même des droits et libertés. Les limitations dont les droits et libertés fondamentaux font l'objet ne peuvent être en contradiction ni avec la lettre et l'esprit de la Constitution ni avec les exigences d'un ordre social démocratique et laïque, et elles doivent respecter le principe de proportionnalité. »

Article 25

> « Toute personne a droit à la liberté de pensée et d'opinion.
>
> Nul ne peut être contraint de révéler sa pensée et ses opinions ni blâmé ou incriminé en raison de sa pensée ou de ses opinions pour quelque cause et dans quelque but que ce soit. »

Article 26

« Toute personne a le droit d'exprimer, individuellement ou collectivement, sa pensée et ses opinions et de les propager oralement, par l'écrit, par l'image ou par d'autres voies. Cette liberté comprend également la faculté de se procurer ou de livrer des idées ou des informations en dehors de toute intervention des autorités officielles. La disposition contenue dans le présent alinéa ne fait pas obstacle à l'instauration d'un régime d'autorisation en ce qui concerne les émissions par voie radiophonique, télévisuelle, cinématographique ou par d'autres moyens similaires.

L'exercice de ces libertés peut être limité dans le but de préserver la sécurité nationale, l'ordre public, la sécurité publique, les caractéristiques fondamentales de la République ainsi que l'intégrité indivisible de l'Etat du point de vue de son territoire et de la nation, de prévenir les infractions, de punir les délinquants, d'empêcher la divulgation des informations qui sont reconnues comme étant des secrets d'Etat, de préserver l'honneur, les droits et la vie privée et familiale d'autrui ainsi que le secret professionnel prévu par la loi, et d'assurer que la fonction juridictionnelle soit remplie conformément à sa finalité.

Les dispositions réglementant l'utilisation des moyens de diffusion des informations et des idées ne sont pas considérées comme limitant la liberté d'expression et de propagation de la pensée, pourvu qu'elles n'en empêchent pas la diffusion.

La loi réglemente les formes, conditions et procédures relatives à l'exercice de la liberté d'expression et de propagation de la pensée. »

Article 42

« Nul ne peut être privé de son droit à l'éducation et à l'instruction.

(...)

La liberté d'éducation et d'enseignement ne dispense pas du devoir de loyauté envers la Constitution.

(...)

Aucune langue autre que le turc ne peut être enseignée aux citoyens turcs en tant que langue maternelle ni servir à dispenser un enseignement dans des établissements d'éducation et d'enseignement. La loi fixe les règles relatives à l'enseignement des langues étrangères dans les établissements d'éducation et d'enseignement ainsi que celles auxquelles doivent se conformer les écoles où l'éducation et l'enseignement sont dispensés dans une langue étrangère, sous réserve des dispositions des conventions internationales. »

Article 51

« Les travailleurs et les employeurs ont le droit de fonder des syndicats et des unions syndicales sans autorisation préalable dans le but de sauvegarder et de développer les droits et intérêts économiques et sociaux de leurs membres dans le cadre de leurs relations de travail, ainsi que d'y adhérer et de s'en retirer librement. Nul ne peut être contraint de devenir membre d'un syndicat ou d'en démissionner.

Le droit de fonder un syndicat ne peut être limité qu'en vertu de la loi et pour des raisons de sécurité nationale ou d'ordre public ou dans le but d'empêcher la commission d'un délit, de préserver la santé publique ou les bonnes mœurs ou de protéger les droits et libertés d'autrui.

Les formes, conditions et procédures applicables à l'exercice du droit de fonder un syndicat sont fixées par la loi.

Il n'est pas permis d'être membre de plusieurs syndicats à la fois au sein d'un même secteur d'activité.

L'étendue des droits des agents publics n'ayant pas la qualité d'ouvrier dans ce secteur ainsi que les exceptions et limitations qui leur sont applicables sont fixées par la loi d'une manière appropriée à la nature des services dont [ces agents] sont chargés.

Les statuts, l'administration et le fonctionnement des syndicats et des unions syndicales ne peuvent être contraires aux caractéristiques fondamentales de la République ni aux principes démocratiques. »

Article 66

« Est Turque toute personne liée à l'Etat turc par le lien de la nationalité.

(...) »

Article 90

« (...)

En cas de conflit entre les lois [nationales] et les accords internationaux relatifs aux droits et libertés fondamentaux entrés en vigueur conformément à la procédure et comportant des dispositions différentes sur le même sujet, les dispositions des accords internationaux prévalent. »

B. La loi n° 4688 du 25 juin 2001 sur les syndicats de fonctionnaires

29. Les dispositions pertinentes de la loi n° 4688 se lisent ainsi :

Article 6

« 1. Les syndicats et les confédérations peuvent être fondés librement sans autorisation préalable.

(...)

7. (...) S'il n'est pas remédié [aux manquements relevés, le préfet] saisit le tribunal pour qu'il soit mis fin aux activités du syndicat ou de la confédération. (...)

8. Le tribunal accorde [au syndicat et à la confédération] un délai ne dépassant pas soixante jours pour se conformer à la loi ou remédier aux manquements relevés. Si, à la fin du délai accordé, les statuts ou les documents en cause ne sont pas conformes à la loi, le tribunal peut ordonner la dissolution du syndicat ou de la confédération.

(...) »

Article 20 § 1

« La gestion et le fonctionnement des syndicats et des confédérations fondés conformément à la présente loi ne doivent pas être contraires aux qualités et principes démocratiques de la République tels que définis dans la Constitution. (...) »

Article 37 § 1

« Un syndicat ou une confédération qui mène des activités contraires aux qualités et principes de la République tels que définis dans la Constitution est dissous par décision du tribunal compétent pour les litiges relatifs au travail sur saisine du procureur de la République dans le ressort duquel se trouve le siège social [du syndicat ou de la confédération]. (...) »

C. La loi nº 4771 du 3 août 2002 modifiant la loi nº 2923 du 14 octobre 1983 sur l'éducation dans des langues étrangères, l'enseignement de langues étrangères et l'apprentissage de différents dialectes et langues par les citoyens turcs

30. L'article 2 a) de la loi nº 2923 tel que modifié par la loi de 2002 dispose qu'aucune langue autre que le turc ne peut être enseignée aux citoyens turcs dans les établissements d'enseignement et d'éducation. Toutefois, il permet d'ouvrir à l'intention des citoyens turcs des cours privés d'enseignement des langues et des dialectes qu'ils utilisent traditionnellement dans leur vie quotidienne, en vertu du règlement adopté par le ministre de l'Education nationale. L'enseignement dispensé dans ces cours ne doit pas aller à l'encontre de l'unité de l'Etat et de la nation ni de l'indivisibilité du territoire national.

III. LES TEXTES DU CONSEIL DE L'EUROPE

31. Dans son dernier rapport sur la Turquie (paragraphes 60, 61, 62, 63, 70 et 71), adopté le 10 décembre 2010 et publié le 8 février 2011, la Commission européenne contre le racisme et l'intolérance (ECRI) s'est exprimée comme suit:

« *Enseignement de et dans les langues autres que le turc aux personnes appartenant à des groupes minoritaires non reconnus en vertu du Traité de Lausanne*

(...)

60. La loi nº 4771 adoptée en août 2002 qui porte modification de la loi nº 2923 sur l'éducation dans et l'enseignement de langues étrangères et l'apprentissage de différentes langues et dialectes par les citoyens turcs a préparé la voie à l'ouverture d'écoles privées enseignant « les langues et dialectes traditionnellement utilisés par les citoyens turcs dans leur vie quotidienne ». Conformément au Règlement sur l'apprentissage des différentes langues et dialectes utilisés par les citoyens turcs dans leur vie quotidienne, entré en vigueur le 5 décembre 2003, des cours de langue kurde ont ouvert dans sept

villes entre décembre 2003 et octobre 2004. Tous ont cependant fermé depuis, et d'autres tentatives d'ouvrir une école de langue circassienne à Ankara n'ont pas porté leurs fruits, les exigences administratives n'ayant pas pu être remplies. Les autorités ont indiqué que l'examen par les préfectures concernées de demandes d'ouvrir des cours privés d'adyguéen et d'abkhaze est encore en cours, en conformité avec le Règlement susmentionné. Ainsi, il n'existe actuellement en Turquie aucun établissement privé qui enseigne les langues parlées par les groupes minoritaires. (...)

61. (...) l'ECRI se félicite de la décision prise en octobre 2009 par les autorités turques, d'ouvrir un institut des langues vivantes à l'Université Artuklu de Mardin, où le kurde peut être enseigné; des cours de syriaque, de farsi et d'arabe auraient également été proposés à l'ouverture de l'institution en février 2010. (...) L'ECRI note toutefois avec regret qu'en septembre 2009, le Conseil [de l'enseignement supérieur] a rejeté une demande similaire d'ouvrir un département d'études kurdes et de langue et littérature kurdes à l'Université de Diyarbakır, au motif que cette demande, présentée par l'association du barreau locale, avait été faite par une entité qui soutenait le terrorisme.

62. L'ECRI recommande aux autorités turques de revoir la formulation de l'article 42 de la Constitution, qui interdit l'enseignement de langues maternelles autres que le turc dans les écoles sauf en application des dispositions de traités internationaux. L'ECRI souligne à nouveau qu'un tel enseignement devrait pouvoir exister à côté de l'enseignement dans la langue officielle.

63. En outre, l'ECRI recommande vivement aux autorités turques de poursuivre leurs efforts en faveur de l'enseignement dans les langues et dialectes traditionnellement utilisés en Turquie. Elle leur recommande également de veiller à ce que la possibilité d'ouvrir des cours privés soit pleinement garantie, notamment en levant tous les obstacles administratifs injustifiés.

(...)

Enseignement en turc aux enfants de langue maternelle autre que le turc

(...)

70. L'ECRI recommande à nouveau aux autorités turques de se pencher sur la situation des enfants de langue maternelle non turque et de veiller à ce que tout soit mis en œuvre pour leur permettre d'apprendre correctement le turc, qui est la langue d'enseignement, par exemple en proposant des cours complémentaires ou des méthodes d'apprentissage du turc en tant que seconde langue. Plus généralement, l'ECRI recommande aux autorités d'examiner la situation globale des enfants appartenant aux groupes minoritaires dans le système scolaire, en vue de l'adoption de mesures ciblées pour remédier aux éventuelles inégalités constatées.

71. L'ECRI recommande aux autorités turques d'engager un dialogue avec les groupes minoritaires sur la manière dont le concept de citoyenneté de l'Etat turc est enseigné dans les écoles, afin de veiller à ce que le message d'intégration souhaité soit transmis sans laisser entendre que la diversité serait indésirable. »

EN DROIT

(...)

II. SUR LA VIOLATION ALLÉGUÉE DE L'ARTICLE 11 DE LA CONVENTION

41. Le requérant allègue que l'obligation qui lui a été faite de procéder à la modification de ses statuts pour empêcher sa dissolution constitue une ingérence dans son droit à la liberté d'association prévu par l'article 11 de la Convention. Cette disposition est ainsi libellée :

> « 1. Toute personne a droit à la liberté de réunion pacifique et à la liberté d'association, y compris le droit de fonder avec d'autres des syndicats et de s'affilier à des syndicats pour la défense de ses intérêts.
>
> 2. L'exercice de ces droits ne peut faire l'objet d'autres restrictions que celles qui, prévues par la loi, constituent des mesures nécessaires, dans une société démocratique, à la sécurité nationale, à la sûreté publique, à la défense de l'ordre et à la prévention du crime, à la protection de la santé ou de la morale, ou à la protection des droits et libertés d'autrui. Le présent article n'interdit pas que des restrictions légitimes soient imposées à l'exercice de ces droits par les membres des forces armées, de la police ou de l'administration de l'Etat. »

42. Le Gouvernement ne se prononce pas à cet égard.

A. Sur l'existence d'une ingérence

43. Pour le requérant – et le Gouvernement ne le conteste pas – l'action litigieuse intentée à son encontre s'analyse en une ingérence des autorités nationales dans l'exercice de son droit à la liberté d'association, ingérence qui l'aurait privé de la possibilité de poursuivre collectivement ou individuellement les buts qu'il s'était fixés dans ses statuts. C'est aussi l'opinion de la Cour.

B. Sur la justification de l'ingérence

44. La Cour rappelle que pareille ingérence enfreint l'article 11 de la Convention, sauf si elle était « prévue par la loi », dirigée vers un ou des buts légitimes au regard du paragraphe 2 de cette disposition et « nécessaire dans une société démocratique » pour atteindre ces buts.

1. *« Prévue par la loi »*

45. En l'espèce, la Cour note qu'il n'est pas contesté par les parties que l'ingérence en cause était « prévue par la loi » et qu'elle était fondée, notamment, sur les articles 3 et 42 de la Constitution (paragraphe 28 ci-dessus).

2. *But légitime*

46. De l'avis de la Cour, l'ingérence litigieuse visait plusieurs buts légitimes, à savoir la défense de l'ordre ou la protection de la sécurité nationale, y compris la protection de l'intégrité territoriale de l'Etat. Les parties ne le contestent pas.

3. *« Nécessaire dans une société démocratique »*

a) Principes généraux pertinents

47. Tout en se référant aux principes généraux qui se dégagent de sa jurisprudence pertinente en matière de liberté d'association (*Gorzelik et autres c. Pologne* [GC], n° 44158/98, §§ 88-93, CEDH 2004-I, et les références qui s'y trouvent citées, et *Association Rhino et autres c. Suisse*, n° 48848/07, § 61, 11 octobre 2011), la Cour rappelle que le droit qu'énonce l'article 11 inclut celui de fonder une association. La possibilité pour les citoyens de former une personne morale afin d'agir collectivement dans un domaine d'intérêt commun constitue un des aspects les plus importants du droit à la liberté d'association, sans quoi ce droit se trouverait dépourvu de tout sens (*Sidiropoulos et autres c. Grèce*, 10 juillet 1998, § 40, *Recueil des arrêts et décisions* 1998-IV).

48. La Cour rappelle aussi que l'état de la démocratie dans le pays dont il s'agit peut se mesurer à la manière dont la législation nationale consacre cette liberté et dont les autorités l'appliquent dans la pratique. Dans sa jurisprudence, elle a confirmé à de nombreuses reprises la relation directe existant entre la démocratie, le pluralisme et la liberté d'association, et elle a établi le principe selon lequel seules des raisons convaincantes et impératives peuvent justifier des restrictions à cette liberté. L'ensemble de ces restrictions sont soumises à son contrôle rigoureux (voir, parmi beaucoup d'autres, *Parti communiste unifié de Turquie et autres c. Turquie*, 30 janvier 1998, §§ 42-45, *Recueil* 1998-I, *Parti socialiste et autres c. Turquie*, 25 mai 1998, §§ 41-45, *Recueil* 1998-III, *Refah Partisi (Parti de la prospérité) et autres c. Turquie* [GC], n°s 41340/98, 41342/98, 41343/98 et 41344/98, §§ 86-89, CEDH 2003-II).

49. En conséquence, pour juger de l'existence d'une nécessité au sens de l'article 11 § 2, les Etats ne disposent que d'une marge d'appréciation réduite, laquelle se double d'un contrôle européen rigoureux portant à la fois sur la loi et sur les décisions qui l'appliquent, y compris celles d'une juridiction indépendante.

50. Par ailleurs, la Cour rappelle que, lorsqu'elle exerce son contrôle, elle n'a point pour tâche de se substituer aux juridictions internes compétentes,

mais de vérifier sous l'angle de l'article 11 les décisions qu'elles ont rendues en vertu de leur pouvoir d'appréciation. Il ne s'ensuit pas qu'elle doive se borner à rechercher si l'Etat défendeur a usé de ce pouvoir de bonne foi, avec soin et de façon raisonnable : il lui faut considérer l'ingérence litigieuse à la lumière de l'ensemble de l'affaire pour déterminer si elle était « proportionnée au but légitime poursuivi » et si les motifs invoqués par les autorités nationales pour la justifier apparaissent « pertinents et suffisants ». Ce faisant, la Cour doit se convaincre que les autorités nationales ont appliqué des règles conformes aux principes consacrés par l'article 11 et ce, de surcroît, en se fondant sur une appréciation acceptable des faits pertinents (*Parti communiste unifié de Turquie et autres*, précité, §§ 46-47, *Yazar et autres c. Turquie*, n°s 22723/93, 22724/93 et 22725/93, § 51, CEDH 2002-II, et *Sidiropoulos et autres*, précité, § 40).

b) Application des principes précités à la présente espèce

51. En l'espèce, la Cour note que deux actions en dissolution ont été engagées contre *Eğitim ve Bilim Emekçileri Sendikası* (« *Eğitim-Sen* ») au motif que, à l'article 2 b) de ses statuts, le syndicat défendait l'enseignement dans la « langue maternelle ». En ce qui concerne la première action, le procureur de la République a rendu une décision de non-lieu considérant que les objectifs mentionnés dans l'article litigieux n'étaient pas contraires à la loi. Par la suite, à la demande du chef d'état-major des armées, une seconde action en dissolution fondée sur le même motif a été intentée contre *Eğitim-Sen*. A la suite de cette action et de l'arrêt de la Cour de cassation, *Eğitim-Sen* a modifié l'article 2 b) de ses statuts en supprimant la mention litigieuse afin d'éviter d'être dissous par les juridictions nationales.

52. Il appartient à présent à la Cour d'apprécier si cette seconde action en dissolution d'*Eğitim-Sen* répondait à un « besoin social impérieux » et était « nécessaire dans une société démocratique » pour atteindre les « buts légitimes poursuivis ».

53. La Cour note que le tribunal du travail et les chambres réunies de la Cour de cassation ont fait preuve d'une approche et d'une interprétation différentes des articles 10 et 11 de la Convention. Pour le tribunal du travail, les droits et libertés consacrés par ces articles sont fondamentaux dans une société démocratique, excepté, notamment, en cas d'incitation à la violence, ce qui n'était pas le cas, d'après le tribunal, de l'article 2 b) des statuts d'*Eğitim-Sen*. A l'inverse, les chambres réunies de la Cour de cassation ont mis en avant les exceptions prévues par le paragraphe 2 de l'article 11 de la Convention. Elles ont considéré que le souhait d'*Eğitim-Sen* de défendre l'enseignement dans une langue maternelle autre que le

turc allait à l'encontre des articles 3 et 42 de la Constitution et du principe d'unité de l'Etat.

54. La Cour doit donc rechercher si les constats des chambres réunies de la Cour de cassation peuvent être fondés sur une appréciation acceptable des faits pertinents. Elle relève d'abord qu'il ressort de la lecture de l'article 2 b) des statuts d'*Eğitim-Sen* que cette disposition ne contenait aucune incitation à recourir à la violence pour réaliser les objectifs visés. Selon les chambres réunies, *Eğitim-Sen* n'encourageait pas non plus à employer des moyens illégaux pour réaliser son objectif consistant à ce que les individus de la société turque pussent recevoir un enseignement dans une langue maternelle autre que le turc.

55. Pour la Cour, le principe défendu par *Eğitim-Sen*, à savoir que l'enseignement dispensé aux individus composant la société turque pouvait se faire dans une langue maternelle autre que le turc, n'est pas contraire aux principes fondamentaux de la démocratie. Elle relève que rien dans l'article litigieux des statuts d'*Eğitim-Sen* ne pouvait passer pour un appel à la violence, au soulèvement ou à toute autre forme de rejet des principes démocratiques, ce qui est un élément essentiel à prendre en considération (*Parti de la liberté et de la démocratie (ÖZDEP) c. Turquie* [GC], n° 23885/94, § 40, CEDH 1999-VIII). Il convient de lire le contenu de l'article 2 b) des statuts d'*Eğitim-Sen* en le replaçant dans le contexte du débat engagé dans l'opinion publique à l'époque des faits. A cet égard, la Cour souscrit au raisonnement du procureur de la République, qui a rendu une décision de non-lieu dans la première action en dissolution d'*Eğitim-Sen*. En effet, à cette époque, la question de l'enseignement dans la langue maternelle était débattue dans l'opinion publique et au sein des partis politiques et elle devait être portée à l'ordre du jour d'une séance du Parlement (paragraphes 11, 30 et 31 ci-dessus).

56. La Cour reconnaît qu'une telle proposition pouvait heurter les convictions majoritaires dans l'opinion publique, certaines institutions ou certains organismes étatiques, voire la politique gouvernementale. Cela étant, elle rappelle que le bon fonctionnement de la démocratie exige que les différentes entités associatives ou formations politiques puissent débattre publiquement afin de contribuer à trouver des solutions à des questions générales qui concernent l'ensemble des acteurs de la vie politique ou publique (*Vogt c. Allemagne*, 26 septembre 1995, § 52, série A n° 323, et *Parti communiste unifié de Turquie et autres*, précité, § 57).

57. Ensuite, la Cour relève qu'il ressort du dernier rapport de la Commission européenne contre le racisme et l'intolérance (ECRI) sur la Turquie (paragraphe 31 ci-dessus) que, outre les enfants appartenant aux minorités reconnues en vertu du Traité de Lausanne – à savoir les minorités

non musulmanes – et recevant l'enseignement en turc, il existait d'autres enfants, de nationalité turque, dont la langue maternelle n'était pas le turc, mais l'adyguéen, l'abkhaze ou le kurde. A ce sujet, il convient de souligner que la loi n° 4771, adoptée le 3 août 2002 et portant modification de la loi n° 2923 sur l'éducation dans des langues étrangères, l'enseignement de langues étrangères et l'apprentissage de différents dialectes et langues par les citoyens turcs, a ouvert la voie à des cours privés de « langues et dialectes [autres que le turc] traditionnellement utilisés par les citoyens turcs dans leur vie quotidienne ». La Cour observe que cette volonté du législateur d'ouvrir des cours privés pour enseigner des langues et dialectes autres que le turc contraste avec l'attitude des juridictions nationales qui ont considéré que le contenu de l'article 2 b) des statuts d'*Eğitim-Sen* portait atteinte aux articles 3 et 42 de la Constitution.

58. La Cour n'est pas convaincue par le raisonnement des chambres réunies de la Cour de cassation car elles n'ont pas indiqué dans leur arrêt qu'*Eğitim-Sen* aurait mené des activités illégales susceptibles de porter atteinte à l'unité de la République de Turquie. Elles n'ont pas non plus précisé si *Eğitim-Sen* poursuivait des buts contraires aux principes démocratiques ou avait des activités contraires à celles figurant dans ses statuts. La Cour note avec intérêt que le tribunal du travail avait, quant à lui, rejeté cette seconde action en dissolution au motif que la décision de ne pas dissoudre le syndicat aurait pour effets de réduire la tension sociale, le désordre et les querelles qui régnaient au sein de la société, et de rétablir la paix sociale (paragraphe 23 ci-dessus).

59. C'est pourquoi la Cour est d'avis que la simple présence dans les statuts du syndicat des termes « recevoir un enseignement dans leur langue maternelle », en dehors de tout autre élément indiquant ou prouvant un but différent de celui exprimé dans l'article litigieux des statuts, ne saurait être contraire aux principes de la démocratie. Elle note qu'il ressort des statuts d'*Eğitim-Sen*, dans leur rédaction première, que le syndicat défendait le droit de tous les individus de la société « à recevoir, dans l'égalité et la liberté, un enseignement démocratique, laïque, scientifique et gratuit dans leur langue maternelle ». Pour la Cour, un tel objectif visant à développer la culture des ressortissants nationaux ayant pour langue maternelle une langue autre que le turc, et ce par l'enseignement de leur langue maternelle, ne va pas en soi à l'encontre de la sécurité nationale ni ne constitue une menace pour l'ordre public. A supposer même que les autorités nationales compétentes eussent pu considérer que l'enseignement dans la langue maternelle favorisait la culture d'une minorité, la Cour rappelle qu'elle a déjà jugé que l'existence de minorités et de cultures différentes dans un pays constitue un fait historique qu'une société démocratique doit tolérer, voire protéger et soutenir selon les

principes du droit international (*Tourkiki Enosi Xanthis et autres c. Grèce*, n° 26698/05, § 51, 27 mars 2008).

60. A la lumière de ce qui précède, la Cour estime que les motifs indiqués par les chambres réunies de la Cour de cassation n'étaient pas pertinents et suffisants, et qu'ils n'étaient pas proportionnés aux buts légitimes poursuivis. Il s'ensuit que l'action en dissolution intentée contre le requérant, qui a eu pour résultat d'obliger ce syndicat à modifier l'article 2 b) de ses statuts en supprimant les termes « à recevoir un enseignement dans leur langue maternelle », ne peut raisonnablement être considérée comme répondant à un « besoin social impérieux ».

61. Partant, il y a eu violation de l'article 11 de la Convention.

III. SUR LA VIOLATION ALLÉGUÉE DE L'ARTICLE 10 DE LA CONVENTION

62. Le requérant allègue que l'obligation à laquelle il a été soumis de procéder à la modification de ses statuts pour empêcher sa dissolution constitue une ingérence dans son droit à la liberté d'expression prévu par l'article 10 de la Convention. Cette disposition est ainsi libellée dans sa partie pertinente :

> « 1. Toute personne a droit à la liberté d'expression. Ce droit comprend la liberté d'opinion et la liberté de recevoir ou de communiquer des informations ou des idées sans qu'il puisse y avoir ingérence d'autorités publiques et sans considération de frontière. (...)
>
> 2. L'exercice de ces libertés comportant des devoirs et des responsabilités peut être soumis à certaines formalités, conditions, restrictions ou sanctions prévues par la loi, qui constituent des mesures nécessaires, dans une société démocratique, à la sécurité nationale, à l'intégrité territoriale ou à la sûreté publique, à la défense de l'ordre et à la prévention du crime, à la protection de la santé ou de la morale, à la protection de la réputation ou des droits d'autrui, pour empêcher la divulgation d'informations confidentielles ou pour garantir l'autorité et l'impartialité du pouvoir judiciaire. »

63. Le Gouvernement ne se prononce pas.

A. Sur la recevabilité

64. La Cour relève que ce grief est lié à celui examiné ci-dessus et qu'il doit donc aussi être déclaré recevable.

B. Sur le fond

65. En l'espèce, les parties ne contestent pas que la seconde action en dissolution engagée contre le requérant s'analyse en une ingérence des autorités nationales dans l'exercice par celui-ci de son droit à la liberté d'expression. Cette ingérence était prévue par la loi, à savoir les articles 3

et 42 de la Constitution, et poursuivait un ou plusieurs buts légitimes au regard de l'article 10 § 2 de la Convention, à savoir la défense de l'ordre ou la protection de la sécurité nationale, y compris la protection de l'intégrité territoriale de l'Etat. Il reste donc à examiner si l'ingérence litigieuse était « nécessaire dans une société démocratique » pour atteindre les buts légitimes visés.

1. Principes généraux pertinents

66. La Cour rappelle que, en tant que leurs activités participent d'un exercice collectif de la liberté d'expression, les associations comme les partis politiques peuvent prétendre à la protection des articles 10 et 11 de la Convention (*Parti communiste unifié de Turquie et autres*, précité, §§ 42-43, et *Yazar et autres*, précité, § 46).

67. Elle rappelle ensuite que la liberté d'expression constitue l'un des fondements essentiels d'une société démocratique. Sous réserve du paragraphe 2 de l'article 10, la liberté d'expression vaut non seulement pour les « informations » ou les « idées » accueillies avec faveur ou considérées comme inoffensives ou indifférentes, mais aussi pour celles qui heurtent, choquent ou inquiètent l'Etat ou une fraction quelconque de la population : ainsi le veulent le pluralisme, la tolérance et l'esprit d'ouverture sans lesquels il n'est pas de « société démocratique » (voir, parmi beaucoup d'autres, *Handyside c. Royaume-Uni*, 7 décembre 1976, § 49, série A n° 24, *Jersild c. Danemark*, 23 septembre 1994, § 37, série A n° 298, et *Yazar et autres*, précité, § 46). Telle que la consacre l'article 10, la liberté d'expression est assortie d'exceptions qui appellent toutefois une interprétation étroite, et le besoin de la restreindre doit se trouver établi de manière convaincante (*Lindon, Otchakovsky-Laurens et July c. France* [GC], n°s 21279/02 et 36448/02, § 45, CEDH 2007-IV).

68. La Cour rappelle en outre que l'adjectif « nécessaire », au sens de l'article 10 § 2, implique un « besoin social impérieux ». Les Etats contractants jouissent d'une certaine marge d'appréciation pour juger de l'existence d'un tel besoin, mais elle se double d'un contrôle européen portant à la fois sur la loi et sur les décisions qui l'appliquent, même quand elles émanent d'une juridiction indépendante. La Cour a donc compétence pour statuer en dernier lieu sur le point de savoir si une « restriction » se concilie avec la liberté d'expression que protège l'article 10 (*Karataş c. Turquie* [GC], n° 23168/94, § 48, CEDH 1999-IV).

69. La Cour réitère que l'article 10 § 2 de la Convention ne laisse guère de place pour des restrictions à la liberté d'expression dans le domaine du discours et du débat politiques – domaine dans lequel la liberté d'expression revêt la plus haute importance (*Brasilier c. France*, n° 71343/01, § 41,

11 avril 2006) – ou dans celui des questions d'intérêt général (voir, entre autres, *Sürek c. Turquie (n° 1)* [GC], n° 26682/95, § 61, CEDH 1999-IV, *Lindon, Otchakovsky-Laurens et July*, précité, § 46, *Wingrove c. Royaume-Uni*, 25 novembre 1996, § 58, *Recueil* 1996-V, et *Faruk Temel c. Turquie*, n° 16853/05, § 55, 1er février 2011).

70. Enfin, la Cour rappelle que, dans une société démocratique fondée sur la prééminence du droit, les idées politiques qui contestent l'ordre établi et dont la réalisation est défendue par des moyens pacifiques doivent se voir offrir une possibilité convenable de s'exprimer à travers l'exercice de la liberté d'association (*Stankov et Organisation macédonienne unie Ilinden c. Bulgarie*, nos 29221/95 et 29225/95, § 97, CEDH 2001-IX). Ainsi le veulent les valeurs intrinsèques à un système démocratique, telles que le pluralisme, la tolérance et la cohésion sociale (*Ouranio Toxo et autres c. Grèce*, n° 74989/01, § 42, CEDH 2005-X, et *Tourkiki Enosi Xanthis et autres*, précité, § 56).

2. Application des principes précités à la présente espèce

71. La Cour a porté une attention particulière aux termes utilisés dans l'article 2 b) des statuts du requérant et au contexte dans lequel cette disposition a été rédigée. A cet égard, elle estime que l'article 10 englobe la liberté de recevoir et de communiquer des informations ou idées dans toute langue qui permet de participer à l'échange public d'informations et d'idées culturelles, politiques et sociales de toutes sortes (voir, *mutatis mutandis*, *Karataş*, précité, § 49). Elle a également tenu compte des circonstances entourant le cas soumis à son examen, en particulier des difficultés liées à la lutte contre le terrorisme (*İbrahim Aksoy c. Turquie*, nos 28635/95, 30171/96 et 34535/97, § 60, 10 octobre 2000, *Zana c. Turquie*, 25 novembre 1997, § 55, *Recueil* 1997-VII, *Incal c. Turquie*, 9 juin 1998, § 58, *Recueil* 1998-IV, et *Savgın c. Turquie*, n° 13304/03, § 44, 2 février 2010).

72. L'article 2 b) des statuts du requérant défendait l'idée de l'enseignement dans la « langue maternelle ». Dans le contexte de la Turquie et au sens premier des termes, cette disposition s'entendait comme défendant l'enseignement dans la langue maternelle qu'est le turc. Cela étant, eu égard à la situation historico-sociale de la Turquie, la langue maternelle peut aussi se comprendre comme la langue des ressortissants turcs qui ont pour langue maternelle une langue autre que le turc. Dans son dernier rapport sur la Turquie, l'ECRI a mentionné l'adyguéen, l'abkhaze ou bien le kurde comme langues maternelles autres que le turc (paragraphe 31 ci-dessus).

73. A cet égard, il y a lieu de rappeler que, outre la substance des idées et informations exprimées, l'article 10 protège aussi leur mode d'expression, quels que soient le support ou la langue utilisés (*ibidem*, § 32).

74. En l'espèce, à supposer même que le requérant ait eu pour but de manifester sa volonté de développer uniquement l'enseignement dans la langue kurde en tant que langue maternelle, à côté de la langue turque, la Cour rappelle que l'article 10 § 2 de la Convention ne laisse guère de place pour des restrictions à la liberté d'expression dans le domaine des questions d'intérêt général. Elle tient compte des circonstances entourant le cas soumis à son examen. Elle note qu'à l'époque des faits un débat à ce sujet dans l'opinion publique avait été suivi d'une modification de la loi permettant l'enseignement, au moins à titre privé, dans les langues maternelles autres que la langue turque utilisées par des ressortissants turcs.

75. A cet égard, la Cour observe que l'article litigieux des statuts du requérant n'exhortait pas à l'usage de la violence, à la résistance armée ou au soulèvement, et qu'il n'incitait pas non plus à la haine, ce qui est pour la Cour un élément essentiel à prendre en considération. Cet article n'était pas non plus susceptible de favoriser la violence en insufflant une haine profonde et irrationnelle envers des personnes identifiées (voir, *a contrario*, *Sürek*, précité, § 62). Quant à l'argument des juridictions nationales tiré d'une prétendue atteinte à l'unité du territoire national (paragraphe 24 ci-dessus), la Cour note que le programme d'*Eğitim-Sen* défendait le principe de l'enseignement dans une langue maternelle, autre que le turc, pour les individus composant la société turque. Or la Cour constate que le Gouvernement a omis d'indiquer quelles actions concrètes de nature à démentir la sincérité de son programme *Eğitim-Sen* aurait prises, de sorte qu'il n'y a pas lieu de mettre celle-ci en doute (*Parti de la liberté et de la démocratie (ÖZDEP)*, précité, § 42). Ainsi, la Cour conclut qu'aucun danger clair et imminent ne menaçait l'unité territoriale de l'Etat.

76. En conclusion, la Cour estime que l'action en dissolution intentée à l'encontre du requérant – et qui l'a contraint à supprimer de ses statuts les termes litigieux – était disproportionnée aux buts visés et qu'elle n'était, par conséquent, pas « nécessaire dans une société démocratique ».

77. Partant, il y a eu violation de l'article 10 de la Convention.

(...)

PAR CES MOTIFS, LA COUR

(...)

2. *Dit*, à l'unanimité, qu'il y a eu violation de l'article 11 de la Convention ;
3. *Dit*, à l'unanimité, qu'il y a eu violation de l'article 10 de la Convention ;

(...)

Fait en français, puis communiqué par écrit le 25 septembre 2012, en application de l'article 77 §§ 2 et 3 du règlement.

Françoise Elens-Passos
Greffière adjointe de section

Françoise Tulkens
Présidente

(...)

EĞİTİM VE BİLİM EMEKÇİLERİ SENDİKASI v. TURKEY

(Application no. 20641/05)

SECOND SECTION

JUDGMENT OF 25 SEPTEMBER 2012[1]

1. Translation; original French. Extracts.

SUMMARY[1]

Union threatened with dissolution for defending the right to education in a mother tongue other than the official national language

Article 11

Freedom of association – Union threatened with dissolution for defending the right to education in a mother tongue other than the official national language – Necessary in a democratic society – Prevention of disorder – Protection of national security – Protection of State's territorial integrity – Linguistic pluralism – No incitement to hatred – No unlawful activity – Public debate – Proportionality – Relevant and sufficient reasons

*

* *

The applicant, a union of employees in education and science, defended in its constitution "the right of all individuals in society to receive, with equality and freedom, a democratic, secular, scientific and cost-free education in their mother tongue". In February 2002 the Governor of Ankara requested it to delete the words "their mother tongue" on the ground that this was incompatible with the Constitution. In March 2002 he requested the public prosecutor to bring dissolution proceedings against the union, as it had not made the requisite amendment. In July 2002 the applicant union amended the impugned wording to read "the right of all individuals in society to receive education in their mother tongue". The dissolution proceedings were discontinued by a decision referring in particular to the in-depth public discussion on the matter, which would be tabled for debate in Parliament, and indicating that in those circumstances it was not appropriate to pursue such proceedings. In October 2003, at the request of the Office of the Chief of Staff of the armed forces, the Governor requested the applicant union to delete the impugned wording from its constitution. He subsequently lodged a fresh application for dissolution with the public prosecutor, who brought proceedings in July 2004. The Employment Tribunal dismissed the dissolution proceedings, indicating in its reasoning that the relevant Articles of the union's constitution, as worded, did not jeopardise territorial, national or State unity or the existing borders of the Republic of Turkey. The public prosecutor appealed on points of law. The Court of Cassation quashed the judgment, but in a second judgment the Employment Tribunal reiterated its original findings. In July 2005 the union deleted the words "mother tongue" from its constitution.

1. This summary by the Registry does not bind the Court.

Held

(1) Article 11: The proceedings brought against the applicant union had constituted an interference by the national authorities in the exercise of its right to freedom of association, depriving it of the possibility of pursuing collectively or individually the aims that it had laid down in its constitution. The interference was prescribed by law and pursued a number of legitimate aims, namely the prevention of disorder or the protection of national security and the protection of the State's territorial integrity. It remained to be examined whether the impugned interference was "necessary in a democratic society" in order to fulfil the legitimate aims pursued. Two sets of dissolution proceedings had been brought against the applicant union on the ground that it was defending "mother tongue" education. The first set of proceedings had been discontinued. The second set had led to a decision that the impugned Article of the union's constitution was incompatible with the Constitution and the principle of the unitary State, thus obliging the applicant union to delete the impugned wording in order to avoid its dissolution by the national courts. The Article did not, however, contain any incitement to use violence or unlawful means in order to fulfil the objectives in question. The principle defended by the applicant union was not incompatible with the fundamental principles of democracy. Moreover, the content of the impugned Article had to be seen in the context of the public debate at the material time about the possibility of receiving education in one's mother tongue. Whilst such a proposal could have run counter to certain majority beliefs, it was necessary for the proper functioning of democracy to have a public debate in order to help find solutions to general questions concerning political and public stakeholders of all persuasions. Furthermore, it could be seen from the latest report of the European Commission against Racism and Intolerance (ECRI) on Turkey that there were children of Turkish nationality whose mother tongue was not Turkish, but Adyghe, Abkhazian or Kurdish. In this connection, a law of 3 August 2002 had authorised the opening of private courses for the teaching of languages and dialects other than Turkish. This willingness on the part of the legislature contrasted with the position of the national authorities who found that the content of the impugned Article of the union's constitution was in breach of the Constitution. The objective stipulated in the Article was not in itself incompatible with national security and did not represent a threat to public order. Therefore the reasons indicated by the combined divisions of the Court of Cassation were not relevant or sufficient, and were not proportionate to the legitimate aims pursued. It followed that the dissolution proceedings brought against the applicant union, obliging it to amend the impugned Article of its constitution by deleting the term "to receive education in their mother tongue", could not reasonably be regarded as meeting a pressing social need.

Conclusion: violation (unanimously).

(2) Article 10: Article 10 encompassed the freedom to receive and impart information and ideas in any language which afforded the opportunity to take part

in the public exchange of cultural, political and social information and ideas of all kinds. The second set of dissolution proceedings brought against the applicant union could be seen as an interference by the national authorities in the exercise of its right to freedom of expression. That interference was prescribed by law and pursued the legitimate aims of the prevention of disorder or the protection of national security, which included the protection of the State's territorial integrity. The impugned Article of the applicant union's constitution defended the idea of receiving education in one's "mother tongue". In the context of Turkey and in the primary sense of that term, the provision could be construed as defending education in mother-tongue Turkish. However, having regard to the historical and social situation of Turkey, the term mother tongue could also refer to other languages. At the material time, an amendment to the law had allowed education, on a private basis, in mother tongues other than Turkish for Turkish citizens. In addition, the impugned Article of the applicant union's constitution was not calling for the use of violence, armed resistance or uprising, nor was it inciting hatred or jeopardising the integrity of national territory. In conclusion, the proceedings initiated for the dissolution of the applicant union – forcing it to delete the impugned wording from its constitution – had been disproportionate to the aims pursued and were not therefore necessary in a democratic society.
Conclusion: violation (unanimously).

Case-law cited by the Court

Handyside v. the United Kingdom, 7 December 1976, Series A no. 24
Jersild v. Denmark, 23 September 1994, Series A no. 298
Vogt v. Germany, 26 September 1995, Series A no. 323
Wingrove v. the United Kingdom, 25 November 1996, *Reports of Judgments and Decisions* 1996-V
Zana v. Turkey, 25 November 1997, *Reports* 1997-VII
United Communist Party of Turkey and Others v. Turkey, 30 January 1998, *Reports* 1998-I
Socialist Party and Others v. Turkey, 25 May 1998, *Reports* 1998-III
Incal v. Turkey, 9 June 1998, *Reports* 1998-IV
Sidiropoulos and Others v. Greece, 10 July 1998, *Reports* 1998-IV
Karataş v. Turkey [GC], no. 23168/94, ECHR 1999-IV
Sürek v. Turkey (no. 1) [GC], no. 26682/95, ECHR 1999-IV
Freedom and Democracy Party (ÖZDEP) v. Turkey [GC], no. 23885/94, ECHR 1999-VIII
İbrahim Aksoy v. Turkey, nos. 28635/95, 30171/96 and 34535/97, 10 October 2000
Stankov and the United Macedonian Organisation Ilinden v. Bulgaria, nos. 29221/95 and 29225/95, ECHR 2001-IX
Yazar and Others v. Turkey, nos. 22723/93, 22724/93 and 22725/93, ECHR 2002-II

Refah Partisi (the Welfare Party) and Others v. Turkey [GC], nos. 41340/98, 41342/98, 41343/98 and 41344/98, ECHR 2003-II
Gorzelik and Others v. Poland [GC], no. 44158/98, ECHR 2004-I
Ouranio Toxo and Others v. Greece, no. 74989/01, ECHR 2005-X
Brasilier v. France, no. 71343/01, 11 April 2006
Lindon, Otchakovsky-Laurens and July v. France [GC], nos. 21279/02 and 36448/02, ECHR 2007-IV
Tourkiki Enosi Xanthis and Others v. Greece, no. 26698/05, 27 March 2008
Savgın v. Turkey, no. 13304/03, 2 February 2010
Faruk Temel v. Turkey, no. 16853/05, 1 February 2011
Association Rhino and Others v. Switzerland, no. 48848/07, 11 October 2011

In the case of Eğitim ve Bilim Emekçileri Sendikası v. Turkey,

The European Court of Human Rights (Second Section), sitting as a Chamber composed of:

Françoise Tulkens, *President*,
Danutė Jočienė,
Isabelle Berro-Lefèvre,
András Sajó,
Işıl Karakaş,
Paulo Pinto de Albuquerque,
Helen Keller, *judges*,
and Françoise Elens-Passos, *Deputy Section Registrar*,

Having deliberated in private on 28 August 2012,

Delivers the following judgment, which was adopted on that date:

PROCEDURE

1. The case originated in an application (no. 20641/05) against the Republic of Turkey lodged with the Court under Article 34 of the Convention for the Protection of Human Rights and Fundamental Freedoms ("the Convention") by a trade union formed under Turkish law, *Eğitim ve Bilim Emekçileri Sendikası*, also known as "Eğitim-Sen" ("the applicant union"), on 3 June 2005.

2. The applicant union was represented by Mr A. Sayılır, a lawyer practising in Ankara. The Turkish Government ("the Government") were represented by their Agent.

3. The applicant union complained of a violation of Articles 6, 10 and 11 of the Convention.

4. On 6 November 2009 notice of the application was given to the Government. It was also decided to rule on the admissibility and merits of the application at the same time (Article 29 § 1 of the Convention).

THE FACTS

I. THE CIRCUMSTANCES OF THE CASE

5. Eğitim-Sen, the Education and Science Workers' Union ("the union") was formed in Ankara on 13 January 1995. According to the information it has provided, the union has 167,000 members with 90 branches and is present in 430 towns and cities. It is affiliated to the KESK (*Kamu Emekçileri*

Sendikaları Konfederasyonu – the Confederation of Public Sector Workers' Union), which is a member of Education International.

6. On 15 September 2001 the union amended Article 2 (b) of its constitution to read as follows:

> "[Eğitim-Sen] defends the right of all individuals in society to receive, with equality and freedom, a democratic, secular, scientific and cost-free education in their mother tongue."

A. First dissolution proceedings

7. On 15 February 2002 the Governor of Ankara requested the applicant union to delete the words "their mother tongue" from its constitution on the ground that they were in breach of Articles 3 and 42 of the Constitution and of sections 1 and 20 of Law no. 4688 on public servants' unions.

8. The applicant union informed the Governor that it was too busy but that it undertook to amend its constitution by 30 June 2002.

9. On 29 March 2002, under section 37 of Law no. 4688, the Governor of Ankara requested the public prosecutor of Ankara to bring an action for dissolution against the applicant union on the ground that it had not carried out the requisite amendment of Article 2 (b) of its constitution.

10. On 3 July 2002 the applicant union amended Article 2 (b) of its constitution to read as follows:

> "[Eğitim-Sen] defends the right of all individuals in society to receive education in their mother tongue and to benefit from the development of their culture."

11. On 16 July 2002 the public prosecutor gave a decision discontinuing the dissolution proceedings initiated by the Governor, on grounds of insufficient evidence and incriminating factors. In his decision the public prosecutor indicated, firstly, that the applicant union had amended Article 2 (b) of its constitution, which now provided that individuals should "receive education in their mother tongue"; he further stated that the matter was being discussed in some depth both publicly and in political parties and that it would be tabled for debate in Parliament. He concluded that, in those circumstances, it was not appropriate to bring dissolution proceedings against the applicant union or criminal proceedings against the members of its board.

12. On 15 October 2002 the Ministry of Labour and Social Security ("the Ministry") informed the applicant union that, following the examination of its constitution, as amended on 3 July 2002 to comply with the relevant provisions of Law no. 4688, it had been concluded that the impugned Article was no longer in breach of the law.

B. Second dissolution proceedings

13. On 27 June 2003 the Office of the Chief of Staff of the armed forces requested the Ministry to take the necessary measures against the applicant union on the ground that Article 2 (b) of its constitution, as amended on 3 July 2002, was in breach of Articles 3 and 42 of the Constitution.

14. On 15 July 2003 the Ministry requested the Governor of Ankara to examine the provisions of Article 2 (b) of the applicant union's constitution in the light of section 6 of Law no. 4688.

15. On 28 October 2003 the Governor of Ankara requested the applicant union to delete the words "receive education in their mother tongue" from Article 2 (b) of its constitution.

16. On 12 April 2004 the Governor of Ankara, referring to the provisions of Article 2 (b) of the applicant union's constitution and summing up the first set of proceedings against it, applied to the public prosecutor of Ankara to initiate fresh dissolution proceedings. The Governor explained that, even though Law no. 2923 of 14 October 1983 provided for the teaching of a number of languages and dialects, Article 2 of the applicant union's constitution, in so far as it provided for education in a language other than Turkish, was in breach of that Law.

17. On 10 July 2004 the public prosecutor of Ankara brought proceedings against the seven members of the executive board of Eğitim-Sen. In the context of that action, the prosecutor further requested the dissolution of the applicant union under section 37 of Law no. 4688 on the ground that the union had not deleted the impugned wording from its constitution.

18. The Ankara Employment Tribunal assumed jurisdiction to rule on the application for the dissolution of the applicant union pursuant to Law no. 4688.

19. On 13 July 2004 the Ankara Employment Tribunal, applying section 6 of Law no. 4688, granted the applicant union a period of sixty days to amend the impugned provisions of its constitution.

20. In a judgment of 15 September 2004, the Ankara Employment Tribunal dismissed the application for dissolution. In its reasoning it indicated in particular that the relevant Articles of Eğitim-Sen's constitution did not jeopardise (*tehlike*) territorial, national or State unity or the existing borders of the Republic of Turkey. It did not find that the union had committed any unlawful action capable of suggesting that the provisions of the impugned Article of Eğitim-Sen's constitution would be used by those opposed to the unity of the Republic of Turkey. Based on Article 90 of the Constitution and Articles 10 and 11 of the Convention, the tribunal also gave its own interpretation of Articles 10 and 11. It explained in this

connection that freedom of expression constituted the basis of a democratic and pluralistic society, and that such freedom was a necessary condition for the progression of democratic societies and the personal development of each individual. It emphasised that, without such freedom, there was no democracy. It concluded that the provisions of Article 2 (b) of Eğitim-Sen's constitution were not in breach of Articles 10 and 11 of the Convention. It further indicated that section 6(8) of Law no. 4688 – which granted sixty days to a union to comply with the law – should be interpreted in the light of the purpose of that Law. According to the tribunal, even if the union had not complied with the law within the time allowed, it was still for the tribunal to examine whether the application was well-founded and to rule on the merits of the case.

21. On 29 September 2004 the public prosecutor appealed on points of law.

22. In a judgment of 3 November 2004, the Court of Cassation overturned the judgment of 15 September 2004 on the ground that the Ankara Employment Tribunal had not correctly applied section 6(8) of Law no. 4688. It took the view that this section did not allow for any latitude of interpretation and that the dissolution of the union was mandatory where it had not complied with the provisions of the Law within a period of sixty days. It therefore concluded that Eğitim-Sen had to be dissolved, as it had not complied with the law within the time allowed to it by the Governor and the tribunal.

23. In a judgment of 21 February 2005, the Ankara Employment Tribunal, contrary to the Court of Cassation's judgment of 3 November 2004, reiterated its original findings. It referred back to the legal reasoning used in its judgment of 15 September 2004 and invoked the Strasbourg case-law on the dissolution of political parties, in particular the cases concerning the United Communist Party of Turkey and the Freedom and Democracy Party (ÖZDEP). It further observed that the official language of the Republic of Turkey was Turkish and that, according to Article 66 of the Constitution, any individual attached to the Republic by citizenship was Turkish. In its view, the fact of learning a language other than the official language did not constitute an action or conduct in breach of the law, but such conduct was proof of an attachment to the State of Turkey. Whilst agreeing that the official language was Turkish and that there could not be any other official language, it found that there should not be any particular impediment to the learning of other languages. Referring to its previous reasoning, based on Articles 10 and 11 of the Convention, the tribunal found that there were two main grounds for the dissolution of a union, an association or a political party, namely "an imminent threat" and "the

criterion of violence". It observed that the union whose dissolution was sought defended in its constitution the principle of education in one's own mother tongue and the development of culture. It emphasised that, even supposing that the wording in question was illegal, the content and weight of the terms did not constitute an imminent threat or an incitement to violence and their inclusion in the union's constitution did not jeopardise territorial, national or State unity or the existing borders of the Republic of Turkey. It found, on the contrary, that the decision not to dissolve the union would have the effect of calming the social tension, disorder and antagonism that were prevalent in society, and of restoring social peace.

24. In a judgment of 22 May 2005, the combined divisions of the Court of Cassation (*Yargıtay Hukuk Genel Kurulu*) quashed by a majority the judgment of the court below. In its reasoning the court indicated that Articles 10 and 11 of the Convention provided for statutory limitations to the exercise of the freedoms of expression, assembly and association and that they notably stipulated that such restrictions had to be necessary in a democratic society. It was therefore the court's task to verify whether the restrictions imposed by domestic law on fundamental rights and freedoms were consistent with Turkey's international commitments. The court took the view that the union's call for education in a mother tongue other than Turkish was in breach of Articles 3 and 42 of the Constitution and that it ran counter to the acceptance of a unitary State and to the existing legal system. In the court's opinion, the right to form a union could thus be limited and such restrictions were necessary in a democratic society. The combined divisions of the Court of Cassation concluded that the defence of education in a mother tongue other than Turkish could not rely on Articles 10 and 11 of the Convention.

25. In their dissenting opinion, some of the members of the combined divisions of the Court of Cassation, relying on section 6 of Law no. 4688, observed that, according to the conclusion of the court below, the impugned provisions of the union's constitution were compliant with the law. The dissenting judges were of the view that, as a result, there had been no legal basis on which to order the union to amend its constitution within sixty days. They stated that the judgment had to be quashed to enable the court below to comply with section 6 of Law no. 4688 and not for the purpose of having the union dissolved.

26. On 3 July 2005 the applicant union amended the offending part of Article 2 (b) of its constitution to read as follows:

> "[Eğitim-Sen] defends, in the context of human rights and fundamental freedoms, the right of all individuals in society to receive a democratic, secular, scientific and cost-free education."

27. In a judgment of 27 October 2005, the Ankara Employment Tribunal, taking note of the amendment to the union's constitution, found that there was no longer any reason to rule on the dissolution of the union, since the material elements that had given rise to the action no longer existed.

II. RELEVANT DOMESTIC LAW

A. Constitution

28. The relevant provisions of the Turkish Constitution, as in force at the material time, read as follows.

Article 3

"1. The State of Turkey constitutes, with its territory and nation, an indivisible whole. The official language is Turkish. ..."

Article 13

"Fundamental rights and freedoms may be restricted only by law and on the grounds set out in special provisions of the Constitution, provided always that the essence of such rights and freedoms remain intact. Any such restriction must not conflict with the letter or spirit of the Constitution or the requirements of a democratic, secular social order and must comply with the principle of proportionality."

Article 25

"Everyone has the right to freedom of thought and opinion.

No one may be compelled to reveal his thoughts and opinions or be reprimanded or incriminated on account of his thoughts or opinions for any reason and for any purpose whatsoever."

Article 26

"Everyone has the right to express, individually or collectively, his thoughts and opinions and to disseminate them orally, in writing, in image or by any other means. This right includes the freedom to receive or impart information and ideas without interference by public authority. The present paragraph shall not preclude the imposition of rules concerning the licensing of broadcasting, television, cinema or other similar enterprises.

The exercise of these freedoms may be restricted in the interests of national security, public order and public safety, for the preservation of the fundamental characteristics of the Republic, to protect the indivisible integrity of the State in terms of its territory and nation, to prevent crime, to punish offenders, to prevent the disclosure of information covered by State secrecy, to protect the honour, rights and private and family life of others, together with professional secrecy as provided for by law, and to ensure the fulfilment of the judicial function in accordance with its purpose.

Rules governing the use of any means of conveying information and ideas are not to be regarded as restricting freedom of expression or freedom to impart ideas, provided they do not prevent such information or ideas from being conveyed.

Any formalities, conditions and procedures concerning the exercise of freedom of expression and the conveying of ideas shall be regulated by law."

Article 42

"No one may be deprived of the right to education. ...

Citizens are not absolved from the duty to remain loyal to the Constitution by the freedom of education.

...

No language other than Turkish may be taught to Turkish citizens as their mother tongue or be used for the purposes of teaching in educational institutions. The law lays down the rules concerning the teaching of foreign languages in educational institutions and those that must be complied with by schools where education is provided in a foreign language. The provisions of international conventions are reserved."

Article 51

"Employees and employers shall have the right to form trade unions and federations of unions, without prior permission, in order to safeguard and develop the economic and social rights and interests of their members in the context of their labour relations, and to join or withdraw from such entities of their own free will. No one shall be compelled to join or resign from a trade union.

The right to form a union may only be limited as prescribed by law in the interests of national security or public order, for the prevention of crime, for the protection of public health or morals or for the protection of the rights and freedoms of others.

The formalities, conditions and procedures applicable to the right to form a trade union shall be prescribed by law.

Membership of more than one trade union within the same sector of activity shall be prohibited.

The scope of the rights, in this sphere, of public officials other than those who have the status of ordinary contractual employee, and the exceptions and limitations applicable to them, shall be prescribed by law in a manner appropriate to the nature of the services they provide.

The constitution, administration and functioning of trade unions and federations of unions shall not be inconsistent with the fundamental characteristics of the Republic or with democratic principles."

Article 66

"Any individual who is connected to the Turkish State by nationality shall be Turkish. ..."

Article 90

"...

In the event of conflict as to the scope of fundamental rights and freedoms between an international agreement duly in force and a domestic statute, the provisions of the international agreement shall prevail."

B. Civil Servants' Trade Union Act (Law no. 4688 of 25 June 2001)

29. The relevant provisions of Law no. 4688 read as follows.

Section 6

"(1) Trade unions and confederations may be formed freely and without prior authorisation. ...

(7) ... In the event of failure to remedy [the breaches observed, the Governor] shall apply to the court for the termination of the activities of the trade union or confederation. ...

(8) The court shall allow a time-limit not exceeding sixty days [for the trade union or confederation] to comply with the law or remedy the breaches observed. If, at the end of the said period, the constitution or the documents in question are not compliant with the law, the court may order the dissolution of the union or confederation. ..."

Section 20(1)

"The administration and functioning of trade unions and confederations formed hereunder shall not be incompatible with the democratic qualities and principles of the Republic as defined in the Constitution. ..."

Section 37(1)

"Any trade union or confederation which engages in activities that are incompatible with the qualities and principles of the Republic as defined in the Constitution shall be dissolved by decision of the court which has jurisdiction to hear labour disputes, on an application by the public prosecutor for the district where the registered office [of the union or confederation] is situated. ..."

C. Law no. 4771 of 3 August 2002 amending Law no. 2923 of 14 October 1983 on foreign-language education and the learning of various languages and dialects by Turkish citizens

30. Section 2(a) of Law no. 2923 provides that no language other than Turkish may be taught to Turkish citizens in educational establishments. However, it is permitted to make available to Turkish citizens private classes for the teaching of languages and dialects that they use traditionally in their daily lives, in accordance with a regulation adopted by the Minister for National Education. The teaching of such classes must not undermine the unity of the State and the nation or the indivisibility of national territory.

III. COUNCIL OF EUROPE TEXTS

31. In its latest report on Turkey (paragraphs 60, 61, 62, 63, 70 and 71), adopted on 10 December 2010 and published on 8 February 2011, the European Commission against Racism and Intolerance (ECRI) reported as follows.

"Teaching in and of languages other than Turkish to persons belonging to minority groups other than those recognised under the Treaty of Lausanne

...

60. Law no. 4771, enacted in August 2002 and which amended Law no. 2923 on foreign-language education and teaching and the learning of different languages and dialects by Turkish citizens, paved the way for opening private schools to teach 'languages and dialects traditionally used by Turkish citizens in their daily lives'. In accordance with the Regulation on learning of different languages and dialects traditionally used by Turkish citizens in their daily lives, which came into effect on 5 December 2003, Kurdish language courses opened in seven towns between December 2003 and October 2004. However, all have since closed, and other attempts to open a Circassian language school in Ankara did not come to fruition as the relevant administrative requirements could not be met. The authorities have indicated that applications to open Adyghe and Abkhazian private courses are still being examined by the relevant Governorships in accordance with the above Regulation. At present, there are thus no private language schools open in Turkey for the teaching of the languages spoken by minority groups. ...

61. ... ECRI welcomes the decision taken by the Turkish authorities in October 2009 to open a Living Languages Institute at Mardin's Artuklu University, at which Kurdish could be taught; courses in Syriac, Farsi and Arabic were also reportedly to be offered at the institute's opening in February 2010. ... At the same time, ECRI notes with regret that in September 2009, the Council rejected a similar application to open a department of Kurdish studies and Kurdish language and literature at the University of Diyarbakır, on the grounds that the application – introduced by the local Bar Association – had been made by a body that supported terrorism.

62. ECRI recommends that the Turkish authorities revise the wording of Article 42 of the Constitution, which prohibits the teaching of non-Turkish mother tongues in schools except in accordance with provisions of international treaties. ECRI again emphasises that it should be possible for such tuition to be provided alongside tuition in the official language.

63. In addition, ECRI strongly recommends that the Turkish authorities pursue their efforts in favour of tuition in languages and dialects traditionally used in Turkey. It recommends that full effect be given to the existing possibility of opening private courses, particularly by removing all undue administrative obstacles.

...

Schooling provided in Turkish to children whose mother tongue is not Turkish

...

70. ECRI again recommends that the Turkish authorities look into the situation of children of non-Turkish mother tongue and ensure that every effort is made to enable them to learn Turkish, the language of instruction, properly, for example through the provision of additional courses or methods for teaching Turkish as a second language. More broadly, ECRI recommends that the authorities conduct research into the overall situation within the education system of children belonging to minority groups, in order to allow targeted measures to be taken to remedy any inequalities in this field.

71. ECRI recommends that the Turkish authorities engage in dialogue with minority groups on the manner in which the concept of citizenship of the Turkish State is taught in schools, in order to ensure that the desired message of inclusiveness is imparted without leading to a sense that diversity is unwanted."

THE LAW

...

II. ALLEGED VIOLATION OF ARTICLE 11 OF THE CONVENTION

41. The applicant union alleged that the obligation to amend its constitution in order to prevent its dissolution constituted an interference with its right to freedom of association as provided for by Article 11 of the Convention. This provision reads as follows:

> "1. Everyone has the right to freedom of peaceful assembly and to freedom of association with others, including the right to form and to join trade unions for the protection of his interests.
>
> 2. No restrictions shall be placed on the exercise of these rights other than such as are prescribed by law and are necessary in a democratic society in the interests of national security or public safety, for the prevention of disorder or crime, for the protection of health or morals or for the protection of the rights and freedoms of others. This Article shall not prevent the imposition of lawful restrictions on the exercise of these rights by members of the armed forces, of the police or of the administration of the State."

42. The Government did not comment on this complaint.

A. Whether there was an interference

43. In the applicant union's submission – not disputed by the Government – the proceedings brought against it constituted an interference by the national authorities in the exercise of its right to freedom of association, and that interference deprived it of the possibility of pursuing

collectively or individually the aims that it had laid down in its constitution. This is also the view of the Court.

B. Whether the interference was justified

44. The Court reiterates that such interference breaches Article 11 of the Convention unless it is "prescribed by law", pursues one or more of the legitimate aims under paragraph 2 of that provision, and is "necessary in a democratic society" in order to fulfil those aims.

1. "Prescribed by law"

45. In the present case, the Court notes that it has not been disputed by the parties that the interference in question was "prescribed by law" and that it was based, in particular, on Articles 3 and 42 of the Constitution (see paragraph 28 above).

2. Legitimate aim

46. In the Court's opinion, the impugned interference pursued a number of legitimate aims, namely the prevention of disorder or the protection of national security, which includes the protection of the State's territorial integrity. This has not been disputed by the parties.

3. "Necessary in a democratic society"

(a) Relevant general principles

47. Whilst referring to the general principles that are enshrined in its relevant case-law in matters of freedom of association (see *Gorzelik and Others v. Poland* [GC], no. 44158/98, §§ 88-93, ECHR 2004-I, and the references cited therein, and *Association Rhino and Others v. Switzerland*, no. 48848/07, § 61, 11 October 2011), the Court reiterates that the right enshrined in Article 11 includes the right to form an association. That citizens should be able to form a legal entity in order to act collectively in a field of mutual interest is one of the most important aspects of the right to freedom of association, without which that right would be deprived of any meaning (see *Sidiropoulos and Others v. Greece*, 10 July 1998, § 40, *Reports of Judgments and Decisions* 1998-IV).

48. The Court further reiterates that the way in which national legislation enshrines this freedom and its practical application by the authorities reveal the state of democracy in the country concerned. It can be seen from the Court's case-law that it has repeatedly referred to the direct relationship that exists between democracy, pluralism and freedom of association, and it

has established the principle that only convincing and compelling reasons can justify restrictions on freedom of association. All such restrictions are subject to rigorous supervision (see, among many other authorities, *United Communist Party of Turkey and Others v. Turkey*, 30 January 1998, §§ 42-45, *Reports* 1998-I; *Socialist Party and Others v. Turkey*, 25 May 1998, §§ 41-45, *Reports* 1998-III; and *Refah Partisi (the Welfare Party) and Others v. Turkey* [GC], nos. 41340/98, 41342/98, 41343/98 and 41344/98, §§ 86-89, ECHR 2003-II).

49. Consequently, in determining whether a necessity within the meaning of Article 11 § 2 exists, the States have only a limited margin of appreciation, which goes hand in hand with rigorous European supervision embracing both the law and the decisions applying it, including those given by independent courts.

50. Moreover, the Court reiterates that when it carries out its scrutiny, its task is not to substitute its own view for that of the relevant national authorities but rather to review under Article 11 the decisions they delivered in the exercise of their discretion. This does not mean that it has to confine itself to ascertaining whether the respondent State exercised its discretion reasonably, carefully and in good faith; it must look at the interference complained of in the light of the case as a whole and determine whether it was "proportionate to the legitimate aim pursued" and whether the reasons adduced by the national authorities to justify it are "relevant and sufficient". In so doing, the Court has to satisfy itself that the national authorities applied standards which were in conformity with the principles embodied in Article 11 and, moreover, that they based their decisions on an acceptable assessment of the relevant facts (see *United Communist Party of Turkey and Others*, cited above, §§ 46-47; *Yazar and Others v. Turkey*, nos. 22723/93, 22724/93 and 22725/93, § 51, ECHR 2002-II; and *Sidiropoulos and Others*, cited above, § 40).

(b) Application of the above-mentioned principles to the present case

51. In the present case, the Court notes that two sets of dissolution proceedings were brought against Eğitim-Sen on the ground that, under Article 2 (b) of its constitution, the union was defending the idea of education in a person's "mother tongue". As regards the first set of proceedings, the public prosecutor decided to discontinue them on the ground that the objectives mentioned in the impugned Article were not in breach of the law. Subsequently, at the request of the Chief of Staff of the armed forces, a second set of dissolution proceedings was initiated on the same ground against Eğitim-Sen. Following those proceedings and the judgment of the Court of Cassation, Eğitim-Sen amended Article 2 (b) of its constitution

by removing the impugned wording in order to avoid its dissolution by the national courts.

52. It is now for the Court to assess whether that second set of proceedings for the dissolution of Eğitim-Sen met a "pressing social need" and was "necessary in a democratic society" to fulfil the "legitimate aims pursued".

53. The Court notes that the Employment Tribunal and the combined divisions of the Court of Cassation did not approach and interpret Articles 10 and 11 of the Convention in the same manner. For the Employment Tribunal, the rights and freedoms enshrined in those Articles were fundamental in a democratic society, with the particular exception of incitement to violence, which was not constituted, in the tribunal's view, by Article 2 (b) of Eğitim-Sen's constitution. By contrast, the combined divisions of the Court of Cassation emphasised the exceptions provided for by paragraph 2 of Article 11 of the Convention. They took the view that Eğitim-Sen's wish to defend education in a mother tongue other than Turkish ran counter to Articles 3 and 42 of the Constitution and the principle of the unitary State.

54. The Court must therefore ascertain whether the findings of the combined divisions of the Court of Cassation can be founded on an acceptable assessment of the relevant facts. It first notes that the wording of Article 2 (b) of Eğitim-Sen's constitution did not contain any incitement to use violence in order to fulfil the aims pursued. Moreover, the Court of Cassation found that Eğitim-Sen had not encouraged the use of unlawful means for the fulfilment of its objective of enabling Turkish citizens to receive education in a mother tongue other than Turkish.

55. In the Court's view, the principle defended by Eğitim-Sen, according to which individuals making up Turkish society could receive education in a mother tongue other than Turkish, is not incompatible with the fundamental principles of democracy. It notes that nothing in the impugned Article of Eğitim-Sen's constitution can be regarded as a call to violence, uprising or any other form of rejection of democratic principles, this being an essential factor to be taken into consideration (see *Freedom and Democracy Party* (*ÖZDEP*) *v. Turkey* [GC], no. 23885/94, § 40, ECHR 1999-VIII). It is sufficient to read the content of Article 2 (b) of Eğitim-Sen's constitution, seen in the context of the public debate at the material time. In this connection, the Court agrees with the reasoning of the public prosecutor, who decided to discontinue the first dissolution proceedings against Eğitim-Sen. At that time, the question of receiving education in one's mother tongue was being debated publicly and in political parties and was tabled for debate in Parliament (see paragraphs 11 and 30-31 above).

56. The Court recognises that such a proposal may have run counter to majority beliefs in public opinion, certain institutions or certain State organisations, or even to government policy. That being said, the Court reiterates that it is necessary for the proper functioning of democracy that the various associations or political groups are able to take part in public debates in order to help find solutions to general questions concerning political and public stakeholders of all persuasions (see *Vogt v. Germany*, 26 September 1995, § 52, Series A no. 323, and *United Communist Party of Turkey and Others*, cited above, § 57).

57. The Court further notes that it can be seen from the latest European Commission against Racism and Intolerance (ECRI) report on Turkey (see paragraph 31 above) that, in addition to children belonging to the minorities covered by the Lausanne Treaty – that is to say, non-Muslim minorities – receiving education in Turkish, there were other children of Turkish nationality whose mother tongue was not Turkish but Adyghe, Abkhazian or Kurdish. In this connection it should be pointed out that Law no. 4771, enacted on 3 August 2002 and amending Law no. 2923 on foreign-language education and the learning of various languages and dialects by Turkish citizens, paved the way for the opening of private schools to teach "languages and dialects [other than Turkish] traditionally used by Turkish citizens in their daily lives". The Court observes that this willingness on the part of the legislature to open private courses for the teaching of languages and dialects other than Turkish contrasts with the position of the national authorities in finding that Article 2 (b) of Eğitim-Sen's constitution breached Articles 3 and 42 of the Constitution.

58. The Court is not convinced by the reasoning of the combined divisions of the Court of Cassation, because it was not indicated in the judgment that Eğitim-Sen had carried out illegal activities capable of undermining the unity of the Republic of Turkey. Neither did they indicate that Eğitim-Sen pursued aims that were incompatible with democratic principles or engaged in activities that were in breach of those stipulated in its constitution. The Court notes with interest that the Employment Tribunal, for its part, dismissed the second dissolution application on the ground that a decision not to dissolve the union would have the effect of calming the social tension, disorder and antagonism that were prevalent in society, and of restoring social peace (see paragraph 23 above).

59. For that reason the Court is of the opinion that the mere presence in the union's constitution of the term "to receive education in their mother tongue", without any other element that would indicate or prove that the real aim was different from that stated in the impugned Article of the constitution, cannot be incompatible with the principles of democracy.

It notes that Eğitim-Sen's constitution, in its earlier version, indicated that the union defended the right of all individuals of society "to receive, with equality and freedom, a democratic, secular, scientific and cost-free education in their mother tongue". In the Court's view, such an objective, with the aim of developing the culture of nationals having a mother tongue other than Turkish by providing education in that mother tongue, is not in itself incompatible with national security and does not represent a threat to public order. Even supposing that the competent national authorities could have taken the view that education in one's own mother tongue favoured the culture of a minority, the Court observes that, as it has previously found, the existence of minorities and different cultures in a country is a historical fact that a democratic society must tolerate, or even protect and support, in accordance with the principles of international law (see *Tourkiki Enosi Xanthis and Others v. Greece*, no. 26698/05, § 51, 27 March 2008).

60. In the light of the foregoing, the Court takes the view that the reasons indicated by the combined divisions of the Court of Cassation were not relevant or sufficient, and that they were not proportionate to the legitimate aims pursued. It follows that the dissolution proceedings brought against the applicant union, which had the result of obliging it to amend Article 2 (b) of its constitution by deleting the term "to receive education in their mother tongue", cannot reasonably be regarded as meeting a "pressing social need".

61. Accordingly, there has been a violation of Article 11 of the Convention.

III. ALLEGED VIOLATION OF ARTICLE 10 OF THE CONVENTION

62. The applicant union alleged that the obligation imposed on it to amend its constitution to prevent its dissolution constituted an interference with its right to freedom of expression under Article 10 of the Convention. The relevant part of that provision reads as follows:

> "1. Everyone has the right to freedom of expression. This right shall include freedom to hold opinions and to receive and impart information and ideas without interference by public authority and regardless of frontiers. ...
>
> 2. The exercise of these freedoms, since it carries with it duties and responsibilities, may be subject to such formalities, conditions, restrictions or penalties as are prescribed by law and are necessary in a democratic society, in the interests of national security, territorial integrity or public safety, for the prevention of disorder or crime, for the protection of health or morals, for the protection of the reputation or rights of others, for preventing the disclosure of information received in confidence, or for maintaining the authority and impartiality of the judiciary."

63. The Government made no comment.

A. Admissibility

64. The Court notes that this complaint is related to that examined above and must also therefore be declared admissible.

B. Merits

65. In the present case, it is not disputed by the parties that the second set of dissolution proceedings brought against the applicant union can be seen as an interference by the national authorities in the exercise of its right to freedom of expression. That interference was prescribed by law, namely by Articles 3 and 42 of the Constitution, and pursued one or more of the legitimate aims foreseen in Article 10 § 2 of the Convention, namely the prevention of disorder or the protection of national security, which includes the protection of the State's territorial integrity. It thus remains to be examined whether the impugned interference was "necessary in a democratic society" to fulfil the legitimate aims pursued.

1. Relevant general principles

66. The Court reiterates that the fact that their activities form part of a collective exercise of freedom of expression in itself entitles political parties to seek the protection of Articles 10 and 11 of the Convention (see *United Communist Party of Turkey and Others*, cited above, §§ 42-43, and *Yazar and Others*, cited above, § 46).

67. It further reiterates that freedom of expression constitutes one of the essential foundations of a democratic society. Subject to paragraph 2 of Article 10, freedom of expression is applicable not only to "information" or "ideas" that are favourably received or regarded as inoffensive or as a matter of indifference, but also to those that offend, shock or disturb the State or any sector of the population. Such are the demands of that pluralism, tolerance and broadmindedness without which there is no "democratic society" (see, among many other authorities, *Handyside v. the United Kingdom*, 7 December 1976, § 49, Series A no. 24; *Jersild v. Denmark*, 23 September 1994, § 37, Series A no. 298; and *Yazar and Others*, cited above, § 46). As set forth in Article 10, freedom of expression is subject to exceptions, which must, however, be construed strictly, and the need for any restrictions must be established convincingly (see *Lindon, Otchakovsky-Laurens and July v. France* [GC], nos. 21279/02 and 36448/02, § 45, ECHR 2007-IV).

68. The Court further reiterates that the adjective "necessary", within the meaning of Article 10 § 2, implies the existence of a "pressing social need". The Contracting States have a certain margin of appreciation in assessing whether such a need exists, but it goes hand in hand with European

supervision, embracing both the legislation and the decisions applying it, even those given by an independent court. The Court is therefore empowered to give the final ruling on whether a "restriction" is reconcilable with freedom of expression as protected by Article 10 (see *Karataş v. Turkey* [GC], no. 23168/94, § 48, ECHR 1999-IV).

69. The Court reiterates that there is little scope under Article 10 § 2 of the Convention for restrictions on freedom of expression in the area of political speech or debate – where freedom of expression is of the utmost importance (see *Brasilier v. France*, no. 71343/01, § 41, 11 April 2006) – or in matters of public interest (see, among other authorities, *Sürek v. Turkey (no. 1)* [GC], no. 26682/95, § 61, ECHR 1999-IV; *Lindon, Otchakovsky-Laurens and July*, cited above, § 46; *Wingrove v. the United Kingdom*, 25 November 1996, § 58, *Reports* 1996-V; and *Faruk Temel v. Turkey*, no. 16853/05, § 55, 1 February 2011).

70. The Court lastly observes that, in a democratic society based on the rule of law, political ideas which challenge the existing order and whose realisation is advocated by peaceful means must be afforded a proper opportunity of expression through the exercise of the right to freedom of association (see *Stankov and the United Macedonian Organisation Ilinden v. Bulgaria*, nos. 29221/95 and 29225/95, § 97, ECHR 2001-IX). This is required by the values inherent in a democratic system, such as pluralism, tolerance and social cohesion (see *Ouranio Toxo and Others v. Greece*, no. 74989/01, § 42, ECHR 2005-X, and *Tourkiki Enosi Xanthis and Others*, cited above, § 56).

2. Application of those principles in the present case

71. The Court has paid particular attention to the wording used in Article 2 (b) of the applicant union's constitution and to the context in which that provision was drafted. In this connection, it takes the view that Article 10 encompasses the freedom to receive and impart information and ideas in any language which affords the opportunity to take part in the public exchange of cultural, political and social information and ideas of all kinds (see, *mutatis mutandis*, *Karataş*, cited above, § 49). It has also taken into account the circumstances surrounding the case before it, in particular the difficulties related to the fight against terrorism (see *İbrahim Aksoy v. Turkey*, nos. 28635/95, 30171/96 and 34535/97, § 60, 10 October 2000; *Zana v. Turkey*, 25 November 1997, § 55, *Reports* 1997-VII; *Incal v. Turkey*, 9 June 1998, § 58, *Reports* 1998-IV; and *Savgın v. Turkey*, no. 13304/03, § 44, 2 February 2010).

72. Article 2 (b) of the applicant union's constitution defends the idea of education in one's own "mother tongue". In the context of Turkey and in

the primary sense of that term, the provision can be construed as defending education in mother-tongue Turkish. That being said, having regard to the historical and social situation of Turkey, the term mother tongue may also refer to the language of Turkish nationals who have a mother tongue other than Turkish. In its latest report on Turkey, ECRI mentioned Adyghe, Abkhazian and Kurdish as other such mother tongues (see paragraph 31 above).

73. In this connection it must be remembered that Article 10 protects not only the substance of the ideas and information expressed but also the form of expression, regardless of the medium or language in which they are conveyed (ibid., § 32).

74. In the present case, even supposing that the aim of the applicant union had been to promote the development of education only in the Kurdish language, as a mother tongue in addition to the Turkish language, the Court reiterates that there is little scope under Article 10 § 2 of the Convention for restrictions on freedom of expression in matters of public interest. It takes account of the circumstances surrounding the case before it. It notes that at the material time a public debate on this subject had resulted in an amendment to the law allowing education, at least on a private basis, in mother tongues used by Turkish citizens other than the Turkish language.

75. In this connection, the Court observes that the impugned Article of the applicant union's constitution was not calling for the use of violence, armed resistance or uprising, nor was it inciting hatred, this being an essential element for the Court to take into consideration. Neither was the Article capable of fostering violence by instilling a deep-seated and irrational hatred against certain individuals (contrast *Sürek*, cited above, § 62). As to the argument of the domestic courts based on an alleged risk to the integrity of national territory (see paragraph 24 above), the Court notes that Eğitim-Sen's programme defends the principle of education in the mother tongue, other than the Turkish language, of individuals making up Turkish society. However, the Court observes that since the Government did not refer to any concrete acts by Eğitim-Sen that might suggest a hidden agenda, no doubts can be cast on the genuineness of its programme (see *Freedom and Democracy Party* (*ÖZDEP*), cited above, § 42). The Court thus concludes that there was no clear or imminent threat to the State's territorial integrity.

76. In conclusion, the Court finds that the proceedings initiated for the dissolution of the applicant union – forcing it to delete the impugned wording from its constitution – were disproportionate to the aims pursued and were not therefore "necessary in a democratic society".

77. Accordingly, there has been a violation of Article 10 of the Convention.

...

FOR THESE REASONS, THE COURT

...

2. *Holds* unanimously that there has been a violation of Article 11 of the Convention;
3. *Holds* unanimously that there has been a violation of Article 10 of the Convention;

...

Done in French, and notified in writing on 25 September 2012, pursuant to Rule 77 §§ 2 and 3 of the Rules of Court.

Françoise Elens-Passos Deputy Registrar	Françoise Tulkens President

...

POGHOSYAN AND BAGHDASARYAN v. ARMENIA
(Application no. 22999/06)

THIRD SECTION

JUDGMENT OF 12 JUNE 2012[1]

1. English original.

SUMMARY[1]

Inability of victim of miscarriage of justice to claim compensation in respect of non-pecuniary damage

Article 13 of the Convention

Effective Remedy – Applicability ratione temporis – Inability to claim compensation in respect of non-pecuniary damage sustained as a result of ill-treatment by the police

Article 3 of Protocol No. 7

Compensation – Convicted – Inability of victim of miscarriage of justice to claim compensation in respect of non-pecuniary damage – Compensation according to the law or the practice of the State concerned – Distress and loss of enjoyment of life

*

* *

In 1999 the first applicant was found guilty of murder and rape and sentenced to fifteen years' imprisonment. However, he continued to protest his innocence and in 2004 his conviction was quashed and he was released from prison. Two of the police officers who had dealt with the initial investigation into the murder were subsequently convicted of exceeding their powers after a regional court found that they had ill-treated the first applicant in order to extract a confession. In separate civil proceedings, the first applicant was awarded compensation in respect of lost earnings, but his claim in respect of non-pecuniary damage was dismissed on the ground that damage of that type was not covered by the Civil Code.

Held

(1) Article 13 of the Convention: The existence of an actual breach of another provision of the Convention was not a prerequisite for the application of Article 13. All that was required for that provision to apply was an arguable claim in terms of the Convention. The first applicant had undoubtedly had such a claim as the domestic courts had unequivocally established that he had been ill-treated by the police. Article 13 was therefore applicable despite the fact the Court could not examine the first applicant's substantive complaint under Article 3 because his ill-treatment had occurred before the Convention came into force in respect of Armenia. The Court had found in previous cases that compensation in respect of non-pecuniary

1. This summary by the Registry does not bind the Court.

damage should in principle be available as part of the range of possible remedies for violations of Articles 2 and 3, the most fundamental provisions of the Convention. Since no such compensation had been available to the first applicant under the domestic law, he had been deprived of an effective remedy.

Conclusion: violation (unanimously).

(2) Article 3 of Protocol No. 7: Inasmuch as the first applicant's conviction had been quashed and he had applied for compensation after the date Protocol No. 7 had come into force in respect of Armenia, the Court had temporal jurisdiction in respect of this complaint and Article 3 of Protocol No. 7 was applicable. While that provision guaranteed payment of compensation according to the law or the practice of the State concerned, compensation was due even where the domestic law or practice made no provision for such compensation. Furthermore, the purpose of Article 3 of Protocol No. 7 was not merely to recover any pecuniary loss caused by wrongful conviction but also to provide a person convicted as a result of a miscarriage of justice with compensation for any non-pecuniary damage such as distress, anxiety, inconvenience and loss of enjoyment of life. No such compensation had been available to the first applicant.

Conclusion: violation (unanimously).

Article 41: The Court made an award in respect of non-pecuniary damage and costs and expenses.

Case-law cited by the Court

Boyle and Rice v. the United Kingdom, 27 April 1988, Series A no. 131
Keenan v. the United Kingdom, no. 27229/95, ECHR 2001-III
Vatan v. Russia, no. 47978/99, 7 October 2004
Blečić v. Croatia [GC], no. 59532/00, ECHR 2006-III
Kontrová v. Slovakia, no. 7510/04, 31 May 2007
Matveyev v. Russia, no. 26601/02, 3 July 2008

In the case of Poghosyan and Baghdasaryan v. Armenia,

The European Court of Human Rights (Third Section), sitting as a Chamber composed of:

Josep Casadevall, *President*,
Alvina Gyulumyan,
Egbert Myjer,
Ján Šikuta,
Ineta Ziemele,
Luis López Guerra,
Kristina Pardalos, *judges*,

and Santiago Quesada, *Section Registrar*,

Having deliberated in private on 22 May 2012,

Delivers the following judgment, which was adopted on that date:

PROCEDURE

1. The case originated in an application (no. 22999/06) against the Republic of Armenia lodged with the Court under Article 34 of the Convention for the Protection of Human Rights and Fundamental Freedoms ("the Convention") by two Armenian nationals, Mr Armen Poghosyan and Mrs Anahit Baghdasaryan ("the applicants"), on 16 May 2006.

2. The applicants were represented by Ms S. Safaryan, a lawyer practising in Yerevan. The Armenian Government ("the Government") were represented by their Agent, Mr G. Kostanyan, Representative of the Republic of Armenia at the European Court of Human Rights.

3. Mr Poghosyan ("the first applicant") alleged, in particular, that no compensation for non-pecuniary damage had been awarded to him in respect of his ill-treatment, unlawful arrest and detention, and unfair conviction.

4. On 20 November 2008 the application was communicated to the Government. It was also decided to rule on the admissibility and merits of the application at the same time (Article 29 § 1).

THE FACTS

I. THE CIRCUMSTANCES OF THE CASE

5. The applicants were born in 1976 and 1932 respectively and live in Saratovka, Armenia.

6. The second applicant is the mother of the first applicant.

7. On 8 October 1998 the first applicant was taken to a police station on suspicion of having committed rape and murder. A record of the applicant's arrest was drawn up, stating murder as the reason for his arrest and was signed by him. At the police station the first applicant was subjected to ill-treatment by a number of police officers and later, when questioned by the investigator, confessed to the crime.

8. On 11 October 1998 the first applicant was placed in pre-trial detention and on 21 October 1998 he was formally accused of rape and murder.

9. On 29 March 1999 the Lori Regional Court found the first applicant guilty as charged and sentenced him to fifteen years' imprisonment, basing the conviction on, *inter alia*, his confession. This judgment was upheld by the Criminal and Military Court of Appeal and the Court of Cassation on 20 May and 16 June 1999 respectively. It appears that throughout the proceedings the first applicant unsuccessfully claimed that his confession had been obtained under duress.

10. The Convention and Protocol No. 7 thereto came into force in respect of Armenia on 26 April and 1 July 2002 respectively.

11. On 24 November 2003 the General Prosecutor's Office filed an application to have the first applicant's case reopened on grounds of newly discovered circumstances establishing his innocence. In particular, the real perpetrator of the offences imputed to the first applicant had been found, following the commission of a similar offence. Furthermore, the first applicant's conviction had been based on fabricated evidence obtained in violation of the law.

12. On 2 April 2004 the Court of Cassation decided to grant the application and to quash the first applicant's conviction, remitting the criminal case for a fresh investigation. In doing so, the Court of Cassation found it established that new circumstances had been discovered following the first applicant's conviction which had been unknown to the courts at the material time. These circumstances provided grounds for believing that violations of statutory criminal procedure had taken place during the examination of the first applicant's criminal case which might have had an impact on the objective, thorough and full examination of the case.

13. On 17 April 2004 criminal proceedings were instituted against the investigator and a number of police officers who had dealt with the initial investigation. They were accused of exceeding their powers by forcing the first applicant to testify.

14. On the same date the first applicant was released from prison upon a written undertaking not to leave his place of residence, after serving about five years and six months of his sentence.

15. On 29 April 2004 the criminal proceedings against the first applicant were terminated under Article 35 § 1(2) of the Code of Criminal Procedure for lack of *corpus delicti*.

16. On the same date the General Prosecutor's Office sent a letter to the first applicant informing him of that decision and of the fact that he was henceforth considered an "acquitted person" and had the right to claim compensation under civil law. The letter added that the General Prosecutor's Office asked for his forgiveness for the miscarriage of justice.

17. On 6 May 2004 the first applicant was recognised as a victim. The relevant decision stated that he had suffered psychological, physical and material damage as a result of the unlawful actions of the police officers and the investigating authority.

18. On 15 June 2005 the Lori Regional Court found two of the police officers guilty as charged, sentencing them to three years' imprisonment and prohibiting them from holding certain posts for a period of two years, but applying an amnesty which dispensed them from serving their prison sentences. The Regional Court found, *inter alia*, that on 8 October 1998 the first applicant and his brother had been taken to a police station, where the police officers had ill-treated the first applicant in order to extract a confession. When the first applicant had refused to confess, one of the police officers had kicked and punched him and then unlawfully detained him at the police station. Later that day, two of the police officers had continued beating the first applicant. One of them had slapped his ears with both hands, as a result of which his left eardrum exploded. They had then brought a bottle in and tried to sit the first applicant on it. Simultaneously, another police officer had been beating the first applicant's brother in a nearby office and the first applicant had heard his brother's cries. Realising that he had no other way of avoiding the ill-treatment, the first applicant had confessed to the murder. The next day, before taking the first applicant to the scene of the crime for an inspection, one of the police officers had punched him several times as a warning. Thereafter, on 14, 16 and 19 October 1998 the first applicant had been taken from his detention cell to the police station, where the police officers had continued ill-treating him in order to make him confess to having raped the victim before murdering her, which the first applicant was forced to do, because he was unable to endure the ill-treatment.

19. No appeal was lodged against that judgment.

20. On 17 September 2004 the first applicant lodged a civil claim with the courts, seeking compensation for pecuniary damage in the amount of 34,050,000 Armenian drams (AMD) for the ill-treatment, unlawful

detention and unfair conviction he had suffered. He relied on Articles 3, 5 and 6 of the Convention.

21. On an unspecified date Mrs Baghdasaryan ("the second applicant") joined the civil proceedings as a co-claimant, seeking approximately half the pecuniary damages claimed by the first applicant.

22. On an unspecified date the first applicant lodged an additional claim, seeking compensation for non-pecuniary damage in the amount of AMD 60,000,000. He submitted, *inter alia*, that, although he had so far claimed compensation only for pecuniary damage, he had in fact suffered greater non-pecuniary damage. The Convention case-law required that compensation for non-pecuniary damage be awarded in such cases.

23. On 28 April 2005 the Kentron and Nork-Marash District Court of Yerevan dismissed the claim for non-pecuniary damage on the ground that that type of damage was not envisaged under Article 17 of the Civil Code. The District Court awarded the claim for pecuniary damage in part, finding, *inter alia*, that, pursuant to Article 66 of the Code of Criminal Procedure, the first applicant – as an acquitted person – was entitled to claim pecuniary compensation for unlawful arrest, detention, indictment and conviction, and awarding him AMD 6,250,000 for lost income for the period between 11 October 1998 and 17 April 2004. The second applicant was awarded AMD 1,500,000 for travel expenses, postage for parcels, and legal costs.

24. On 12 May 2005 the first applicant lodged an appeal.

25. On 31 August 2005 the Civil Court of Appeal dismissed the first applicant's appeal and upheld the judgment of the District Court.

26. On 16 September 2005 the applicants lodged an appeal on points of law.

27. On 18 November 2005 the Court of Cassation dismissed the applicants' appeal.

II. RELEVANT DOMESTIC LAW

A. The Civil Code (in force from 1 January 1999)

28. The relevant provisions of the Civil Code provide as follows.

Article 17 – Compensation for damage

"1. Anyone whose rights have been violated may claim full compensation for the damage suffered, unless the law or a contract envisages a lower amount of compensation.

2. Damages are the expenses borne or to be borne by the person whose rights have been violated in connection with restoring the violated rights, loss of property or damage thereto (material damage), including loss of earnings which the person would

have gained in normal conditions of civil life, had his rights not been violated (lost income). ..."

Article 1064 – Liability for damage caused by unlawful actions of the inquiry officer, the investigating authority, the prosecutor's office or the courts

"1. Damage caused as a result of unlawful conviction, [unlawful] criminal prosecution, [unlawful] imposition of a preventive measure in the form of detention or a written undertaking not to leave, and [unlawful] imposition of an administrative penalty shall be compensated in full, in a procedure prescribed by law, by the Republic of Armenia, regardless of the fault of the officials of the inquiry officer, the investigating authority, the prosecutor's office or the courts. ..."

B. The Code of Criminal Procedure (in force from 12 January 1999)

29. The relevant provisions of the Code of Criminal Procedure provide as follows.

Article 35 – Circumstances precluding criminal proceedings or criminal prosecution

"1. Neither criminal proceedings [*Քրեական գործի վարույթ*] nor a criminal prosecution [*քրեական հետապնդում*] shall be instituted, and any criminal proceedings already instituted shall be terminated, if:

...

(2) the act lacks *corpus delicti*;

..."

Article 66 – An acquitted person

"1. A person shall be considered to be acquitted if a criminal prosecution or criminal proceedings against him have been terminated on ... the grounds envisaged by[, *inter alia*, Article 35 § 1 (2) of] this Code or if he has been acquitted by a court judgment.

...

3. An acquitted person shall be ... entitled to claim full compensation for pecuniary damage caused as a result of his unlawful arrest, detention, indictment and conviction, taking into account possible loss of profits. ..."

III. RELEVANT COUNCIL OF EUROPE DOCUMENTS

Explanatory Report to Protocol No. 7 to the Convention for the Protection of Human Rights and Fundamental Freedoms (ETS No. 117)

30. The relevant sections of the Explanatory Report read as follows.

Article 3

"22. This Article provides that compensation shall be paid to a victim of a miscarriage of justice, on certain conditions.

First, the person concerned has to have been convicted of a criminal offence by a final decision and to have suffered punishment as a result of such conviction. According to the definition contained in the Explanatory Report of the European Convention on the International Validity of Criminal Judgments, a decision is final 'if, according to the traditional expression, it has acquired the force of *res judicata*. This is the case when it is irrevocable, that is to say when no further ordinary remedies are available or when the parties have exhausted such remedies or have permitted the time-limit to expire without availing themselves of them'. It follows therefore that a judgment by default is not considered as final as long as the domestic law allows the proceedings to be taken up again. Likewise, this Article does not apply in cases where the charge is dismissed or the accused person is acquitted either by the court of first instance or, on appeal, by a higher tribunal. If, however, in one of the States in which such a possibility is provided for, the person has been granted leave to appeal after the normal time of appealing has expired, and his conviction is then reversed on appeal, then subject to the other conditions of the Article, in particular the conditions described in paragraph 24 below, the Article may apply.

23. Secondly, the Article applies only where the person's conviction has been reversed or he has been pardoned, in either case on the ground that a new or newly discovered fact shows conclusively that there has been a miscarriage of justice – that is, some serious failure in the judicial process involving grave prejudice to the convicted person. Therefore, there is no requirement under the Article to pay compensation if the conviction has been reversed or a pardon has been granted on some other ground. Nor does the Article seek to lay down any rules as to the nature of the procedure to be applied to establish a miscarriage of justice. This is a matter for the domestic law or practice of the State concerned. The words 'or he has been pardoned' have been included because under some systems of law pardon, rather than legal proceedings leading to the reversal of a conviction, may in certain cases be the appropriate remedy after there has been a final decision.

24. Finally, there is no right to compensation under this provision if it can be shown that the non-disclosure of the unknown fact in time was wholly or partly attributable to the person convicted.

25. In all cases in which these preconditions are satisfied, compensation is payable 'according to the law or the practice of the State concerned'. This does not mean that no compensation is payable if the law or practice makes no provision for such compensation. It means that the law or practice of the State should provide for the payment of compensation in all cases to which the Article applies. The intention is that States would be obliged to compensate persons only in clear cases of miscarriage of justice, in the sense that there would be acknowledgment that the person concerned was clearly innocent. The Article is not intended to give a right of compensation where all the preconditions are not satisfied, for example, where an appellate court had quashed a conviction because it had discovered some fact which introduced a

reasonable doubt as to the guilt of the accused and which had been overlooked by the trial judge."

THE LAW

I. THE SECOND APPLICANT'S VICTIM STATUS

31. The Court first considers it necessary to decide on the victim status of the second applicant. It reiterates that the term "victim" used in Article 34 of the Convention denotes the person directly affected by the act or omission which is in issue (see, among other authorities, *Vatan v. Russia*, no. 47978/99, § 48, 7 October 2004).

32. In the present case, it was only the first applicant who was subjected to ill-treatment and detention and to a conviction that was subsequently overturned. The Court therefore considers that the application, in so far as it concerns the second applicant, is incompatible *ratione personae* with the provisions of the Convention within the meaning of Article 35 § 3 and must be rejected in accordance with Article 35 § 4 of the Convention.

33. The Court will therefore limit its examination of the complaints raised in the application to those which concern the first applicant, whom – for the sake of simplicity – it will henceforth refer to as "the applicant".

II. ALLEGED VIOLATION OF ARTICLES 5 § 5 AND 13 OF THE CONVENTION AND ARTICLE 3 OF PROTOCOL No. 7 TO THE CONVENTION

34. The applicant complained about the dismissal of his claim for non-pecuniary damages in respect of his ill-treatment, unlawful arrest and detention, and unfair conviction. He relied on Articles 3, 5 and 6 of the Convention. The Court considers that this complaint falls to be examined under Articles 5 § 5 and 13 of the Convention and Article 3 of Protocol No. 7 to the Convention, which read as follows:

Article 5 § 5

"Everyone who has been the victim of arrest or detention in contravention of the provisions of this Article shall have an enforceable right to compensation."

Article 13

"Everyone whose rights and freedoms as set forth in this Convention are violated shall have an effective remedy before a national authority notwithstanding that the violation has been committed by persons acting in an official capacity."

Article 3 of Protocol No. 7

"When a person has by a final decision been convicted of a criminal offence and when subsequently his conviction has been reversed, or he has been pardoned, on the ground that a new or newly discovered fact shows conclusively that there has been a miscarriage of justice, the person who has suffered punishment as a result of such conviction shall be compensated according to the law or the practice of the State concerned, unless it is proved that the non-disclosure of the unknown fact in time is wholly or partly attributable to him."

A. Admissibility

35. The Court notes that an issue may arise as to whether it has temporal jurisdiction to examine the circumstances of the applicant's complaint, taking into account that his complaints under Articles 3, 5 and 6 of the Convention concerning his ill-treatment, unlawful arrest and detention, and unfair conviction fall outside the Court's competence *ratione temporis* (see paragraphs 55-57 below). The Court notes, however, that the investigation into the applicant's ill-treatment, the conviction of the police officers and the ensuing compensation proceedings took place after the date of the Convention's entry into force in respect of Armenia. The Court therefore considers that the applicant's complaints under Articles 5 § 5 and 13 of the Convention and Article 3 of Protocol No. 7 to the Convention fall within its competence *ratione temporis*.

36. The Court notes that these complaints are not manifestly ill-founded within the meaning of Article 35 § 3 (a) of the Convention. It further notes that they are not inadmissible on any other grounds. They must therefore be declared admissible.

B. Merits

1. *The parties' submissions*

(a) The Government

37. The Government argued, in respect of Article 5 § 5, that that Article presupposed a violation of one or more of the other provisions of Article 5, which was absent in this case. The applicant's arrest and detention at the material time were not in violation of Article 5, since the domestic courts had acted in accordance with the law. There was no violation of Article 5 § 1 (a) since the applicant had been convicted by a competent court and there was no violation of Article 5 § 1 (c) since the aim of arresting the applicant had been to bring him before a competent authority on suspicion of having committed rape and murder. At the material time the domestic court had

not had at its disposal any evidence that would justify adopting a different decision. There had been no violation of Article 5 § 2 because the applicant had signed the record of his arrest on the day he was taken to the police station, so had evidently been aware of the reason for his arrest. Accordingly, there had been no violation of Article 5 §§ 3 and 4 either.

38. The Government further argued that the subsequent quashing of the applicant's conviction and the termination of the criminal proceedings against him had not rendered his arrest and detention incompatible with Article 5, since these had been carried out in compliance with the requirements of that Article and on the basis of a reasonable suspicion.

39. The Government also claimed, in respect of Article 13, that proper redress was available to the applicant. In particular, once the new facts had been discovered, criminal proceedings had immediately been instituted against the police officers, the applicant had been granted victim status, the officers convicted, the criminal proceedings against the applicant terminated and his claim for pecuniary damage granted. Furthermore, the General Prosecutor had sent an official apology to the applicant for the miscarriage of justice. All those measures should be considered sufficient compensation for any non-pecuniary damage suffered. Moreover, the facts of the present case were different from those in *Keenan v. the United Kingdom* (no. 27229/95, § 130, ECHR 2001-III) and *Kontrová v. Slovakia* (no. 7510/04, § 64, 31 May 2007) because this case did not raise an issue under Article 3.

40. The Government maintained, lastly, in respect of Article 3 of Protocol No. 7 that adequate compensation had been awarded to the applicant. In particular, he had been awarded compensation for pecuniary damage and had received an official apology from the General Prosecutor's Office, which should be considered as sufficient compensation for the non-pecuniary damage. Furthermore, Article 3 of Protocol No. 7 required the payment of compensation according to the law or practice of the State concerned. Thus, the compensation – in the form of an apology – which he had received for non-pecuniary damage had not been arbitrary, since such a practice was common in similar situations.

(b) The applicant

41. The applicant argued that Articles 3, 5 and 6 were applicable to his case and that an award of just compensation was therefore of paramount importance. The apology which he had received could not be taken seriously because, in addition to the official letter, the General Prosecutor had presented him with a copy of Alexandre Dumas's *The Count of Monte Cristo*. In any case, the hardship, mental anguish and acute physical pain he

had suffered for five and a half years deserved to be compensated in a more reasonable manner than just an apology. Furthermore, on 1 September every year of his detention Armenian State television had broadcast a programme prepared by the Armenian police affirming that he had admitted his guilt. Thus, he had been consistently degraded in the eyes of the public and nothing had been done by the authorities after his acquittal to restore his reputation. In 2007 he had married, but was still unable to have a child. The doctors attributed this to the circumstances of his conviction. He also suffered from adhesive otitis media in his left eardrum and first- to second-degree bilateral perceptive deafness on account of the blows to his ears. He was still using painkillers and his deafness was irreversible. No compensation for this had been awarded by the domestic courts, despite the fact that it had been established that he had suffered ill-treatment. Lastly, the Government's argument that his arrest had been effected in accordance with Article 5 and had been based on a reasonable suspicion was unacceptable, since the signs of his ill-treatment were clearly visible on his person. Furthermore, he had persistently refused to admit to the charges against him before the courts and had appealed to the higher instances against his conviction.

2. The Court's assessment

42. The Court considers it necessary to address firstly the complaints under Article 13 of the Convention and Article 3 of Protocol No. 7 and then the complaint under Article 5 § 5 of the Convention.

(a) Article 13 of the Convention

43. The Court notes once again that it is precluded – for lack of competence – from examining the circumstances of the applicant's treatment at the police station with a view to determining whether it fell short of the requirements of Article 3 of the Convention (see paragraphs 55-57 below). However, it reiterates that the existence of an actual breach of another provision of the Convention is not a prerequisite for the application of Article 13. Article 13 guarantees the availability of a remedy at national level to enforce – and hence to allege non-compliance with – the substance of the Convention rights and freedoms in whatever form they may happen to be secured in the domestic legal order. Thus, for Article 13 to apply it is sufficient for an individual to have an arguable claim in terms of the Convention (see *Boyle and Rice v. the United Kingdom*, 27 April 1988, § 52, Series A no. 131).

44. The Court observes that the fact of the applicant's ill-treatment by police officers was unequivocally established by the domestic courts, namely, the judgment of the Lori Regional Court of 15 June 2005 convicting two of

the police officers involved (see paragraph 18 above). The Court therefore considers that the applicant undoubtedly had an arguable claim before the domestic courts under Article 13 of having been subjected to treatment prohibited by Article 3 of the Convention.

45. The applicant lodged his civil claim for compensation, including for the ill-treatment suffered, by instituting a separate set of proceedings following the police officers' conviction, seeking, *inter alia*, compensation for non-pecuniary damage (see paragraph 22 above). However, no compensation for non-pecuniary damage was awarded to the applicant because that type of compensation was not envisaged by the domestic law.

46. The question therefore arises whether Article 13 in this context requires that such compensation be made available. The Court will itself in appropriate cases award just satisfaction, recognising pain, stress, anxiety and frustration as rendering compensation for non-pecuniary damage appropriate. It has previously found that, in the event of a breach of Articles 2 and 3 of the Convention, which rank as the most fundamental provisions of the Convention, compensation for the non-pecuniary damage flowing from the breach should in principle be available as part of the range of possible remedies (see *Keenan*, cited above, § 130, and *Kontrová*, cited above, § 64).

47. In this case the Court concludes that the applicant should have been able to apply for compensation for the non-pecuniary damage suffered by him as a result of his ill-treatment. Since no such compensation had been available to him under Armenian law, the applicant was deprived of an effective remedy.

48. There has accordingly been a violation of Article 13 of the Convention.

(b) Article 3 of Protocol No. 7 to the Convention

49. The Court reiterates that the aim of Article 3 of Protocol No. 7 is to confer the right to compensation on persons convicted as a result of a miscarriage of justice where such conviction has been reversed by the domestic courts on the ground of a new or newly discovered fact. Therefore, Article 3 of Protocol No. 7 does not apply before the conviction has been reversed (see *Matveyev v. Russia*, no. 26601/02, §§ 38-39, 3 July 2008).

50. In the present case, inasmuch as the applicant's conviction was quashed and he applied for compensation after 1 July 2002, the date of entry into force of Protocol No. 7 in respect of Armenia, the conditions for jurisdiction *ratione temporis* are satisfied (ibid.). Furthermore, the Court has no doubts that this Article is applicable to the applicant's case, all the necessary conditions being satisfied.

51. As regards compliance with the guarantees of Article 3 of Protocol No. 7, the Court considers that, while this provision guarantees payment of compensation according to the law or the practice of the State concerned, it does not mean that no compensation is payable if the domestic law or practice makes no provision for such compensation (see also paragraph 25 of the Explanatory Report to Protocol No. 7 to the Convention, paragraph 30 above). Furthermore, the Court considers that the purpose of Article 3 of Protocol No. 7 is not merely to recover any pecuniary loss caused by a wrongful conviction but also to provide a person convicted as a result of a miscarriage of justice with compensation for any non-pecuniary damage such as distress, anxiety, inconvenience and loss of enjoyment of life. No such compensation, however, was available to the applicant in the present case.

52. There has accordingly been a violation of Article 3 of Protocol No. 7 to the Convention.

(c) Article 5 § 5 of the Convention

53. The Court notes that this complaint is linked to the one examined above and must therefore likewise be declared admissible.

54. Having regard to its finding under Article 3 of Protocol No. 7 (see paragraph 52 above), the Court considers that it is not necessary to examine whether, in this case, there has been a violation of Article 5 § 5 of the Convention.

III. OTHER ALLEGED VIOLATIONS OF THE CONVENTION

55. The applicant also complained that his ill-treatment, unlawful arrest and detention, and unfair conviction violated the guarantees of Articles 3, 5 and 6 of the Convention.

56. The Court reiterates that, in accordance with the general rules of international law, the provisions of the Convention do not bind a Contracting Party in relation to any act or fact which took place or any situation which ceased to exist before the date of the entry into force of the Convention with respect to that Party (see *Blečić v. Croatia* [GC], no. 59532/00, § 70, ECHR 2006-III). The Court observes that the events complained of took place prior to the date of the Convention's entry into force in respect of Armenia, namely, 26 April 2002.

57. It follows that this part of the application is incompatible *ratione temporis* with the provisions of the Convention within the meaning of Article 35 § 3 and must be rejected in accordance with Article 35 § 4.

58. Lastly, the applicant complained, under the same Articles, that his claim for pecuniary damage was not granted in full.

59. Having regard to all the material in its possession, and in so far as this complaint falls within its competence, the Court finds that it does not disclose any appearance of a violation of the rights and freedoms set out in the Convention or its Protocols. It follows that this part of the application must be rejected as being manifestly ill-founded, pursuant to Article 35 §§ 3 and 4 of the Convention.

IV. APPLICATION OF ARTICLE 41 OF THE CONVENTION

60. Article 41 of the Convention provides:

> "If the Court finds that there has been a violation of the Convention or the Protocols thereto, and if the internal law of the High Contracting Party concerned allows only partial reparation to be made, the Court shall, if necessary, afford just satisfaction to the injured party."

A. Damage

61. The applicant claimed 34,000,000 Armenian drams (AMD) in respect of pecuniary damage, including costs and loss of earnings. He further claimed 274,959 euros (EUR) in respect of non-pecuniary damage.

62. The Government submitted that the applicant's claim in respect of pecuniary damage was unsubstantiated and had in fact already been granted by the domestic courts and that his claim in respect of non-pecuniary damage was unfounded.

63. The Court does not discern any causal link between the violations found and the pecuniary damage alleged; it therefore rejects this claim. On the other hand, it awards the applicant EUR 30,000 in respect of non-pecuniary damage.

B. Costs and expenses

64. The applicant also claimed AMD 1,000,000 for the costs and expenses incurred before the Court, including legal costs, translation and postage.

65. The Government submitted that the applicant's claim for costs and expenses was not fully substantiated.

66. According to the Court's case-law, an applicant is entitled to the reimbursement of costs and expenses only in so far as it has been shown

that these have been actually and necessarily incurred and are reasonable as to quantum. In the present case, regard being had to the documents in its possession and the above criteria, the Court considers it reasonable to award the sum of EUR 500 for the proceedings before the Court.

C. Default interest

67. The Court considers it appropriate that the default interest rate should be based on the marginal lending rate of the European Central Bank, to which should be added three percentage points.

FOR THESE REASONS, THE COURT UNANIMOUSLY

1. *Declares* the complaints concerning the dismissal of the applicant's claim in respect of non-pecuniary damage admissible under Articles 5 § 5 and 13 of the Convention and Article 3 of Protocol No. 7 to the Convention and the remainder of the application inadmissible;
2. *Holds* that there has been a violation of Article 13 of the Convention;
3. *Holds* that there has been a violation of Article 3 of Protocol No. 7 to the Convention;
4. *Holds* that there is no need to examine the complaint under Article 5 § 5 of the Convention;
5. *Holds*

   (a) that the respondent State is to pay the applicant, within three months from the date on which the judgment becomes final in accordance with Article 44 § 2 of the Convention, the following amounts, to be converted into the currency of the respondent State at the rate applicable at the date of settlement:

      (i) EUR 30,000 (thirty thousand euros), plus any tax that may be chargeable, in respect of non-pecuniary damage;

      (ii) EUR 500 (five hundred euros), plus any tax that may be chargeable to the applicant, in respect of costs and expenses;

   (b) that from the expiry of the above-mentioned three months until settlement simple interest shall be payable on the above amounts at a rate equal to the marginal lending rate of the European Central Bank during the default period plus three percentage points;
6. *Dismisses* the remainder of the applicants' claim for just satisfaction.

Done in English, and notified in writing on 12 June 2012, pursuant to Rule 77 §§ 2 and 3 of the Rules of Court.

Santiago Quesada
Registrar

Josep Casadevall
President

POGHOSYAN ET BAGHDASARYAN c. ARMÉNIE

(Requête nº 22999/06)

TROISIÈME SECTION

ARRÊT DU 12 JUIN 2012[1]

1. Traduction ; original anglais.

SOMMAIRE[1]

Impossibilité pour une victime d'erreur judiciaire de demander réparation d'un préjudice moral

Article 13 de la Convention

Recours effectif – Applicabilité ratione temporis – Impossibilité de demander réparation d'un préjudice moral causé par des mauvais traitements infligés par des policiers

Article 3 du Protocole nº 7

Réparation – Détenu condamné – Impossibilité pour une victime d'erreur judiciaire de demander réparation d'un préjudice moral – Réparation accordée selon le droit ou la pratique de l'Etat concerné – Sentiment de détresse et dégradation de la qualité de vie

*

* *

En 1999, le premier requérant fut jugé coupable de meurtre et de viol et condamné à quinze ans d'emprisonnement. Cependant, il ne cessa de clamer son innocence. En 2004, sa condamnation fut annulée et il fut libéré de prison. Par la suite, deux des policiers qui avaient mené les premières investigations sur le meurtre furent déclarés coupables d'excès de pouvoir, le tribunal régional jugeant qu'ils avaient maltraité le premier requérant afin de lui extorquer des aveux. A l'issue d'une procédure civile distincte, le premier requérant fut indemnisé pour perte de revenus, mais sa demande d'indemnisation pour préjudice moral fut rejetée au motif que le code civil ne prévoyait pas d'indemnisation pour ce type de dommage.

1. Article 13 de la Convention : il suffit pour que l'article 13 soit applicable que le requérant ait un grief défendable au regard de la Convention, la violation formelle d'une autre disposition de cet instrument n'étant pas nécessaire. Le premier requérant a indéniablement présenté pareil grief aux juridictions internes, celles-ci ayant établi sans équivoque que des policiers lui avaient fait subir de mauvais traitements. L'article 13 trouve donc à s'appliquer en l'espèce, bien que la Cour ne puisse pas examiner au fond le grief tiré par l'intéressé de l'article 3, les mauvais traitements lui ayant été infligés avant l'entrée en vigueur de la Convention à l'égard de l'Arménie. La Cour rappelle avoir déjà dit dans de précédentes affaires qu'en cas de violation des articles 2 et 3 de la Convention, qui sont les dispositions les plus

1. Rédigé par le greffe, il ne lie pas la Cour.

fondamentales de la Convention, la réparation du dommage moral découlant de la violation doit en principe figurer au nombre des recours possibles. Le premier requérant n'ayant pu prétendre à pareille indemnisation en droit arménien, il a été privé d'un recours effectif.

Conclusion: violation (unanimité).

2. Article 3 du Protocole n° 7: étant donné que la condamnation du premier requérant a été annulée et qu'il a demandé une indemnisation après la date à laquelle le Protocole n° 7 est entré en vigueur à l'égard de l'Arménie, la Cour est compétente *ratione temporis* pour connaître du grief tiré par l'intéressé de cette disposition, et celle-ci est applicable. Or, si l'article 3 du Protocole n° 7 garantit le versement d'une indemnité conformément à la loi ou à l'usage en vigueur dans l'Etat concerné, une indemnisation peut être versée même lorsque le droit ou la pratique internes ne le prévoient pas. De plus, l'objet de cet article n'est pas simplement de réparer un éventuel dommage matériel découlant d'une condamnation prononcée à tort mais consiste aussi à permettre l'indemnisation des personnes victimes d'une erreur judiciaire pour le préjudice moral qu'elles ont subi du fait de cette erreur (détresse, angoisse, désagréments divers et dégradation de la qualité de vie). Or le premier requérant n'a pas pu obtenir pareille indemnisation.

Conclusion: violation (unanimité).

Article 41: la Cour octroie des indemnités au requérant pour dommage moral et pour frais et dépens.

Jurisprudence citée par la Cour

Boyle et Rice c. Royaume-Uni, 27 avril 1988, série A n° 131
Keenan c. Royaume-Uni, n° 27229/95, CEDH 2001-III
Vatan c. Russie, n° 47978/99, 7 octobre 2004
Blečić c. Croatie [GC], n° 59532/00, CEDH 2006-III
Kontrová c. Slovaquie, n° 7510/04, 31 mai 2007
Matveïev c. Russie, n° 26601/02, 3 juillet 2008

En l'affaire Poghosyan et Baghdasaryan c. Arménie,

La Cour européenne des droits de l'homme (troisième section), siégeant en une chambre composée de:

Josep Casadevall, *président*,
Alvina Gyulumyan,
Egbert Myjer,
Ján Šikuta,
Ineta Ziemele,
Luis López Guerra,
Kristina Pardalos, *juges*,

et de Santiago Quesada, *greffier de section*,

Après en avoir délibéré en chambre du conseil le 22 mai 2012,

Rend l'arrêt que voici, adopté à cette date:

PROCÉDURE

1. A l'origine de l'affaire se trouve une requête (n° 22999/06) dirigée contre la République d'Arménie et dont deux ressortissants arméniens, M. Armen Poghosyan et Mme Anahit Baghdasaryan («les requérants»), ont saisi la Cour le 16 mai 2006 en vertu de l'article 34 de la Convention de sauvegarde des droits de l'homme et des libertés fondamentales («la Convention»).

2. Les requérants ont été représentés par Me S. Safaryan, avocate à Erevan. Le gouvernement arménien (« le Gouvernement ») a été représenté par son agent, M. G. Kostanyan, représentant de la République d'Arménie auprès de la Cour européenne des droits de l'homme.

3. M. Poghosyan («le premier requérant») se plaignait en particulier de n'avoir reçu aucune indemnisation au titre du dommage moral résultant des mauvais traitements, de l'arrestation et de la détention illégales et de la condamnation inéquitable dont il avait été victime.

4. Le 20 novembre 2008, la requête a été communiquée au Gouvernement. Comme le permet l'article 29 § 1 de la Convention, il a en outre été décidé que la chambre se prononcerait en même temps sur la recevabilité et le fond.

EN FAIT

I. LES CIRCONSTANCES DE L'ESPÈCE

5. Les requérants sont nés respectivement en 1976 et 1932 et résident à Saratovka (Arménie).

6. La seconde requérante est la mère du premier requérant.

7. Le 8 octobre 1998, le premier requérant, soupçonné de viol et de meurtre, fut emmené au commissariat. Le procès-verbal de son arrestation précisait que l'intéressé était arrêté pour meurtre et portait sa signature. Au commissariat, le premier requérant fut maltraité par plusieurs policiers, et avoua le meurtre dont on l'accusait lors de son interrogatoire ultérieur par un enquêteur.

8. Le 11 octobre 1998, le premier requérant fut mis en détention provisoire et, le 21 octobre 1998, il fut formellement accusé de viol et de meurtre.

9. Le 29 mars 1999, le tribunal régional du Lorri déclara le premier requérant coupable des faits qui lui étaient reprochés et le condamna à quinze ans d'emprisonnement, sur la base notamment de ses aveux. Le jugement fut confirmé par la cour d'appel pénale et militaire et par la Cour de cassation respectivement les 20 mai et 16 juin 1999. Il semble que tout au long de la procédure le requérant ait allégué, en vain, que ses aveux avaient été obtenus sous la contrainte.

10. Le 26 avril et le 1er juillet 2002 respectivement, la Convention et le Protocole nº 7 entrèrent en vigueur à l'égard de l'Arménie.

11. Le 24 novembre 2003, le parquet général demanda la réouverture de la procédure concernant le premier requérant à raison de faits nouveaux établissant son innocence. Il indiquait en particulier dans la demande que le véritable auteur des infractions imputées au premier requérant avait été arrêté après avoir commis une infraction similaire, et que la condamnation du premier requérant s'était fondée sur de fausses preuves, obtenues en violation de la loi.

12. Le 2 avril 2004, la Cour de cassation décida de faire droit à la demande ; elle annula donc la condamnation du premier requérant et renvoya l'affaire pour complément d'information. Dans son arrêt, elle jugeait établi que des faits nouveaux avaient été découverts après la condamnation du premier requérant. Selon la haute juridiction, ces faits, qui n'étaient pas connus des tribunaux au moment où ils avaient examiné l'affaire, donnaient à penser que les poursuites pénales dirigées contre le requérant avaient donné lieu à des violations des règles de procédure pénale, ce qui avait pu avoir un impact sur le caractère objectif et exhaustif de l'examen de l'affaire.

13. Le 17 avril 2004, une procédure pénale fut engagée contre l'enquêteur et plusieurs policiers impliqués dans l'enquête initiale. Ils étaient accusés d'abus de pouvoir, pour avoir forcé le premier requérant à faire une déposition.

14. Le même jour, le premier requérant fut libéré de prison contre un engagement écrit de ne pas quitter son lieu de résidence. Il avait purgé environ cinq ans et six mois sur la peine qui lui avait été infligée.

15. Le 29 avril 2004, il fut mis fin aux poursuites pénales dirigées contre le premier requérant en application de l'article 35 § 1, alinéa 2, du code de procédure pénale pour défaut de *corpus delicti*.

16. Le même jour, le procureur général adressa une lettre au premier requérant pour l'informer de cette décision et du fait qu'il avait donc la qualité de «personne acquittée», ce qui lui donnait le droit de demander réparation au civil. Le procureur général ajoutait que le ministère public lui présentait ses excuses pour cette erreur judiciaire.

17. Le 6 mai 2004, le requérant obtint la qualité de victime. La décision pertinente énonçait qu'il avait subi des dommages psychologiques, physiques et matériels en conséquence des actions illicites des policiers et des autorités d'enquête.

18. Le 15 juin 2005, le tribunal régional du Lorri reconnut deux des policiers coupables des faits qui leur étaient reprochés et les condamna à une peine de trois ans d'emprisonnement assortie d'une interdiction d'occuper certaines fonctions pendant une période de deux ans, mais appliqua une mesure d'amnistie qui les dispensait de purger leurs peines. Dans son jugement, le tribunal régional établissait notamment les faits suivants: le 8 octobre 1998, le premier requérant et son frère avaient été emmenés au commissariat, où les policiers avaient maltraité le premier requérant afin de lui extorquer des aveux. Lorsque celui-ci avait refusé d'avouer, l'un des policiers l'avait frappé à coups de pied et de poing, puis l'avait enfermé au commissariat, en toute illégalité. Plus tard le même jour, deux des policiers avaient de nouveau frappé le requérant. L'un deux l'avait frappé des deux mains à l'oreille, et lui avait ainsi explosé le tympan gauche. Ils avaient ensuite pris une bouteille et avaient tenté d'asseoir le requérant dessus. En même temps, le premier requérant entendait crier son frère, qu'un autre policier était en train de frapper dans un bureau voisin. Pensant qu'il n'avait pas d'autre moyen d'éviter les mauvais traitements, le premier requérant avait avoué le meurtre dont on l'accusait. Le lendemain, avant d'emmener le premier requérant sur les lieux du crime pour une inspection, l'un des policiers l'avait frappé à coups de poing à plusieurs reprises à titre d'avertissement. Par la suite, les 14, 16 et 19 octobre 1998, le premier requérant avait été extrait de sa cellule et emmené au commissariat, où les policiers avaient continué à le maltraiter en vue de lui faire avouer qu'il avait violé la victime avant de la tuer. Incapable de supporter les mauvais traitements qu'on lui infligeait, le premier requérant avait été contraint de faire les aveux qu'on attendait de lui.

19. Ce jugement ne fit pas l'objet d'un appel.

20. Le 17 septembre 2004, le premier requérant saisit les tribunaux civils d'une demande de dommages-intérêts pour préjudice matériel, par laquelle il réclamait un montant de 34 050 000 drams (AMD) à raison des mauvais traitements, de la détention illégale et de la condamnation inéquitable subis par lui. Il invoquait les articles 3, 5 et 6 de la Convention.

21. A une date non précisée, Mme Baghdasaryan (« la seconde requérante ») intervint dans la procédure en tant que codemanderesse, et sollicita une somme équivalant à peu près à la moitié des dommages-intérêts réclamés par le premier requérant.

22. A une date non précisée, le premier requérant présenta une demande additionnelle par laquelle il sollicitait une somme de 60 000 000 d'AMD pour dommage moral. Il soutenait notamment que, s'il n'avait jusque-là demandé réparation que pour dommage matériel, le préjudice moral qu'il avait subi était en fait plus important. Selon lui, la jurisprudence de la Cour appelait une réparation au titre du dommage moral dans de telles affaires.

23. Le 28 avril 2005, le tribunal de district de Kentron et de Nork-Marask rejeta la demande de réparation pour dommage moral au motif que l'article 17 du code civil ne prévoyait pas d'indemnisation pour ce type de préjudice. Le tribunal de district accueillit en partie la demande d'indemnisation pour dommage matériel, estimant notamment que, conformément à l'article 66 du code de procédure pénale, le premier requérant – en sa qualité de personne acquittée – était en droit de demander une indemnisation pour arrestation, détention, mise en accusation et condamnation illégales, et lui accorda 6 250 000 AMD pour perte de revenus sur la période allant du 11 octobre 1998 au 17 avril 2004. La seconde requérante se vit accorder 1 500 000 AMD pour frais de transport, frais postaux et frais de procédure.

24. Le 12 mai 2005, le premier requérant interjeta appel.

25. Le 31 août 2005, la cour d'appel civile rejeta l'appel du requérant et confirma le jugement du tribunal de district.

26. Le 16 septembre 2005, les requérants se pourvurent en cassation.

27. Le 18 novembre 2005, la Cour de cassation les débouta.

II. LE DROIT INTERNE PERTINENT

A. Le code civil (tel qu'en vigueur depuis le 1er janvier 1999)

28. Les dispositions pertinentes du code civil sont les suivantes :

Article 17 – Indemnisation des dommages

« 1. Toute personne dont les droits ont été violés peut demander à être intégralement indemnisée pour le dommage subi, sauf si une réparation moindre est prévue par la loi ou par un contrat.

2. Les dommages-intérêts correspondent aux frais exposés ou à exposer par la personne dont les droits ont été violés en rapport avec le redressement de la violation, la perte de biens ou le préjudice en découlant (dommage matériel), y compris la perte des revenus que la personne aurait eus dans des conditions normales de vie civile, si la violation n'avait pas eu lieu (perte de salaire). (...) »

Article 1064 – Responsabilité du fait des actions illégales de l'instructeur, des autorités d'enquête, du ministère public ou des tribunaux

« 1. Le dommage résultant d'une condamnation illégale, de poursuites pénales [illégales], de l'imposition [illégale] d'une mesure préventive prenant la forme d'une détention ou d'un engagement écrit de ne pas quitter son lieu de résidence, ou de l'imposition [illégale] d'une amende administrative doit être intégralement indemnisé par la République d'Arménie, dans le cadre d'une procédure prévue par la loi, quelle que soit la faute commise par les fonctionnaires travaillant pour l'instructeur, les autorités d'enquête, le ministère public ou les tribunaux. (...) »

B. Le code de procédure pénale (tel qu'en vigueur depuis le 12 janvier 1999)

29. Les dispositions pertinentes du code de procédure pénale se lisent ainsi :

Article 35 – Circonstances empêchant l'institution de poursuites pénales ou d'une procédure pénale

« 1. Il ne sera pas institué de procédure pénale [*Քրեական գործի վարույթ*] ni de poursuites pénales [*քրեական հետապնդում*], et il sera mis un terme aux procédures pénales déjà instituées dans les cas suivants

(...)

2) le *corpus delicti* de l'acte fait défaut ;

(...) »

Article 66 – Personnes acquittées

« 1. Une personne sera considérée comme acquittée s'il a été mis un terme à une procédure pénale ou à des poursuites pénales instituées contre elle (...) pour les motifs prévus [notamment par l'article 35 § 1, alinéa 2, du] présent code, ou si elle a été acquittée par une décision judiciaire.

(...)

3. Une personne acquittée est (...) en droit de demander une réparation pleine et entière pour le dommage matériel découlant de son arrestation, sa détention, sa mise

en accusation et sa condamnation illégales, compte tenu de toute perte de profits éventuelle. (...) »

III. LES DOCUMENTS PERTINENTS DU CONSEIL DE L'EUROPE

Rapport explicatif au Protocole nº 7 à la Convention de sauvegarde des droits de l'homme et des libertés fondamentales (STE nº 117)

30. Les passages pertinents du rapport explicatif se lisent ainsi :

Article 3

« 22. Cet article prévoit l'indemnisation de la personne victime d'une erreur judiciaire, sous certaines conditions.

Tout d'abord, la personne concernée doit avoir été déclarée coupable d'une infraction par une décision définitive et avoir subi une peine à la suite d'une condamnation. Selon la définition contenue dans le rapport explicatif de la Convention européenne sur la valeur internationale des jugements répressifs, une décision est définitive « si elle est, selon l'expression consacrée, passée en force de chose jugée. Tel est le cas lorsqu'elle est irrévocable, c'est-à-dire lorsqu'elle n'est pas susceptible de voies de recours ordinaires ou que les parties ont épuisé ces voies ou laissé passer les délais sans les exercer ». Il en résulte qu'un jugement prononcé par défaut n'est pas considéré comme définitif aussi longtemps que la loi nationale permet de reprendre la procédure. De même, le présent article ne s'applique pas lorsque l'accusation est abandonnée ou lorsque la personne accusée est acquittée, soit par le tribunal de première instance, soit à la suite d'un recours, par une juridiction supérieure. Si, en revanche, dans un des Etats où une telle possibilité est prévue, la personne a reçu l'autorisation de faire appel (*application for leave to appeal*) après l'expiration du délai normal prévu pour faire appel et que sa condamnation a été annulée en appel, cet article peut s'appliquer (sous réserve des autres conditions prévues par cet article, et en particulier de celle mentionnée au paragraphe 24 ci-dessous).

23. En second lieu, l'article s'applique uniquement au cas où la condamnation d'une personne est annulée, ou la grâce accordée, parce que, dans les deux hypothèses, un fait nouveau ou nouvellement révélé prouve qu'il s'est produit une erreur judiciaire – c'est-à-dire un défaut grave dans un procès entraînant un préjudice important pour la personne qui a été condamnée. Par conséquent, il n'est pas nécessaire, en vertu de cet article, de verser une indemnité si la condamnation a été annulée ou la grâce accordée pour d'autres motifs. D'autre part, l'article ne contient aucune règle quant à la nature de la procédure à suivre pour faire établir une erreur judiciaire. Cette question relève du droit interne ou de la pratique de l'Etat concerné. Les mots « ou lorsque la grâce est accordée » ont été inclus parce que, dans certains systèmes juridiques, plutôt qu'une procédure judiciaire conduisant à la révision de la condamnation, la grâce peut, dans certains cas, être le recours approprié après une décision définitive.

24. Enfin, cet article n'ouvre aucun droit à indemnisation s'il est prouvé que la non-révélation en temps utile du fait inconnu est imputable, en tout ou en partie, à la personne condamnée.

25. Dans les cas où ces conditions préalables sont remplies, l'indemnité est versée «conformément à la loi ou à l'usage en vigueur dans l'Etat concerné». Ces mots ne peuvent pas être interprétés comme signifiant qu'aucune indemnité ne doit être versée lorsque la loi ou l'usage en vigueur ne le prévoit pas. La loi ou cet usage doit prévoir le versement d'une indemnité dans tous les cas auxquels cet article s'applique. Dans l'esprit des auteurs de cette disposition, les Etats sont obligés d'indemniser des personnes uniquement dans les cas évidents d'erreur judiciaire, c'est-à-dire lorsqu'il aura été reconnu que la personne concernée était clairement innocente. Cet article n'a pas pour but de donner un droit à compensation lorsque toutes les conditions préalables ne sont pas remplies; par exemple, lorsqu'une cour d'appel a annulé une condamnation parce qu'elle a découvert un fait qui a jeté un doute raisonnable sur la culpabilité de l'accusé et dont le juge de première instance n'aurait pas tenu compte.»

EN DROIT

I. SUR LA QUALITÉ DE VICTIME DE LA SECONDE REQUÉRANTE

31. La Cour estime tout d'abord nécessaire de se prononcer sur le point de savoir si la seconde requérante possède ou non la qualité de victime. Elle rappelle que, par «victime», l'article 34 de la Convention désigne la personne directement concernée par l'acte ou l'omission litigieux (voir, parmi d'autres, *Vatan c. Russie*, n° 47978/99, § 48, 7 octobre 2004).

32. En l'espèce, seul le premier requérant a été victime de mauvais traitements, mis en détention, et a fait l'objet d'une condamnation qui a été par la suite infirmée. La Cour estime dès lors que la requête, pour autant qu'elle concerne la seconde requérante, est incompatible *ratione personae* avec les dispositions de la Convention au sens de l'article 35 § 3 et doit être rejetée en application de l'article 35 § 4 de la Convention.

33. La Cour limitera donc son examen des griefs soulevés par la présente requête à ceux qui concernent le premier requérant, qu'elle désignera – à des fins de simplification – par le terme «le requérant».

II. SUR LA VIOLATION ALLÉGUÉE DES ARTICLES 5 § 5 ET 13 DE LA CONVENTION ET DE L'ARTICLE 3 DU PROTOCOLE N° 7 À LA CONVENTION

34. Le requérant se plaint du rejet de sa demande de réparation pour dommage moral à raison des mauvais traitements subis par lui, de son arrestation et de sa détention illégales, et de sa condamnation inéquitable. La Cour estime que ce grief doit être examiné sous l'angle des articles 5 § 5

et 13 de la Convention ainsi que de l'article 3 du Protocole n° 7 à la Convention, ainsi libellés:

Article 5 § 5 de la Convention

«Toute personne victime d'une arrestation ou d'une détention dans des conditions contraires aux dispositions de cet article a droit à réparation.»

Article 13 de la Convention

«Toute personne dont les droits et libertés reconnus dans la (...) Convention ont été violés, a droit à l'octroi d'un recours effectif devant une instance nationale, alors même que la violation aurait été commise par des personnes agissant dans l'exercice de leurs fonctions officielles.»

Article 3 du Protocole n° 7 à la Convention

«Lorsqu'une condamnation pénale définitive est ultérieurement annulée, ou lorsque la grâce est accordée, parce qu'un fait nouveau ou nouvellement révélé prouve qu'il s'est produit une erreur judiciaire, la personne qui a subi une peine en raison de cette condamnation est indemnisée, conformément à la loi ou à l'usage en vigueur dans l'Etat concerné, à moins qu'il ne soit prouvé que la non-révélation en temps utile du fait inconnu lui est imputable en tout ou en partie.»

A. Sur la recevabilité

35. La Cour observe qu'une question peut se poser quant à sa juridiction sur le plan temporel pour examiner les circonstances ayant donné lieu au grief du requérant, eu égard au fait que les mauvais traitements, l'arrestation et la détention illégales et la condamnation inéquitable dont l'intéressé allègue avoir été victime sous l'angle des articles 3, 5 et 6 de la Convention échappent à sa compétence *ratione temporis* (paragraphes 55-57 ci-dessous). La Cour constate cependant que l'enquête sur les mauvais traitements infligés au requérant, la condamnation des policiers et l'action en réparation qui s'en est ensuivie ont eu lieu après la date de l'entrée en vigueur de la Convention à l'égard de l'Arménie. Partant, elle estime que les griefs du requérant au regard des articles 5 § 5 et 13 de la Convention et de l'article 3 du Protocole n° 7 à la Convention relèvent bien de sa compétence *ratione temporis*.

36. La Cour constate que ces griefs ne sont pas manifestement mal fondés au sens de l'article 35 § 3 a) de la Convention. La Cour relève par ailleurs qu'ils ne se heurtent à aucun autre motif d'irrecevabilité. Il convient donc de les déclarer recevables.

B. Sur le fond

1. *Thèses des parties*

a) Le Gouvernement

37. En ce qui concerne l'article 5 § 5, le Gouvernement soutient que cette disposition présuppose une violation de l'une ou de plusieurs autres dispositions de l'article 5 qui n'existerait pas dans le cas d'espèce. Il explique que, les juridictions nationales ayant agi conformément à la loi, l'arrestation et la détention du requérant à la période considérée n'étaient pas contraires à l'article 5. Selon lui, il n'y a pas violation de l'article 5 § 1 a) étant donné que le requérant a été condamné par un tribunal compétent, ni violation de l'article 5 § 1 c) étant donné que l'arrestation du requérant visait à traduire l'intéressé devant une autorité compétente parce qu'il était soupçonné de viol et de meurtre. Le Gouvernement estime qu'au moment des faits le tribunal national n'avait à sa disposition aucune preuve de nature à justifier l'adoption d'une décision différente. Il ajoute qu'il ne peut y avoir eu violation de l'article 5 § 2 étant donné que le requérant a signé le procès-verbal de son arrestation le jour où il a été emmené au commissariat, ce qui indiquerait que l'intéressé était à l'évidence informé du motif de son arrestation. Dès lors, il n'y a selon lui pas eu violation non plus de l'article 5 §§ 3 et 4.

38. Le Gouvernement estime que l'annulation ultérieure de la condamnation du requérant et la fin de la procédure pénale contre l'intéressé n'ont pas rendu son arrestation et sa détention incompatibles avec l'article 5, puisque celles-ci ont été menées en conformité avec les exigences de cette disposition, sur la base d'un soupçon raisonnable.

39. En ce qui concerne l'article 13, le Gouvernement soutient que le requérant disposait d'une possibilité satisfaisante de réparation. Il indique en particulier que, dès la révélation des faits nouveaux, des poursuites pénales ont été immédiatement engagées contre les policiers en question, le requérant s'est vu accorder la qualité de victime, les policiers ont été condamnés, les poursuites pénales à l'encontre du requérant ont été abandonnées et sa demande de dommages-intérêts a été accueillie. Il rappelle aussi que le procureur général a présenté des excuses officielles au requérant pour l'erreur judiciaire. Toutes ces mesures devraient être considérées comme une réparation suffisante pour tout dommage moral subi. Par ailleurs, les faits de l'espèce différeraient de ceux des affaires *Keenan c. Royaume-Uni* (n° 27229/95, § 130, CEDH 2001-III) et *Kontrová c. Slovaquie* (n° 7510/04,

§ 64, 31 mai 2007), la présente affaire ne soulevant aucune question sous l'angle de l'article 3 de la Convention.

40. En dernier lieu, le Gouvernement soutient quant à l'article 3 du Protocole n° 7 qu'une réparation adéquate a été accordée au requérant. Il observe qu'en particulier l'intéressé s'est vu octroyer des dommages-intérêts pour préjudice matériel et a reçu des excuses officielles du parquet général, ce qui devrait être considéré comme une réparation suffisante pour le dommage moral. Par ailleurs, l'article 3 du Protocole n° 7 appellerait le paiement d'une indemnité en conformité avec le droit ou la pratique de l'Etat concerné. Ainsi, pour le Gouvernement, la réparation – sous la forme d'excuses – que le requérant a reçue pour le dommage moral n'était pas arbitraire, une telle pratique étant courante dans des situations similaires.

b) Le requérant

41. Le requérant soutient que les articles 3, 5 et 6 sont applicables à son affaire et que l'octroi d'une satisfaction équitable revêtait donc une importance cruciale. Selon lui, les excuses qu'il a reçues ne peuvent être prises au sérieux, étant donné que le procureur général a joint à la lettre officielle une version du *Comte de Monte-Cristo* d'Alexandre Dumas. Quoi qu'il en soit, l'épreuve, l'angoisse mentale et la douleur physique aiguë qu'il aurait subies pendant cinq ans et demi mériteraient d'être indemnisées de manière plus raisonnable que par de simples excuses. Le requérant indique en outre que, le 1er septembre de chaque année de sa détention, la télévision d'Etat arménienne a diffusé un programme élaboré par la police arménienne affirmant qu'il avait admis sa culpabilité. Ainsi, il dit avoir été constamment dégradé aux yeux du grand public sans que rien n'ait été fait par les autorités après son acquittement pour restaurer sa réputation. L'intéressé indique en outre qu'il s'est marié en 2007 mais qu'il est toujours incapable d'avoir un enfant, ce qui serait dû selon les médecins aux circonstances de sa condamnation. Le requérant déclare également souffrir d'une otite moyenne adhésive de l'oreille gauche et d'une surdité de perception bilatérale de premier ou second degré en raison des coups qui lui ont été portés à l'oreille. Il prendrait toujours des antalgiques et sa surdité serait irréversible. Il fait observer que les tribunaux ne lui ont accordé aucune réparation pour cela, alors même qu'ils ont établi qu'il avait subi des mauvais traitements. Enfin, il ne peut accepter l'argument du Gouvernement selon lequel son arrestation a été effectuée conformément à l'article 5 et se fondait sur des soupçons raisonnables, étant donné que les signes des mauvais traitements subis par lui auraient été clairement visibles sur sa personne. Par ailleurs, le requérant affirme avoir refusé de manière constante d'admettre les accusations à son

encontre devant les tribunaux et rappelle avoir formé des recours jusqu'aux plus hautes instances contre sa condamnation.

2. Appréciation de la Cour

42. La Cour juge nécessaire d'examiner d'abord les griefs tirés de l'article 13 de la Convention et de l'article 3 du Protocole n° 7, puis celui au regard de l'article 5 § 5 de la Convention.

a) Article 13 de la Convention

43. La Cour observe de nouveau qu'il lui est impossible – à raison de son incompétence – d'examiner les circonstances du traitement subi par le requérant au commissariat en vue de déterminer s'il était ou non compatible avec les exigences de l'article 3 de la Convention (paragraphes 55-57 ci-dessous). Elle rappelle cependant que l'article 13 peut entrer en jeu même sans violation d'une autre clause de la Convention. Cette disposition garantit l'existence en droit interne d'un recours permettant de s'y prévaloir – et donc de dénoncer le non-respect – des droits et libertés de la Convention tels qu'ils peuvent s'y trouver consacrés. Ainsi, il suffit, pour que l'article 13 entre en jeu, que la personne concernée puisse se prévaloir d'un grief défendable au regard de la Convention (*Boyle et Rice c. Royaume-Uni*, 27 avril 1988, § 52, série A n° 131).

44. La Cour relève que les mauvais traitements infligés au requérant par les policiers ont été établis sans ambiguïté par les juridicitions internes, précisément dans le jugement du tribunal régional du Lorri du 15 juin 2005 condamnant deux des policiers impliqués (paragraphe 18 ci-dessus). Dès lors, elle considère que le requérant a sans aucun doute présenté aux juridictions internes un grief défendable au regard de l'article 13 lorsqu'il a allégué devant elles avoir été soumis à des traitements prohibés par l'article 3 de la Convention.

45. Le requérant a demandé réparation au civil, notamment pour les mauvais traitements subis, en instituant une procédure distincte à la suite de la condamnation des policiers, et a sollicité en particulier des dommages-intérêts pour préjudice moral (paragraphe 22 ci-dessus). Toutefois, il n'a rien obtenu par cette voie, ce type de réparation n'étant pas prévu par le droit interne.

46. La question qui se pose est celle de savoir si, dans ce contexte, l'article 13 exige de proposer une telle réparation. La Cour accorde elle-même une satisfaction équitable là où il convient, reconnaissant que la douleur, le stress, l'angoisse et la frustration appellent une réparation adéquate au titre du dommage moral. Elle a déjà estimé que, en cas de violation des articles 2 et 3 de la Convention, qui sont les dispositions les plus fondamentales de

la Convention, la réparation du dommage moral découlant de la violation doit en principe figurer au nombre des recours possibles (*Keenan*, précité, § 130, et *Kontrová*, précité, § 64).

47. En l'espèce, la Cour conclut que le requérant aurait dû avoir la possibilité de demander réparation pour le dommage moral qu'il a subi à raison de ces mauvais traitements. Aucune réparation de la sorte n'étant disponible en droit arménien, le requérant a été privé d'un recours effectif.

48. Dès lors, il y a eu violation de l'article 13 de la Convention.

b) Article 3 du Protocole n° 7 à la Convention

49. La Cour rappelle que l'article 3 du Protocole n° 7 a pour but de conférer un droit à réparation à des personnes condamnées à la suite d'une erreur judiciaire dans le cas où leur condamnation a été infirmée par les tribunaux internes en raison de faits nouveaux ou nouvellement révélés. En conséquence, l'article 3 du Protocole n° 7 ne peut s'appliquer avant que la condamnation n'ait été infirmée (*Matveïev c. Russie*, n° 26601/02, §§ 38-39, 3 juillet 2008).

50. En l'espèce, dans la mesure où la condamnation du requérant a été annulée et qu'il a demandé réparation après le 1er juillet 2000, date d'entrée en vigueur du Protocole n° 7 à l'égard de l'Arménie, les conditions à remplir pour la compétence *ratione temporis* sont satisfaites (*ibidem*). De plus, la Cour estime que cet article est sans aucun doute applicable à l'affaire du requérant, toutes les conditions nécessaires étant satisfaites.

51. Quant au respect des garanties de l'article 3 du Protocole n° 7, la Cour estime que, si cette disposition garantit le paiement d'une indemnité conformément à la loi ou à la pratique de l'Etat concerné, cela ne signifie pas qu'aucune indemnité ne doit être versée lorsque le droit ou la pratique internes ne le prévoient pas (voir également le paragraphe 25 du rapport explicatif au Protocole n° 7 à la Convention, paragraphe 30 ci-dessus). De plus, la Cour estime que le but de l'article 3 du Protocole n° 7 n'est pas simplement de couvrir toute perte financière causée par une condamnation à tort mais également de fournir à une personne condamnée à la suite d'une erreur judiciaire une réparation pour tout dommage moral subi, tel que le sentiment de détresse ou d'angoisse, les désagréments divers et la dégradation de la qualité de vie. Or le requérant n'a disposé d'aucune réparation de la sorte en l'espèce.

52. Partant, il y a eu violation de l'article 3 du Protocole n° 7 à la Convention.

c) Article 5 § 5 de la Convention

53. La Cour relève que ce grief est lié à celui examiné ci-dessus et doit donc aussi être déclaré recevable.

54. Eu égard à son constat sous l'angle de l'article 3 du Protocole n° 7 (paragraphe 52 ci-dessus), la Cour juge inutile d'examiner s'il y a eu, en l'espèce, violation de l'article 5 § 5 de la Convention.

III. SUR LES AUTRES VIOLATIONS ALLÉGUÉES DE LA CONVENTION

55. Le requérant allègue également que les mauvais traitements, l'arrestation et la détention illégales et la condamnation inéquitable dont il a été victime ont emporté violation des articles 3, 5 et 6 de la Convention.

56. La Cour rappelle qu'en vertu des règles générales du droit international, les dispositions de la Convention ne lient une Partie contractante ni en ce qui concerne un acte ou fait antérieur à la date de l'entrée en vigueur de la Convention à l'égard de cette partie, ni en ce qui concerne une situation qui avait cessé d'exister avant cette date (*Blečić c. Croatie* [GC], n° 59532/00, § 70, CEDH 2006-III). Elle observe que les faits litigieux se sont déroulés avant le 26 avril 2002, date de l'entrée en vigueur de la Convention à l'égard de l'Arménie.

57. Il s'ensuit que cette partie de la requête est incompatible *ratione temporis* avec les dispositions de la Convention au sens de l'article 35 § 3 et doit donc être rejetée en application de l'article 35 § 4.

58. Enfin, le requérant se plaint au regard des mêmes articles que sa demande d'indemnisation pour dommage matériel n'a pas été accueillie en entier.

59. Eu égard à l'ensemble des éléments en sa possession, et pour autant que ce grief relève de sa compétence, la Cour n'aperçoit aucune apparence de violation des droits et libertés consacrés par la Convention et ses Protocoles. Partant, cette partie de la requête doit être rejetée pour défaut manifeste de fondement, en application de l'article 35 §§ 3 et 4 de la Convention.

IV. SUR L'APPLICATION DE L'ARTICLE 41 DE LA CONVENTION

60. Aux termes de l'article 41 de la Convention,

> « Si la Cour déclare qu'il y a eu violation de la Convention ou de ses Protocoles, et si le droit interne de la Haute Partie contractante ne permet d'effacer qu'imparfaitement les conséquences de cette violation, la Cour accorde à la partie lésée, s'il y a lieu, une satisfaction équitable. »

A. Dommage

61. Le requérant réclame 34 000 000 de drams (AMD) pour dommage matériel, y compris les frais et les pertes de revenus. Il demande en outre 274 959 euros (EUR) pour dommage moral.

62. Le Gouvernement soutient que la demande du requérant pour dommage matériel est dénuée de fondement et a en fait déjà été accueillie par les tribunaux internes ; il estime en outre que la demande de l'intéressé pour dommage moral n'est pas fondée.

63. La Cour n'aperçoit pas de lien de causalité entre la violation constatée et le dommage matériel allégué et rejette cette demande. En revanche, elle considère qu'il y a lieu d'octroyer au requérant 30 000 EUR au titre du préjudice moral.

B. Frais et dépens

64. Les requérants demandent également 1 000 000 d'AMD pour les frais et dépens engagés devant la Cour, y compris les frais de procédure, de traduction et de correspondance.

65. Le Gouvernement estime que la demande du requérant pour les frais et dépens n'est pas entièrement justifiée.

66. Selon la jurisprudence de la Cour, un requérant ne peut obtenir le remboursement de ses frais et dépens que dans la mesure où se trouvent établis leur réalité, leur nécessité et le caractère raisonnable de leur taux. En l'espèce et compte tenu des documents en sa possession et des critères ci-dessus, la Cour estime raisonnable d'accorder la somme de 500 EUR pour la procédure devant elle.

C. Intérêts moratoires

67. La Cour juge approprié de calquer le taux des intérêts moratoires sur le taux d'intérêt de la facilité de prêt marginal de la Banque centrale européenne majoré de trois points de pourcentage.

PAR CES MOTIFS, LA COUR, À L'UNANIMITÉ,

1. *Déclare* la requête recevable quant au grief tiré des articles 5 § 5 et 13 de la Convention et de l'article 3 du Protocole n° 7 concernant le rejet de la demande de dommages-intérêts pour préjudice moral présentée par le requérant, et irrecevable pour le surplus ;
2. *Dit* qu'il y a eu violation de l'article 13 de la Convention ;
3. *Dit* qu'il y a eu violation de l'article 3 du Protocole n° 7 à la Convention ;

4. *Dit* qu'il n'y a pas lieu d'examiner le grief tiré de l'article 5 § 5 de la Convention ;
5. *Dit*
 a) que l'Etat défendeur doit verser aux requérants, dans les trois mois à compter du jour où l'arrêt sera devenu définitif conformément à l'article 44 § 2 de la Convention, les sommes suivantes, à convertir dans la monnaie de l'Etat défendeur au taux applicable à la date du règlement :
  i. 30 000 EUR (trente mille euros), plus tout montant pouvant être dû à titre d'impôt, pour dommage moral,
  ii. 500 EUR (cinq cents euros), plus tout montant pouvant être dû à titre d'impôt par le requérant, pour frais et dépens ;
 b) qu'à compter de l'expiration dudit délai et jusqu'au versement, ces montants seront à majorer d'un intérêt simple à un taux égal à celui de la facilité de prêt marginal de la Banque centrale européenne applicable pendant cette période, augmenté de trois points de pourcentage ;
6. *Rejette* la demande de satisfaction équitable pour le surplus.

Fait en anglais, puis communiqué par écrit le 12 juin 2012, en application de l'article 77 §§ 2 et 3 du règlement.

Santiago Quesada
Greffier

Josep Casadevall
Président